de Gruyter Studienbuch

Warum Kant heute?

Warum Kant heute?

Systematische Bedeutung und Rezeption
seiner Philosophie in der Gegenwart

Herausgegeben von
Dietmar H. Heidemann und Kristina Engelhard

W
DE
G

Walter de Gruyter · Berlin · New York
2004

∞ Gedruckt auf säurefreiem Papier,
das die US-ANSI-Norm über Haltbarkeit erfüllt.

ISBN 3-11-017477-4

Bibliografische Information Der Deutschen Bibliothek

Die Deutsche Bibliothek verzeichnet diese Publikation in der Deutschen
Nationalbibliografie; detaillierte bibliografische Daten sind im Internet
über <http://dnb.ddb.de> abrufbar.

Printed in Germany
Umschlaggestaltung: Hansbernd Lindemann, Berlin
Satz: Fabian Schwade, Berlin
Druck und buchbinderische Verarbeitung: WB-Druck, Rieden/Allgäu

Inhaltsverzeichnis

Einleitung: Kant und die Gegenwartsphilosophie

KRISTINA ENGELHARD/DIETMAR H. HEIDEMANN

Große Philosophen ereilt nicht selten das Schicksal, nur noch zum Zwecke der Denkmalpflege und der gemahnenden Erinnerung an vollbrachte Leistungen in das Gedächtnis der Gegenwart gerufen zu werden, um nach kürzerer oder längerer Zeit aus demselben wieder zu verschwinden. Kant hat dieses Schicksal auch zweihundert Jahre nach seinem Tod nicht erlitten, wie die aktuelle Rezeption seiner Philosophie eindrucksvoll unter Beweis stellt. Daß Kant in der Gegenwartsphilosophie durchaus präsent ist, muß aber eigentlich erstaunen, sieht sich doch die Beschäftigung mit älteren philosophischen Positionen heute einem erhöhten Rechtfertigungsdruck ausgesetzt. Im Rückgriff auf das Vergangene gehe das vielversprechende Neue verloren, so wird allenthalben befürchtet. Im Falle Kants ist diese Befürchtung aber offensichtlich unbegründet. Denn wie kaum eine andere bietet die Kantische Philosophie sowohl hinsichtlich ihrer disziplinarischen Breite als auch hinsichtlich ihrer konkreten inhaltlichen Themenstellungen in der Gegenwart die Möglichkeit zu systematischer Anknüpfung. Dieses systematische Aktualisierungspotential der Kantischen Philosophie dürfte nicht zuletzt auf Kants eigene philosophische Motivationslage zurückzuführen sein. Akademisch im Geiste der Schulphilosophie sozialisiert, entwickelte Kant ein vorrangig systematisches, ahistorisches Interesse an der Philosophie, das sich der buchstabengetreuen Auslegung der an den Universitäten seiner Zeit herrschenden Lehren Leibniz' und Wolffs widersetzte und überhaupt der Geschichte der Philosophie eher wenig Platz einzuräumen bereit war. Insofern verwundert es nicht, wenn Kant in *Über eine Entdeckung* gegen die Kritik des Leibnizianers Eberhard an seiner Philosophie mit spitzer Feder anmerkt: „es gibt keinen klassischen Autor der Philosophie" (AA VIII, 219 Anm.). Diese Äußerung ist nicht Ausdruck eines Bescheidenheitsgestus, den man nicht selten sowohl dem Denken als auch der Person Kants nachsagt. In ihr bekundet sich vielmehr Kants aufklärerische Grundüberzeugung, daß das

Selberdenken stets mehr zu gelten habe als der getreue Glaube an philosophische Autoritäten. Kant hält es sogar für möglich,

> „sowohl im gemeinen Gespräche, als in Schriften, durch die Vergleichung der Gedanken, welche ein Verfasser über seinen Gegenstand äußert, ihn sogar besser zu verstehen, als er sich selbst verstand, indem er seinen Begriff nicht genugsam bestimmte, und dadurch bisweilen seiner eigenen Absicht entgegen redete, oder auch dachte." (*KrV*, B 370).

Man darf Kant hier beim Wort nehmen und dies auf sein eigenes Denken anwenden. So würde ihm der Versuch, seine Philosophie aus der Perspektive unserer Gegenwart in den Blick zu nehmen und zu fragen, was sie uns heute noch zu sagen hat und ob sie gegenwärtig anschlußfähig ist, sicher nicht widerstreben. Im Grunde wurde diese Frage schon von den unmittelbaren ‚Nachfolgern' Kants gestellt und im Laufe der mehr als zweihundertjährigen Rezeptionsgeschichte seines Denkens unter den jeweilig herrschenden Zeitbedingungen immer wieder neu formuliert. Es versteht sich von selbst, daß die Antworten entsprechend divers ausgefallen sind. Ein kurzer Rückblick auf diese Geschichte kann verdeutlichen, daß Kants Philosophie in unterschiedlich starker Ausprägung und Konturierung eigentlich immer den Nimbus systematischer Aktualität besaß oder zumindest als profilierter Abgrenzungspunkt angesehen wurde.

Eine kurze Geschichte der Kant-Rezeption

Eine *kurze* Geschichte der Kant-Rezeption kann selbstverständlich nur eine grobe Umrißskizze sein, die der allgemeinen Orientierung dient. Als historischer „Abriß" (vgl. *Logik Jäsche*, AA IX, 27) hätte Kant selbst sie im übrigen noch gutgeheißen, als extensive philosophische Retrospektive allerdings abgelehnt, da sich „Gelehrte, denen die Geschichte der Philosophie (der alten sowohl, als neuen) selbst ihre Philosophie ist", in seinen Augen der Denkfaulheit verdächtig machen:

> „denn da der menschliche Verstand über unzählige Gegenstände viele Jahrhunderte hindurch auf mancherlei Weise geschwärmt hat, so kann es nicht leicht fehlen, daß nicht zu jedem Neuen etwas Altes gefunden werden sollte, was damit einige Ähnlichkeit hätte." (*Prolegomena*, AA IV, 255).

Eine entsprechend knappe Rückschau auf die entscheidenden Stationen der Kant-Rezeption kann aber im Hinblick auf ein geschärftes philosophisches Gegenwartsbewußtsein nicht nur informativ, sondern auch inhaltlich fruchtbar sein. Die systematische Rezeption der Kantischen Philosophie setzt spürbar erst mit den kritischen Schriften, genauer, mit der *Kritik der reinen Vernunft* (1781) ein. Wenn man einmal von der seit dem Erscheinen des kritischen Hauptwerks zu fast aller Zeit bis heute gepflegten Aneignung, Auslegung und Kommentierung Kantischer Texte absieht, kann man die Geschichte der systematischen Kant-Rezeption in fünf Hauptphasen einteilen, in eine idealistische, nach-idealistische, neukantianische, phänomenologisch-existenzphilosophische sowie analytische Phase, an die sich die Kant-Rezeption der Gegenwartsphilosophie anschließt.

Mit der in sich äußerst heterogenen *idealistischen* Kant-Rezeption verbinden sich neben Reinhold, Jacobi, Hölderlin, Schiller und zahlreichen anderen in erster Linie die Namen von Fichte, Schelling und Hegel. Die idealistische Rezeption der Kantischen Philosophie ist im Prinzip schon von Anfang an systematischer Natur. Abgesehen von Reinholds und Fichtes ursprünglichen Bestrebungen, das Kantische System auf eine sichere Grundlage zu stellen und zu vollenden, begegnen die Idealisten dem zentralen Theorem der Kantischen Philosophie, der erkenntniskritischen Selbstauslegung der endlichen, menschlichen Vernunft, eher mit ablehnender Distanz. Vor allem sollen die von Kant eingeführten Bestimmungen der menschlichen Erkenntnisfähigkeit durch alternative, zumeist subjekttheoretische Konzepte überwunden und insbesondere die Metaphysik neu restituiert werden. Überraschend ist, daß die Idealisten Kants praktischer Philosophie zunächst größere Beachtung schenken als der theoretischen Philosophie. Im August/September 1790 schreibt Fichte an Weißhuhn die berühmten Sätze:

„Ich lebe in einer neuen Welt, seitdem ich die „Kritik der praktischen Vernunft" gelesen habe. Sätze, von denen ich glaubte, sie seien unumstößlich, sind mir umgestoßen; Dinge, von denen ich glaubte, sie könnten mir nie bewiesen werden, z. B. der Begriff einer absoluten Freiheit, der Pflicht usw., sind mir bewiesen, und ich fühle mich darüber nur um so froher. Es ist unbegreiflich, welche Achtung für die Menschheit, welche Kraft uns dieses System gibt!" (Fichte, 1962ff, III, 1, S. 167).

Bei dieser begeisterten, positiven Aufnahme der Kantischen Philosophie ist es nicht geblieben. Neun Jahre später meint Fichte sich mit
Schelling darin einig zu sein, „daß die Kantische Philosophie, wenn sie
nicht genommen werden soll, wie wir sie nehmen, totaler Unsinn ist."
(Brief vom 20.9.1799; Fichte, 1962ff, III, 4, S. 85f). Und in einem Brief
an Reinhold aus demselben Monat bezeichnet er Kant wenig schmei-
chelhaft als „Dreiviertelskopf" (28.9.1799; ebd., S. 90ff). Auch wenn
persönliche Ressentiments den Hintergrund dieser Ausfälle bilden,
namentlich Kants öffentliche Zurückweisung der Fichteschen Wissenschaftslehre und Fichtes Enttäuschung darüber, so ist die idealistische
Kant-Rezeption doch letztlich geprägt von einer über den Kantischen
Buchstaben und Gedanken hinausgehenden systematischen Weiterfüh-
rung und Abgrenzung gegenüber der kritischen Philosophie. Gerade der
spätere Idealismus macht dies deutlich. Zwar ist Kant auch für Hegel in
mancherlei Hinsicht zunächst systematischer Ausgangspunkt – Hegel
hat 1798 einen nicht mehr erhaltenen Kommentar zur *Metaphysik der
Sitten* verfaßt; doch zielt Hegels wie Fichtes und Schellings Rezeption
der Kantischen Philosophie zugleich auf eine Überwindung derselben,
indem vor allem gezeigt werden soll, daß Kant sich sowohl in der theoretischen als auch praktischen Philosophie am endlichen Vernunftden-
ken orientiert und somit Einseitigkeiten des Erkennens unterliegt, die
ihm Einsicht in das wahre Ganze versperren. Aus idealistischer Sicht ist
diese Kritik nachvollziehbar, erheben die Idealisten, allen voran Schelling und Hegel, doch einen Totalanspruch der Erkenntnis, der das ganz-
heitliche Begreifen von Natur- und Geschichtsprozessen einschließt.
Bis heute ist allerdings mehr als strittig, ob es den Idealisten gelungen
ist, die Kantische Philosophie argumentativ zu überwinden; unstrittig
aber ist, daß ihre systematische Kant-Rezeption philosophische Maß-
stäbe gesetzt hat. Mit Hegels Tod 1831 findet die idealistische Phase
der Kant-Rezeption, in welcher der ‚originäre' Kant zuletzt kaum noch
Gehör fand, ihr jähes Ende.[1]
    Der Tod Hegels besiegelt den historischen Abschluß der trotz aller
inhaltlichen Heterogenität in sich vergleichsweise abgeschlossenen
idealistischen Bewegung, so daß in der Mitte des 19. Jahrhunderts,

---

[1]   Zu den Einzelheiten der Kant-Rezeption v. a. durch Fichte, Schelling und Hegel
      siehe die Einzelbeiträge in dem Sammelband Sedgwick, 2000; vgl. auch Kroner,
      ²1961; speziell zum Verhältnis von Fichte und Kant: Hanewald, 2001.

auch im Zeitkontext neuer wissenschaftlicher Erkenntnisse, eine stärkere thematische Differenzierung in der Philosophie einsetzt. Noch zu Lebzeiten Hegels beginnt mit Schopenhauers Hauptwerk *Die Welt als Wille und Vorstellung* (1819) bereits die *nach-idealistische* Phase der Kant-Rezeption. Offensiv gegen die Philosophie des seiner Meinung nach „plumpen und geistlosen Hegel" gerichtet, bezeichnet Schopenhauer es als „Kants größtes Verdienst", mit der Unterscheidung von Erscheinung und Ding an sich erwiesen zu haben, „daß zwischen den Dingen und uns immer noch der Intellekt steht" (Schopenhauer, 1977, S. 514f). Erscheinung sei wie bei Kant zwar die ‚Welt als Vorstellung', anders als bei diesem aber sei das Ding an sich nichts als reiner Wille. Parallel dazu verläuft die Kant-Rezeption Herbarts und vor allem Fries', mit dessen psychologisierenden Kantianismus eine später einflußreiche Schule entsteht. Bis zum Aufkommen des Neukantianismus findet im verbleibenden 19. Jahrhundert aber eine eher geringe systematische Kant-Rezeption statt; dies gilt auch für die Philosophie außerhalb Deutschlands, wenngleich es hier Ausnahmen gibt wie die Kantstudien Peirces, deren Einfluß auf die Entwicklung von Pragmatismus und Semiotik wirksam werden sollte.[2]

Von besonderer Bedeutung ist sicherlich die *neukantianische* Phase der Kant-Rezeption. ‚Neukantianismus' ist die Sammelbezeichnung für die in Deutschland dominierende philosophische Strömung etwa zwischen 1870 und 1920, die im zeitgenössischen Klima positivistischen Denkens entsteht und das Ziel verfolgt, die Philosophie als strenge Wissenschaft durch die Grundsätze der Kantischen Erkenntnistheorie neu zu fundieren. Zu unterscheiden ist der Badische Neukantianismus mit seinen Schulhäuptern Windelband, Rickert und Lask vom Marburger Neukantianismus mit seinen Hauptvertretern Cohen, Natorp und Cassirer. Des weiteren sind zu nennen Helmholtz, Lange, Riehl oder auch Hönigswald, die sich im näheren oder weiteren Umkreis des Neukantianismus aufhalten. Allerdings beschränkt sich der Neukantianismus nicht auf Erkenntnis- und Wissenschaftstheorie, wie oft behauptet wird; seine philosophischen Intentionen erstrecken sich ebenfalls auf die Ethik sowie die Begründung der Kultur- bzw. Geisteswissenschaften, was auf wirkungsmächtige Weise auch Dilthey

---

2   Einen tieferen Einblick in die weniger erforschte philosophische Landschaft im Deutschland des 19. Jahrhunderts (seit 1831) bietet Schnädelbach, 1983.

versucht, der im eigentlichen Sinne aber nicht zum Neukantianismus zu zählen ist.[3]

Für das Ende des Neukantianismus mitverantwortlich sind zwei Publikationen aus dem Jahre 1924, in denen die Möglichkeit einer nicht rein wissenschaftstheoretisch orientierten, metaphysischen Kant-Deutung stark gemacht wird: M. Wundts Buch *Kant als Metaphysiker* sowie Heimsoeths Abhandlungen *Metaphysische Motive in der Ausbildung des kritischen Idealismus* und *Persönlichkeitsbewußtsein und Ding an sich bei Kant*. Bereits einige Jahre zuvor setzt die Phase der *phänomenologisch-existenzphilosophischen* Kant-Rezeption durch Husserl und später durch Heidegger ein. Husserl, Begründer der Phänomenologie, knüpft explizit an das transzendentale Programm der Kantischen Erkenntnistheorie an, um ihm jedoch eine deskriptive, auf das bewußte Erleben und seine empirisch-psychischen Konstitutionsbedingungen gerichtete Wendung zu geben. Der Phänomenologe Scheler formuliert – wenngleich nicht als erster – den berühmten Formalismuseinwand gegen die Kantische Ethik. Heidegger, Schüler Husserls, deutet Kant existenzphilosophisch, insbesondere indem er die transzendentale Apperzeption gemäß seiner Fundamentalontologie aus den reinen Bedingungsstrukturen theoretischen Erkennens herauslöst und dem Subjektbegriff durch eine zugleich eigenwillige wie innovative Interpretation des Schematismus der Einbildungskraft eine neue Bedeutung als zeitliches *Dasein* in der Welt gibt.[4] Die phänomenologischen und existenzphilosophischen Auseinandersetzungen mit Kant machen wohl die letzte programmatisch geschlossene Phase systematischer Kant-Rezeption aus.

Obwohl Kant zu Beginn des 20. Jahrhunderts im logischen Positivismus bzw. Empirismus durchaus Beachtung fand, hat er doch ob seines methodologischen Apriorismus in dieser Strömung keine eingehende Rezeption, zum Teil sogar massive Ablehnung erfahren. Neurath zum Beispiel mokiert sich über den kategorischen Imperativ als Satz, dessen

---

[3] Geschichte und Motive des Neukantianismus sind in den vergangenen Jahren verstärkt erforscht worden, nicht ohne dabei ältere Bewertungen dieser Strömung zu präzisieren oder auch zu revidieren. Vgl. umfassend Köhnke, 1993; siehe auch Krijnen, 2001, und Falkenburg, 2000, S. 307-352; zum Kantianismus Diltheys vgl. Schnädelbach, 1983, S. 74ff, 153ff.

[4] Zur phänomenologisch-existenzphilosophischen Kant-Rezeption siehe die Literaturhinweise im Beitrag von Dahlstrom (in diesem Band). Vgl. auch Schnädelbach, 1983, S. 168ff, 225ff und 235ff.

Sinnlosigkeit durch eine – allerdings mehr als sinnentstellende – Umformulierung geradezu in die Augen springe: „Es gibt einen Befehl, den hat niemand gegeben und dennoch hat ihn jemand empfangen." (Neurath, 1992, S. 32).[5] Abgesehen von den Fortwirkungen der phänomenologischen und existenzphilosophischen Philosophie nach 1945, die insbesondere in Frankreich Fuß faßte und nicht unwesentlich zur Entstehung der Postmoderne beitrug, wird Kant nach dem zweiten Weltkrieg erst wieder von der analytischen Philosophie systematisch innovativ rezipiert. Die *analytische* Phase der Kant-Rezeption wird initiiert durch Strawsons Werk *Individuals* (1959), das als Ursprungsort der später von Stroud weiter angefachten analytischen Diskussion transzendentaler Argumente gilt, sowie durch sein Buch *The Bounds of Sense* (1966), das als analytischer Kommentar zur *Kritik der reinen Vernunft* klassisch geworden ist. Hanna hat in einer detaillierten Studie zudem gezeigt, daß schon die Grundlagen der analytischen Philosophie, wie sie durch Frege, Moore, Russell, Wittgenstein, Carnap und Quine gelegt wurden, nicht unwesentlich von einer kritischen Auseinandersetzung mit der Philosophie Kants abhängen.[6] Wie die neueren Werke McDowells, Brandoms oder auch Cassams zeigen, setzt sich die Kant-Rezeption in verschiedenen Strömungen der analytischen Philosophie aktuell weiter fort.[7] Damit ist die Philosophie unserer Gegenwart erreicht, in der sich erneut die Frage nach der Möglichkeit und vielleicht sogar nach der Notwendigkeit systematischer Kant-Rezeption stellt.

Warum Kant heute?

Auf die Frage „Warum Kant heute?", die anders formuliert lauten könnte „Warum gerade Kant heute?", gibt es keine definitive, uniforme Antwort, da die Kantische Philosophie in den verschiedenen, in sich zum Teil stark differenzierten Richtungen und Strömungen der Gegenwartsphilosophie auf sehr unterschiedliche Resonanz stößt. Dennoch lassen

---

[5] Das Verhältnis Kants zum Wiener Kreis untersucht umfassend und aufschlußreich Coffa, 1991.

[6] Vgl. Hanna, 2001; Hanna vertritt die systematische These, daß die *Kritik der reinen Vernunft* eine Theorie objektiver mentaler Repräsentation entfaltet.

[7] Vgl. Brandom, 2000, v. a. S. 41ff, 72ff, 851ff; Cassam, 1997; McDowell, 1994; siehe auch Parrini, 1999; zu Brandom vgl. Habermas, 1999.

sich in den Disziplinen und Bereichen der theoretischen und praktischen Philosophie aktuell durchaus bestimmte Tendenzen oder auch Schwerpunkte der Kant-Rezeption ausmachen. Traditionell stark ist die Kant-Rezeption in der theoretischen Philosophie. Die *Erkenntnistheorie* der Gegenwart, die wie auch andere Bereiche der theoretischen Philosophie stark durch die analytische Philosophie geprägt ist, bezieht sich dabei vor allem auf die *Transzendentale Analytik* der *Kritik der reinen Vernunft*, insbesondere auf den epistemologischen Zusammenhang von Anschauung und Begriff. Im Zentrum der zum Teil direkt an Kant anschließenden Debatten steht hier das Problem der Begrifflichkeit der Wahrnehmung (Sellars) bzw. der Rationalität und Rechtfertigungskraft der Erfahrung (McDowell) (vgl. den Beitrag von D. H. Heidemann).

Das spezifisch Kantische Konzept der *Transzendentalphilosophie*, das die klassische Ontologie durch die Erkenntniskritik ersetzen soll, hat aktuell unter dem Stichwort „transzendentale Argumente" erneut die Aufmerksamkeit auf sich gezogen. Es zeigt sich, daß transzendentale Argumente durch die Untersuchung Kantischer Beweisverfahren präzisiert werden können, um sie gegen den empiristischen Skeptizismus als Rechtfertigung unseres Wissens über die Außenwelt einzusetzen (vgl. den Beitrag von T. Grundmann).

Kants Fundierung von Erkenntnis in der transzendentalen Apperzeption, die ihn zum Begründer der *Subjektivitätsphilosophie* im engeren Sinne gemacht hat, galt längere Zeit als überholt, da sie eine Lehre von einem nichtphänomenalen Selbst mitentwirft. Doch die Beschäftigung mit seiner Kritik an der rationalen Psychologie in den Paralogismen der *Kritik der reinen Vernunft* hat den Blick wieder geweitet für ein differenzierteres Verständnis seiner Subjektivitätsphilosophie. Kants Agnostizismus bezüglich der Seele an sich als Resultat der Paralogismen zeigt, daß seine lediglich Ansatz gebliebene Subjektivitätstheorie nicht als ein Wissen im Sinne objektiver Erkenntnis verstanden werden kann. Auch seine Loslösung des Leib-Seele-Dualismus von der Substanzmetaphysik stellt eine starke, noch ungenutzte Alternative in der Diskussion dieses Problems bereit (vgl. den Beitrag von K. Ameriks).

Kants Lehre von der Subjektivität ist auch Gegenstand des Interesses der gegenwärtigen *Phänomenologie*, die die Differenziertheit der Kantischen Konzeption in Erinnerung ruft. Insbesondere Kants Bestimmung des Verhältnisses der reinen, transzendentalen Apperzeption zum empirischen, phänomenalen Selbst und verbunden damit seine Verknüpfung des transzendentalen Subjekts mit der Zeit als reiner Form des inneren Sinnes findet Beachtung auch im Anschluß an Husserls Überlegungen zum inneren Zeitbewußtsein (vgl. den Beitrag von D. O. Dahlstrom).

Der Begriff der Vorstellung galt lange Zeit als problematisch, da er zumeist empiristisch oder internalistisch im Sinne einer Abbildtheorie gedeutet wurde. In der gegenwärtigen *Philosophie des Geistes* läßt sich im Kontext der Internalismus-Externalismus-Debatte mit Kant zeigen, wie der Repräsentationalismus durch einen Usualismus, dem gemäß Begriffe normativ durch die Regeln ihres Gebrauchs bestimmt sind, systematisch erweitert werden kann (vgl. den Beitrag von G. Schönrich).

Kant hat zwar im eigentlichen Sinne keine eigene Philosophie der Sprache entworfen, doch lassen sich in der gegenwärtigen *Sprachphilosophie* deutliche Anklänge an Kantische Lehren aufweisen, etwa in der Diskussion um die Unterscheidung zwischen analytischen und synthetischen Urteilen bei Quine und Kripke, oder bereits zuvor bei Frege und Ayer. In diesem Kontext erweist sich Kants transzendentaler Idealismus, verbunden mit einem empirischen Realismus, als anschlußfähige Lösungsmöglichkeit des Realismusproblems in der gegenwärtigen Sprachphilosophie (vgl. den Beitrag von W. Lütterfelds).

Das Idealismus-Realismus-Problem stellt sich in der *Naturphilosophie* und *Wissenschaftstheorie* als Naturalismus-Problem. Den Naturalismus hat Kant in seiner Kritik der rationalen Kosmologie in der *Transzendentalen Dialektik* der *Kritik der reinen Vernunft* widerlegt; sein Instrument sind hierbei Antinomien, in die er die rationale Kosmologie, die unter anderem eine dem Naturalismus vergleichbare Position des transzendentalen Realismus vertritt, notwendig verstrickt sah. Aus heutiger Sicht lassen sich zwar die Antinomien der Kosmologie vermeiden, gleichwohl kommt Kants Analyse von Paradoxien in dem Bestreben der Vernunft, unsere Naturerkenntnis zu einer Totalität zu vereinheitlichen, nach wie vor Bedeutung zu, da die heutige Wissenschaftstheorie mit dem Problem beschäftigt ist, der Vereinheitlichung der beiden großen physikalischen Grundlagentheorien – der Quantentheorie einerseits mit der allgemeinen Relativitätstheorie andererseits – ein erkenntnistheoretisches Fundament zu geben. In der *modernen Naturwissenschaft* zeichnen sich zudem Tendenzen ab, den Objektbegriff zu rehabilitieren, nachdem er im Zuge der Loslösung von der Substanzmetaphysik verworfen wurde. Es zeigt sich, daß physikalische Theorien letztlich nicht ohne einen Begriff vom ‚Objekt' auskommen.

Kants kritischer Objektbegriff kann hier mit einigen Abstrichen bezüglich der Objektkriterien, die Kant u. a. in der *Transzendentalen Dialektik* näher bestimmt, innovativ aufgegriffen werden (vgl. die Beiträge von B. Falkenburg und P. Mittelstaedt).

Ebenso wirkungsmächtig wie die theoretische ist in der Gegenwart Kants praktische Philosophie. Hier gilt Kants *Ethik* weiterhin als das Paradigma der Deontologie. Rezipiert wird v. a. Kants Begriff der Person. Auf dieser Grundlage gibt es nun konstruktivistische, wie diejenige J. Rawls', oder auch abstrakte Interpretationen der Morallehre Kants, wie diejenige O. O'Neills. Auch der Verzicht auf eine metaphysische Ethikbegründung macht Kants Philosophie für die Gegenwart zu einem Ansatzpunkt, wie für Tugendhat, Habermas und Apel, für den insbesondere Kants transzendentale Argumentation in seiner Ethikbegründung ausschlaggebend ist. Aber auch eine subjektivitätstheoretisch begründete Ethik läßt sich mit Kants Moralphilosophie konzipieren (vgl. den Beitrag von K. Düsing).

Daß die Kantische Philosophie dazu in der Lage ist, die Neuausrichtung von Disziplinen zu prägen, die sich aufgrund bestimmter philosophischer Strömungen überlebt zu haben scheinen, zeigt die *Anthropologie*. Die essentialistisch ausgerichtete Anthropologie zu Beginn des vorigen Jahrhunderts wird aktuell v. a. im Gefolge der Metaphysikkritik der analytischen Philosophie durch die Philosophie der Person ersetzt, und dies im expliziten Anschluß an Kants Beantwortung der Frage: „Was ist der Mensch?" Zentral für den Kantischen Personen-Begriff ist dabei auch der Nachweis der theoretischen Denkmöglichkeit von Freiheit durch die Auflösung der dritten Antinomie. Damit legt Kant die theoretischen Fundamente für eine moderne Anthropologie (vgl. den Beitrag von D. Sturma).

Daß der *politischen Philosophie* Kants auch heute noch große systematische Bedeutung zukommt, und zwar sowohl hinsichtlich der theoretischen Grundlagen der Demokratiebegründung und des Staatsbürgerrechts als auch der Idee eines internationalen Rechtssystem souveräner Staaten, dürfte außer Frage stehen – das gilt gerade für die politische Philosophie der internationalen Beziehungen, deren (Mit)Begründer Kant ist. Unter den Bedingungen gegenwärtiger politischer und sozialer Realitäten werden dennoch konkrete „Grenzen der Aktualität" seines Denkens sichtbar, insbesondere weil Kant bestimmte historische Entwicklungen nicht voraussehen konnte oder aber die Möglichkeit solcher

Entwicklungen in seiner Theorie nicht ausreichend berücksichtigte. Doch bleibt seine Utopie eines „ewigen Friedens" im gegenwärtigen globalen Zeitalter weiter zukunftsweisend (vgl. den Beitrag von I. Fetscher).

In der *Rechtsphilosophie* ist es Kants Grundansatz der Rechtsbegründung, dem in der Gegenwart nach wie vor große Beachtung geschenkt wird. Die Kantische Begründung des Rechts in der reinen Vernunft bringt Kant zu rechtspositivistischen Ansätzen wie demjenigen H. Kelsens in Opposition. Die Kritik Habermas' und Rawls' an Kants Begründung des Rechts in demjenigen, was sie als metaphysische Komponente seiner Philosophie betrachten, die reine Vernunft, führt zu einem Ersatz dieser Instanz durch bestimmte Verfahrensweisen der Rechtsfindung, die allerdings eigene Probleme mit sich bringen. Der systematische Vorteil der Kantischen Vernunftrechtslehre liegt demgegenüber darin, den notwendigen Zusammenhang von Rechtssetzung und Rechtsanerkennung bzw. Rechtslegitimität herstellen zu können (vgl. den Beitrag von H.-G. Schmitz).

Der *Geschichtsphilosophie* Kants hat man vergleichsweise wenig Aufmerksamkeit geschenkt. Dies erweist sich als ein Versäumnis, denn das Kantische Denken ist weit weniger geschichtsvergessen als landläufig angenommen wird. Kants Orientierung der Ethik an einen Endzweck impliziert eine teleologische Konzeption politischen Handelns, wobei er das Ziel der Menschheit darin erblickt, eine weltbürgerliche Ordnung einzurichten. Damit verbunden ist ein hermeneutisches Moment, daß nämlich das Selbstverständnis des Menschen in historische Horizonte eingeschlossen ist. Hier bestehen systematische Anknüpfungspunkte zwischen Kant und dem gegenwärtigen geschichtsphilosophischen Denken (vgl. den Beitrag von E. Angehrn).

Für Kant bilden Ästhetik und Teleologie die ‚Brückendisziplin' zwischen theoretischer und praktischer Philosophie. Ihr gemeinsames Prinzip ist die Zweckmäßigkeit, das Prinzip der reflektierenden Urteilskraft. Die *Kritik der Urteilskraft* bildet daher wohl den systematischen Schlußstein der Kantischen Philosophie. In der *Ästhetik* hat die Kantische Lehre in der Aufmerksamkeit lange hinter der klassischen Leitästhetik Hegels zurückstehen müssen. Auch ist die Rezeptionsweise in der heutigen Ästhetik teils weniger auf die Auseinandersetzung mit Argumenten ausgerichtet als auf eine Analyse gegenwärtiger Phänomene der Kunst oder der ästhetischen Reflexion, so daß historische Positionen häufig weniger Beachtung finden und als innovative Kraft genutzt wer-

den. Doch zeigen sich ausgehend vom Irrealismus N. Goodmans einige
Neuansätze zu einer Kantischen Ästhetik, die insbesondere epistemologisch ausgerichtet sind. Die Kantische *Teleologie* findet als philosophische Grundlegung der Biologie dagegen wenig Resonanz, obwohl
die Lebenswissenschaften durch ihre enormen Erkenntnisfortschritte
derzeit in eine Phase der theoretischen Neubestimmung eingetreten
sind. Doch ist Kants Teleologie nicht nur auf eine Theorie der objektiven Zweckmäßigkeit von Naturwesen beschränkt, sie beinhaltet auch
wesentlich eine Lehre von der Verortung des Menschen als moralisches
Wesen in der Natur. Als solche ist die Kantische Teleologie noch viel zu
wenig beachtet, aber in hohem Maße aufschlußreich und systematisch
anschlußfähig (vgl. die Beiträge von K. Engelhard und P. Guyer).

Der vorliegende Band gibt einen Aufriß der systemantischen Bedeutung und Rezeption der Kantischen Philosophie in der Gegenwart. Ziel
der Autoren ist es, die heutige Anschlußfähigkeit des Kantischen Denkens herauszustellen, aber auch auf ihre Grenzen hinzuweisen. Es geht
darum, aufzuzeigen, in welchen philosophischen Debatten Kant heute
wahrgenommen wird oder wahrgenommen werden sollte. Ausgewählt
wurden diejenigen philosophischen Disziplinen, Bereiche und Strömungen, in denen sich Kants Philosophie gegenwärtig besonders profiliert und ihr systematisches Problemlösungspotential unter Beweis zu
stellen vermag. Die Gliederung des Bandes ist der Tatsache geschuldet,
daß sich auf die Frage: „Warum Kant heute?" keine einheitliche Antwort geben läßt. Eine Antwort auf die Frage nach der aktuellen Relevanz des Kantischen Denkens muß jeweils in den unterschiedlichen,
einschlägigen Debatten der Gegenwartsphilosophie gesucht werden.
Die Gesamtschau der Beiträge dürfte allerdings deutlich machen, daß
die systematische Anschlußfähigkeit der Kantischen Philosophie in
zahlreichen Gebieten heutiger philosophischer Bemühungen sachlich
begründet und keine dem Kantischen Werk zwanghaft abgerungene
philosophiegeschichtliche Platitüde ist.

Literatur

Brandom, R. B., 2000, *Expressive Vernunft. Begründung, Repräsentation und diskursive
    Festlegung,* Frankfurt/M.: Suhrkamp.
Cassam, Q., 1997, *Self and World,* Oxford: Clarendon Press.

Coffa, J. A., 1991, *The Semantic Tradition from Kant to Carnap: to the Vienna Station*, Cambridge: Cambridge UP.

Falkenburg, B., 2000, *Kants Kosmologie. Die wissenschaftliche Revolution in der Naturphilosophie des 18. Jahrhunderts*, Frankfurt/M.: Klostermann.

Fichte, J. G., 1962ff, *Gesamtausgabe*, Stuttgart-Bad Cannstatt: frommann-holzboog.

Habermas, J., 1999, *Von Kant zu Hegel. Zu Robert Brandoms Sprachpragmatik*, in: J. Habermas, *Wahrheit und Rechtfertigung. Philosophische Aufsätze*, Frankfurt/M.: Suhrkamp, S. 138-185.

Hanewald, C., 2001, *Apperzeption und Einbildungskraft. Die Auseinandersetzung mit der theoretischen Philosophie Kants in Fichtes früher Wissenschaftslehre*, Berlin/New York: De Gruyter.

Hanna, R., 2001, *Kant and the Foundations of Analytic Philosophy*, Oxford: Clarendon Press.

Krijnen, C., 2001, *Nachmetaphysischer Sinn. Eine problemgeschichtliche und systematische Studie zu den Prinzipien der Wertphilosophie Heinrich Rickerts*, Würzburg: Königshausen & Neumann.

Köhnke, K. C., 1993, *Entstehung und Aufstieg des Neukantianismus*, Frankfurt/M.: Suhrkamp.

Kroner, R., ²1961, *Von Kant bis Hegel*, 2 Bde., Tübingen: Mohr.

McDowell, J., 1996, *Mind and World*, Cambridge/London: Harvard UP.

Neurath, O., 1992, *Einheitswissenschaft und Psychologie* (zuerst 1933), in: J. Schulte/B. McGuinness (Hrsg.), *Einheitswissenschaft*, Frankfurt/M.: Suhrkamp, S. 24-56.

Parrini, P. (Hrsg.), 1994, *Kant and Contemporary Epistemology*, Dordrecht: Kluwer.

Sedgwick, S. (Hrsg.), 2000, *The Reception of Kant's Critical Philosophy. Fichte, Schelling, and, Hegel*, Cambridge: Cambridge UP.

Schnädelbach, H., 1983, *Philosophie in Deutschland 1831-1933*, Frankfurt/M.: Suhrkamp.

Schopenhauer, A., 1977, *Die Welt als Wille und Vorstellung*, Bd. 2 (Zürcher Ausgabe), Zürich: Diogenes.

Zur Zitierweise:

Kants Werke werden mit Ausnahme der *Kritik der reinen Vernunft* zitiert nach der Akademie-Ausgabe: I. Kant, *Gesammelte Werke*, hrsg. von der königlich preußischen (später deutschen) Akademie der Wissenschaften, Berlin: Walter de Gruyter 1900ff (abgek.: AA), mit Angabe des Bandes in römischen und der Seitenzahlen in arabischen Ziffern. Die Schreibweise wurde teilweise modernisiert. Die *Kritik der reinen Vernunft* wird zitiert nach der von J. Timmermann besorgten Neufassung der Ausgabe von R. Schmid, Hamburg: Meiner 1998. Es werden die gängigen Siglen verwendet, für die *Kritik der reinen Vernunft: KrV*, für die *Kritik der praktischen Vernunft: KpV*, für die *Kritik der Urteilskraft: KU*, usw.

1. Erkenntnistheorie

Vom Empfinden zum Begreifen. Kant im Kontext der gegenwärtigen Erkenntnistheorie

DIETMAR H. HEIDEMANN

1. Einleitung: Neuere Entwicklungen in der Erkenntnistheorie

In der Gegenwartsphilosophie ist seit einigen Jahren ein neu erwachtes Interesse an der Erkenntnistheorie zu beobachten. Obwohl die Erkenntnistheorie nie völlig in Vergessenheit geraten ist, wurde sie im Zuge des ‚linguistic turn' sowie des Fortschritts der positiven Wissenschaften und der sich an ihnen orientierenden philosophischen Disziplinen in der jüngeren Vergangenheit vielfach vernachlässigt oder stand zumindest nicht im Zentrum der Debatten. Dies hat sich nun geändert. Denn nachdem die traditionellen Themen- und Betätigungsfelder der Erkenntnistheorie zuletzt insbesondere von der Sprachphilosophie, aber auch von der Wissenschaftstheorie, der Philosophie des Geistes, der Neurophilosophie sowie den Kognitionswissenschaften besetzt wurden, weisen neuere Entwicklungen auf ihr Wiedererstarken gegenüber diesen Disziplinen hin. Zweierlei fällt an diesen neueren Entwicklungen auf: Zum einen beschreitet die Erkenntnistheorie bei der Wiederaneignung ihrer klassischen Domäne alte Pfade, sie wagt sich aber auch auf systematisch und methodisch neues Terrain. So beschäftigt sie sich weiterhin mit traditionellen epistemologischen Themen wie Möglichkeit, Objektivität und Wahrheit von Wissen sowie dem Skeptizismus-Problem und der Idealismus-Realismus-Frage; sie entwickelt aber auch neue Ansätze, z. B. spezifische Konzeptionen der Begründung von Wissen auf naturalisierter, evolutionärer oder sozialer Grundlage.[1] Zum anderen ist

---

[1] Siehe z. B. die neueren Sammelbände Grundmann, 2001; Sosa/Kim, 2000; Greco/Sosa, 1999; ebenso Lütterfelds, 1987.

es Kant, auf den man in bestimmten Richtungen der gegenwärtigen
Erkenntnistheorie bewußt zurückgeht, um auf alte epistemologische
Fragestellungen neue systematische Antworten zu finden. Angesichts
einer in der zweiten Hälfte des 20. Jahrhunderts oft anzutreffenden
kritischen Einstellung gegenüber der Transzendentalphilosophie
konnte man diese Rückbesinnung auf Kant nicht unbedingt erwarten.
Denn nachdem die Debatte um transzendentale Argumente in der
sowohl analytischen als auch nicht-analytischen Erkenntnistheorie
in den 1980er Jahren langsam verebbte und damit auch die ‚letzte
Bastion‘ transzendentaler Erkenntnistheorie aus dem Bewußtsein der
systematischen Philosophie weitgehend zu verschwinden schien, hat
Kant in den erkenntnistheoretischen Diskussionen neuerdings wieder
große Bedeutung erlangt, so daß man in einigen Forschungsbereichen
der gegenwärtigen Erkenntnistheorie sogar von einem Neokantianis-
mus sprechen kann.

Diese Rückbesinnung auf die Erkenntnistheorie und auf Kant muß
eigentlich mehr als überraschen. Denn gerade einmal 25 Jahre sind es
her, daß Richard Rorty in seinem einflußreichen Werk *Philosophy and
the Mirror of Nature* (1979) der Erkenntnistheorie und Kant den Vorwurf machte, für grundlegende Fehlentwicklungen der neueren Philosophie verantwortlich zu sein. Kant sei es letztlich gewesen, der die
Erkenntnistheorie zur philosophischen „Fundamentalwissenschaft"
erhoben habe, die fortan das „Tribunal" der Philosophie bildete und
sich die Entscheidung darüber anmaßte, was Anspruch auf „Wissen-
schaftlichkeit" erheben durfte und was nicht. Den Lockeschen und
Cartesischen Mentalismus im Gepäck habe sie sich zur einzigen Kon-
trollinstanz „kulturelle[r] Ansprüche" aufgeschwungen, um der Kultur selbst die einzig möglichen Fundamente zu legen. Zwar habe sich
gegen diese einseitigen „Prätentionen der Erkenntnistheorie" auch
Widerstand geregt, doch seien Proteste etwa Nietzsches oder James'
weitgehend ignoriert worden, wie Rorty meint. So konnte sich der
Führungsanspruch der (Kantischen) Erkenntnistheorie im Neukantianismus sowie bei Husserl, Frege und Russell sogar noch verfestigen.
Selbst die analytische Philosophie ist in Rortys Augen nichts anderes
als eine „neue Variante des Kantianismus"; sie habe den Mentalismus
Kants zwar durch das neue Paradigma der Sprache ersetzt, damit aber
zugleich den Teufel mit dem Beelzebub ausgetrieben, d. h. lediglich das

eine Übel, die Erkenntnistheorie, durch ein anderes Übel, die Sprachphilosophie, ausgetauscht.[2]

Wenn man vom Skeptizismus als ubiquitäres Hintergrundproblem
absieht, kann man drei Bereiche abstecken, auf die sich die Diskussionen in der Erkenntnistheorie gegenwärtig besonders konzentrieren.
Koordiniert werden können diesen Gebieten drei spezifische Fragestellungen, die einen inneren systematischen Zusammenhang bilden:

1. *Wahrnehmung.* Was wird in der sinnlichen Wahrnehmung erkannt
   und wie ist ihr empirischer Gehalt (repräsentational) möglich?
2. *Idealismus und Realismus.* Existiert das Wahrgenommene unabhängig
   von den Erkenntniskapazitäten des Subjekts und haben wir epistemischen Zugang zu ihm?
3. *Rechtfertigung von Wissen.* Wie läßt sich unser Wissen von dem, was
   wir wahrnehmen, begründen und kommt diesem Wissen – objektive – Gültigkeit zu?

Zu allen drei Problembereichen hat Kant entscheidende Beiträge
geliefert, die heute auf ganz unterschiedliche Weise rezipiert werden.
Besonders deutlich ist die Kant-Rezeption in denjenigen erkenntnistheoretischen Richtungen, die noch in der Tradition der Kritik des logischen Empirismus und Positivismus stehen. Dies mag damit zusammenhängen, daß sich das Wissenschaftsideal des logischen Empirismus
und Positivismus insbesondere auch gegen das Kantische Programm
einer transzendentalen Erkenntnistheorie wendet. In aller Radikalität
dokumentiert sich dies z. B. in der dezidiert gegen Kant gerichteten Forderung O. Neuraths, im Sinne der „Einheitswissenschaft" des logischen
Empirismus jegliche Wissensansprüche auf Protokollsätze zurückzuführen und erkenntnistheoretische Grundbegriffe wie „immanent", „Wirklichkeit", „Erscheinung" oder eben auch „transzendental" auf einen
„Index verborum prohibitorum" zu setzen.[3] Diese zensorische Forderung

---

[2] Inhaltlich richtet sich Rortys Kritik vor allem gegen die Kantische ‚Illusion', „zeit-
lose Bedingungen" freizulegen, die die apriorischen Strukturen der „>Wechselwir-
kung< zwischen >erkennendem Subjekt< und >Wirklichkeit<" konstituieren. Als
therapeutische Maßnahme, mit der die Philosophie von dieser falschen Hypothese
zu kurieren sei, schlägt er vor, die Kantische Idee schlicht aufzugeben, „daß der Philosoph etwas über das Erkennen erkennen kann", um so der Erkenntnistheorie ihre
selbstherrlich angeeigneten philosophischen Herrschaftsansprüche zu nehmen und
der Hermeneutik als nichtmethodische und nichtfundamentalistische Philosophie
den Weg zu bereiten. Vgl. Rorty, 1981, S. 14ff, 149ff, 283ff, 414-427.

steht ganz im Bann der fundamentalistischen Ausrichtung empiristischer Erkenntnistheorien und positivistischen Denkens in der ersten Hälfte des 20. Jahrhunderts, denen gemäß Wissen auf einfache sinnliche Gegebenheiten wie Sinnesdaten als seine rechtfertigende Grundlage zurückgeführt werden müsse Es ist diese Idee einer empiristisch-sensualistischen Fundierung von Wissen, gegen die in der zweiten Hälfte des 20. Jahrhunderts Einspruch erhoben wurde, was dann die Kant-Rezeption in der Erkenntnistheorie wenn auch nicht ausschließlich, so doch aber wesentlich motiviert hat und heute noch bestimmt.

Die Kritik am Fundamentalismus des traditionellen Empirismus haben zwei Autoren auf besonders einflußreiche Weise geprägt: Quine und Sellars. In seinem berühmten Aufsatz *Two Dogmas of Empiricism* von 1951 greift Quine zwei, wie er sie nennt, Dogmen des Empirismus an: die Unterscheidung zwischen analytischen und synthetischen Aussagen sowie die Reduktion empirischer Aussagen auf logische Konstrukte aus Begriffen, die sich unmittelbar auf Erfahrung beziehen. Direkt betroffen von dieser Kritik ist Kants Erkenntnistheorie insofern, als sie in entscheidendem Maße von der Unterscheidung analytischer und synthetischer Urteile abhängt.[4] Anders als von Quine, der im weiteren zudem die Naturalisierung der Erkenntnistheorie propagierte, um sie damit als originär philosophische Disziplin mit eigenen Zielen zugleich abzuschaffen, sind von Sellars' Kritik des traditionellen Empirismus für die Kant-Rezeption in der gegenwärtigen Erkenntnistheorie entscheidende Impulse ausgegangen. Zu nennen ist zunächst das epochemachende Werk *Empiricism and the Philosophy of Mind* von

---

[3] Vgl. Neurath, 1992, S. 36. Nicht alle Vertreter des logischen Empirismus bzw. Positivismus waren derart rigoros gegen Kant eingestellt. Gerade die führenden Köpfe des „Wiener Kreises" begannen, wie Coffa, 1991, S. 171, sie nennt, als „neo-Kantians"; so auch der frühe Schlick, der die Kantische Erkenntnistheorie in Teilen für durchaus anschlußfähig hielt, auch wenn er Kants Beweisanspruch synthetischer Urteile a priori ablehnte (vgl. Schlick, 1979; dazu Coffa, 1991, S. 171ff).

[4] Vgl. Quine, 1980. Zu den Einzelheiten der Quineschen Kritik siehe Hanna, 2001, S. 120ff, 171ff, der eine Verteidigung des Kantischen Begriffs der Analytizität vorlegt, sowie van Cleve, 1999, S. 15-33, für den entgegen der heute weitverbreiteten Einwände auch synthetische Urteile a priori möglich sind. Siehe auch Rorty, 1981, S. 215ff. In diesem Zusammenhang sei darauf hingewiesen, daß der erkenntnistheoretische Apriorismus à la Kant heute durchaus wieder seine Befürworter findet, vgl. u. a. Bonjour, 1998, zu Kant S. 20ff; Bonjour, 1993, v. a. S. 58ff; Parrini, 1994.

1956, in dem Sellars die Auffassung des traditionellen Empirismus, die
rechtfertigende Grundlage des Wissens bestehe in einfachen sinnlichen
Gegebenheiten, zum ‚Mythos des Gegebenen' erklärt, einer von der
empiristischen Tradition überlieferten Hypothese, die gar nicht das
leisten könne, was man ihr zumutet: die *Rechtfertigung* von Wissen.
In der Folge hat Sellars diese Kritik in zahlreichen Abhandlungen zu
Kant ausgearbeitet und in Aufnahme der Kantischen Theorie zu einem
eigenen Ansatz weiterentwickelt. Ähnlich wie Strawsons *The Bounds of
Sense* (1966) war und ist Sellars' produktive Auseinandersetzung mit
Kant außerordentlich wirkungsmächtig; sie wird heute weitergeführt
von McDowell, in dessen vielbeachtetem Buch *Mind and World* (1994)
die Linien der Empirismus-Kritik und Kant-Rezeption unter den philosophischen Vorzeichen und Bedingungen der Gegenwart zusammenlaufen. In der Kantischen Lehre, dergemäß Erkenntnis in der Kooperation von Sinnlichkeit und Verstand besteht, erblickt McDowell die
entscheidende Einsicht, mit der sich gegen die empiristisch-naturalisti-
schen Fehl- und Kurzschlüsse der Gegenwartsphilosophie zeigen läßt,
daß die Anschauung selbst mit Begrifflichkeit durchsetzt ist und der
Erfahrung mithin ursprünglich rationale Struktur eignet, was insbesondere den ‚Mythos des Gegebenen' überwinde.

Fragt man nach der aktuellen systematischen Relevanz und Bedeutung Kants im Bereich der Erkenntnistheorie, so wird man vor allem auf
die Konzeptionen von Sellars und McDowell verweisen müssen. Selbstverständlich gibt es auch andere Autoren, die sich heute produktiv mit
der Kantischen Erkenntnistheorie auseinandersetzen; aus der aktuellen
Kant-Forschung ließen sich hier zahlreiche neuere Interpretationen nennen, wobei allerdings nicht immer klar zu sehen ist, ob jeweils ein historisches oder ein über den bloßen Textkommentar hinausgehendes systematisches Interesse an Kant im Vordergrund steht.[5] Die systematische
Aneignung der Kantischen Erkenntnistheorie aber wird in der jüngeren
Vergangenheit und der Gegenwart auf den zentralen Problemfeldern in
entscheidendem Maße bestimmt durch Sellars und insbesondere McDowell, die mehr als nur Exegese Kantischer Texte betreiben. Im Folgenden
werden daher zunächst die einflußreichen Studien Sellars' zum Zusammenhang von Sinnlichkeit und Verstand bei Kant untersucht; Sellars

---

[5]   Eine Zusammenstellung neuerer Titel bietet das umfassende Literaturverzeichnis
      bei Natterer, 2003.

greift grundlegende Kantische Argumente auf, mit denen seiner Ansicht nach demonstriert werden kann, wieso die sinnliche Wahrnehmung kein nicht-inferentielles empirisches Wissen ist (2.1.). Im Anschluß daran soll McDowells kritische Erneuerung der Intuitionen Sellars' dargelegt und geprüft werden, ob es ihm mit Kant gelingt, den von ihm attackierten „bald naturalism" sowie den Schema-Inhalt-Dualismus durch einen alternativen, an Kant orientierten *Begriff* der Erfahrung zu überwinden (2.2.). Im letzten Abschnitt wird für die These argumentiert, daß sich durch die Aufnahme der Argumentationslinie von Sellars zu McDowell zeigen läßt, wie sich mit Kant der kognitive Zusammenhang von Empfinden und Begreifen erkenntnistheoretisch explizieren läßt; dabei treten aber auch die Differenzen zwischen diesen Autoren und Kant zutage (3.).[6]

2. Vom Empfinden zum Begreifen

2.1. Sinnlichkeit und Verstand

Gemäß Rortys kritischer Diagnose der neueren Philosophie ist von den Theoremen der Kantischen Erkenntnistheorie in der jüngeren Vergangenheit vor allem eines in Verruf geraten: der Dualismus von durch Sinnlichkeit gegebenen Anschauungen und im Verstand bereitstehenden Begriffen, die auf das in der Anschauung sinnlich Gegebene rational einwirken (vgl. Rorty, 1981, S. 189ff). Obwohl nicht zu bestreiten ist, daß von der gegenwärtigen Erkenntnistheorie – ähnlich wie seinerzeit schon von Hegel – gerade gegen diesen Dualismus grundsätzliche Einwände erhoben werden, trifft Rortys Diagnose dennoch nur zum Teil zu. Neben Strawson hat insbesondere Sellars den Kantischen Stämme-Dualismus ausdrücklich in Schutz genommen, um ihn anhand eigener Um- und Weiterdeutungen in sein eigenes philosophisches Konzept produktiv

---

[6] Auf die Bedeutung Kants in der neueren Idealismus-Realismus-Debatte, etwa durch die Rezeption Putnams (vgl. z. B. Putnam, 1993), kann in diesem Beitrag nicht gesondert eingegangen werden; siehe dazu Heidemann, 2004. Da in dieser Debatte vor allem sprachphilosophische Probleme diskutiert werden, widmet sich im vorliegenden Band der Artikel von W. Lütterfelds diesem Thema. Vgl. auch Engelhard, 2004; Abela, 2002; Heidemann, 1998; zur Rolle Kants in der gegenwärtigen Erkenntnistheorie vgl. ebenso die Beiträge von T. Grundmann, K. Ameriks, D. O. Dahlstrom und G. Schönrich in diesem Band.

einzubinden. Zwar kritisiert Sellars in seiner wirkungsmächtigen Abhandlung *Empiricism and the Philosophy of Mind* die Annahme eines sinnlich Gegebenen, das als ein vom Begrifflichen abgetrenntes Fundament empirischen Wissens postuliert werde, doch nimmt er Kant von dieser Kritik explizit aus, denn er sei der „idea of givenness" nicht verfallen (Sellars, 1997, S. 14). Hinter der Idee des Gegeben, die Sellars als „myth of the given" entlarvt, verbirgt sich eine Grundsatzkritik am traditionellen Empirismus. Sellars' Kritik am Gegebenen geht aus von der Beobachtung, daß empiristische Erkenntnistheorien, genauer Sinnesdatentheorien in der Regel zwischen dem Akt des Gewahrseins („act of awareness") eines Objekts und dem Objekt selbst als Gegenstand des Empfindens („*sensing*", Sellars, 1997, S. 14) unterscheiden. Empirisches Wissen werde von diesen Theorien erklärt durch seine Fundierung in einem nicht-inferentiellen, d. h. nicht durch begriffliche Leistungen vermittelten Tatsachenwissen. Diese Rückführung von empirischem Wissen auf ein unmittelbares Tatsachenwissen ist, so lautet nun Sellars' Kritik, nicht einzusehen, da der Sinnesdatentheoretiker einerseits behaupte, Einzeldinge zu empfinden, andererseits Tatsachenwissen aber die Form habe: „*something's being thus-and-so* or *something's standing in a certain relation to something else*" (Sellars, 1997, S. 16). In Sinnesdatentheorien tritt also eine Inkongruenz zutage zwischen dem nicht-epistemischen *Empfinden* sinnlicher Gegebenheiten wie Erscheinungen oder Empfindungen, die zur Grundlage von Wissen gemacht werden, und der reichhaltigen *Wissen*struktur, daß etwas der Fall ist.

Damit wird der Sinnesdatentheoretiker vor die Wahl gestellt: Entweder er behauptet, daß Einzeldinge empfunden werden, daß solches Empfinden aber kein Wissen ist und von empfundenen Sinnesdaten logisch nicht auf die Existenz von Wissen geschlossen werden darf; oder er vertritt die Auffassung, daß Empfinden selbst eine Form von Wissen *ist*, wobei Tatsachen, aber keine Einzeldinge empfunden werden. Wählt er die erste Option, kann er Empfinden nicht als Wissen ausgeben, wählt er die zweite, geht ihm das sinnlich Gegebene als intendiertes Wissensfundament verloren. Nach Sellars' Analysen entscheidet sich der Sinnesdatentheoretiker fatalerweise für beide Alternativen zugleich, was ihn in letzter Konsequenz zu einer Art „naturalistic fallacy" zwingt. In der Erkenntnistheorie beruht der ‚naturalistische Fehlschluß' auf der falschen Voraussetzung, „that epistemic facts can be analyzed without remainder – even ‚in principle' – into non-epistemic facts" (Sellars,

1997, S. 19). Ein logisches Schlußfolgern aber von epistemischen auf nicht-epistemische Tatsachen, d. h. von Wissen auf ein es rechtfertigendes Empfinden und umgekehrt, ist nicht möglich, denn, um mit Kant zu reden, der „Verstand vermag nichts anzuschauen, und die Sinne nichts zu denken" (*KrV*, B 75).

Ferner speist sich der naturalistische Fehlschluß des Sinnesdatentheoretikers aus der Überzeugung, so Sellars weiter, daß die Gegebenheit von Sinnesdaten, die als Fundament empirischen Wissens fungieren, ein Faktum ist, das keinerlei Lernen voraussetzt. Damit aber sehen sich Sinnesdatentheorien der Schwierigkeit gegenüber, das Empfinden von Sinnesdaten als ein nicht-inferentielles Wissen analysieren zu müssen, das seinerseits wie das Empfinden von Sinnesdaten nicht durch Anwendung von Begriffen erworben wurde. Dies scheint wenig plausibel zu sein, zumal Sinnesdatentheoretiker normalerweise nicht in Abrede stellen, daß die epistemische Klassifikation von Einzeldingen zuvor erworbene begriffliche Leistungen involviert. Die für seine Erfahrungskonzeption konstitutiven Annahmen: *1. Das Empfinden von Sinnesdaten ist ein nicht-inferentielles Wissen, 2. die Fähigkeit des Empfindens von Sinnesdaten wird nicht erworben* sowie *3. die epistemische Fähigkeit, etwas als etwas zu klassifizieren, wird erworben,* kann der Sinnesdatentheoretiker folglich nicht miteinander in Übereinstimmung bringen. Aus dieser Inkonsistenz folgt nach Sellars, daß wir das Empfinden von Sinnesdaten nicht zum Fundament empirischen Wissens machen können.[7]

Im Gegenzug zu dieser Kritik des sinnlich Gegebenen formuliert Sellars in *Empiricism and the Philosophy of Mind* eine positive erkenntnistheoretische Alternative, die von dem Gedanken getragen wird, daß wir empirisches Wissen nicht durch die bloße Beschreibung eines Empfindens zu rechtfertigen in der Lage sind, sondern nur indem wir es in den ‚logischen Raum der Gründe‘ stellen, in den „logical space of reasons, of justifying and being able to justify what one says." (Sellars, 1997, S. 76). Empirisches Wissen ist nicht intrinsisch gerechtfertigt durch seinen reinen Vollzug, z. B. durch eine Beobachtung, die sich in regelkonformen Aussagen über das Wahrgenommene dokumentiert. Denn um Wissen zum Ausdruck bringen zu können, müssen solche Aussagen Autorität besitzen, was aber bereits weiteres Wissen voraussetzt, etwa daß ein bestimmter Sachverhalt beobachtet wird

---

[7] Vgl. Sellars, 1997 S. 20ff.

oder daß bestimmte Bewußtseinsepisoden verläßliche Symptome für die Gegenwart bestimmter Gegenstände sind. Ohne die Existenz von Sinnesdaten in Zweifel zu ziehen, erweist Sellars die von Sinnesdatentheoretikern vertretene These, wonach sich empirisches Wissen durch das Fundament des sinnlich Gegebenen unmittelbar selbst beglaubigt, durch den Aufweis des begrifflichen Strukturreichtums dieses Wissens mithin als unhaltbar.[8]

Schon die Argumentationslinie von *Empiricism and the Philosophy of Mind* läßt Kants berühmtes Diktum „Gedanken ohne Inhalt sind leer, Anschauungen ohne Begriffe sind blind" (*KrV*, B 75) deutlich anklingen. In der Folgezeit hat Sellars seine Kritik am Fundamentalismus des traditionellen Empirismus dann anhand eingehender Auseinandersetzungen mit der Kantischen Lehre weiter ausgearbeitet, in denen er grundsätzliche Anknüpfungspunkte für seine eigene Erkenntniskonzeption erblickt.[9] In besonderem Maße gilt dies für die Grundunterscheidung von Sinnlichkeit und Verstand als den beiden Stämmen der Erkenntnis in der *Kritik der reinen Vernunft*: Sinnlichkeit als Fähigkeit, durch Gegenstände affiziert zu werden, liefert uns Anschauungen; von ihr zu unterscheiden ist der Verstand, der Anschauungen vermittels der in ihm entspringenden Begriffe denkt (*KrV*, B 33). Ist die Dichotomie von Sinnlichkeit und Verstand bzw. Anschauung und Begriff als solche erkenntnistheoretisch bereits problembeladen, so bürdet sich Kant mit dem aus ihr entwickelten Erkenntnisbegriff ungleich höhere Beweislast auf:

> „[Es ist] ebenso notwendig, seine Begriffe sinnlich zu machen, (d. i. ihnen den Gegenstand in der Anschauung beizufügen,) als seine Anschauung sich verständlich zu machen (d. i. sie unter Begriffe zu bringen). [...] Nur daraus, daß sie sich vereinigen, kann Erkenntnis entspringen." (*KrV*, B 75f).

Rechtfertigungsgrundlage der (empirischen) Erkenntnis ist nach Kant also nicht das in der (empirischen) Anschauung sinnlich Gegebene als solches, sondern die spezifische Kooperation von Sinnlichkeit und Ver-

---

[8]   Ebd., S. 68-79. Im Ausgang von seiner Mythos-Kritik entwickelt Sellars dann einen eigenen wissenschaftlichen Realismus, der dem ‚manifesten Weltbild' der alltäglichen Erfahrung gegenübersteht; vgl. dazu Schantz, 1990, S. 219ff.

[9]   Vgl. etwa das Bekenntnis zu Kant in Sellars, 1974, S. 58f; Sellars, 1976, S. 171.

stand, deren Selbständigkeit durch dieses Zusammenwirken jedoch nicht aufgehoben wird; dabei gesteht Kant auch dem „Mannigfaltigen, welches die Sinnlichkeit in ihrer ursprünglichen Rezeptivität darbietet" (*KrV*, A 100), Eigenständigkeit gegenüber dem Verstand zu. Im Hinblick auf Sellars' Mythos-Kritik stellt sich allerdings die Frage, wie weit diese Eigenständigkeit letztlich geht.

In der Studie *Science and Metaphysics: Variations on Kantian Themes* greift Sellars exakt diese Frage auf, um anhand kritischer Interpretationen zu zeigen, daß Kants Unterscheidung von Sinnlichkeit und Verstand sowie seine spezifische Bestimmung des Mannigfaltigen der Sinne in der Erkenntnistheorie prinzipiell sinnvoll und letztlich unverzichtbar ist. Das in dieser Abhandlung im Vordergrund stehende Sachproblem betrifft die Rolle, die das sinnlich Gegebene in der Wahrnehmung spielt: Ist es begrifflich oder rein rezeptiv bestimmt? Obgleich die Anschauung „Janus-faced" (Sellars, 1992, S. 2) sei, und zwar weil sie sowohl durch Sinnlichkeit als auch Spontaneität bestimmt werde, ist sie nach Sellars wesentlich Vorstellung eines *Diesen*. Als eine solche Vorstellung trete ihre Begrifflichkeit dadurch hervor, daß sie etwas als *dies*, als ein konkretes Etwas vorstellt. Wie wir gesehen haben, verbindet Kant mit der Anschauung die Bestimmung der Rezeptivität (der Sinnlichkeit). Allerdings sind nicht alle Anschauungen bloß sinnlich-rezeptiv, denn einige involvieren, wie Sellars zutreffend beobachtet, auch Synthesis; diese aber geht auf Leistungen der produktiven Einbildungskraft zurück, so daß in einigen Anschauungen neben Rezeptivität Spontaneität ins Spiel kommt (vgl. *KrV*, B 151ff). Solche Anschauungen, die durch die figürliche Synthesis der Einbildungskraft hergestellt werden, haben die Form einfacher demonstrativer Vorstellungen wie „this-cube". Vorstellungen dieser Art seien dabei unterhalb der Struktur des Urteils anzusiedeln, das in diesem Fall lauten würde „This is a cube." (Sellars, 1992, S. 4f). D. h. der sinnliche Gehalt einer Anschauung geht seiner prädikativen Verwendung durch eine Allgemeinvorstellung, einen Begriff, in einem Urteil voraus.

Empfindungen, die als *this-suches* („proper sensibles") in der Wahrnehmung vorkommen, gesteht Kant damit nach Sellars' Interpretation Eigenständigkeit zu. Die Annahme eines Mannigfaltigen des äußeren Sinnes sei erkenntnistheoretisch wohlbegründet (Sellars, 1992, S. 9ff). Als Beleg für die Unabhängigkeit des sinnlichen Mannigfaltigen führt Sellars insbesondere die Kategoriendeduktion in der ersten Auflage der

Kritik der reinen Vernunft an. Dort schreibt Kant der Einbildungskraft die Funktion zu, unter dem gegebenen Mannigfaltigen der Wahrnehmungen, die „im Gemüte an sich zerstreut und einzeln angetroffen werden", eine regelhafte Verbindung herzustellen (*KrV*, A 120). Gemäß Sellars operiert die Einbildungskraft in ihrer Synthesis mit einem nicht-begrifflichen sinnlichen Mannigfaltigen, aus dem sie begriffliche Anschauungen hervorbringt, so daß unterschieden werden müsse zwischen a) nicht-begrifflichen Vorstellungen des äußeren *Sinnes*, nämlich Sinneseindrücken, und b) begrifflichen *Anschauungen* als Vorstellungen von Räumlichem (Sellars, 1992, S. 28).

Fällt Sellars mit dieser Unterscheidung zwischen rein *sinnlichen* und *anschaulichen* Vorstellungen aber nicht in den ‚Mythos des Gegebenen' zurück? Neben der Abhandlung *Science and Metaphysics* machen insbesondere die Studien *The Role of the Imagination in Kant's Theory of Experience* sowie *Kant's Transcendental Idealism* deutlich, daß dies nicht der Fall ist. Die Lösung des Problems der Begrifflichkeit der Wahrnehmung erblickt Sellars in der schemabildenden Funktion der Einbildungskraft. Während Kant der Einbildungskraft in der ersten Auflage der *Kritik der reinen Vernunft* noch explizit die Rolle einer neben Sinnlichkeit und Verstand selbständigen dritten Erkenntnisquelle zugesteht, die nicht nur zwischen diesen vermittelt, sondern darüber hinaus ihren genetischen Ursprung zu repräsentieren scheint (*KrV*, A 15, 115, 124), nimmt sie in der zweiten Auflage seines Hauptwerks keine eigenständige Stellung mehr ein. Zugeschlagen wird sie nun, insbesondere was ihre produktive, synthesisstiftende Funktion in der Wahrnehmung angeht, dem Verstand (*KrV*, B 159ff). Ihre grundlegende erkenntnistheoretische Leistung besteht zum einen in der Apprehension des Mannigfaltigen der empirischen Anschauung, d. h. der Aufnahme des sinnlich Gegebenen in das Bewußtsein und seiner Verbindung „zur Wahrnehmung" (*KrV*, B 162); zum anderen ist sie Produzent der zwischen Anschauungen und Kategorien vermittelnden Schemata; d. h. die Einbildungskraft realisiert die Kooperation von Sinnlichkeit und Verstand, indem sie in mathematischen, empirischen und transzendentalen Schemata diejenigen Anwendungsbedingungen angibt, unter denen die Kategorien des Verstandes auf Anschauungen angewandt werden können, um objektive Erkenntnis zu ermöglichen (*KrV*, B 176ff).

Sellars interpretiert das empirische Schema, um dieses allein geht es ihm, als Regel, dergemäß die Einbildungskraft ein Bildmodell

(„image-model"; Sellars, 1978, S. 236ff) von Gegenständen konstruiert, die unsere Sinnlichkeit affizieren. Ohne näher auf die Kantische Differenzierung zwischen mathematischen, empirischen und transzendentalen Schemata einzugehen, versteht er die Erzeugung von Bildmodellen als Ergebnis des Zusammenwirkens von komplexen Erkenntnisfähigkeiten, die Kant unter der Bezeichnung „produktive Einbildungskraft" zusammengefaßt habe. Die besondere Leistung der Kantischen Konzeption der produktiven Einbildungskraft besteht nach Sellars in der Explikation des Zusammenwirkens von Sinnlichkeit und Verstand in der Erfahrung. Die von der Einbildungskraft produzierten Bildmodelle, die wir als solche nur in der theoretischen Reflexion erfassen, sind nun nichts anderes als die phänomenalen Objekte wie sie unmittelbar in unserem Wahrnehmungsbewußtsein vorkommen. Wesentliche Eigenschaft eines Bildmodells ist – vor allem was die visuelle Wahrnehmung angeht – sein „perspectival character", der Grund für die transzendentale Idealität der Objekte in der „image-model world" sei. In Anlehnung an Berkeleys Diktum *esse est percipi* heißt es diesbezüglich bei Sellars: „Their esse is to be representatives or proxies. Their being is that of being complex patterns of sensory states constructed by the productive imagination." (Sellars, 1978, S. 237). Perspektivität von Bildmodellen bedeutet also nicht, daß die Dinge der Außenwelt selbst perspektivisch sind; sie werden lediglich *als* perspektivisch wahrgenommen. Zu unterscheiden ist demnach zwischen den Gegenständen der Wahrnehmung als solchen und den Bildmodellen, die die Einbildungskraft von ihnen erzeugt.

Diese Differenzierungen lassen sich auf Kants Schematismus der Einbildungskraft übertragen: Die produktive Einbildungskraft erzeugt gemäß leitenden Regeln Anschauungsbilder, und stellt zugleich Gegenstände gemäß diesen Regeln vor. Kants Beispiel in der *Kritik der reinen Vernunft* für ein empirisches Schema, das Sellars in *The Role of the Imagination* aufgreift, ist der Begriff des Hundes: Der Begriff „Hund" stellt nichts anderes als die Regel vor, „nach welcher meine Einbildungskraft die Gestalt eines vierfüßigen Tieres allgemein verzeichnen kann, ohne auf irgendeine besondere Gestalt [...] eingeschränkt zu sein." (*KrV*, B 180). D. h. der Begriff „Hund" ruft in mir nicht das Anschauungsbild eines konkreten Hundes hervor, sondern bedeutet die Regel, nach der die Einbildungskraft in der aktualen Wahrnehmung ein Anschauungsbild produziert, wobei diese

Regel in ihrer Anwendbarkeit auf konkrete Anschauungen zugleich offen und spezifisch genug ist, um das durch den Begriff intendierte Objekt zu treffen. Folgt die Einbildungskraft der Regel auf korrekte Weise, kann z. B. der Begriff „Hund" vermittels seines Schemas auf jeden beliebigen wirklichen Hund angewendet werden. Im Grunde setzt sich das Schema, so Sellars, nicht aus nur einem, sondern aus zahlreichen Begriffen zusammen, die die perspektivische Variabilität eines Bildmodells betreffen. So folgt etwa das Schema einer Pyramide nicht dem Begriff der Pyramide allein, sondern darüber hinaus einer ganzen Komplexion von Begriffen, die die verschiedenen Wahrneh-mungsperspektiven des Subjekts mitberücksichtigt. Dies ist sicherlich zutreffend, muß doch das Schema der Pyramide in seiner Variabilität so groß sein, daß es allen möglichen Wahrnehmungsperspektiven, die ein Subjekt bei der visuellen Betrachtung einer Pyramide jemals ein-nehmen kann, Genüge tut. Die produktive Einbildungskraft generiert dabei zweierlei: einen Anschauungsgehalt als komplexe demonstrative Konzeptualisierung wie, um bei dem Beispiel zu bleiben, „This red pyramid facing me edgewise" (Sellars, 1978, S. 239) sowie simultan damit das Bildmodell einer Pyramide. Damit expliziert Sellars die konkrete Anwendbarkeit des Kantischen Schematismus im Bereich der Wahrnehmung.

Worin besteht nun aber die Begrifflichkeit der Wahrnehmung? Die (visuelle) Wahrnehmung hat zwei Seiten, antwortet Sellars: einerseits nehmen wir nur sinnliche Eigenschaften von Gegenständen, genauer von Bildmodellen wahr; andererseits nehmen wir Gegenstände aber auch als etwas wahr, und hierin besteht ihre begriffliche Bestimmt-heit. Wir können uns dies klarmachen anhand der Sellarsschen Unterscheidung zwischen „what we perceive of the object" und „what we perceive the object as" (Sellars, 1978, S. 240). Was wir an einem Gegenstand wahrnehmen, sind demnach bloße sinnliche Gehalte des Bildmodells, z. B. sinnliche Qualitäten; logisch-kategoriale, also begriffliche Bestimmungen wie kausale Eigenschaften werden durch diese Gehalte nicht vermittelt, da das Bildmodell als solches lediglich eine empirische Struktur besitzt, die sich allenfalls mit einem Voka-bular für sinnliche Qualitäten und Eigenschaften beschreiben läßt. Eine logisch-kategoriale Struktur kommt erst dem Urteil zu, wobei Sellars – mit Kant – davon ausgeht, daß eine Anschauung wie „This cube facing me edgewise" zwar ein bloßer demonstrativer, aber bereits

begrifflich bestimmter Gedanke ist, der das Urteil „This is a cube"
enthält – denn Anschauungen sind, wie sich ergab, demonstrative
Vorstellungen eines *Diesen* und insofern begrifflich.[10]

Sellars hat diese Überlegungen zum erkenntniskonstitutiven Zusammenhang von Sinnlichkeit und Verstand im Hinblick auf einen
von ihm favorisierten wissenschaftlichen Realismus in zahlreichen Arbeiten zum Wahrnehmungsproblem und zu Kant ausgeführt, vielleicht
ohne dabei immer für die nötige Klarheit, gerade hinsichtlich seiner
Rezeption Kantischer Ideen, zu sorgen. Seine Grundüberzeugung, die
er aus Kants Erkenntnistheorie interpretierend aufnimmt und die für
seinen Wissensbegriff leitend ist, lautet, daß Sinnlichkeit und Verstand
eigenständige Erkenntnisquellen sind, die erst in ihrer Zusammenfüh-
rung durch die produktive Einbildungskraft Wahrnehmung möglich
machen bzw. Erkenntnis begründen. Empirisches Wissen ist folglich
nicht fundiert im unbegrifflichen sinnlich Gegebenen, wie schon
Kant richtig sieht; erst durch die begrifflich geregelten Synthesen
der produktiven Einbildungskraft kommen in der Wahrnehmung
Anschauungen zustande, denen Begrifflichkeit und damit auf einer
über das bloße sinnliche Empfinden hinausgehenden epistemischen
Ebene Rechtfertigungsfähigkeit für empirisches Wissen eignet. Mit
dieser Konzeption setzt sich Sellars wie Kant jedoch der Gefahr des
internalistisch-idealistischen Mißverständnisses aus, Gegenstände der
Wahrnehmung existierten nur in unseren Vorstellungen, weil sie in der
Anschauung durch Schemata bzw. Bildmodelle allererst konstituiert
werden. Diesen Einwand hält Sellars für unbegründet, da die Kanti-
sche Theorie gerade zeige, wie die Wirklichkeit der Gegenstände der
Wahrnehmung mit dem Erwerb von Wahrnehmungen koinzidiert.[11]
Dieser Gedanke führt uns unmittelbar hinüber zur Konzeption
McDowells, der Sellarssche Ideen weiterentwickelt und in Aufnahme
Kantischer Theoreme einen im starken Sinne *rationalen* Begriff der
Erfahrung entwirft.

---

[10] Vgl. Sellars 1973, S. 242ff; Sellars, 1992, S. 3; Sellars, 1976, S. 168ff, sowie Sellars, 1974, S. 48-55, wo es heißt: „In receptivity we do the same sort of thing we
do in „spontaneity" of imagination, but we do it as receptive to guidance by the
objects we come to represent." (S. 49).

[11] Vgl. Sellars, 1976, S. 175ff, 181; Sellars, 1992, S. 46ff.

2.2. Der Begriff der Erfahrung

Von herausragender systematischer Bedeutung für die Kant-Rezeption
in den gegenwärtigen Debatten der Erkenntnistheorie ist J. McDo-
wells vielbeachtetes Werk *Mind and World* (zuerst 1994). Obwohl
McDowell sein Buch als „prolegomenon" zu Hegels *Phänomenologie
des Geistes* bezeichnet, sieht er sich „on the shoulders of the giant,
Kant" (McDowell, 1996, S. IX und 111), mit dem er einen neuen
Weg zur Lösung des zentralen philosophischen Problems der Moderne
beschreiten möchte, des Problems der Beziehung zwischen Geist und
Welt. Für McDowell ist nach wie vor nicht geklärt, wie sich unser
Denken normativ auf die Welt beziehen kann, ohne dem von Sellars
kritisierten ,Mythos des Gegebenen' zu verfallen oder dem sich von
der Welt abkoppelnden Kohärentismus D. Davidsons das Wort zu
reden. Die Philosophie befinde sich weiterhin auf der Suche nach
einem theoretisch zufriedenstellenden Verständnis der Frage, wie wir
gegenüber der Welt epistemisch verantwortlich sind und in unserer
rationalen Leistungsfähigkeit durch die Welt zugleich Einschränkungen erfahren. Ein unverblümter Naturalismus („bald naturalism",
McDowell, 1996, S. XVIII, 88ff), wie er heute vielfach befürwortet
wird, helfe nicht weiter, denn er *erkläre* nur, wo es zu *begründen*
gelte, indem er versuche, Sellars' ,logischen Raum der Gründe' aus
dem ,logischen Raum der Natur' zu rekonstruieren. Nach McDowell
kommt es darauf an, unter Wahrung eines „minimal empiricism" die
Möglichkeit des empirischen Inhalts unserer Urteile über die Welt
zu explizieren, ohne dabei das in der Erfahrung sinnlich Gegebene
als Lieferant von „exculptions", von Entschuldigungen für das Vorliegen bestimmter mentaler Zustände ansehen zu müssen, sondern als
Rechtfertigungsgrund unserer Überzeugungen (McDowell, 1996, S.
XI und 8). Den einzig gangbaren Weg, der Erfahrung diese Legitimationsfunktion zuzuweisen, erblickt McDowell im Kantischen Konzept
einer ursprünglich von Begrifflichkeit durchsetzten Rezeptivität; denn
die Rationalität der Sinnlichkeit, wie sie Kant in seiner Erkenntnistheorie bereits entwerfe, sei es, durch die die Rechtfertigungsfähigkeit
der Erfahrung immer schon gewährleistet sei.

Im Folgenden soll dieser – im engeren Wortsinne – *Begriff* der Erfahrung näher analysiert werden. In einem ersten Schritt wird untersucht,
ob es McDowell durch die Übernahme und Weiterentwicklung wesent-

licher Bestandteile der Kantischen Erkenntnistheorie gelingt, seine Idee der Begrifflichkeit und damit der Rechtfertigungskraft der Erfahrung plausibel zu machen. In einem zweiten Schritt ist sodann zu überlegen, ob er dabei der Kantischen Theorie noch gerecht wird. Meine These lautet, daß McDowell trotz mancher konzeptioneller Unwägbarkeit über starke, wegweisende Argumente für die Idee einer rationalen Rezeptivität verfügt. Während er diese Argumente in *Mind and World* eher großzügig an die Kantische Theorie anpaßt, sucht er sie – meiner Meinung nach aus konsequenten theorieimmanenten Gründen – in *Having the World in View: Sellars, Kant, and Intentionality* („Woodbridge Lectures" von 1997) in einer sehr viel detaillierteren Auseinandersetzung mit Kantischen Lehrstücken zu untermauern; hier revidiert McDowell seine in *Mind and World* noch anzutreffende Reserviertheit gegenüber dem Projekt der Transzendentalphilosophie.

Wie Sellars in *Science and Metaphysics* entwickelt McDowell seine Konzeption in *Mind and World* im Ausgang vom Kantischen Diktum „Gedanken ohne Inhalt sind leer, Anschauungen ohne Begriffe sind blind." (*KrV*, B 75). Dieses berühmte Theorem der *Kritik der reinen Vernunft* eröffnet ihm den Mittelweg, der einzuschlagen sei, um das „dilemma, the apparently forced choice between the Myth of the Given and a coherentism that renounces external constraints on thinking" (McDowell, 1996, S. 96), zu vermeiden. Die von Sellars kritisierte Annahme eines reinen sinnlichen Gegebenen als Fundament empirischen Wissens und der Kohärentismus, mit dem Davidson die Gefahr des Mythos zu bannen glaubt, gelten McDowell gleichermaßen als philosophische Irrwege. Das sinnlich Gegebene führe erkenntnistheoretisch in die Irre, weil Rechtfertigung durch ein bloß sinnlich Gegenwärtiges letztlich demjenigen gleichkomme, was Wittgenstein eine private, ostensive Definition nennt (vgl. *Philosophische Untersuchungen*, §§ 243ff). Private, ostensive Definitionen lassen es bekanntlich nicht zu, auf der Grundlage eines subjektiv-privaten Präsenzbewußtseins z. B. von Empfindungen in eine objektiv-öffentliche Rechtfertigungsbeziehung einzutreten, in der das nichtbegriffliche, sinnlich Gegebene als Legitimationsinstanz unserer Urteile über die Welt in Anspruch genommen werden kann – das Gegebene ist eben in der Sphäre der Sinnlichkeit angesiedelt (vgl. McDowell, 1996, S. 18ff).

Auch der Kohärentismus, mit dem Davidson auf Sellars' Mythos-Kritik reagiert, leistet nach McDowell nicht das, was er vorgibt. Davidson ist der Auffassung, daß Quine in *Two Dogmas of Empiricism* dem verfehlten empiristischen Dualismus von Begriffsschema und Inhalt, dem soge-nannten dritten Dogma des Empirismus, zum Opfer falle, wonach in der Erfahrung ein nichtbegrifflicher Inhalt gegeben ist, der durch Begriffsschemata interpretiert werde. Davidson hält diese Erfahrungs-konzeption für falsch, weil Erfahrung durch die Affektion der Sinne nicht begründet, sondern allenfalls kausal hervorgebracht werde, denn – so seine kohärentistische Auffassung – „nothing can count as a reason for holding a belief except another belief."[12] Diese Gegenreaktion sei völ-lig überzogen, wie McDowell meint, und bedeute letztlich einen Rück-fall in den Mythos. Denn indem Davidson die Rolle der Erfahrung auf „nothing but an extra-conceptual impact on sensibility" reduziere, bleibe unser Denken ohne äußere Kontrolle und realisiere nie den Bezug zur Realität, wie es der empirische Inhalt unserer Urteile doch verlange (vgl. McDowell, 1996, S. 14, 68ff).

    Zwischen der Skylla des sinnlich Gegebenen und der Charybdis des Kohärentismus hindurchsegelnd, erarbeitet McDowell nun einen durch Kants Idee der Kooperation von Sinnlichkeit und Verstand motivier-ten Erfahrungs*begriff*, der zum einen dem Realitätsbezug, zum anderen der rationalen Rechtfertigungskraft unserer Erfahrungen gerecht wer-den soll. Kants Fundamentalunterscheidung zwischen Sinnlichkeit und Verstand ist für McDowell deshalb so attraktiv, weil er „Anschauung" bei Kant nicht als bloße Einwirkung eines nichtbegrifflichen Gegebe-nen, sondern als Vorkommnis versteht, „that already has conceptual content", und zwar indem die begrifflichen Fähigkeiten der Spontanei-tät des Verstandes bereits in der Rezeptivität der Sinnlichkeit am Werk sind. Auf diese Weise werden begrifflicher Inhalt und Einwirkungen der Außenwelt auf die Sinnlichkeit derart miteinander verschwistert, daß das von uns rezeptiv Aufgefaßte bereits begrifflich imprägniert ist – mit-hin repräsentationalen Gehalt hat – und ihm im Hinblick auf unsere Urteile über die Welt Rechtfertigungskraft eignet. Damit hat der Begriff des Gegebenen ausgedient. Im Verständnis des traditionellen Empiris-mus tritt er bei McDowell nicht mehr in Erscheinung, denn seiner Kon-zeption gemäß wenden wir Begriffe nicht auf Erfahrungen an, sondern wenn wir in unserer Rezeptivität auf sinnliche Einwirkungen treffen,

---

[12]   Davidson, 1983, S. 426; vgl. hierzu Schantz, 2001, bes. S. 252f; zu McDowells Kritik an Davidson siehe zustimmend Abela, 2002, S. 53-58.

haben wir immer schon begriffliche Operationen vollzogen, die unsere Rationalität unmittelbar an die Welt binden. Dies hat zur Folge, daß dem Gegebenen als solchen nicht einmal mehr auf einer Schwundstufe der Sinnlichkeit epistemische Relevanz zugesprochen werden kann und so als „brute force" ganz aus dem Begriffsrepertoire unserer Theorien verschwindet (McDowell, 1996, S. 8).[13]

Die Kurzformel dieses Erfahrungsbegriffs lautet: „Experiences are indeed receptivity in operation" (McDowell, 1996, S. 24). ‚Tätige Rezeptivität' ist für McDowell kein Oxymoron, sondern Ausdruck der normativen äußeren Kontrolle, die die Erfahrung über unsere begrifflichen, spontanen Fähigkeiten auszuüben vermag. Begriffliche Fähigkeiten werden nämlich nicht erst auf der Urteilsebene zur Anwendung gebracht, schon auf der Erfahrungsebene selbst seien sie aktiv. Denn Rechtfertigung von empirischen Urteilen bedeute, auf Beschaffenheiten der Welt zu verweisen; andernfalls drohe die Ausübung unserer Spontaneität reibungslos („without friction", „frictionless spinning in a void", McDowell, 1996, S. 39, 50), d. h. ohne Kontakt zur Welt in sich zu kreisen. Man kann diese verschachtelte und daher nicht immer leicht nachvollziehbare Argumentation verdeutlichen, indem man sich die Rolle klar macht, die die äußere Realität in McDowells Erfahrungsbegriff einnimmt. Für McDowell gibt es nichts, das jenseits der Sphäre des Begrifflichen liegt. Damit aber schließt er sich nicht einer idealistischen Position an, denn: „How things are is independent of one's thinking" (McDowell, 1996, S. 25). Die Realität bleibe unabhängig, weil wir in der Erfahrung erfassen, daß die Dinge so und so sind; und *daß die Dinge so und so sind*, darin besteht der begriffliche, empirische Inhalt unserer Urteile über die Welt. Verbinden wir diesen Gedanken nun mit dem Gedanken der begrifflich strukturierten Operationen der Rezeptivität, so ergibt sich das Bild einer gegenüber der Realität offenen Erfahrung, in der wir immer schon dem rationalen Einfluß sinnlicher Einwirkungen ausgesetzt sind: „Experience enables the layout of reality itself to exert a rational influence on what a subject thinks." (McDowell, 1996, S. 26). Die äußere Kontrolle, die die Realität über unser Denken ausübt,

---

[13]   In Kap. III von *Mind and World* macht McDowell Evans, 1982, zum idealtypischen Repräsentanten des ‚Mythos', der – anders als Kant – der Rezeptivität eine gegenüber der Spontaneität abtrennbare Sphäre zubillige und so einer äußeren Kontrolle unserer Urteile jegliche Anerkennung versage. Vgl. Abela, 2002, S. 102-106.

sichert also zugleich ihre Unabhängigkeit, und zwar letztlich weil Erfahrung *passiv*, obgleich nicht unbegrifflich sei.[14]

Was aber folgt daraus für unser Realitäts- bzw. Naturverständnis? Auf diese Frage antwortet McDowell mit der Unterscheidung dreier Alternativen: *Erstens* dem unverblümten Naturalismus, der alle begrifflichen Fähigkeiten des Rechtfertigens und Begründens dem Reich der Naturgesetze inkorporiert; *zweitens* der Konzeption, wonach begriffliche Fähigkeiten in unserer Sinnlichkeit, d. h. „in actualizations of our animal nature" am Werk sind, so daß Natürlichkeit nicht mehr dem Bereich der Naturgesetze entspricht; *drittens* dem Ideal der Rationalität, das – wie Davidsons Kohärentismus – dem unverblümten Naturalismus durch die Etablierung des Begrifflichen im Raum der Gründe sui generis zu entkommen versucht (McDowell, 1996, S. 72ff). Selbstverständlich votiert McDowell für die zweite Alternative, die es erlaube, unsere Spontaneität zum Bereich des Natürlichen zu zählen, ohne sie zugleich naturalisieren zu müssen. Nur so bleibe unsere Rationalität der äußeren Realität verpflichtet und reduziere sich dennoch nicht auf die Natur selbst. Dieser Zug, Geist und Welt von seiten der Natur her auf rationaler Grundlage aneinander zu binden, erfordert nun aber eine Erklärung dafür, wie sich begriffliche Fähigkeiten in der Welt konkret manifestieren können; denn Natur wird hier ja nicht verstanden als ein vorgegebenes Material, das als solches von unserer Rationalität allererst bearbeitet wird.

McDowell kommt diesem Erfordernis durch die Einführung des Begriffs der *zweiten Natur* nach, den er der aristotelischen Ethik entnimmt. In der *Nikomachischen Ethik* (Buch II) legt Aristoteles dar, wie der ethische Charakter eines Menschen geformt wird, indem sich die praktische Vernunft durch gewohnheitsmäßige Einübung in Denken und Handeln sowie in Abhängigkeit von physischen Dispositionen zu einer zweiten Natur (*hexis* oder feste Grundhaltung) ausbildet. Diese „Bildung" (McDowell, 1996, S. 84, dt. i. Orig.; vgl. S. 78ff) des ethischen Charakters interpretiert McDowell über den Bereich der Ethik hinaus als Aneignung rationaler Fähigkeiten, mit denen sich ein her-

---

[14] McDowell argumentiert hier zwar vornehmlich mit Wittgenstein, das Argument aber, daß „unsere innere [...] Erfahrung nur unter Voraussetzung äußerer Erfahrung" und der Passivität des Erfahrungsbewußtseins zustande kommt, wobei die „Dinge außer mir" unabhängig sind (*KrV*, B 275; vgl. die Reflexionen in AA XVIII, 307ff), ist schon zentrales Beweismotiv der verschiedenen Kantischen Idealismus-Kritiken. Vgl. McDowell, 1996, S. 29ff, 49f; Heidemann, 1998, S. 111ff, 188ff.

anwachsender Mensch vertraut mache. So sei Rationalität integraler Bestandteil der animalischen Natur des Menschen, seiner zweiten
Natur, die zum einen die spontan-begriffliche Autonomie bewahrt, zum
anderen aber zugleich Rationalität durch das ihr eigentümliche Aktualisierungspotential an seine natürliche Rezeptivität gegenüber der Welt
bindet (vgl. McDowell, 1996, S. 87ff). Obwohl McDowell sich im klaren darüber ist, daß Kant selbst einen solchen „naturalism of second
nature" (McDowell, 1996, S. 110f; vgl. S. 95ff) nicht vertritt, ruft er
dazu auf, den transzendentalen Erfahrungsbegriff mit der zweiten Natur
auszustatten. So erweise sich die Kantische Grundeinsicht als zutreffend, daß der Erwerb von Erfahrungen nichts anderes bedeutet als die
Verwirklichung unserer rezeptiven Natur, in die immer schon begriffliche Fähigkeiten verwoben sind.

Auf den ersten Blick sieht es so aus, als bediene sich McDowell freizügig aus dem Begriffsarsenal der Transzendentalphilosophie, um mit
einzelnen terminologischen und vagen konzeptionellen Anleihen ein
eigenes epistemologisches Programm durchzuführen, das mit der Kantischen Erkenntnistheorie aber letztlich nicht einmal mehr wahlver-
wandt ist.[15] Ein Blick auf die Vermögenslehre der *Kritik der reinen Vernunft* scheint diesen Eindruck vollkommen zu bestätigen. Sinnlichkeit
und Verstand als die „zwei Stämme der menschlichen Erkenntnis" (*KrV*,
B 29) werden von Kant dargelegt als zwei heterogene Vorstellungsarten,
für die es wesentlich ist, daß sie ihrer kognitiven Funktionsweise nach
nicht aufeinander reduzierbar sind. Sinnlichkeit ist im wesentlichen
Rezeptivität; sie liefert aufgrund von Affektion Anschauungen, Vorstellungen von Einzelnem, durch die wir uns unmittelbar auf Gegenstände
beziehen; der „unbestimmte Gegenstand" einer empirischen Anschauung, deren sinnlicher Gehalt die Empfindung ist, wird „Erscheinung"
genannt (*KrV*, B 34). Demgegenüber ist der Verstand das Spontanver-
mögen der Begriffe, durch die wir Gegenstände nicht anschauen, son-

---

[15] Bird, 1996, z. B. wirft McDowell vor, Kant vollkommen mißzuverstehen, vor
allem weil er sich an die seines Erachtens verfehlte Kant-Interpretation Strawsons
halte. Seine Kritik hängt Bird meiner Meinung nach aber einseitig an McDowells
zugegebenermaßen problematischer Beurteilung des „transcendental framework"
auf, zu dessen Verzicht er in *Mind and World* auffordert. In *Having the World in
View* nimmt er diese negative Einschätzung allerdings explizit zurück, wie noch
näher zu erläutern sein wird! Vgl. McDowell, 1996, S. 41ff; 1998, S. 469; Allison,
1983, S. 237ff; vgl. auch die Kritik bei Klotz, 2001.

dern denken; da Begriffe nicht Einzelnes, sondern Allgemeines vorstellen, beziehen wir uns durch das Denken auch nur mittelbar, nämlich „vermittelst gewisser Merkmale" auf die Sinnlichkeit. Kants vermögenstheoretische Fundamentaldifferenzierung zwischen Sinnlichkeit und Verstand als den „zwei Grundquellen des Gemüts" (*KrV*, B 74) gründet sich mithin auf die Unterscheidung von „Rezeptivität der Eindrücke" und „Spontaneität der Begriffe", wobei sinnliche Anschauungen auf „Affektionen" und Begriffe auf „Funktionen" als die „Einheit der Handlung, verschiedene Vorstellungen unter einer gemeinschaftlichen zu ordnen" (*KrV*, B 93, B 74ff), beruhen. Durch die Methode der Isolation lassen sich diese spezifischen Funktionsweisen von Sinnlichkeit und Verstand jeweils aufweisen.[16]

Kant wird nun nicht müde, zu betonen, daß es sich bei Sinnlichkeit und Verstand bzw. Anschauung und Begriff um zwei distinkte Vorstellungs- oder Erkenntnisweisen handelt, die „ihre Funktionen nicht vertauschen können", denn der „Verstand vermag nichts anzuschauen, und die Sinne nichts zu denken"; und daher „darf man aber doch nicht ihren Anteil vermischen, sondern man hat große Ursache, jedes von dem andern sorgfältig abzutrennen, und zu unterscheiden." (*KrV*, B 75f). McDowells Konzeption einer faktisch tätigen Rezeptivität, dergemäß in unserer Sinnlichkeit bereits begriffliche Fähigkeiten am Werk sind, steht diesen zentralen Äußerungen Kants, die eine solche ,Assimilation' von Anschauung und Begriff bzw. Rezeptivität und Spontaneität geradezu verbieten, scheinbar diametral entgegen. Und tatsächlich macht McDowell in *Mind and World* keine Anstrengungen, die Kompatibilität seiner Konzeption mit der Kantischen Theorie zu hinterfragen. Ein unverstellter Blick auf Kants nähere Ausführungen zum epistemologischen Zusammenhang von Anschauung und Begriff hätte ihm allerdings durchaus Argumente für seinen Erfahrungsbegriff an die Hand geben können. Denn bei der strikten vermögenstheoretischen Trennung von Sinnlichkeit und Verstand bleibt Kant ja nicht stehen. Die in der *Kritik der reinen Vernunft* erwiesene theoretische Selbständigkeit von Anschauung und Begriff wird bekanntlich insofern wieder zurückge-

---

[16] Vgl. *KrV*, B 36 und B 87; *Prolegomena*, AA IV 326, 328; zur Kantischen Bestimmung von Anschauung und Begriff allgemein *KrV*, B 33ff, B 74ff, B 92ff sowie insbesondere die „Stufenleiter" der Vorstellungsarten in B 376f; siehe auch die *Logik Jäsche*, AA IX 35ff; zu Anschauung und Begriff vgl. Heidemann, 2002, S. 78ff.

nommen, wenn auch nicht rückgängig gemacht, als sie kooperative Vermögen sind, denn „[n]ur daraus, daß sie sich vereinigen, kann Erkenntnis entspringen." (*KrV*, B 75f). Zudem spricht Kant mehrfach von der unbekannten „Wurzel unserer Erkenntniskraft" (*KrV*, B 863), in der Anschauung und Begriff ihren ursprünglichen Einheitsgrund fänden, bevor sie zur Ausübung gelangen.[17]

In *Having the World in View* sucht McDowell diese Spezifika der Kantischen Lehre von Anschauung und Begriff mitzuberücksichtigen. Während in *Mind and World* die Frage noch weitgehend offenblieb, durch welche kognitiven Operationen das vorgegebene Rahmenkonzept der begrifflich imprägnierten Sinnlichkeit nun eigentlich ausgefüllt wird, beantwortet er diese Frage in *Having the World in View* konkret anhand der Rezeption des von Kant geschilderten Zusammenhanges von Urteilsfunktion und Kategorie. Den Ausgangspunkt seiner Überlegungen bildet hier eine ausführliche Rekapitulation der Kant-Deutung Sellars' in *Science and Metaphysics*. In einem stimmt McDowell Sellars unumwunden zu: „no one has come closer than Kant to showing us how to find intentionality unproblematic"; und daher laute die Devise: „rethinking his thought for ourselves" – jedoch nicht ohne gegebenenfalls notwendige Abänderungen seiner Theorie vorzunehmen (McDowell, 1998, S. 431). Für McDowell ist Sellars' Gedanke des „logical space of reasons" und die damit verbundene Unterscheidung zwischen epistemischen und natürlichen Tatsachen im Hinblick auf den Kantischen Erkenntnisbegriff und die Rechtfertigungsfähigkeit empirischen Wissens weiterhin von entscheidender Bedeutung. In seiner Kritik des empiristischen Fundamentalismus komme Sellars im wesentlichen mit der Kantischen Idee überein, daß in der Erfahrung konzeptuelle Aktivitäten („conceptual episodes") im Spiel sind, z. B. indem wir in der (visuellen) Wahrnehmung unter dem Eindruck stehen, „that such-and-such is the case." (McDowell, 1998, S. 442). Daß (visuelle) Erfahrungen auch einen nichtbegrifflichen Inhalt einschließen, wie Sellars mit Berufung auf Kant behaupte, stößt allerdings auf McDowells Kritik.[18]

---

[17] Vgl. *KrV*, A 115, 124; B 103, 180f, 334.

[18] An diesem Punkt tritt ein wesentlicher Unterschied zwischen den Konzeptionen Sellars' und McDowells deutlich zutage: Während Sellars – McDowell zufolge aufgrund einer partiell verfehlten Kant-Deutung – in der Erfahrung einen Restbestand nichtbegrifflichen Empfindungsgehalts zuläßt, gibt es einen solchen Inhalt für McDowell nicht, da die Sinnlichkeit schon begrifflich bestimmt sei. Vgl. McDowell, 1998, S. 444ff, 451ff.

Auf dem von Sellars bereiteten Weg schreitet McDowell nun mit
Kant fort, sein eigenes Konzept einer mit Begrifflichkeit durchsetzten
Rezeptivität zu explizieren. Zunächst wird mit einer berühmten Anmerkung in der transzendentalen Deduktion (*KrV*, B 160f) Sellars' Forderung zurückgewiesen, wonach Kant eigentlich die von Anschauung und
Begriff unabhängige Formbestimmtheit des Sinnlichen bzw. der Materie hätte untersuchen müssen. Kant unterscheidet in dieser Anmerkung
„Form der Anschauung" und „formale Anschauung", um darauf hinzuweisen, daß Raum und Zeit als Formen unserer sinnlichen Anschauungen selbst zum „Gegenstand" einer Untersuchung gemacht werden
können; denn sie sind nicht nur Formen, die ein sinnliches Mannigfaltiges enthalten, sondern formale Bestimmtheiten, denen bereits „Einheit der Vorstellung" eignet, etwa in der Vorstellung der geometrischen
Figur eines Dreiecks. Gegen Sellars' Forderung versteht McDowell diese
wichtige Differenzierung Kants zurecht als Beleg dafür, daß Anschauung „presupposes an operation of the understanding." (McDowell,
1998, S. 456). D. h. sinnliche Anschauungen, seien sie empirisch oder
rein, enthalten schon synthetische Einheit, die „mit (nicht in) diesen
Anschauungen zugleich gegeben" und kategorial, mithin begrifflich
bestimmt ist (*KrV*, B 161). Insofern kann man sagen, daß ‚synthetische' Anschauungen etwas als etwas *repräsentieren* und nicht nur phänomenale Bedeutung haben.

Diese Verbindung von begrifflicher Einheit und Einheit der
Anschauung steht mit entscheidenden Argumentationen des „Leitfaden"-Kapitels der *Kritik der reinen Vernunft* (B 104f) in Zusammenhang, in denen McDowell den eigentlichen Lösungsansatz für das
Intentionalitätsproblem ausmacht. Kurz gefaßt argumentiert Kant
dort wie folgt: Denken bedeutet Urteilen und Urteilen besteht in der
Verknüpfung von Begriffen gemäß logischen Formen a priori, den
Urteilsfunktionen. Auch die Synthesis des sinnlichen Mannigfaltigen
der Anschauung ist begrifflich geregelt, durch Kategorien. Nun ist
es ein und derselbe Verstand, der in Urteilen wie in der Anschauung
die Funktion der Synthesis ausübt, so daß sich sagen läßt: „Dieselbe
Funktion, welche den verschiedenen Vorstellungen in einem Urteile
Einheit gibt, die gibt auch der bloßen Synthesis verschiedener Vorstellungen in einer Anschauung Einheit" (*KrV*, B 104f). Kategorien
oder reine Verstandesbegriffe sind daher nichts anderes als logische
Urteilsfunktionen, die als Anschauungsbestimmungen verstanden

werden, „als Begriffe von Anschauungen überhaupt, sofern diese in
Ansehung eines oder des andern dieser Momente zu Urteilen an sich
selbst, mithin notwendig und allgemeingültig bestimmt sind"; d. h.
die Funktion der Verstandesbegriffe besteht darin, „einer Anschauung
die Art überhaupt zu bestimmen, wie sie zu Urteilen dienen kann."
(*Prolegomena*, AA IV, 302, 300; vgl. ebd., 474 Anm.).

Insofern sinnliche Vorstellungen epistemisch relevant sind, haben
wir nach Kant also nie bloße phänomenale Anschauungen, in die
keinerlei begriffliche Bestimmungen eingehen, denn diese wären nie
mehr als ein ungeregeltes „Gewühle von Erscheinungen" und sogar
„weniger, als ein Traum." (*KrV*, A 111f). Anschauen und Urteilen
gehen Hand in Hand, so daß Wahrnehmung nie ohne begriffliche
Zutat stattfindet.[19] Diesen von Kant hergestellten Zusammenhang
zwischen Urteilsfunktion und Anschauung versteht McDowell so, daß
in einem Urteil wie „There is a red cube in front of me." kognitive
Fähigkeiten ausgeführt werden, die die ‚logische' Zusammengehörig-
keit anschaulicher Gehalte wie „red" und „cube" auf sprachlicher bzw.
Urteilsebene widerspiegeln. Denn ein solches Urteil enthalte „a partial
specification of the function that gives unity to the various represen-
tations in a judgment with that content, to put things in Kant's way."
Wahrnehmen bzw. Anschauen und Urteilen stellen McDowell zufolge
damit unterschiedliche Aktualisierungsgrade begrifflicher Fähigkeiten
dar. Während es in einem Urteil zu einer „free responsible exercise
of the conceptual capacities" komme, seien diese Fähigkeiten in der
Wahrnehmung bereits unwillkürlich am Werk und würden von Gegenständen der Anschauung notwendig eingefordert – dabei blieben

---

[19] Die Existenz von Empfindungen leugnet Kant damit jedoch nicht ab. Die (em-
      pirische) Anschauung beziehe sich nämlich allererst „auf den Gegenstand durch
      Empfindung", und zwar indem er uns affiziert (*KrV*, B 34). Insofern macht die
      Empfindung den sinnlichen Gehalt einer (empirischen) Anschauung als deren
      materiale Basis aus. So heißt es in den „Antizipationen der Wahrnehmung", Er-
      scheinungen „enthalten also über die Anschauung noch die Materien zu irgendei-
      nem Objekte überhaupt [...], d. i. das Reale der Empfindung", die zwar nicht in
      Raum und Zeit ist, der aber „intensive Größe" zukommt, indem die Gegenstände
      der Wahrnehmung durch Empfindung einen „Grad des Einflusses auf den Sinn"
      haben (*KrV*, B 207f). Auf den epistemischen Status von Empfindungen wird im
      dritten Abschnitt noch zurückzukommen sein.

sie jedoch stets *dieselben* begrifflichen Fähigkeiten (vgl. McDowell, 1998, S. 457ff).[20]

Damit ist nach McDowell Kants Begriff der Repräsentation erreicht, die unmittelbare sinnliche Vorstellung eines Objekts (*KrV*, B 33), allerdings ohne ‚unmittelbar' gleichsetzen zu dürfen mit ‚unabhängig vom Verstand'. Denn Anschauungen sind, wie schon Sellars feststellt, Vorstellungen von „this-suches", die sich zwar *unmittelbar* auf Objekte beziehen, die aber dennoch nicht ohne Verstandestätigkeit auskommen. Eine Anschauung ist eben nicht die Vorstellung eines diffusen sinnlichen Etwas, sondern *repraesentatio singularis*, Vorstellung von Einzelnem, das als solches schon rudimentär begrifflich, wenn auch nicht ohne sinnlichen Gehalt ist. Die von Kant aufgewiesene Abhängigkeit der Anschauungs- von der Urteilssynthesis liefert folglich die Erklärung dafür, „how we can conceive of intuitions in this sense as actualizations of conceptual capacities with a suitable ‚logical' togetherness." (McDowell, 1998, S. 460).[21]

Es dürfte mithin klar sein, wie McDowell für das in *Mind and World* entworfene Konzept einer tätigen Rezeptivität und normativen Weltgerichtetheit des Geistes nun in *Having the World in View* konkret argumentiert: Die Welt spricht zu uns nicht in ihrer eigenen Sprache, so daß wir uns einem transzendentalen oder metaphysischen Realismus unterwerfen müßten, für den die Welt in einem starken Sinne geistunabhängig ist. *Begreifbar* wird sie für uns erst durch die Aktualisierung von begrifflichen Aktivitäten im sinnlichen Bewußtsein, deren paradigmatischer Fall das Urteilen ist. Zu einem idealistischen Konstrukt wird die Welt dadurch jedoch nicht. Denn Subjekte sind, wie Kant lehrt, hinsichtlich der Welt rezeptiv veranlagt, die daher auch unabhängig von uns existiert. Die Erfahrung übt „external constraint on conceptual goings-on" aus, weil – anders als Sellars' Idee einer „sheer receptivity" – die Rezeptivität in der Anschauung bereits mit Begriffen

---

[20] McDowell fügt in diesen Gedankengang – wohl in Aufnahme von Überlegungen bei Sellars – den Beispielfall des „ostensible seeing" ein, von dem ich hier absehe.

[21] Problematisch in diesem Zusammenhang ist die Bemerkung: „Mere synthesis just happens" (McDowell, 1998, S. 462). Denn nach Kant wird Synthesis immer vom Verstand bzw. von der Einbildungskraft ausgeübt und kann insofern kein anonymes Ereignis sein, wie insbesondere aus der Apperzeptionslehre hervorgeht (vgl. *KrV*, B 131ff, 150ff). Siehe auch die m. E. zutreffende Kritik an dieser Bemerkung bei Klotz, 2001, S. 365ff.

operiert und auf diese Weise einen unmittelbaren Kontakt zwischen unserer Rationalität und der Welt herstellt. Aus diesem Grunde sind wir in der freien, spontanen Ausübung unserer begrifflichen Fähigkeiten der Welt immer schon normativ verpflichtet (McDowell, 1998, S. 469ff, 488ff). Ist es McDowell damit gelungen, auf dem Boden der Kantischen Lehre die normative Wechselbeziehung von Geist und Welt plausibel zu machen?

3. Kants „Apologie für die Sinnlichkeit" und die Rationalität der Erfahrung

„Apologie für die Sinnlichkeit" nennt Kant in der *Anthropologie* die Rechtfertigung der Sinnlichkeit gegen drei verbreitete „Anklagen", um sie von „üblem Ruf" zu befreien und in ihr angestammtes Recht zu setzten. Und zwar werde ihr gemeinhin vorgeworfen, erstens die „Vorstellungskraft" zu verwirren, zweitens den Verstand zu beherrschen sowie drittens durch „Sinnenschein" zu betrügen (vgl. AA VII, 143ff). Kants Gegenargumente sind bündig: Die Sinne „verwirren" nicht, da es dem Verstande anzulasten sei, „wenn er keck urteilt, ohne zuvor die Sinnenvorstellungen nach Begriffen geordnet zu haben". Auch „gebieten" die Sinne nicht über den Verstand, sondern sie „bieten sich vielmehr nur dem Verstande an, um über ihren Dienst zu disponieren." Schließlich „betrügen" die Sinne auch nicht, „nicht weil sie immer richtig urteilen, sondern weil sie gar nicht urteilen" (ebd., 144-146). Gerade diese letzte Bemerkung scheint noch einmal die generelle Unvereinbarkeit der McDowellschen Konzeption einer rational tätigen Rezeptivität mit dem strikten Kantischen Dualismus einer rezeptiv-passiven Sinnlichkeit und einem spontan-tätigen Verstand nur allzu deutlich vor Augen zu stellen.

Doch sollte man die Grenze zwischen Sinnlichkeit und Verstand in Kants Erkenntnistheorie nicht zu scharf ziehen. Vermögenstheoretisch sind sie auf der einen Seite zwar nicht aufeinander reduzierbar, epistemologisch relevant ist die Sinnlichkeit auf der anderen Seite aber nur, sofern sie rational bestimmt ist – sowie gemäß Kant der Verstand, wenn er sich auf die Sinnlichkeit bezieht. Aus erkenntnistheoretischer Sicht interessieren sinnliche Einwirkungen auf unseren kognitiven Apparat nämlich erst dann, wenn wir sie im objektiven Strukturganzen menschlicher Rationalität verorten; ansonsten sind sie phänomenale Gegebenheiten, deren wir uns allenfalls subjektiv bewußt sind. Aus diesem Grunde unterscheidet Kant auch zwischen dem subjektiven Bewußtsein als sensorische „Modifikation [unseres] Zustandes" und dem objektiven Bewußtsein als Erkenntnis oder Erfahrung im eigentlichen Sinne. Ersteres ist „Empfindung", letzteres „Anschauung oder Begriff" (vgl. *KrV*, B 376f). D. h. Empfindungen wie „Undurchdringlichkeit, Härte, Farbe usw." (*KrV*, B 35), heute Qualia genannt, sind zwar Vorstellungen und haben phänomenalen Gehalt, doch *repräsentieren* sie nichts. Repräsentationsfähigkeit kommt erst der Anschauung als *repraesentatio singularis* und dem Begriff als *repraesentatio universalis* zu, deren Kooperation Erkenntnis bzw. Erfahrung ermöglicht. Denn repräsentieren heißt, etwas als etwas – wahr oder falsch – vorstellen, z. B. diesen Gegenstand als einen braunen Tisch, wozu das subjektiv-phänomenale Empfindungsbewußtsein mangels Apperzeptionsleistungen noch nicht in der Lage ist.[22] Wenn wir McDowells Konzeption vor dem Hintergrund dieser Grundunterscheidungen betrachten, so ist ihre oben vermutete Unvereinbarkeit mit der Kantischen Theorie nicht mehr derart eklatant wie es auf den ersten Blick den Anschein hatte. Allerdings ist es erforderlich, zwischen „Empfindung" einerseits und „Anschauung" andererseits genauer zu differenzieren als Kant dies vor allem in der transzendentalen Ästhetik tut. Dort rückt die Empfindung nämlich mehrfach in die Nähe der (empirischen) Anschauung, obwohl sich Kant zunächst darauf festlegt, daß letztere sich durch erstere „auf den Gegenstand [...] bezieht" (*KrV*, B 34); beide sind also zunächst prinzipiell unterschieden.[23] Wenn man aber Mehrdeutigkeiten in einigen Formulierungen Kants nicht überbewertet, so wird man Empfindungen als sinnlich-phänomenale Vorstellungen bezeichnen

---

[22] Vgl. Braig, 2001, der eine prägnante Rekonstruktion der Theorie McDowells vorlegt und auf ihre Vereinbarkeit mit Kant hinterfragt. Vor allem McDowells Idee einer spontanen Rezeptivität sei mit Kants Lehre inkompatibel. Hier liegt tatsächlich ein Konflikt vor, der sich m. E. jedoch zumindest partiell lösen läßt (siehe unten). Vgl. in diesem Zusammenhang auch Schantz, 2001, und Willaschek, 2001, die paradigmatische Argumente pro und contra McDowell erörtern.

[23] Nach Schönrich zeichnet sich bei Kant die Empfindung durch ihren „kausalen Kontext", die Erscheinung durch den „Gegenstandsbezug" und die Anschauung durch ein gegebenes „Mannigfaltiges" aus. Vgl. Schönrichs, aber auch Ameriks Beitrag in diesem Band, sowie für den größeren Zusammenhang Prauss, 1970.

können, denen als solche noch nicht der epistemische Rang der Anschauung zukommt, da sie nicht *Konkret-Einzelnes* als etwas vorstellen. Sie sind allenfalls *anschaulich*, insofern sie den materialen Gehalt einer (empirischen) Anschauung liefern.

Erst auf der Anschauungsebene erhält die Sinnlichkeit im engeren Sinne objektiv-erkenntnistheoretische Bedeutung. Wie wir im Zuge der Erörterung der Sellarsschen Reinterpretation Kantischer Theoreme gesehen haben, ist die Anschauung bei Kant bereits rudimentär begrifflich und kann nicht losgelöst vom Verstand etabliert werden. Denn wenn sie in die Erkenntnis als objektives Bewußtsein eingehen soll, dann letztlich nur an der Subjektstelle eines Urteils, was bereits spezifische Synthesisleistungen der Apperzeption und folglich überhaupt Begrifflichkeit involviert. In dieser Hinsicht wird man McDowell beipflichten können, daß Anschauung bzw. Erfahrung immer schon von Rationalität durchwoben ist, auch wenn man sein Konzept einer spontanen Rezeptivität nicht im originären Sinne als Kantisch bezeichnen kann; dabei markiert der epistemische Status von Empfindungen (Qualia) anders als bei Kant einen blinden Fleck in diesem Konzept. Einem systematischen Interpreten der Kantischen Theorie wie McDowell sollte man zum Zweck des Erkenntnisfortschritts solche Spannungen in der Sache aber zugestehen. Denn immer noch im Sinne Kants entwickelt er eine Konzeption, die gegen idealistische und realistische Einseitigkeiten sowie naturalistische Verkürzungen zeigt, wie sich menschliche Wesen erkennend auf die Welt beziehen und dabei normative Einschränkungen durch die Welt erfahren. Damit dürfte McDowell in Anknüpfung an Kant der zukünftigen erkenntnistheoretischen Forschung die erfolgversprechende Richtung gewiesen haben.

Literatur

Abela, P., 2002, *Kant's Empirical Realism*, Oxford: Clarendon Press.

Allison, H. E., 1983, *Kant's Transcendental Idealism. An Interpretation and Defense*, New Haven/London: Yale UP.

Bird, G., 1996, *McDowell's Kant: Mind and World*, in: *Philosophy* 71, S. 219-243.

Bonjour, L., 1993, *A Rationalist Manifesto*, in: P. Hanson/B. Hunter (Hrsg.), *Return of the a priori*, Calgary: University of Calgary Press, S. 53-88.

Bonjour, L., 1998, *In Defense of Pure Reason*, Cambridge: Cambridge UP.

Braig, M., 2001, *Ist McDowell ein Schweinchen aus der Herde Kants?*, in: V. Gerhardt/ R.-P. Horstmann/R. Schuhmacher (Hrsg.), *Kant und die Berliner Aufklärung*, Bd. 5, Berlin/New York: De Gruyter, S. 456-464.

Coffa, J. A., 1991, *The Semantic Tradition from Kant to Carnap: to the Vienna Station*, Cambridge: Cambridge UP.

Davidson, D., 1983, *A Coherence Theory of Truth and Knowledge*, in: D. Henrich (Hrsg.), *Kant oder Hegel?*, Stuttgart: Klett-Cotta, S. 423-438.

Engelhard, K., 2004, *Das Einfache und die Materie. Die Antinomie der Teilung in Kants Kritik der reinen Vernunft*, (erscheint demnächst).

Evans, G., 1982, *The Varieties of Reference*, hrsg. von J. McDowell, Oxford: Clarendon Press.

Greco, J./Sosa, E. (Hrsg.), 1999, *Epistemology*, Malden/Mass./Oxford: Blackwell.

Grundmann, T. (Hrsg.), 2001, *Erkenntnistheorie. Positionen zwischen Tradition und Gegenwart*, Paderborn: Mentis.

Hanna, R., 2001, *Kant and the Foundations of Analytic Philosophy*, Oxford: Clarendon Press.

Heidemann, D. H., 1998, *Kant und das Problem des metaphysischen Idealismus*, Berlin/ New York: De Gruyter (= Kantstudien Ergänzungsheft 131).

Heidemann, D. H., 2002, *Anschauung und Begriff. Ein Begründungsversuch des Stämme-Dualismus in Kants Erkenntnistheorie*, in: K. Engelhard (Hrsg.), *Aufklärungen. Festschrift für Klaus Düsing zum 60. Geburtstag*, Berlin: Duncker & Humblot, S. 65-90.

Heidemann, D. H., 2004, *Metaphysik und Realismus in der Erkenntnistheorie. Eine Problemanalyse bei Kant und Putnam*, in: K. Gloy (Hrsg.), *Unser Zeitalter – ein postmetaphysisches?*, (vorauss.) Würzburg: Königshausen & Neumann.

Klotz, C., 2001, *Transzendentale Theorie der Erfahrung bei Kant und McDowell*, in: R. Schumacher (Hrsg.), *Idealismus als Theorie der Repräsentation?*, Paderborn: Mentis, S. 357-373.

Lütterfelds, W. (Hrsg.), 1987, *Transzendentale oder evolutionäre Erkenntnistheorie?*, Darmstadt: WBG.

McDowell, J., 1996, *Mind and World*, Cambridge/London: Harvard UP.

McDowell, J., 1998, *Having the World in View: Sellars, Kant, and Intentionality*, in: *The Journal of Philosophy* 95, S. 431-491.

Natterer, P., 2003, *Systematischer Kommentar zur ‚Kritik der reinen Vernunft‘. Interdisziplinäre Bilanz der Kantforschung seit 1945*, Berlin/New York: De Gruyter (= Kantstudien Ergänzungsheft 141).

Neurath, O., 1992, *Einheitswissenschaft und Psychologie* (zuerst 1933), in: J. Schulte/B. McGuinness (Hrsg.), *Einheitswissenschaft*, Frankfurt/M.: Suhrkamp, S. 24-56.

Parrini, P., 1994, *On Kant's Theory of Knowledge: Truth, Form, Matter*, in: P. Parrini (Hrsg.), *Kant and Contemporary Epistemology*, Dordrecht: Kluwer, S. 195-230.

Prauss, G., 1970, *Erscheinung bei Kant. Ein Problem der ‚Kritik der reinen Vernunft‘*, Berlin: De Gruyter.

Putnam, H., 1993, *Wie man zugleich interner Realist und transzendentaler Idealist sein kann*, in: H. Putnam, *Von einem realistischen Standpunkt. Schriften zu Sprache und Wirklichkeit*, hrsg. von V. C. Müller, Reinbek bei Hamburg: Rowohlt, S. 156-173.

Quine, W.V.O., 1980, *Two Dogmas of Empiricism*, in: W.V.O. Quine, *From a Logical Point of View*, Cambridge/London: Harvard UP, S. 20-46.

Rorty, R., 1981, *Der Spiegel der Natur. Eine Kritik der Philosophie*, übersetzt von M. Gebauer, Frankfurt/M.: Suhrkamp.

Schantz, R., 1990, *Der sinnliche Gehalt der Wahrnehmung*, München u. a.: Philosophia.

Schantz, R., 2001, *Der Inhalt der Erfahrung*, in: T. Grundmann (Hrsg.), 2001, S. 249-263.

Schlick, M., 1979, *Allgemeine Erkenntnislehre* (zuerst 1918), Frankfurt/M.: Suhrkamp.

Sellars, W., 1997, *Empiricism and the Philosophy of Mind* (zuerst 1956). With an introduction by R. Rorty and a study guide by R. Brandom, Cambridge/London: Harvard UP.

Sellars, W., 1992, *Science and metaphysics. Variations on Kantian Themes* (zuerst 1967), Atascadero: Ridgeview.

Sellars, W., 1978, *The Role of the Imagination in Kant's Theory of Experience*, in: H. W. Johnstone (Hrsg.), *Categories. A Colloquium*, The Pennsylvania State University, S. 231-245.

Sellars, W., 1976, *Kant's Transcendental Idealism*, in: P. Laberge/F. Duchesneau/B. E. Morrisey (Hrsg.), *Proceedings of the Ottawa Congress on Kant in the Anglo-American and Continental Traditions*, Ottawa: The University of Ottawa Press, S. 165-181.

Sellars, W., 1974, *Some Remarks on Kant's Theory of Experience*, in: W. Sellars, *Essays in Philosophy and its History*, Dordrecht: Reidel, S. 44-61.

Sosa, E./Kim, J. (Hrsg.), 2000 *Epistemology. An Anthology*, Oxford: Blackwell.

Van Cleve, J., 1999, *Problems from Kant*, New York/Oxford: Oxford UP.

Willaschek, M., 2001, *Phänomenale Begriffsverwendung und die Rechtfertigungsfunktion der Wahrnehmung*, in: T. Grundmann (Hrsg.), 2001, S. 264-282.

2. Transzendentalphilosophie

Was ist eigentlich ein transzendentales Argument?

THOMAS GRUNDMANN

In der heutigen Philosophie verbinden viele mit der Idee transzendentaler Argumente die letzte Hoffnung, den alten Anspruch auf eine philosophische Begründung von Wissen auch nach dem Ende der unkritischen Metaphysik weiter behaupten zu können. Die gegenwärtige Debatte über transzendentale Argumente geht nicht unmittelbar auf Kant selbst zurück, sondern begann 1959 mit einer eher beiläufigen Bemerkung des Oxforder Sprachphilosophen Sir Peter Frederic Strawson. In seinem Buch *Individuals*, in dem er in durchaus kantischem Geist die notwendigen Rahmenbedingungen unseres tatsächlichen Erfahrens und Denkens auszuzeichnen versucht, heißt es an der viel zitierten Stelle: „It is only because the solution is possible that the problem exists. So with all transcendental arguments."[1] Aus dem Kontext der Passage wird deutlich, daß Strawson in etwa Folgendes meint: Transzendentale Argumente zeigen, daß *skeptische* Probleme – denn um die geht es Strawson hier – keine generellen Probleme sind, weil die skeptische Problemstellung bezüglich Einzelfällen bereits voraussetzt, daß eine Lösung der Probleme im allgemeinen möglich ist. Mehr erfahren wir von Strawson über die Methode transzendentaler Argumente nicht.

---

[1] Strawson, 1959, S. 40. Der Begriff des ,transzendentalen Arguments' taucht aber schon früher auf. Man findet ihn bereits bei Kant selbst (*KrV*, B 655). Dort bezieht er sich aber auf Argumente, die unzulässig die legitimen Grenzen des Verstandesgebrauchs überschreiten, also eigentlich ,transzendent' zu nennen wären. Der heutigen Verwendung näher steht der Begriff bei Peirce in seiner *Minute Logic* von 1902 (CP 2.35) und in Austin, 1939. Den Hinweis auf diese Stellen verdanke ich Stroud, 1999, und Hookway, 1999, S. 180f. Eine nützliche, wenn auch leider nicht vollständige Bibliographie zu transzendentalen Argumenten findet sich in Stern, 1999. Siehe auch die an das Thema ,Transzendentalphilosophie' angrenzenden Beiträge von D. H. Heidemann, G. Schönrich und W. Lütterfelds in diesem Band.

Was gemeint ist, läßt sich besser anhand eines von Strawson durchgeführten transzendentalen Arguments verstehen.[2] Der Skeptiker Hume bezweifelt bekanntlich die numerische Identität von Wahrnehmungsgegenständen, die nicht kontinuierlich beobachtet werden, und zwar nicht nur in einzelnen Fällen, sondern generell. Dabei muß er ihre Identifikation jedoch bereits voraussetzen. Die numerische Identität von zwei Gegenständen läßt sich nämlich nur bezweifeln, wenn ihre jeweilige Identität feststeht. Eine eindeutige Identifikation kann aber nur in einem einheitlichen Raum-Zeit-System gewährleistet werden. Dieses System läßt sich nach Strawson nur etablieren, wenn alle wahrgenommenen Abschnitte der Welt über alle Wahrnehmungsdiskontinuitäten hinweg in ein einheitliches Ko-ordinatensystem integriert werden, und zwar durch Re-Identifikation von Einzeldingen. Kurz: Der Zweifel an der numerischen Identität von Gegenständen, die nicht kontinuierlich wahrgenommen werden, ist *im Einzelfall* nur möglich, wenn die numerische Identität von diskontinuierlich beobachteten Gegenständen *im allgemeinen* bereits vorausgesetzt wird.

Nachdem sich Strawson und andere Verfechter transzendentaler Argumente zunächst mit methodologischen Bemerkungen deutlich zurückgehalten haben, scheint man sich inzwischen – zumindest im Kontext der analytischen Diskussion – auf die folgenden Strukturmerkmale solcher Argumente verständigt zu haben: *Erstens* sollen sie Argumente gegen den cartesianischen Skeptizismus bezüglich der Außenwelt bereitstellen. Wer also an der Existenz bzw. an der Möglichkeit unseres Wissens über die Außenwelt zweifelt und nur an die Möglichkeit von Wissen über gegenwärtige eigene Erfahrungen oder Gedanken glaubt, der soll durch diese Argumente eines Besseren belehrt werden. Barry Stroud, einer der härtesten Kritiker transzendentaler Argumente, sagt beispielsweise: „The transcendental deduction [...] is supposed [...] to give a complete answer to the sceptic about the existence of things outside us."[3] *Zweitens* haben transzendentale Argumente die Funktion, den Skeptiker gerade unter den Bedingungen des Realismus zu widerlegen. Das bedeutet, daß sie die Existenz bewußtseins- oder geistunabhängiger Tatsachen

---

[2]   Vgl. Strawson, 1959, S. 34ff.
[3]   Stroud, 2000, S. 9f. Ähnlich auch Strawson, 1966; Bennett, 1966; Guyer, 1987.

sicherstellen sollen.[4] *Drittens* sollen transzendentale Argumente
ein besonderes Strukturmerkmal haben. Sie argumentieren für
bestimmte Tatsachen in der Außenwelt, indem sie die Inkonsistenz
des skeptischen Zweifels an diesen Tatsachen zeigen. Sie haben die
Skepsiswiderlegung also nicht nur zum Ziel, sondern verwenden sie
auch als Methode. Notwendige Bedingungen von etwas, das auch der
Skeptiker zugestehen muß, nämlich Erfahrung oder Denken, können von ihm nicht konsistent in Frage gestellt werden. Diese These
über die Methode transzendentaler Argumente entspricht Strawsons
ursprünglicher Bemerkung sehr gut.[5] Um es zusammenzufassen:
Transzendentale Argumente sollen den cartesianischen Skeptizismus
bezüglich der Außenwelt unter den Bedingungen des Realismus
durch methodisch antiskeptische Argumente widerlegen.

Obwohl die anfängliche Euphorie inzwischen etwas verflogen ist,
werden immer noch nahezu fortlaufend neue transzendentale Argumente präsentiert.[6] Aus methodologischer Perspektive gibt es jedoch
Grund zur Zurückhaltung. Es ist noch immer nicht geklärt, *wie* transzendentale Argumente methodisch genau funktionieren. Außerdem
steht der Haupteinwand gegen die Möglichkeit transzendentaler Argumente unter den Bedingungen des Realismus, der bereits Ende der sechziger Jahre von Stroud erhoben wurde, immer noch unbeantwortet im
Raum. Schließlich scheint die allgemeine Charakterisierung transzendentaler Argumente sehr weit von dem abzuweichen, was Kant selbst
unter „transzendentaler Deduktion", „transzendentaler Erkenntnis"
oder „transzendentalem Beweis" verstanden hat, und das, obwohl sich
die Verfechter transzendentaler Argumente zumeist auf Kant als ihren
Ahnvater berufen.

Kants Verständnis der Transzendentalphilosophie weicht zumindest unter den drei folgenden Gesichtspunkten deutlich vom methodischen Selbstverständnis der gegenwärtigen analytischen Vertreter tran-

---

[4]   Vgl. Stern, 2000, S. 51. Zur realistischen Interpretation transzendentaler Argu-
      mente auch Strawson, 1966, S. 22, 42, 262; Harrison, 1974, S. 27; Harrison,
      1982, S. 222; Guyer, 1987, S. 349.
[5]   Vgl. auch Stroud, 1999, S. 162; Strawson, 1959, S. 35.
[6]   Ich denke dabei vor allem an Putnams externalistisches Argument gegen die Ge-
      hirn-im-Tank-Hypothese (vgl. Putnam, 1981, Kap. 1), Davidsons interpretations-
      theoretisches Argument gegen die Möglichkeit globalen Irrtums (Davidson, 1986)
      und Searles Argument für die Existenz der Außenwelt (Searle, 1995, Kap. 8).

szendentaler Argumente ab. *Erstens*: Obwohl Kant es als „Skandal der Philosophie" empfunden hat, daß die Existenz der Außenwelt gegen den cartesianischen Skeptiker noch nicht bewiesen worden ist,[7] und er dieses Desiderat durch die Widerlegung des Idealismus in der zweiten Auflage der *Kritik der reinen Vernunft* beheben will, darf man die Intention Kants nicht darauf verengen oder gar die *transzendentale Deduktion* an die Widerlegung des Idealismus assimilieren, wie es nur allzu häufig von analytischen Interpreten versucht wird.[8] Kants Hauptanliegen ist die Verteidigung der Möglichkeit *apriorischer Erkenntnis* gegen den empiristischen Skeptiker. Der cartesianische Außenweltskeptizismus spielt bestenfalls eine untergeordnete Rolle.[9] *Zweitens*: Man darf den transzendentalen Idealismus im kantischen Theorierahmen nicht marginalisieren, wie es vor allem Strawson versucht hat, sondern muß anerkennen, daß es sich um ein fundamentales Theoriestück handelt, dessen Rolle genauer zu klären sein wird.[10] *Drittens*: Wenn transzendentale Argumente dem heutigen Verständnis nach die Inkonsistenz oder Selbstaufhebung des Skeptikers zum Methodenprinzip erheben, dann widerspricht das explizit Kants eigener Auffassung über transzendentale Beweise im Methodenkapitel der *Kritik der reinen Vernunft*. Dort lehnt er nämlich indirekte (oder apagogische) Argumente als ungeeignetes Beweisverfahren ab (*KrV*, B 817).

Angesichts der methodischen Undurchsichtigkeit zeitgenössischer transzendentaler Argumente möchte ich im ersten Teil meines Artikels versuchen, Ziel und Methode dieser Argumente im Rückgang auf Kant neu zu rekonstruieren. Im zweiten Teil werde ich der Frage nachgehen, ob sich Kants Methode so abstrakt beschreiben läßt, daß sie auch außerhalb des kantischen Theorierahmens, insbesondere unter den Bedingungen des Realismus, anwendbar ist. Ich werde außerdem die Probleme und Aussichten des rekonstruierten Argumenttyps diskutieren. Schließlich werde ich im dritten Teil alternative Konzeptionen transzendentaler Argumente kritisieren.

---

[7] *KrV*, B XXXIX, Anm.
[8] Vgl. etwa Strawson, 1966, S. 27. Zur Kritik Becker, 1984, S. 129ff; Aschenberg, 1982, S. 190.
[9] Eine Richtigstellung in diesem Sinne findet sich bei Kitcher, 1999, S. 418-20.
[10] Das hat vor allem Allison, 1983, gegen Strawson hervorgehoben.

I

Nach Kant soll *transzendentale Erkenntnis* rechtfertigen (und erklären), daß (und wie) eine apriorische Erkenntnis über die Welt möglich ist (*KrV*, B 25, 40, 80).[11] Es handelt sich also um eine Erkenntnis *über* apriorische Erkenntnis – eine Metaerkenntnis, die selbst a priori gerechtfertigt sein soll (*KrV*, B 80). „Erkenntnis" bezieht sich bei Kant nicht etwa – wie im heutigen Sprachgebrauch – auf Wissen,[12] sondern auf wahrheitsfähige (propositionale) Kognitionen. Transzendentale Erkenntnis ist also eine *a priori gerechtfertigte* Theorie mit dem Inhalt, daß eine apriorische Rechtfertigung von Aussagen über die Welt möglich ist. Es handelt sich also um eine Metarechtfertigung apriorischer Rechtfertigung von Aussagen über die Welt.

Eine solche Metarechtfertigung ist aus Kants Sicht erforderlich, weil die Mathematik, die Naturwissenschaft, aber auch die Philosophie selbst Aussagen enthalten, die entweder gar nicht durch Erfahrung gerechtfertigt werden können (wie die Aussagen der Mathematik und der Philosophie) oder deren empirische Rechtfertigung wenigstens von Voraussetzungen abhängt, die nicht selbst wieder empirisch gerechtfertigt werden können. Letzteres gilt insbesondere für die Naturwissenschaften, die generelle Aussagen nur dann induktiv rechtfertigen können, wenn sie die (empirisch nicht rechtfertigbare) Gleichförmigkeit der Natur voraussetzen, und die Kausalaussagen nur dann empirisch rechtfertigen können, wenn sie die Geltung eines allgemeinen Kausalprinzips der Natur voraussetzen. Diese Voraussetzungen können offensichtlich nicht empirisch gerechtfertigt werden, wie insbesondere Hume gezeigt hat. Die apriorische Rechtfertigung von Aussagen über die Welt kann aber auch nicht mehr als unproblematisch betrachtet werden (wie etwa die empirische Rechtfertigung), nachdem der klassische Rationalismus mit seinem Versuch, apriorische Erkenntnisse über die Welt durch das Widerspruchsprinzip zu rechtfertigen, kläglich gescheitert ist. Auf diese Weise können nur analytische Wahrheiten über die Relation unserer Begriffe untereinander, aber keine synthetischen Aussagen über die Welt gerechtfertigt werden (*KrV*, B 23f, 189ff).

---

[11] „Erkenntnis über die Welt" soll das zum Ausdruck bringen, was Kant mit „synthetisch" meint.

[12] Das wird deutlich, wenn Kant *KrV*, B 83 von „falscher Erkenntnis" spricht.

Kant sieht nur einen Weg, die Möglichkeit a priori gerechtfertigter Aussagen über die Welt zu rechtfertigen. Er muß in der transzendentalen Deduktion zeigen, daß die (begrifflichen) Voraussetzungen apriorischer Aussagen mit der Welt selbst korrespondieren. Mit anderen Worten: Eine Metarechtfertigung apriorischer Erkenntnis über die Welt kann nur dann Erfolg haben, wenn die *Wahrheit* der Voraussetzungen apriorischer Erkenntnis über die Welt nachgewiesen wird. Ziel der transzendentalen Deduktion ist also der Nachweis von Wahrheit – sie ist *wahrheitsgerichtet*.[13]

Welche Methode verwendet Kant, um die Wahrheit der Voraussetzungen apriorischer Erkenntnis über die Welt zu begründen? Er setzt bei etwas an, das auch für den Empiristen unstrittig gegeben ist – bei der menschlichen Erfahrung. Deshalb sagt Kant auch, daß „mögliche Erfahrung" der Beweisgrund oder das Prinzip des transzendentalen Beweises ist (*KrV*, A 94, B 194, 765, 811). Bei der Interpretation dieses Prinzips ist nun allergrößte Vorsicht geboten. Es lädt nämlich zu Mißverständnissen geradezu ein. Häufig wird „Erfahrung" hier in einem minimalistischen Sinne verstanden.[14] Unter „Erfahrung" würde dann alles subsumiert, was uns irgendwie empirisch gegeben ist, also auch rein qualitative Empfindungszustände oder subjektive Sinnesdatenerfahrungen.[15] Kant zufolge ist jedoch der intentionale Objektbezug konstitutiv für Erfahrung. Die Erfahrung in diesem Sinne ist immer entweder wahr oder falsch mit Bezug auf ihr Objekt. Oder, wie Kant sagt:

> „Nun enthält aber alle Erfahrung außer der Anschauung der Sinne, wodurch etwas gegeben wird, noch einen Begriff von einem Gegenstande, der in der Anschauung gegeben wird, oder erscheint [...]." (*KrV*, B 126).

Andererseits darf man unter „Erfahrung" auch nicht jeden denkmöglichen intentionalen Bezug auf Objekte verstehen. Es ist der spezifisch *menschliche* kognitive Bezug auf Objekte gemeint, der immer davon

---

[13] Vgl. dazu *KrV*, B 185, 269; auch Stroud, 2000, S. 25. Zur Unterscheidung zwischen wahrheitsgerichteten transzendentalen Argumenten und schwächeren Varianten vgl. Peacocke, 1989, S. 4.

[14] Strawson, 1966, S. 16, ist der Auffassung, daß Kant die Abhängigkeit eines minimalen Erfahrungsbegriffes von reicheren Formen der Erfahrung zeige.

[15] Was in diesem Sinne empirisch gegeben ist, erfüllt nach Kant natürlich nicht die Verstandeskategorien. Vgl. *KrV*, A 89ff.

abhängt, daß ein empirischer Input für unsere Sinnlichkeit gegeben ist.[16] Kant selbst hat geglaubt, daß unsere Erfahrung selbstzuschreibbar ist. Doch dieses Merkmal *definiert* die Erfahrung nicht![17]

Der Ausgangspunkt der transzendentalen Beweise ist für Kant also Erfahrung in einem emphatischen Sinne, Erfahrung mit einem intentionalen Gehalt, der dafür verantwortlich ist, daß die Erfahrung entweder das Objekt, auf das sie bezogen ist, trifft (und damit wahr ist) oder es verfehlt (und damit falsch ist). Diese Art von Erfahrung möchte ich etwas verallgemeinernd als *empirische Repräsentation* bezeichnen.[18] Empirische Repräsentationen sind rezeptive Zustände, insofern sie durch die Welt ausgelöst werden, und sie haben einen intentionalen Gehalt, der sie auf eben diese Welt in wahrheitsdifferenter Weise bezieht.

Kant geht also von der menschlichen Erfahrung (empirischen Repräsentation) als einem unstrittigen Faktum aus und versucht nun zu zeigen, daß die fraglichen Voraussetzungen apriorischer Erkenntnis (bestimmte apriorische Begriffe) notwendige Bedingungen dieser Erfahrung sind. (*KrV*, A 94). Kant interessiert sich dabei nicht für *beliebige* notwendige Bedingungen der Erfahrung, also etwa psychologische oder logische Bedingungen, sondern für die notwendigen Bedingungen des *repräsentationalen Gehalts* der Erfahrung. Er nennt diese Bedingungen „Quell aller Wahrheit", nicht etwa deshalb, weil aus ihnen alle Wahrheiten über die Welt ableitbar wären,[19] sondern weil ohne einen repräsentationalen Gehalt die Wahrheitsrelation gar nicht möglich wäre.[20] Kant läßt sich dabei von der Idee leiten, daß die Inhalte der Erfahrung notwendigerweise bestimmte begriffliche Strukturmerkmale aufweisen

---

[16] Das haben Kitcher, 1995, S. 295f, und Westphal, 2003, überzeugend gegen Strawsons Idee der konzeptuellen Intelligibilitätsbedingungen von Erfahrung überhaupt nachgewiesen. Kant selbst weist deutlich auf die anthropologischen Bedingungen seines Erfahrungsbegriffs hin: *KrV*, A 27, B 138.

[17] Vgl. dagegen Aschenberg, 1982, S. 271ff, der „Erfahrung" als „Möglichkeit von Selbstbewußtsein" versteht.

[18] Der von mir verwendete Begriff der Repräsentation lehnt sich an den derzeit in den Kognitionswissenschaften gebräuchlichen Repräsentationsbegriff an. Er darf nicht mit Kants eigenem Begriff der „Vorstellung (representatio)" verwechselt werden, der ein Gattungsbegriff für alle mentalen Zustände ist, also auch solche ohne Objektbezug (vgl. *KrV*, A 320).

[19] Das würde Kants These widersprechen, daß es kein allgemeines Kriterium der Wahrheit geben kann (*KrV*, B 83).

[20] Vgl. *KrV*, B 296, auch Kants Ausführungen zur transzendentalen Logik (*KrV*, B 87).

müssen, damit sie sich auf ein Objekt so beziehen können, daß sie es wahr oder falsch repräsentieren.

Nehmen wir einmal an, Kant hätte recht und es gäbe notwendige Bedingungen des repräsentationalen Gehalts der menschlichen Erfahrung. Dann stellt sich sofort die Frage nach der Rechtfertigung dieser notwendigen Bedingungen. Wie können wir zeigen, daß bestimmte notwendige Bedingungen bestehen? Und diese Frage wird noch brisanter, wenn wir uns vor Augen halten, daß transzendentale Erkenntnis nach Kant selbst wiederum nur a priori gerechtfertigt sein kann (*KrV*, B 80). Deshalb liegt der Verdacht nahe, daß sich das Problem apriorischer Erkenntnis über die Welt bei Kant einfach verlagert – es wird zu einem Problem transzendentaler Metaerkenntnis, das Kant im Rahmen seiner Theorie nicht mehr thematisiert. Angesichts dieses Verdachts hat Strawson einen ebenso genialen wie bahnbrechenden Vorschlag gemacht. Er versteht Kants Deduktion einfach als *analytische Explikation* des Erfahrungs*begriffs*.[21] Dieser Vorschlag hat gleich mehrere Vorteile. Erstens vermeidet Strawson mit ihm das Problem der Zirkularität. Er muß keine synthetische Erkenntnis a priori (auf der Ebene der transzendentalen Erkenntnis) voraussetzen, um die Möglichkeit synthetischer Erkenntnisse a priori zu rechtfertigen. Zweitens wird das Verfahren der Begriffsanalyse zumindest von moderaten Empiristen (wie Hume) nicht in Zweifel gezogen.[22] Drittens kann man den Deduktionsbegriff auf intuitiv einleuchtende Weise als Begriffsexplikation interpretieren.

Doch Strawsons Versuch, die notwendigen Bedingungen der Erfahrung durch *Begriffsanalyse* zu begründen, läßt sich kaum als angemessene Interpretation Kants verstehen. In letzter Konsequenz müßte dann aus Kants transzendentaler Deduktion ein rein semantisches Argument werden.[23] Die Theorie der Synthesen würde damit vollkommen überflüssig werden, wie Strawson übrigens selbst betont.[24] Außerdem würde das analytische Argument nur eine ganz abstrakte Struktur jeder denkmöglichen Erfahrung ergeben, wie Strawson hervorhebt: „[...] a

---

[21] Strawson, 1966, S. 68. Ähnlich auch Bennett, 1966; Hossenfelder, 1978, S. 119-22; Walker, 1984, S. 201. Neuerdings Schnädelbach, 2002, S. 24f.

[22] Anders ist es allerdings mit radikalen Empiristen wie Quine, der den Analytizitätsbegriff in eine tiefe Krise gestürzt hat.

[23] Vgl. dazu insbesondere die Rekonstruktion von Rorty, 1970.

[24] Strawson, 1966, S. 32.

concept or feature (element) could be called a priori if it was an essential structural element in any conception of experience which we could make intelligible to ourselves."[25] Kant möchte dagegen die notwendigen Bedingungen *menschlicher* Erfahrung (mit ihren kontingenten kognitiven Charakteristika) rechtfertigen.[26] Der gravierendste Einwand gegen die analytische Rekonstruktion des Arguments ist jedoch der folgende: Wenn die Rechtfertigung der notwendigen Bedingungen der Erfahrung einzig und allein auf Begriffsanalyse beruhen würde, dann wären Kants Grundsätze nichts anderes als *analytische* Sätze. Selbst wenn man hier eine nicht-triviale Analytizität einklagen wollte, würde das eindeutig der kantischen Intention widersprechen.

Die Vertreter des analytischen Arguments haben diesen Defekt durch einen Trick zu beheben versucht. Sie nehmen an, daß transzendentale Argumente die logische Form eines *modus ponens* der folgenden Art haben:[27]

(1)   Es gibt Erfahrung (vom Typ A).

(2)   Wenn Erfahrung (vom Typ A) vorliegt, dann B.

Also: B.

Die Prämisse (2) soll ein analytisch wahrer Satz sein. Die Konklusion wäre in diesem Fall nur dann synthetisch a priori, wenn auch die Prämisse (1) synthetisch a priori wäre. Nun kann man vielleicht sagen, daß (1) eine cartesianische Proposition ist. Sie wäre dann vielleicht unfehlbar und selbstevident. Aber a priori *im kantischen Sinne* kann sie nicht sein, weil für Kant nur notwendige oder allgemeingültige Sätze a priori sein können. (1) ist jedoch ein kontigenter Satz, weil die (möglicherweise unzweifelhaft) gegebene Erfahrung auch hätte ausbleiben können. Außerdem hängen Kants Konklusionen transzendentaler Beweise insbesondere in den Grundsätzen *nicht* von der Prämisse ab, daß es Erfahrung (des Typs A) *gibt*. Kants *Zweite Analogie* besagt beispielsweise „Alle Veränderungen geschehen nach dem Gesetze der Verknüpfung der Ursache und Wirkung." (*KrV*, B 232). Dahinter verbirgt sich im Grunde ein konditionaler Satz: ‚Wenn sich eine Veränderung ereignet, dann sind die einander folgenden Zustände durch eine Ursache-Wir-

---

[25]   Strawson, 1966, S. 68; vgl. auch ebd., S. 15.

[26]   Vgl. *KrV*, A 27, B 138. Vgl. auch Westphal, 2003.

[27]   Vgl. Hossenfelder, 1978, S. 119-22; Stevenson, 1982, S. 5; Walker, 1984, S. 201; Lange, 1988, S. 24-31.

kungs-Relation verknüpft.' Dieser Satz ist nach Kant synthetisch a priori, ohne von einer Prämisse über das tatsächliche Auftreten von Veränderungen in der Erfahrung abzuhängen.

Die vorangehenden Überlegungen legen den Schluß nahe, daß Kant die notwendigen Bedingungen der Erfahrung nicht einfach analytisch aus dem *Begriff* der Erfahrung ableitet. Doch wie können sie dann erkannt werden? Meines Erachtens rechtfertigt Kant die notwendigen Bedingungen der Erfahrung weder durch einen logisch deduktiven Schluß noch durch eine analytische Explikation des Erfahrungsbegriffs, sondern durch einen *synthetischen Schluß auf die beste Erklärung* des repräsentationalen Gehalts der Erfahrung. Schlüsse auf die beste Erklärung sind nicht formallogisch gültig, weil es sich bei ihnen (wie auch bei induktiven Schlüssen) um gehaltserweiternde Inferenzen handelt. Es soll erklärt werden, wie der repräsentationale Gehalt unserer Erfahrung möglich ist, wenn man gewisse Tatsachen über unsere Erfahrung voraussetzt: nämlich daß unsere Erfahrung auf Anschauung und Begriff beruht, daß wir Raum und Zeit als Anschauungsformen haben und daß wir bestimmte Verstandesfunktionen besitzen. Als Indiz dafür, daß Kants Beweisverfahren ein Schluß auf die beste Erklärung ist, kann man die folgende Passage aus der Methodenlehre der *Kritik der reinen Vernunft* werten. Mit Blick auf einen bestimmten Grundsatz sagt Kant dort:

> „Er heißt aber Grundsatz und nicht Lehrsatz, ob er gleich bewiesen werden muß, darum, weil er die besondere Eigenschaft hat, daß er seinen Beweisgrund, nämlich Erfahrung, selbst zuerst möglich macht, und bei dieser immer vorausgesetzt werden muß." (*KrV*, B 765).

Für viele Interpreten hört sich das nach einem zirkulären Beweis an.[28] Wenn der Grundsatz explizit unter den Prämissen vorausgesetzt wird, dann wird der Beweis logisch zirkulär. Etwas anders sieht die Zirkularität aus, wenn man den Beweis des Grundsatzes als analytische Begriffsexplikation versteht. Wenn der Grundsatz analytisch aus dem Begriff der Erfahrung abgeleitet wird, dann muß man zum Beweis des Grundsatzes zunächst zeigen, daß Erfahrung im Sinne dieses Begriffes vorliegt. Doch um das zu zeigen, muß zunächst bewiesen werden, daß alle begrifflichen Bedingungen des Erfahrungsbegriffs (einschließlich

---

[28] Vgl. dazu Aschenberg, 1982, S. 267f.

des Grundsatzes) erfüllt sind. Um die Prämissen für den Beweis des Grundsatzes zu rechtfertigen, müssen wir also bereits rechtfertigen, daß der Grundsatz gilt. Der Beweis wäre in diesem Fall nicht logisch, sondern epistemisch zirkulär. Die Rechtfertigung der Prämissen setzt bereits die Wahrheit der Konklusion voraus.

Den Verdacht auf Zirkularität wird Kants Bemerkung über den Beweis der Grundsätze nur dann los, wenn man den Grundsatz weder als vom Beweis vorausgesetzte Prämisse noch als begriffliches Element einer Prämisse versteht, sondern als *substantielle Bedingung* der Erfahrung. Dann hätten wir es mit einem Schluß vom Explanandum (Erfahrung) auf ein Explanans (Grundsatz) zu tun. Nun könnte man gegen diese Rekonstruktion einzuwenden versuchen, daß Kant doch eine *Deduktion* der Geltung im Sinn hat. Doch läßt sich Kants Deduktionsbegriff – wie Dieter Henrich in vielen Detailanalysen gezeigt hat[29] – eben nicht auf den formallogischen Begriff der Deduktion reduzieren. Kant übernimmt den Deduktionsbegriff aus der juristischen Terminologie und meint damit einen Nachweis des Rechtsanspruchs (*KrV*, B 116). Es ist nicht ausgeschlossen, daß ein solcher Nachweis durch einen synthetischen Schluß auf die beste Erklärung erfolgt. Allerdings handelt sich Kant damit das Problem ein, daß seine transzendentale Erkenntnis unter die Art von Erkenntnis fällt, die sie im Grunde allererst rechtfertigen möchte: synthetische Erkenntnis a priori.

Es fehlt noch ein letzter und entscheidender Schritt, um Kants „Theorie" transzendentaler Erkenntnis ganz zu verstehen. Bislang ist nur gezeigt, daß es notwendige Bedingungen gibt, die die Erfahrung erfüllen muß, damit sie sich auf Objekte beziehen kann, die über die Wahrheit oder Falschheit der Erfahrung entscheiden. Eigentliches Ziel der Deduktion ist jedoch der Nachweis, daß die begrifflichen Voraussetzungen apriorischer Erkenntnis *wahr* sind. Kant muß also von den notwendigen Bedingungen *der Erfahrung* vom Gegenstand zu den notwendigen Bedingungen der erfahrenen *Gegenstände* übergehen. Dieser Schritt ist entscheidend für das Gelingen der transzendentalen Deduktion und Kant hat das auch gesehen. So heißt es beispielsweise: „Die Bedingungen a priori einer möglichen Erfahrung sind zugleich Bedingungen der Möglichkeit der Gegenstände der Erfahrung." (*KrV*, A 111).[30] Überraschend

---

[29]   Vgl. insbesondere Henrich, 1989.
[30]   Vgl. auch *KrV*, B 158.

ist dabei, mit welcher Selbstverständlichkeit und Mühelosigkeit Kant diesen Schritt vollzieht. Es ist so, als würde er ihn für gar nicht mehr begründungsbedürftig halten. Liegt hier einfach eine Lücke im Argument vor?

Dem ist natürlich nicht so. Um den Übergang von den Bedingungen der Erfahrung zu den Bedingungen der *Gegenstände* der Erfahrung zu erklären, muß man Kants transzendentalen Idealismus bzw. seine kopernikanische Wende (*KrV*, B XVIf) berücksichtigen. Die Kantinterpreten haben zwei verschiedene Vorschläge gemacht, den transzendentalen Idealismus zu verstehen. Nach der herkömmlichen Sichtweise muß man den Idealismus *ontologisch* verstehen.[31] Danach wäre der Gegenstand der Erfahrung, also das, worauf sich die Erfahrung bezieht und was über ihren Wahrheitswert entscheidet, letzten Endes auf Erfahrung reduzierbar. Dieser Gegenstand wäre also nichts anderes als ein Konstrukt aus Erfahrungen.[32] In diesem Fall würden die notwendigen Bedingungen der Erfahrung automatisch auch auf den Gegenstand der Erfahrung zutreffen.[33] Der transzendentale Idealismus würde demnach besagen, daß der epistemisch relevante Gegenstand ein idealistisches Konstrukt aus sinnlich gegebener Materie und den Verstandesfunktionen wäre. Die von Kant dargestellten Synthesen würden die *Konstitution des Gegenstandes* beschreiben. Deshalb spricht man auch von einer *Konstitutionstheorie*.[34]

Diese *ontologische* Interpretation des transzendentalen Idealismus widerspricht jedoch einigen Formulierungen Kants sehr deutlich. So heißt es im § 13 der transzendentalen Deduktion (*KrV*, A 92): „weil die Vorstellung [...] ihren Gegenstand dem Dasein nach *nicht* hervorbringt, so ist doch die Vorstellung in Ansehung des Gegenstandes [...] a priori bestimmend, wenn durch sie allein es möglich ist, etwas als einen Gegenstand zu *erkennen*." (Hervorhebung T.G.). Der Gegenstand, von dem hier die Rede ist und der nicht in seiner Existenz von der Vorstellung abhängen soll, kann nicht das Ding an sich sein, denn für die Dinge an sich sind die Vorstellungen ja gerade nicht a priori bestimmend. Also

---

[31] Ein neuerer Vertreter dieser Auffassung ist Van Cleve, 1999.

[32] Das gilt selbstverständlich nicht für die Dinge an sich, die sich nach Kant gerade einer solchen idealistischen Reduktion entziehen, aber auch keine Relevanz für den Wahrheitswert unserer Erkenntnisse haben.

[33] Vgl. Bittner, 1974, S. 1533.

[34] Vgl. dazu auch Hossenfelder, 1978.

kann es sich nur um den Bezugsgegenstand der Erfahrung handeln. Und der soll in seiner Existenz von der Vorstellung unabhängig sein. Also kann die Konstitutionstheorie nicht zutreffen.

Henry Allison hat deshalb eine andere Interpretation des transzendentalen Idealismus vorgeschlagen: die epistemische Interpretation.[35] Danach können wir uns auf einen unabhängig von uns existierenden Gegenstand nur mittels unserer Repräsentation dieses Gegenstandes *als Gegenstand* beziehen. Also muß dieser Gegenstand, sofern er für uns epistemisch zugänglich ist, die Bedingungen seiner Repräsentation erfüllen. Aber diese Bedingungen sind *subjektabhängige Eigenschaften* des ontologisch unabhängigen Gegenstandes. Auf genau diese Eigenschaften beschränkt sich unsere apriorische Erkenntnis.[36]

Selbst wenn man diese epistemische Interpretation des transzendentalen Idealismus zugrunde legt, vertritt Kant keinen erkenntnistheoretischen Realismus. Das, was wir nach ihm erkennen können, sind dann zwar von uns unabhängige (objektive) Gegenstände. Aber wir erkennen nicht deren subjektunabhängige (objektive) Eigenschaften. Indem der Anspruch apriorischer Erkenntnis von Kant auf subjektabhängige Eigenschaften eingeschränkt wird, kann er erklären, wieso die subjektiven Bedingungen der Erfahrung auf die subjektunabhängigen Gegenstände zutreffen. Sie treffen auf deren subjektabhängige Eigenschaften zu! Das ist der Preis, den Kant dafür zahlen muß, daß er von den Bedingungen der *Erfahrung* der Gegenstände zu den Bedingungen der erfahrenen *Gegenstände* übergehen kann.

II

Ich möchte jetzt die Ergebnisse der Analyse von Kants „Theorie transzendentaler Argumente" auf abstrakterer Ebene zusammenfassen. Dadurch soll es möglich werden, die Übertragbarkeit dieses Argumentationstyps auf andere Kontexte zu beurteilen. Außerdem können die Probleme und Aussichten dieses Typs von Argument so besser bewertet werden.

Das Ziel von Kants „transzendentalen Argumenten" ist nicht ein Beweis der Existenz der Außenwelt oder der Möglichkeit von gerecht-

---

[35] Vgl. Allison, 1983, S. 10.
[36] Vgl. etwa Allison, 1983, S. 27.

fertigten Erkenntnissen über die Außenwelt gegen den cartesianischen Skeptiker, sondern die Rechtfertigung *apriorischer Erkenntnisse über die Außenwelt* gegen den empiristisch gesonnenen Skeptiker. Eine solche Metarechtfertigung apriorischer Erkenntnis erfordert den Nachweis, daß die Außenwelt den Voraussetzungen apriorischer Erkenntnis korrespondiert. Es muß also gezeigt werden, daß diese Voraussetzungen *wahr* sind. Kants transzendentale Argumente sind *wahrheitsgerichtet*.

Methodisch sieht dieser Nachweis so aus, daß Kant von etwas ausgeht, das er (gemeinsam mit den Empiristen) für möglich und nicht begründungsbedürftig hält – die empirische Repräsentation der Außenwelt, also die kognitive Bezugnahme auf die Welt durch wahre oder falsche Repräsentationen, die durch die Welt selbst in uns ausgelöst werden. Eine *Theorie der Repräsentation* soll zeigen, daß eine empirische Repräsentation der Welt nur möglich ist, wenn bestimmte notwendige Bedingungen erfüllt sind, die auch die Beschaffenheit und Struktur der repräsentierten Welt selbst betreffen.

Wieso soll die Repräsentation der methodische Schlüssel zur Struktur der Welt sein? Es ist unstrittig, daß nicht jeder Gegenstand in der Welt die Bedingungen seiner Repräsentierbarkeit durch uns erfüllen muß. Es könnte Dinge geben, auf die wir uns – so wie wir nun einmal kognitiv beschaffen sind – einfach nicht beziehen können. Aber diese Dinge, wenn es sie denn gibt, sind für den Wahrheitswert unserer Repräsentationen schlicht *irrelevant*. Es ist ebenfalls unstrittig (wenigstens aus kantischer Perspektive[37]), daß wir rein qualitative Vorstellungen („Empfindungen") haben können, die noch keinen repräsentationalen Gehalt besitzen. Doch die verraten uns eben nichts über die Welt und sind insofern *irrelevant*. Eine Theorie der Repräsentation, sofern sie tatsächlich notwendige Bedingungen der repräsentierten *Gegenstände* nachweisen kann, könnte deshalb zeigen, wie derjenige Teil der Welt aussehen muß, der auch über die Wahrheit und Falschheit unserer empirischen Repräsentationen entscheidet.

Ich möchte drei Merkmale transzendentaler Argumente des kantischen Typs festhalten:

(I) Transzendentale Argumente dienen der Legitimation apriorischer Erkenntnis über die Außenwelt.

---

[37] Daß es nicht-repräsentationale Zustände mit rein qualitativem Gehalt überhaupt gibt, wird derzeit beispielsweise von Tye, 1995, bestritten.

(II) In dieser Funktion sollen transzendentale Argumente notwendige strukturelle Eigenschaften der Außenwelt rechtfertigen. Sie sind wahrheits- bzw. weltgerichtet.

(III) Diese Wahrheitsansprüche sollen durch eine (apriorische) Theorie der empirischen Repräsentation gerechtfertigt werden.

Diese Charakterisierung transzendentaler Argumente weicht von ihrer Charakterisierung im Rahmen der analytischen Debatte, die ich zu Beginn dieses Aufsatzes vorgestellt habe, auf signifikante Weise ab. Es stellt sich nämlich heraus, daß transzendentale Argumente kantischer Provenienz weder gegen den *cartesianischen* Skeptiker gerichtet noch *methodisch antiskeptisch* sind. Sollte man also die analytischen transzendentalen Argumente in keinen zu engen Zusammenhang mit der kantischen Transzendentalphilosophie bringen?

Ich glaube, das genaue Gegenteil ist richtig. Es mag zwar ein gewisser Dissens darüber bestehen, gegen welche Art von Skepsis transzendentale Argumente ein geeignetes Instrument sind. *Methodisch* besteht meines Erachtens jedoch keine Differenz zwischen den transzendentalen Argumenten bei Kant und den analytischen transzendentalen Argumenten. Wenn man sich die paradigmatischen Fälle analytischer transzendentaler Argumente genauer ansieht, dann entsprechen sie exakt den kantischen Kriterien und nicht dem methodologischen Selbstverständnis ihrer Vertreter. Ich möchte das anhand von zwei besonders prominenten Beispielen zeigen.

Ich habe eingangs bereits Strawsons Widerlegung des Zweifels an der Re-Identifizierbarkeit von Einzeldingen über Beobachtungslücken hinweg dargestellt. Nach Strawsons methodologischem Selbstverständnis passiert dabei Folgendes: Es wird gezeigt, daß der generelle Zweifel an der Re-Identifizierbarkeit inkonsistent ist, und dadurch wird die Re-Identifizierbarkeit gerechtfertigt. Tatsächlich passiert aber etwas ganz anderes. Strawson entwickelt eine Theorie der Repräsentation. Danach ist die empirische Repräsentation von Einzeldingen nur möglich, wenn diese Einzeldinge identifiziert werden. Die Identifikation von Einzeldingen setzt aber wiederum die Re-Identifizierbarkeit voraus. Also impliziert die empirische Bezugnahme auf Einzeldinge deren Re-Identifizierbarkeit. Die Skepsiswiderlegung erfolgt parasitär zu dieser *Theorie der Repräsentation* und ist unabhängig von ihr gar nicht zu verstehen.

Ein anderes Beispiel für analytische transzendentale Argumente ist Davidsons Widerlegung der cartesianischen Skepsis auf der Grund-

lage seiner Theorie der radikalen Interpretation. Davidson argumentiert
dabei wie folgt:[38]

(1) Meinungen (für Davidson die einzig mögliche Form der Repräsentation) sind ihrer Natur nach öffentlich oder intersubjektiv
verständlich.

(2) Intersubjektive Verständlichkeit ist unter den Bedingungen unserer menschlichen kognitiven Fähigkeiten nur möglich, wenn der
Interpret aus dem für ihn beobachtbaren Sprecherverhalten
in einer konkreten Umgebung die Meinungen des Sprechers
erschließen kann.

(3) Der Interpret kann aus dem für ihn beobachtbaren Sprecherverhalten in einer konkreten Umgebung nur dann die Meinungen
des Sprechers erschließen, wenn die Meinungen des Sprechers
sich in den meisten Fällen auf diejenigen wahrnehmbaren Tatsachen beziehen, die seine Meinungsäußerungen verursachen.

(4) Wenn sich die Meinungen des Sprechers in den meisten Fällen
auf die sie verursachenden Tatsachen beziehen, dann sind sie in
den meisten Fällen wahr.

Also: Meinungen sind meistens wahr.

Wenn das in etwa Davidsons Argument wiedergibt, dann ist klar,
daß seine Skepsiswiderlegung von seiner Theorie der Repräsentation
abhängt. Davidson nimmt an, daß der repräsentationale Gehalt von
Meinungen öffentlich verständlich ist. Das läßt sich nur mittels einer
externalistischen Gehaltstheorie erklären, wonach die externen Ursachen
in den meisten Fällen den Gehalt bestimmen. Und das wiederum impliziert die weitgehende Veridizität der Meinungen. Grundlegend für dieses Argument ist Davidsons Theorie der Repräsentation. So unterschiedlich Kants, Strawsons und Davidsons Argumente im einzelnen auch sein
mögen, sie beruhen alle auf einer gemeinsamen Methode. Die Bedingungen der repräsentierten Gegenstände werden durch eine Theorie über
die notwendigen Bedingungen ihrer Repräsentation gerechtfertigt.

Es ist also gelungen, die Methode transzendentaler Argumente hinreichend abstrakt zu beschreiben, um eine Anwendung auch außerhalb des kantischen Theorierahmens zu erlauben. Ich möchte jetzt
zur Bewertung dieser Methode übergehen. Barry Stroud hat seit den
sechziger Jahren wiederholt dafür argumentiert, daß transzendentale

---

[38] Vgl. dazu Davidson, 1985.

Argumente nicht mit dem erkenntnistheoretischen Realismus vereinbar sind und deshalb den Skeptizismus nicht wirklich widerlegen können.[39] Für Stroud ist der transzendentale Idealismus eine notwendige Hintergrundannahme, um die Wahrheit bestimmter Strukturelemente der Erfahrung mit Hilfe transzendentaler Argumente verteidigen zu können. Wenn dem so ist, dann können diese Argumente jedoch nicht die *Wahrheit* bezüglich der geistunabhängigen Außenwelt etablieren. Sie können also nicht zeigen, daß wir die Außenwelt, so wie sie unabhängig von uns ist, erkennen können. Und deshalb behält der Skeptiker mit seiner These, daß wir die Welt, so wie sie ist, nicht erkennen können, im Grunde recht.

Doch warum können transzendentale Argumente nach Stroud die Korrespondenz bestimmter Begriffe mit der objektiven Außenwelt (so wie sie objektiv, d. h. geistunabhängig, ist) nicht beweisen? Sein Einwand ist relativ einfach. Die notwendigen Bedingungen der Erfahrung bzw. von Meinungen können keine Tatsachen in der Außenwelt sein, wenn diese als erfahrungs- bzw. denkunabhängig verstanden wird. Es kann sich nur wieder um andere Erfahrungen bzw. Gedanken (oder Meinungen) handeln. Was sich also nach Stroud bestenfalls nachweisen läßt, ist ein notwendiger struktureller Zusammenhang zwischen Erfahrungen bzw. Meinungen.

Für Stroud können demnach die notwendigen Bedingungen von etwas Subjektivem (wie Erfahrung oder Denken) selbst nur wieder subjektiv sein. Wenn das richtig ist, dann muß das eigentliche Ziel transzendentaler Argumente, bestimmte Wahrheiten über die Außenwelt zu beweisen, zwangsläufig unerreicht bleiben, wenn man diese Außenwelt als subjektunabhängig versteht. Nach Stroud könnte man den Zusammenhang zwischen Erfahrungs- bzw. Denkbedingungen und der Welt nur dann rechtfertigen, wenn man ein zusätzliches Brückenprinzip zwischen Geist und Welt heranzieht. Ein solches Brückenprinzip ist ihm zufolge jedoch *erstens* unplausibel und *zweitens* würde es transzendentale Argumente überflüssig machen, weil das Prinzip den Zusammenhang zwischen Geist und Welt auch alleine sichern würde. Ursprünglich hatte Stroud dabei das sogenannte Verifikationsprinzip der Bedeutung im Sinn. Das Prinzip besagt, daß

---

[39] Vgl. dazu Stroud, 2000; eine vorzügliche Darstellung von Strouds Argument findet sich in Stern, 2000, S. 43-65.

eine Aussage nur dann Bedeutung hat, wenn wir ihren Wahrheitswert allein aufgrund von Erfahrung ermitteln können. Wenn die Erfahrung, daß q, ein notwendiges Element unserer Erfahrung wäre, dann müßte es demnach auch wahr sein, daß q, weil q empirisch nicht falsifizierbar wäre. Das Verifikationsprinzip ist jedoch unplausibel. Es macht nämlich skeptische Hypothesen automatisch sinnlos, weil sie so konstruiert sind, daß sie sich empirisch weder bestätigen noch falsifizieren lassen. Die Sinnlosigkeit skeptischer Hypothesen ist jedoch kontraintuitiv. Darüber hinaus würde das Verifikationsprinzip den cartesianischen Skeptizismus direkt widerlegen, so daß transzendentale Argumente gar nicht mehr nötig wären.

Natürlich hat Stroud recht mit seiner Kritik am Verifikationsprinzip, das ja inzwischen auch so gut wie niemand mehr vertritt. Doch würden andere, plausiblere Brückenprinzipien weiterhelfen? Solange man das glaubt, hat man den Kern von Strouds Einwand nicht erfaßt. Transzendentale Argumente sollen die notwendige Wahrheit gewisser Vorannahmen über die Welt beweisen, wenn sie jedoch diese Beweislast nur mit Hilfe eines von ihnen unabhängigen Brückenprinzips erfüllen können, dann müssen sie zwangsläufig scheitern. Sie sind also nach Stroud *nicht hinreichend*, um ihr Beweisziel zu erreichen. *Notwendig* für das Erreichen dieses Ziels könnten sie übrigens – entgegen Stroud – dennoch sein. Das Verifikationsprinzip oder ähnliche Brückenprinzipien können nämlich nicht zeigen, daß bestimmte Begriffe *notwendigerweise* auf erfahrbare Gegenstände zutreffen.

Aber warum meint Stroud, daß transzendentale Argumente als solche nur *subjektive* (geistabhängige) Bedingungen von *psychologischen Tatsachen* (Erfahrung oder Denken) rechtfertigen können? Diesen entscheidenden Punkt hält Stroud vermutlich für trivial.[40] Er ist es jedoch keineswegs.[41] Warum sollte man nicht auch die Rechtfertigung des – wie auch immer gearteten – *Brückenprinzips zwischen Geist und Welt* zur Aufgabe transzendentaler Argumente erklären?

Wie könnte ein plausibles Brückenprinzip aussehen? Ich möchte das anhand von zwei Beispielen erläutern. Nehmen wir einmal an, Kant hätte in der transzendentalen Deduktion gezeigt, welche inhaltlichen Bedingungen die *Erfahrung* von Objekten notwendigerweise erfüllen

---

40 In diese Richtung deutet Stroud, 1994, S. 236; vgl. auch Stroud, 2000, S. 24.
41 Das sieht auch Vahid, 2002.

muß. Für den Realisten folgt daraus, daß wir ausschließlich *Erfahrungen* von Objekten bestimmter Art machen können, nichts darüber, daß die *Objekte* dieser Erfahrung auch tatsächlich von dieser Art *sein* müssen. Es folgt nur, daß diese Objekte dem Subjekt in der Erfahrung so *erscheinen* müssen. Soweit scheint Stroud recht zu behalten. Aber damit eine genuine Erfahrung (im kantischen Sinne) vorliegt, genügt es nicht, daß ich eine *Erscheinung* bestimmter Art habe. Meine empirische Repräsentation muß sich auch auf ein tatsächlich in der Welt existierendes Objekt beziehen, das die Repräsentation wahr oder falsch macht.[42] Nun gehört es auch zu den Aufgaben einer Theorie der Repräsentation, die Faktoren anzugeben, die für die Festlegung der Bezugnahme oder Referenz verantwortlich sind. Eine *Beschreibungstheorie der Referenz* würde im Unterschied zu Theorien direkter (kausaler) Referenz implizieren, daß das Objekt der Repräsentation derjenige (existierende) Gegenstand ist, der die kognitive Gegebenheitsweise zumindest weitgehend erfüllt. Sollte es nun aber notwendige Bedingungen des repräsentationalen Inhalts geben, dann müßten diese Bedingungen erfüllt werden, damit es überhaupt ein Objekt der Repräsentation und damit eine vollwertige Repräsentation gibt. Ich behaupte nicht, daß dies Kants Argumentationsstrategie ist. Wie wir gesehen haben, benötigt er aufgrund seines transzendentalen Idealismus gar kein Brückenprinzip, um die Geltung notwendiger Strukturelemente der Erfahrung für die Gegenstände zu beweisen. Aber wenn transzendentale Argumente auf einer Theorie der Repräsentation beruhen, dann könnte diese Theorie im gegebenen Fall auch die Beschreibungstheorie der Referenz als Brückenprinzip rechtfertigen.

Mein zweites Beispiel für ein Brückenprinzip zwischen Geist und Welt ist der sogenannte *Gehaltsexternalismus,* der insbesondere durch Davidson, Putnam und Burge populär geworden ist. Der Gehaltsexternalismus besagt, daß der Gehalt von repräsentationalen Zuständen (Meinungen, Erfahrungen usw.) durch das bestimmt wird, was diese Zustände unter relevanten Bedingungen verursacht. Aus einer entsprechend qualifizierten Version des Gehaltsexternalismus könnte deshalb direkt die überwiegende Wahrheit unserer Repräsentationen folgen. Vielleicht ließe sich aber auch zunächst für grundlegende kategoriale

---

[42] Das gilt wenigstens für singuläre Repräsentationen, und empirische Repräsentationen haben diesen singulären Charakter.

Strukturen unserer Erfahrungen bzw. Meinungen argumentieren und dann mittels des Gehaltsexternalismus der Weltbezug dieser grundlegenden Kategorien sicherstellen. Auch in diesem Fall würde das Brückenprinzip durch eine Theorie der Repräsentation gerechtfertigt.

Die alles entscheidende Frage ist nun, wie die Theorie der Repräsentation, die bislang die gesamte Begründungslast trägt, ihrerseits gerechtfertigt ist. Um es in kantischen Termini zu formulieren: Wie ist die transzendentale Erkenntnis gerechtfertigt? Da sie a priori sein soll (*KrV*, B 80), gibt es prinzipiell nur zwei Möglichkeiten. Die Theorie der Repräsentation kann entweder *synthetisch* a priori oder *analytisch* a priori gerechtfertigt sein.

Zunächst sieht es so aus, als ob die analytische Rechtfertigung durch Begriffsanalyse nicht ernsthaft in Frage kommt. Sollte die Theorie der Repräsentation nämlich analytisch sein, dann könnte sie selbst auch nur analytische Sätze rechtfertigen, und das widerspricht – wie wir gesehen haben – eindeutig der Intention Kants, dem es um die Rechtfertigung *synthetischer* Sätze a priori geht. Aber vielleicht läßt sich der Gedanke dennoch retten, wenn man den engeren kantischen Theorierahmen verläßt. Dann müßten die Grundsätze eben als nicht-triviale analytische Sätze rekonstruiert werden.[43] Nehmen wir an, das wäre möglich, dann stellt sich aber sogleich ein gravierenderer Einwand ein. Nach traditioneller Auffassung beziehen sich nämlich analytische Sätze gar nicht auf die Welt, sondern nur auf unsere Konzeption der Welt.[44] Sie sind ‚wahr aufgrund von Bedeutung‘ und nicht ‚wahr aufgrund der Tatsachen‘. Wenn das aber richtig ist, dann würden transzendentale Argumente gar nicht weltgerichtet sein, d. h. sie könnten keine Tatsachen in der Außenwelt beweisen, was doch eigentlich ihr Ziel ist.[45] Diesen Einwand kann man nur dann abweisen, wenn man einen Unterscheidung aufgreift, die neuerdings von Paul Boghossian getroffen wurde.[46] Er unter-

---

[43]   Vgl. Bennett, 1966, S. 17; Strawson, 1966, S. 88; Walker, 1978, S. 20.

[44]   Für Kant zeigt die Begriffsanalyse nur, „was in diesen Begriffen enthalten ist, nicht aber, wie wir a priori zu solchen Begriffen gelangen, um darnach auch ihren gültigen Gebrauch in Ansehung der Gegenstände aller Erkenntnis überhaupt bestimmen zu können." (*KrV*, B 23f).

[45]   Diese Überlegung steht meines Erachtens hinter Strouds These, daß aus psychologischen Tatsachen keine notwendigen Bedingungen in der Außenwelt *deduktiv abgeleitet* werden können.

[46]   Vgl. Boghossian, 1997.

scheidet zwischen einem *metaphysischen* und einem *epistemischen* Sinn von ‚analytisch‘. Metaphysische Analytizität bedeutet ganz traditionell, daß analytische Aussagen durch Bedeutungen wahr gemacht werden und deshalb nichts über die Welt aussagen. Epistemische Analytizität bezieht sich dagegen auf den Modus der Rechtfertigung von Aussagen (die sich sehr wohl auf die Welt beziehen können). Aussagen, die im epistemischen Sinne analytisch sind, werden durch Begriffsanalyse *gerechtfertigt*, ohne daß das ihre Reichweite auf unsere Konzepte einschränken würde. Wenn man die Analytizität transzendentaler Argumente im epistemischen Sinne versteht, dann könnte eine analytische Theorie der Repräsentation vom Zusammenhang von Geist und Welt handeln und auch Sätze rechtfertigen, die etwas über strukturelle Eigenschaften der Welt aussagen.

Wenn es analytische Sätze (im epistemischen Sinne) über die Welt gibt und diese Sätze durch eine Theorie der Repräsentation gerechtfertigt werden, die selbst analytisch (im epistemischen Sinne) ist, dann ergibt sich jedoch ein Problem der Zirkularität. Analytische Sätze sollen generell gerechtfertigt werden, und sie werden durch eine Theorie gerechtfertigt, die selbst analytisch gerechtfertigt ist. Die Rechtfertigung der fraglichen Sätze setzt also voraus, daß Sätze dieser Art gerechtfertigt sind. Wir haben es mit einem Fall epistemischer Zirkularität zu tun.

Betrachten wir deshalb die andere Alternative. Wenn die Theorie der Repräsentation synthetisch ist, dann kann sie synthetische Sätze a priori rechtfertigen, wenn sie selbst a priori gerechtfertigt ist. Auch hier taucht also ein Zirkel derselben Art auf. Doch ist diese *epistemische* Zirkularität wirklich problematisch?[47] Meines Erachtens hängt das Problem hier nicht so sehr von dem Faktum der epistemischen Zirkularität selbst ab. Das Problem ist vielmehr das folgende: Kant ist skeptisch gegenüber einer direkten (rationalistischen) synthetischen Erkenntnis a priori. Deshalb rechtfertigt er solche Erkenntnisse auf dem Umweg über eine Theorie der empirischen Repräsentation. Nun stellt sich aber heraus, daß die Rechtfertigung dieser Theorie selbst wiederum nur synthetisch a priori erfolgen kann. Folglich muß Kant die Art von Erkenntnis (bei der Rechtfertigung der Theorie der Repräsentation) als unproblematisch

---

47 Logische Zirkularität liegt vor, wenn die Konklusion explizit unter den Prämissen auftaucht. Epistemische Zirkularität tritt ein, wenn die Wahrheit der Konklusion für die Rechtfertigung der Prämissen vorausgesetzt werden muß.

voraussetzen, von der er doch annimmt, daß sie erst über eine Theorie der Repräsentation legitimiert werden kann. Daraus ergibt sich ein grundsätzliches *Dilemma* für transzendentale Argumente: Entweder die Voraussetzung synthetischer Erkenntnis a priori ist (unabhängig von der Theorie der Repräsentation) unproblematisch, dann bedarf es einer solchen Theorie aber gar nicht mehr, um synthetische Erkenntnis a priori zu legitimieren. Oder die Voraussetzung darf legitimerweise nicht gemacht werden, dann kann die Legitimation solcher Erkenntnis auf dem Umweg über eine Theorie der Repräsentation nicht erbracht werden, weil sie von ungerechtfertigten Annahmen abhängt. Transzendentale Argumente sind also entweder überflüssig oder unzureichend.

Daran ändert auch die folgende Überlegung nichts. Es könnte sein, daß wir die erforderliche Theorie der Repräsentation mit Hilfe von Gedankenexperimenten, denkbaren bzw. vorstellbaren Szenarien oder, kurz, modalen Intuitionen rechtfertigen können. Diese modalen Intuitionen sollen modale Aussagen über das, was möglich oder notwendig ist, a priori rechtfertigen.[48] Nun läßt sich zeigen, daß ein Skeptiker die Rechtfertigungskraft modaler Intuitionen nicht konsistent in Zweifel ziehen kann. Skeptische Zweifel beruhen nämlich auf skeptischen Hypothesen. Der Skeptiker führt also die Möglichkeit eines globalen Irrtums ein. Bezogen auf modale Intuitionen hieße das, der Skeptiker behauptet, daß es möglich ist, daß modale Intuitionen immer falsch sind und deshalb keine Rechtfertigungskraft haben. Um modale Intuitionen auf diese Weise in Zweifel ziehen zu können, muß der Skeptiker also eine modale Aussage voraussetzen, nämlich daß es *möglich* ist, daß modale Intuitionen immer falsch sind. Diese Aussage kann aber nur mit Hilfe modaler Intuitionen gerechtfertigt werden. Also kann der Skeptiker die Rechtfertigungskraft modaler Intuitionen nur dann rational in Frage stellen, wenn er ihre Rechtfertigungskraft voraussetzt. Der generelle Zweifel an modalen Intuitionen wäre epistemisch inkonsistent. Die Rechtfertigung des Zweifels setzt genau die Art von Rechtfertigung voraus, die bezweifelt wird.[49]

Wenn dieses antiskeptische Argument funktioniert, dann rechtfertigt es direkt die Möglichkeit rationalistischen Wissens über die Welt.

---

[48] Es spielt dabei keine Rolle, ob wir die Rechtfertigung als epistemisch analytisch verstehen (dann wäre es eine Art von Begriffsanalyse) oder als synthetisch a priori.

[49] Vgl. zu diesem Argument Grundmann/Misselhorn, 2003, S. 210f.

Es handelt sich um *kein* transzendentales Argument, weil es von keiner Theorie der Repräsentation abhängt. Doch dann erweisen sich transzendentale Argumente als Mittel der Legitimation von apriorischer Erkenntnis über die Welt als überflüssig. Der Rationalismus hätte sich als unhintergehbar erwiesen. Wir hätten es also mit einem Fall zu tun, der sich unter das erste Horn des Dilemmas subsumieren läßt.

Das zentrale Problem transzendentaler Argumente läßt sich demnach wie folgt beschreiben: Solche Argumente sollen Wahrheiten über die Welt mittels einer Theorie über die Bedingungen der repräsentationalen Bezugnahme auf die Welt begründen. Doch die Theorie kann dieses Ziel nur dann erreichen, wenn sie Brückenprinzipien zwischen Geist und Welt einschließt. Solche Prinzipien enthalten zwangsläufig Annahmen über die Welt. Doch wenn sie es tun, dann setzt die Rechtfertigung der Theorie genau die Art von Wissen voraus, die eigentlich erst mittels der Theorie gerechtfertigt werden soll. Die Theorie ist also entweder überflüssig, oder sie hängt (ungerechtfertigt) in der Luft und kann ihre Legitimationsfunktion nicht erfüllen. Jeder, der transzendentale Argumente unter den Bedingungen des Realismus verteidigen möchte, muß dieses Problem lösen. Aus der Perspektive des Idealismus ergibt sich das Problem zwar nicht, doch nur um den Preis, daß der Skeptiker am Ende recht behält. Transzendentale Argumente können dann eben nicht apriorische Erkenntnisse über die objektive Außenwelt rechtfertigen, sondern nur über deren Erscheinungsweise für uns. Das läuft jedoch im Grunde auf die These hinaus, daß wir eben doch nur die subjektiven Bedingungen der Erfahrung von Objekten rechtfertigen können und nicht die Bedingungen, denen die Gegenstände selbst unterworfen sind. Und das würde bedeuten, daß das ursprüngliche Beweisziel transzendentaler Argumente gar nicht erreicht wird.

Wenn der methodische Grundgedanke transzendentaler Argumente darin besteht, Wahrheiten über die Welt aus der Theorie der Repräsentation dieser Welt abzuleiten, dann kann man sagen, daß Kant transzendentale Argumente verwendet hat, solche Argumente aber nicht grundsätzlich an den kantischen Theorierahmen gebunden sind. Eine Theorie der Repräsentation hätte die Kapazität, zu zeigen, daß die Repräsentation von Gegenständen diesen Gegenständen selbst bestimmte notwendige Bedingungen auferlegt, ohne daß dafür irgendeine Art von transzendentalem Idealismus angenommen werden muß. Der Gehaltsexternalismus ist eine Möglichkeit, diese Fähigkeit zu plausibilisieren. Transzendentale Argumente sind also nicht an den kantischen Idealismus gebunden. Außerdem müssen transzendentale Argumente weder von der Selbstzuschreibbarkeit aller Vorstellungen ausgehen noch an Kants fundamentaler Annahme der Begrifflichkeit, Propositionalität und Urteilsartigkeit repräsentationalen Gehalts festhalten. Kants diesbezügliche Festlegungen haben seine Argumentation zweifellos bestimmt, sie definieren jedoch nicht die Methode transzendentaler Argumente. Doch auch wenn man die Methode transzendentaler Argumente aus dem kantischen Theorierahmen herauslösen kann, erweist sich das zentrale Problem solcher Argumente als überaus hartnäckig. Jeder, der weiterhin an ihrer Möglichkeit festhalten möchte, muß sich diesem Problem stellen.

III

In der durch Strawson ausgelösten gegenwärtigen Debatte über transzendentale Argumente hat es natürlich sehr unterschiedliche Versuche gegeben zu erklären, was das Charakteristikum solcher Argumente ist. Ich möchte einige wichtige Vorschläge herausgreifen und zeigen, warum sie aus meiner Sicht nicht überzeugen können.

Häufig werden transzendentale Argumente als (A) *Selbstaufhebungsargumente gegen den Skeptiker* verstanden. Ich habe solche Argumente anfangs bereits als antiskeptisch im *methodischen* Sinne bezeichnet. Sie versuchen eine Proposition *indirekt* zu rechtfertigen, indem sie zeigen, daß eine skeptische Infragestellung dieser Proposition nicht konsistent möglich ist. Die Inkonsistenz bzw. der Selbstwiderspruch soll dabei nicht semantisch sein (also nicht im Gehalt auftreten), sondern nach der Art pragmatischer Widersprüche entstehen. Wenn ich beispielsweise *äußere* ‚Ich spreche jetzt nicht‘, ergibt sich ein Widerspruch zwischen dem semantischen Inhalt meiner Äußerung und meinem Akt des Äußerns dieses Satzes. Allerdings tritt dieser Widerspruch nur auf, wenn ich selbst über mich sage, daß ich jetzt nicht spreche. Wenn ein anderer dies über mich sagt, verschwindet der Widerspruch. Transzendentale Argumente sollen nun *universelle Sinnbedingungen* jedes Sprechens oder Denkens indirekt rechtfertigen. *Universell* sind diese Sinnbedingungen, wenn jeder, der ihnen widerspricht (nicht nur ein ganz bestimmter Äußerer, wie im obigen Beispiel), sich in einen Widerspruch zwischen dem Gehalt seiner Äußerung oder seines Denkens und den Sinnbedingungen dieser Äußerung oder dieses Denkens verstrickt.[50] Wenn es solche universellen Sinnbedingungen gibt, kann man sie auch als transzendentale Propositionen bezeichnen.

Einige Philosophen[51] haben die These vertreten, daß man Propositionen, die in diesem Sinne transzendental sind, dadurch beweisen könne, daß ihre Bestreitung unvermeidlich zur Inkonsistenz führe. Die Inkonsistenz oder der Selbstwiderspruch der Skepsis wäre dann ein *epistemisches Kriterium* für den transzendentalen Status der in Frage stehenden Proposition. Mit besonderem Nachdruck hat Karl-Otto Apel diesen ‚Letztbegründungstest‘ vertreten:

> „Wenn ich etwas nicht ohne aktuellen Selbstwiderspruch bestreiten kann und zugleich nicht ohne formallogische petitio principii deduktiv begründen kann, dann gehört es eben zu jenen [...] Voraussetzungen der Argumentation, die man anerkannt haben muß, wenn das Sprachspiel der Argumentation seinen Sinn behalten soll."[52]

Doch einmal abgesehen davon, daß Kant selbst sich nicht mit universellen Sinnbedingungen befaßt hat, sondern nur nach den Bedingungen der Erfahrung gesucht hat, die für die Ebene der Reflexion über sie oder skeptische Infragestellungen gerade nicht gelten, gibt es ein grundsätzliches Problem mit diesem Argument. Wie soll man die Inkonsistenz *erkennen*, ohne bereits ein Wissen über die universellen Sinnbedingungen vorauszusetzen? Wenn wir (beispielsweise als Teilnehmer an der Argumentation) über ein solches Wissen a priori verfügen, dann können wir es wenigstens nicht durch das indirekte Argument gewinnen, denn dieses Argument kann nur funktionieren, wenn wir das Wissen bereits voraussetzen. Die Selbstwidersprüchlichkeit der Skepsis kann also nicht das *Erkenntnisprinzip* transzendentaler Propositionen sein.[53]

Von anderer Seite wurde (B) vorgeschlagen, das Eigentümliche transzendentaler Argumente in deren *Selbstbezüglichkeit* zu sehen.

---

[50] Vgl. Stroud, 2000.
[51] Diese Idee geht vielleicht schon auf Aristoteles' Rechtfertigung des Satzes vom Widerspruch zurück. Auf jeden Fall hat sie eine wichtige Bedeutung für Hintikka, 1962, und die Transzendentalpragmatik, etwa Apel, 1976.
[52] Apel, 1976, S. 72f.
[53] Vgl. auch Gram, 1978, S. 41, Anm. 23; Grundmann, 1994, S. 307-313.

Dem liegt der folgende Gedanke zugrunde: Universellen Sinnbedingungen des Sprechens und Denkens stehen wir nicht rein objektiv als bloße Beobachter gegenüber, sondern wir erfüllen sie immer auch teilnehmend, und zwar selbst im Nachdenken über solche Sinnbedingungen. Wir beziehen uns also in der Reflexion über solche Bedingungen im Grunde distanzlos auf das, was wir gerade im Sprechen oder Denken selbst vollziehen. Deshalb haben wir auf diese Bedingungen einen privilegierten epistemischen Zugriff. Unser Wissen von ihnen ist direkt bzw. strikt reflexiv und beruht auf keiner *Theorie* über unser Sprechen und Denken. Wir explizieren nur unser bereits bestehendes Vollzugswissen.[54]

Auch gegen diesen Vorschlag sprechen eine Reihe von Einwänden. Zunächst wird man die Struktur eines selbstbezüglichen Arguments kaum bei Kant nachweisen können, denn die Bedingungen der Erfahrung sind mit den Bedingungen der transzendentalen Erkenntnis über sie gerade nicht identisch.[55] Zweitens setzt das Argument voraus, daß Sinnbedingungen subjektive Vollzüge und solche Vollzüge cartesianisch transparent sind. Gegen den Skeptiker müßte diese starke Annahme allererst verteidigt werden. Entscheidend ist jedoch drittens, daß der privilegierte Zugang zu den Sinnbedingungen, wenn überhaupt, nur durch deren Subjektivität gerechtfertigt werden kann. Daraus folgt jedoch, daß transzendentale Argumente, die aus dem Gedanken der Selbstbezüglichkeit Kapital schlagen wollen, nur dann für eine Struktur der Welt argumentieren können, wenn diese Welt als irgendwie subjektabhängig gedacht wird. Sie bleiben also auf den transzendentalen Idealismus angewiesen.[56]

Vor allem die Transzendentalpragmatiker haben (C) transzendentale Argumente in einen engen Zusammenhang mit der Idee der Letztbegründung gestellt. Demnach sollen diese Argumente objektiv gewisse, unbezweifelbare und *unfehlbare* Propositionen etablieren. Nach Kant sind synthetische Sätze a priori Notwendigkeitsaussagen; und diese Aussagen werden als letztbegründet bzw. unfehlbar inter-

---

[54] Vgl. in diesem Sinne verschiedene Beiträge von Hintikka, 1962, sowie Kuhlmann, 1985.

[55] Vgl. dazu Baumgartner, 1984, S. 80f.

[56] Bubner, 1984, versteht die Selbstbezüglichkeit transzendentaler Argumente anders. Ich habe hier leider nicht den Raum, um auf seinen Vorschlag genauer einzugehen.

pretiert.[57] Die Existenz letztbegründeter Aussagen soll indirekt durch ein Selbstaufhebungsargument gegen den universellen Fallibilismus verteidigt werden. Auf dieses Argument möchte ich hier nicht weiter eingehen.[58] Stattdessen möchte ich der Frage nachgehen, ob synthetische Sätze a priori tatsächlich als letztbegründete Sätze verstanden werden können.

Kant führt als *Merkmal* apriorischer Urteile ein *semantisches* Kriterium ein: Diese Urteile handeln von generellen oder notwendigen (modalen) Tatsachen. *Definiert* wird „a priori" im Zusammenhang mit Urteilen als deren erfahrungsunabhängige Rechtfertigung.[59] Der Zusammenhang zwischen Merkmal und Definition läßt sich wie folgt verstehen: Urteile über generelle und notwendige Tatsachen lassen sich nicht empirisch rechtfertigen. Wenn sie also überhaupt gerechtfertigt sein sollen, dann muß die Definition apriorischer Rechtfertigung erfüllt sein. Meines Erachtens gibt es keinen Grund, warum erfahrungsunabhängig gerechtfertigte Urteile über generelle oder notwendige Tatsachen *unfehlbar* sein sollten. Daß Urteile von notwendigen Tatsachen handeln, ist nur eine Tatsache über ihren *semantischen Gehalt*. Sie beanspruchen, in allen möglichen Welten wahr zu sein. Unfehlbarkeit betrifft dagegen den *epistemischen Status* eines Urteils. Unfehlbar ist ein Urteil, wenn es einen notwendigen Zusammenhang zwischen der Begründung und der Wahrheit des begründeten Urteils gibt. Diese Notwendigkeit bezieht sich also nicht auf den Gehalt, sondern die Stärke des Grundes. Wenn ein Urteil unfehlbar ist, dann *erzwingt* der Grund die Wahrheit. Es ist prinzipiell möglich, daß unfehlbar begründete Aussagen kontingent wahr sind. Von cartesianischen Propositionen über gegenwärtige eigene mentale Zustände nimmt man gewöhnlich an, daß sie unfehlbar sind. Aber sie handeln von Tatsachen, die auch anders sein könnten. Wenn ich gerade Schmerzen habe und das unfehlbar weiß, dann hätte

---

[57] Vgl. dazu Hösle, 1990, S. 153f. Eigentlich müßte man genauer zwischen ‚letzten Gründen' (also Gründen, die selbst keiner weiteren Begründung mehr bedürfen) und ‚unfehlbaren Propositionen' (deren Gründe die Wahrheit erzwingen) unterscheiden. Ich möchte jedoch der Kürze wegen davon absehen.

[58] Vgl. meine ausführliche Kritik in Grundmann, 1994, S. 330-337.

[59] *KrV*, B 2. Apriorische Begriffe sind dagegen solche, die nicht aus Erfahrung ableitbar oder durch Erfahrung erlernbar sind. Ihre Quelle wäre der Verstand. Diese genetische These hat eine gewisse Nähe zum Nativismus – also der These angeborener Begriffe.

es dennoch sein können, daß ich keinen Schmerz gehabt hätte. Andererseits ist es auch möglich, daß Aussagen über notwendige Wahrheit (der Logik oder Mathematik) so gerechtfertigt sind, daß ihre Rechtfertigung ihre Wahrheit nicht erzwingt. Diese Annahme ist sogar sehr plausibel, denn wie anders ließe sich erklären, daß es auch in der Logik und Mathematik so etwas wie einen Erkenntnisfortschritt gibt, im Zuge dessen früher für wahr gehaltene Überzeugungen zugunsten neuer Einsichten aufgegeben werden. Gegenwärtig vertreten fast alle Anhänger rationalistischer Erkenntnis ein fehlbares A priori.[60] Kant hat vermutlich geglaubt, daß die a priori gerechtfertigten Sätze über die Welt unfehlbar sind. Er spricht z. B. von der „apodiktischen Gewißheit" der philosophischen Beweise (*KrV*, B 762). Aber diese Annahme ist von seiner Definition synthetischer Urteile a priori unabhängig und läßt sich meines Erachtens mühelos aufgeben, ohne damit transzendentale Argumente grundsätzlich in Frage zu stellen. Wir sollten also die Möglichkeit transzendentaler Argumente unabhängig von der Möglichkeit der Letztbegründung untersuchen.

Schließlich möchte ich noch kurz auf eine neuere Entwicklung der analytischen Debatte über transzendentale Argumente zu sprechen kommen – (D) die sogenannten *bescheidenen* transzendentalen Argumente. Als Reaktion auf Strouds Einwand gegen die Möglichkeit transzendentaler Argumente unter den Bedingungen des Realismus hat Strawson selbst den Anspruch solcher Argumente in seinem Buch *Skepticism and Naturalism* von 1985 deutlich abgeschwächt. Demnach sollen transzendentale Argumente gar nicht rechtfertigen, daß die Welt selbst in einer bestimmten Weise strukturiert ist. Sie sollen ausschließlich zeigen, was wir über sie notwendigerweise glauben müssen oder wie wir sie notwendigerweise erfahren müssen, wenn wir überhaupt etwas glauben oder erfahren. Transzendentale Argumente sind also darauf beschränkt, einen bestimmten notwendigen Zusammenhang zwischen unseren auf die Erfahrung angewandten Begriffen oder unseren Meinungen nachzuweisen.[61] Stroud hat solche Argumente, deren Ziel sich darauf beschränkt, die Notwendigkeit bestimmter Erfahrungen oder Meinungen zu beweisen, als „bescheidene" transzendentale Argumente bezeichnet und unterscheidet sie von „anspruchsvollen"

---

60 Vgl. etwa BonJour, 1998, S. 110ff.
61 Strawson, 1985, S. 21.

transzendentalen Argumenten, die auf Tatsachen bzw. Wahrheiten in der Welt gerichtet sind.[62]

Man mag nun von solchen bescheidenen Argumenten halten, was man will, unstrittig dürfte sein, daß Kant keine solchen bescheidenen Argumente verfolgt hat. Sein Ziel ist der Nachweis der objektiven Gültigkeit oder Wahrheit, und dieses Ziel läßt sich, wenn überhaupt, nur mit anspruchsvollen transzendentalen Argumenten erreichen. Ich sehe deshalb keinen Grund, warum man diese schwächeren Argumente überhaupt als „transzendental" bezeichnen sollte.[63]

IV

Was ist nun eigentlich ein transzendentales Argument? Die vorangegangenen Überlegungen haben gezeigt, daß transzendentale Argumente synthetische Wahrheiten über die Welt a priori rechtfertigen sollen und dies mittels einer Theorie über notwendige Bedingungen empirischer Repräsentation zu tun versuchen. Sie hängen dabei nicht zwangsläufig vom transzendentalen Idealismus ab. Andere Auffassungen über die Natur transzendentaler Argumente haben nicht wirklich überzeugen können. Wenn diese Argumente jedoch auf die hier vorgeschlagene Weise verstanden werden, dann werfen sie ein grundsätzliches Problem auf, für das eine schnelle Lösung nicht in Sicht ist. Die Theorie der Repräsentation, mittels derer synthetische Sätze über die Welt gerechtfertigt werden sollen, ist nämlich selbst eine synthetische Theorie mit Implikationen über den Zusammenhang von Geist und Welt, und sie bedarf ihrerseits einer Rechtfertigung, die nur a priori sein kann. Doch wenn das richtig ist, dann hängen transzendentale Argumente von derselben Art von Rechtfertigung ab, die sie eigentlich erst ermöglichen sollen.

---

[62] Stroud, 1994, S. 241f.

[63] Stern, 1999, und Stern, 2000, dokumentieren sehr schön, daß die meisten analytischen Anhänger transzendentaler Argumente inzwischen nur noch an die Möglichkeit solcher bescheidener Argumente glauben. Strittig ist jedoch, ob solche Argumente noch eine antiskeptische Funktion übernehmen können. Strawson, 1985, S. 21, bezweifelt das; Stroud, 1994; Stroud, 1999, und Stern, 2000, versuchen dagegen die antiskeptische Funktion bescheidener Argumente zu verteidigen. Zur Kritik dieser Auffassung vgl. Grundmann, 2002.

Hegel hat angenommen, daß Kant diese Voraussetzung gar nicht durchschaut hat und deshalb fordern konnte „man soll das Erkenntnisvermögen erkennen, ehe man erkennt." Darin läge jedoch dieselbe Naivität, wie in dem Wunsch, schwimmen zu wollen, „ehe man ins Wasser geht."[64] Doch so weit muß man vielleicht nicht gehen. Ich sehe zwei Möglichkeiten, wie Befürworter transzendentaler Argumente auf das genannte Problem reagieren könnten. Sie können entweder versuchen, die unvermeidbare epistemische Zirkularität transzendentaler Argumente zu rehabilitieren. Gerade in der gegenwärtigen Erkenntnistheorie steht man dem Phänomen epistemischer Zirkularität viel positiver gegenüber, als es herkömmlicherweise der Fall war. Oder die Befürworter transzendentaler Argumente ziehen sich darauf zurück, die Funktion dieser Argumente ganz auf ihren explanatorischen Aspekt zu beschränken. Schon bei Kant haben die Argumente immer auch die Aufgabe zu erklären, *wie* die apriorische Rechtfertigung von notwendigen Aussagen über die Welt möglich sein kann, wenn es sie tatsächlich gibt. Hier gibt es jedenfalls argumentativen Spielraum – einen Spielraum den ich im Rahmen dieses Aufsatzes leider nicht mehr ausloten kann.[65]

Literatur

Allison, H., 1983, *Kant's Transcendental Idealism*, New Haven: Yale UP.

Apel, K.-O., 1976, *Das Problem der philosophischen Letztbegründung im Lichte einer transzendentalen Sprachpragmatik*, in: B. Kanitscheider (Hrsg.), *Sprache und Erkenntnis*, Innsbruck: Institut f. Sprachw. d. Universität Innsbruck, S. 55-82.

Aschenberg, R., 1982, *Sprachanalyse und Transzendentalphilosophie*, Stuttgart: Klett-Cotta.

Austin, J. L., 1939, *Are There A Priori Concepts?*, in: *Proceedings of the Aristotelian Society* 18, S. 82-105

Baumgartner, H. M., 1984, *Zur methodischen Struktur der Transzendentalphilosophie Immanuel Kants*, in: E. Schaper/W. Vossenkuhl (Hrsg.), *Bedingungen der Möglichkeit*, Stuttgart: Klett-Cotta, S. 80-87.

Becker, W., 1984, *Selbstbewußtsein und Erfahrung*, Freiburg/München: Alber.

Bennett, J., 1966, *Kant's Analytic*, Cambridge: Cambridge UP.

Bittner, R., 1974, *Transzendental*, in: H. Krings/H. M. Baumgartner/C. Wild (Hrsg.), *Handbuch philosophischer Grundbegriffe*, München: Kösel, S. 1524-1539.

---

[64] Hegel, 1969, Bd. 20, S. 334; ähnlich auch Bd. 8, S. 114.
[65] Für hilfreiche Kommentare möchte ich Catrin Misselhorn und Andreas Schmidt ganz herzlich danken.

Boghossian, P., 1997, *Analyticity*, in: B. Hale/C. Wright (Hrsg.), *A Companion of the Philosophy of Language*, Oxford: Blackwell, S. 331-368.

BonJour, L., 1998, *In Defense of Pure Reason*, Cambridge: Cambridge UP.

Bubner, R., 1984, *Selbstbezüglichkeit als Struktur transzendentaler Argumente*, in: E. Schaper/W. Vossenkuhl (Hrsg.), *Bedingungen der Möglichkeit*, Stuttgart: Klett-Cotta, S. 63-79.

Davidson, D., 1986, *A Coherence Theory of Truth and Knowledge*, in: E. LePore (Hrsg.), *Truth and Interpretation: Perspectives on the Philosophy of Donald Davidson*, Oxford: Basil Blackwell, S. 307-319.

Gram, M. S., 1978, *Do Transcendental Arguments have a Future?*, in: *Neue Hefte für Philosophie* 14, S. 23-56.

Grundmann, T., 1994, *Analytische Transzendentalphilosophie. Eine Kritik*, Paderborn: Schöningh.

Grundmann, T., 2002, *Rezension zu ‚Robert Stern (Hrsg.), Transcendental Arguments, Oxford 1999' und ‚Robert Stern, Transcendental Arguments and Scepticism, Oxford 2000'*, in: *Zeitschrift für philosophische Forschung* 56, S. 297-306.

Grundmann, T./Misselhorn, C., 2003, *Transcendental Arguments and Realism*, in: H.-J. Glock (Hrsg.), *Strawson and Kant*, Oxford: Oxford UP, S. 205-216.

Guyer, P., 1987, *Kant and the Claims of Reason*, Cambridge: Cambridge UP.

Harrison, R., 1974, *On What There Must Be*, Oxford: Oxford UP.

Harrison, R., 1982, *Transcendental Arguments and Idealism*, in: G. Vesey (Hrsg.), *Idealism Past and Present*, Cambridge: Cambridge UP, S. 211-224.

Hegel, G.W.F., 1969, *Werke in zwanzig Bänden*, hrsg. von E. Moldenhauer/K. M. Michel, Frankfurt/M.: Suhrkamp.

Henrich, D., 1989, *Kant's Notion of a Deduction and the Methodological Background of the First Critique*, in: E. Förster (Hrsg.), *Kant's Transcendental Deductions*, Stanford: Stanford UP, S. 29-46.

Hintikka, J., 1962, *Cogito, ergo sum: Inference or Performance?*, wieder in: W. Donney (Hrsg.), *Descartes. A Collection of Critical Essays*, New York: Anchor Books 1967, S. 108-139.

Hookway, C., 1999, *Modest Transcendental Arguments and Sceptical Doubts: A Reply to Stroud*, in: R. Stern (Hrsg.), S. 173-187.

Hösle, V., 1990, *Die Krise der Gegenwart und die Verantwortung der Philosophie*, München: Beck.

Hossenfelder, M., 1978, *Kants Konstitutionstheorie und die transzendentale Deduktion*, Berlin/New York: De Gruyter.

Kitcher, P., 1995, *Revisiting Kant's Epistemology: Skepticism, Apriority, and Psychologism*, in: *Nous* 29, S. 285-315.

Kitcher, P., 1999, *Kant's Epistemological Problem and Its Coherent Solution*, in: *Philosophical Perspectives* 13, 1999, S. 415-441.

Kuhlmann, W., 1985, *Reflexive Letztbegründung*, Freiburg/München: Alber.

Lange, H., 1988, *Kants Modus Ponens*, Würzburg: Königshausen & Neumann.

Peacocke, C., 1989, *Transcendental Arguments in the Theory of Content*, Oxford: Oxford UP.

Peirce, C. S., 1931ff, *Collected Papers of Charles Sanders Peirce*, 8 Bde., hrsg. von C. Hartshorne/P. Weiss, Cambridge/Mass.: Harvard UP.

Putnam, H., 1981, *Reason, Truth and History*, Cambridge: Harvard UP.

Rorty, R., 1970, *Strawson's Objectivity Argument*, in: *The Review of Metaphysics* 24, S. 207-244.

Schnädelbach, H., 2002, *Erkenntnistheorie. Eine Einführung*, Hamburg: Junius.

Searle, J., 1995, *The Construction of Social Reality*, London: Allen Lane.

Stern, R. (Hrsg.), 1999, *Transcendental Arguments. Problems and Prospects*, Oxford: Clarendon.

Stern, R., 2000, *Transcendental Arguments and Scepticism*, New York/Oxford: Clarendon.

Stevenson, L., 1982, *The Metaphysics of Experience*, Oxford: Clarendon.

Strawson, P. F., 1959, *Individuals*, London: Methuen.

Strawson, P. F., 1966, *The Bounds of Sense*, London: Methuen.

Strawson, P. F., 1985, *Skepticism and Naturalism*, New York: Columbia UP.

Stroud, B., 1994, *Kantian Argument, Conceptual Capacities, and Invulnerability*, in: P. Parrini (Hrsg.), *Kant and Contemporary Epistemology*, Dordrecht: Kluwer, S. 231-251.

Stroud, B., 1999, *The Goal of Transcendental Arguments*, in: R. Stern (Hrsg.), 1999, S. 155-172.

Stroud, B., 2000, *Transcendental Arguments*, in: B. Stroud (Hrsg.), *Understanding Human Knowledge*, Oxford: Oxford UP, S. 9-25.

Tye, M., 1995, *Ten Problems of Consciousness*, Cambridge: MIT Press.

Vahid, H., 2002, *The Nature and Significance of Transcendental Arguments*, in: *Kant-Studien* 93, S. 273-290.

Van Cleve, J., 1999, *Problems from Kant*, New York/Oxford: Oxford UP.

Walker, R, 1978, *Kant*, London: Routledge.

Walker, R., 1984, *Bemerkungen zu Jürgen Mittelstraß' Beitrag*, in: E. Schaper/W. Vossenkuhl (Hrsg.), *Bedingungen der Möglichkeit*, Stuttgart: Klett-Cotta, S.199-203.

Westphal, K. R., 2003, *Epistemic Reflection and Cognitive Reference in Kant's Transcendental Response to Scepticism*, in: *Kant-Studien* 94, S. 135-171.

3. Philosophie der Subjektivität

Apperzeption und Subjekt. Kants Lehre vom Ich heute

KARL AMERIKS

Erst mit Kants kritischen Schriften wurde eine umfassende Theorie der Subjektivität zu einem zentralen Thema der Philosophie. Kants unmittelbare Nachfolger, insbesondere diejenigen, die unter dem Einfluß Reinholds standen, plädierten sogar für eine noch stärkere Hinwendung zum Prinzip der Subjektivität als Grundlage der Philosophie. Zu Beginn des zwanzigsten Jahrhunderts gingen jedoch von Russell, Moore oder auch von Heidegger beeinflußte Philosophen dazu über, Kant für seine übermäßig große Wertschätzung der Subjektivität und für seine scheinbare Befürwortung allzu psychologischer und idealistischer Theorien sowie reflexionstheoretischer Subjektivitäts-Konzeptionen zu kritisieren. Diesem Dualismus der Einstellungen gegenüber Subjektivität entspricht Kants eigene systematische Position: Wenn auch in einem sehr spezifischen Sinne, so ist er doch berühmt geworden für die Grundlegung der Philosophie im ‚Ich‘, und doch hat er die verschiedenen Konzeptionen, mit denen die Philosophie das Ich zu erfassen sucht, seien sie rationalistisch wie die Leibniz’, oder empiristisch wie die Berkeleys, scharf kritisiert.[1]

In der jüngeren Vergangenheit hat es allerdings nuanciertere und auch wohlwollendere Reaktionen auf Kants Lehre gegeben. Die Details seiner heute noch ausgesprochen aktuellen Kritik an der rationalen Psychologie standen zuletzt im Mittelpunkt zahlreicher Studien,[2] und seine Verabschiedung früher empiristischer Konzeptionen des Geistes kann man nun ebenfalls besser einschätzen.[3] Im Folgenden werde ich mich zwei Hauptthemen zuwenden, die immer noch intensiv diskutiert werden. Zunächst geht es um das exegetische Problem,

---

[1] Siehe Ameriks, 2003 a.
[2] Z. B. Klemme, 1996, und Ameriks ²2000 a.
[3] Z. B. Pippin, 1982; Allison, 1983, und Guyer, 1987.

die einzelnen Bestandteile der innovativen, positiven Kantischen Lehre von den grundlegenden Operationen des Ich als theoretischen Subjekts, das die Apperzeption und den inneren Sinn vereinigt, zu einer sinnvollen Theorie zu verbinden. Sodann ist die Frage zu erörtern, ob Kants allgemeiner Begriff des Ich konsistent ist: Beschädigen seine diesbezüglichen starken apriorischen und idealistischen Ansprüche nicht die Bedingungen seiner eigenen kritischen Wende und machen sie das Subjekt letztlich nicht zu etwas Absurdem, zu einem „Ich", das in einem paradoxen Verhältnis zu jedwedem alltäglichen Selbst steht?[4]

1. Das Ich und die Apperzeption

Schon zu Kants Zeiten wurde der Ruf nach einer Neubetrachtung des Begriffs der Apperzeption laut und dies mit folgenschweren Konsequenzen. Kants unmittelbare ‚Anhänger', Reinhold und Fichte, unterzogen diesen Begriff einer Revision, um ihn zum Ausgangspunkt eigener wirkungsmächtiger Systeme zu machen.[5] Heute kommt dem Begriff der Apperzeption in der angelsächsischen und deutschen Philosophie sogar noch größere Bedeutung zu. So wurde die Philosophie in England während der zweiten Hälfte des zwanzigsten Jahrhunderts z. B. vielfach vom Problem der Selbstzuschreibung mentaler Zustände beherrscht. Zurückgeführt werden kann dies auf P. F. Strawsons höchst systematische Kant-Interpretation, die in der *Kritik der reinen Vernunft* eine „metaphysics of experience" mit einer realistischen und nicht-privatsprachlichen Deutungsrichtung zu vereinbaren sucht.[6] Auf ähnliche Weise geht in Deutschland Dieter Henrichs wegbereitende Interpretation von Kants transzendentaler Deduktion Hand in Hand mit einem weithin zu vernehmenden Ruf nach einer neuen systematischen Explikation von Selbstbewußtsein und der Identität des Subjekts.[7]

---

4 Siehe Carr, 1999, und vgl. Caimi, 2002. Zur aktuellen Bedeutung der Kantischen Philosophie des Subjekts unter anderen Gesichtspunkten siehe auch die Beiträge von D. O. Dahlstrom und G. Schönrich in diesem Band.
5 Siehe Ameriks, 2000 b, Kap. 5.
6 Siehe Strawson, 1966, und vgl. Ameriks, 1978.
7 Siehe u. a. Henrich, 1969; Henrich, 1970; Henrich, 1982; vgl. Ameriks, 1982 a.

Für andere Hauptvertreter der deutschen Gegenwartsphilosophie wie Gerold Prauss, Klaus Düsing und Manfred Frank ist Kants Begriff der Subjektivität ebenfalls Ausgangspunkt eigener Untersuchungen, wenn auch in sehr unterschiedlicher Weise.[8] Frank und andere Schüler Henrichs haben wiederholt darauf aufmerksam gemacht, daß in Kants Theorie eine detaillierte Untersuchung des Selbstbewußtseins, wie sie bei Fichte zu finden ist, ausbleibt.[9] Englischsprachige Interpreten sind hier im allgemeinen weniger kritisch und verfolgen, wie C. T. Powell, die Linie Strawsons, von der sie kaum einmal abweichen.[10] Andere Interpreten wiederum gehen weiter, indem sie Kants Begriff der Apperzeption zum Schlüssel einer produktiven Aneignung der kritischen Philosophie als ganzer machen wie z. B. Henry Allison, Patricia Kitcher, Andrew Brook und Robert Pippin.[11] Spezifische Varianten dieses Begriffs spielen zudem eine Schlüsselrolle in den systematischen Arbeiten analytischer Philosophen wie Roderick Chisholm und Thomas Nagel.[12]

Meiner eigenen Auffassung gemäß ist Kants Position nicht nur in einem stärkeren Sinne metaphysisch und angelsächsischen Sichtweisen folglich weniger zugänglich als gemeinhin angenommen wird, sondern durch Einwände von seiten Fichtes oder Henrichs auch nicht derart verwundbar wie es den Anschein haben mag.[13] Auf keinen Fall können die wichtigsten Deutungsoptionen hier aber so verstanden werden, als richteten sie sich nach territorialen Gesichtspunkten. Die von mir vertretene Interpretation kommt wahrscheinlich der einiger jüngerer deutscher Forscher wie Dieter Sturma und Georg Mohr am nächsten, die von analytischen Methoden beeinflußt sind, und steht neueren, äußerst interessanten amerikanischen Deutungen entgegen, wie sie von Allen Wood und Frederick Neuhouser vorgelegt wurden, die sich eher an Fichte orientieren.[14]

Entscheidend ist zunächst, Kants Apperzeptions-Lehre in ihrem historischen Kontext zu verstehen. Kant übernimmt diesen Begriff

---

[8]   Siehe Prauss, 1971; vgl. Ameriks, 1982 b; siehe Düsing, 1983, und Düsing, 1997, S. 97-120; siehe Frank, 1991.
[9]   Siehe u. a. Frank, 1995; vgl. Ameriks, 1995, und Cramer, 2003.
[10] Powell, 1980; vgl. Cassam, 1997.
[11] Allison, 1996; Kitcher, 1990; Brook, 1994; Pippin, 1989.
[12] Chisholm, 1976, und Chisholm, 1981; vgl. Ameriks, 1982 b; Nagel, 1986.
[13] Siehe Ameriks, 1995, und Ameriks, 2000 b.
[14] Sturma, 1985; Mohr, 1991; Wood, 2000; Neuhouser, 1990.

von Leibniz, der die bloße Perzeption als solche von der Perzeption einer Perzeption, das heißt Apperzeption unterscheidet. Leibniz zufolge ist es des weiteren möglich, daß einem solch komplexen Geist wie dem des Menschen, und nur einem solchen, nicht nur eine reflexive Form des Bewußtseins, sondern darüber hinaus Erkenntnis eines spezifischen Bereichs allgemeiner Wahrheiten, nämlich die Erkenntnis notwendiger Propositionen zukommt. Obwohl zahlreiche Abänderungen und Mehrdeutigkeiten in der Leibnizschen Lehre zu verzeichnen sind,[15] geht man für gewöhnlich doch davon aus, daß er wenigstens zwischen drei Stufen geistigen Lebens differenziert: a) der bloßen ,Perzeption', die man als die niedrigste Stufe der Empfindung bezeichnen könnte; b) der animalischen Perzeption, die von einer Art Erinnerung, Aufmerksamkeit, Wille und möglicherweise sogar von einer minimal ausgeprägten Fähigkeit zu Reflexion und empirischem Schlußfolgern begleitet ist; sowie c) dem menschlichen Bewußtsein, das die Fähigkeit zu ,genuinem' logischem Denken und die Erkenntnis notwendiger Relationen mitbringt. Jede dieser drei Stufen wirft eine Reihe von Fragen auf. Aus Sicht des Leibnizschen Immaterialismus und Idealismus muß die erste Stufe irgendwie geistig verfaßt sein, doch dürfte es schwerfallen, hierfür eine genauere Erklärung zu finden. An der zweiten Stufe fällt auf, daß sie offenbar ,subhumanen' Wesen so etwas wie Urteilsfähigkeit zugesteht, ohne daß man sagen könnte, worin diese im einzelnen besteht. Die dritte Stufe schließlich scheint eine allzu enge Bestimmung dessen zu enthalten, was den menschlichen Geist als solchen auszeichnet.

Die Lehre Kants läßt sich anhand einer eigenen Konzeption dreier Stufen geistigen Lebens explizieren: Auf der ersten Stufe handelt es sich um ein passives Vorstellen, das Empfindungen, Gefühle oder auch ,bloße' Anschauungen umfaßt.[16] Auf der zweiten Stufe ist ein Element der Aktivität anzutreffen, das Aufmerksamkeit und Erinnerung, ansonsten aber noch nichts beinhaltet – und dies ist von größter Bedeutung –, was im engeren Sinne etwas mit Erkenntnis zu tun hätte. Erkenntnis kommt erst beim gewöhnlichen Urteilen ins Spiel, wodurch sich Kants dritte Stufe auszeichnet und wofür er zumeist den Begriff „Bewußtsein" im Sinne von „Apperzeption" verwendet.

---

[15] Siehe Kulstad, 1991.
[16] Siehe *KrV*, B 376f, sowie Ameriks, ²2000 a, S. 245f; vgl. auch Heidemann, 2002.

Was Kant unter diesen Bezeichnungen versteht, wird erst in der
zweiten Auflage der *Kritik der reinen Vernunft* völlig klar, die sowohl
auf dem Unterschied als auch dem Zusammenhang von „innerem
Sinn" und „Apperzeption" besteht. Letztere Begriffe können leicht
miteinander verwechselt werden – und wurden es oft, vom frühen
Kant selbst wie von Empiristen und Rationalisten –, da jeder von
ihnen für eine Art inneres Ereignis zu stehen scheint, das durch sich
selbst kognitiv bestimmt ist. Wenn man diese Verwechslungsgefahr
erkennt, machen zentrale Reformulierungen explizit, daß nur der
Begriff der „Apperzeption" ein ursprünglich kognitiver Ausdruck ist,
der (in erster Linie) den Akt oder die Fähigkeit objektiven Urteilens
oder das Synthetisieren von im inneren Sinn Gegebenem bedeutet
(*KrV*, B 67-9, B 129f, B 139f, B 153-9, B 421-3, B 428-32). Zwischen
einem vollständigen Akt der Apperzeption und einem reinen Strom
von ‚Sinnesdaten' besteht mithin ein deutlicher Gegensatz. Sinnesdaten, seien sie äußere oder innere (und gleich ob sie unmittelbar
oder wie z. B. Assoziationen miteinander verwoben sind), mangelt
kognitive Qualität, selbst wenn man ihnen einen aktualen, mentalen
Status nicht abspricht. Sie sind buchstäblich nichts als ‚Daten' und
es ist, wie Wilfrid Sellars betont hat,[17] ein ‚Mythos des Gegebenen',
anzunehmen, sie seien bereits Erkenntnisse und befänden sich schon
im logischen Raum der Gründe und der Rechtfertigung sowie mutmaßlicher Wahrheit oder Falschheit.

Der Punkt, auf den es bei der Verwendung von „Apperzeption" in
der *Kritik der reinen Vernunft* ankommt, ist nicht, daß Geist oder Subjektivität als solche definiert werden, sondern daß die minimale kognitive Stufe ausgezeichnet wird, die für die spezifisch menschliche
Erkenntnis charakteristisch ist und höher angesiedelt werden muß als
reine Rezeptivität oder bloße geistige Aktivität,[18] die aber dennoch nicht
unmittelbar ein Erfassen notwendiger Wahrheiten mit sich bringt, was
Leibniz als das entsprechende Merkmal herausstellt. In der Tat weist
Kant in nahezu rationalistischer Ausdrucksweise darauf hin, daß die
Apperzeption (bzw. Synthesis oder Urteil, was in der *Kritik* letztlich
auf dasselbe hinausläuft) mit der Behauptung objektiver Relationen

---

[17] Sellars, 1963.

[18] Daher lehnt Kant auch ab, was Susan Hurley „Myth of the Giving" genannt hat
(Hurley, 1998, S. 73).

verbunden ist, die in einem spezifischen Sinne notwendig sind (*KrV*, B 142). Man sollte sich jedoch klarmachen, daß Kant hierbei lediglich von der Anerkennung einer allgemeinen und hypothetischen Notwendigkeit spricht, wonach *einige* Eigenschaften einem Objekt als solchem, und nicht nur uns selbst zugeschrieben werden müssen, wenn es eine objektive Apperzeption, das heißt objektiv erkannte Strukturen überhaupt geben soll. Dies ist nicht gleichzusetzen mit dem Anspruch auf Einsicht in besondere kategoriale Notwendigkeiten, die das Wesen bestimmter Dinge oder Begriffe betreffen.

Nach meinem Verständnis ist Kants Paradigma der Apperzeption ein gewöhnliches Erfahrungsurteil, zu dem die Behauptung einer objektiven Tatsache ebenso gehört wie ein urteilendes Subjekt. Ein Beispiel wäre ,Ich denke, daß dieser Körper schwer ist.' (vgl. *KrV*, B 142), ein Urteil, dem das Schema zugrunde liegt ,Ich denke, daß x F ist.' Solche Urteile sind normalerweise einfach und gründen sich auf äußere Wahrnehmung; aber Kants Theorie verfügt über genügend Potential, auch komplexere Urteile zuzulassen, einschließlich solcher, die die explizite Bezugnahme auf ein Subjekt beinhalten wie z. B. ,Es scheint mir, daß die Sonne den Stein erwärmt.'[19]

Für bestimmte Apperzeptions-Fälle in diesem paradigmatischen Sinne verwendet man repräsentativ den Begriff „empirische Apperzeption" im Gegensatz zur „transzendentalen Apperzeption", die auch „reine", „ursprüngliche" oder „allgemeine[]" Apperzeption heißt (*KrV*, B 132). Unglücklicherweise ruft der Begriff „empirische Apperzeption" Verwirrung hervor, wenn man seine grundlegend objektive Bedeutung mit demjenigen verwechselt, was Kant an einer Stelle „empirische Einheit des Bewußtseins" (*KrV*, B 139f) nennt. Diese Einheit erweist sich letztlich als Kennzeichen einer subjektiven Bedingung, die mit keinem besonderen Fall gewöhnlicher Apperzeption gleichbedeutend ist, wie soeben erläutert, sondern vielmehr ein noch primitiverer Akt oder eine noch primitivere Abfolge von Akten meint, die noch nicht objektiv miteinander verbunden sind, wie z. B. in der bloßen Assoziation. Diese terminologische Verwendungsweise ist deshalb verwirrend, weil sie unvereinbar mit Kants maßgeblich kognitivem Verständnis des Begriffs der Apperzeption ist und weil durch sie nicht klar wird, daß eine nicht objektive Einheit in sehr unterschiedlichen mentalen Zustandsarten

---

[19] Siehe Prauss, 1971, und vgl. Ameriks, 1982 a, sowie Ameriks, 1982 b.

vorgefunden werden kann, in solchen die vollständig subjektiv sind
und dem Urteilen vorangehen, oder auch in solchen, die Modifikationen eines objektiven Urteils darstellen.

Eine dem Urteilen vorausliegende „Einheit" wäre eine rein empirische Abfolge von Sinnesdaten, die vielleicht untereinander assoziativ
verbunden sind, es aber nicht sein müssen. Solche mentalen Zustände
lassen sich mit dem Begriff des „inneren Sinnes" (KrV, B 139) angemessen bezeichnen und machen eine zusätzliche Nennung des Begriffs
„Apperzeption" nicht erforderlich; ihn hier in irgendeiner seiner Ausdrucksformen zu verwenden, würde die Gefahr mit sich bringen, die
strenge Unterscheidung zwischen dem inneren Sinn und der Apperzeption zu verwischen. Diese Unterscheidung ist leicht mißzuverstehen,
denn wenn „innerer Sinn" wie in vorkritischen Theorien dogmatisch
definiert wird als ein selbsttätiges Erkenntnisvermögen der „inneren
Beobachtung", so könnte dieser Begriff scheinbar bereits eine Vielheit von Sinnesdaten bedeuten, die nicht nur ,gegeben', sondern – auf
mysteriöse Weise – auch schon unmittelbar ,erfaßt', das heißt durch
eine Art intellektuelle Anschauung erkannt würden. Für Kants kritische
Lehre ist es jedoch entscheidend, daß ein solches „Erfassen" insgesamt
eher ein Akt des Verstandes ist (KrV, B 129). Unglücklicherweise wird
dieser Sachverhalt durch die Tatsache noch verwickelter, daß es, worauf schon an früherer Stelle hingewiesen wurde, eine Zwischenstufe des
Geistigen gibt, die mehr als reine Passivität bedeutet. Ein einfacher Akt
der Aufmerksamkeit z. B. kann weniger als die spezifische Art desjenigen Erfassens enthalten, das die Synthesis des Urteils beinhaltet, und
doch ist er nicht einfach nur ein Fall *primitiven* Bewußtseins des inneren Sinnes (KrV, B 157 Anm.).

Beispiele für Zustände, die in einer dem Urteil *nicht* gänzlich
vorangehenden Weise die Bedingung dafür erfüllen, ,nicht einfachhin
objektiv zu sein', wären ein Akt komplexen Vorstellens, das keine
Übereinstimmung mit der Außenwelt intendiert, oder eine lebhafte
Empfindung, die dasjenige begleitet, was ein ,bloßes Wahrnehmungsurteil' genannt werden könnte. Anstatt etwas einfachhin objektiv zu
behaupten, beansprucht diese Art Urteil nur, daß dieses oder jenes
jemandem wirklich erscheint.[20] Nichtsdestotrotz setzt ein solcher Zustand den allgemeinen Begriff der Apperzeption gleichwohl voraus,

---

[20] Siehe oben Fn. 19.

weil er ganz offensichtlich ein urteilsmäßiger Akt ist und als vergleichbar mit nicht ‚festgelegten' Varianten von gewöhnlichen objektiven
Behauptungen verstanden werden kann. Obwohl diese Zustände nicht
unmittelbar objektiv sind, so kann man doch dafür argumentieren,
daß ihr Sinn trotzdem von einem hintergründig urteilsmäßigem
Verständnis von Objektivität abhängt (vgl. Wittgenstein, Sellars und
Prauss). Von solchen Wahrnehmungssituationen läßt sich sagen, daß
sie den Kern einer typischen apperzeptiven Behauptung einschließen, die dem Schema ‚x ist F' folgen, etwa wie in ‚Dieses Objekt ist
schwer.', aber so modifiziert, daß ‚F' ‚erscheint mir schwer' bedeutet.
Das Urteil sagt dann nicht eine Schwere aus, die *unmittelbar* vom
Objekt prädiziert wird, sondern es setzt ein Verständnis von verbundenen Erfahrungsurteilen voraus, in denen solche Prädikationen
ausgesagt werden.

Viele Arten komplexerer Urteile sind möglich. Sobald man zu
expliziten Urteilen zweiter Stufe kommt, wie z. B. ‚Ich denke, daß ich
denke, daß x F ist', befindet man sich in einem gewissen Sinne auf
einer entscheidenden neuen Stufe. Der Einfachheit halber schlage ich
jedoch vor, Kants Theorie mentaler Zustände auf drei Haupfstufen zu
beschränken, und davon auszugehen, daß alle Apperzeptions-Formen,
gleich wie komplex sie sein mögen, immer auf der allgemeinsten Stufe
anzusiedeln sind, der Stufe der Apperzeption als solcher. Natürlich
kann es auf dieser höchsten Stufe selbst sehr signifikante Unterschiede
geben. Die wichtigste spezifische Unterebene betrifft das, was Kant die
„ursprünglich synthetische Einheit der Apperzeption" (*KrV*, B 131)
nennt. Diese Einheit steht für mehr als das einfache ‚Ich denke, daß x
F ist.' oder sogar für mehr als ein speziell reflexives Urteil ‚Ich denke,
daß ich denke, daß x F ist'. Sie steht für die ‚notwendige Möglichkeit'
eines ‚globalen' oder allumfassenden „Ich denke", ein „Ich denke", das
wir verwenden können, um alle Denkakte ‚erster Stufe', die von einem
einzelnen Subjekt ausgeführt werden, miteinander zu verbinden, und
das damit eine ganze Erfahrungswelt zu seinem Korrelat hat.[21] Diese
höhere Unterebene wird auch transzendentale Apperzeption genannt
und folgt dem Schema ‚Ich denke, daß: Ich denke, daß x F ist, ich
denke, daß y G ist, ich denke, daß z H ist, etc.'. In Kants eigenen
Worten: „Ich nenne sie die reine Apperzeption [...], weil sie dasjenige

---

[21] Vgl. Brook, 1994, S. 80f.

Selbstbewußtsein ist, was, indem es die Vorstellung: Ich denke, hervorbringt, [...] alle andere muß begleiten können" (*KrV*, B 132).

Passagen wie diese legen es nahe, daß im Grunde jeder Akt empirischer Apperzeption wohl tatsächlich unmittelbar Gegenstand eines allumfassenden Akts der transzendentalen Apperzeption sein muß, selbst wenn er nicht aktual von ihr begleitet wird. Aber möglicherweise müssen wir uns gar nicht auf eine ‚starke Apperzeptions-These‘ dieser Form einlassen.[22] Ohne die wesentlichen Lehrstücke der Kantischen Philosophie angreifen zu müssen, erscheint es möglich, einige Akte empirischer Apperzeption zuzulassen, die in einem nachvollziehbaren Sinne außerhalb der ‚realen‘ Reichweite eines jeden endlichen Subjekts liegen – solange jedenfalls wie der Begriff eines ‚prinzipiellen‘ Vermögens für einen übergreifenden Akt der transzendentalen Apperzeption nicht einfach trivialisiert wird. Also scheint es so zu sein, daß wir eine Deutung nicht ablehnen sollten, dergemäß die *rein logische* Möglichkeit besteht, daß jeder geistige Akt Gegenstand eines anderen Aktes werden kann. Es ist allerdings nicht vollkommen klar, daß jeder wichtige Lehrbestandteil in der Kantischen Theorie von Anfang an auf dem Anspruch eines ‚realen selbstbewußten Zugangs‘ zu *allen* Gedanken in einem unmittelbaren und mehr als ‚bloß empirischen‘ oder ‚bloß logischen‘ Sinne beruht.

Um die Bedeutung dieses Problems richtig einschätzen zu können, wird es nützlich sein, alternative Antworten auf die Frage nach der ‚tatsächlichen Verbundenheit‘ von Gedanken mit einem Ich zu untersuchen. Gegenwärtige Fichte-Interpreten machen Gründe geltend, die die Absurditäten der Abhängigkeit des eigenen Bewußtseins in seiner ursprünglichen ‚Meinigkeit‘ von einem nachfolgenden oder zusätzlichen Reflexionsakt betreffen. Es wäre daher vorteilhaft, wenn ein im weitesten Sinne Kantischer Weg gefunden werden könnte, auf dem sich diese Verbundenheit mit dem Ich erklären ließe, ohne sie auf einen im Prinzip ‚realen‘ transzendentalen Reflexionsakt zu gründen, der allgemein und unmittelbar sein muß.[23] Eine leichter zu akzeptierende Position wäre hier, einfach davon auszugehen, daß wenn ein empirischer Akt Teil einer *nicht-reflexiven, übergreifenden Abfolge* von Akten

---

[22] Ameriks, 2000 b, S. 241.

[23] Zu den angeblichen Zirkeln in dieser ‚Reflexionstheorie‘ siehe Henrich, 1970, und Henrich, 1982; vgl. die diskutierten Lösungen in Frank, 1991; Düsing, 1997, S. 97-120, sowie Zahavi, 1999.

ist (und notwendig der Form der Zeit untersteht; vgl. *KrV*, B 140), die ein und demselben Subjekt angehören (die Bedingungen dieses Angehörens diskutiere ich weiter unten), daß dann jeder Akt dieser Abfolge auch diesem Subjekt als solchem angehört, selbst wenn es aus irgendwelchen Gründen keinen Anlaß gäbe, anzunehmen, daß es tatsächlich dazu in der Lage ist, sich einen jeden dieser Akte in einem umfassenden Reflexionsakt *unmittelbar* bewußt zu machen. Einige Akte könnten z. B. andere Akte auf vielerlei komplexe Art und Weise ausschließen oder ‚maskieren‘, und zwar unabhängig von individuellen psychischen Eigenheiten. Mein naiver Glaube zu einer früheren Zeit, jemand sei völlig unschuldig, mag unvereinbar sein mit meinem jetzigen Glauben, er sei ganz offensichtlich schuldig – unvereinbar nicht nur in einem logischen, sondern in dem Sinne, daß für jedes normal urteilende Subjekt der Gedanke des einen Inhalts den Gedanken des anderen Inhalts ändern würde.[24] Nichtsdestotrotz könnte man aber noch immer sagen, daß aufgrund der vielen übergreifenden Relationen zwischen diesen und anderen Gedanken, die unmittelbar erfahren werden, alle diese Gedanken zu ein und demselben Selbst und seinem transzendentalen ‚Feld‘ von Repräsentationen gehören.

Kant spricht diesen Punkt nicht direkt an, doch macht er eine entsprechend signifikante Bemerkung zum Gegenstandsbereich der Apperzeption. Gleich zu Beginn seiner Erörterungen weist er darauf hin, daß die Lehre von der transzendentalen Apperzeption nur für solche mentalen Zustände relevant sei, die zumindest nicht „*für* mich nichts" sind (*KrV*, B 132; meine Hervorhebung); und wenn es daher in irgendeinem Sinne Zustände geben sollte, die auf unterschwellige Weise „in" meinem Bewußtsein vorkommen (z. B. als wirkliche Momente meines aktualen mentalen Erlebens), ohne auch „für" mich zu sein, dann muß man nicht einmal erwägen, ob diese Zustände unmittelbar Gegenstand einer allgemeinen transzendentalen Apperzeption sind. Dies ist keine beiläufige oder rein hypothetische Einschränkung, sondern vielmehr ein Punkt, der die bereits früher betonte Tatsache widerspiegelt, daß Kants Theorie eine Stufe von Zuständen zuläßt, die zwar irgendwie mental, aber unterhalb der Schwelle des *Seins für jemanden* anzusiedeln sind. Zustände wie diese können sich nach Kant mit demjenigen decken, was auch noch Tieren zukommt, und mögen doch auch mit höherstufigen

---

[24] Vgl. Ameriks, ²2000 a, Kap. 4.

Bestimmungen komplexeren Bewußtseins, wie es Menschen haben, koexistieren.[25] Für unsere Zwecke ist jedoch die Frage entscheidend, wie sich das, was uns über diese niederstufigen Zustände hinaushebt, charakterisieren läßt. Was muß vorliegen, wenn ein geistiger Akt *überhaupt* spezifisch etwas ‚*für mich*' ist und somit einem gewöhnlichen ‚identischen' menschlichen Selbst zugehören kann?

Ich möchte vorschlagen, daß die Bedingung empirischer Apperzeption (sowie dessen, was sie voraussetzt) etwas ist, das das unterscheidende Charakteristikum der Stufe jener Akte spezifiziert, die etwas ‚für mich' sind und damit zur Identität eines Selbst als solchen gehören. Unterhalb solcher Apperzeption mag es Geistiges geben, jedoch nicht Geistiges, von dem sich sagen ließe, es sei ‚für jemanden', und das so wenigstens einen klaren Grund hat, auch Gegenstand für so etwas wie einen allgemeinen Akt der transzendentalen Apperzeption zu sein (ich nenne dies ‚für so etwas' angesichts der oben angesprochenen Probleme der ‚starken Apperzeptions-These').

Die empirische Apperzeption hier als ausschlaggebend anzusehen, ist deswegen von Vorteil, weil solch ein Akt per definitionem wirklich ein Ich (das ‚Ich' des ‚Ich denke, daß x F ist.') enthält und so unmittelbar verständlich wird, daß es sich hier keineswegs um einen Zustand handelt, der ganz und gar nicht etwas ‚für mich' ist. Dieser Zustand ist exakt so strukturiert, daß etwas (der in einem Urteil ausgesagte Sachverhalt) ‚für mich' ist, und zwar in einem Kontext, in dem das ‚mich' sinnvoll für ein spezifisches Ich steht, dem ersichtlich die Fähigkeit klaren Vorstellens eines wirklichen menschlichen Bewußtseins (anders als beim bloß ‚blinden' passiven oder aktiven tierischen Bewußtsein) eignet; damit sollte auch die Möglichkeit der Selbsterkenntnis („self-recognition") und transzendentalen Apperzeption kein Geheimnis mehr bleiben. Das in das Urteilen einbegriffene Ich verschafft dem gesamten Zustand die erforderliche kognitive Ausrichtung, die auch die Richtungseinstellung einer individuellen Perspektive, nämlich die des betreffenden Subjekts einschließt. Man könnte sagen, daß obwohl dieses Ich zunächst nicht ‚erwähnt' wird, es dennoch ‚in Anspruch genommen' und damit im Grunde auch präsent ist. Es muß nicht Objekt eines eigenen Reflexionsakts sein; auf diese Weise kann man dann neo-Fichteschen Einwänden entgegentreten, denen gemäß Kants Theorie impliziere, daß das

---

[25] Vgl. McDowell, 1994, S. 108f.

Ich als Bewußtsein eines bestimmten Selbst *nur* durch einen solchen
Reflexionsakt existiere. Kants Theorie hat jedoch vielmehr eine grundlegende Form von Asymmetrie zur Folge: Ich kann ohne diesen besonderen Reflexionsgedanken existieren, aber dieser besondere Gedanke
kann als konkreter Akt nicht ohne mich existieren. Wann immer man
aktual urteilt, ist der Urteilsinhalt subjektiv gegeben, nämlich insofern
das Selbst des urteilenden Subjekts dabei permanent tätig und – wenn
man so will – beiläufig oder ,adverbial‘ gegenwärtig ist. In diesem Sinne
läßt es Kants Theorie selbst für präreflexive Akte einfacher Apperzeption zu, von einem Selbst als primitivem ,Selbst‘-Bewußtsein zu sprechen, das schon ,im‘ Bewußtsein gegeben ist. Das bedeutet natürlich
nicht, daß Kants Konzeption, wie wir sie bis hierher verstehen können,
ein eindeutiges Erklärungspotential für *alle* Besonderheiten von ,Selbst-
Vertrautheit‘ als solcher bereitstellt; allerdings dürfen wir seinen Ansatz
nicht so verstehen, als enthalte er etwas, das einer vielversprechenderen
Explikation der spezifisch reflexiven Bestimmungen entgegensteht wie
sie von anderer Seite ja durchaus möglich ist.[26]

Grundeigenschaft selbst dieser einfachen Form von Apperzeption ist
offensichtlich ihre Intentionalität: das Ich denkt etwas – zumindest im
Minimalsinn – mit einer Art Objektivität. Für diese Stufe des Bewußtseins ist Intentionalität daher zentral und dennoch kann man nicht
von allen Bewußtseinszuständen sagen, sie müßten intentional sein (die
erste Stufe wurde von uns sogar als nicht intentionale Stufe eingeführt).
Zudem läßt sich nicht sagen, daß etwas ein Bewußtseinszustand ,für‘ ein
Subjekt wird, allein wenn das Subjekt oder der gesamte Akt ein inten-
tionales Objekt wird – wie etwa in Theorien der ,Selbst-Illumination‘,
denen zufolge jeder grundlegende Bewußtseinsakt ein direktes Objekt
und auch sich selbst als Objekt haben muß.

Trotz dieser Vorteile sollte man sich dennoch fragen, ob Kants Begriff
der Apperzeption auch der gesamten Bandbreite phänomenaler Bestimmungen gerecht werden kann, die sich in der spezifischen Vertrautheit
mit uns selbst finden; denn ganz offensichtlich hat Selbst-Vertrautheit
nichts mit Urteilen zu tun, zu dem ja typisch objektive Beobachtungen, Relationen, Beschreibungen oder auch fallible Zustände zählen.
Kant hat dieses Problem zwar nicht in heutiger Begrifflichkeit thematisiert, doch hat er ein bemerkenswertes Gespür für den systematischen

---

[26] Z. B. Castañeda, 1967, und Nozick, 1981, S. 87-110.

Kern dieser Idee entwickelt, was die *Fundamentalthese*, wie ich sie nennen möchte, auch zum Ausdruck bringt: „im Bewußtsein meiner selbst beim bloßen Denken bin ich das *Wesen selbst*, von dem mir aber freilich dadurch noch nichts zum Denken gegeben ist." (*KrV*, B 429).[27] Man könnte dies so verstehen, als wolle Kant sagen, es gebe eine basale Form von Bewußtsein, die einem Subjekt das eigene Selbst und die eigene Existenz enthüllt, ohne an eine übliche bestimmende Beschreibung oder besondere Beobachtung von etwas gebunden zu sein. Von diesem basalen Zustand heißt es, er beinhalte Bewußtsein „beim bloßen Denken" und damit eine Art Apperzeption. Dadurch kann man vermeiden, den Zustand für völlig rätselhaft halten zu müssen. Wenn unsere ursprüngliche Selbst-Vertrautheit dem völlig entgegengesetzt wäre, was intentional ist und zum Urteilen gehört, dann wäre nur schwer zu erklären, warum sie überhaupt ein genuin personales Subjekt erfordert, und nicht nur ein bloßes Objekt oder lediglich die quasi-animalische Bedingung des reinen inneren Sinnes einschließt. Die Infallibilität bezüglich ihrer selbst könnte dann so verstanden werden, daß man sich hinsichtlich ihrer unmöglich täuschen kann, schlicht weil sie noch nicht semantisch verfaßt[28] und somit kein Zustand ‚von' etwas ist. Dies würde sie ihres personalen und epistemischen Status entheben, womit die mögliche Entwicklung von Selbstbewußtsein zu einem reflexiven semantischen Zustand rätselhaft bliebe.

Ein weiterer Aspekt, den Kants Fundamentalthese zu implizieren scheint, ist, daß das grundlegende ‚Bewußtsein meiner selbst' *nicht* so verstanden werden kann, als verfügte ich über eine besondere Anschauung, die gänzlich autark das Ich (das heißt das eigene Ich) herausgreift, um es zu bestimmen. Kant ist jedoch der Auffassung, daß ‚in' *jedem* aktualen „bloßen *Denken*" seiner selbst das eigene unbestimmte „Wesen selbst" schon enthüllt *ist*. Dieses „Wesen" ist korrelativ mit dem Denken des aktualen Subjekt-Pols, der in irgendeiner einzelnen Apperzeption gegenwärtig ist. *Als solches* kann es daher ‚ohne' irgendeinen weiteren *spezifischen Inhalt* sein, der „zum Denken gegeben ist" (wie es in Kants Fundamentalthese heißt). Obwohl das Denken eines Ich *auch* als das Denken einer *Funktion* verstanden werden kann, die in allem Denken präsent ist (die Funktion der

---

[27] Vgl. Ameriks, 1995.
[28] Vgl. Wittgenstein, 1953.

Synthesis), kann man darüber hinaus das Ich, von dem hier die Rede ist, nicht als *reine* Funktion oder Abstraktion bezeichnen. Kant hebt eigens hervor, daß es existiert, ihm also ‚Sein' als wirkliches Moment in all den einzelnen Apperzeptionen zukommt, die ich ausführen oder erwägen kann; und somit ist doch zumindest wahr, daß jede dieser Apperzeptionen tatsächlich von einem Ich gehabt wird: das Ich „ist nicht bloße logische Funktion, sondern bestimmt das Subjekt (welches denn zugleich Objekt ist) in Ansehung der Existenz" (*KrV*, B 429). Nur als Korrelat dieses Denkens als solches betrachtet, ist es theoretisch *noch nicht* näher bestimmt, z. B. als einem physischen oder geistigen, einfachen oder zusammengesetzten Wesen angehörig. Aber dies schließt nicht die Möglichkeit aus, daß jedem wirklichen Ich noch weitere Bestimmungen von Belang zukommen. Offensichtlich Bezug nehmend auf seine praktische Philosophie, unterstreicht Kant nämlich sogleich, daß die praktische ‚Gesetzgebung' der Vernunft die Möglichkeit zu legitimer Selbstbestimmung eröffnet (*KrV*, B 430f).[29]

In einer Anmerkung, die ebenfalls notorisch schwierig ist, erklärt Kant kurz zuvor: das „Ich denke" „drückt eine unbestimmte empirische Anschauung, d. i. Wahrnehmung, aus" (*KrV*, B 422 Anm.). Diese Behauptung ergänzt die Fundamentalthese und konfligiert nicht mit ihr. Während seine Fundamentalthese besagt, daß mit jedem cogito zugleich auch die Gegenwart eines existierenden und denkenden Ich gegeben ist, erinnert uns Kants hiesige Behauptung ausdrücklich daran, daß jedes aktuale, von uns geltend gemachte „Ich denke" auch die Anwesenheit einer empirischen Anschauung einschließt. Natürlich kann es in besonderen Einzelfällen des „Ich denke" immer auch verschiedene Arten bestimmter Merkmale von Anschauung geben. Das reine cogito selbst steht jedoch für etwas, das in allen diesen Fällen stets gegenwärtig ist; von daher wäre es hier unangemessen, ihm einen noch spezifischeren Inhalt zuzusprechen. Das Sachproblem scheint nun aber noch rätselhafter zu werden, wenn Kant erklärt:

---

[29] Grundsätzlich ist zu beachten, daß sich Kant mit dem Begriff ‚Ich' oder ‚Selbst' oft auf die Vernunft, und nicht auf Subjektivität in einem rein psychologischen Sinne bezieht. Siehe z. B. *KrV*, A XIV: „[...] ich es lediglich mit der Vernunft selbst und ihrem reinen Denken zu tun habe, nach deren ausführlicher Kenntnis ich nicht weit um mich suchen darf, weil ich sie in mir selbst antreffe und wovon mir auch schon die gemeine Logik ein Beispiel gibt". Vgl. Ameriks, 2003 c.

„Eine unbestimmte Wahrnehmung bedeutet hier nur etwas Reales, das [mit dem cogito; K. A.] gegeben worden, und zwar nur zum Denken überhaupt, also nicht als Erscheinung, auch nicht als Sache an sich selbst (Noumenon) sondern als Etwas, was in der Tat existiert" (*KrV*, B 423 Anm.).

Diese Äußerung klingt so, als meine Kant, das Ich sei ein in sich widersprüchliches Wesen, das weder Erscheinung noch Ding an sich ist. Man kann diese Äußerung jedoch leicht von ihrer scheinbaren Widersprüchlichkeit befreien, wenn man sie als Ausdruck ‚inhaltlicher Neutralität‘ liest, wie sie dem reinen cogito als solchen an dieser Stelle noch eignet. Um nachvollziehen zu können, daß eine empirische ‚Wahrnehmung‘ vorliegt, wann immer ein wirklicher Aktus „Ich denke" stattfindet, muß man noch nicht das Ich als spezifische Erscheinung oder als Ding an sich oder als beides zugleich in Betracht ziehen. Man kann schlicht darauf hinweisen, daß mit diesem Gedanken bereits ‚etwas Reales gegeben ist‘, ohne hier noch zusätzliches Wissen hinsichtlich des Ich und seiner weiteren Bestimmungen behaupten zu müssen.[30]

II. Die eigentliche Möglichkeit eines Kantischen Subjekts: Welches Ich bin ich?

Bisher wurden zwei sehr unbestimmte, gleichwohl nicht vollkommen inhaltsleere Charakterisierungen des Ich aufgewiesen: Auf der einen Seite die allgemeine Vorstellung des Ich als Subjekt der Apperzeption. Man kann sagen, diese funktionale Charakterisierung steht für das, was im allgemeinen Gedanken der transzendentalen Apperzeption sowie in jeder aktualen empirischen Apperzeption präsent ist. Dies ist der Gedanke, wie man ihn nennen kann, des *Ich als epistemisches Subjekt*. Auf der anderen Seite stellen Kants Ausführungen auch heraus, daß wo immer es wirklich ein epistemisches Subjekt gibt, sich dieses vom eigenen „Wesen selbst" als dem Ich, dem zumindest ‚Existenz‘ zukommt, abhebt. Diesen Gedanken nenne ich den des *Ich als existierendes Subjekt*. Es sollte nun kein Geheimnis mehr sein, wie ein und dasselbe Wesen – simultan und mit Bestimmtheit – beides sein kann, *epistemisches* und *existierendes Sub-*

---

[30] Zur näheren Charakterisierung des Ich siehe Ameriks, ²2000 a, und vgl. Kant, 1997.

jekt. Obwohl diese Charakterisierungen sehr voneinander abweichen, ist ihr Hauptproblem doch nicht, daß sie an sich strittig oder vordergründig gegensätzlich sind. Ihre theoretische Beschränktheit besteht vielmehr darin, inhaltlich so wenig konkret zu sein, daß man sie verwechseln könnte. Daher ist es ratsam, sie genau auseinander zu halten.[31]

Diese beiden vergleichsweise unklaren – nun aber klar kontrastierten – Charakterisierungen sind von zwei weiteren Charakterisierungen des Ich zu unterscheiden, die ebenfalls unbestimmt sind, nämlich dem bereits erwähnten Gedanken des Ich als ‚Erscheinung‘ oder Phaenomenon und als ‚Ding an sich‘. Selbst wenn man den Gesamtrahmen der Kantischen Theorie zugrunde legt, bleiben diese Gedanken überraschenderweise immer noch vage. Im Bereich der Erscheinungen hat Kant dabei bemerkenswert wenig zum Ich als spezifischer Entität zu sagen. Trotz der Erwartungen an seine kritische Theorie des Geistes, die denen an seine detaillierte Theorie ausgedehnter Körper entsprochen hätten, entschied sich Kant schließlich dazu, auf die Ausarbeitung einer differenzierten Theorie des phänomenalen Bewußtseins zu verzichten und davon auszugehen, daß nahezu unser gesamtes philosophisches Wissen, das wir diesbezüglich erreichen können, von der Körperlehre zehrt.[32] Ebenso äußerte er detaillierte Kritik an Versuchen, das Ich als eine klar erkennbare Art Ding an sich selbst theoretisch bestimmen zu wollen (*KrV*, B 427f).

Diese Kritik wird oft dahingehend mißverstanden, als zeige sie, daß es nach Kant ein nicht-phänomenales Ich überhaupt nicht geben könne oder wir eigentlich nichts über es auszusagen in der Lage seien. Solche Lesarten gehen viel zu weit und verwechseln die außerordentlich scharfe Kritik, die Kant an Positionen wie dem Spiritualismus übt – der sehr angreifbare Aussagen über unser Vermögen macht, apriorische, theoretische Beweise dafür zu liefern, daß das Selbst als gewöhnliche psychische Entität eine Kraft zur unabhängigen Existenz besitzt – mit einer globalen Zurückweisung eines nicht-phänomenalen Aspekts des Selbst – dies ist etwas, was Kant allerdings *nicht* tut.[33] Würde man tatsächlich

---

[31] Das *Paralogismus*-Kapitel der *Kritik der reinen Vernunft* legt dar, wie die Bestimmungen der einen Charakterisierung verbotswidrig auf die der anderen übertragen werden können, etwa so wie wenn man die irreduzible funktionale Einfachheit mit der irreduziblen ontologischen Einfachheit vermengt.

[32] Vgl. Washburn, 1975; Kitcher, 1990; Hatfield, 1992.

[33] Vgl. Ameriks, ²2000a.

zurückweisen, daß es einen solchen Aspekt geben *kann,* so würde dies Kants fundamentale philosophische Motivationen unbegreiflich machen (insbesondere sein Bekenntnis zu transzendentaler Freiheit) und gegen allgemeine Schlußfolgerungen der kritischen Philosophie verstoßen.

Im zwanzigsten Jahrhundert war Kants Interesse an einer Konzeption des nicht-phänomenalen Selbst lange Zeit ein sehr unpopuläres Thema, aber dies könnte sich nun ändern, da sogar selbst einige Hauptrichtungen der analytischen Philosophie des Geistes dafür argumentieren, daß das Selbst für uns *prinzipiell* ,nicht faßbar' und Bewußtsein ein ungelöstes ,hartes' Problem bleibt.[34] Kants allgemein metaphysische Perspektive hebt sehr ähnliche Überlegungen hervor und könnte daher um so mehr eine relevante Option der philosophischen Untersuchung werden.[35] Wenn man von einigen überholten Details der kritischen Philosophie absieht, läßt sich eine attraktive, im Kern Kantische Position entwickeln, die weitgehend von den Einsichten in die Apperzeptions-Lehre getragen wird, verbunden mit der Überzeugung, daß es Schlüsselaspekte des Selbst geben kann, die sich prinzipiell außerhalb jedweden raum-zeitlichen und uns jemals zugänglichen wissenschaftlichen Wissens befinden.

Dennoch werden viele noch immer behaupten, daß eine solche Position vom Ansatz her völlig hoffnungslos sei. Dies ist kein neues Problem. Der metaphysische Aspekt der Kantischen Theorie des Subjekts wurde von den ersten Rezensenten der *Kritik der reinen Vernunft* heftig kritisiert. Pistorius und andere insistierten darauf, daß selbst wenn man die Lehre des transzendentalen Idealismus hinsichtlich der Außenwelt akzeptiert, es doch keinen Sinn macht, sie wie die *Kritik* auch auf die ,Innenwelt' auszudehnen (vgl. *KrV,* A 37/B 53f; B 66f). Kant sah sich jedoch offensichtlich dazu veranlaßt, an einem umfassenden Idealismus festzuhalten, weil er davon überzeugt war, daß es nur so möglich sei, zentrale moralische und deistische Überzeugungen zu retten, die er auch für das aufgeklärte Denken für essentiell hielt. Er glaubte wohl auch, daß diese Lehre für seine kritische Strategie unverzichtbar sei, um einen Rückfall in den Dogmatismus durch die Zurückweisung jedweder Asymmetrie zu verhindern, die der Selbst-Kenntnis (,,self-knowledge') einen Vorrang vor der Erkenntnis der Außenwelt zuspricht. Viele Leser der *Kritik* miß-

---

[34] Vgl. McGinn, 1999; Ameriks, ²2000a, bes. die Diskussion zu McGinn im Nachwort.
[35] Vgl. Hasker, 1997.

trauen oder mißverstehen diese Motivationen dennoch, und kommen
zu dem Schluß, daß die Kantische Konzeption das Undurchsichtige nur
noch undurchsichtiger mache: Wenn die Ideen von Gott, Freiheit und
Unsterblichkeit als solche bereits problematisch sind, dann erscheint
es natürlich wirklich jenseits der ‚Grenzen des Sinns‘, sie, worauf Kant
besteht, mit Funktionen von uns unbekannten Dingen an sich außerhalb von Raum und Zeit in Zusammenhang zu bringen.

Eine Möglichkeit, an dieser Schlußfolgerung festzuhalten, besteht
darin, auf einer allgemeinen Inkohärenz in der Lehre des transzendentalen Idealismus zu pochen. Dies ist eine verbreitete, zugleich aber
extreme und auch fragwürdige Strategie.[36] Eine angemessene Beurteilung des Kantischen Subjektivitäts-Konzepts muß sich auf den spezifischeren Einwand konzentrieren, den bereits die ersten Leser der *Kritik*
erhoben haben, nämlich daß selbst wenn man dem transzendentalen
Idealismus seine Berechtigung irgendwie zugestehen würde, es scheinbar dennoch fundamentale Probleme in Kants spezifischer Lehre von
der Idealität der *Selbst*-Kenntnis gibt.

Wenn dieses Problem erst einmal klar formuliert ist, dann mag es
nicht mehr so gravierend sein, wie oft angenommen wird. Offenkundig
ist es bereits einfachhin zum Problem der letztgültigen Interpretation
theoretischer Selbst-*Kenntnis* geworden. Der aufmerksame Leser wird
erkennen, daß dies eine komplexe epistemologische Frage ist und daß
Kant nirgends für die starke ontologische These argumentiert, daß das
Selbst als solches ‚bloß ideal‘, das heißt inexistent sei. Kants philosophische Fragestellung lautet hier schlicht, ob verschiedene traditionelle
Bestimmungen des Selbst als solchen – wie kausal, räumlich, zeitlich – als
transzendental real aufgefaßt werden müssen. Es ist nur schwer einzusehen, warum die Hypothese ihrer Idealität vollkommen inkohärent ist,
wenn zugegeben wird, daß ähnliche Bestimmungen äußerer Dinge ideal
sein können, die Idealität dieser Bestimmungen die Existenz des Selbst
aber nicht vernichten soll. Wenn man die frühere Analyse der Kantischen Fundamentalthese hinsichtlich der Apperzeption zugesteht, so
gibt es insbesondere keinen Grund für die Annahme, daß die Idealität
gewöhnlicher Bestimmungen des Selbst das Ich als epistemisches oder
existierendes Subjekt zum Verschwinden bringt, denn dieses Ich wird
unabhängig von diesen Bestimmungen erklärt.

---

[36] Vgl. Ameriks, 2003 b.

Natürlich kann man sich noch immer fragen, ob – bei der radikalen Form des Idealismus, von der Kant theoretisch ausgeht – es ein solches Selbst gibt, das in einer alles fundierenden Ontologie auf welche Weise auch immer verbleiben *muß*. Mit anderen Worten: Wenn wir Dinge an sich nicht bestimmen können, so scheint es, daß es (auf dieser Stufe) möglicherweise keine endlichen Subjekte gibt, so daß die Wahrheit in einer ‚sich selbst aufhebenden‘ Ontologie liegt, die beispielsweise nur aus einer spinozistischen Substanz oder einer ‚Schicht‘ subpersonaler Wesen besteht. Kant ist sich dieser *Möglichkeiten* tatsächlich bewußt, aber er meint auch, daß man nicht so weit gehen muß, sie zu widerlegen – und im übrigen ist es keineswegs klar, daß man sie überhaupt widerlegen kann. Kant gibt sich mit dem Gedanken zufrieden, daß er gewichtige, unwiderlegbare praktische Gründe dafür hat, weiterhin von der Irrationalität jeder ‚sich selbst aufhebenden‘ Philosophie auszugehen; zudem ist er der Auffassung, es sei ein Gutteil gesunden Menschenverstandes, eben dies auch von anderen anzunehmen. Selbstverständlich sollten wir uns durch Kants Annahmen bezüglich des common sense nicht verunsichern lassen, ganz zu schweigen von seinen spezifisch praktischen Überlegungen. Aber das ist hier nicht entscheidend, denn an dieser Stelle lautet die Frage nur, ob Kants Konzept eines nicht-phänomenalen Ich eindeutig inkohärent ist – die verbreiteten Bedenken dagegen, seine Wahrheit zu beweisen, sind etwas anderes und müssen vorerst beiseite gelassen werden.

Die meisten Bedenken gegenüber der Kohärenz der Kantischen Konzeption des Ich wurzeln letztlich, wie ich vermute, entweder in einer sehr dogmatischen (und hochgradig nicht Kantischen) Form des empiristischen Verifikationismus, oder in dem konfusen Gedanken, daß Kant unsere Existenz schlechthin verneint – oder in einem künstlichen Zweifel daran, wie sich die angeblich vielen Iche, die in der *Kritik der reinen Vernunft* vorkommen, aufeinander beziehen können, insbesondere wenn eines von ihnen etwas nicht Phänomenales an sich hat.[37] Der zuletzt genannte ist der einzige Einwand, der einige Beachtung verdient, doch ist nie gezeigt worden, inwiefern Kants Äußerungen oder seine implizite Theorie überhaupt eine absurde Vielheit von Ichen zur Folge hat. Man braucht hier nicht zu entscheiden, ob das Verhältnis zwischen Erscheinungen und Dingen an sich ansonsten als das von zwei Objek-

---

[37] Vgl. Kitcher, 1990.

ten oder eher von zwei Aspekten oder Perspektiven derselben Sache verstanden werden muß (würde man allerdings die letztere Interpretation akzeptieren, stünde sie unmittelbar mit Kants positiven Aussagen über Gott in Widerspruch). Hinsichtlich der Frage nach dem Selbst allein reicht es dem Kantianer, wie bei den Ausdrücken ,epistemisches Subjekt' und ,existierendes Subjekt' zu sagen, daß die Ausdrücke ,nicht-phänomenal' und ,phänomenal' nicht so gedeutet werden dürfen, als wiesen sie *notwendig* auf verschiedene Entitäten hin. So wie wir uns als existierend und denkend begreifen können, können wir uns (solange das Gegenteil nicht bewiesen ist) auch als phänomenal und nicht-phänomenal begreifen, das heißt als besäßen wir Eigenschaften, die in Raum und Zeit erscheinen, aber möglicherweise auch andere, wie absolute Freiheit, die nicht raum-zeitlich verstanden werden können.

Damit ist nicht gesagt, Kant oder irgendein anderer Philosoph habe gezeigt, daß wir an positiven Bestimmungen wie etwa absolute Freiheit festhalten müssen.[38] Doch scheint der Begriff solcher Bestimmungen sehr viele bedeutende Denkrichtungen zu beherrschen. Wenn also – wie die meisten gegenwärtigen Theoretiker zugeben – unser üblicher Rahmen wissenschaftlicher Erkenntnis Instantiierungen dieses Begriffs nicht rechtfertigt, dann scheint es nur vernünftig zu sein, weiterhin eine hoch entwickelte Theorie der Subjektivität wie die Kants zu untersuchen, die von Anfang an darauf abzielt, einen philosophischen Rahmen abzustecken, der sich einem solchen Begriff anzupassen vermag.

Es bleibt ein abschließendes Bedenken, ein altbekannter Gedanke, der die Kantische Konzeption letztendlich doch zu Fall zu bringen droht. Angenommen es gäbe eine entscheidende nicht-phänomenale Seite des Selbst, eine Seite, die theoretisch *nicht* erfaßt werden kann. Wie wäre dies zu vereinbaren mit dem ersten Teil unserer Interpretation, nämlich mit Kants Konzeption des Selbst als epistemisches Subjekt, als Wesen, das tatsächlich Apperzeptions-Akte ausführt? Es sieht so aus, als führte diese Konzeption entweder zur illegitimen Behauptung der Erkenntnis des Selbst an sich oder zur Untergrabung der inneren Gültigkeit unserer anfänglichen Interpretation, so daß ,es nur den Anschein hat', daß wir im Denken, Urteilen und Beabsichtigen auch tätig sind. Die Kantische Theorie scheint sich damit auf die Annahme eines ,transzendentalen

---

[38] Siehe die Kritik in Ameriks, 2002.

Selbst' zu verpflichten, dem entweder der illegitime Status eines privilegierten Wesens zukommt oder das eine absurde Illusion ist.

Die Lösung dieses Problems setzt an der Beobachtung an, daß der Ausdruck ‚transzendentales Selbst' von Kant gar nicht verwendet wird. In seiner Ontologie kommen bestenfalls Erscheinungen und Dinge an sich vor – ein drittes Reich von Entitäten als ‚transzendentale Wesenheiten' gibt es nicht. In gewissem Sinne kann der ‚transzendentale' nicht einmal ein fundamentaler ‚Aspekt' sein, da er von noch grundlegenderen Eigenschaften abhängt. Denn im Grunde ist der Begriff ‚transzendental' ein funktionales, normatives Eigenschaftswort (das nicht mit ‚transzendent' verwechselt werden sollte). Die transzendentale Seite eines Wesens, eines Selbst oder auch einer Erörterung erklärt lediglich, wie im jeweiligen Diskussionskontext berechtigte Erkenntnisansprüche a priori aufkommen können (*KrV*, A 11/B 25). Wenn mechanische Prozesse irgendwie den normativen Ursprung solcher Ansprüche begründen könnten, dann könnte ein Selbst zugleich mechanisch und transzendental *sein*. Aber diese transzendentale Theorie würde ein mechanisches Selbst und etwas *anderes*, das ein wirkliches transzendentales Selbst ist, nicht benötigen. Wenn dementsprechend nur die Operationen nicht raum-zeitlicher Seelen solche Erkenntnis erklären könnten, dann könnten diese Seelen transzendental wirksam sein. Doch würde dies nicht bedeuten, daß durch die numerische Erhebung dessen, was es gibt, den existierenden Seelen transzendentale Subjekte hinzugefügt würden. Auf jeden Fall wird es nie mehr Wesen als Dinge an sich und ihre (möglichen) Erscheinungen geben können.

Man mag sich nun immer noch fragen, was dies für Kants Behauptung *spezifisch* transzendentaler Vermögen bedeutet. Ist z. B. die viel diskutierte Spontaneität unserer Intentionalität schlicht eine Angelegenheit der Funktionsweise von Erscheinungen? Oder gibt sie (auf offensichtlich unhaltbare dogmatische Weise) spezifische Operationen des Selbst als Ding an sich zu erkennen? So lautet die Grundfrage der Kantischen Theorie des Ich und meines Erachtens erweist sich die von Kant vertretene Position dabei nicht notwendig als inkohärent. Anders als negativen oder auch positiven Dogmatikern gelingt es Kant im Großen und Ganzen in der Tat recht gut, seine Theorie hier nicht zu überfordern. Ein entscheidender Punkt seiner transzendentalen Konzeption ist, daß – gleich was die endgültige Bestimmung des Selbst sei – Erkenntnis *mehr* als nur *sinnlich* gegebene Daten erfordert; Erkenntnis erfordert begriffliche

Funktionen und damit auch Spontaneitäts-Akte, die nicht exakt dieselben Akte in der Rezeption von Daten sind. Dies ist eine Unterscheidung innerhalb der Erkenntnistheorie, in deren Bestimmung als solcher Raum und Zeit keine Rolle spielen (selbst wenn sonst in allen unseren Explikationen – wie in der Mathematik – Räumliches und Zeitliches zumindest indirekt vorkommen mag). Die kritische Philosophie entscheidet sich demnach dazu, es offenzulassen, was sich für diese Akte letztlich verantwortlich zeigt – und ob ihre Generierung tatsächlich absolut oder lediglich relativ spontan ist. Wie Wilfrid Sellars bemerkt hat,[39] läßt sie damit ebenfalls offen, ob diese ‚Spontaneität' auf *unserer* Natur als Dingen an sich selbst, oder auf etwas tiefer Liegendem beruht, auf das sich das „Ich, oder Er, oder Es (das Ding) welches denkt" (*KrV*, A 346/B 404) gründet. Genau dieser Agnostizismus ist wohl einer der größten Vorzüge des so mehrdeutigen Begriffs der Subjektivität bei Kant. Welchen Grenzen seine Philosophie darüber hinaus noch ausgesetzt sein mag, so entgeht Kants bescheiden auftretende Lehre vom Ich doch dem Vorwurf, inkohärent, dogmatisch oder irrelevant zu sein.

(Übersetzung aus dem Amerikanischen von D. H. Heidemann)

Literatur

Allison, H. E., 1983, *Kant's Transcendental Idealism*, New Haven: Yale UP.

Allison, H. E., 1996, *Idealism and Freedom: Essays on Kant's Theoretical and Practical Philosophy*, Cambridge: Cambridge UP.

Ameriks, K., 2003 a, *Idealism from Kant to Berkeley*, in: S. Gersh/D. Moran (Hrsg.), *Eriugena, Berkeley and the Idealist Tradition*, Notre Dame: University of Notre Dame Press.

Ameriks, K., 2003 b, *Interpreting Kant's Critiques*, Oxford: Oxford UP.

Ameriks, K., 2003 c, *On Being Neither Post- Nor Anti-Kantian: A Reply to Breazeale and Larmore Concerning „The Fate of Autonomy"*, in: *Inquiry* 46, S. 272-292.

Ameriks, K., 2002, *„Pure Reason of Itself Alone Suffices to Determine the Will"*, in: O. Höffe (Hrsg.), *Immanuel Kant: Kritik der praktischen Vernunft*, Berlin: Akademie Verlag, S. 99-114.

Ameriks, K., ²2000 a, *Kant's Theory of Mind*, Oxford: Oxford UP.

Ameriks, K., 2000 b, *Kant and the Fate of Autonomy. Problems in the Appropriation of the Critical Philosophy*, Cambridge: Cambridge UP.

---

[39] Sellars, 1970/71.

Ameriks, K., 1995, *The Ineliminable Subject: From Kant to Frank*, in: K. Ameriks/D. Sturma (Hrsg.), *The Modern Subject*, Albany: SUNY Press, S. 217-230.

Ameriks, K., 1982 a, *Recent Work on Kant's Theoretical Philosophy*, in: *American Philosophical Quarterly* 19, S. 1-24.

Ameriks, K., 1982 b, *Contemporary German Epistemology: The Significance of Gerold Prauss*, in: *Inquiry* 25, S. 125-138.

Ameriks, K., 1978, *Kant's Transcendental Deduction as a Regressive Argument*, in: *Kant-Studien* 69, S. 273-285.

Brook, A., 1994, *Kant and the Mind*, Cambridge: Cambridge UP.

Caimi, M., 2002, *Selbstbewußtsein und Selbsterkenntnis in Kants Transzendentaler Deduktion*, in: D. H. Heidemann (Hrsg.), *Probleme der Subjektivität in Geschichte und Gegenwart*, Stuttgart-Bad Cannstatt: frommann-holzboog, S. 85-106.

Carr, D., 1999, *The Paradox of Subjectivity*, New York: Oxford UP.

Cassam, Q., 1997, *Self and World*, Oxford: Oxford UP.

Castañeda, H.-N., 1967, *The Logic of Self-Knowledge*, in: *Nous* 1, S. 9-22.

Chisholm, R., 1981, *The First Person*, Minneapolis: University of Minnesota Press.

Chisholm, R., 1976, *Person and Object*, London: Routledge & Kegan Paul.

Cramer, K., 2003, *Kants „Ich denke" und Fichtes „Ich bin"*, in: *Internationales Jahrbuch des Deutschen Idealismus/International Yearbook of German Idealism* 1, S. 57-92.

Düsing, K., 1983, *Constitution and Structure of Self-Identity: Kant's Theory of Apperception and Hegel's Criticism*, in: *Midwest Studies in Philosophy* 8, S. 409-431.

Düsing, K., 1997, *Selbstbewußtseinsmodelle. Moderne Kritiken und systematische Entwürfe zur konkreten Subjektivität*, München: Wilhelm Fink.

Frank, M., 1991, *Selbstbewußtsein und Selbsterkenntnis*, Stuttgart: Reclam.

Frank, M., 1995, *Is Subjectivity a Non-Thing, an Absurdity (Unding)? On Some Difficulties in Naturalistic Reductions of Self-Consciousness*, in: K. Ameriks/D. Sturma (Hrsg.), *The Modern Subject*, Albany: SUNY Press, S. 177-197.

Guyer, P., 1987, *Kant and the Claims of Knowledge*, Cambridge: Cambridge UP.

Hasker, W., 1997, *The Emergent Self*, Ithaca: Cornell UP.

Hatfield, G., 1992, *Empirical, Rational, and Transcendental Psychology: Psychology as Science and as Philosophy*, in: P. Guyer (Hrsg.), *The Cambridge Companion to Kant*, Cambridge: Cambridge UP, S. 200-227.

Heidemann, D. H., 2002, *Anschauung und Begriff. Ein Begründungsversuch des Stämme-Dualismus in Kants Erkenntnistheorie*, in: K. Engelhard (Hrsg.), *Aufklärungen. Festschrift für Klaus Düsing zum 60. Geburtstag*, Berlin: Duncker & Humblot, S. 65-90.

Henrich, D., 1969, *The Proof-Structure of Kant's Transcendental Deduction*, in: *Review of Metaphysics* 22, S. 640-659.

Henrich, D., 1970, *Selbstbewußtsein – Kritische Einleitung in eine Theorie*, in: R. Bubner (Hrsg.), *Hermeneutik und Dialektik*, Bd. 1, Tübingen: Mohr, S. 257-284.

Henrich, D., 1982, *Selbstverhältnisse. Gedanken und Auslegungen zu den Grundlagen der klassischen deutschen Philosophie*, Stuttgart: Reclam.

Hurley, S., 1998, *Consciousness in Action*, Cambridge: Harvard UP.

Kant, I., 1997, *Lectures on Metaphysics*, hrsg. von K. Ameriks/S. Naragon, Cambridge: Cambridge UP.

Kitcher, P., 1990, *Kant's Transcendental Psychology*, New York: Oxford UP.

Klemme, H., 1996, *Kants Philosophie des Subjekts*, Hamburg: Meiner.

Kulstad, M., 1991, *Leibniz on Consciousness, Apperception, and Reflection*, München: Philosophia.

McDowell, J., 1994, *Mind and World*, Cambridge: Harvard UP.

McGinn, C., 1999, *The Mysterious Flame. Conscious Minds in a Material World*, New York: Basic Books.

Mohr, G., 1991, *Das sinnliche Ich*, Würzburg: Königshausen & Neumann.

Nagel, T., 1986, *The View from Nowhere*, Oxford: Oxford UP.

Neuhouser, F., 1990, *Fichte's Theory of Subjectivity*, Cambridge: Cambridge UP.

Nozick, R., 1981, *Philosophical Explanations*, Cambridge: Harvard UP.

Pippin, R., 1982, *Kant's Theory of Form*, New Haven: Yale UP.

Pippin, R., 1989, *Hegel's Idealism*, Cambridge: Cambridge UP.

Powell, C. T., 1980, *Kant's Theory of Self-Consciousness*, Oxford: Oxford UP.

Prauss, G., 1971, *Erscheinung bei Kant*, Berlin: De Gruyter.

Sellars, W., 1963, *Science, Perception and Reality*, London: Routledge and Kegan Paul.

Sellars, W., 1970/71, „... This I or He or It (the Thing) Which Thinks", in: *Proceedings of the American Philosophical Association* 44, S. 5-31.

Strawson, P. F., 1966, *The Bounds of Sense*, London: Methuen.

Sturma, D., 1985, *Selbstbewußtsein bei Kant*, Hildesheim: Olms.

Washburn, M., 1976, *Did Kant Have a Theory of Self-Knowledge?*, in: *Archiv für Geschichte der Philosophie* 58, S. 40-56.

Wittgenstein, L., 1953, *Philosophical Investigations/Philosophische Untersuchungen*, Oxford: Basil Blackwell.

Wood, A., 2000, *The ‚I' as Principle of Practical Philosophy*, in: S. Sedgwick (Hrsg.), *The Reception of Kant's Critical Philosophy. Kant, Fichte, and Schelling*, Cambridge: Cambridge UP, S. 93-108.

Zahavi, D., 1999, *Self-Knowledge and Self-Alterity. A Phenomenological Investigation*, Evanston: Northwestern UP.

4. Phänomenologie

Kant und die gegenwärtige Phänomenologie

DANIEL O. DAHLSTROM

> *Kant war der wahren Sachlage auf der Spur.*
> Edmund Husserl, etwa 1903[1]

Die Geschichte des Verhältnisses der Phänomenologie zur Philosophie Kants ist äußerst zweideutig. Schon Husserls Ruf „Zurück zur Sache selbst!" war ein Seitenhieb gegen die Aufforderung einer früheren Generation: „Zurück zu Kant!"[2] Die Phänomenologie entstand nicht aus der Fortsetzung der Kantischen Tradition im neunzehnten Jahrhundert, sondern aus dem durch Trendelenburg und Brentano vermittelten Aristotelismus und der durch Bolzano und Frege entwickelten Philosophie der Mathematik. Sowohl Husserl als auch Heidegger lehnen das ab, was sie für die kantische Variante des Vico-Bildes des menschlichen Verstehens (der Mensch versteht bloß das, was er macht) hielten; sie machen die aus diesem Bild hervorgehenden Verwirrungen dafür verantwortlich, daß Kant „der echte Begriff des A priori" fehlt.[3] Da Kant die transzendentale Methode auf eine Weise versteht, die „das Als-Erkenntnistheoretiker-Erkennen" angeblich nicht zum Thema macht, werfen sie ihm einen Mangel an Radikalität vor.[4]

---

[1]   Husserl, 1956, S. 355.

[2]   Liebmann, 1865; Ollig, 1979, S. 10f; Husserl, 1968, S. 6. Zur Auseinandersetzung mit der Phänomenologie Husserls aus neukantianischer Perspektive vgl. Natorp, 1917/18; Plessner, 1918; Baumgardt, 1920; Kreis, 1930; Hönigswald, 1931; Wagner, 1953/54 und Cramer, 1954.

[3]   „Überall und prinzipiell" verwechsle Kant die Notwendigkeit und Allgemeinheit im psychologischen Sinne (die Abhängigkeit des Erkannten vom Erkennenden) mit derjenigen im erkenntnistheoretischen Sinne; vgl. Husserl,1956, S. 381; vgl. auch ebd., S. 199, 359, 364, 402; Husserl, 1954, S. 436f; Heidegger, ⁴1973, S. 161.

[4]   Husserl, 1956, S. 376, 379; Heidegger, ⁴1973, S. 162, 155-165. Zu Husserls Kant-Kritik vgl. Seebohm, 1962, S. 7-38 und Kern, 1964, S. 55-134.

Dennoch sieht man an diesen Bedenken, daß die Begründer der phänomenologischen Traditionen oft mehr Anstoß an bestimmten Deutungen der Kantischen Philosophie als an Kants Behauptungen selbst nahmen. Auch wenn ihre Vorwürfe aus der Beschäftigung mit den Hauptschriften Kants hervorgingen, setzten sie sich häufig mit den Neukantianern (besonders mit Natorp und Rickert) auseinander.[5] Im Laufe der Zeit kamen übrigens positive Betrachtungen der Kantischen Philosophie in den Werken der Begründer der Phänomenologie im zwanzigsten Jahrhundert immer häufiger vor.[6] Beispielhaft für diese fortschreitend positiver werdende Einschätzung ist Husserls Zusammenfassung am Ende seines 1924 gehaltenen Vortrags *Kant und die Idee der Transzendentalphilosophie*. „Das Erbgut Kants soll [...] nicht preisgegeben, sondern durch Klärung und Auswertung nach seinen absoluten Gehalten verewigt werden."[7] In zahlreichen Veröffentlichungen von 1925 bis 1961 versucht Heidegger sich durch Auseinandersetzungen mit der kritischen Philosophie verständlich zu machen.[8] In dem wegweisenden Werk *Kant und das Problem der Metaphysik* unternimmt er es, „Kants *Kritik der reinen Vernunft* als eine Grundlegung der Metaphysik auszulegen, um so das Problem der Metaphysik als das einer Fundamentalontologie vor Augen zu stellen."[9] Am Ende seiner Vorlesungen des Wintersemesters 1927/28 berichtet Heidegger, wie entscheidend es für ihn war, die Kritik Kants „gleichsam vor dem Hintergrund der Phänomenologie Husserls" erneut studiert zu haben: Es „fiel [...] mir wie

---

[5] Vgl. Kern, 1964, dessen erster Teil (S. 1-50) einen „Historischen Überblick" über das Verhältnis gibt. Die Beschäftigung mit dem Neukantianismus überschattet auch die von Husserl befürwortete Abhandlung Finks; vgl. Fink, 1933. Die Auseinandersetzung mit dem Neukantianismus ist auch unverkennbar in frühen Vorlesungen Heideggers; vgl. Heidegger, 1976, und Heidegger, 1987.

[6] Biemel macht die Beschäftigung Husserls mit der theoretischen Philosophie Kants für die Entstehung der Idee der Phänomenologie als Transzendentalphilosophie verantwortlich. Kern ist dagegen der Meinung, daß die intensive Beschäftigung Husserls mit der theoretischen Philosophie Kants erst *nach* der Wendung zur transzendentalen Phänomenologie, d. h. nach der Einführung der phänomenologischen Reduktion in den „entscheidenden Vorlesungen vom Sommersemester 1907" stattfand. Vgl. Biemel, „Einleitung des Herausgebers", in: Husserl, 1958, S. VIII; Kockelmans, 1994, S. 44f und Kern, 1964, S. 28-31.

[7] Husserl, 1956, S. 286.

[8] Dahlstrom, 1991.

[9] Heidegger, ⁴1973, S. 1; siehe Fn. 11 unten.

Schuppen von den Augen, und Kant wurde mir zu einer wesentlichen Bestätigung der Richtigkeit des Weges, auf dem ich suchte."[10]

Unter Phänomenologen wurde in der Nachkriegszeit die fruchtbare Auseinandersetzung mit Kant – im ausdrücklichen Gegensatz zum Neukantianismus – fortgesetzt.[11] Obwohl die Leistung Kants mit großer Achtung betrachtet wurde, ging es bei dieser Auseinandersetzung hauptsächlich um die Verwirklichung des in der Husserlschen Phänomenologie liegenden Potentials, das oft durch eine scharfe Abgrenzung von der kritischen Philosophie profiliert wurde.[12] Das gilt vor allem für den wohl einflußreichsten Phänomenologen der Nachkriegszeit, Maurice Merleau-Ponty. In der *Phénoménologie de la perception* (1945) betont und präzisiert er mehrmals die schon erwähnte Kritik Husserls an der angeblich mangelnden Radikalität, mit der Kant die Untersuchung der Bedingungen der Möglichkeit der Erfahrung ausführte.[13]

Besonders erwähnenswert in diesem Zeitraum ist der Husserl-Student Aron Gurwitsch, dessen intensive – und im Vergleich mit den Überlegungen Merleau-Pontys textnähere – Beschäftigung mit dem Bewußtseinsbegriff bei Kant und Husserl auch auf seine Zeitgenossen nachhaltig gewirkt hat. Gurwitsch grenzt den Bewußtseinsbegriff Kants von dem der Neukantianer stark ab, indem er Kants Konzep-

---

[10] Heidegger, 1987, S. 431. Daß Heidegger es nach seiner „Kehre" immer noch für wertvoll hält, „auf Kant zu hören", zeigt sein Kieler Vortrag von 1961: „Kants These über das Sein" (Heidegger, [2]1978, S. 439-473).

[11] Die Zahl der auf Heideggers Kant-Interpretation gerichteten Monographien und Aufsätze nimmt immer weiter zu. Eine nützliche Schilderung dieses Forschungsbereichs (bis 1982) zusammen mit einer Auswahlbibliographie findet sich in Seebohm/Kockelmans, 1984, S. viii und 203-214. Da Heidegger sein Denken ab etwa 1935 nicht mehr als Phänomenologie kennzeichnet, wird solche Forschung hier nicht direkt in Betracht gezogen.

[12] Eine wichtige Ausnahme in dieser Hinsicht ist Paul Ricoeur, der die kritische Philosophie als eine unabgehobene, unausdrückliche Phänomenologie versteht, indem die kopernikanische Revolution Kants „n'est pas autre chose que l'ἐποχή phénoménologique" (Ricoeur, 1954/55, S. 48). Da aber Kant seine Revolution mit dem Versuch, nicht nur die Gültigkeit, sondern auch die Grenzen der Erkenntnis zu erklären, verbindet, habe die kritische Philosophie eine „ontologische Dimension", die bedauerlicherweise sowohl der Husserlschen Phänomenologie als auch dem Neukantianismus fehle. So lautet das Schlußwort Ricoeurs: „Husserl *fait* la phénoménologie. Mais Kant la *limite* et la *fonde*" (Ricoeur, 1954/55, S. 67).

[13] Merleau-Ponty, 1945, S. xii-xiii, 151f, 255.

tion der reinen und ursprünglichen Apperzeption als „eine Weiterbildung und Abwandlung der Leibnizischen Position" deutet.[14] Gurwitsch hielt mehrere Versionen eines Vortrages über den Bewußtseinsbegriff bei Kant und Husserl an verschiedenen Orten in den Vereinigten Staaten und Europa, bevor er die später veröffentlichte Version *La conception de la conscience chez Kant et chez Husserl* vor der Société Française de Philosophie am 25. April 1959 vortrug.[15] Für Gurwitsch stehen die Bemühungen Kants wie Husserls um die Analyse des Bewußtseins „im Dienste der gleichen Endabsicht": Verständnis der Objektivität als geistige Leistung.[16] In diesem Zusammenhang weist er kurz auf Gemeinsamkeiten in Kants und Husserls Auffassungen von Wahrnehmung und Zeitbewußtsein hin.

Dennoch legt Gurwitsch wie Merleau-Ponty besonderen Wert darauf, die seiner Meinung nach erhebliche Überlegenheit der Analysen Husserls hervorzuheben. Was die Begriffe der Objektivität, der „reinen Sinnlichkeit" und der Synthesen der Apperzeption betrifft, sei Husserls Konzeption immer die differenziertere. Er beschränke sich nicht auf eine Art von Objektivität (vor allem die der mathematischen Naturwissenschaften). Er bestimme die reine Sinnlichkeit nicht nur im Hinblick auf Raum und Zeit, sondern auch im Hinblick auf Korrelationen zwischen Abschattungen der wahrgenommenen Dinge einerseits und Kinaesthesen und ähnlichem Fungieren des Leibes andererseits. Dabei gehe es außerdem in Husserls transzendentaler Ästhetik um vorprädikative Erfahrung und nicht um die der Mathematik zugrundeliegenden, idealisierten Begriffe von Raum und Zeit. Statt nur an der aktiven Synthese der Apperzeption – gegenüber dem bloßen Aggregat der Sinnesdaten – festzuhalten, halte Husserl es für erforderlich, passive Synthesen in Betracht zu ziehen. Die von den aktiven Synthesen vorausgesetzten ‚Substrate' gebe es nur dank solcher passiver Synthesen, die nicht von ungefähr, sondern immer im Hinblick auf das „Wahrgenommene als solches" bzw. das „Wahrnehmungsnoema" zustande kommen.

---

[14] Gurwitsch, 1990, S. 20.

[15] Gurwitsch, 1960; Gurwitsch, 1964; die deutsche Version ist als Beilage I in Gurwitsch, 1990, S. 135-156 abgedruckt. Zur Entstehungsgeschichte und Diskussion nach dem Vortrag in Paris vgl. Gurwitsch, 1990, S. v-viii, xiv-xv, 193-198.

[16] Gurwitsch, 1990, S. 135.

In Husserls Erschließung der Rolle des Noemas sieht Gurwitsch das, was das phänomenologische Verständnis von Intentionalität vom Kantischen Begriff des Bewußtseins unterscheidet und dabei die Unzulänglichkeit des letzteren bloßlegt. Das Noema ist der irreale Sinn, der in jedem Bewußtseinsakt (nicht allein dem der passiven Synthese) und nur in Bewußtseinsakten vorkommt. Das Noema ist irreal, gerade weil es in einer Vielheit von Bewußtseinsakten identisch bleibt. Bei Kant dagegen ist die synthetische Tätigkeit des Bewußtseins auf die wechselnde Mannigfaltigkeit der niemals identischen Sinnesdaten angewiesen:

„Die identische Funktionsweise der reinen transzendentalen Apperzeption kommt auf für identische Organisationsformen [z. B. Kausalität] der zeitlichen Verhältnisse zwischen sinnlichen Materialien, aber nicht für die Identifikation der Materialien selbst, die jeweils in die fragliche Organisationsform eingehen."[17]

Demzufolge schließt Gurwitsch, daß Kants Theorie, weil sie die von Husserl ausgearbeitete Lehre der Intentionalität verfehlt, vor solchen Problemen des Bewußtseins der Identität des wahrgenommenen Gegenstandes „versagt".

Während die Stellungnahmen Merleau-Pontys und Gurwitschs zur Transzendentalphilosophie Kants für die Phänomenologie in der Nachkriegszeit gewissermaßen kennzeichnend sind, betrachten gegenwärtige Phänomenologen die kritische Philosophie in einem etwas positiveren Licht.[18] Das harte Urteil Gurwitschs wird sogar zum Teil widerlegt. Im Folgenden beschränke ich meine Betrachtungen auf drei lebendige phänomenologische Forschungsrichtungen, die entscheidende Impulse oft aus erneuten Überlegungen zur kritischen Philosophie Kants erhalten. Obwohl diese drei Richtungen sich in mehreren Hinsichten überschneiden, ist es keineswegs klar, daß sie sich letztendlich verbinden lassen. Das mag heißen, daß die gegenwärtige Phänomenologie vor einer Entscheidung steht, wobei die kritische Aufnahme der Philosophie Kants eine Schlüsselstellung einnimmt.

---

[17] Gurwitsch, 1990, S. 155; Gurwitsch fügt hinzu, daß man keine Lösung in der ersten und dritten Analogie der Erfahrung findet; vgl. ebd., S. 155 Anm. 41.

[18] Eine kurze Zusammenfassung der „Kant-and-phenomenology debate" im zwanzigsten Jahrhundert findet man in Seebohm/Kockelmans, 1984, S. vi-ix.

Bevor man aber wagt, sich auf solche Überlegungen einzulassen, ist es nötig, die Bedeutung der kritischen Philosophie in den gegenwärtigen Richtungen der Phänomenologie ins Auge zu fassen. Die drei Richtungen decken sich jeweils – wenn jede mit einem großen Pinselstrich angedeutet werden darf – hinsichtlich ihrer Deutungen der Sinnlichkeit, des transzendentalen Selbstbewußtseins und der Selbstaffektion in der kritischen Philosophie.[19]

1. Die sinnliche Subjektivität diesseits der Synthese: „L'enseignement kantien"

Unter den neueren phänomenologischen Auseinandersetzungen mit der kritischen Philosophie zeichnet sich die von Jocelyn Benoist aus.[20] Dies deswegen, weil sie anstrebt, „un monde phénoménologique nouveau, et une nouvelle époque de la pensée" anzukündigen, und zwar durch eine Kant-Deutung, die in mehreren Hinsichten den Stempel derjenigen Tradition der ergiebigen Auseinandersetzungen mit Husserl und Heidegger trägt, die sich von Merleau-Ponty und Levinas zu Courtine, Henry und Marion erstreckt.[21] Benoists „retour à Kant" geht von Bedenken hinsichtlich des „caractère profondément métaphysique de la phénoménologie heideggerienne" aus.[22] Dabei denkt er (wie Levinas) an die Seinsfrage, insofern sie die Daseinsanalyse Heideggers nicht nur hervorruft, sondern auch begrenzt und angeblich verzerrt. Die Tatsache, daß Heidegger die Daseinsanalyse der Seinsfrage unterordnet, erkläre nicht nur seine Vernachlässigung phänomenologisch wesentlicher Eigenschaften der Subjektivität (z. B. „le corps propre", Kinaesthesen, Leben), sondern auch seine „Nivellierung" früherer philosophischer Auffassungen von Subjektivität – nicht zuletzt der Konzeption eines transzendentalen Subjekts, die Kant mit einem Zweifel an der Möglichkeit eines metaphysischen Zugangs zum Sein sowie zum Ich eng ver-

---

[19] In inhaltlicher Verbindung mit dem Thema ‚Phänomenologie' stehen auch die Beiträge von D. H. Heidemann, K. Ameriks und G. Schönrich in diesem Band.
[20] Benoist, 1996; Benoist, 1998.
[21] Benoist, 1996, S. 233; Levinas, 1947; Levinas, 1961; Courtine, 1990; Henry 1963; Marion, 1989.
[22] Benoist, 1996, S. 8.

knüpft.[23] Wenn Benoist aber auf Kants Bestimmung der transzendentalen Subjektivität zurückgreift, wird er nicht nur von den erwähnten
Bedenken zur Daseinsanalyse Heideggers, sondern auch von der problematischen Stellung einer Subjektivität, die sich in einer begrifflich-syn-
thetischen Ermöglichung der Gegenständlichkeit sozusagen „ausgibt",
motiviert.[24] Also stellt Benoist die Frage: „C'est-à-dire, dans cette critique qui assignait ses limites à l'ontologie, y avait-il une place pour la
pensée du sujet – ou d'une instance alternative au *Dasein?*"[25]

Die Antwort auf diese Frage liegt für Benoist vor allem in derjenigen
Konzeption der Sinnlichkeit („Le sujet sensible") in der *Transzendentalen Ästhetik*, die sich in der *Transzendentalen Logik* – sowohl der *Analytik* als auch der *Dialektik* – nicht „auflösen" (*résorber*) läßt.[26] Die in der
Dialektik bloßgelegte transzendentale Illusion der Subjektivität (Kant:
„die rationale Seelenlehre") geht vom Verstehen der Bedingungen der
Objektivierung bzw. der in der Analytik erklärten transzendentalen
Synthese aus. Nach einer Darstellung dieser transzendentalen Synthese
(vor allem im Verhältnis zur transzendentalen Apperzeption[27]) fragt
Benoist nach der Absolutheit dessen, was durch diese Synthese strukturiert wird.[28] Die Grenzen der Synthese („les limites de la synthèse")
und damit die Identität der Subjektivität selbst ergeben sich, so meint
Benoist, aus Kants Verständnis von Affektion.

Die Affektion „im" inneren Sinn gehe aller Bestimmung voraus; d.
h., sie sei die Bedingung, wenn nicht sogar die Grundlage der Gege-

---

[23] Benoist, 1996, S. 119: „Qui est allé plus loin que Kant, avant et préparant Heidegger, dans le sens de la destruction de la notion de sujet [...]?" Vgl. Marion,
1989, S. 119-161.

[24] Benoist argumentiert „avec et contre" die Kant-Deutungen sowohl Heideggers als
auch Cohens; vgl. Benoist, 1996, S. 10, 15, 22, 57-59, 235-40;

[25] Benoist, 1996, S. 11; ebd., S. 93: „Le sujet transcendental, c'est la thèse du sujet
contre le sujet, au sens d'un sujet sans sujet donné." Vgl. Henry, 1963, S. 46f.

[26] Benoist, 1996, S. 15. Damit wiederholt Benoist den Vorwurf Heideggers gegen
die Interpretation Cohens.

[27] Benoist, 1996, S. 142-158: „L'apperception transcendantale: la synthèse et
l'identité."

[28] Benoist, 1996, S. 162: „Cette structure que nous avons isolée dans la première
partie [sc. des Buches] sous le nom de synthèse est-elle absolue?" Ebd., S. 162: „Ce
que nous avons isolé à la fin de la première partie, c'est une identité qui ne serait
d'aucun objet, non point identité de quelque synthétisé, mais identité de la synthèse elle-même. Comment la concevoir?"

benheit des Gegenstandes und damit auch die der denkenden Erfassung des Gegenstandes.[29] Statt Affektion von vornherein im Verhältnis zu Gegenständen (vgl. *KrV*, A 19/B 34) und damit „ontologisch" aufzufassen, unternimmt es Benoist, die Rezeptivität als solche diesseits der Aktivität des Denkens zu bestimmen. Die Affektion sei einerseits „sans moi" im Sinne des denkenden bzw. vergegenständlichenden Subjekts. Andererseits sei sie immer zugleich eine Auto-affektion in dem Sinne, daß sie einem sinnlichen bzw. affizierten Subjekt angehört oder besser – diesseits des denkenden Subjekts – das Ich ursprünglich konstituiere.[30] Also legt Benoist großen Wert auf „le double sens de l'affection": „Nous sommes affectés ‚par' des objets et cette affection nous fait apparaître à nous-mêmes comme étant affectés."[31] Diese „thèse fondamentale" ist nötig, fügt er hinzu, wenn man die Subjektivität „après et hors la métaphysique de la subjectivité" untersuchen will (eine Betrachtung, die nochmals an Levinas und Henry erinnert). In der Affektion durch Gegenstände (Heteroaffektion) ereigne sich zugleich die Autoaffektion bzw. die Affektion der Affektion „au sens de l'experience de moi-même dans la passivité primordiale qui me fait ‚affecté."[32]

Die Rede von „Autoaffektion" kann hier freilich irreführend sein. Sie läßt sich kaum mit der von Kant explizierten Selbstaffektion gleichsetzen.[33] Ebenso muß das durch die Autoaffektion konstituierte sinnliche Subjekt vom reinen sowie vom empirischen Ich in der

---

[29] Benoist, 1996, S. 267: „L'affection est la condition même sous laquelle l'objet peut être entendu en tant que ce qui fait «effet» sur nous. C'est-à-dire aussi bien qu'en elle est fondé (ou en tout cas conditionné) le sens de l'«objet» et du «nous»." Vgl. ebd., S. 254f, 266. In dieser Konzeption von Affektion liegt eine Verwandtschaft mit der genetischen Phänomenologie Husserls. Während aber Husserls Analyse der passiven Synthesen immer innerhalb eines klaren methodologischen Rahmens stattfindet, halten sich methodologische Reflexionen in Benoists Werk im Hintergrund.

[30] Benoist, 1996, S. 275: „Le moi, à partir du moment où l'affection n'est que comme affection de mon moi, *est précisément ce que j'éprouve dans l'affection, en tant que je ne considère plus l'object, mais l'affection elle-même.*"

[31] Benoist, 1996, S. 276. Vgl. Henry, 1963, S. 329: „La conscience du monde est tousjours aussi une conscience sans monde."

[32] Benoist, 1996, S. 276.

[33] *KrV*, A 33/B 49, B 67f, B 152-156; vgl. dagegen Benoist, 1996, S. 277, wo Benoist meint, daß „l'auto-affection" die durch die Spontaneität des Verstandes geleistete Selbstaffektion ermöglicht.

Lehre Kants unterschieden werden. Zwar bestreitet Benoist keineswegs, daß die Affektion als solche sich erst im Hinblick auf die durch begriffliche Synthesen des Verstandes entstehende Vorstellung eines Gegenstandes erkennen läßt. Dennoch besteht er darauf, daß „un *reste phénoménologique*" sich damit nichtsdestoweniger zeigt: der Teil der Vorstellung eines Gegenstandes, der sich in dem Gegenstand nicht auflösen läßt.[34] Dieser Teil sei „le sujet sensible", d. h. die Sinnlichkeit, insofern sie die Subjektivität angeblich erst konstituiert. In diesem Zusammenhang aber dürfe nicht außer Acht gelassen werden, daß das sinnliche Subjekt in der Affektion zugleich immer etwas anderes als sich selbst (im Sinne der Identität eines *ipse*) findet. „C'est par et dans la sensibilité que, de ne pas être entièrement «à moi», il y a (aussi) du mien en tant que le moi se met à avoir un «contenu»."[35] Daraus zieht Benoist Folgen für die Deutung der Subjektivität bei Kant und damit für die Zukunft der Phänomenologie. Das Hauptproblem jener Deutung liege nicht, wie viele Kommentatoren meinen, in der Erklärung, wie das Subjekt zu versinnlichen sei, sondern in der Erläuterung, auf welche Weise das Sinnliche selbst das Subjekt sei.[36] Durch die Entdeckung des Subjekts „in und durch die Sinnlichkeit" eröffne sich eine „neue phänomenologische Welt". Gerade darin liege „L'enseignement kantien": das Subjekt sei genau da, wo Kant die Grenzen der Synthese ziehe.[37]

Meines Erachtens leistet Benoist einen wichtigen Beitrag, indem er wieder an die unausweichliche und ausschlaggebende Rolle der Affektion „vor" der Synthese sowie „vor" der Gegebenheit in der Bestimmung der Subjektivität erinnert. In gewisser Hinsicht läßt sich übrigens eine solche Rede vom sinnlichen Subjekt mit der Stellungnahme Kants zur Sinnlichkeit der menschlichen Subjektivität in Einklang bringen.[38] Es kommt aber nicht von ungefähr, daß Kant selbst von einem solchen Subjekt nicht redet. Seine theoretische Philosophie richtet sich

---

[34] Benoist, 1996, S. 281: „*Le sujet est ce reste*: le reste de la représentation en tant que rapport à l'objet qui ne peut entièrement se résoudre dans l'objet."
[35] Benoist, 1996, S. 282.
[36] Benoist, 1996, S. 283.
[37] Benoist, 1996, S. 16.
[38] Es mag sein, daß die von Benoist ausgearbeitete Konzeption einer durch Autoaffektion konstituierten sinnlichen Subjektivität diesseits der Synthese und der Vorgegebenheit zur Erklärung des Verhältnisses des reinen zum empirischen Ich in der Transzendentalphilosophie Kants beiträgt.

zielsicher auf die Bestimmung der Erkenntnismöglichkeiten, die sich
nur begrifflich und synthetisch erklären lassen (*KrV*, A 713f/B 741f).
D. h. (für Kant) nur dank Begriffen und den sich nach Begriffen rich-
tenden Synthesen sind wir uns des Gegenstandes sowie unserer selbst
bewußt, sei es im Sinne des reinen oder des empirischen Selbstbewußtseins. Auch wenn die nähere Bestimmung des sich denkenden Selbst
oder des Verhältnisses zwischen dem reinen und dem empirischen Ich
bei Kant etwas zu wünschen übrig läßt, hat sein philosophischer Ansatz
– wie der Husserls! – den Vorteil, die für die Erkenntnis erforderliche
Begrifflichkeit immer in Betracht zu ziehen. Man fragt sich, wie solche erkenntnistheoretische Normativität sich aufgrund eines sinnlichen
Subjekts diesseits der Synthesen aufrechterhalten kann.

2. Selbstbewußtsein und transzendentale Differenz: „a decisive and radical difference"

Unter den von Kant dargelegten Bedingungen der Möglichkeit der
Erfahrung steht die synthetische Einheit der transzendentalen Apperzeption an erster Stelle (*KrV*, B 134 Anm). Nichts wird erfahren bzw.
empirisch erkannt (*KrV*, B 165f), wenn das Subjekt der Erfahrung sich
dabei nicht als das Erfahrende wiedererkennen könnte. „Das: *Ich denke*,
muß alle meine Vorstellungen begleiten *können*" (*KrV*, B 131). Dennoch ist die Vorstellung dieses *Ich denke* „ein Actus der *Spontaneität*, d.
i. sie kann nicht als zur Sinnlichkeit gehörig angesehen werden" und
zwar deswegen nicht, weil dasjenige Selbstbewußtsein, das die Vorstellung *Ich denke* hervorbringt, „alle anderen muß begleiten können, und
in allem Bewußtsein ein und dasselbe ist, von keiner weiter begleitet
werden kann" (*KrV*, B 132; vgl. B 420). Demzufolge meint Kant, daß
die transzendentale Einheit des Bewußtseins sich denken bzw. apperzi-
pieren, aber nicht perzipieren läßt.[39] Der Zugang des transzendentalen

---

[39] D. h. nicht, daß es keine innere Selbstwahrnehmung bzw. kein unbestimmtes
„,Wahrnehmen' von tatsächlichen Vollzügen des Denkens durch das Ich" gibt;
es heißt nur, daß das Ich als Gegenstand der Wahrnehmung sich mit dem reinen
„Ich denke" nicht gleichsetzen läßt; vgl. *KrV*, B 426: „Der dialektische Schein in
der rationalen Psychologie beruht auf der Verwechslung einer Idee der Vernunft
(einer reinen Intelligenz) mit dem in allen Stücken unbestimmten Begriffe eines
denkenden Wesens überhaupt." Freilich weicht Kant vor und nach der Abfassung

Bewußtseins zu sich selbst ist grundsätzlich verschieden von dem Zugang des Bewußtseins zu Gegenständen.[40]

Die hierbei angedeutete Differenz ist sehr eigentümlich. Sie läßt sich weder mit einem Unterschied unter Individuen oder Kollektiven noch mit dem Unterschied zwischen Teilen und Ganzen gleichsetzen. Abgekürzt bezeichne ich diese entscheidende Differenz zwischen den prinzipiell nicht erscheinenden Bedingungen der Möglichkeit der Erfahrung und den von ihnen bedingten Erscheinungen als *transzendentale Differenz.*

In der Beibehaltung der transzendentalen Differenz liegt wohl die grundlegende Gemeinsamkeit von Kantianern und Phänomenologen zu jeder Zeit. Die Gemeinsamkeit entstammt nicht bloß der häufig vertretenen Meinung, daß das Vermögen zu erkennen den Menschen besonders auszeichnet. Dazu teilen die kritische Philosophie und die Phänomenologie die ausschlaggebende Einsicht: Das Erkennen läßt sich nur mittels der Erklärung, daß und wie das erkennende Subjekt die Bedingungen der Möglichkeit der Erfahrung miteinbezieht, verstehen.[41] Gerade weil solche Bedingungen sich auf einer Ebene der menschlichen Subjektivität im Rahmen der Möglichkeit der Selbstkenntnis konstituieren, heißt die Subjektivität in dieser Hinsicht ‚transzendental' und läßt sich auf die Bestimmungen der erfahrenen Gegenstände und Ereignisse nicht reduzieren.[42]

Diese Einsicht hat zur Folge, daß die transzendentale Stellungnahme die Abkehr von einer naturalistischen Erklärung fordert. Die

---

der *Kritik der reinen Vernunft* von dieser kritischen Stellungnahme ab; dazu vgl. Düsing, 2002, S. 157-160, 162.

[40]   *KrV,* A 546f/B 574f: „Allein der Mensch, der die ganze Natur sonst lediglich nur durch Sinne kennt, erkennt sich selbst auch durch bloße Apperzeption, und zwar in Handlungen und inneren Bestimmungen, die er gar nicht zum Eindrucke der Sinne zählen kann, und ist sich selbst freilich eines Teils Phänomen, anderen Teils aber, nämlich in Ansehung gewisser Vermögen, ein bloß intelligibler Gegenstand, weil die Handlung desselben gar nicht zur Rezeptivität der Sinnlichkeit gezählt werden kann."

[41]   *KrV,* A 92ff/B 124ff, A 128f, B 165ff; Husserl, 1974, S. 275, 239-244.

[42]   *KrV,* A 341ff/B 399ff; Husserl, 1980, S. 95ff; Husserl, 1954, S. 100f. Husserl selbst nennt die erwähnte Gemeinsamkeit mit der kritischen Philosophie bloß „äußerlich"; dies deswegen, weil der von ihm verwendete Begriff ‚transzendental' sich mit dem Kantischen Begriff nicht ohne weiteres gleichsetzen läßt; vgl. Husserl, 1956, S. 386; Fink, 1933, S. 376 und Kern, 1964, S. 239-245.

Spontaneität des Verstandes steht im schroffen Gegensatz zu der vom Verstand hergestellten „Natur überhaupt als Gesetzmäßigkeit der Erscheinungen in Raum und Zeit" (KrV, B 165). Dementsprechend sind die schematisierten Kategorien als Bedingungen der Möglichkeit der Objektivität der Erfahrung nicht anwendbar auf diejenige Subjektivität, die sich im wesentlichen Zusammenhang mit jener Ermöglichung der Objektivität konstituiert (KrV, B 422). In diesen Hinsichten nimmt die kritische Philosophie die phänomenologische epoché bzw. die Ausschaltung der natürlichen Einstellung und der darin angenommenen Allgemeingültigkeit der kausalen Verbindungen („de facto" aber nicht „in radikaler Selbstbesinnung") gewissermaßen vorweg.[43]

Die von Kant stammende Konzeption der transzendentalen Differenz birgt in sich aber eine besondere Herausforderung an die phänomenologische Methode. Die Herausforderung betrifft die Art der Bestimmung der transzendentalen Differenz. Wenn die kritische Philosophie und die Phänomenologie in der Aufrechterhaltung der transzendentalen Differenz zusammenlaufen, unterscheiden sie sich in der näheren Erklärung der transzendentalen Subjektivität und der damit verbundenen transzendentalen Bedingungen. Kant hält es für möglich, daß das Ich, ohne in eine unendliche Iteration oder einen Zirkel zu geraten, sich selbst denken kann.[44] Da Erkenntnis in stricto sensu der Anschauung bedarf, unterscheidet er solches selbstbezügliche Denken von Erkenntnis (KrV, B 158: „Das Bewußtsein seiner selbst ist also noch lange nicht ein Erkenntnis seiner selbst [...]."). Darüber hinaus behauptet Kant, daß wir die Einheit des Bewußtseins nur dadurch erkennen, „daß wir sie zur Möglichkeit der Erfahrung unentbehrlich brauchen" (KrV, B 420). In der Folge des „Prinzips aller Prinzipien" (Husserl, 1980, § 24) ist der Phänomenologe dagegen verpflichtet, alle Bestimmungen im Hinblick auf Anschauungen zu rechtfertigen (wobei Husserl freilich mit dem im Vergleich mit dem Kantischen viel weiteren Anschauungsbegriff, nach dem sowohl Sachverhalte als auch Wesen angeschaut werden können, arbeitet).

Dementsprechend fragt Michel Henry, ob das transzendentale Ego als „la condition de possibilité de toute manifestation" sich selbst

---

[43] Vgl. Husserl, 1956, S. 236f; vgl. dazu Kern,1964, S. 92ff.
[44] Vgl. KrV, B 155, 158f, 429; vgl. Düsing, 1997, S. 103-106.

manifestieren kann.[45] Die Fragestellung Henrys wird von Daniel Zahavi aufgenommen und erweitert, indem er neben der Frage der Selbst-Manifestation die Frage der reflexiven bzw. philosophischen Selbst-Erfassung („self-comprehension") stellt.[46] Die folgende Betrachtung Zahavis unterstreicht, wie ausschlaggebend die Erklärung und Aufrechterhaltung der transzendentalen Differenz für das Vorhaben der Phänomenologie ist:

> „Unless phenomenology can prove that there is in fact a decisive and radical difference between the phenomenality of constituted objects, on the one hand, and the phenomenality of constituting subjectivity, on the other, that is, a radical difference between object-manifestation and self-manifestation, its entire project is threatened."[47]

Also verstehen sowohl Henry als auch Zahavi die Aufgabe der Phänomenologie als Begründung der von Kant angekündigten Differenzierung der transzendentalen Subjektivität.

Es ist das Verdienst Zahavis, auf die Bestimmung dieser Differenz einzugehen, ohne das Rätsel der „Selbstkenntnis" („self-awareness") dabei aus dem Auge zu verlieren. In diesem Zusammenhang geht er von der folgenden Bemerkung Kants aus:

> „Ich bin mir meiner selbst bewußt, ist ein Gedanke, der schon ein zweifaches Ich enthält, das Ich als Subjekt, und das Ich als Objekt. Wie es möglich sei, daß ich, der ich denke, mir selber ein Gegenstand (der Anschauung) sein, und so mich von mir selbst unterscheiden könne, ist schlechterdings unmöglich zu erklären, obwohl es ein unbezweifeltes Faktum ist".[48]

Die Unerklärbarkeit des so aufgefaßten Selbstbewußtseins läßt sich aber leicht verständlich machen, meint Zahavi. Das Selbstbewußt-

---

[45]   Henry, 1963, S. 47: „Comment l'ego peut-il devenir un «phénomène»?" Ebd., S. 50: „La philosophie est alors dans l'embarras. La difficulté à laquelle elle se heurte peut s'exprimer formellement de la façon suivante: comment la condition de possibilité de toute manifestation peut-elle devenir elle-même quelque chose de manifeste."

[46]   Zahavi, 1999, S. 51, 181-194.

[47]   Zahavi, 1999, S. 51, S. xv.

[48]   *Fortschritte*, AA XX, 270; in der zweiten Auflage der *Kritik der reinen Vernunft* scheint Kant das Problem für schwierig, aber kaum für unerklärbar zu halten; vgl. B 155f; Zahavi, 1999, S. 16.

sein sei rätselhaft, solange Bewußtsein überhaupt als eine Reflexion mit einer Subjekt-Objekt-Struktur aufgefaßt werde. Daraus folgt die fragliche Annahme, daß jedes Selbstbewußtsein bzw. jede Selbstkenntnis ursprünglich aus einer Reflexion hervorgeht. Wäre Selbstbewußtsein das Ergebnis einer Reflexion, dann müßte ein Akt des Bewußtseins nicht bloß reflektiert bzw. vergegenständlicht werden, sondern zugleich als identisch mit dem ihn reflektierenden Akt aufgefaßt werden. Damit aber gerät die Reflexionstheorie in eine Reihe von bekannten, schwerwiegenden Problemen.[49] Inwieweit läßt sich überhaupt von einer Identität reden, wo vergegenständlichter Akt und vergegenständlichender Akt dem Reflexionsmodell zufolge unterschieden werden? Und wenn der Begriff einer anderen als numerischen Identität sich erläutern läßt, wie läßt sich die Identität der beiden Akte reflektieren, ohne dabei noch eine neue Reflexion zu fordern und damit eine unendliche Iteration der Reflexionen in Gang zu setzen? Oder: Wie bzw. mittels welcher Kriterien entdeckt das reflektierende Bewußtsein seine Identität mit dem reflektierten Bewußtsein, ohne sie schon vorauszusetzen, mit der Folge, daß die Reflexion selbst nichts erklärt?[50]

Zahavis Bedenken gegen das Reflexionsmodell des Selbstbewußtseins stammen hauptsächlich von der sogenannten Heidelberger Schule, deren Kritik der Reflexionstheorie des Selbstbewußtseins den von den Neukantianern (Natorp, Rickert) und Sartre erhobenen Einsprüchen stark ähnelt. Nichtsdestoweniger nimmt Zahavi Anstoß an den Folgen, die die Vertreter der Heidelberger Schule zunächst aus der Kritik ziehen.[51]

---

[49] Einen glänzenden historischen Überblick über verschiedene Versionen dieses Arguments (die Husserlschen eingeschlossen) gibt Düsing, 1997, S. 97-120.

[50] Zahavi, 1999, S. 16-19; vgl. auch S. 225 Fn. 11-12, 14, in denen Zahavi auf ähnliche Interpretationen des Arguments von Cramer, Shoemaker, Henrich, Frank, Schmitz und Pothast hinweist.

[51] Henrich und Frank geben zwar die problematischen Aspekte der von ihnen gezogenen Schlußfolgerungen nach und nach zu; dennoch besteht Zahavi auf dem Mangel an einer zufriedenstellenden Lösung der Problematik des Selbstbewußtseins in ihren Betrachtungen. Zu einer anderen Auseinandersetzung mit der Heidelberger Schule vgl. Düsing, 1997, S. 116-120 und 187-201. Da Düsing mit sorgfältigem Blick auf die Subjektivitätstheorie sowohl Kants als auch Husserls – neben vielen anderen – eine genetische Explikation der Selbstbewußtseinsmodelle in ihrem inneren Zusammenhang ausarbeitet, lohnt es sich, seine kritischen Bemerkungen zu den Argumenten von Henrich et al. der phänomenologischen Kritik Zahavis gegenüberzustellen.

Aus der Kritik schließen sie, daß eine undifferenzierte, anonyme und nicht weiter analysierbare Selbstkenntnis angenommen werden muß. Gehe man aber von dieser Annahme einer präreflexiven Selbstkenntnis aus, dann lasse sich – unter anderem – nicht erklären, wie das ursprüngliche Bewußtsein sich selbst kennt, wie es zum reflektierten oder reflektierenden Bewußtsein werden kann, wie es sich auf etwas anderes als sich selbst beziehen kann, wie es zum Ich-Bewußtsein wird, wie das so bewußte Subjekt sich an vergangene Erlebnisse als *seine* Erlebnisse erinnern kann, und nicht zuletzt, wie es sich überhaupt untersuchen bzw. erfassen läßt.[52] Zahavi ist nicht der Meinung, daß Husserls späteren Analysen der transzendentalen Subjektivität alle diese Probleme des Selbstbewußtseins lösen.[53] Doch besteht er darauf, daß die Ansätze Husserls vielversprechender seien als bis jetzt erkannt wurde.

Bevor Zahavi auf die Einzelheiten des Beitrags der Phänomenologie Husserls zur Lösung der erwähnten Probleme eingeht, belegt er zuerst (nochmals im Gegensatz zur Heidelberger Schule), daß Husserls Konzeption der Subjektivität keineswegs in jeder Hinsicht dem Reflexionsmodell des Selbstbewußtseins verhaftet ist. Schon in den *Logischen Untersuchungen* meint Husserl, daß es vor irgendeiner Reflexion den Unterschied zwischen dem Wahrnehmen eines intentionalen Gegenstandes und dem Erleben des intentionalen Aktes (des Wahrnehmens selbst) gibt. Also ist Husserl sich der Probleme des Reflexionsmodells durchaus bewußt und daher richtet er seine späten (zu Lebzeiten freilich zumeist unveröffentlichten) Untersuchungen immer intensiver auf die Frage der Bestimmung des präreflexiven Erlebnisses selbst. Damit trägt er wesentlich zur Erklärung der Selbstkenntnis bei, indem er das Erlebnis als das zeitlich differenzierte und doch damit ebenso sich vereinigende Selbst-Manifestieren des Bewußtseins in der sinnlichen Affektion erläutert. In Husserls Untersuchungen des inneren Zeitbewußtseins bzw. der Zeitlichkeit der Selbstkenntnis findet Zahavi den Ansatz zur Klärung

---

[52] Zahavi, 1999, S. 35-42. Zahavi interessiert sich auch für die Probleme des Unbewußten sowie des intersubjektiven und leiblichen Bewußtseins.

[53] In der ersten Auflage der *Logischen Untersuchungen* bestreitet Husserl die Lehre Natorps vom Ich als „notwendiges Beziehungszentrum" mit der Erklärung: „Was ich allein [...] wahrzunehmen imstande bin, ist das empirische Ich [...]." (Husserl, 1984, S. 374). Später besteht Husserl auf der „Beziehung der Erlebnisse auf das reine Ich"; vgl. Husserl, 1980, § 80, S. 159-161; Husserl, 1974, § 103, S. 279.

des ursprünglichen Selbstbewußtseins und damit sowohl der reflektierten Bewußtseinsakte als auch der Wahrnehmung der sie transzendierenden Gegenstände.[54] Auf der Ebene des Zeitbewußtseins ist das Ich rein passiv; weder initiiert noch dirigiert es das zeitlich sich differenzierende Erlebnis des Affiziertseins und doch ist es dabei keineswegs abwesend. Das Erlebnis gehört mir, es ist nicht anonym (oder zumindest nur in einem beschränkten Sinne anonym). Dennoch kommt das Bewußtsein solcher Zugehörigkeit bzw. das Ich-Bewußtsein nur dank der Reflexion zustande.[55] Daraus aber, daß das vor der Reflexion dem Ich zugehörende Erlebnis nur durch die Reflexion verstanden wird, läßt sich nicht schließen, daß der Unterschied zwischen der präreflexiven Selbstkenntnis und dem reflexiven Selbstbewußtsein überwunden bzw. verwischt wird.[56]

Ganz im Gegenteil. In den phänomenologischen Überlegungen Zahavis, der sich darin eng an Husserl hält, wird der erwähnte Unterschied zur transzendentalen Differenz, die den gesuchten Weg zur Lösung der oben erhobenen Fragen der Subjektivität angeblich anbietet. Im Rahmen dieser Studie muß eine nähere Betrachtung seiner Beschreibung dieses Weges in den Hintergrund rücken. Wenn Zahavi sie im einzelnen ausführt, knüpft er übrigens selten an die kritische Philosophie an. Im Verlauf seiner Studie aber lassen sich sowohl das Zusammentreffen mit als auch die Abweichung von der von Kant bestimmten transzendentalen Differenz eindeutig festmachen. Auf keiner Ebene der Subjektivitätsanalyse (z. B. präreflexiv oder reflexiv) erhebt Zahavi Anspruch auf eine rein intellektuelle Anschauung. Damit folgt er der von Kant und Husserl geteilten Einsicht in die sinnliche und damit endliche Grundlage des menschlichen Erkenntnisvermögens überhaupt. Dazu weist Zahavi auf die unverkennbare Ähnlichkeit zwischen

---

54 Zahavi, 1999, S. 81: „Through inner time-consciousness one is aware both of the stream of consciousness (prereflective self-awareness), of the acts as demarcated temporal objects in subjective time (reflective self-awareness), and of the transcendent objects in objective time (intentional consciousness)." Vgl. ebd., S. 71ff, 77-79. Vgl. Düsing, 1997, S. 113f.

55 Zahavi, 1999, S. 77: „Our original prereflective awareness of the stream of consciousness is an experience of a unity, and it is only reflectively that we discriminate the different moments of the stream." Ebd., S. 79: „Ultimately, reflection presupposes the constitution of the temporal horizon." Vgl. ebd., S. 152f, 198.

56 Zahavi, 1999, S. 190: „There will always remain a difference between the lived and the understood." Vgl. auch ebd., S. 186-190.

Kants „Widerlegung des Idealismus" und Husserls Verständnis der notwendigen Abhängigkeit der präreflexiven, sich zeitigenden Selbstkenntnis von einem gegebenen Inhalt („the intrinsic relation between subjectivity and alterity") hin.[57]

Eine weitere auffallende Ähnlichkeit findet sich in den Hinweisen auf die Gestaltung der Übergangsphasen der Subjektivität.[58] So wie das „Ich denke" jeder klaren bzw. bewußten Vorstellung durch Reflexion notwendigerweise hinzugefügt werden kann, so ist das reflexive Selbstbewußtsein bei jeder präreflexiven Selbstkenntnis notwendigerweise möglich.[59] Die Feststellung, daß das „Ich denke" jede Erfahrung nicht explizit begleitet, dennoch aber begleiten können muß, weist auf die transzendentale Differenz, die der theoretischen Philosophie Kants überhaupt (der Antwort Kants auf die Frage: Was kann ich wissen?) zugrundeliegt, hin. Daß es klare Vorstellungen nicht ohne das „Ich denke", aber auch nicht ohne die Möglichkeit des „Ich denke" geben kann, entspricht dem von Zahavi betonten Unterschied zwischen dem Erlebnis der Selbstkenntnis und der in das Selbstbewußtsein gelangenden Reflexion auf das Erlebnis, also demjenigen Unterschied, der zur transzendentalen Differenz und damit zur Möglichkeit der phänomenologischen Philosophie führt.[60]

Doch bei allen Parallelen bleibt es außerhalb des erkenntnistheoretischen Rahmens der kritischen Philosophie, die ursprüngliche Einheit des Selbstbewußtseins und damit die transzendentale Differenz auf eine Analyse der Konstitution der Sinnlichkeit zu gründen. Auch wenn es naheliegt, Kants Lehre von der reinen und inneren Sinnlichkeit der Zeit mit Husserls Konzeption des inneren Zeitbewußtseins zu verbinden, läßt sich das von Kant erfaßte transzendentale Selbstbewußtsein nur dann als zeitlich Konstituiertes fassen, wenn man – wie Heidegger – sich anmaßt, die Lehre Kants besser zu verstehen als Kant sie selbst verstanden hat. In der Bestimmung der transzendentalen Differenz also – wenn man die hervorragenden Untersuchungen Zahavis als Beispiel nimmt – gehen die kritische Philosophie und die Phänomenologie völlig auseinander. Daß dieses Urteil aber nicht ohne weiteres für jede

---

[57] Zahavi, 1999, S. 121-126.
[58] Vgl. Düsing, 1997, S. 29f.
[59] Zahavi, 1999, S. 55-59.
[60] Zahavi, 1999, S. 198f.

phänomenologische Forschungsrichtung gilt, zeigt das Werk des letzten Autors, der hier zu betrachten ist.

3. Selbstaffektion und ursprünglich synthetische Einheit der vorkategorialen Erfahrung

Da Kant alle Vorstellungssynthesen dem Verstand zuschreibt, mag es scheinen, daß sich sein Ziel und das der Phänomenologie weit voneinander entfernen. Kant will zeigen, daß die Gegenständlichkeit der Gegenstände auf spontane, rein begriffliche Verstandeshandlungen angewiesen ist. Dagegen zielt der Phänomenologe – unter anderem – auf die Klärung der vor allem Eingreifen des Verstandes anschaulichen, aber wesentlichen Vorgegebenheit der Erfahrung ab. Geht der Phänomenologe von diesem Vorhaben aus, dann könnte er meinen, daß er – zumindest in dieser Hinsicht – wenig von Kant zu lernen hat.

Dann aber hätte er sich, wie die aufschlußreichen Untersuchungen Dieter Lohmars zeigen, sehr getäuscht. Im Rahmen der transzendentalen Überlegungen Kants findet Lohmar mehrere wegweisende Bestimmungen der sogenannten „vorprädikativen Erfahrung", die sogar zum Teil eine Lücke in der phänomenologischen (Husserlschen) Theorie der Wahrnehmung füllt. Er belegt, daß Kant sich nicht weniger als Husserl „mit der spezifischen Vorform der Erkenntnis, die weder nur Wahrnehmung noch bereits Erkenntnis im vollen Sinne ist", beschäftigt.[61] D. h., Kant konzipiere die intentionale, aber vorprädikative Auffassung von gegebenen sinnlichen Inhalten so, daß ihr eine „transzendentale Funktion" zukommen müßte.[62] Damit stellt Lohmar einige der oben erwähnten Vorwürfe Gurwitschs gegen die kritische Philosophie in Abrede. Vor allem bezeugen die Untersuchungen Lohmars, wie fruchtbar zur Klärung sowie zur Rechtfertigung des phänomenologischen Anspruches auf eine vorbegriffliche Dimension der Erfahrung die Auseinandersetzung mit der kritischen Philosophie sein kann.

Lohmars Deutung geht zunächst vom ersten Satz der Schematismuslehre (*KrV*, A 137/B 176) aus. Dort knüpft Kant die Subsumtion eines Gegenstandes unter einen Begriff an die Bedingung der „Gleichartig-

---

[61] Lohmar, 1998, S. 3.
[62] Lohmar, 1998, S. 5, 117.

keit" des angeschauten Gegenstandes und des Begriffes. Die Anschauung vermittelt zwischen Gegenstand und Begriff. Wenn ein Begriff die
vorliegende Anschauung ‚begreift', wird „letztere dann auf den Gegenstand unmittelbar bezogen" (*KrV*, A 68/B 93). Damit findet eine „Subsumtion" des Gegenstandes – und nicht nur die „Subordination" eines
Unterbegriffs – unter einen Begriff statt. Das ist allerdings nur möglich,
wenn es Merkmale in der Anschauung gibt, die sich mit denjenigen in
dem Begriff enthaltenen Merkmalen vergleichen lassen.

Wenn aber diese Merkmale in der Anschauung schon begriffsmä-
ßig sind, dann geht die Grenze zwischen Anschauung und Begriff verloren. „Es muß in der Sinnlichkeit nicht-hergestellte ‚Hinweise' darauf
geben, welche Begriffe rechtmäßig angewandt werden dürfen und welche nicht."[63] Die traditionelle Korrespondenztheorie der Wahrheit spiegelt diese Schwierigkeit wider:

> „Wenn die Korrespondenz auf einer Vergleichbarkeit und Prüfung der
> Übereinstimmung von begrifflichen Merkmalen beruht, so ist es unver-
> ständlich, wie sich diese bereits als begriffliche in der Anschauung des
> Gegenstandes finden können."[64]

Die Korrespondenztheorie, wie die erwähnte Theorie der Subsumtion, scheint in ein *circulum vitiosum* zu geraten. Um diesem Teufels-
kreis zu entkommen und die Korrespondenztheorie nicht aufzugeben,
sieht Kant sich vor die Aufgabe gestellt, „der Aktivität des Subjekts im
Modell der Übereinstimmung einen Platz zu[zu]weisen, ohne daß das
empfindliche Gleichgewicht zwischen Vorgegebenheit und spontaner
Produktion gestört wird."[65]

Die in Frage kommende Aktivität ist die Schematisierung bzw. das
„allgemeine Verfahren der Einbildungskraft, einem Begriff sein Bild
zu verschaffen" (*KrV*, A 140/B 179f). Die transzendentalen Schemata
sind transzendentale Zeitbestimmungen, die zwischen Kategorien und
anschaulichen Vorstellungen dadurch vermitteln, daß sie die sinnlichen
Anwendungsbedingungen der Kategorien darstellen. D. h. aber, daß die
anschaulichen Vorstellungen bzw. die Erscheinungen selbst diese Bedingungen erfüllen müssen, damit die Kategorien angewandt werden kön-

---

[63] Lohmar, 1998, S. 44.
[64] Lohmar, 1998, S. 45f.
[65] Lohmar, 1998, S. 56.

nen. Die Frage bleibt aber: Wie kommt es zustande, daß die Erscheinungen die Anwendungsbedingungen der Begriffe erfüllen, „wenn die sinnliche Anschauung allein sie nicht bietet oder bieten kann" und wenn die Erscheinungen sich zugleich von jenen Anwendungsbedingungen unterscheiden lassen müssen?[66]

Im Hinblick auf dieses Problem ist Kant zur Annahme und Erklärung einer vor-kategorialen Regelhaftigkeit der Erscheinungen gezwungen. Lohmar zeigt, daß Kant in mehreren Hinsichten auf diese vorkategoriale Dimension hindeutet.[67] In der ersten Auflage der *Kritik der reinen Vernunft* schreibt Kant dem Verstand die Aufgabe zu, Regelhaftigkeiten der Erscheinungen „aufzufinden"; der Verstand ist zwar selbst „die Gesetzgebung der Natur" und doch ist er auch „ein Vermögen, durch Vergleichungen der Erscheinungen, sich Regeln zu machen" (*KrV*, A 126). Da solche Regeln „durch Induktion" festgestellt werden, verfehlen sie die Notwendigkeit und Allgemeingültigkeit der Kategorien. Auf ähnliche Weise redet Kant von einer „empirischen Regel der Assoziation" bzw. von Regelmäßigkeiten der gewöhnlichen Folge der Erscheinungen (*KrV*, A 112). Lohmar verbindet diese Hinweise auf eine vorkategoriale Regelhaftigkeit der Erfahrung mit der umstrittenen Rede von Wahrnehmungsurteilen in den *Prolegomena*. Kant schreibt, „daß in der Wahrnehmung eine Regel des Verhältnisses [sc. die „beständige" Folge der Erscheinungen] angetroffen wird" (AA IV, 312).[68] Nur durch die Anwendung der Kategorien aber wird eine solche Regel – eine subjektive bzw. empirische Regel – zum „Gesetz". Also unterscheidet Kant

---

[66]　Lohmar, 1998, S. 74f.

[67]　Da wir uns auf Lohmars Deutung der Wahrnehmungsurteile beschränken, überspringen wir seine Darstellung der ebenso von Kant bearbeiteten vorkategorialen Themen: Schein, Anschein, vorläufiges und vor-laufendes Urteil, dunkle Vorstellungen; vgl. Lohmar, 1998, S. 105-117.

[68]　Lohmar bestreitet Interpretationen der Wahrnehmungsurteile als vorläufige, hypothetische, glaubende, meinende oder problematische Urteile auf der Basis, daß solche Urteile einen objektiven Anspruch haben (vgl. Lohmar, 1998, S. 82-85). Die subjektiv ausgerichtete Interpretation liegt dem phänomenologischen Vorschlag Lohmars näher, indem sie Stufen der Konstitution differenziert. In Wahrnehmungsurteilen kommen also Qualitäts- und Quantitätskategorien, aber keine Relationskategorien vor, die allein „die wesentlichen Sinnelemente der gegenständlichen Objektivität" (Allgemeingültigkeit und Notwendigkeit) enthalten. Diese Interpretation laufe zwar auf Kants Lehre hinaus, doch weise sie „auf die Notwendigkeit weitergehender Reformen hin" (ebd., S. 87).

Erfahrungsurteile, die objektiv gültig sind und reiner Verstandesbegriffe bedürfen, von Wahrnehmungsurteilen, die „nur subjektiv gültig" sind und zwar, weil sie „bloß Verknüpfung der Wahrnehmungen in meinem Gemüthszustande ohne Beziehung auf den Gegenstand" ausdrücken (AA IV, 298, 300). Nach Lohmar drücken also Wahrnehmungsurteile (z. B. „das Zimmer ist warm"; „wenn die Sonne auf den Stein scheint, wird er warm") „Assoziationsverbindungen" aus, die aber vorkategoriale Vergleichungen der Wahrnehmungen miteinbeziehen.[69] Die Rede von einer Vergleichung der Wahrnehmungen in den *Prolegomena* ist nichts anderes als die schon erwähnte Tätigkeit des Verstandes, „durch Vergleichungen der Erscheinungen, sich Regeln zu machen" (*KrV,* A 126).

Durch solche Überlegungen zeigt Lohmar, daß die Wahrnehmungsurteile – bzw. die durch sie ausgedrückten und vom vergleichenden Verstand festgestellten regelhaften Assoziationen – die Anwendungsbedingungen der Relationskategorien darstellen. Da aber die entsprechenden Regeln nur empirisch sind, bleibt der Nachweis einer transzendentalen Funktion der vorkategorialen Erfahrung noch aus. Der Versuch, dieser vorkategorialen Erfahrung eine solche Funktion zuzuschreiben, geht eindeutig über das Vorhaben und die Stellungnahme Kants hinaus (auch wenn gewisse Äußerungen Kants Anlaß zu einem solchen Versuch bieten); dies deswegen, weil die Kantische Identifikation von apriorischen und transzendentalen Funktionen damit aufgehoben wird.[70] Doch rechtfertigt Lohmar diese Erweiterung der transzendentalen Funktion dadurch, daß die Anschauung – und nicht nur die reine Anschauung ist gemeint – auch eine Bedingung der Möglichkeit der Erkenntnis (und damit eine Bedingung der Aufrechterhaltung der von Kant revidierten Korrespondenztheorie) ist. Da aber bloße Erscheinungen ein „Gewühle" bilden und „verschiedene Wahrnehmungen im Gemüte an sich zerstreut und einzeln angetroffen werden," erfüllen

---

[69] Da das Wahrnehmungsurteil *mit* Bewußtsein Vorstellungen verbindet, unterscheidet es sich von der Assoziation. In dem so aufgefaßten Wahrnehmungsurteil wird die Verbindung vorkategorial erlebt, ohne thematisiert bzw. reflektiert zu werden. Und auch wenn sie thematisiert wird, verliert sie nicht „den Bezug auf dieses individuelle Subjekt". M. a. W., das Wahrnehmungsurteil sei ein „objektivierender Ausdruck" von Assoziation und doch „nur subjektiv gültig"; vgl. Lohmar, 1998, S. 95.

[70] Deshalb werde in der zweiten Auflage der *Kritik der reinen Vernunft* „die Untersuchung der Wahrnehmungsurteile in die empirische Psychologie verbannt" (Lohmar, 1998, S. 279).

die Anschauungen von sich allein aus keineswegs eine solche Bedingung. Die Anschauung wird zu dieser Bedingung nur dank einer von einem schematisierten Begriff geleiteten Einheit bildenden Tätigkeit: „wir erkennen den Gegenstand, wenn wir in dem Mannigfaltigen der Anschauung synthetische Einheit bewirkt haben" (*KrV*, A 105; vgl. B 155). Da das Mannigfaltige der Anschauung demselben Bewußtsein, das sie vereint, zugehört, ist diese Einheit bildende Tätigkeit zugleich eine Art Selbstaffektion. Um eine solche Einheit zu bewirken, müssen wir unsere Anschauungen auf etwas Identisches beziehen bzw. zu ihnen den Begriff eines Gegenstandes hinzudenken (*KrV*, A 106).

Das Hinzudenken ist aber selbst nur ein Teil der Geschichte. Was die erforderliche synthetische Einheit in der Anschauung bewirkt, und zwar schon auf der Ebene der Apprehension, ist die Einbildungskraft: „Es ist also in uns ein tätiges Vermögen der Synthesis dieses Mannigfaltigen [sic. der Erscheinungen] , welches wir Einbildungskraft nennen, und deren unmittelbar an den Wahrnehmungen ausgeübte Handlung ich Apprehension nenne" (*KrV*, A 120). Denkt man an die verschiedenen defizienten Gegebenheitsweisen (z. B. Teilverdeckungen, perspektivische Verzerrungen, sich selbst ändernde Gestalten), dann wird deutlich, warum Kant die Einbildungskraft „ein notwendiges Ingredienz der Wahrnehmung selbst" nennt (*KrV*, A 120 Anm.). Ohne die Einbildungskraft als das „Vermögen, einen Gegenstand auch *ohne dessen Gegenwart* in der Anschauung vorzustellen" (*KrV*, B 151), wüßten wir weder, welche Teile des Gewühles der fließenden Erscheinungen „zusammenzuhalten", noch welche Lücken in der Anschauung „zu erfüllen" wären. In der Wahrnehmung eines Hauses ebenso wie der Anschauung eines Dreiecks müssen wir wissen, „wo die unterbrochenen Linien weitergehen können bzw. müssen."[71] Die von der Einbildungskraft hergestellten Schemata sind Regeln des „Vorverzeichnens" der dem Gegenstand entsprechenden Gestalten. Die Funktion der die Apprehension leitenden Schemata entspricht dem intentionalen Vorgriff, den Husserl dem erfahrungsgewirkten, vorbegrifflichen Typus zuschreibt.[72] Gelingt die Schematisierung bzw. die Typisierung, dann bleibt die Korrespondenztheorie gültig.

---

[71] Lohmar, 1998, S. 143.

[72] Lohmar, 1998, S. 236-243, 277, 282. Obwohl die von Husserl geschilderte Typisierung der von Kant dargelegten Schematisierung eines empirischen Begriffs gewissermaßen entspricht, beruht der Typus im Gegensatz zum Schema nicht auf einem Begriff.

Nach Lohmar erweist die Untersuchung der Selbstaffektion „Kant als einen bewunderungswürdigen, scharfsichtigen und subtilen Deskriptor unserer Bewußtseinsereignisse und -funktionen."[73] Vor allem weil Husserl seine Wahrnehmungsanalyse überwiegend an normalen, günstigen Fällen orientiert, vernachlässigt er die Probleme der Wahrnehmung unter den Umständen der „defizitären Gegebenheitsweisen."[74] Dagegen ist sich Kant schon in seiner vorkritischen Zeit solcher Probleme völlig bewußt und deshalb ringt er immer wieder mit der Erklärung der für die Wahrnehmung unentbehrlichen Funktionen der Einbildungskraft. In diesem Ringen Kants findet Lohmar die Andeutungen, die die Wahrnehmungsanalyse Husserls mehrfach ergänzen.

Nicht zu übersehen oder wegzudeuten bleiben aber grundlegende, einander herausfordernde Differenzen zwischen der kritischen Philosophie und der Phänomenologie. Im Gegensatz zu der für Kant allein durch Denken zugänglichen Einheit des reinen Ich, ist die Einheit des von Husserl so bezeichneten „reinen Ich" erst im Bereich des transzendental reduzierten Bewußtseinsstroms zu erweisen.[75] Insofern empirische Typen ausreichen, die Apprehension und damit die gegenstandskonstituierende Funktion des Bewußtseins zu leiten, wird die Miteinbeziehung von Begriffen überhaupt entbehrlich und die Anwendung allgemeingültiger Begriffe (Kategorien) sogar überflüssig.[76] Auf diese Weise entzieht die genetische Phänomenologie Husserls der transzendentalen Deduktion der Kategorien eine wesentliche Stütze. Auch darf der Phänomenologe die metaphysische Deduktion der Kategorien nicht mitmachen, insofern Kant sich dabei auf die Urteilstafel und damit auf die Prinzipien der formalen Logik verläßt. Stattdessen ist der Phänomenologe verpflichtet, „den kategorialen Mittelbarkeiten der Evidenz, bzw. der Bewährung nach[zu]gehen" und in diesem Sinn „bedarf die Logik [...] einer Theorie der Erfahrung."[77]

---

[73] Lohmar, 1998, S. 98, Fn. 105. Vgl. Heidegger, ⁴1973, S. 123: „So liegt zunächst in der Einbildungskraft eine eigentümliche Nichtgebundenheit an das Seiende. Sie is freizügig im Hinnehmen von Anblicken, d. h. sie ist das Vermögen, solche sich in gewisser Weise selbst zu geben."

[74] Lohmar, 1998, S. 278.

[75] Lohmar, 1998, S. 281; Zahavi, 1999, S. 80ff.

[76] Lohmar, 1998, S. 236-241, 275f; Husserl, 1954, § 28, S. 105ff.

[77] Husserl, 1974, S. 219; Lohmar, 1998, S. 284.

Dabei aber bleibt der Ansatz Kants für die gegenwärtige Phänomenologie in mehreren positiven Hinsichten herausfordernd. Wie schon in bezug auf die gewagte Kant-Deutung Benoists erwähnt wurde, liegt eine Stärke der Position Kants darin, daß er auf der für Erkenntnis unentbehrlichen Rolle der Synthese, und zwar der der begrifflichen Synthese besteht. Darin liegt der Grund einer bleibenden Herausforderung an die gegenwärtige Phänomenologie überhaupt und nicht nur Benoists Konzeption der Autoaffektion diesseits der Synthese oder Zahavis Konzeption einer Phänomenologie der „functioning subjectivity" jenseits der Akt-Intentionalität oder Gegenstands-Manifestation.[78] Im Gegensatz zu Benoist hebt Lohmar zwar die Andeutungen vorbegrifflicher Synthesen bei Kant hervor, und zwar indem sie den von Husserl erklärten, typisierenden Apperzeptionen analog sind.[79] Insofern aber solche Synthesen oder Typisierungen sich an der Begreifbarkeit orientieren oder sich zumindest im epistemischen Anspruch nur durch Begriffe erfassen lassen, entsteht die Frage, ob eine gewisse begriffliche Struktur und vielleicht sogar eine kategoriale Struktur dabei schon vorausgesetzt wird. Auch wenn die genetische Phänomenologie solchen Problemen keineswegs hilflos ausgeliefert ist,[80] bietet die kritische Philosophie eine konsequente Alternative. Die Alternative besteht nicht nur darin, daß es eine grundlegende und immer irgendwie in Gang gesetzte begriffliche Struktur (Kategorien) in der Erfahrung geben sollte, sondern auch in der Behauptung, daß diese Struktur sich allein auf der Ebene des Denkens (d. h. logischer Wahrheiten und logischer Erkenntnis ohne Anschauungen, seien sie sinnlich oder kategorial) aufrechterhalten läßt.

---

[78] Zahavi, 1999, S. 194.

[79] Früher erwähnte ich die Möglichkeit, daß die gegenwärtige Phänomenologie vor einer Entscheidung steht, die sich in unterschiedlichen Kant-Deutungen widerspiegelt bzw. abspielt. Folgt die phänomenologische Forschung heute dem Ansatz von Benoist, dann orientiert sie sich an den *limites de la synthèse* im sinnlichen Subjekt; knüpft sie dagegen an den von Lohmar angebahnten Weg an, dann bleiben die synthetischen Leistungen des Subjekts – allerdings nicht zuletzt die der „vorkategorialen Erfahrung" – immer noch im Mittelpunkt des phänomenologischen Interesses.

[80] Lohmar setzt sich mit solchen Herausforderungen direkt auseinander; vgl. Lohmar, 1998, S. 236-244, 252-259.

Literatur

Baumgardt, D., 1920, *Das Möglichkeitsproblem der Kritik der reinen Vernunft, der modernen Phänomenologie und der Gegenstandstheorie*, Berlin: Reuther und Reichard.

Benoist, J., 1996, *Kant et les limites de la synthèse. Le sujet sensible*, Paris: PUF.

Benoist, J., 1994, *Autour de Husserl: l'ego et la raison*, Paris: Vrin.

Benoist, J., 1998, *L'impensé de la représentation: De Leibniz à Kant*, in: *Kant-Studien* 89, S. 300-317.

Cramer, W., 1954, *Die Monade. Das philosophische Problem vom Ursprung*, Stuttgart: Kohlhammer.

Courtine, J. F., 1990, *Heidegger et la phénoménologie*, Paris: Vrin.

Dahlstrom, D. O., 1991, *Heidegger's Kantian Turn: Notes to his Commentary on the Kritik der reinen Vernunft*, in: *Review of Metaphysics* 45, S. 329-361.

Düsing, K., 1997, *Selbstbewußtseinsmodelle. Moderne Kritiken und systematische Entwürfe zur konkreten Subjektivität*, München: Fink.

Düsing, K., 2002, *Subjektivität und Freiheit. Untersuchungen zum Idealismus von Kant bis Hegel*, Stuttgart-Bad Cannstatt: frommann-holzboog.

Dussort, H., 1959, *Husserl juge de Kant*, in: *Revue philosophique* 84, S. 527-544.

Fink, E., 1933, *Die phänomenologische Philosophie Edmund Husserls in der gegenwärtigen Kritik*, in: *Kant-Studien* 38, S. 319-383.

Gurwitsch, A., 1990, *Kants Theorie des Verstandes*, hrsg. von T. M. Seebohm, Dordrecht: Kluwer.

Gurwitsch, A., 1960, *La conception de la conscience chez Kant et chez Husserl*, in: *Bulletin de la Société française de philosophie* LIV, S. 65-96.

Gurwitsch, A., 1964, *Der Begriff des Bewußtseins bei Kant und Husserl*, in: *Kant-Studien* 55, S. 410-27.

Heidegger, M., ⁴1973, *Kant und das Problem der Metaphysik*, Frankfurt/M.: Klostermann.

Heidegger, M., 1976, *Logik. Die Frage nach der Wahrheit*, in: *Gesamtausgabe*, Bd. 21, hrsg. von W. Biemel, Frankfurt/M.: Klostermann.

Heidegger, M., 1987, *Phänomenologische Interpretationen von Kants Kritik der reinen Vernunft*, in: *Gesamtausgabe*, Bd. 25, hrsg. von I. Görland, Frankfurt/M.: Klostermann.

Heidegger, M., ²1978, *Wegmarken*, Frankfurt/M.: Klostermann.

Henry, M., 1963, *L'Essence de la Manifestation*, Paris: PUF.

Hönigswald, R., 1931, *Grundfragen der Erkenntnistheorie, kritisches und systematisches*, Tübingen: Mohr.

Husserl, E., 1980, *Ideen zu einer reinen Phänomenologie und phänomenologischen Philosophie*, Tübingen: Niemeyer (unveränderter Nachdruck der zweiten Auflage von 1922).

Husserl, E., 1974, *Formale und transzendentale Logik*, in: *Husserliana*, Bd. XVII, hrsg. P. Janssen, Den Haag: Nijhoff.

Husserl, E., 1956, *Erste Philosophie (1923/24)*, Erster Teil, in: *Husserliana*, Bd. VII, hrsg. von R. Boehm, Den Haag: Nijhoff.

Husserl, E., 1984, *Logische Untersuchungen*, in: *Husserliana*, Bd. XIX/1, hrsg. von U. Panzer, Den Haag: Nijhoff.

Husserl, E., 1954, *Die Krisis der europäischen Wissenschaften und die transzendentale Phänomenologie*, in: *Husserliana*, Bd. VI, hrsg. von W. Biemel, Den Haag: Nijhoff.

Husserl, E., 1958, *Die Idee der Phänomenologie. Fünf Vorlesungen*, in: *Husserliana*, Bd. II, hrsg. von W. Biemel (zweite Auflage), Den Haag: Nijhoff.

Kern, I., 1964, *Husserl und Kant. Eine Untersuchung über Husserls Verhältnis zu Kant und zum Neukantianismus*, Den Haag: Nijhoff.

Kockelmans, J. J., 1994, *Edmund Husserl's Phenomenology*, West Lafayette/Indiana: Purdue.

Kreis, F., 1930, *Phänomenologie und Kritizismus*, Tübingen: Mohr.

Levinas, E., 1947, *De l'existence à l'existant*, Paris: Vrin.

Levinas, E., 1961, *Totalité et infini*, Den Haag: Nijhoff.

Liebmann, O., 1865, *Kant und seine Epigonen*, Stuttgart: Schober (Neudruck Berlin 1912).

Lohmar, D., 1994, *Grundzüge eines Synthesis-Modells der Auffassung. Kant und Husserl über den Ordnungsgrad sinnlicher Vorgegebenheiten und die Elemente einer Phänomenologie der Auffassung*, in: *Husserl Studies* 10, S. 111-141.

Lohmar, D., 1998, *Erfahrung und kategoriales Denken. Hume, Kant und Husserl über vorprädikative Erfahrung und prädikative Erkenntnis*, Dordrecht: Kluwer.

Marion, J.-L., 1989, *Réduction et donation. Recherches sur Husserl, Heidegger et la phénoménologie*, Paris: PUF.

Merleau-Ponty, M., 1945, *Phénoménologie de la perception*, Paris: Gallimard.

Mohanty, J. N., 1996, *Kant and Husserl*, in: *Husserl Studies* 13, S. 19-30.

Natorp, P., 1917/18, *Husserls ,Ideen zu einer reinen Phänomenologie'*, in: *Logos* 7, S. 224-246.

Ollig, H.-L., 1979, *Der Neukantianismus*, Stuttgart: Metzler.

Plessner, H., 1918, *Die Krisis der transzendentalen Wahrheit im Anfang*, Heidelberg: Winter.

Ricoeur, P., 1954/55, *Kant et Husserl*, in: *Kant-Studien* 45, S. 44-67.

Seebohm, T. 1962, *Die Bedingungen der Möglichkeit der Transzendental-Philosophie. Edmund Husserls Transzendental-phänomenologischer Ansatz, dargestellt im Anschluß an seine Kant-Kritik*, Bonn: Bouvier.

Seebohm, T./Kockelmans, J. J., 1984, *Kant and Phenomenology*, Lanham/Maryland: University Press of America.

Wagner, H., 1953/54, *Kritische Bemerkungen zu Husserls Nachlaß*, in: *Philosophische Rundschau* 1, S. 1-22, 93-123.

Zahavi, D., 1999, *Self-Awareness and Alterity. A Phenomenological Investigation*, Evanston/Illinois: Northwestern UP.

5. Philosophie des Geistes

Externalisierung des Geistes? Kants usualistische Repräsentationstheorie

GERHARD SCHÖNRICH

„Vorstellung überhaupt" (*KrV*, B 376) ist Kants Terminus für den Zustand, in dem sich ein Bewußtsein befindet, wenn es sich auf einen Gegenstand bezieht oder zu beziehen glaubt. Gleichviel, ob dieser Bezug nur begrifflich geleistet wird, oder ob der Gegenstand anschaulich präsent ist, in jedem Fall treten Repräsentationen als „Bestimmungen" oder „Modifikationen" des Bewußtseins (*KrV*, B 242) auf. Unter dem Einfluß Lockes werden diese Repräsentationen meist als innergeistige Dinge verstanden, die über ihren „Inhalt" die Dinge der Außenwelt repräsentieren.

Diese Redeweise entfaltet eine suggestive Metaphorik. Zahnpastatuben, Milchtüten und Kleiderschränke haben einen Inhalt, den wir entnehmen, verbrauchen und umfüllen können. Hier ist der Inhalt nichts anderes als ein Ding in einem anderen Ding, das ihm als Behälter dient. Behälter und Inhalt sind gegenseitig auswechselbar. Doch können wir den Inhalt von einer Repräsentation in eine andere umtopfen? Kann die Verschieberichtung auch umgekehrt werden? Die Unverwüstlichkeit der Inhaltsmetaphorik verdankt sich zwei Leitperspektiven: Inhalte scheinen unverzichtbar, wenn es darum geht, Repräsentationen zu individuieren. Wir erkennen am Inhalt, ob wir es mit der Repräsentation einer reifen oder unreifen Tomate zu tun haben. Zum anderen kann das Bewußtsein diesen Inhalt unmittelbar erfassen; er ist ihm in einer unkorrigierbaren Weise gegeben.

Doch die Inhaltsmetaphorik stößt nicht nur schnell an Grenzen, sondern erweist sich als irreführend. Erstens ist eine Repräsentation kein Behälter, der nacheinander verschiedene oder mehrmals denselben Inhalt aufnehmen könnte. Zumindest gegen die Umkehrung der Verschieberichtung spricht der Rekurrenzcharakter der in ihrem Auftreten einmaligen, unwiederholbaren Repräsentationsvorkommnisse. Zweitens sind Inhalte referentiell opak; sie legen den Bezug der Repräsentation nicht eindeutig fest. Ob die Bergwand vor mir wirklich rot ist oder im Abendlicht nur so erscheint oder ob sie im Halluzinationsfall gar nicht existiert, kann anhand des Repräsentationsinhalts nicht entschieden werden, denn in allen drei Fällen ist der Inhalt derselbe. Schließlich und drittens haben Inhalte und ihre Träger als innergeistige Dinge einen ontologisch prekären Status. Sie scheinen wie die ganze Lockesche Erkenntnismaschinerie eine empirische Version des Cartesischen Substanzen-Dualismus zu sein.

Wenn sie sich nicht gleich die Eliminierung der verdächtig gewordenen Inhalte zum Ziel setzen, dann versuchen moderne Externalisierungsprojekte diese Nachteile möglichst vollständig zu kompensieren. Die Grundannahme von Putnam bis Fodor und Dretske lautet: Welchen Inhalt innergeistige Repräsentationen haben, ist eine Frage der außergeistigen Tatsachen. Die Programmatik einer solchen Externalisierung des Geistes ist nicht neu; sie wurde schon von Kant entwickelt und in ersten systematischen Schritten auch ausgearbeitet. Eine konsequente Transformation des Repräsentationalismus in einen usualistischen Ansatz vertreibt die repräsentationalen Inhalte aus dem Paradies des Innergeistigen. Die Vertreibung ist die Folge ihrer rechtverstandenen Erkenntnisfunktion, die – das ist die zentrale These des folgenden Beitrags – in der Festlegung der Korrektheitsbedingungen für den Gebrauch von Repräsentationsvorkommnissen besteht. An diesem usualistisch gewendeten Repräsentationsbegriff hält Kant entschieden fest. Damit sind dem Externalisierungsprojekt auch die Grenzen gesetzt. Was immer ein externer Gegenstandsbezug ist, er kann nur von der Innenseite der Repräsentation aus bestimmt werden.[1]

I. Begriffe als Normierungsregeln für Prädikatausdrücke

Im Unterschied zur Anschauung ist ein Begriff eine „Vorstellung, die als verschiedenen gemein gedacht werden soll" (*KrV*, B 134 Anm.). Sein pluraler Gegenstandsbezug ist – so scheint es – durch den ihm eigenen

[1] Vgl. zu ähnlichen Problemstellungen auch die Beiträge von D. H. Heidemann, T. Grundmann, K. Ameriks und W. Lütterfelds in diesem Band.

repräsentationalen Inhalt gesteuert. Dieser Inhalt besteht aus Teilbegriffen, die als Merkmale fungieren. Als „Erkenntnisgründe" (*Logik Jäsche*, AA IX, 58) sind Merkmale das, woran Dinge erkannt werden. Auf den ersten Blick scheint also in der Begriffstheorie das nicht verteidigbare internalistische Prinzip zu gelten: Der Inhalt legt den Bezug der Repräsentation fest.

Mit der Extension eines Prädikats in einem Individuenbereich hat die Extension eines Begriffs, so wie er in der Begriffslogik Kants verstanden wird, nichts zu tun, insofern der Bezug auf Einzeldinge hier noch gar nicht in den Blick kommt. Dem Umfang (Extension) nach enthalten Begriffe andere Begriffe *unter* sich; dem Inhalt (Intension) nach enthalten sie andere Begriffe *in* sich. So besteht der Inhalt des Begriffs ROSE aus den Teilbegriffen BLUME, PFLANZE, etc. Umgekehrt fällt der Begriff ROSE umfangsmäßig unter diese Begriffe. Das Merkmal hat einen weiteren Umfang als der Begriff und erweist sich damit als allgemeiner; dem Inhalt nach ist es jedoch enger, seine Intension weist weniger Teilbegriffe auf.

Ein Individuum müßte begriffslogisch durch einen Indvidualbegriff (*conceptus infimus*) repräsentiert werden, d. h. durch einen Begriff, der wie ein Eigenname einen einzigen Gegenstand herausgreift. Doch ein solcher Begriff ist nicht mehr bestimmbar, denn dem kleinsten Umfang entspricht der reichste Inhalt. Die Diskursivität unseres endlichen Bewußtseins wäre hoffnungslos überfordert, alle Merkmale aufzulisten, um den Erkenntnisgrund hinreichend genau zu ermitteln. Es könnten, so argumentiert Kant, immer noch

> „Unterschiede sein, die wir nicht bemerken oder negligiren. In der Reihe der subordinirten Begriffe ist also kein conceptus infimus [...] Im Gebrauch giebts conceptos infimos, die gleichsam conventionel infimi geworden sind, wo man übereingekommen ist nicht tiefer zu gehen" (*Logik Pölitz*, AA XXIV, 569).

Nur in einem Leibniz-Universum könnte einem Begriff die Aufgabe übertragen werden, einen singulären Gegenstandsbezug mit hinreichender Genauigkeit herzustellen.

Die schon in der *Kritik der reinen Vernunft* einsetzende, immer entschlossenere Akzentuierung des Gebrauchsaspekts und die damit verbundene Ablösung der Begriffslogik durch einen usualistischen Ansatz läßt sich bis in die späten Logik-Vorlesungen chronologisch verfolgen.[2] Eine Gebrauchstheorie muß die Frage beantworten, wovon denn im Fall von Begriffen Gebrauch gemacht wird. Die Repräsentationsvorkommnisse von Begriffen sind nichts anderes als sprachliche Zeichen, nämlich Prädikatausdrücke. Nach den Vorgaben des Kantischen Externalisierungsprogramms sind die Inhalte dieser Vorkommnisse – die Begriffe – dann als normative Dimension des Gebrauchs von Prädikatausdrücken zu rekonstruieren.

Der normative Einsatz beginnt schon bei der Frage, wie wir den Inhalt von empirischen Begriffen festlegen. Dieser Inhalt muß bekanntlich durch eine „Synthesis" erzeugt werden, sie „ist doch dasjenige, was eigentlich die Elemente zu Erkenntnissen sammelt, und zu einem gewissen Inhalte vereinigt [..]" (*KrV*, B 103). Daß es in dieser als Dreischritt von Komparation, Reflexion und Abstraktion (*Logik Jäsche*, AA IX, 94) beschriebenen Synthesis nicht um ein Erfassen von Inhalten geht, sondern um Invarianzen unseres Prädikatengebrauchs, hat schon Mittelstraß gezeigt.[3] Die nach den vergleichenden und abstrahierenden Untersuchungen des Gebrauchs erfolgende terminologische Fixierung normiert die Gebrauchsweise der Prädikatausdrücke dahingehend, daß wir beispielsweise von dem Prädikatausdruck „Rose" zu den Ausdrükken „Blume" und „Pflanze" übergehen dürfen, nicht jedoch zu dem Ausdruck „Baum". Solche Invarianzanforderungen fungieren als Regeln nach dem Muster: „Wenn X, dann Y, Z ...". Der Inhalt eines Begriffs ist als System von konditional formulierten Regeln über den Prädikatausdrücken darstellbar. Also: „Wenn ‚Rose' anwendbar ist, dann ist auch ‚Blume', ‚Pflanze' ... anwendbar" oder „Wenn ‚rot' anwendbar ist, dann ist es auch ‚farbig' anwendbar". Die Regelsysteme arbeiten nicht nur in vertikaler Richtung, sondern auch in horizontaler, hier nach dem Muster: „Wenn ‚grün' anwendbar ist, dann ist nicht gleichzeitig ‚rot' anwendbar". Über einen Begriff verfügt, wer z. B. die Übergangs- und die Ausschlußregeln (und weitere Regeln) für Prädikate beherrscht – ein Gebrauchswissen, das in den paradigmatisch erwähnten Regeln explizit gemacht wird.[4] Nur ein Prädikatengebrauch, der diese Regeln nicht verletzt, ist ein *konsistenter* Gebrauch.

---

2 Vgl. dazu ausführlich Schönrich, 1981, S. 64ff.
3 Vgl. Mittelstraß, 1973, S. 62ff.
4 Brandoms großangelegtes diskursanalytisches Programm einer Analyse dessen, was aus der Anwendbarkeit eines Begriffes folgt und woraus sie folgt, läßt sich direkt an diesen Einsatzpunkt bei Kant anschließen. Vgl. Brandom, 2000, S. 152ff.

Wenn der Ausdruck „Rose" durch Übergangs- und Ausschlußregeln normiert wird, dann greifen wir in den dabei angeführten Ausdrücken wie „Blume" bereits auf normierte Begriffswörter zurück. Die skizzierte Rekonstruktion kann nur verdeutlichen, was wir immer schon tun, wenn wir unseren Prädikatengebrauch unter die Konsistenzbedingung stellen. Kant beschreibt diese normative Dimension als Einheit des Bewußtseins, hier als „analytische Einheit": „Die analytische Einheit des Bewußtseins hängt allen gemeinsamen Begriffen, als solchen an [...]" (*KrV*, B 133 Anm.). Die „analytische Einheit" ist eine Anforderung an die Normierung von Prädikatausdrücken zu Begriffswörtern, und zwar Normierungen nur so vorzunehmen, daß die Beziehung auf schon normierte Prädikatausdrücke jederzeit möglich bleibt. Bewußtsein ist das Übergehen-Können von einem Repräsentationsvorkommnis zu anderen. Das Bild von einem begleitenden Ich (*KrV*, §16) erweist sich als wenig hilfreich, um diese Beziehungen von Übergängen zu charakterisieren. Kant selbst erläutert die fragliche Beziehung so: „Diese Beziehung geschieht also dadurch noch nicht, daß ich jede Vorstellung mit Bewußtsein begleite, sondern daß ich eine zu der anderen hinzusetze und mir der Synthesis derselben bewußt bin" (*KrV*, B 133). Jedes „Hinzusetzen" schafft einen neuen Übergang. Ein inkonsistenter Gebrauch beschreibt einen durch Regelverletzung zusammengebrochenen Übergang.

So wie die Konsistenz-Norm des Prädikatengebrauchs bisher eingeführt wurde, abstrahiert sie von dem Gegenstandsbezug; sie formuliert lediglich eine syntaktische Korrektheitsbedingung. Das Problem, ob der Inhalt unserer Repräsentationen extern bestimmt ist, ist aber eine semantische Frage, die sich stellt, wenn wir von Wortbestimmungen zu Realdefinitionen übergehen. Strenggenommen kann nur die Mathematik aufgrund ihres apriorischen Anschauungsbezugs überhaupt definieren (*KrV*, B 758f). Auch normierte Prädikatausdrücke wie „Gold" oder „Wasser" stehen „niemals zwischen sicheren Grenzen". Die Übergangs- und Ausschlußregeln für deren Gebrauch müssen mit dem Erkenntnisfortschritt immer wieder neu festgelegt werden. Wir schreiten zu „Versuchen" (*KrV*, B 756), um herauszufinden, ob unsere terminologischen Normierungen korrekt sind und ob sie erweitert werden müssen. Die semantische Korrektheitsbedingung für den Prädikatengebrauch ist die Beschaffenheit der Welt. Kant setzt allerdings stillschweigend voraus, daß der externe Bezug empirischer Prädikate wie „Wasser" feststeht, sonst würden unsere Versuche, die wir mit den Mitteln der Chemie nach 1750 anstellen, nichts Neues über denselben Stoff herausfinden, den wir lange vor 1750 „Wasser" getauft haben, wir hätten es mit einem anderen Stoff zu tun.

Putnams Verdienst ist es, die Unterstellung eines starren externen Bezugs explizit gemacht zu haben. Das bekannte Gedankenexperiment von der *Zwerde* führt vor, daß die Bedeutung eines sprachlichen Zeichens (hier: „Wasser") durch keinen repräsentationalen Inhalt festgelegt werden kann – sei dieser begrifflich oder psychisch definiert.[5] Auf dem Zwillingsplaneten *Zwerde* sei alles so wie auf der Erde, mit der einzigen Ausnahme, daß Wasser, obwohl es genauso aussieht und schmeckt wie auf der Erde, dort in seiner Tiefenstruktur nicht H_2O, sondern XYZ ist. (Begriffslogisch gesprochen hat der Begriff WASSER also die Teilbegriffe FLÜSSIG, TRINKBAR etc. zum Inhalt). Weiterhin sei der wissenschaftliche Stand der Chemie vor 1750 unterstellt. Der Doppelgänger auf der *Zwerde* verfügt also über keine anderen repräsentationalen Inhalte als der Erdling, wenn er mit Wasser in Kontakt kommt. Beide könnten mit den unterstellten wissenschaftlichen Methoden den Unterschied in der Extension des sprachlichen Zeichens „Wasser" auch gar nicht feststellen. Sie verfügen über keine anderen Erkenntnisgründe als die im Begriff enthaltenen Merkmale. Anders gesagt: ihr Prädikatengebrauch hat keine anderen Korrektheitsbedingungen als die in der Regel: „Wenn ‚Wasser', dann ‚flüssig', ‚trinkbar' etc." festgelegt sind. Dennoch, so argumentiert Putnam, beziehen wir uns mit dem irdischen Ausdruck „Wasser" offenkundig auf etwas anderes als mit dem homophonen *zwerdischen* Ausdruck.[6] Was auch immer die repräsentationalen Inhalte sind, sie legen den Bezug der sprachlichen Zeichen nicht fest. Der Bezug wird vielmehr in einer Art Taufe fixiert, wenn der Ausdruck „Wasser" erstmals im Hinblick auf eine vorliegende Probe des Stoffs eingeführt wird. Im Zweifelsfall müssen die Zeichenverwender auf diese Probe zurückkommen. *Diese* Probe oder *dieses* Muster bedeutet im Vokabular Kants das Gegebensein des Gegenstands in einer *Anschauung*, und zwar präziser: das Gegebensein genau eines Gegenstandes. Sprachphilosophisch ausbuchstabiert sind Anschauungen also indexikalische Zeichen (vgl. unten Abschnitt III). Auch in Kants Theorie ist der Gebrauch

---

[5] Vgl. Putnam, 1979, S. 32ff.
[6] Ebd.

des Ausdrucks „Wasser" (und mit ihm letztlich alle empirischen Prädikate) von einer untilgbaren Indexikalität geprägt. An das Gegebensein in Anschauungen ist dann auch die Frage nach den Korrektheitsbedingungen für die semantisch thematisierten Regeln des Prädikatengebrauchs zurückverwiesen. Grob gesagt: Nur der Gebrauch ist korrekt, der sich im sensorischen Kontakt mit der Probe, d. h. mit Hilfe von Anschauungen ausweisen läßt. Nach 1750 ändern sich diese Korrektheitsbedingungen. Fortan darf das Prädikat nur auf den Stoff angewendet werden, auf den auch das komplexe Prädikat „H_2O" zutrifft, und auf nichts sonst.

Hat sich unsere argumentative Situation wirklich verbessert, wenn wir statt von Begriffsinhalten nun Regeln des Gebrauchs sprachlicher Ausdrücke ansetzen? Auch Regeln wie die, das Prädikat „rot" nur auf rote Oberflächen anzuwenden, so könnte man einwenden, haben einen Inhalt, den wir bereits erfaßt haben müssen, wenn wir die Regel anwenden wollen. Die Einsetzung des Regelbegriffs würde genau das beanspruchen, was er aus guten Gründen ersetzen soll.

Der Anschein trügt. Nicht wir begehen eine *petitio principii*, sondern das übliche Erklärungsschema mit Hilfe des Inhalts ist fehlerhaft. Wenn ein Ausdruck wie „rot" auf einen Gegenstand anwendbar sein soll, dann – so der Erklärungsversuch – gibt es mindestens eine Eigenschaft (als Erkenntnisgrund), die festlegt, wann ein Gegenstand korrekterweise „rot" genannt werden darf. Wir müssen uns nur in den Besitz solcher Eigenschaften setzen, um den Inhalt der Regel zu erfassen. Wie aber stellen wir fest, daß wir die fraglichen Eigenschaften erfaßt haben? Um sie als Korrektheitsbedingungen in Anschlag zu bringen, müßten wir diese Eigenschaften vor und unabhängig von jeder Anwendung von „rot" bereits als solche ausgezeichnet haben, sonst könnten sie diese Funktion gar nicht übernehmen. Dieser Schritt gelingt nur, indem wir uns mit Hilfe eines weiteren Prädikats auf die fraglichen Eigenschaften beziehen. Die Prozedur wiederholt sich, denn die Gebrauchsregel des neuen Prädikats ist in derselben Weise auf ihre Korrektheitsbedingungen zu befragen und so ad infinitum. Diese Art von Inhaltserklärung des Regelbegriffs scheitert daran, daß das Erfassen der für die Korrektheit des Regelfolgens benötigten Eigenschaften selbst wieder nach dem Modell des Prädizierens verstanden wird. Hier verspricht der Rekurs auf Anschauungen einen Ausweg. Anschauungen beziehen sich unmittelbar, ohne jedes deskriptive Moment auf einen Gegenstand.

II. Die Doppelrolle von Anschauungen

„Anschauung", „Empfindung", „Erscheinung"[7] sind nur verschiedene, wechselseitig substituierbare Bezeichnungen des Gegebenen, von dem die Erkenntnis ihren Ausgang nimmt (*KrV*, B 34). Sie heben jeweils ein Charakteristikum besonders hervor: „Empfindung" den kausalen Kontext; „Erscheinung" den Gegenstandsbezug; „Anschauung" – meist als „Mannigfaltiges der Anschauung" (*KrV*, B 105 u. ö.) apostrophiert – den impliziten Bezug auf die Einheit des synthetisierenden Bewußtseins bzw. der Anschauungsformen. (Die Einheit selbst ist freilich etwas, was in diesem Mannigfaltigen nicht mitgegeben, sondern spontan zu erzeugen ist.) Da Anschauungen neben Begriffen die zweite mögliche Repräsentationsart bilden, lassen sie sich zunächst negatorisch als nicht-begrifflich beschreiben. Positiv sind vier Merkmale zu nennen:[8] (1) *Sinnlichkeit*: Anschauungen sind sensorisch, d. h. durch unsere Sinnesorgane bedingte Repräsentationen; (2) *Unmittelbarkeit*: Anschauungen besitzen einen direkten Gegenstandsbezug; (3) *Gegenstandsabhängigkeit*: Anschauungen verweisen auf einen existierenden Gegenstand; (4) *Singularität*: Anschauungen beziehen sich auf genau einen Gegenstand.

Ohne weitere ordnende Differenzierung bloß nacheinander aufgelistet, lassen die genannten Merkmale jene Kohärenz vermissen, die einer Theorie als Fundament dienen könnte. Die in (1) und (3) unter jeweils verschiedenem Aspekt angesprochene kausale Vorgeschichte einer Anschauung betrifft offenkundig nur das Auftreten von *Anschauungsvorkommnissen*, nicht jedoch den *Anschauungsinhalt*. Diesem eignet anscheinend eine sinnliche Qualität auch dann, wenn wie im Halluzinationsfall gar kein affizierender Gegenstand existiert. Und der in (4) beschriebene Gegenstand, auf den sich eine Anschauung singulär bezieht, muß, wie Täuschungen lehren, nicht derjenige sein, der die

---

[7] In diesem Kontext bedeutet „Erscheinung" gerade nicht den empirischen Gegenstand, den Kant auch als „Erscheinung" bezeichnet, um ihn als Produkt der Erkenntnisleistung zu charakterisieren.

[8] Vgl. auch Hanna, 2001, S. 195ff. Hanna benennt als fünftes Merkmal noch die logische Priorität von Anschauungen gegenüber Begriffen. Die damit behauptete radikale Begriffs-Unabhängigkeit müßte hier als Regelunabhängigkeit der Anschauungsvorkommnisse rekonstruiert werden. Wäre diese Annahme richtig, so hätte sich Kant die Mühe einer „Transzendentalen Deduktion" sparen können.

Kausalkette angestoßen hat, die zum Auftreten der Anschauung führt. Zweideutig ist vor allem das in (2) angeführte Merkmal der Unmittelbarkeit. Als direkte Referenz interpretiert, beschreibt es eine zweistellige Relation von Anschauungsvorkommnis und Gegenstand, wobei der Nachdruck darauf liegt, daß zwischen die beiden Relata keine vermittelnde Größe tritt. Aber auch der Anschauungsinhalt ist unmittelbar in dem Sinne, daß er nicht wie der begriffliche Inhalt in ein Netz von inferentiellen Beziehungen gestellt werden kann. Unmittelbar heißt hier: Kein anderer Inhalt kann (durch Übergangsregeln gesteuert) auf den aktuellen Inhalt hinführen. Er ist, was er ist, ohne ein zweites Moment.

Die Unterscheidung von Anschauungsvorkommnis und Anschauungsinhalt ist von zentraler Bedeutung für das Verständnis von Kants Externalisierungsprojekt. Der Anschauungsinternalismus behauptet, daß uns Anschauungsvorkommnisse allein über ihren Inhalt zugänglich sind. Zwar werden uns Anschauungen stets im Kontext der Affektion durch Gegenstände geliefert. Aber dem repräsentationalen Inhalt der Lieferung ist die Adresse des Lieferanten nicht aufgeprägt. Was dem Inhalt, den wir, wenn wir unsere Aufmerksamkeit darauf richteten, mit dem Prädikat „rot" charakterisieren würden, tatsächlich korrespondiert, kann eben anhand des Inhalts allein nicht entschieden werden. Der Gegenstandsbezug bleibt hier opak.

Dieses Defizit sucht der Anschauungsexternalismus auszugleichen, indem er die kausale Vorgeschichte der Entstehung einer Anschauung zur Festlegung ihres Gegenstandsbezugs heranzieht.[9] Von Kausalität wird freilich nur da die Rede sein können, wo zwei physikalisch beschreibbare Entitäten in Interaktion treten. Das Anschauungsvorkommnis, so wie es mit Kant als Modifikation des Bewußtseins eingeführt wurde, entzieht sich aber erfolgreich dem physikalischen Zugriff. Die psychologische Beschreibung, die man leicht geben könnte, definiert keinen eindeutigen Ausgangspunkt, von dem aus man die Kausalkette bis zu ihrem Anfang zurückverfolgen könnte. Von der Entdeckung psycho-physischer Gesetze, die dem Anschauungsvorkommnis einen Ort in der Kausalkette zuweisen könnten, sind die Neurowissenschaften weit entfernt, wenn sich eine solche Hoffnung nicht schon aus prinzipiellen Gründen als Chimäre erweist. Es genügt hier, eine Token-

---

[9] Ein prononcierter Vertreter einer kausalen Position ist z. B. Willaschek, 1997.

Identität von Bewußtseinsmodifikation und einem geeigneten, physikalisch beschreibbaren Körperereignis (z. B. einem neuronalen Erregungszustand) anzunehmen. Entscheidend ist, daß die Token-Identität im Unterschied zur Type-Identität keine eindeutige Korrelation behauptet, weil ein Bewußtseinszustand prinzipiell in mehreren Körperzuständen realisiert werden kann.

Tatsächlich gibt Kant in der *Anthropologie* eine dem Wissensstand seiner Zeit entsprechende physikalische Beschreibung von Körperzuständen, die Glieder einer Kausalkette sind. Körperempfindungen und Organempfindungen, so Kant, werden „nur da, wo Nerven sind, angetroffen", in visueller Erfahrung in den Sehnerven, in taktiler Erfahrung in den „Nervenwärzchen (papillae)" der Fingerspitzen (AA VII, 153f). Kant scheint solche Empfindungen stillschweigend mit Repräsentationsvorkommnissen im Bewußtsein identisch zu setzen. Da sich für die Unterstellung einer Type-Identität in Kants Texten kein Anhaltspunkt findet, kann es sich hier nur um eine Token-Identität handeln. Die Multi-Realisierbarkeit der Bewußtseinszustände schränkt dann allerdings die Aussagekraft einer Analyse der kausalen Vorgeschichte von Anschauungen freilich erheblich ein. Mehr als eine Kovarianz von affizierendem Gegenstand und Anschauungsvorkommnis läßt sich dann nicht behaupten.

Wie kann es in diesem Rahmen zu Fehlrepräsentationen kommen? Ist die Kovarianz eine verläßliche Beziehung, dann werden rote Oberflächen nur zu Anschauungsvorkommnissen führen, die wir mit dem Prädikat „rot" und entsprechend weiße Oberflächen zu solchen, die wir mit „weiß" wiedergeben. Daß faktisch Fehlrepräsentationen auftreten, wird nun mit der Abweichung von Standardbedingungen erklärt, z. B. mit den verfälschenden Lichtverhältnissen der Abendsonne, in der eine weiße Oberfläche rot erscheint. Doch Standardbedingungen, so argumentiert R. Cummins,[10] können in diesem Rahmen nicht zirkelfrei bestimmt werden. Das Erfülltsein von Standardbedingungen erkennen wir ja gerade daran, daß wir die „richtigen" Farben sehen. Standardbedingungen sind dann gegeben, wenn im gegebenen Fall weiße Oberflächen zu einem Anschauungsinhalt führen, der mit „weiß" charakterisiert wird. Wir müssen uns auf ein Anschauungsvorkommnis mit diesem Inhalt schon stützen, um zu begründen, daß die Standardbedin-

---

[10] Vgl. Cummins, 1991, S. 65.

gungen vorliegen. Die Verläßlichkeit von Repräsentationen wird hier vorausgesetzt, statt sie zu erklären.

Die diskutierten Externalisierungskonzepte kranken daran, daß sie Anschauungen wie innergeistige Einzeldinge behandeln, deren Korrespondenz zu den außergeistigen Dingen nur genau erforscht zu werden braucht, um, wenn nicht eine kausale Abhängigkeit, so doch stabile Korrelationen zu ermitteln. Wer mit Kant klären will, worin überhaupt der Gegenstandsbezug besteht, und wie er erklärt werden kann, darf diesen nicht unter dem Deckmantel des Mentalen versteckt einfach voraussetzen.

Anschauungen sind nur Mittel des Gegenstandsbezugs, nämlich das, „wodurch" (*KrV*, B 34) sich die Erkenntnis auf Gegenstände bezieht. Was wir jeweils als Mittel benutzen, bleibt solange unthematisch, wie wir uns auf den Gegenstand beziehen. „Das Glatte oder Rauhe im Anfühlbaren bemerken, ist ganz was anderes, als die Figur des äußeren Körpers dadurch erkundigen" (AA VII, 156). Erst in der Verlagerung der Aufmerksamkeit auf die Sinnesempfindung wird für das Bewußtsein thematisch, wie es sich anfühlt, wenn z. B. die Fingerspitzen eine Tomate berühren. Daß wir dann den Anschauungsinhalt nur mit Hilfe des Prädikates „glatt" wiedergeben können, das wir auf die Tomate anwenden, zeugt von der Abhängigkeit der inneren Erfahrung von der äußeren (*KrV*, B 238). (Dieser Teil des Externalisierungsprojekts wird in Abschnitt IV untersucht.)

Die Anerkennung der Differenz von thematisierendem und unthematisch bleibendem Bewußtsein ist für G. Prauss die Zugangsvoraussetzung zum Verständnis der Gegenstandserkenntnis.[11] Wenn wir uns in Prädikationen wie „Dies ist glatt" auf einen Gegenstand beziehen, ist der Gegenstand das Thema, nicht die prädizierte Eigenschaft. Wird die Eigenschaft selbst thematisch, so stecken wir schon in der Reifizierungs-Falle fest. Indem wir von „glatt" zu „Glätte" (und entsprechend von „... ist glatt" zu „... hat Glätte") übergegangen sind, haben wir die Eigenschaft aus der Position des Mittels in die Objektposition gerückt. Prauss' Erklärung hat eine scharfe ontologische Konsequenz: Eigenschaften als Mittel gebrauchen heißt, den Bewußtseinszustand mit dem Gegenstandsbezug in eine identitäre Relation zu setzen, die, wie wir sehen werden, um eine weitere identitäre Relation zur Regel

---

[11] Vgl. Prauss, 1999, S. 355ff und 466ff.

dieses Gebrauchs noch zu ergänzen ist. Repräsentierendes Mittel und repräsentierter Gegenstand sind keine separierbaren Relata einer äußeren Beziehung, sondern Momente einer prozessualen Einheit. Was in diesem Prozeß ausagiert wird, ist zugleich im Mittel, im Gegenstand (und in der Regel als Interpretant) manifest – jeweils in unterschiedlicher Weise. Der Gegenstand ist im Mittel in der Weise des Empfindens bzw. Anschauens realisiert, im Interpretanten in der Weise des regelfolgenden Prädizierens.

In einem Satz wie „Dies ist glatt" tritt der Mittelbezug von Anschauungen nicht nur an der Prädikat-Stelle als gebrauchte Eigenschaft, sondern schon an der Stelle des deiktischen Ausdrucks auf. Diese zweifache Realisierung des Mittels spiegelt die Differenz von Anschauungsinhalt und Anschauungsvorkommnis. Für Anschauungsinhalte sind Prädikate die grammatischen Platzhalter, für Anschauungsvorkommnisse sind es Ausdrücke wie „dies". Auf sie zielt der erste Programmschritt in der Externalisierung von Anschauungen.

III. Anschauungsvorkommnisse als indexikalische Sinzeichen

Ein deiktischer Ausdruck wie „dies" fungiert als singulärer Terminus. Darunter fallen auch Eigennamen („Sokrates"), Kennzeichnungen („Der soundso") und indexikalische Ausdrücke („ich", „jetzt"). Die Funktion, die diese Ausdrücke erfüllen, nämlich genau den Gegenstand herauszugreifen, auf den der generelle Terminus (Prädikat) zutrifft, deckt sich mit der Funktion, die den Anschauungsvorkommnissen zugewiesen wurde. Doch der Versuch, singuläre Termini als Erklärungsmodell einzusetzen, scheitert an der Forderung nach direkter Referenz. In der Deutung Freges hat der singuläre Terminus nicht nur einen Gegenstandsbezug (Freges „Bedeutung"), er besitzt auch eine Bedeutung (Freges „Sinn"). Indem Frege den „Sinn" als die „Art des Gegebenseins" des Gegenstandes einführt,[12] übernimmt er genau die Vermittlungsrolle, die in der Forderung nach direkter Gegenstandsreferenz gerade ausgeschlossen werden soll. Zudem wird die Art des Gegebenseins in den deskriptiven Bestandteilen von singulären Termini ausgedrückt (paradigmatisch sind hier Kennzeichnungen), d. h. durch

---

[12] Frege, 1969, S. 41.

das, was Kant „Begriff" nennt. Anschauungen – daran ist nicht zu rütteln – sind jedoch strikt nicht-begrifflich.

Auf der Suche nach einem Ausweg postuliert P. Rohs einen nur Anschauungen eigenen „singulären Sinn", den er in Kants Bildbegriff als Produkt der Einbildungskraft (*KrV*, B 179f) realisiert sieht.[13] Problematisch ist dieser Vorschlag nicht nur wegen der in den Kernbereich der Anschauung verschobenen Spontaneität der Einbildungskraft, die diesen singulären Sinn in Gestalt von Bildern zusammensetzt, sondern vor allem wegen der Implikationen, die die Verwendung des Sinnbegriffs bei Frege hat. Aus der Verschiedenheit der Gegenstände folgt nämlich die Verschiedenheit des Sinns. Nach Kant haben jedoch die Anschauungen, in denen uns z. B. die Oberfläche einer reifen Tomate, der mittlere Streifen der Bundesflagge und die Lackierung eines Feuerwehrautos gegeben sind, immer denselben Anschauungsinhalt, den wir prädikativ mit „rot" charakterisieren. Der Anschauungsinhalt kann also nicht der „singuläre Sinn" sein, denn dieser würde in allen drei Fällen jeweils eine andere Gegebenheitsweise ausdrücken. Ein anderer Kandidat für den „singulären Sinn" ist aber nicht in Sicht.

Ist von Bildern die Rede, spricht Kant auch nicht von Einzelbildern, sondern beispielsweise von der „Gestalt eines vierfüßigen Tieres", wenn uns ein Hund in der Anschauung gegeben ist, also von einem Bild, das die Einbildungskraft „allgemein verzeichnen kann". In dieselbe Richtung zielt auch die Rede von einem „Monogramm" der Einbildungskraft (*KrV*, B 180f). Der Anschauungsinhalt ist sicher nicht in der Weise allgemein, wie es Begriffe sind, keinesfalls aber gibt er uns den Gegenstand in einer singulären Weise (Abschnitt IV). Direkter jedoch als in Anschauungsvorkommnissen, die einen qualitativen Inhalt haben, ist kein Gegenstandsbezug möglich. Die denkbare Alternative, in der sich der Gegenstand in nackter Gegebenheitsweise *de re* präsentierte, ist eine Wunschvorstellung des metaphysischen Realismus. Sie käme der Wiedereinführung des Dinges an sich gleich.

Das mit der Forderung nach direkter Referenz gestellte Problem liegt nicht in dem qualitativen Inhalt, sondern in der *Anschauungsrekurrenz*. So wie Anschauungen auftreten, verschwinden sie auch wieder und werden durch andere ersetzt. Als Anschauungsvorkommnisse sind sie prinzipiell unwiederholbar. In der Definition der Sinzeichen beschreibt die

---

[13] Rohs, 2001, S. 221.

Peircesche Semiotik den für solche unwiederholbaren Tokens benötigten Zeichencharakter:

> „Ein Sinzeichen (wobei die Silbe *sin* in der Bedeutung von ‚nur einmal vorkommen' aufgefaßt wird [...]) ist ein aktual existierendes Ding oder Ereignis, das ein Zeichen ist. Es kann nur durch seine Qualitäten auf diese Weise sein, so daß es ein Qualizeichen oder vielmehr mehrere Qualizeichen einschließt."[14]

Anders ausgedrückt: das Sinzeichen ist die aktuale Verkörperung eines Qualizeichens. (Als das erwähnte Qualizeichen wird sich der Anschauungsinhalt erweisen.) In der Peirceschen Definition müssen wir allerdings die objektivierende Perspektive eines Beobachters zurücknehmen, denn als Sinzeichen sind Anschauungsvorkommnisse nur Modifikationen des Bewußtseins – nicht innergeistige Dinge. Als Zeichenmittel sind sie das unthematisiert Bewußte, wodurch der Bezug auf Dinge erst hergestellt werden soll. Der Vorbehalt gegen die Beobachterperspektive gilt auch für Peirces Definition des Objektbezugs als Index, „dessen zeichenkonstitutive Beschaffenheit in einer Zweiheit oder einer existentiellen Relation zu seinem Objekt liegt. Ein Index fordert deshalb, daß sein Objekt und er individuelle Existenz besitzen müssen".[15] Damit ist das Leistungsprofil, das indexikalische Sinzeichen zu erfüllen haben, definiert: Sie sollen erstens eine Beziehung zu einem existierenden Objekt herstellen und zweitens eine Beziehung zu genau einem Objekt herstellen.

Die Aufgabe, einen *singulären* Objektbezug herzustellen, stößt nicht nur auf das erwähnte Problem, daß numerisch verschiedene Anschauungsvorkommnisse gleichen Inhalts (z. B. die Anschauung der Tomate beim Aussuchen und die Anschauung beim Bezahlen an der Kasse) auf genau einen Gegenstand beziehbar sein müssen. Schon dieses Korreferentialitäts-Problem wäre nicht mit dem Hinweis auf den gleichen Anschauungsinhalt zu lösen, da sich der Inhalt als referentiell opak erwiesen hat. Die „Mannigfaltigkeit" der Anschauung ist um eine Stufe komplexer: Sie stellt zugleich das Problem, verschiedene Anschauungsvorkommnisse mit verschiedenem Inhalt auf genau einen Gegenstand zu beziehen (z. B. die Anschauung, die sich beim Betrachten und dieje-

---

[14] Peirce, 1983, S. 123f.
[15] Peirce, 1983, S. 65.

nige, die sich beim Betasten derselben Tomate einstellt). Im Bewußtsein treten nicht nur verschiedene Anschauungsvorkommnisse mit demselben Inhalt „rot", sondern daneben auch verschiedene Anschauungsvorkommnisse mit verschiedenen Inhalten wie „weich", „glatt" etc. auf, die, als Zeichenmittel gebraucht, alle ein und dasselbe Objekt repräsentieren sollen. Was sind die Korrektheitsbedingungen für den Gebrauch von Anschauungen als indexikalische Sinzeichen, wenn wir dabei den Anspruch auf Korreferentialität erheben?

Nach Kant müssen wir sie so gebrauchen, daß ihr Bezug dieselbe Raumstelle ausfüllt. Die normative Forderung an diesen Zeichengebrauch legt uns darauf fest, alle Inhalte trotz der verschiedenen Zeitpunkte des Auftretens der Anschauungsvorkommnisse und trotz der Verschiedenheit ihrer Inhalte, dadurch als gleichartig zu behandeln, daß sie in die gleiche Raumstelle hineinkonstruiert werden. Die Externalisierung der Anschauungsinhalte wird über diese Gleichbehandlung der Anschauungsvorkommnisse eingeleitet. Da, wo wir dem Objekt die Eigenschaft „rot" beilegen, legen wir ihm auch die Eigenschaften „weich" und „glatt" bei. Das Gleichartige der Anschauung nennt Kant „extensive Größe". Sie wird durch eine „sukzessive Synthesis der produktiven Einbildungskraft, in der Erzeugung der Gestalten" (*KrV*, B 204) jederzeit nachvollziehbar hervorgebracht. Die Wiederholbarkeit der sukzessiven Synthesis der Einbildungskraft kompensiert die Unwiederholbarkeit der Anschauungsvorkommnisse und macht so verständlich, warum die verschiedenen Anschauungsvorkommnisse korreferentiell und die Anschauungsinhalte koextensiv sein können. Was Kant mit „extensiver Größe" umschreibt, charakterisiert also keine besondere Qualität eines Anschauungsinhalts, sondern eine normative Forderung an den Gebrauch von Anschauungsvorkommnissen.

Die zweite Überlegung betrifft die Frage, wie ein Anschauungsvorkommnis so gebraucht werden kann, daß es sich auf ein *existierendes* Objekt bezieht. Nach Kant betrifft diese Existenzfestlegung das „Reale der Empfindung" (*KrV*, B 207f). Sie ist nicht mit der modalen Bestimmung der Existenz zu verwechseln, die Kant „Dasein" nennt. Vielmehr ist die hier untersuchte Annahme als normative Anforderung an den Mittelgebrauch zu verstehen, die dieser von seinem Zeichencharakter her schon erfüllen muß, um für modale (und relationale) Bestimmungen überhaupt herangezogen werden zu können.

Das „Reale der Empfindung" ist eine Empfindung, die eine intensive Größe hat. „Eine jede Farbe, z. B. die rote, hat einen Grad, der, so klein er auch sein mag, niemals der kleinste ist" (*KrV*, B 211). Der kleinste Grad wäre = 0; ein solcher „Mangel des Realen" kann „nicht wahrgenommen werden" (B 214). Für die Existenz-Festlegung des Gegenstandsbezugs ist der qualitative Inhalt der Empfindung nicht hinreichend. Er ist das, was er ist, ohne Bezug auf ein zweites Moment. Auch sein wiederholtes Auftreten in anderen Anschauungsvorkommnissen würde nichts anderes präsentieren als dieselbe einfache Qualität. Sinzeichen hingegen können genau dadurch eine existentielle Relation zu einem solchen zweiten Moment aufbauen, daß sie selbst als Existierendes auftreten. Eine Anschauung bzw. Empfindung, die in der Intensität zu- und abnehmen kann, ist nichts Einfaches mehr. Sie ist das, was sie ist, nur in Bezug auf ein zweites Moment: den veränderbaren Intensitätsgrad. Die Intensität betrifft also nicht den Anschauungsinhalt, sondern die Anschauungsvorkommnisse, und zwar in ihrem Objektbezug.

Das gilt auch für den folgenden komplexeren Fall: Aufeinanderfolgende Anschauungsvorkommnisse mit verschiedenen, sich qualitativ ausschließenden Inhalten wie „rot" und „grün" können nur dann als Eigenschaftsänderung auf denselben Gegenstand bezogen werden, wenn der Übergang als kontinuierliches Ab- und Zunehmen des Intensitätsgrades konstruiert werden kann (*KrV*, B 253f). In jedem Fall wird der Intensitätsgrad der Empfindung zum Index des „Grad[s] des Einflusses auf den Sinn" (*KrV*, B 208), weil nur die Gradierbarkeit die Mittel in eine Abhängigkeit vom Gegenstand bringt und sie damit selbst als etwas Existierendes ausweist. Die Existenzfestlegung des Gegenstands erfolgt über die Festlegung der Existenz des Mittels. Auf den Gebrauch solcher Mittel ist der Zeichenbenutzer verpflichtet, der sich auf einen existierenden Gegenstand beziehen können will. Auch hier ist „intensive Größe" nicht eine Qualität des Anschauungsinhalts, sondern eine Korrektheitsbedingung für den Gebrauch von Anschauungsvorkommnissen. Natürlich kann der Gegenstandsbezug immer noch mißlingen. Auch Nachbilder haben eine Intensität. Doch ohne die Erfüllung dieser Bedingung liegen gar keine Wahrnehmungshandlungen vor; der Zeichengebrauch ginge ins Leere.

IV. Anschauungsinhalte als ikonische Qualizeichen

Die Analyse von Beispielssätzen wie „Dies ist glatt" oder „Dies ist rot"
hat den Anschauungsvorkommnissen die Funktion zugewiesen, die
auf der Ebene sprachlicher Äußerungen deiktische und indexikalische
Ausdrücke ausfüllen, nämlich den Gegenstandsbezug herzustellen.
Die Funktion des Prädikatausdrucks, dem Gegenstand Eigenschaften zu- oder abzusprechen, wurde in der Repräsentationstheorie bisher
vage damit umschrieben, daß diese Eigenschaften ebenfalls als Mittel
gebraucht werden, durch die auf den Gegenstand Bezug genommen
wird. Nun kommen die Eigenschaften der Tomate nicht zweimal vor,
sie wandern nicht in unseren Geist hinüber, wenn wir taktile und visuelle Erfahrungen machen – eine magische Auffassung, für die Kant nur
Spott übrig hatte (*Prolegomena*, AA IV, 282). Nur die Tomate ist rot und
glatt, nicht der Empfindungszustand, der als bloßes Mittel nicht Eigenschaften wie ein Gegenstand besitzen kann. Mit dieser Mißverständ-
nisse abwehrenden Feststellung ist allerdings noch nicht gesagt, worin
der positive Beitrag der Anschauungen bzw. Empfindungen besteht.

Ein konsequenter Externalismus, so sollte man vermuten, wird solche Empfindungszustände für irrelevant erklären und sein Heil in der
Korrelation von Prädikatengebrauch und Dingen suchen. Gewiß vermeidet er so den Rückfall in den „Mythos des Gegebenen", der dem
droht, der sich – wie Kant das zu tun scheint – auf den Anschauungsinhalt stützt, um zu rechtfertigen, warum wir einer reifen Tomate das Prädikat „rot" zuschreiben. Das Faktum, daß wir gerade in diesem Empfindungszustand sind (daß gerade diese Anschauungsinhalte auftreten),
scheint der Rechtfertigungsgrund für ein Urteil wie „Die Tomate ist rot"
zu sein. In aller Härte verlangt Kant: „Die Prädikate der Erscheinung
können dem Objekte selbst beigelegt werden, in Verhältnis auf unseren Sinn, z. B. der Rose die rote Farbe, oder der Geruch [...]" (*KrV*,
B 69f Anm.). Indes, was ist die rote Farbe „in Verhältnis auf unseren
Sinn"? Ist sie ein erlebter phänomenaler Anschauungsinhalt? Einerseits
hält Kant an der Grundintuition fest, daß die Anschauungsinhalte für
unsere Urteile keineswegs beliebig sind, andererseits muß er vermeiden,
sie in der Gestalt von Sinnesdaten zu innergeistigen Gegenständen zu
promovieren.

Hier kommt alles darauf an, die Anschauungsinhalte nicht dadurch
aus ihrer Mittelfunktion zu lösen, daß wir sie als qualitatives Erlebnis ver-

selbständigen. Durch diese Reifizierung rücken wir sie in die Nähe der sog. Qualia, die in der Literatur[16] meist als nicht-begriffliche, epistemisch in der Perspektive der ersten Person unmittelbar zugängliche, einfache, phänomenale Inhalte beschrieben werden. Sind sie einmal in dieser Weise reifiziert, kann man lange darüber streiten, ob ihre „Feinkörnigkeit" jemals durch noch so raffiniert aufbereitete Begriffe eingeholt und wie sie überhaupt identifiziert und reidentifiziert werden können.

Hält man sich konsequent an ihre Mittelfunktion, muß man auch Anschauungsinhalte als Zeichenmittel beschreiben. Ein genuines Zeichen ist nach Peirce eine irreduzible triadische Relation aus Mittel-, Objekt- und Interpretantenbezug. Die semiotische Erklärung spannt das Analysandum in einen Rahmen, der seine Bezüge nach der Wertigkeit ordnet. Das Zeichenmittel ist ein Erstes, das Objekt ein Zweites, der Interpretant ein Drittes. Demnach besteht das Wahrnehmungsbewußtsein einer roten Rose im Gebrauch von Anschauungen als Zeichenmittel im Hinblick auf die rote Rose als Objekt – gesteuert von Gebrauchsregeln als Interpretanten. Die Pointe besteht darin, daß es sich hier um eine dreistellige identitäre Relation handelt. Repräsentierendes und Repräsentiertes werden als eine in drei Bezügen ausdifferenzierbare Einheit verstanden. Die Eigenschaft der Rose *ist* der Anschauungsinhalt im Modus des Zeichenmittels und die Eigenschaft der Rose *ist* das Prädikat im Modus des Interpretanten.

Die Anschauungsinhalte finden ihren semiotischen Ort in den von einem Sinzeichen eingeschlossenen Qualizeichen: „Ein Qualizeichen ist eine Qualität, die ein Zeichen ist. Es kann nicht wirklich als Zeichen fungieren, ehe es nicht verkörpert ist".[17] Auch wenn sich Qualizeichen parasitär zu den sie verkörpernden Anschauungsvorkommnissen verhalten, sind sie genuine Zeichen mit allen Bezügen. Ihr Objektbezug ist ikonisch: „Ein Ikon ist ein Zeichen, das sich auf das von ihm denotierte Objekt lediglich aufgrund von Eigenschaften bezieht, die es selbst besitzt, gleichgültig, ob ein entsprechendes Objekt wirklich existiert oder nicht."[18] Peirces Definition zielt auf ikonisch fungierende Dinge,

---

[16] Vgl. stellvertretend für eine abundierende Literatur die in den Sammelbänden Esken/Heckmann, 1999, und Metzinger, ³1996, vertretenen Beiträge von Tye, Rey, Raffman und Lycan.

[17] Peirce, 1983, S. 123.

[18] Peirce, 1983, S. 124.

die wie Bilder, Diagramme und Muster beobachtbar sind – eine Voraussetzung, die Anschauungsinhalte gerade nicht erfüllen. Sie sind selbst keine Dinge, die Eigenschaften haben. Aber sie *sind* Eigenschaften des Objekts, hier im Modus des Angeschautseins.

Den Interpretantenbezug beschreibt Peirce unter dem Titel „Rhema" als „ein Zeichen, das für seinen Interpretanten ein Zeichen der qualitativen Möglichkeit ist, d. h., es wird so verstanden, daß es die Art eines möglichen Objekts repräsentiert."[19] Was Peirce „Rhema" nennt, heißt bei Kant „Begriff" und wurde als normative Dimension des Gebrauchs von Prädikatausdrücken rekonstruiert. In der Gestalt eines ikonischen Qualizeichens repräsentiert eine Anschauung ein Objekt nur der Möglichkeit nach, nicht aktual. Was die Qualität inhaltlich ausmacht, kommt über ein bestimmtes Prädikat wie „rot" ins Spiel; der rhematisch interpretierte Anschauungsinhalt repräsentiert dann die „Art eines möglichen Objekts", hier also alle möglichen roten Dinge. Ohne diese Festlegung, so muß die Überlegung fortgeführt werden, repräsentiert der Anschauungsinhalt nur ein Objekt überhaupt: „Der unbestimmte Gegenstand einer empirischen Anschauung heißt Erscheinung" (*KrV*, B 34).

Was Peirce für den Interpretantenbezug eines Zeichens nur stipuliert, nämlich den Objektbezug in seiner Möglichkeit verständlich zu machen, begründet Kant mit beträchtlichem argumentativen Aufwand. Einen Gegenstandsbezug hat eine Anschauung nur, wenn ihr Gebrauch für prädikative Festlegungen offen ist. Die auftretenden Anschauungen müssen den Verstandesfunktionen überhaupt gemäß sein. Allein so wächst ihnen „objektive Bedeutung" zu. Um das worst-case-Szenario auszuschließen, „es könnten wohl allenfalls Erscheinungen so beschaffen sein, daß der Verstand sie den Bedingungen seiner Einheit gar nicht gemäß fände, und alles so in Verwirrung läge, daß z. B. in der Reihenfolge der Erscheinungen sich nichts darböte, was eine Regel der Synthesis an die Hand gäbe" (*KrV*, B 123), setzt Kant die „Transzendentale Deduktion" in Gang. Wenn wir Anschauungsinhalte als Zeichen gebrauchen, dann dürfen wir voraussetzen, daß ihr Objektbezug nicht prinzipiell mißlingen kann.

In diesem Kontext bedeutet die Rede von Inhalten also die normative Festlegung, die dem Gebrauch von Anschauungsvorkommnissen

---

[19]　Peirce, 1983, S. 125.

überhaupt einen Objektbezug ermöglicht. Für diesen höchsten normativen Einsatz verwendet Kant den Ausdruck „transzendentaler Inhalt"
der Anschauungen (*KrV*, B 105). Er besteht in nichts anderem als in
den „Kategorien" genannten Regeln, die Kant als „Begriffe von einem
Gegenstande überhaupt, dadurch dessen Anschauung in Ansehung
einer der logischen Funktionen zu Urteilen als bestimmt angesehen
wird" (*KrV*, B 128). Was auch immer als Anschauungsinhalt auftritt, ist
in seinem Objektbezug urteilslogisch bestimmbar. Der „unbestimmte
Gegenstand einer empirischen Anschauung" ist unbestimmt nur hinsichtlich empirischer Prädikate, wohl aber bestimmt als Gegenstand
überhaupt. Der Gegenstand überhaupt ist der ikonische Gegenstandsbezug von Anschauungsinhalten, die als Qualizeichen gebraucht werden. Die Korrektheitsbedingungen für den Gebrauch solcher Zeichen
lassen sich dann mit dem Hinweis auf die Kategorientafel angeben. Ein
Gebrauch, der diese Regeln verletzt, verliert mit seinem Gegenstandsbezug auch seinen Zeichencharakter und zerstört sich damit selbst.

Unterhalb der Ebene konstitutiver Regeln lassen sich auch regulative
Regeln angeben, die die Frage beantworten: Wie kommt ein bestimmtes
Prädikat wie „rot" ins Spiel? Es muß doch, so lautete die ursprüngliche
Annahme, an den Anschauungsinhalten liegen, daß wir angesichts einer
roten Oberfläche das Prädikat „rot" gebrauchen und kein anderes.[20] Wir
behandeln den Inhalt von Anschauungen, in denen uns z. B. rote Oberflächen gegeben sind, dann als verläßlich, wenn Standardbedingungen
wie Tageslicht vorliegen. Der Objektbezug des Anschauungsinhalts wird
damit unter die normativ verstandenen Bedingungen seines Zustande-
kommens gestellt. Ob der Inhalt unter dem Prädikat „rot" korrekt auf
ein Objekt bezogen wird oder nicht, machen wir damit von dem Status
des Objekts abhängig.

Allerdings finden wir zu solchen Objekten keinen anderen Zugang
als den repräsentationalen über die Inhalte in Anschauungsvorkommnissen. Oben wurde dieser Sachverhalt so ausgedrückt: Auch die Stan-
dardbedingung kann nur mit Hilfe erfolgreicher Repräsentationen
bestimmt werden. Daß Tageslicht und kein künstliches Licht herrscht,
erkennen wir z. B. daran, daß bestimmte Oberflächen rot sind, und
zwar die, an denen wir den Anschauungsgebrauch eingeübt haben. Die
Normierung von Prädikatausdrücken im Sinne einer Wortbestimmung

---

[20]   Vgl. dazu ausführlich Schönrich, 2002, S. 192ff.

findet ihre semantische Ergänzung in der Normierung des Gebrauchs von Anschauungsvorkommnissen in Lernsituationen. Die Rede von einem Anschauungsinhalt ist so in eine Festlegung der Korrektheitsbedingungen des Gebrauchs von Anschauungsvorkommnissen auf Standardbedingungen transformiert worden. Darüber, ob ein Anschauungsvorkommnis repräsentational gehaltvoll ist, entscheidet nicht der qualitative Inhalt als solcher – was immer er sein mag. Wir können sogar eine systematische Vertauschung solcher Inhalte zulassen. Wo ich mir bei entsprechender Aufmerksamkeitsverlagerung ein Roterlebnis zuschreibe, mag eine andere Person genau das Erlebnis haben, das bei mir einem Grünerlebnis entspricht, ohne daß sich für diese Person in der korrekten Anwendung des Prädikats „rot" auf rote Oberflächen etwas ändert. Anschauungsinhalte zu haben heißt nicht, einen Inhalt zu erfassen und mit den Eigenschaften des Objekts abzugleichen, sondern lediglich sie in der beschriebenen Weise regelgemäß zu gebrauchen.

V. Die Grenzen der Externalisierung

Daß der Gebrauch von Anschauungen als Zeichenmittel deren externen Gegenstandsbezug noch nicht garantiert, sieht Kant selbst:

> „Wie kommen wir nun dazu, daß wir diesen Vorstellungen ein Objekt setzen, oder über ihre subjektive Realität, als Modifikationen, ihnen noch, ich weiß nicht, was für eine, objektive beilegen? Objektive Bedeutung kann nicht in der Beziehung auf eine andere Vorstellung [...] bestehen, denn sonst erneuert sich die Frage: wie geht diese Vorstellung wiederum aus sich selbst heraus, und bekommt objektive Bedeutung noch über die subjektive, welche ihr, als Bestimmung des Gemütszustandes, eigen ist?" (*KrV*, B 242).

Korrektheitsbedingungen sind keine hinreichenden, sondern nur notwendige Externalisierungsbedingungen. Auch die pünktlichste Erfüllung der Korrektheitsbedingungen treibt die Repräsentation nicht aus sich selbst heraus zu einem externen Objekt, das auch unabhängig von der Repräsentation ist, was es ist.

Diese Sachlage ruft den Außenweltskeptiker auf den Plan. Da der skeptische Illusionsverdacht, unter den er den externen Bezug stellt, aus der Erfüllung der Korrektheitsbedingungen nicht zu widerlegen ist, muß er das Externalisierungsprojekt anders ansetzen. Das Mannigfaltige der Anschauung besitzt noch eine letzte Komplexitätsstufe, insofern zusätzlich zur beschriebenen Rekurrenz auch noch wechselnde, sich im selben Qualitätsraum ausschließende Inhalte wie z. B. „rot" und „grün" oder „weich" und „hart" auftreten können. Hier reicht es nicht mehr, den Eigenschaften qua Anschauungen durch Hineinkonstruieren in die gleiche Raumstelle eine Extension zu verschaffen.

Noch einmal mit Hilfe der Inhaltsmetaphorik formuliert: Solche Inhalte können nur als wechselnde Bestimmungen an einem beharrlichen Substrat (oder zumindest in Bezug auf etwas Beharrliches) aufgefaßt werden. Nun ist ein Anschauungsvorkommnis mit dem Inhalt, den wir prädikativ als „beharrlich" angeben, nicht selbst etwas Beharrliches. Es wird sofort in den Sog der Rekurrenz hineingezogen; als dieses Vorkommnis tritt es auf, um wieder zu verschwinden. Seine Ersetzung durch ein anderes Vorkommnis mit dem gleichen Inhalt ist nicht das, was wir hier brauchen. Da die Rekurrenz alle Anschauungsvorkommnisse erfaßt, gilt: Das gesuchte Beharrliche kann nicht mehr repräsentational eingelöst werden; es muß ein „von allen meinen Vorstellungen unterschiedenes und äußeres Ding" (*KrV*, B XLI Anm.) sein, auf das wir unsere Repräsentationen beziehen.

Die scharfe ontologische Konsequenz, die wir gezogen haben, als wir Zeichenmittel-, Objekt- und Interpretantenbezug in eine identitäre Relation gesetzt haben, ist in einem Punkt zu relativieren. Wir können nicht mehr sagen: Die gesuchte Beharrlichkeit des Objekts ist der Repräsentationsinhalt im Modus des Repräsentiertseins. Das, worauf hier Bezug genommen wird, soll sich gerade dadurch auszeichnen, daß es ist, was es ist, ob es repräsentiert wird oder nicht. Das Externalisierungsprojekt stößt damit an eine unüberschreitbare Grenze, denn ohne in einen metaphysischen Realismus zurückzufallen, der den Objektbezug gleichsam von außen einsieht, läßt sich dieser nicht weiter positiv beschreiben. Die Kennzeichnung „Korrespondierendes außer mir" (*KrV*, B XXXIX Anm.) markiert nur ein negatorisch bestimmtes externes Etwas überhaupt.

Die Einheit, „durch welche alles in einer Anschauung gegebene Mannigfaltige in einen Begriff vom Objekt vereinigt wird" (*KrV*, B 139), ist nach Kant die Einheit des Selbstbewußtseins. Unserem Rekonstruktionsvorschlag zufolge beschreibt er mit dem Ausdruck „Bewußtsein" (und den als Regeln verstandenen Einheitsformen des Bewußtseins) den Interpretantenbezug der Anschauungen. Der Interpretant ist hier das Ensemble von Regeln, denen die Anschauungen gemäß sein müssen, um überhaupt in Urteilen wie „Die Rose ist rot" gebraucht werden zu können. Für die Frage nach der Externalisierung des Objektbezugs wird die Selbstbezüglichkeit entscheidend, mit der Kant die identitäre Beziehung von Objekt- und Interpretantenbezug ausstattet. Die Repräsentation eines Repräsentierten ist immer auch eine Selbstrepräsentation. Damit ist die Voraussetzung dafür geschaffen, daß das Repräsentierte als etwas verstanden werden kann, das in seinem Repräsentiertsein nicht aufgeht. Daß es da ein externes Etwas gibt, kann so immerhin von der Innenseite der Repräsentation aus angezeigt werden. Die Einheit des Objektbezugs nicht nur als Bewußtsein zu konzipieren, sondern als Selbstbewußtsein, heißt, die (im Bewußtsein, d. h. mit normativem Anspruch) indexikalisch auf ein Objekt bezogenen Anschauungsvorkommnisse selbst noch einmal als in dieser Beziehung stehend zu repräsentieren. Nur eine Repräsentation, die sich selbst als Repräsentation von dem unterscheidet, auf das sie sich bezieht, die also zur Selbstrepräsentation wird, kann diesen Bezug auch als ein dem Repräsentiertsein externes Etwas anzeigen.

Diese reflexive Struktur läßt sich in jedem urteilenden Anschauungsgebrauch wie „Diese Rose ist rot" nachweisen, wenn man ihn mit Peirce in seinem Interpretantenbezug als ein Dicizeichen analysiert.[21] Darunter versteht Peirce eine Zeichenstruktur, die über die Anschauungsvorkommnisse nicht nur indexikalisch einen Objektbezug herstellt, sondern die sich darüber hinaus selbst noch als in dieser indexikalischen Beziehung repräsentiert. Wie diese doppelte Repräsentationsleistung auf die beteiligten Anschauungsinhalte und -vorkommnisse sowie die prädikativen Ausdrücke abgebildet und wie deren zeichentheoretisches Zusammenspiel zu der reflexiven Einheit rekonstruiert werden kann, bedarf einer eigenen Untersuchung.

---

[21] Peirce, 1983, S. 68ff. Vgl. dazu Schönrich, 1999, S. 94ff.

Literatur

Brandom, R., 2000, *Expressive Vernunft. Begründung, Repräsentation und diskursive Festlegung*, Frankfurt/M.: Suhrkamp.

Cummins, R., 1991, *Meaning and Mental Representation*, Cambridge/Mass./London: MIT Press.

Frege, G., 1969, *Über Sinn und Bedeutung*, in: G. Frege, *Funktion, Begriff, Bedeutung. Fünf logische Studien*, hrsg. von G. Patzig, Göttingen: Vandenhoeck & Ruprecht.

Hanna, R., 2001, *Kant and the Foundations of Analytic Philosophy*, Oxford: Clarendon Press.

Esken, F./Heckmann, D. (Hrsg.), 1999, *Bewußtsein und Repräsentation*, Paderborn: mentis.

Metzinger, Th., ³1996, *Bewußtsein. Beiträge aus der Gegenwartsphilosophie*, Paderborn: Schöningh.

Mittelstraß, J., 1973, *Spontaneität. Ein Beitrag im Blick auf Kant*, in: G. Prauss (Hrsg.), *Kant. Zur Deutung seiner Theorie von Erkennen und Handeln*, Köln: Kiepenheuer & Witsch, S. 62–72.

Peirce, Ch. S., 1983, *Phänomen und Logik der Zeichen*, hrsg. von H. Pape, Frankfurt/M.: Suhrkamp.

Prauss, G., 1999, *Die Welt und wir*, Bd. II/1, Bonn: Metzler.

Putnam, H., 1979, *Die Bedeutung von „Bedeutung"*, Frankfurt/M.: Klostermann.

Rohs, P., 2001, *Bezieht sich nach Kant die Anschauung unmittelbar auf Gegenstände?*, in: V. Gerhardt/R.-P. Horstmann/R. Schumacher (Hrsg.), *Kant und die Berliner Aufklärung*, Bd. 2, Berlin/New York: De Gruyter, S. 214-228.

Schantz, R., 1996, *Wahrheit, Referenz und Realismus. Eine Studie zur Sprachphilosophie und Metaphysik*, Berlin/New York: De Gruyter.

Schönrich, G., 1981, *Kategorien und transzendentale Argumentation. Kant und die Idee einer transzendentalen Semiotik*, Frankfurt/M.: Suhrkamp.

Schönrich, G., 1999, *Semiotik zur Einführung*, Hamburg: Junius.

Schönrich, G., 2002, *Die inferentielle Struktur der Repräsentation als Zeichenprozeß*, in: R. Hiltscher/A. Georgi (Hrsg.), *Perspektiven der Transzendentalphilosophie im Anschluß an die Philosophie Kants*, Freiburg/München: Alber, S. 179-207.

Willaschek, M., 1997, *Der transzendentale Idealismus und die Idealität von Raum und Zeit*, in: *Zeitschrift für philosophische Forschung* 51, S. 537-564.

6. Sprachphilosophie

Kant in der gegenwärtigen Sprachphilosophie

WILHELM LÜTTERFELDS

Um die Bedeutung Kants für die gegenwärtige Sprachphilosophie angemessen beurteilen zu können, ist es notwendig, einigen werkimmanen-
ten und theoriegeschichtlichen Fragen nachzugehen:
(1) Kann in Kants Werk von einer „Philosophie der Sprache" gespro-
    chen werden und ist Kants Transzendentalphilosophie mit ihrem
    Apriori der Vernunft mit einer Sprachphilosophie kompatibel?
(2) Werden nicht Kants fundamentale transzendentale Einsichten über
    das Verhältnis von Erkenntnis und Welt durch die Sprachphiloso-
    phie verabschiedet, wie sie sich im 19. und 20. Jahrhundert heraus-
    gebildet hat?[1]

1. Eine Kontroverse und ihre gegensätzlichen Positionen

Die Antworten auf diese Fragen sind recht unterschiedlich und werden
hier nur summarisch erwähnt. Den bereits im Umkreis des Deutschen
Idealismus erhobenen Vorwurf (Hamann, Herder), Kant habe in seiner
theoretischen und praktischen Philosophie das Thema „Sprache" sträf-
lich vernachlässigt, wofür ebenso theoriegeschichtliche wie persönliche,
aber auch werkimmanente Gründe angeführt werden (Villers, 1997;
Cloeren, 1992; Gipper, 1987), steht die konträre Auffassung gegenüber,
Kants transzendentale Konzeption der theoretischen und praktischen
Erkenntnis impliziere eine Art transzendentale Konzeption der Sprache
und ihrer Grammatik (Simon, 1981). Ferner rechnet man Kants Philosophie entweder zur Tradition des kartesianischen Mentalismus mit

---

[1] Natürlich kann es sich bei folgender Abhandlung nur um eine Skizze und äußerst
    fragmentarische Darstellung vieldiskutierter und ausdifferenzierter Problemzu-
    sammenhänge handeln. Siehe aber auch die Beiträge von T. Grundmann und G.
    Schönrich in diesem Band.

seinem Dualismus von vorsprachlicher Vernunft und sprachlichen Zeichen (Rorty, 1981; Tugendhat, 1976). Oder man erblickt in transzendentalen Thesen des Kantischen Werkes grundlegende Einsichten, die in den sprachphilosophischen Theorien kritisch rezipiert und modifiziert wurden (Wittgenstein ²1995; Quine 1972; Apel 1974). Schließlich impliziert diese Kontroverse noch die völlig gegensätzlichen Auffassungen, Kants Transzendentalphilosophie sei aufgrund ihres fragwürdigen universellen und übergeschichtlichen Begriffes menschlicher Vernunft nicht vereinbar mit der Philosophie einer Sprache, die nur in den vielfältigen, kulturell kontingenten, sich verändernden Sprachen vorliegt (Gipper, 1987; De Mauro, 1982) – oder sie sei im Gegenteil dazu gerade ein theoretisches Paradigma der Welterkenntnis, das in ihrem Vernunftbegriff eine Art „Tiefengrammatik" (Simon, 1981) oder „transzendentale Semantik" (Hogrebe, 1974) bzw. „transzendentale Grammatik" (Stetter, 1997) vorformuliert habe, die dem vielfältigen kulturellen Pluralismus menschlicher Sprachen zugrunde liege, so daß auch Kants transzendentaler Vernunftbegriff nach wie vor unverzichtbar und unhintergehbar sei.

Nun steht Kants transzendentales Paradigma der Erklärung von Erkenntnis scheinbar losgelöst neben seinen Bemerkungen über die Sprache. Für die Thematik dieser Untersuchung ist es dennoch unvermeidlich, Kants Ausführungen über die Sprache darzustellen. Aber bedeutsamer ist es, jene Theorieelemente der Transzendentalphilosophie Kants herauszuarbeiten, die in den nach-kantianischen Sprachkonzepten kritisch rezipiert wurden. Und möglicherweise läßt sich in Kants eigener Sprachphilosophie ein struktureller Zusammenhang mit seiner transzendentalen Theorie der Erkenntnis herstellen.

2. Kants mentalistisches Bezeichnungs- und Kommunikations-Modell der Sprache und seine immanente Selbstkritik

Die wenigen Bemerkungen Kants über die Sprache, die man als seine „Philosophie der Sprache" auffassen kann, sind nicht immer kohärent. Denn darin steht das traditionelle Zeichenmodell der Sprache neben einer Konzeption der sprachlichen Grammatik, worin der Dualismus von Zeichen und Gegenstand gerade negiert wird. Auch wird der Parallelismus von Denken und Sprechen bisweilen von Kant korrigiert – zu Gunsten einer ursprünglichen Einheit beider. Und neben

der Konzeption eines vorsprachlichen kategorialen Apriori der kognitiven Vernunft findet sich auch die Reduktion dieses Apriori auf bloß
formale Synthesis-Regeln, die ihre Anwendung ausschließlich in der
kontingenten Erfahrung finden, so daß deren inhaltliche Bestimmung
auch nur in empirischen Paradigmen der Synthesis-Regeln von Begriffen und Ausdrücken vorliegt.

„Alle Sprache ist Bezeichnung der Gedanken, und umgekehrt die
vorzüglichste Art der Gedankenbezeichnung ist die durch Sprache, dieses größte Mittel, sich selbst und andere zu verstehen" (AA VII, 192).
Auf den ersten Blick wird die Sprache hier von Kant auf ein bloßes
instrumentelles sprachliches Zeichen reduziert, das – quasi ontologisch
– in die Trias: Gedanke-Zeichen-Objekt im Rahmen eines intersubjektiven Beziehungsfeldes eingeordnet ist. Dabei scheinen Gedanken (bzw.
Vorstellungen und Begriffe) ontisch vorsprachlich und sprachunabhängig zu sein, und die Sprache selbst auf eine zweifache instrumentelle
Funktion reduziert zu werden. Einerseits nehmen wir in sprachlichen
Zeichen subjektintern auf die eigenen Gedanken denotierend Bezug;
wobei die sprachlichen Zeichen ebenso ein bloß subjektives „Mittel der
Reproduktion" der Gedanken sind (AA V, 352). Und eine fundamentale Voraussetzung dafür scheint zu sein, daß es eine Parallelität und
Ähnlichkeit der „Form der Sprache" und der „Form des Denkens" gibt
(AA XXIX, 31), wobei es sich dabei um eine Verwandtschaft der kate-
gorialen „Form der Verknüpfung" und der grammatischen „Regeln des
wirklichen Gebrauchs der Wörter" handelt (AA IV, 323). In diesem
Bezeichnungsmodell ist das sprachliche Zeichen gleichsam ein instrumentelles Drittes, worin Vorstellung und Gegenstand mittelbar miteinander verknüpft sind, wobei es neben dieser mittelbaren sprachlichen
Verknüpfung noch die unmittelbare Verknüpfung von Vorstellung und
Gegenstand zu geben scheint (AA XV, 134). Andererseits ermöglichen
sprachliche Zeichen die intersubjektive Kommunikation, und dies
setzt natürlich voraus, daß Gedanken in ihrem kognitiven, propositionalen Gehalt intersubjektiv identisch sind.[2] Zum objektiven gedanklichen Gehalt tragen sprachliche Zeichen insofern inhaltlich nichts bei.
Deshalb sind sie für das transzendentale Konzept der Objekterkenntnis
unerheblich. Und auch die Kommunikation über Gedanken in indivi-

---

[2] Vgl. Freges „Drittes Reich" der „Gedanken" sowie Poppers „Welt 3" und deren
    kommunikative Intersubjektivität.

duellen, variierenden sprachlichen Äußerungen tangiert den Inhalt der Gedanken in keiner Weise.

Dieses Sprach-Modell scheint nun durchaus verträglich zu sein mit Kants fundamentaler Annahme einer kulturell universalen und übergeschichtlichen menschlichen Vernunft. Wie auch immer man dieses sprachliche Zeichenmodell mit Kant ausdifferenzieren mag (vgl. AA VII, 191ff). Eine Begründung für die Universalität der Vernunft bedarf keines Rekurses auf die Sprache.[3]

3. Vom Bezeichnungsmodell zur „transzendentalen Grammatik"

Wäre Kants Philosophie der Sprache mit diesem traditionellen Bezeichnungsmodell ausgeschöpft, dann wäre es lediglich als negative Folie ein nur bedingt richtiges und deshalb zu korrigierendes Sprachkonzept. Können gegen dieses Modell doch ähnliche Argumente geltend gemacht werden, wie Wittgenstein sie zu Beginn seiner *Philosophischen Untersuchungen* gegen die Zeichentheorie Augustinus' anführt.

Doch Kants sprachphilosophische Bemerkungen sind differenzierter, auch wenn dies zu einer radikalen Selbstkritik seines eigenen Bezeichnungsmodells führt. Es handelt sich dabei um Thesen, die gerade auch für die gegenwärtige sprachphilosophische Diskussion interessant sind. Denn darin ist Sprache für Kant mehr als eine bloß funktionale Bezeichnung der Gedanken.

Die bisherigen Überlegungen stellen bereits den traditionellen Dualismus von Gedanke und Zeichen in Frage. Wenn Kant die Sprache als „vorzüglichste Art der Gedankenbezeichnung" kennzeichnet und hinzufügt, sie sei das „größte Mittel", bereits „sich selbst", also nicht bloß „andere zu verstehen" –, dann gibt es ohne Sprache auch kein Verständnis der eigenen Gedanken. Diese sind dann keineswegs vorsprachlich und sprachfrei: „Denken ist [internes] R e d e n mit sich selbst" wie auch

---

3   Kants Begründung der Universalität seiner kategorialen Vernunft, die „für alles, was denkt, gültig sein solle", ist gerade das Problem, wenn diese universale kategoriale Vernunft durch eine „Übertragung dieses meines Bewußtseins auf andere Dinge" zustande kommen soll, „welche nur dadurch als denkende Wesen vorgestellt werden" (*KrV*, B 404ff). Denn dies scheint in einen universalisierten Solipsismus der eigenen Denkbedingungen zu münden, auch wenn nur diese Begründung für Kant „a p o d i k t i s c h" und die einer „r a t i o n a l e [n] Psychologie" ist (ebd.).

„innerlich H ö r e n" (AA VII, 192). Und es ist „nicht recht", einen Satz
lediglich als ein „m i t Wo r t e n ausgedrücktes Urteil [zu] definieren".
Selbst wenn man Urteile „nicht für Sätze" ausgibt, so bedient man sich
doch dabei bereits „in Gedanken der Worte" (AA VIII, 193f Anm.).

Derartige Bemerkungen Kants gehen von einer apriorischen Einheit
von Denken und Sprechen aus. Und die Struktur dieser Einheit läßt
sich nicht mehr durch das Bezeichnungsmodell aufhellen. Entgegen
Kants eigener Auffassung stellen darin sprachliche Zeichen keineswegs
nur eine mittelbare Verknüpfung von Vorstellung und Gegenstand her,
sondern gehören strukturell zu deren unmittelbarer Verknüpfung. Und
es kann keine Rede mehr davon sein, daß eine „reine" Vernunft samt
ihren kategorialen Verknüpfungsregeln die grammatischen Strukturen
der Sprache, wenn nicht hervorbringt, so doch zumindest bedingt.
Kategorien wie Urteile als gedankliche Gebilde liegen immer nur (im
eigenen wie fremden Selbstverständnis) im sprachlichen Zeichen und
Ausdruck vor. Ein einseitiges Bedingungs- oder gar Konstitutionsver-
hältnis zwischen beiden fällt weg.

Wenn wir „in Worten denken", läßt sich „die Form der Sprache"
und die „Form des Denkens" schließlich auch nicht mehr derart in einer
Einheit miteinander begreifen, daß man mit Kant dualistisch von einer
bloßen Parallelität und Ähnlichkeit beider spricht, selbst wenn man
eine „allgemeine Grammatik" bzw. „Grammatik des Denkens", etwa die
der „lateinische[n] Grammatik" unterstellt, die „sich für alle Sprachen
[schickt] weil sie am besten ausgearbeitet ist" (AA XXIX, 31).

Und entsprechend kann es dann auch keine zwei parallel verlaufende
Untersuchungen geben, die „sehr nahe verwandt" sind, wobei die eine
als transzendentale Philosophie die apriorischen Synthesis-Formen der
Kategorien in aller Erfahrung ausmacht, während die andere als Sprach-
wissenschaft die grammatischen Regeln im Sprachgebrauch ermittelt
(vgl. AA IV, 323). Kant hat offensichtlich kein angemessenes Modell
der von ihm selber vertretenen apriorischen Einheit von Denken und
Sprechen zur Verfügung, wie es etwa bei Hamann, Herder und Hum-
boldt und später z. B. in Cassirers Konzept der Sprache als „symboli-
scher Form" vorliegt (Cassirer, [10]1994).[4]

---

[4] Interessant ist in diesem Zusammenhang Kants eigener Sprachgebrauch z. B. in
der *Kritik der reinen Vernunft*, worin er die Ausdrücke „Urteil" und „Satz" in ihren
unterschiedlichen Varianten als austauschbar verwendet.

Mit all dem bewegt sich Kant faktisch, d. h. unreflektiert, bereits im „linguistic turn", er ist gerade auch in seinen transzendentalen Untersuchungen zur „reinen Vernunft" unbemerkt der Einsicht Wittgensteins verpflichtet: *„In der Sprache* wird alles ausgetragen".[5]

Insofern ist es auch nicht zufällig, daß Kant gelegentlich eine „t r a n - s z e n d e n t a l e G r a m m a t i k" erwähnt (AA XXVIII, 576). Denn dies läuft darauf hinaus, die transzendentalen Synthesis-Strukturen der „reinen Vernunft" nur als Strukturen identifizieren zu können, die in den grammatischen Verknüpfungs-Regeln der Sprache vorliegen. Dann gilt auch für diese Synthesis-Regeln Kants zentrale Einsicht, daß sie als grammatische „Bedingungen der Möglichkeit der Sprache" zugleich „Bedingungen der Möglichkeit der Gegenstände der Sprache" sind. Nicht zuletzt kann dann eine Untersuchung der menschlichen Sprache nicht nur ein anthropologisches Unterfangen sein, sondern gehört selber zur transzendentalen Philosophie.

Eine derartige „t r a n z e n d e n t a l e G r a m m a t i k" muß nun zum einen in den empirischen Grammatiken auffindbar sein, sofern sie zwar a priori „in unserm Verstande" liegt, aber zugleich „den Grund der menschlichen Sprache" enthält. Und zum anderen besteht dieser „Grund" in den Kategorien bzw. den entsprechenden grammatischen Synthesis-Regeln des objektiv gültigen und wahrheitsfähigen Ausdruck- gebrauches (ebd.).

Diesen kategorialen grammatischen Regeln kommt nun eine transzendental-konstitutive Funktion zu, die hier nur rekonstruie- rend skizziert werden kann, da Kant lediglich auf das Beispiel der unterschiedlichen Zeitformen der Grammatik und „adverbia" verweist und der differenzierten Ausarbeitung einer derartigen „t r a n z e n - d e n t a l e n G r a m m a t i k" nicht weiter nachgeht (ebd.). Grundle- gend ist der Gedanke, daß die Ausdrücke der Sprache – entsprechend den zeitlichen „Schemate[n]" der Kategorien – in ihrem objektiven und wahrheitsfähigen Gebrauch durch die grammatischen Synthe- sis-Regeln so miteinander verknüpft werden, daß diese Ausdrücke dadurch überhaupt erst eine „Beziehung auf O b j e k t e, mithin B e d e u t u n g" erhalten (*KrV*, B 185); was die zentrale Voraus- setzung aller wahrheitsfähigen, inhaltlichen, empirischen Aussagen ist. Sofern aufgrund der zwölf kategorialen Einheitsfunktionen des

---

5 Wittgenstein, 1989 a, S. 143.

Verstandes auch unterschiedliche grammatische Synthesis-Regeln für die auf Zeitbedingungen eingeschränkte Anwendung der sprachlichen Ausdrücke existieren müssen, ist die durch diese Regeln konstituierte „Bedeutung, d. i. [sc. sprachliche] Beziehung aufs Objekt", entsprechend ausdifferenziert (*KrV*, B 300). So kann man etwa nur derart identifizierend auf ein Objekt sprachlich bezug nehmen, daß es in sich selber eine relationale Einheit darstellt, indem sein referierender und identifizierender sprachlicher Ausdruck zugleich mit einem anderen verknüpft ist, worin demselben Objekt charakterisierende Eigenschaften beigelegt werden. Ferner kann ein sprachlicher Ausdruck nur so auf eine räumliche Objekteinheit bezogen werden, daß diese darin als extensive Größe gilt, d. h. das Objekt muß als Einheit seiner räumlichen Teile beschreibbar sein. Oder die sprachliche Bezugnahme auf ein Ereignis in der Zeit verknüpft dieses notwendig in einer zeitlichen Einheit mit der referentiellen Beschreibung eines anderen Ereignisses, andernfalls hätte diese Bezugnahme keine „Bedeutung, d. i. Beziehung aufs Objekt" – es läge kein objektives Ereignis vor.[6]

Dieses in einer „transzendentalen Grammatik" implizierte Konzept der „Bedeutung" als einer „Beziehung" sprachlicher Ausdrücke „aufs [bloß gedachte oder sinnliche] Objekt" ist keine gegenstandstheoretische Bedeutungstheorie, worin die Bedeutung eines sprachlichen Ausdrucks extensional im sprachunabhängig existierenden Gegenstand besteht. Denn die „Bedeutung" ist darin die durch kategoriale Synthesis der Begriffe bzw. Ausdrücke hergestellte „Beziehung" derselben „aufs Objekt". „Bedeutung" ist die Einheit der tatsächlich vollzogenen Referenz von Sprache und Gegenstand, die in einem durch Einheitsformen normativ geregelten Gebrauch von Begriffen und Ausdrücken entsteht – eine verblüffende Parallele zur späteren pragmatischen Gebrauchstheorie der Bedeutung etwa beim späten Wittgenstein.

Natürlich impliziert eine solche „transzendentale Grammatik" bekannte gravierende Probleme. So z. B., daß Kant zwar glaubt, in seiner „metaphysischen Deduktion" der reinen Verstandesfunktionen diese definitiv ableiten und so das Feld der „reinen Vernunft" begriff-

---

6   Dieser Sachverhalt wird nicht dadurch außer Kraft gesetzt, daß Kant die kategoriale „Beziehung aufs Objekt" an Zeitschemata bindet und vor allem im Sinne anschaulicher und nicht bloß gedachter Objekte auffaßt, weil letztere keinerlei kognitiven Wert haben. Denn Kant spricht auch in diesem Falle von einer allerdings bloß „transzendentale[n]" oder bloß „logische[n] Bedeutung" (*KrV*, B 305, 186).

lich ausmessen zu können.[7] Aber indem er eine vollständige „Tafel" reiner Verstandesbegriffe angibt (*KrV*, B 159, 106; AA IV, 322f), worin er definitiv sowohl „den Grund der menschlichen Sprache" (AA XXVIII, 576) als auch – infolge seiner Parallelitäts- bzw. Ähnlichkeitsthese – den „Grund" der grammatischen „Regeln des wirklichen Gebrauchs der Wörter" erblicken müßte (AA IV, 323), scheint er diesen „Grund" dennoch mit der Grammatik der lateinischen Sprache zu identifizieren (AA XXIX, 31). Er geht sogar soweit festzustellen, daß sich kein „Grund" angeben läßt, „warum eine jede Sprache gerade diese und keine andere formale Beschaffenheit habe, noch weniger aber, daß gerade so viel nicht mehr noch weniger, solcher formalen Bestimmungen derselben überhaupt angetroffen werden können" (AA IV, 323). Doch damit gerät Kants Konzept in das Dilemma, daß die kategorialen Synthesis-Regeln objektiv gültigen und wahrheitsfähigen Denkens bzw. Sprechens zum einen in einer „reinen Vernunft" verankert sind; zum anderen jedoch nur relativ in kontingenten, kulturell spezifischen Sprachen identifiziert werden können. Kants Konzept einer „transzendentalen Grammatik" scheint insofern mit dem Pluralismus kultureller Sprachen begrifflich verträglich wie auch nicht verträglich zu sein, mit Konzepten des Sprachrelativismus ebenso wie des Sprachuniversalismus.

4. Theorien der Transzendentalphilosophie Kants und ihre kritische Rezeption in der Sprachphilosophie

Geht man die unterschiedlichen sprachphilosophischen Konzeptionen der jüngeren Theoriegeschichte einmal durch, dann stellt man etwas Verblüffendes fest: Kants Philosophie der Sprache spielt darin so gut wie keine Rolle. Dagegen ist eine Reihe von Theorie-Elementen der Transzendentalphilosophie Kants von allergrößter Bedeutung. Im folgenden sollen einige der wesentlichen Elemente und deren Bedeutung für die sprachphilosophische Diskussion erörtert werden.

---

[7] Strawson hat Kant „als Vertreter der deskriptiven Metaphysik" angesehen – des Versuchs, „die allgemeinsten Grundzüge unserer begrifflichen Strukturen freizulegen" (Strawson, 1972 S. 9).

4.1. Welche und wieviele Klassen objektiv gültiger und wahrheitsfähiger Aussagen gibt es?

In Arbeiten Freges ([3]1969), Ayers (1970), Quines (1972) und Kripkes (1981) findet sich – direkt oder indirekt – ein Rückgriff auf Kants klassifizierende Theorie der Urteile als Aussagesätze. Im Vordergrund steht bekanntlich die Möglichkeit, analytische Aussagen von synthetischen zu unterscheiden und diese wiederum in Erfahrungssätze und apriorische Aussagen auszudifferenzieren. Die mehr oder weniger deutliche Spur dieses Kantischen Aussagen-Dualismus durchzieht die sprachphilosophische Theoriengeschichte und Kritik. Dabei ist es für den theoretischen Wert des Kantischen zweifachen Aussagebegriffes nicht so sehr von Bedeutung, daß man ihn als kognitive Engführung von Sprechakten im Sinne Austins (1972) und Searles (1976) auffassen kann, d. h. als Reduktion auf die konstativen Sprechakte, wobei Kants Konzept als wichtige interne Ausdifferenzierung desselben verstanden werden kann. Darin ist in der Tat die illokutionäre Funktion des Ausdrucks-Gebrauches sowie die perlokutionäre Rolle seiner sozialen Folgen übergangen, die diesen Aussagen als kommunikativen sprachlichen Handlungen zukommt. Doch diese Engführung des Kantischen Aussagebegriffs mag in Kants fundamentaler Überzeugung begründet sein, daß Urteile in Form von Aussagen als Handlungen einer menschlichen Vernunft vollzogen werden, die a priori intersubjektiv-allgemein ist und deren primäre Funktion darin besteht, kognitiv tätig zu sein, so daß auch deren philosophische Theorie vor allem vom Interesse geleitet ist, „die Möglichkeit, die Prinzipien und den Umfang aller Erkenntnisse a priori" zu bestimmen (*KrV*, B 6), wobei ihre kommunikative Fähigkeit von Kant durch die Einführung eines „Gemeinsinnes" a priori hergestellt ist, der Urteilsobjektivität nur in Einheit mit der sprachlichen Urteilsmitteilung ermöglicht (AA V, 238).

Demgegenüber hält Apel (1974) Kant eine Vernachlässigung des „Aprioris der sprachlichen Verständigung" vor, die er im Anschluß an Peirce dadurch beheben möchte, daß er Kants transzendentale Einheit des Objektbewußtseins mit einer „transzendentale[n] Synthesis der *Zeichen-Sinn-Interpretation* und *Wahrheits-Konsensbildung* in der unbegrenzten *Interpretationsgemeinschaft* der Forscher" verbindet – im Sinne eines Aprioris der Kommunikationsgemeinschaft und einer transzendentalen Hermeneutik.[8]

Eine kritische Rezeption des Kantischen Aussage-Dualismus liegt etwa bei Frege ([3]1969) vor. So geht Frege bei seinen Analysen der Aussagen über „Gleichheit" bzw. „Identität" davon aus, daß Sätze wie „$a=a$" „*a priori*" gelten und „nach Kant analytisch zu nennen" sind, während „$a=b$ oft" eine „sehr wertvolle Erweiterung[] unserer Erkenntnis" enthält und „*a priori* nicht immer zu begründen" ist.[9] Auch Kant legt bei analytischen Sätzen Identität zumindest „zugrunde" (AA XX, 323; vgl. dagegen *KrV*, B 10f), was bei synthetischen Sätzen a posteriori für Kant aber generell nicht der Fall ist; weshalb sie auch niemals a priori zu begründen sind. Dann stellt sich auch für Kant die Frage, wie erkenntniserweiternde synthetische Identitätssätze zu verstehen sind, etwa: „Der Abendstern ist der Morgenstern". Daß der Grund dieser identifizierenden Verknüpfung, in der die Ausdrücke auf einen identischen Gegenstand referieren, für Kant die Erfahrung ist, hat dann bereits in seiner Theorie zur Folge, daß synthetische Identitätssätze auf empirisch-kontingenter Kenntnis beruhen, obwohl ihre Identität Notwendigkeit mit sich führt – was umgekehrt für Kants Begriff der auf Identität gründenden analytischen Sätze besagen könnte, daß deren „Erläuterung" nicht auf einer ausschließlich erfahrungsunabhängigen Analyse beruhen kann; zumal für Kant Begriffe darin auch „empirisch" sein können, also aus Erfahrung stammen, was wiederum ihre Analytizität in Frage stellen könnte (AA IV, 263f; Kripke, 1981). Insofern können in Kants Konzept inhaltlich unterschiedliche Erfahrungen in ihrem empirischen Objekt miteinander identisch sein; und zwar derart, daß man von einer beharrlichen „S u b s t a n z" in „a l l e m   W e c h s e l   d e r   E r s c h e i n u n g e n" spricht (*KrV*, B 224). Damit scheint Kant ähnlich wie Frege eine Differenz von verschiedenen empirischen „Arten des Gegebenseins" eines Gegenstandes (Freges „Sinn") und seiner dauernden Objekt-Identität (Freges „Bedeutung") zu unterstellen, so daß er in seinem Konzept erkenntniserweiternder synthetischer Identitätssätze mit Freges Konzept konform gehen könnte.

Interessant ist Wittgensteins Kritik an derartigen synthetischen Identitäts-Aussagen: Die Bedeutungsidentität „zweier Ausdrücke läßt

---

8   Apel, 1974, S. 302.
9   Frege, [3]1969, S. 40.

sich nicht *behaupten*". Denn dazu müsse die Kenntnis ihrer Bedeutung vorausgesetzt werden, die ihrerseits jedoch bereits ein Wissen um die Identität oder Verschiedenheit ihrer „Bedeutung" impliziere.[10] Allerdings unterstellt Wittgenstein wiederum, daß es eine sinnfreie, an keine Gegebenheitsweise gebundene Kenntnis des Referenz-Objektes geben kann – doch gerade dies ist in den fraglichen synthetischen Identitäts-Aussagen nicht der Fall. Ließe sich Freges „Bedeutung" (Kantisch: das dauernde Objekt im Wechsel seiner Erscheinungen) begrifflich und kognitiv von dem „Sinn" trennen, dann wäre es für synthetische Identitätsaussagen nicht möglich, ihnen eine erkenntniserweiternde Funktion beizulegen.

Auf Grund seines empiristischen Sinnkriteriums reformuliert Wittgenstein nun im *Tractatus logico-philosophicus* den Kantischen Dualismus der kognitiven Satz-Klassen; freilich mit bezeichnenden Einschränkungen und Modifikationen. Ausschließlich jene Sätze, die sich in ihren gedanklichen Gehalten bzw. in ihrem Sinn abbildend auf die empirischen Tatsachen der Welt beziehen, haben einen aussagbaren wahren Gehalt und sind wahrheitsfähig – für Wittgenstein „die Gesamtheit der Naturwissenschaften" (*Tractatus*, 4.11; vgl. 6.53). Darin findet sich auch insofern der Kantische Synthesis-Gedanke wieder, als derartige „logische Bilder" oder „Gedanken" (ebd., 2.18f; 3) aus einem von uns hergestellten „Zusammenhang" ihrer „Elemente" als Vertreter der Gegenstände der Tatsachen bestehen (ebd., 2.1, 2.15). Wahr ist schließlich ein Satz, der einen Sachverhalt abbildet, wenn dieser Sachverhalt auch als Faktum der Welt existiert, was durch Wirklichkeitsvergleich festgestellt wird – Kants Erfahrung als fundamentale Wahrheitsbedingung.

Demgegenüber identifiziert Wittgenstein die analytischen Sätze mit den „Sätze[n] der Logik" (ebd., 6.11), ohne ihnen jedoch auch eine abbildende, und d. h. kognitive Funktion einzuräumen. Sie „sagen" insofern „nichts", weshalb sie „Tautologien" sind (ebd., 6.1). Doch auch Kant kennzeichnet bisweilen analytische Sätze als „identische" (*KrV*, B 16) und müßte dann rechtfertigen, worin deren „erläuternde" Funktion besteht. Denn als Identitäts-Sätze sagen sie nichts Inhaltliches aus (AA XX, 322).

Kantkritisch greift auch Ayer Wittgensteins reduktives Konzept sinnvoller Sätze wieder auf. Dabei besteht seine Kritik vor allem darin,

---

[10]   Wittgenstein, ²1995, 6.2322.

daß er zwar am fraglichen Dualismus der Sätze bzw. der in ihnen ausgedrückten Propositionen festhält. Aber er weist Kants Unterscheidungskriterien, die zwischen Psychologie und Logik schwanken, zurück. Er ersetzt sie durch das Kriterium, ob die Geltung der Satz-Propositionen von der Definition der im Satz vorkommenden Symbole abhängt oder von Erfahrungstatsachen. Dann besteht die Funktion analytischer Sätze ausschließlich darin, ohne Erkenntniserweiterung bereits vorhandenes Wissen über die Verwendungsweise sprachlicher Ausdrücke zu explizieren.[11]

Von radikalem Zuschnitt ist die Kritik, die Quine (1972) und in späteren Schriften am Kantischen Dualismus der Satz-Klassen übt, indem er diesen Dualismus generell in Zweifel zieht.[12] Seine Kritik kann man mit Kutschera auf das wichtigste Argument reduzieren:[13] Wenn die Analytizität von der Möglichkeit abhängt, die Ausdrücke eines Satzes durch synonyme andere zu ersetzen, wobei dieser Satz infolge der bloßen Bedeutung seiner Ausdrücke logisch wahr ist, dann muß es eindeutige Kriterien der Synonymität geben, die eine Gleichheit und nicht bloß eine Ähnlichkeit der Bedeutungen feststellen lassen – was jedoch nicht der Fall sein soll.

Sind wir also genötigt, Kants Dualismus der Satz-Klassen aufzugeben? Als ein vielfach akzeptiertes Resultat ist festzustellen, daß durch sie der begriffliche Dualismus der Erkenntnis-Klassen bei Kant und Wittgenstein sowie im logischen Empirismus nicht überhaupt verabschiedet, sondern kritisch modifiziert wird. Allerdings mit einer bezeichnenden, weil relativierenden Einschränkung. Ihm wird ein sprachliches „Bezugssystem" (Wittgenstein)[14] unterlegt, das durch seine logischen, semantischen und pragmatischen, d. h. im weitesten Sinne „grammatischen Regeln" festlegt, was die Kriterien des Unterschiedes von analytischen und synthetischen Aussagen sind. Und dieses „Bezugsystem" ist zwar

---

[11] Ayer, 1970, S. 100ff. – Wenn allerdings für Ayer der Prozeß der Definition sprachlicher Symbole eine „*Gebrauchs*definition" ist und wenn die Brauchbarkeit dieser Definition auch davon abhängt, daß sie „tatsächlich von einer Menschengruppe befolgten Konventionen" entspricht (S. 91), dann beruht sie auf nichtanalytischen Verknüpfungen mit einer sprachlichen Praxis.

[12] Quine, 1972.

[13] Kutschera, ²1975, S. 104ff.

[14] Wittgenstein, 1989 b, § 83. Vgl. dazu etwa Carnaps Unterscheidung von „internen" und „externen" Fragen des „linguistischen Rahmenwerks" (Carnap, 1972).

nicht unveränderlich im Sinne einer überkulturellen „reinen sprachlichen Vernunft". Gleichwohl wird in ihm für die Sätze einer kulturellen Sprache festgelegt, was darin als sinnvolle, analytische, in ihrer Wahrheit von der Ausdrucksbedeutung abhängende Aussage gilt und was synthetische, lediglich wahrheitsfähige Aussagen über die Welt und deren Tatsachen sind. Die grammatischen Regeln eines derartigen „Bezugssystems" einer Sprache liegen dann auch der Unterscheidung analytisch/synthetisch zugrunde, indem sie z. B. die Art der Verknüpfung von „Junggeselle" und „unverheirateter Mann" als analytisch normieren.

Ein weiterer entscheidender Unterschied zwischen der Position Kants und der des Positivismus und Empirismus betrifft die heikle Frage der synthetischen Sätze a priori als dritte Kantische Satzklasse. „Ein a priori wahres Bild [der Tatsachen der Welt] gibt es nicht" (Tractatus, 2.225). Wittgenstein weiß, daß seine Negation der Kantischen Annahme eine – von ihm notwendig unterstellte – objektive und wahre Aussage sein muß, die jedoch nach seinem eigenen empiristischen Sinn-Kriterium logisch ausgeschlossen ist, obwohl sie wie die übrigen Sätze des Tractatus logico-philosophicus dessen theoretisches Fundamt darstellen. Deshalb gerät Wittgenstein in die Paradoxie, nicht-tautologische und nicht-abbildende Sätze der Philosophie zuzulassen, ja, sie in gewisser Weise zu postulieren, um sie dann aber als benützte „Leiter" am Ende wegen ihres „Unsinns" wegwerfen zu müssen (Tractatus, 6.54). Wie kann man aber über „Unsinn" hinaufsteigen? Daß diese Aussagen-Paradoxie die gesamte empiristische Metaphysikkritik durchzieht, zeigt nur, daß sich Philosophie generell und nicht nur die der Kantischen Tradition der Frage nach der Möglichkeit eines nicht analytischen, aber erst recht nicht empirischen, also irgendwie synthetischen Apriori von Aussagen über die Welt nicht entziehen kann, indem sie letztere einfach negiert.[15]

---

[15]   Diese Paradoxie entwertet dann auch in gewisser Weise Wittgensteins frühe Reduktion der Philosophie auf „Sprachkritik" (Tractatus, 4.003f) sowie ähnliche Konzepte etwa bei Schlick und Carnap. Allerdings hat auch Kant in seiner „Dialektik" der Kritik der reinen Vernunft metaphysische Sätze über die Welt, die Seele und Gott wegen ihrer Antinomien, Trugschlüsse und fehlerhaften Beweise abgelehnt; obwohl sie wie bei Wittgenstein die wichtigsten Fragen des Menschen betreffen, die Kant jedoch nicht wie Wittgenstein dem Bereich des sich bloß „zeigenden" „Unaussprechlichen" und „Mystischen" zuweist, sondern dem Feld praktischer Vernunfterkenntnis.

4.2. Vom synthetischen Apriori zum „transzendentalen Satz"

Bei Kant ist die Antwort auf die Frage nach der Möglichkeit synthetischer Sätze a priori jedoch keineswegs einheitlich, im Gegenteil, sie ist widersprüchlich. Kants Konzeption der synthetischen apriorischen Aussagen enthält nämlich einen bezeichnenden Dualismus.

Zwar vertritt Kant in der *Kritik der reinen Vernunft* weitgehend die Auffassung, daß Sätze wie das Axiom von der extensiven Größe anschaulicher Körper oder der Kausalsatz apriorische, d. h. erfahrungsunabhängige und gleichwohl wahre, notwendige und allgemeingültige Aussagen über die empirische Welt als (subjektiv durch Anschauungs- und Verstandesformen bedingte) Erscheinung darstellen. Dabei können sie durch die schematisierte Anwendung der Kategorien auf das Raum-Zeit-Mannigfaltige in dessen „reiner Anschauung" als apriorische kognitive Aussagegehalte erzeugt werden.

Aber in der „Methodenlehre" der *Kritik der reinen Vernunft* bestreitet Kant eben diese Möglichkeit von synthetischen apriorischen Aussagen und reduziert hier philosophische Erkenntnisse auf „transzendentale Sätze", die im Gegensatz zu mathematischen Erkenntnissen als „V e r n u n f t e r k e n n t n i s   a u s   B e g r i f f e n" bestimmt sind, die das „Besondere nur im Allgemeinen" erfassen (*KrV*, B 741f, 748). Dieses in „transzendentalen Sätzen" begriffene „Allgemeine" sind dabei jene kategorialen Regeln der Verknüpfung, deren Anwendung erst in „m ö g l i c h e [r]   E r f a h r u n g" bzw. in „mögliche[n] empirische[n] Anschauungen" eine „Synthesis" herstellt; und zwar derart, daß eine solche kategoriale Synthesis und die durch sie erzeugte empirische Objekteinheit in „möglicher Erfahrung" lediglich „empirisch gesucht werden soll" (*KrV*, B 765, 749f). Doch dann ist die philosophische „V e r n u n f t e r k e n n t n i s   a u s   B e g r i f f e n" reduziert auf „unbestimmte Begriffe der Synthesis möglicher Empfindungen, so fern sie zur Einheit der Apperzeption (in einer möglichen Erfahrung) gehören" (*KrV*, B 751). Was demnach in philosophischer Erkenntnis von den Objekten der empirischen Raum-Zeit-Welt a priori antizipierbar ist, besteht nur aus dem kategorialen Allgemeinen einer empirisch offenen, synthetischen Regel-Praxis der Kategorien, die ihre objektbestimmende Anwendung ausschließlich in möglicher Erfahrung haben.

Damit verabschiedet Kant in radikaler Form sein eigenes Konzept synthetischer Sätze a priori. Denn dann gibt es zum einen keine apriorische Anwendung der kategorialen Synthesis-Regeln auf das raum-zeitliche Mannigfaltige in „reiner Anschauung". Und zum anderen fallen auch die derart schematisch hergestellten reinen Einheitsformen aller möglichen Erfahrungsobjekte weg und damit generell eine nichtanalytische apriorische Erkenntnis der Erfahrungsobjekte aus „reiner Vernunft". Damit modifiziert Kant selber seine Theorie der Erkenntnis-Klassen und antizipiert mit dieser Selbstkorrektur nicht zuletzt jene Kritik in der modernen Diskussion seiner Erkenntnis-Konzeption, worin weitgehend sein Konzept der synthetischen Urteile a priori verworfen wird.

Resümiert man auf diesem Hintergrund Kants Theorie der Typen kognitiver wahrheitsfähiger Aussagen, so ergibt sich ein differenzierteres Bild, als es üblicherweise in der sprachphilosophischen Diskussion nachgezeichnet wird. Darin sind mindestens acht derartige Satzklassen zu unterscheiden. Nämlich (1) analytische Sätze; (2) synthetische Sätze a posteriori, also Erfahrungsaussagen; (3) synthetische Sätze a priori, die in den Raum- und Zeit-Schemata die kategorialen Objekt-Einheiten der empirischen Welt kognitiv antizipieren; (4) transzendentale Sätze (im beschriebenen Sinn); wobei Kant diese Regel-Sätze durchaus für beweisbar und gewiß hält, weshalb er für sie dann jedoch auch einen propositionalen Aussagegehalt unterstellen muß, ohne daß er deren kognitive Struktur weiter analysiert (vgl. *KrV*, B 762ff, 815f). Offen bleibt auch die epistemische Struktur der (5) metaphysischen Sätze über die Möglichkeit von Freiheit und Weltschöpfung, die im Gegensatz zu metaphysischen Sätzen über den Kosmos (Anfang, Ende) sowie über die Seele (Immaterialität, Unsterblichkeit) sowie das damit verbundene Leib-Seele-Problem gerade nicht falsch bzw. ohne kognitiven Wert sind, sondern die durchaus wahr sein können (*KrV*, B 558f), ohne daß jedoch ihr propositionaler Gehalt sowie ihre Wahrheit im Sinne der anderen Satzklassen bestimmbar und begründbar ist. Ferner stellt sich die Frage, wie der epistemische Status jener Objektivität und Wahrheit beanspruchenden Aussagen (6) der *Kritik der reinen Vernunft* zu bestimmen ist, die Kant in seiner Sprache ununterbrochen benützt und die den erörterten Klassen gleichfalls nicht zugeordnet werden können. Hinzu kommt (7) als weitere kognitive Satzklasse jene der synthetisch-praktischen Sätze a priori, die Kant in seiner Moralphilosophie formuliert – und die den Status moralisch normativer Sätze oder Imperative erhalten.[16] Sie betreffen die Verknüpfung von Wille, Freiheit und kategorischem Imperativ und beziehen sich auf Phänomene der „intelligiblen Welt" sowie deren Verknüpfung mit Handlungen der empirischen Welt (AA IV, 420). Entsprechend müßte es auch synthetisch-praktische Sätze a posteriori geben. Nicht zuletzt ist die kognitive Struktur der ästhetischen Urteile (8) zu erwähnen, die für ihren propositionalen Gehalt zwar intersubjektive Geltung und Allgemeingültigkeit beanspruchen dürfen, aber keinerlei Geltung und Wahrheit für ihr referentielles Objekt – den ästhetischen Gegenstand (AA V, 213ff) – sieht man von der Frage nach der epistemischen Struktur der teleologischen Urteile über die Natur sowie der Urteile und Sätze der Kantischen „Rechtslehre" und Religionsphilosophie z. B. über das Böse überhaupt einmal ab. Kants Philosophie bedient sich offenbar eines höchst komplexen und differenzierten Gefüges von Satz- und Urteilsklassen.

4.3. Vom „transzendentalen Satz" zum „grammatischen Satz" (Wittgenstein)

Die Struktur der Kantischen „transzendentalen Sätze" läßt sich nun auf Wittgensteins „grammatische Sätze" abbilden. In seinen *Philosophischen Untersuchungen* (§ 251) und in *Über Gewißheit* (§ 58) faßt Wittgenstein Sätze wie „Jeder Stab hat eine Länge" oder „Ich weiß etc." nicht als apriorische wahre Aussagen über Sachverhalte auf, sondern bestimmt sie als

---

16 Brandoms Rückgriff auf Kant in seinem Inferentialismus, demzufolge praktischen Handlungen und Wahrnehmungen eine Anerkennung von bindenden Regeln zugrunde liegt sowie von damit eingegangenen Verpflichtungen, etwa der Begründung und Rechtfertigung, scheint die in normativen Sätzen formulierten Handlungsregeln den in epistemischen Urteilen angewandten kategorialen Synthesis-Regeln für den empirischen Wahrnehmungsgehalt anzugleichen (Brandom, 2001, S. 123). Entsprechend faßt er Kants „Ich denke" als „formale Dimension der Verantwortlichkeit *für* Urteile aus" (ebd., S. 208). Doch anerkennen und rechtfertigen, daß man kategorialen Gesetzen in Urteilen und Wahrnehmungsaussagen folgt, ist von anderer begrifflicher Struktur als die Anerkennung und Rechtfertigung der Befolgung einer praktischen Handlungsregel, die man im Gegensatz zu transzendental-kategorialen Gesetzen der Kognition befolgen kann oder aber nicht, so daß es nicht sinnvoll zu sein scheint, davon zu sprechen, daß das transzendentale „Ich denke" zu einer Verantwortlichkeit verpflichtet.

„grammatische Sätze". Darin werden jene Verknüpfungs-Regeln von Ausdrücken angegeben, die die sprachliche Form festlegen, in der die Sprache sich in ihren Ausdrücken auf die Wirklichkeit bezieht. Zugleich wird darin die objektive Bedeutung derartiger Ausdrücke bestimmt. Insofern legen sie auch dasjenige fest, was im „Sprachspiel" „Übereinstimmung von Sprache und Wirklichkeit" heißen soll. Daß man jedoch derartige „grammatische Sätze" als objektiv gültige und wahrheitsfähige Aussagen über die Welt auffaßt und sie dann als gesonderte philosophische Welterkenntnis ausgibt, darin besteht für Wittgenstein ihre Sprachverführung, wobei ihre „Oberflächengrammatik" ein derartiges sprachliches Mißverständnis suggeriert.

Damit hat Wittgenstein in solchen „grammatischen Bemerkungen" jene Funktion von Sätzen im Blick, die Kant – wie häufig angenommen – nicht den synthetischen Sätzen a priori, sondern den „transzendentalen Sätzen", der „V e r n u n f t e r k e n n t n i s   a u s   B e g r i f f e n", zuweist. Freilich bestehen gravierende Unterschiede. Kant legt die kategorialen Synthesis-Regeln einer „reinen Vernunft" bei, der eine „allgemeine Grammatik" als „Form einer Sprache überhaupt" entspricht (AA IX, 11). Und er unterstellt dabei, daß es in allen Sprachen bzw. in der Anwendung der Ausdrücke aller Sprachen „Zeitbedingungen überhaupt" gibt, wodurch der kategorial geregelte Ausdrucksgebrauch konkret eingeschränkt wird (KrV, B 750 Anm.; vgl. B 760f). Dies widerspricht einer zentralen These Wittgensteins, nach der „grammatische Sätze" ihren Ort nur im Pluralismus unterschiedlicher „Sprachspiele" haben und damit auch deren Charakter der kulturellen Relativität und Kontingenz teilen. Doch wenn in Kants Konzept „transzendentale Sätze" ihre Synthesis-Funktion ausschließlich in empirischer Anwendung und deren Paradigmen ausüben, dann sind sie gleichfalls durch die kontingente Pluralität und Relativität der Erfahrung geprägt.

Entschieden verneint schließlich Wittgenstein Kants Überzeugung, die „transzendentalen Sätze", etwa der Kausal-Satz, ließen sich a priori beweisen und rechtfertigen. Offensichtlich ist auch Kants Beweis für den Kausal-Satz zirkulär, sofern dieser „seinen Beweisgrund, nämlich Erfahrung, selbst zuerst möglich macht" (KrV, B 765). Demgegenüber reduziert Wittgenstein die „grammatischen Sätze" auf „Norm[en] der [sprachlichen] Darstellung" von empirischer Wirklichkeit, die lediglich eine „unwankende Grundlage" unserer Sprachspiele darstellen (Über Gewißheit, § 321, 403), ohne daß man noch sagen kann, daß diese „unwankende Grundlage" selber wahr, vernünftig und begründet ist; was jedoch auch nicht heißt, daß sie möglicherweise falsch, unvernünftig oder unbegründet ist. Sie sind lediglich in unserem sprachlichen Weltbezug faktisch unhintergehbar, unterliegen der Veränderbarkeit und stehen da „wie unser Leben" (*Über Gewißheit*, § 559, 205), das wir trotz seiner faktischen Kontingenz bei all unseren Erklärungs- und Begründungsversuchen als unhintergehbar voraussetzen müssen.

5. Die Realismus-Debatte – eine Reformulierung Kantischer Thesen?

Im folgenden sollen nun einige Theorien Kants erörtert werden, die für die jüngste sprachphilosophische Diskussion von Bedeutung sind. Dazu gehört vor allem das Realismus-Problem, worin es um die Frage geht, wie wir die Beziehung zwischen Denken bzw. Sprache und Welt verstehen und erklären können. Dies soll beispielhaft anhand einer kritischen Gegenüberstellung der Kantischen „idealistischen" Realismuskonzeption und der unterschiedlichen Realismus-Konzepte geschehen, wie Putnam sowie Searle und McDowell sie in ihren Arbeiten vorstellen.

5.1. Realismus oder Idealismus – Putnams Kantianismus

Bekanntlich hat Kants „kopernikanische Wende" den „stolze[n] Name[n] einer Ontologie" verabschiedet (*KrV*, B 303), und damit auch jede Form eines traditionellen metaphysischen Realismus, demzufolge die Außenwelt samt ihren Entitäten und Bestimmungen unabhängig vom menschlichen Subjekt existiert, von seinem Denken und seiner Sprache, und die gleichwohl in Urteilen und Aussagen im Sinne einer Adäquations- oder Korrespondenztheorie mit berechtigtem Wahrheitsanspruch erkennbar ist. Von Putnams verschiedenen Argumenten gegen dieses Konzept braucht hier nur eines zu interessieren. Denn dieses gleicht der Kantischen Argumentation. „Unabhängig von Begriffsschemata existieren keine ‚Gegenstände'. *Wir* spalten die Welt in Gegenstände auf, indem wir dieses oder jenes Beschreibungsschema einführen." Insofern sind für Putnam die „‚Gegenstände' selbst [...]

ebensosehr Erzeugtes wie Entdecktes, ebensosehr Produkte unseres begrifflichen Erfindungsvermögens wie ‚objektiver' – also willensunabhängiger – Faktor unserer Erfahrung".[17]

Kants entsprechende These lautet, daß die subjektiven Möglichkeitsbedingungen der Erfahrung (Anschauungsformen und kategoriales Begriffssystem) Möglichkeitsbedingungen der Gegenstände der Erfahrungen sind – einer Erfahrung, die allerdings ihr wirkliches Material zugleich kausal einer Sinnes-Affektion seitens der Dinge an sich verdankt. Kant kennzeichnet diese Position als Einheit von „empirische[r] Realität" und „transzendentale[r] Idealität" (vgl. *KrV*, B 44f, 52f; A 367ff). Diese Verbindung schließt es aus, Kants Position alternativ, im Sinne eines Entweder-Oder zu verstehen und ihm einen empirischen, subjektiven Idealismus zu unterstellen.

Auf der anderen Seite ist Kants „empirischer Realismus" nicht mit dem traditionellen metaphysischen Realismus zu verwechseln. Zwar existiert für ihn die erkennbare raum-zeitliche Welt unabhängig vom menschlichen Subjekt; zumal dieses Subjekt sich ja selber als leibliche Person samt seiner Erfahrung in dieser empirischen Welt befindet. Aber die Formen dieser empirischen Welt (Raum, Zeit, kategoriale Strukturen) sind ihrerseits „subjektiven" Ursprungs. Sie sind Formen der Anschauung, des Begriffs, so daß es sich gerade bei den Entitäten der subjektunabhängig existierenden Raum-Zeit-Welt um Inhalte unserer Anschauungen, Gedanken, unseres Bewußtseins (und um Bedeutungen unserer sprachlichen Ausdrücke) handelt – Kants „transzendentaler Idealismus".

Dieser Kantische Dualismus operiert offenbar mit einer höchst umstrittenen, aber auch höchst folgenschweren Trennung des empirischen, leiblichen Erkenntnissubjektes von einem „transzendentale[n] Subjekt" der Erkenntnis, der „transzendentalen Einheit der Apperzeption" (*KrV*, B 404, 139). Es wäre für Kant absurd, anzunehmen, bei den Anschauungs- und Denkformen handelte es sich um Formen des empirischen Subjekts, so daß derartige Formen etwa im kognitiven Apparat des Gehirns zu lokalisieren wären. Denn es sind Formen, unter deren Bedingungen gerade jene Dinge existieren, die wir z. B. immer an einem anderen Ort sehen, als wo wir uns selber befinden

---

[17]   Putnam, 1982, S. 78, 81.

(*KrV*, B 38) – diese Anschauungsform des Raumes ist nicht ins empirische Subjekt zu verlegen. Aber was ist dann unter diesem „transzendentalen Subjekt" zu verstehen; was unter der idealistischen Feststellung, daß die wirkliche empirische Welt „Inhalt" unseres sprachlichen Bewußtseins ist?[18]

Putnams These der Abhängigkeit der Gegenstände von unserem Begriffssystem – die Position des „internen Realismus" – wird häufig deswegen kritisiert, weil sie nicht nur auf den ersten Blick dieselbe Unverständlichkeit besitzt wie Kants Rede davon, er sei immer auch „transzendentaler Idealist". Dies besagt zwar keinerlei kausale Produktion der Entitäten der empirischen Welt, ihrer Existenz wie ihrer individuellen begrifflichen und sprachlichen Bestimmtheit. Aber die Frage bleibt auch für Putnam rätselhaft, was wir unter einer Außenwelt verstehen sollen, die gleichwohl „intern" in unserem begrifflichen und sprachlichen Denken existiert, in den Formen und Möglichkeitsbedingungen menschlicher Anschauung und kognitiver Vernunft.

Es wundert deshalb nicht, daß Putnam das Konzept des „internen Realismus" später gegen das des „natürlichen Realismus" austauscht. Doch damit geht er auch hinter die Kantische Version des „empirischen Realismus" zurück und hat Kant damit verabschiedet – zu Unrecht. Denn der „natürliche Realismus" ist Kants „empirischem Realismus" vergleichbar, und beiden liegt – so Kants Anspruch – der „transzendentale Idealismus" als dessen Grund und Rechtfertigung zugrunde. Beide Positionen unterstellen nämlich, daß wir in unserer Anschauung, in unserem Denken und in unserem Sprechen einen unmittelbaren Zugang zur subjektunabhängigen Wirklichkeit in Raum und Zeit selber haben; wir sehen, begreifen und bestimmen in unserer Sprache die Gegenstände in Raum und Zeit selber, die unabhängig von uns existieren, und nicht irgendwelche subjektinternen Sinnesdaten-Stellvertreter derselben.

Doch wie läßt sich dies begründen? Kants Argument lautet: Um die Dinge der Außenwelt „in einem andern Ort" sehen bzw. vorstellen zu können, als wo man sich selbst „befinde[t]", muß nicht nur der Raum „zum Grunde liegen", worin man selbst und die Dinge existieren, sondern die „Vorstellung des Raumes", d. h. die Anschauung der

---

[18] Möglicherweise läßt sich Nagels Konzept des „objektiven Selbst" (1992) als Reformulierung transzendentaler Subjektivität verstehen. Vgl. dazu Lütterfelds, 1999.

räumlichen Differenz zwischen einem selbst und den Dingen (*KrV*, B 38) – gleichsam der Gesichtsraum. Diese Differenz ist ebenso Bewußtseinsinhalt wie begrifflicher Sachverhalt. Für jede Anschauung eines Objekts im Raum (wie auch in der Zeit) gehören Anschauung und Begriff seiner raum-zeitlichen Subjektunabhängigkeit a priori als Möglichkeitsbedingung dazu. Und diese Begründung ist nun „transzendental idealistisch". Denn der „Grund" der Erfahrung der externen Welt ist subjektiv – eine Vorstellung bzw. Anschauung.

5.2. Wittgensteins Neutralisierung des Streites zwischen Realisten und Idealisten

Sprachphilosophisch gewendet besagt dies: Um eine „Tatsache [...], die einem Satz entspricht", angeben zu können, muß man „eben den Satz [...] wiederholen. (Wir haben es hier mit der Kantischen Lösung des Problems der Philosophie zu tun.)".[19] Ein sprachunabhängig existierendes Objekt, worauf sich etwa der Ausdruck „Katze" bezieht, kann man nur dadurch angeben, daß man eben diesen Ausdruck wiederholt, also nur „in der Sprache" – ein natürlich höchst problematischer Sachverhalt. Denn im wiederholenden Ausdrucksgebrauch ist z. B. dessen Sinn identisch mit dem Objekt bzw. der Tatsache, obwohl derselbe Ausdruck samt seinem Sinn zunächst und zugleich vom realen Objekt und den wirklichen Tatsachen unterschieden werden muß. Und es stellt sich die den „transzendentalen Idealismus" kennzeichnende Paradoxie ein, daß sich außersprachliche Sachverhalte als solche nur in der Sprache beschreiben lassen.

Dieser grammatische Kantianismus des späten Wittgenstein hat Folgen für die „Streitigkeiten zwischen Idealisten, Solipsisten und Realisten" (*Philosophische Untersuchungen*, § 402). Die umstrittene Realismus-Aussage „Es gibt physikalische Gegenstände" (*Über Gewißheit*, § 36) wird in diesem Streit sprachlich mißverstanden. Trotz ihrer „Oberflächengrammatik" handelt es sich nicht um eine sinnvolle, wahrheitsfähige Aussage, die von gewissen Spielarten des Idealismus bestritten wird, während Realisten sie argumentativ verteidigen. Dieser Streit ist gegenstandslos, weil der fragliche Satz überhaupt keinen behauptenden Aus-

---

[19]   Wittgenstein, 1977, S. 27.

sagecharakter hat. Vielmehr ist er ein wahrheits- und begründungsneu-
traler „grammatischer Satz", der einen bestimmten Ausdrucksgebrauch
in „Sprachspielen" formuliert. Darin wird der Ausdruck „physikalische
Gegenstände" in sinnvoller Weise so gebraucht, daß er eine bestimmte
Klasse von Objekten kennzeichnet, die in diesem Gebrauch zugleich als
sprachunabhängig bestimmt werden. Und dieser Gebrauch ist es, der
angibt, was die Bedeutung von „realer Außenwelt" bzw. „physikalische
Gegenstände" ist. Entgegen einem konträren Idealismus des „Sinnes-
daten-Sprachspiels" enthält ein solcher grammatischer Realismus bei
Wittgenstein freilich noch einen Rest-Kantianismus, sofern alles „in der
Sprache" ausgetragen wird, so vor allem der Bezug auf die Tatsachen der
externen Welt und die Verifikation einer Aussage durch diese Tatsachen,
die nur in Form der Wiederholung dieser Aussage möglich ist.

Dies impliziert freilich auch eine Kant-Kritik. Denn Kant hat seine
Aussagen über den „empirischen Realismus" und „transzendentalen
Idealismus" als objektiv gültige und wahre theoretische Behauptungen
der Philosophie aufgefaßt, so daß er auch einen „Beweis" seines „empirischen Realismus" in seiner „Widerlegung des Idealismus" als Negation der Außenwelt durchführt (*KrV*, B 274ff). Aber seinen eigenen
Erkenntniskriterien zufolge kann er derartige Aussagen gerade nicht als
synthetische Sätze a priori auffassen.

Nun kann man mit Kant jedoch kritisch gegen ihn selber geltend
machen, daß Realismus- bzw. Idealismus-Aussagen „transzendentale
Sätze" sind. Darin wird der korrekte empirische Gebrauch der Kategorien der Realität (Wirklichkeit, Dasein) als subjektive Möglichkeitsbedingung von Erfahrung und Gegenstand im Sinne einer Regel
der Synthesis des empirischen Materials formuliert. Für die Kategorie
der Realität (Wirklichkeit bzw. Dasein) besagt dies, daß von Objekten
der Außenwelt nur derart gesprochen werden kann, daß sie Inhalt
wirklicher Erfahrungen, des realen empirischen Bewußtseins und
seiner empirischen Aussagen sind, die sich in ihrem Inhalt auf Etwas
beziehen, das „an einem anderen Ort" wahrgenommen wird, als wo
sich das erfahrende Subjekt selber befindet. Diese Synthesis im Inhalt
der Erfahrung bzw. des empirischen Bewußtseins, worin subjektive
Vorstellungen mit subjektexternen Gegenständen in Raum und Zeit
verknüpft sind, ist nur selber eine apriorische Leistung einer subjektiven kategorialen „Verstandesform" – der modalen Kategorie der
Realität als Wirklichkeit. Kants Position des „empirischen Realismus"

und des „transzendentalen Idealismus" beschreibt insofern in Wittgensteins Sichtweise lediglich die Grammatik bestimmter, nämlich physikalischer „Sprachspiele" und ihres Vokabulars, sofern es sich „in der Sprache" auf sprachunabhängige Gegenstände bezieht. Daß diese „Sprachspiele" gespielt werden, ist – so Wittgenstein – dann ein nicht hintergehbares und nicht weiter begründbares Faktum der Sprache selber, und nur darauf kann sich die philosophische Theorie über eine externe Welt beziehen.

5.3. Realismus als „Hintergrundbedingung" (Searle)

Abschließend lassen sich diese Überlegungen durch einen Blick auf die jüngste Diskussion aktualisieren. So stellt Searle fest: „Der externe Realismus ist [...] keine These oder Hypothese, sondern die Bedingung für die Aufstellung bestimmter Arten von Thesen oder Hypothesen."[20] Denn die „Existenz einer Außenwelt" ist nicht nur in ihnen, sondern selbst dann vorausgesetzt, wenn es um die These des Außenweltrealismus selber geht, um ihre Begründung oder Kritik (ebd.). Der externe Realismus ist als derartige „formal[e]" „Hintergrundvoraussetzung" auch keine Aussage über irgendwelche „Objekte im Raum" (ebd., S. 193), insofern auch „keine Wahrheitsbedingung" derartiger Aussagen, sondern eine vorausgesetzte *„allgegenwärtig[e]"* (ebd., S. 195) Bedingung (ebd., S. 197). Schließlich bestimmt dann der Außenweltrealismus auch nicht die „Art und Weise", „wie Dinge in Wirklichkeit sind, sondern eher *einen Raum von Möglichkeiten"* (ebd., S. 192).

Diese These Searles vom externen Realismus läßt sich durchaus als indirekte Reformulierung der transzendentalen Realismus-Theorie Kants und deren grammatischer Konzeption bei Wittgenstein auffassen – Außenweltrealismus als (grammatische) Möglichkeitsbedingung der Erfahrung bzw. ihrer Aussagen und der Gegenstände der Erfahrung. Wenn Searle nun glaubt, daß es gleichwohl ein „,transzendentales' Argument" geben soll, das zumindest „die Wahrheit des externen Realismus" zu „zeigen" erlaubt, weil er in unseren sprachlichen Handlungen als Möglichkeitsbedingung vorausgesetzt ist

---

[20] Searle, 1997, S. 187f.

(ebd., S. 193f), dann wird seine Konzeption – ähnlich wie die Kants im „Beweis" einer realen Außenwelt – inkonsistent; auch wenn ein derartiges Argument nicht die „Wahrheit des externen Realismus" beweisen soll, sondern nur dessen Voraussetzungscharakter für die kommunizierende Sprache (ebd., S. 194). Denn eine transzendentale „Hintergrundvoraussetzung" der Sprache und ihrer Aussagen ist selber kein aussagbarer, wahrheitsfähiger Sachverhalt, gegen den man etwa im Sinne eines „phänomenalistischen Idealismus" kritische Einwände geltend machen (ebd., S. 193) oder für den man argumentieren könnte. Auch enthält Kants Konzeption des „empirischen Realismus", der nur in Einheit mit einem „transzendentalen Idealismus" vorliegt, ein weiteres kritisches Argument gegen Searle. Wenn es sich nämlich beim externen Realismus als Möglichkeitsbedingung unserer Sprach-Praxis um eine „Wirklichkeit" handeln soll, die „unabhängig von *aller* Repräsentation ist" (ebd. S. 200) – im Gegensatz zu „gesellschaftlich konstruierte[r] Wirklichkeit" wie „Ehen und Geld" –, und wenn Searle als Beispiele etwa den Mount Everest oder auch Atome anführt (ebd.), dann übergeht er Kants wie auch Wittgensteins Einsicht, daß alles, worauf wir uns überhaupt anschaulich und begrifflich bzw. sprachlich in derartigen Behauptungen der Repräsentations-Unabhängigkeit beziehen können, entweder ein möglicher Inhalt unserer Anschauungen und unseres Begriffssystems ist bzw. eine mögliche sprachliche Bedeutung von Ausdrücken, und damit gerade in ihrer Unabhängigkeit repräsentationsbedingt; oder aber Kants unerkennbares Ding an sich, auf das wir uns nur von einem „Gottesgesichtspunkt" aus beziehen könnten, der uns aber nicht zur Verfügung steht. Nach Searle soll nun der externe (!) Realismus schließlich auch *„eine Seinsweise der Dinge"* darstellen, ohne daß man dazu „Raum und Zeit" rechnen muß, so daß die Unabhängigkeit der Außenwelt von unseren Repräsentationen lediglich eine *„logisch[e]"* ist (ebd., S. 165) und die „einzige wirkliche Wirklichkeit in geistigen Zuständen besteht" (ebd., S. 166). Doch wie kann man dann noch von einem „Außen"-Welt-Realismus sprechen, ohne eine unklare Metapher zu verwenden? Und wie kann die „wirkliche Wirklichkeit" nur „in den geistigen Zuständen" bestehen, ohne daß sie dann radikal durch unser Begriffssystem bestimmt ist?

5.4. Eine Wiederholung der Kantischen Realismus-Aporien
(McDowell)

Ähnliche Einwände lassen sich schließlich auch gegen die Bedeutungstheorie vortragen, die J. McDowell vorlegt.[21] In der Entsprechung zum
Kantischen Modell sollen subjektunabhängige Tatsachen der Welt,
von Gedanken, Erkenntnis und Begriff, auf die rezeptiven Sinne des
Subjekts kausal einwirken; wobei deren Wirkungen auf die Sinnlichkeit dann durch spontane, freie Begriffe bestimmt werden (McDowell,
1998, S. 50ff). Und dieses begrifflich bestimmte Sinnesmaterial ergibt
dann den Inhalt der Erfahrungen, der Begriffe, der Gedanken und
Urteile. Dieser Inhalt soll schließlich identisch sein mit der erfahrenen
und ausgesagten Tatsache der Welt, und zwar als subjektunabhängige
Entität. Die Tatsache ist insofern als „begriffliche[r] Inhalt einer Erfahrung" „dieselbe Sache" wie die subjektunabhängig existierende Tatsache (ebd., S. 51).

Daß mit dieser Konzeption für McDowell – so scheint es – eine
Reihe von „irreführenden intellektuellen Verpflichtungen der traditionellen Philosophie" kritisch erledigt sind (ebd., S. 174), ist jedoch
fraglich. Wenn Tatsachen jener Inhalt von Erfahrungen, Begriffen und
Urteilen sind, der einer spontanen begrifflichen Bestimmung des Subjekts unterliegt, dann ist darin gerade ihre Subjektunabhängigkeit entschieden negiert. Und wenn es genau diese Tatsachen sein sollen, die
eine kausale Wirkung auf die rezeptive Sinnlichkeit des Subjekts ausüben, dann steht in dieser kausalen Relation das Subjekt in den Welttat-
sachen mit den eigenen begrifflichen Konstrukten in Wechselwirkung.
Es sei denn, die kausale Relation entspricht der Kantischen zwischen
einem affizierenden Ding an sich und der rezeptiven Sinnlichkeit. Soll
ferner die Erfahrungs-Kontrolle von subjekt-unabhängigen Tatsachen
erfolgen, die jedoch nur als begrifflich bestimmter Erfahrungsinhalt zur
Verfügung stehen, wodurch geschieht dann die fragliche Erfahrungs-
Kontrolle? Ist die „Botschaft der Erfahrung" selber „ein Teil und keine
externe Einschränkung des Systems" der Erfahrung (ebd., S. 164), dann
kann die fragliche Kontrolle in der Tat „nicht von außerhalb der *denkbaren Inhalte*" stammen (ebd., S. 53). Doch was soll man dann unter

---

[21]   Zum Verhältnis Kant – McDowell aus erkenntnistheoretischer Perspektive siehe
       den Beitrag von D. H. Heidemann in diesem Band.

einem „rationalen (!) Zwang [verstehen], den die Welt ausübt" (ebd.,
S. 32)? Nicht zuletzt soll die „Rechtfertigung von Urteilen" über die
Welt implizieren, „daß man aus der Sphäre des Denkens hinaus auf
Merkmale der Welt zeigt". Aber „diese Zeigegeste[]" soll andererseits
keinerlei „Grenze" durchbrechen, sondern muß innerhalb der „Sphäre
des denkbaren Inhalts" bleiben (ebd., S. 64). Dann fällt aber jede Rechtfertigung von Urteilen weg, die nicht ihrerseits wiederum durch Urteile
und deren Gehalt geschieht, also durch das, was es gerade zu rechtfertigen gilt.

Mit diesem aporetischen Begriff von Tatsache, der zwischen Realismus und Idealismus oszilliert, verbleibt auch McDowells scheinbare
Verabschiedung irreführender traditioneller Probleme der Philosophie
in jenen Aporien hängen, die Kants zugleich realistisches und koper-
nikanisches Modell der Beziehung unserer Erkenntnis bzw. Sprache
auf die Welt impliziert und die mit seinem Konzept des „empirischen
Realismus" verbunden sind, der durch einen „transzendentalen Idealismus" begründet wird – jenseits jeder Alternative von Realismus und
Antirealismus.

Literatur

Ayer, A. J., 1970, *Sprache, Wahrheit und Logik*, Stuttgart: Reclam.
Apel, K.-O., 1974, *Zur Idee einer transzendentalen Sprach-Pragmatik*, in: J. Simon
    (Hrsg.), *Aspekte und Probleme der Sprachphilosophie*, Freiburg/München: Alber,
    S. 283-326.
Austin, J. L., 1972, *Zur Theorie der Sprechakte*, Stuttgart: Reclam.
Brandom, R. B., 2001, *Begründen und Begreifen*, Frankfurt/M.: Suhrkamp.
Carnap, R., 1972, *Bedeutung und Notwendigkeit*, Wien/New York: Springer.
Cassirer, E., [10]1994, *Philosophie der symbolischen Formen, Erster Teil – Die Sprache*,
    Darmstadt: WBG.
Cloeren, H. J., 1992, *Historisch orientierte Sprachphilosophie im 19. Jahrhundert*, in:
    M. Dascal/D. Gerhardus/K. Lorenz/G. Meggle (Hrsg.), *Sprachphilosophie*, 1.
    Halbband, Berlin/New York: De Gruyter, S. 144-162.
De Mauro, T., 1982, *Einführung in die Semantik*, Tübingen: Niemeyer.
Frege, G., [3]1969, *Funktion, Begriff, Bedeutung*, Göttingen: Vandenhoeck & Rup-
    recht.
Gipper, H., 1987, *Das Sprachapriori*, Stuttgart/Bad Cannstatt: Frommann–Holz-
    boog.
Hogrebe, W., 1974, *Kant und das Problem einer transzendentalen Semantik*, Freiburg/
    München: Alber.

Kripke, S. A., 1981, *Name und Notwendigkeit*, Frankfurt/M.: Suhrkamp.

Kutschera, F. v., ²1975, *Sprachphilosophie*, München: Fink.

Lütterfelds, W., 1999, *Nagels „Blick von Nirgendwo" – Eine aporetische Rehabilitierung der Transzendentalphilosophie?*, in: *Kant-Studien* 90, S. 204-222.

McDowell, J., 1998, *Geist und Welt*, Paderborn u. a.: Schöningh.

Nagel, T., 1992, *Der Blick von nirgendwo*, Fankfurt/M.: Suhrkamp

Putnam, H., 1982, *Vernunft, Wahrheit und Geschichte*, Frankfurt/M.: Suhrkamp.

Quine, W. V. O., 1972, *Zwei Dogmen des Empirismus* , in: J. Sinnreich (Hrsg.), *Zur Philosophie der idealen Sprache*, München: dtv, S. 167-194.

Rorty, R., 1981, D*er Spiegel der Natur. Eine Kritik der Philosophie*, Frankfurt/M.: Suhrkamp.

Searle, J. R., 1976, *Sprechakte – Ein sprachphilosophischer Essay*, Frankfurt/Main: Suhrkamp.

Searle, J. R., 1997, *Die Konstruktion der gesellschaftlichen Wirklichkeit*, Hamburg: Rowohlt.

Simon, J., 1981, *Sprachphilosophie*, Freiburg/München: Alber.

Stetter, C., 1997, *Schrift und Sprache*, Frankfurt/M.: Suhrkamp.

Strawson, P. F., 1972, *Einzelding und logisches Subjekt*, Stuttgart: Reclam.

Tugendhat, E., 1976, *Vorlesungen zur Einführung in die sprachanalytische Philosophie*, Frankfurt/M.: Suhrkamp.

Villers, J., 1997, *Kant und das Problem der Sprache*, Konstanz: Verlag am Hockgraben.

Wittgenstein, L., 1977, *Vermischte Bemerkungen*, Frankfurt/M.: Suhrkamp.

Wittgenstein, L. 1989 a, *Philosophische Grammatik*, in: *Werkausgabe*, Bd. 4, Frankfurt/M.: Suhrkamp.

Wittgenstein, L., 1989 b, *Über Gewißheit*, in: *Werkausgabe*, Bd. 8, Frankfurt/M.: Suhrkamp.

Wittgenstein, L., ²1995, *Tractatus logico-philosophicus*, in: *Werkausgabe*, Bd. 1, Frankfurt/M.: Suhrkamp.

Wittgenstein, L., ²1995, *Philosophische Untersuchungen*, in: *Werkausgabe*, Bd. 1, Frankfurt/M.: Suhrkamp.

7. Naturphilosophie und Wissenschaftstheorie
Kants Naturalismus-Kritik

BRIGITTE FALKENBURG

Viele Philosophen und Naturwissenschaftler deuten die Erfolge der modernen Naturwissenschaften heute im Sinne eines naturalistischen Weltbilds. Dieses Weltbild beruht auf Erklärungen, die sich auf naturwissenschaftliche Gesetze berufen und deren Erklärungsinstanzen sich auf physikalische, chemische und biologische Vorgänge beschränken, was auch immer es zu erklären gilt. Prominente Gegenstände naturalistischer Erklärungen sind Lebensvorgänge, Kognitionsprozesse und unsere Bewußtseinsinhalte, aber auch die Beschaffenheit des Universums insgesamt. Als philosophische Einstellung besteht der Naturalismus in der Überzeugung, die materielle Welt sowie alles darin, inklusive der menschliche Geist, sei vollständig durch Naturgesetze bestimmt und lasse sich im Prinzip – d. h. unangesehen aller gegenwärtigen Erkenntnisgrenzen – naturwissenschaftlich erklären. Daß das physikalische Fundament dieser Überzeugung eine recht lückenhafte Architektonik aufweist, betrachtet ein Naturalist nicht als ein grundsätzliches Problem, sondern als einen *status quo*, der in Zukunft sicher revidierbar sein wird.[1]

Mit dem Naturalismus hat sich schon Kant in seiner Philosophie kritisch auseinandergesetzt. Von der Auseinandersetzung mit seiner Theorie der Natur kann man bis heute philosophische Einsichten bezüglich der Reichweite naturwissenschaftlicher Erklärungen gewinnen; wie weit sie im Hinblick auf eine zeitgemäße Naturalismus-Kritik tragen, muß sich erst noch erweisen. Kants Theorie der Natur hat insgesamt eine anti-naturalistische Stoßrichtung. Ihre Grundlage sind die Theorie von Raum und Zeit als reine Formen der Anschauung und die Grundsätze des reinen Verstandes als allgemeine Naturgesetze. Die Verstandesgrundsätze, die bekanntlich den Charakter synthetischer Urteile a

---

[1] Zur modernen Naturwissenschaft vgl. den Beitrag in diesem Band von P. Mittelstaedt.

priori haben, begründen nicht eine *deskriptive,* sondern eine *konstruktive* Theorie der Natur. Danach strukturiert unser Erkenntnisvermögen die Naturerscheinungen, indem es gesetzmäßige Zusammenhänge wie das Kausalprinzip vorgibt. Kant selbst bezeichnete seine philosophische Position als Kombination von *empirischem Realismus* und *transzendentalem Idealismus.* Im folgenden befasse ich mich jedoch mit der Naturalismus-Kritik, die Kant unabhängig von seiner Transzendentalphilosophie entwickelte. Es gibt sie in einer vorkritischen und in einer kritischen Version. Dabei handelt es sich um zwei sehr unterschiedliche antinaturalistische Argumente, deren Funktion und Tragweite hier untersucht werden soll. 1. In der *Allgemeinen Naturgeschichte und Theorie des Himmels* von 1755 argumentiert Kant mit einem physikotheologischen Gottesbeweis gegen den Materialismus seiner Zeit. 2. In der *Transzendentalen Dialektik* der *Kritik der reinen Vernunft* führt er den Nachweis für die kosmologische Antinomie, die er als unabhängiges Argument für den transzendentalen Idealismus betrachtete. 3. Abschließend wird skizziert, wie beide Argumente aus heutiger Sicht zu beurteilen sind und was ihr Ertrag für die heutige Naturalismus-Diskussion sein kann.

1. Kants vorkritische Physikotheologie

Mit seiner vorkritischen Metaphysik und Kosmologie verfolgte Kant das Projekt, ein einheitliches System der Metaphysik nach Wolff-Baumgartenschem Zuschnitt zu begründen. Dieses System sollte wie folgt aufgebaut sein. Seine Grundlage bildete eine *metaphysica generalis,* eine rationale *Ontologie* oder Lehre von Gegenständen überhaupt, deren metaphysisches Kernprinzip Leibniz' Prinzip des zureichenden Grundes bildete. Darauf sollte sich eine *metaphysica specialis* mit den drei Teildisziplinen rationale *Kosmologie, Psychologie* und *Theologie* gründen. Soweit die traditionellen Vorgaben, wie man sie im Standardlehrbuch des Wolffianismus findet, beispielsweise in Baumgartens *Metaphysica.*

Kant wich schon in seinen vorkritischen Schriften in einigen Punkten entscheidend von diesen rationalistischen Vorgaben ab. Mit seinen 1755 und 1756 publizierten Schriften zur Kosmologie und Metaphysik strebte er nicht mehr und nicht weniger als die systematische Vereinheitlichung der zentralen Prinzipien der rivalisierenden metaphysischen Systeme seiner Zeit an, wie sie insbesondere in den Streitschriften zwischen Leibniz und Clarke debattiert worden waren. Es wird schon lange hervorgehoben, daß seine vorkritische Philosophie auf einem „irenischen Modell" der Integration gegensätzlicher Positionen in ein einheitliches System beruhte.[2] Kant entwickelte sie im Gegenzug zu den eklektizistischen Versuchen, einzelne Annahmen der Leibniz-Wolffschen Metaphysik hier und der Newtonschen Physik dort auf willkürliche Weise in ein Lehrgebäude zusammenzufügen. Ihm ging es um ein metaphysisches System mit tragfähigen vertikalen und horizontalen Verknüpfungen zwischen der allgemeinen Metaphysik und den Teildisziplinen der besonderen Metaphysik. Er wollte die Grundannahmen der Newtonschen Physik so in die rationale Kosmologie einbetten, daß sie einerseits mit Leibniz' Prinzip des zureichenden Grundes und andererseits mit den Inhalten der rationalen Gottes- und Seelenlehre vereinbar wurden. Die *Nova Dilucidatio* von 1755 diente dabei nicht nur dem vertikalen Brückenschlag zwischen dem Prinzip des zureichenden Grundes und dessen kosmologischen Anwendungen auf Atome bzw. physische Monaden, sondern auch der Vereinbarkeit von Kosmologie und Psychologie, von rationaler Körper- und Seelenlehre.[3] Eine rationale Kosmologie, die im Einklang mit den Gesetzen der Newtonschen Mechanik ist, sollte zugleich *anschlußfähig* an die Grundsätze der rationalen Theologie und Psychologie bleiben.

Die *Allgemeine Naturgeschichte und Theorie des Himmels* von 1755 verbindet die rationale Kosmologie durch einen physikotheologischen Gottesbeweis mit der rationalen Theologie. Die Vorrede zu dieser Schrift stellt das physikotheologische Argument des jungen Kant explizit in einen antinaturalistischen Kontext. Kant setzt sich dort mit dem Materialismus auseinander, der sich im Anschluß an Hobbes von England auf den Kontinent ausbreitete. Dabei bezieht er sich auf eine Spielart der englischen Aufklärungsphilosophie, welche die Grundüberzeugungen des Christentums naturalistisch umdeutete, den Aufbau des Universums mechanistisch erklärte und den Unterschied von Materie und Geist leugnete.[4]

---

[2]   Hinske, 1970, S. 123ff.

[3]   Insbesondere sollte (gegen Leibniz' Prinzip der prästabilierten Harmonie) sichergestellt sein, daß die Substanzen aufeinander einwirken und die Seele in Wechselwirkung mit der körperlichen Welt steht; vgl. AA I, 410ff.

[4]   Vgl. Überweg, [14]1958, S. 379.

„Wenn der Weltbau mit aller Ordnung und Schönheit nur eine Wirkung der ihren allgemeinen Bewegungsgesetzen überlassenen Materie
ist, wenn die blinde Mechanik der Naturkräfte sich aus dem Chaos so
herrlich zu entwickeln weiß und zu solcher Vollkommenheit von selber
gelanget; so ist der Beweis des göttlichen Urhebers, den man aus dem
Anblicke der Schönheit des Weltgebäudes ziehet, völlig entkräftet, die
Natur ist sich selbst genugsam, die göttliche Regierung ist unnötig, Epikur lebt mitten im Christentum wieder auf [...]." (AA I, 222).

In der *Allgemeinen Naturgeschichte* bezeichnet Kant den typischen Vertreter dieser Position abwechselnd als „Naturalisten" und als „Freigeist".
Gemeint ist ein Materialismus, der die heutige Anordnung der Himmelskörper im Weltall im Anschluß an den antiken Atomismus von
Lukrez und Epikur nach einer mechanistischen Korpuskularphilosophie
erklärt. Kant wehrte diese Spielart des Naturalismus ab, indem er sich
wie folgt auf die Gesetze von Newtons Mechanik berief:

„Die angeführten Lehrer der mechanischen Erzeugung des Weltbaues
leiteten alle Ordnung, die sich an demselben wahrnehmen läßt, aus
dem ungefähren Zufalle her, der die Atome so glücklich zusammentreffen ließ, daß sie ein wohlgeordnetes Ganzes ausmachten [...]. In meiner
Lehrverfassung hingegen finde ich die Materie notwendig an gewisse
notwendige Gesetze gebunden. Ich sehe in ihrer gänzlichen Auflösung
und Zerstreuung ein schönes und ordentliches Ganzes sich ganz natürlich daraus entwickeln." (AA I, 227).

Gegen die Rolle, die der Zufall in den Materietheorien der antiken Ato-
misten hatte, spielt Kant hier Newtons Auffassung aus, die Naturgesetze seien von Gott gegeben und bewirkten „die göttliche Regierung"
der Welt, die aus epikureischer Sicht „unnötig" sei. Das Ziel der Schrift
ist die Vermittlung zwischen Naturalismus und natürlicher Theologie,
oder zwischen den Argumenten von „Freigeist" und „Verteidiger der
Religion". Der Freigeist ist ein Naturalist, insofern er „der sich selbst
überlassenen Natur" die Fähigkeit zuspricht, sich nach mechanischen
Zufallsprozessen zur beobachtbaren Gestalt des Universums zu orga-
nisieren, während der Religionsverteidiger in der gegenwärtigen systematischen Verfassung der Welt „die unmittelbare Hand des höchsten
Wesens" am Werk sieht (AA I, 221). Kant führt aus, daß er von Epikur
die atomistische Materietheorie, nicht aber die materialistische Metaphysik übernimmt, um die gegenwärtige Gestalt des Universums zu
erklären. Diese Materietheorie entspricht dem dynamischen Atomis-

mus, den die *Monadologia physica* von 1756 begründet. In der *Allgemeinen Naturgeschichte* kombiniert Kant sie mit den Gesetzen der Newtonschen Mechanik und nimmt als hypothetischen Anfangszustand des Universums insgesamt eine chaotische Materieverteilung an. Daraus leitet er die Vorhersage her, daß sich die gegenwärtige Ordnung der Himmelskörper naturgesetzlich aus dem Anfangszustand im Universum entwickeln muß. Zur Legitimation seiner Vorgehensweise beruft er sich explizit auf Descartes.[5] Die Berufung auf dessen Vorgehen in den *Principia philosophiae* soll daran erinnern, daß eine Kosmogonie, die auf einer mechanistischen Korpuskularphilosophie beruht, keineswegs an eine materialistische Position gebunden ist.

Kant rekonstruiert nun die Entstehung des Sonnensystems sowie die Entwicklungsgeschichte des Universums insgesamt im Einklang mit den Gesetzen der Newtonschen Mechanik, um zu zeigen, daß die heute vorgefundene kosmische Ordnung nach Naturgesetzen aus dem Chaos entstanden ist. Zunächst postuliert er die Entstehungsgeschichte des Sonnensystems wie folgt. Eine anfänglich chaotische Materieverteilung hat sich nach den Gesetzen der Mechanik zunächst in einen Materiewirbel und dann in Sonne, Planeten, Monde und Kometen organisiert.[6] Nach demselben Erklärungsmuster entwirft er eine komplette physikalische Kosmogonie. Entscheidend für die Argumentation ist dabei sein Gedanke einer „systematischen Verfassung des Weltbaus" (AA I, 246). Die Materie im Sonnensystem beweist ihre „systematische Verfassung", indem Sonne, Planeten und Monde näherungsweise innerhalb ein und derselben Ebene organisiert sind, der Ekliptik. Dies weist auf ihre gemeinsame Ursache hin, nämlich auf die Selbstorganisation eines ursprünglichen Materiewirbels nach Newtons allgemeinem Gesetz der Gravitation. Diesen Gedanken überträgt Kant auf Systeme von Sonnen. Insbesondere postuliert er, daß es sich bei der Milchstraße um ein scheibenförmiges System von Sternen handelt, und daß es weitere Galaxien gibt. Er möchte so mittels der Kräfte und Gesetze der „Newtonischen Weltweisheit" zeigen, daß sich die Struktur der Welt, wie wir sie in den gegenwärtigen Himmelserscheinungen beobachten,

---

5   *Allgemeine Naturgeschichte*, AA I, 228: „Man wird mich übrigens des Rechts nicht
    berauben, das Cartesius, als er die Bildung der Weltkörper aus bloß mechanischen
    Gesetzen zu erklären wagte, bei billigen Richtern jederzeit genossen hat."
6   Man bezeichnet diese Theorie der Entstehung des Sonnensystems, die noch heute
    anerkannt ist, als Kant-Laplacesche Hypothese.

durch naturgesetzliche Selbstorganisation aus einem wohlbestimmten Anfangszustand entwickelt haben muß und letztlich auf eine einheitliche Ursache zurückzuführen ist (AA I, 234).

Diese Ursache wiederum identifiziert er schließlich nach dem physikotheologischen Gottesbeweis mit Gott als dem Schöpfer der Naturgesetze und des Anfangszustands der Welt. Auf diese Weise verknüpft er seine physikalische Kosmogonie mit dem Gegenstand der rationalen Theologie. In einer Art *inference to the best explanation* geht er so von einer empirisch begründeten Kosmologie zur rationalen Theologie über, indem er von der Ordnung des Weltbaus auf Gott als deren zureichenden Grund schließt. Kern dieses physikotheologischen Schlusses ist, die einheitliche *natürliche* Ursache der Ordnung im Universum, nämlich die Gesetze der Newtonschen Mechanik und deren Anfangsbedingungen, als Ergebnis des *übernatürlichen* Wirkens der Hand Gottes in der Welt zu betrachten. Gott fungiert hier als die „letzte" Ursache der sichtbaren „systematischen Verfassung" der Materie im Universum. Die Vorrede faßt dieses physikotheologische Argument wie folgt zusammen:

> „Die Materie, die der Urstoff aller Dinge ist, ist also an gewisse Gesetze gebunden, welchen sie frei überlassen notwendig schöne Verbindungen hervorbringen muß. Sie hat keine Freiheit, von diesem Plane der Vollkommenheit abzuweichen. Da sie also sich einer höchst weisen Absicht unterworfen befindet, so muß sie notwendig in solche übereinstimmende Verhältnisse durch eine über sie herrschende erste Ursache versetzt worden sein, und *es ist ein Gott eben deswegen, weil die Natur auch selbst im Chaos nicht anders als regelmäßig und ordentlich verfahren kann.*" (AA I, 228).

Kants philosophische Position von 1755 ist ein Rationalismus Wolff-Baumgartenscher Ausprägung; also das, was er später – nach der kritischen Wende – als *transzendentalen Realismus* bezeichnete. Gelegentlich, insbesondere in der Antinomienlehre der *Kritik der reinen Vernunft*, hat er diese rationalistische Position auch als „Dogmatismus" oder „Platonismus" bezeichnet und sie der Gegenposition des Epikureismus gleich gestellt, gegen die er 1755 noch vom rationalistischen Standpunkt aus argumentiert hatte. Spätestens 1781 hat er sein physikotheologisches Argument von 1755 nicht mehr akzeptiert. Die *Transzendentale Dialektik* der *Kritik der reinen Vernunft* kritisiert *alle* Gottesbeweise, darunter auch Kants frühere vorkritische Physikotheologie. Damit hat der erkenntniskritische Kant jedoch zugleich seiner vorkritischen Naturalismus-Kritik den Boden entzogen. Ich möchte nun zeigen, inwiefern die Antinomienlehre der *Kritik der reinen Vernunft* die Funktion erfüllt, an ihre Stelle zu treten und sie zu verschärfen.

2. Die kosmologische Antinomie

Die Lehre von der kosmologischen Antinomie ist das Kernstück der *Transzendentalen Dialektik.* „Dialektik" heißt für Kant „Logik des Scheins"; der transzendentale Schein, den der zweite Teil der transzendentalen Logik aufdecken soll, besteht in der Vorspiegelung der objektiven Realität von unerkennbaren Gegenständen spekulativer Vernunftideen. Dabei geht es genau um Ideen, die im Zentrum der Teildisziplinen der rationalistischen *metaphysica specialis* standen: die Seele, die Welt und Gott als Gegenstände der rationalen Psychologie, Kosmologie und Theologie. Gegenstand der Antinomienlehre ist die *kosmologische* Idee, d. h. die Vernunftidee der *materiellen Welt* im Ganzen ihrer raumzeitlichen Extension und ihres naturgesetzlichen Zusammenhangs. Dieser Gegenstand ist nichts anderes als die Natur insgesamt im Sinne des physischen bzw. physikalischen Universums.

2.1. Die Vervollständigung der Naturerkenntnis

Spekulative Vernunftideen beruhen auf dem Bedürfnis der menschlichen Vernunft nach der *Vervollständigung* unserer Erkenntnis. Der junge Kant hatte die Gegenstände dieser Ideen für erkennbar gehalten, die vorkritischen Schriften aus den Jahren 1755/56 zielen auf ihre Bestimmung und Einordnung in ein metaphysisches System. Nach der Erkenntnistheorie der *Kritik der reinen Vernunft* liegen die Gegenstände dieser Vernunftideen jedoch außerhalb des Bereichs objektiver Erkenntnis. Dabei hat der Weltbegriff eine Sonderrolle. Der Versuch, seine Inhalte als Gegenstände mit objektiver Realität zu erkennen, führt nach Kant in die kosmologische Antinomie, d. h. in einen Widerstreit entgegengesetzter Behauptungen über die Beschaffenheit der Welt im Ganzen ihres raumzeitlichen und dynamischen Zusammenhangs. Anders verhält es sich mit dem Anspruch, die Seele oder Gott zu erkennen. Beweise für die Unsterblichkeit der Seele oder die Existenz Gottes

beruhen zwar ebenfalls auf charakteristischen Trugschlüssen, den dia-
lektischen Fehlschlüssen, mit denen sich die Vernunft die Erkennbar-
keit der Gegenstände solcher Vernunftideen nur vorspiegelt. Die Idee
einer unsterblichen Seele und der Gottesbegriff sind jedoch nicht antinomisch; bezüglich ihrer Inhalte stehen sich Skeptizismus und Dogmatismus als unvereinbare, aber widerspruchsfrei vertretbare Positionen gegenüber:

> „Nun ist nicht das Mindeste, was uns hindert, diese Ideen auch als
> objektiv und hypostatisch anzunehmen, außer allein die kosmologische,
> wo die Vernunft auf eine Antinomie stößt, wenn sie solche zu Stande
> bringen will (die psychologische und theologische enthalten dergleichen
> gar nicht). Denn ein Widerspruch ist in ihnen nicht, wie sollte uns daher
> jemand ihre objektive Realität streiten können, da er von ihrer Möglich-
> keit eben so wenig weiß, um sie zu verneinen, als wir, um sie zu beja-
> hen." (*KrV*, B 701/A 673).

Diese Sonderrolle der Weltidee gegenüber den Ideen von Gott und der
Seele hängt engstens mit dem hier verfolgten Thema *Naturalismus-Kritik* zusammen. Die Weltidee entsteht aus der Annahme, die Naturerkenntnis lasse sich extensional und nomologisch so vervollständigen,
daß der Begriff eines raumzeitlichen Weltganzen – der Natur insgesamt oder des physischen Universums – gebildet und auch inhaltlich
bestimmt werden kann. Aus Kants kritischer Sicht ist diese Annahme
folgenschwer für das metaphysische Projekt, eine rationale Kosmologie
mit den Grundsätzen der empirischen Naturwissenschaft zu verknüpfen. Die Naturerkenntnis zu vervollständigen, erfordert nämlich aus
rationalistischer Sicht die Annahme von metaphysischen Gegenständen,
die so etwas wie die Abschlußbedingungen der Naturerkenntnis darstellen und doch sämtlich zur Welt in Raum und Zeit bzw. zur Natur gehören – etwa einfache Substanzen oder letzte Ursachen. Auf der Seite der
empirischen Naturwissenschaften wiederum heißt „Vervollständigung
der Naturerkenntnis" nichts anderes, als eben alles in Raum und Zeit
vollständig nach Naturgesetzen zu erklären. Die Annahme, die Naturerkenntnis lasse sich tatsächlich in diesem Sinne vervollständigen, führt
also auf beiden Seiten geradewegs in eine naturalistische Position.

Die Lehre von der kosmologischen Antinomie soll somit den Nachweis erbringen, daß eine *naturalistische* Verallgemeinerung der Naturerkenntnis zu einem Begriff der Welt im Ganzen oder zu einem Konzept
des physischen Universums *antinomisch* ist. Kant ist 1781 mit anderen

Worten der Auffassung, sein eigener vorkritischer Versuch von 1755, eine *vollständige* Naturgeschichte des physikalischen Universums *einschließlich seines Anfangs in der Zeit und seiner Ursache* zu schreiben, sei ein *widerspruchsbehaftetes* Unternehmen.

Dies wirft natürlich eine ganze Reihe von Fragen auf. Davon ist die Frage, warum ihm dies – *sollte* es denn so sein – im Jahre 1755 entgangen war, noch am leichtesten zu beantworten. Damals stand er schließlich noch auf dem Boden der rationalistischen Metaphysik seiner Zeit und wollte deren Inhalte mit Newtons Physik vereinbar machen. Komplizierter schon wird es bei der Frage, was ihn im Zuge der „kritischen Wende" dazu bewog, seine überzeugende physikalische Kosmogonie und atomistische Materietheorie von 1755/56 aufzugeben, die ja schließlich wichtige Gedanken der modernen Physik zur Entstehung des Sonnensystems und zum inneren Aufbau der Materie vorwegnahmen. Warum hat er seine vorkritische Kosmologie und Metaphysik in den Jahren um 1770 verworfen, um schließlich zu behaupten, Atomismus und physikalische Kosmologie seien antinomische Unternehmungen? Lehrt nicht die heutige Physik, daß sich physikalische Theorien des Universums und des atomistischen Materieaufbaus widerspruchsfrei formulieren und sogar empirisch überprüfen lassen? Hat er sich mit der Antinomienlehre selbstgenerierte erkenntnistheoretische Probleme eingehandelt, die sonst niemanden quälen? Oder können wir noch im Hinblick auf das moderne naturwissenschaftliche Weltbild von seiner Vernunftkritik lernen, daß es naturalistische Positionen gibt, die unter Antinomienverdacht stehen? Der Frage nach den sachlichen Motiven für Kants kritische Wende und nach deren Verlauf einschließlich der Entstehung der Antinomienlehre bin ich andernorts nachgegangen.[7] Hier konzentriere ich mich nur auf das erkenntnistheoretische Problem, das Kant selbst in der kosmologischen Antinomie gesehen und in der Antinomienlehre der *Kritik der reinen Vernunft* ausgedrückt hat.

Sehen wir uns nun den Widerstreit der entgegengesetzten Behauptungen etwas näher an, in den sich die kosmologische Erkenntnis aus Kants kritischer Sicht verstrickt. Kant bezeichnet ihn als die „Antithetik der reinen Vernunft". Er ist davon überzeugt, daß diese Antithetik auf der Beschaffenheit unserer Vernunft beruht. Die Vernunft ist unser Vermögen der Prinzipien, sie ist auf die Systematizität und Vollständigkeit

---

7 Falkenburg, 2000, S. 99ff und 135ff.

unserer Erkenntnis angelegt. Die reine spekulative Vernunft ist entsprechend bestrebt, die Verstandeserkenntnis der Natur, die auf den
Grundsätzen des reinen Verstandes beruht, nach synthetischen Urteilen a priori zu vervollständigen. Während sich die Verstandeserkenntnis auf die Sinneserfahrung und damit auf endliche oder „bedingte"
Erkenntnisgegenstände beschränkt, legt es die Vernunft darauf an, diese
zur Erkenntnis „unbedingter", unhintergehbarer Gegenstände zu vervollständigen.

Beim Versuch, Behauptungen über die Erkenntnis der Welt im Ganzen oder Natur insgesamt aufzustellen, passiert dann, was oben schon
angedeutet wurde. Die Vervollständigungsversuche erfolgen aus der
Sicht der rationalistischen Kosmologie (Thesis-Behauptungen) bzw. der
empirischen Naturerkenntnis (Antithesis-Behauptungen). Auf Seiten
der Thesis führt die Vollständigkeitsannahme jeweils zur Behauptung,
Gegenstände der traditionellen Metaphysik wie der Weltanfang, die einfachen Substanzen in der Welt, erste Ursachen von Kausalketten und
der zureichende Grund alles Daseienden seien Bestandteil der Welt in
Raum und Zeit. Auf Seiten der Antithesis führt die Vollständigkeitsannahme jeweils zur Behauptung, alles in der Welt sei raumzeitlich bzw.
nach Naturgesetzen erklärbar. Daraus resultieren vier Paare von entgegengesetzten Behauptungen mit Beweisen. Die Behauptungen und ihre
Beweise unterstellen dabei jeweils, die Welt im Ganzen bzw. die Natur
insgesamt lasse sich widerspruchsfrei als ein vollständiges Ganzes denken, Kant sagt: als ein „Totum" oder als etwas „Unbedingtes".

Das Satzsubjekt jeder der antithetischen Behauptungen ist in der
kosmologischen Antinomie der Begriff eines *Unbedingten*, das zu einer
empirisch gegebenen Reihe von Bedingungen als *Vervollständigung* oder
Abschlußbedingung aller Erkenntnis hinzugedacht wird. Der Begriff des
Unbedingten, das eine Reihe empirischer Bedingungen abschließt, wird
jeweils aus einem „intelligiblen", nicht-empirischen Weltbegriff hergeleitet, wie er in der rationalistischen Metaphysik vorgegeben ist. Wolff
oder Baumgarten – und im Anschluß an sie auch noch der Kant des
Jahres 1770, der bereits seine kritische Theorie von Raum und Zeit
als subjektive Formen der Anschauung entwickelt hatte – dachten sich
die Welt als eine vollständige Gesamtheit von Teilen und Ganzen, von
Gründen und Folgen. Die *empirisch gegebene Reihe von Bedingungen*
wiederum ist eine Kette von Sinneserscheinungen, die nach den Grundsätzen des reinen Verstandes zu einem einheitlichen Erkenntnisgegen-

stand verknüpft wird – zu einem endlichen, aber beliebig erweiterbaren Ausschnitt der Sinnenwelt. Die Antinomie resultiert dann jeweils daraus, daß man aus den Verstandesgrundsätzen, nach denen der Begriff eines beliebig großen *endlichen Ausschnitts* der Sinnenwelt gebildet wird, auf die Beschaffenheit der Welt *im Ganzen* ihres raumzeitlichen und gesetzmäßigen Zusammenhangs schließt:

> „Die ganze Antinomie der reinen Vernunft beruht auf dem dialektischen Argumente: Wenn das Bedingte gegeben ist, so ist auch die ganze Reihe aller Bedingungen desselben gegeben: Nun sind uns Gegenstände der Sinne als bedingt gegeben, folglich etc." (*KrV*, B 525/A 497).

Kant stellt nach dieser Grundidee vier Paare antithetischer Behauptungen über die extensionale und nomologische Beschaffenheit der Welt im Ganzen auf. Zwei davon beziehen sich auf den raumzeitlichen oder „mathematischen", zwei davon auf den gesetzmäßigen oder „dynamischen" Zusammenhang der Sinneserscheinungen in der Welt. Die „mathematische" Antinomie entspringt aus dem Versuch, die Naturerkenntnis bezüglich der *Teile-Ganzes-Relation* abzuschließen. Die „dynamische" Antinomie dagegen entspringt aus dem Versuch, die Naturerkenntnis zu einem abgeschlossenen Ganzen von *Gründen und Folgen* zu verknüpfen. In beiden Fällen versucht die Vernunft, die geordnete Reihe oder Abfolge von Relaten der betreffenden Relation zu einer „unbedingten synthetischen Einheit" zu vervollständigen. Dabei werden „aus Notionen" oder reinen Verstandesbegriffen vier kosmologische Begriffe gebildet, die jeweils in eine bestimmte Variante der kosmologischen Antinomie führen:[8]

1. Antinomie der Weltgröße: Der Begriff des Universums oder der Welt im Ganzen von Raum und Zeit führt zu den Behauptungen, daß es einen Weltanfang und Grenzen der Welt gibt (Thesis) bzw. nicht gibt (Antithesis).

2. Antinomie der Teilbarkeit: Der Begriff einer einfachen Substanz führt zu den Behauptungen, daß es in der Welt nur Einfaches und daraus Zusammengesetztes gibt (Thesis) bzw. nichts Einfaches, sondern nur Zusammengesetztes existiert (Antithesis).

3. Antinomie der Freiheit: Der Begriff einer Spontanwirkung, die eine Kausalkette in der Natur initiiert, führt zu den Behauptungen, daß

---

[8]   *KrV*, B 452f/A 424f, B 462f/A 434f, B 472f/A 444f, B 480f/A 452f.

es neben der naturgesetzlichen Kausalität noch Kausalität aus Freiheit gibt (Thesis) bzw. nicht gibt (Antithesis).

4. Antinomie der Notwendigkeit: Der Begriff eines Daseinsgrundes der Welt führt zu den Behauptungen, daß es innerhalb oder außerhalb der Welt ein schlechthin notwendiges Wesen gibt (Thesis) bzw. nicht gibt (Antithesis).

Die Begriffe des Universums und einer einfachen Substanz erzeugen die *mathematische* Antinomie, die Begriffe einer Spontanwirkung und des Daseinsgrundes der Welt in die *dynamische* Antinomie. Kant gibt jeweils Beweise für Thesis und Antithesis an, die traditionelle philosophische Argumente aufgreifen, etwa aus der Leibniz-Clarke-Debatte.[9] Die Beweisform ist für jede der zwei mal vier Behauptungen „apagogisch", d. h. es wird jeweils die *entgegengesetzte* Behauptung *ad absurdum* geführt. Genau besehen heißt dies: *Keine* der antithetischen Behauptungen hat aus Kants kritischer Sicht eine konsistente Beweisgrundlage.

2.2. Die Herkunft der Antinomie

Es läßt sich *en detail* zeigen, daß Kant der Auffassung ist, jedem einzelnen dieser Beweise liege ein *widersprüchlicher Weltbegriff* zugrunde – ein Weltbegriff, der sich aus *inkompatiblen Prädikaten* zusammensetzt. Nach der traditionellen, aristotelischen Logik kann ein *Widerspruch* nicht erst, wie nach der modernen Logik, zwischen kontradiktorischen Aussagen auftreten, sondern schon an einem *Begriff*. Widersprüchlich ist ein Begriff, den man aus widersprüchlichen Prädikaten zusammensetzt. Ein solcher Begriff, etwa ‚verheirateter Junggeselle' oder ‚viereckiger Kreis', beruht nach Kant darauf, daß einem Gegenstand, dem nach einem analytischen Urteil ein Prädikat wie ‚unverheiratet' oder ‚rund' zukommt, in einem synthetischen Urteil ein damit unverträgliches Prädikat zugesprochen wird.[10] Kant muß demnach den *logischen* Grund für den Widerspruch „im" Weltbegriff darin sehen, daß der Versuch einer Vervollständigung der Reihe der Bedingungen zu einem gegebe-

---

[9]   Vgl. z. B. Al-Azm, 1972.

[10]   Vgl. *KrV*, B 190/A 150f: „Der Satz nun: Keinem Dinge kommt ein Prädikat zu, welches ihm widerspricht, heißt der Satz des Widerspruchs, [...]". Vgl. hierzu auch Wolff, 1981, S. 4ff.

nen Bedingten – oder einer extensionalen und nomologischen Vervollständigung der Naturerkenntnis – zwangsläufig dazu führt, der Welt im Ganzen ihres raumzeitlichen und naturgesetzlichen Zusammenhangs kontradiktorische Prädikate zuzusprechen.

> „[...] und ich schließe daraus, daß ich von der unbedingten synthetischen Einheit der Reihe auf einer Seite, jederzeit einen sich selbst widersprechenden Begriff habe, auf die Richtigkeit der entgegenstehenden Einheit, wovon ich gleichwohl auch keinen Begriff habe." (*KrV*, B 398/A 340).

Daß er hierin in der Tat den logischen Grund für die Antithetik der reinen Vernunft sieht, macht er in § 52 der *Prolegomena* deutlich. Dort führt er die kosmologische Antinomie darauf zurück, daß man einen „sinnlichen" und einen „intelligiblen" Weltbegriff miteinander vermischt, nämlich den Begriff der Natur als Inbegriff aller Sinneserscheinungen in Raum und Zeit hier und den formal-ontologischen Begriff der Welt als eines an sich bestehenden, erkenntnisunabhängigen Ganzen dort. Der Begriff der Sinnenwelt im Ganzen ist widersprüchlich, heißt es dort, insofern „der Begriff einer vor sich existierenden Sinnenwelt in sich selbst widersprechend ist".[11]
Der Begriff der Sinnenwelt im Ganzen ist widersprüchlich, insofern die Welt danach einerseits als eine raumzeitliche Entität gedacht wird, die ein *Erkenntnisgegenstand für uns* ist, *und zugleich* andererseits als ein vollständiges Ganzes, das *per se* existiert, also ein erkenntnisunabhängiges *Ding an sich* ist. Aus epistemologischer Sicht wird hier eine Außenperspektive auf die Welt, oder wie Putnam im Anschluß an Kant sagt: ein *God's Eye View*,[12] mit unserer Innenperspektive auf die raumzeitlichen Dinge und Ereignisse *in* der Welt verwechselt. Nach Kants Erkenntnistheorie resultiert dies aus einer Art typentheoretischen Ver-

---

11 *Prolegomena*, § 52. – Von der „sinnlichen" und der „intelligiblen" Welt ist bereits in Kants Dissertation von 1770 die Rede; vgl. *De mundi sensibilis*, AA II, 385ff. 1770 glaubte Kant noch, beide Weltbegriffe seien unter Vermeidung jedes Widerspruchs fein säuberlich zu trennen; vgl. *De mundi sensibilis*, AA II, 411ff. Dagegen resultiert die Antinomie der reinen Vernunft erst aus der späteren Einsicht, daß dies für die Welt im Ganzen als Erkenntnisgegenstand eben nicht gelingt; dabei werden aus Kants kritischer Sicht (unvermeidlicherweise) die beiden Weltbegriffe von 1770 konfundiert.

12 Putnam, 1981, S. 49ff.

wechslung, bei der die Welt im Ganzen als *abstrakter Inbegriff* – oder als
Klasse – aller Sinneserscheinungen mit einem ihrer *konkreten Elemente*
verwechselt wird.[13] Von einem logischen Standpunkt aus führt diese
Verwechslung zur Konfundierung einer relationalen und einer nicht-
relationalen Beschreibung der Welt. Die Welt im Ganzen ihres raum-
zeitlichen und dynamischen Zusammenhangs wird in ein und derselben
Hinsicht, nämlich im Hinblick auf ihre relationale Struktur, zugleich
als relationsloser Gegenstand und als relationales Objekt betrachtet.[14]
Beide Betrachtungsweisen sind logisch inkompatibel. Resultat ist die
kosmologische Antinomie, die Kant diagnostiziert; sie entsteht in Form
von vier Paaren antinomischer Behauptungen über die „letzten" Relate
der Teile-Ganzes-Beziehungen von Naturdingen (mathematische Antinomie) und der Grund-Folge-Beziehungen im Naturgeschehen (dynamische Antinomie).

Dagegen hatte Kant 1770 noch gedacht, die Lehre von Raum und
Zeit als subjektive Formen der Anschauung a priori, die er neu entwik-
kelt hatte, lasse sich widerspruchsfrei vom kosmologischen Weltbegriff
der traditionellen Metaphysik trennen.[15] Erst die Theorie der Verstandeserkenntnis, die er in den darauf folgenden Jahren entwickelte, über-
zeugte ihn davon, daß dies nicht der Fall ist. Insbesondere machte er

---

[13]   Ein Inbegriff ist ein abstrakter Allgemeinbegriff. Dabei versteht Kant unter einem
       Inbegriff eine Klasse von Konkreta und nicht eine Menge im modernen Sinne.
       Dagegen versteht Kant unter einer Menge (*multitudo*) eine Vielheit oder ein kon-
       kretes Kollektiv; vgl. die Ausführungen zum Unendlichkeitsbegriff *De mundi sen-
       sibilis,* AA II, 389 Anmerkung. Die Antinomie der reinen Vernunft resultiert dann
       aus der Verwechslung eines konkreten Kollektivs mit einem abstrakten Allge-
       meinbegriff; vgl. Kants Bemerkung in den *Metaphysischen Anfangsgründen* (AA IV,
       482): die Verwechslung der Idee des absoluten Raumes als dem Grenzbegriff aller
       relativen Räume mit einem realen Gegenstand bedeute, „die logische Allgemein-
       heit [...] in eine physische Allgemeinheit des wirklichen Umfangs verwechseln",
       was für potentiell-unendliche Begriffsumfänge problematisch ist. – Der Vergleich
       von Kants Antinomie mit einer typentheoretischen Verwechslung im modernen
       Sinne geht auf Zermelo zurück. Wie jede Analogie hinkt im übrigen auch dieser
       Vergleich; vgl. Hallett, 1984, S. 223ff, sowie Falkenburg, 2000, S. 206.

[14]   Dinge an sich sind per definitionem relationslos, dagegen ist die *substantia phaeno-
       menon* nach *KrV,* B 322 „ganz und gar ein Inbegriff von lauter Relationen".

[15]   Die Dissertation enthält zugleich mit dieser Lehre noch eine formale Theorie der
       Welt im Ganzen (*De mundi sensibilis,* AA II, 387ff) und eine Methodenlehre, nach
       der die „sinnliche" und die „intelligible" Welt trennbar sind (*De mundi sensibilis,*
       AA II, 411ff).

sich dann klar, daß sich der Gegenstand der „mathematischen" Antinomie, nämlich die raumzeitliche Beschaffenheit der Welt im Ganzen, vom Begriff der Sinnenwelt nicht trennen läßt, denn die Welt als Inbegriff der Dinge in Raum und Zeit *ist* nach Kant die Sinnenwelt.

Soweit kann man durchaus den Eindruck bekommen, die kosmologische Antinomie sei in der Tat ein selbstgeneriertes Problem der Transzendentalphilosophie, das Kant sich erst im Verlauf seiner kritischen Wende geschaffen hat – auf der Basis seiner Theorie von Raum und Zeit als subjektive Formen der Anschauung. Denn warum sollen wir die raumzeitliche Welt, oder das physikalische Universum, dessen Teil wir als physische Wesen mit Erkenntnisfähigkeit sind, nicht als eine Entität *denken* können, die an sich und unangesehen unserer Erkenntnismöglichkeiten existiert? Kant selbst ist allerdings ganz und gar nicht dieser Auffassung. Ganz im Gegenteil, er beansprucht, mit der kosmologischen Antinomie einen *unabhängigen* Beweis für seine philosophische Position des transzendentalen Idealismus zu führen – einen Beweis, der angeblich unabhängig von den Resultaten der transzendentalen Ästhetik und Logik ist und der dazu *verpflichten* soll, sich auf sein transzendentalphilosophisches Unternehmen einzulassen. Die Antinomienlehre soll zeigen, daß Kosmologie als Erkenntnis der Welt im Ganzen ein auswegloses Unterfangen ist, wenn sie *ohne* die Erkenntnisbeschränkungen betrieben wird, die nach Kants Transzendentalphilosophie gefordert sind. In den *Fortschritten der Metaphysik* deutet Kant die Antinomienlehre als ein „Experiment der Vernunft", das die reine spekulative Vernunft bei Strafe des Widerspruchs in ihre Grenzen verweist:

> „Die Antinomie der reinen Vernunft führt also unvermeidlich auf jene Beschränkung der Erkenntnis zurück, und, was in der Analytik vorher a priori dogmatisch bewiesen worden war, wird hier in der Dialektik gleichsam durch ein Experiment der Vernunft, das sie an ihrem eigenen Vermögen anstellt, unwidersprechlich bestätigt."[16]

Ob ihm dies gelungen ist, hängt nun entscheidend davon ab, ob er die Annahmen und Ergebnisse seiner transzendentalen Logik und Ästhetik in die *Beweise* der Antinomienlehre einfließen läßt. Ohne auf die Einzelheiten der acht „apagogischen" Beweise in der Antithetik der reinen

---

[16] *Fortschritte der Metaphysik*, AA XX, 290f. Vgl. dazu die Parallelstelle in der Vorrede zur 2. Auflage der *Kritik der reinen Vernunft*, B XX.

Vernunft einzugehen, möchte ich hier nur eines hervorheben: Im Sinne eines *principle of charity* der Textinterpretation sollte man der heutigen Rekonstruktion dieser Beweise die Annahme zugrunde legen, die kosmologische Antinomie liefere in der Tat ein unabhängiges Argument für den transzendentalen Idealismus. Tut man dies, so folgt man Kants eigenen Intentionen; und man kann dann – wie ich andernorts gezeigt habe[17] – einige dort angeführte Argumente, die auf den ersten Blick fatal vom transzendentalen Idealismus abzuhängen scheinen, im Sinne *verifikationistischer* Argumente deuten, wie sie sich teilweise auch in Kants eigenen vorkritischen Schriften finden. Kant selbst war jedenfalls davon überzeugt, daß die Beweise *nicht* in fataler Weise von Grundannahmen seiner Transzendentalphilosophie abhängen. Aus seiner Sicht zeigen sie „unwidersprechlich", daß alle ihm bekannten Versuche, die kosmologische Erkenntnis zu vervollständigen, antinomischen Charakter haben.

Ein Indiz dafür, daß dieser Gebrauch des *principle of charity* auch der Sache nach gerechtfertigt ist, findet man in der Antinomienlehre selbst im Abschnitt *Von dem Interesse der Vernunft bei diesem ihrem Widerstreite*. Kant vergleicht die vier Antithesis-Behauptungen dort mit dem „reinen *Empirismus*" und die vier Thesis-Behauptungen mit dem „Dogmatismus der reinen Vernunft"; wenig später bezeichnet er dies als den Gegensatz von Epikureismus und Platonismus:

> „Man bemerkt unter den Behauptungen der Antithesis, eine vollkommene Gleichförmigkeit der Denkungsart und eine völlige Einheit der Maxime, nämlich ein Principium des reinen *Empirismus*, nicht allein in Erklärung der Erscheinungen in der Welt, sondern auch in Auflösung der transzendentalen Ideen, vom Weltall selbst. Dagegen legen die Behauptungen der Thesis [...] noch intellektuelle Anfänge zum Grunde [...]. Ich will sie [...] den *Dogmatism* der reinen Vernunft nennen." (*KrV*, B 493f/A 465f).

> „Dies ist der Gegensatz des *Epikureisms* gegen den *Platonism*" (*KrV*, B 499/A 471).

Kant ist mithin der Auffassung, daß sich die antithetischen Behauptungen durchwegs grundsätzlich zueinander so verhalten wie seine eigene vorkritische, rationalistische Metaphysik hier (Thesis-Position) und der in der *Allgemeinen Naturgeschichte* von 1755 bekämpfte Naturalismus

---

17   Falkenburg, 2000, S. 223ff und 251ff.

oder Materialismus dort (Antithesis-Position). Anders in seiner vorkritischen Philosophie bringt er diesen Naturalismus nun mit einer empiristischen Position in Verbindung; darüber hinaus denkt er offenbar, daß sich rationalistische und empiristische Positionen gar nicht mehr konsistent gegeneinander abgrenzen lassen, sobald sie auf den kosmologischen Weltbegriff generalisiert werden. Vielleicht hat er sich auch klar gemacht, wie inkonsequent seine eigenen früheren Argumente im Bemühen, die Prinzipien der Leibniz-Wolffschen Metaphysik mit Newtons Physik zu vereinheitlichen, zwischen dem Gebrauch rationalistischer und empiristischer Prämissen *schwankten*.[18]

Nimmt man diese Einschätzung ernst, so zeigen die „apagogischen" Beweise der Antinomienlehre vor allem eines: Seit seinem letzten Ansatz zu einer rationalistischen Kosmologie von 1770 erkenntniskritisch belehrt, ist Kant 1781 der Auffassung, daß sich *weder* eine rationalistische *noch* eine empiristische Lesart des kosmologischen Weltbegriffs konsistent vertreten läßt. Bei der Bestimmung der Idee „vom Weltall selbst", und das heißt: beim Versuch, unsere grundsätzlich bruchstückhafte Erkenntnis der Welt als Inbegriff von Sinneserscheinungen unter Naturgesetzen zu einem Begriff der Welt in Raum und Zeit insgesamt zu vervollständigen, werden alle empiristischen Positionen hier und alle rationalistischen Positionen dort, worin sie sich auch sonst unterscheiden mögen, gleicherweise mit dem naturalistischen Bazillus infiziert. Beide Positionen lassen sich dann nicht mehr konsistent durchhalten, jede läßt sich unter ihren eigenen Voraussetzungen entkräften. Der Rationalist oder Platonist, der behauptet, die Welt habe einen Anfang in Raum und Zeit, sie bestehe aus einfachen Substanzen, enthalte Spontanursachen und habe einen letzten Daseinsgrund, kann den Empirismus von dessen eigenen Voraussetzungen aus widerlegen. Der Empirist ist nämlich bezüglich des Weltganzen zu naturalistischen Behauptungen gezwungen, die den empiristischen Standpunkt *ad absurdum* führen. Umgekehrt behauptet der Empirist, die Welt habe keine Grenzen in Raum und Zeit, die materiellen Substanzen bestünden nicht aus einfachen Substanzen, es gebe nur Kausalursachen in der Welt und nichts

---

[18] Dies gilt vor allem für die Anwendungen von Leibniz' Indiszernibilienprinzip in der *Nova Dilucidatio* und in der Schrift *Von dem ersten Grunde des Unterschiedes der Gegenden im Raume* von 1768; vgl. *Nova Dilucidatio*, AA I, 409f, bzw. *Von dem ersten Grunde*, AA II, 377ff, und dazu Falkenburg, 2000, S. 99ff.

habe einen absoluten Daseinsgrund. Er kann dies belegen, indem er wiederum dem Rationalisten beweist, daß sich dessen Position nicht auf einen „intellektuellen" oder formalen Weltbegriff beschränkt, sondern daß er sich mit dem Weltbegriff immer schon zu naturalistischen Aussagen über Erfahrungsobjekte in Raum und Zeit verpflichtet, die den puren Rationalismus *ad absurdum* führen.

Die Pointe von Kants Antinomienlehre scheint mir demnach folgender Punkt zu sein. Der Versuch, die Welt im Ganzen ihres raumzeitlichen und dynamischen Zusammenhangs zu denken, führt nach Kant *beide* Seiten der Antithetik der reinen Vernunft, oder: den Rationalisten genauso wie den Empiristen, jeweils in eine naturalistische Position, die sich jedoch weder vom einen noch vom anderen Standpunkt aus konsistent aufrecht erhalten läßt. Dies ist natürlich ein viel *stärkeres* Argument gegen den Naturalismus, als es Kants vorkritische Physikotheologie geliefert hatte. 1755 hatte Kant nur behauptet, nach der „analytischen" Methode, oder: durch eine *inference to the best explanation*, lasse sich von der „systematischen Verfassung" des Weltbaus auf deren einheitliche naturgesetzliche Ursache sowie auf Gott als deren Urheber schließen. Dies entsprach lediglich einem Beleg der Behauptung, die naturalistische, epikureische Erklärung der Weltordnung, gegen die er argumentierte, sei unplausibel und unvollständig. Dagegen will Kant 1781 mit der Lehre von der kosmologischen Antinomie zeigen, daß jeder naturalistische Versuch, die Welt in Raum und Zeit und ihre Gesetzmäßigkeiten *vollständig* zu erkennen, eine antinomische Theorie der Welt nach sich zieht – in Form von antinomischen Behauptungen über die Weltgröße, die Zusammensetzung der materiellen Substanzen in der Welt sowie die Ursachen und Gründe dessen, was in der Welt geschieht und existiert.

3. Wie weit trägt Kants Naturalismus-Kritik?

Das eigentliche Skandalon der Vernunft ist für Kant die *mathematische* Antinomie. Alle Relate der Teile-Ganzes-Beziehung, anhand deren der Begriff der Sinnenwelt im Ganzen definiert ist, liegen auf ein und derselben Ebene von Dingen in Raum und Zeit. Dagegen bietet sich für die dynamische Antinomie eine dualistische Lösung in Leibnizscher Tradition an: hier lassen sich die Gegenstände der Thesis- und Antithe-

sis-Behauptungen widerspruchsfrei nach „intelligibler" und „sinnlicher"
Welt trennen, was für die mathematische Antinomie nicht möglich ist.
Dieser unterschiedliche Status der mathematischen und der dynamischen Antinomie hat indes zur Folge, daß die letztere für antinaturalistische Argumente wenig hergibt, während sich die erstere viel überzeu-
gender für die Naturalismus-Kritik fruchtbar machen läßt, und zwar zu
Kants Zeiten wie heute.

3.1. Zur Auflösung der dynamischen Antinomie

Die beiden Varianten der dynamischen Antinomie entzünden sich an
den Grund-Folge-Beziehungen innerhalb des Naturgeschehens. Um
sie aufzulösen, genügt es bereits, phänomenale, „sinnliche" Ursachen
bzw. Gründe von noumenalen, „intelligiblen" Ursachen und Gründen
zu unterscheiden. Kant markiert einen ontologischen Unterschied zwischen den relativen Ursachen und Bedingungen in der „sinnlichen",
phänomenalen Welt hier sowie absoluter Freiheit und zureichenden
Gründen in der „intelligiblen", noumenalen Welt dort. Ein antinomischer Naturbegriff, nach dem sich Kausalität der Natur und Kausalität
aus Freiheit ins Gehege kommen würden oder sich das Naturgeschehen
insgesamt als zugleich absolut zufällig und notwendig erweisen ließe, ist
damit vermieden. Da die Freiheits- und die Notwendigkeitsantinomie
die Brücke von der rationalen Kosmologie zur rationalen Psychologie
bzw. Theologie schlagen, ist diese Auflösung der dynamischen Antinomie nur konsequent. Die Gegenstände auf der Thesis-Seite sind die
psychologische bzw. theologische Idee, die auch im Paralogismus und
im transzendentalen Ideal thematisiert werden; für sie gilt eben dies,
was Kant am Ende der *Transzendentalen Dialektik* sagt – sie sind nicht
widerspruchsbehaftet, der Vertreter des Skeptizismus oder Empirismus
kann ihre Unmöglichkeit so wenig beweisen wie der Vertreter des Dogmatismus oder Platonismus ihre objektive Realität.[19]
   Die Auflösung der Freiheits- und der Notwendigkeitsantinomie
besagt ja, daß eine naturalistische Position *nicht* antinomieverdächtig
ist, wenn man nur den Begriff der Natur – als Sinnenwelt oder empirische Realität verstanden, der die Gegenstände naturwissenschaft-

---

[19]   Vgl. *KrV*, B 701/A 673; Zitat oben.

licher Erkenntnis angehören – strikt trennt von einem intelligiblen
Weltbegriff, dessen Inhalte keine Gegenstände objektiver Erkenntnis
sind, sondern bloße Glaubenssache. Nur indem man beiderlei Weltbegriffe vermengt, entsteht nach Kant die transzendentale Illusion einer
antinomischen Verstrickung in antithetische Behauptungen über die
„letzten" Ursachen und Gründe des Naturgeschehens. So problematisch
diese dualistische Ontologie unter erkenntnistheoretischen Gesichtspunkten auch sein mag, rein logisch betrachtet verträgt sie sich bis heute
bestens mit sämtlichen Spielarten eines modernen Naturalismus oder
Materialismus.

Ich möchte dies zunächst für den Materialismus bezüglich der Leib-
Seele-Problematik zeigen, nach dessen stärkster, reduktionistischer oder
eliminativer Variante sich unsere Bewußtseinszustände im Prinzip vollständig auf physikalische Gehirnzustände als ihre materiellen Träger
zurückführen lassen. Kants Auflösung der Freiheitsantinomie betrifft
nicht die Gegenstände der modernen Debatte um das Leib-Seele-Problem. Gegenstand dieser Debatte ist nämlich unser *empirisches* Bewußtsein, also das empirische Ich in Kants Sinne – und *nicht* das *intelligible*
Ich, dessen Annahme im Einklang mit Kants Auflösung der Freiheitsantinomie die Möglichkeit freier moralischer Handlungen begründen
soll. Es gibt gute Argumente dafür, daß sich das empirische Bewußtsein
aus prinzipiellen Gründen *nicht* dem Reduktionsprogramm des eliminativen Materialismus fügt und niemals fügen wird.[20] Ihr gemeinsamer
Nenner ist der folgende Einwand: Unsere subjektive Innenperspektive
mit Schmerzen, Farbwahrnehmungen, Glücksgefühlen und allem, was
wir an Empfindungsinhalten oder Qualia eben so kennen, läßt sich
von außen, durch die Untersuchung physikalischer Gehirnzustände,
nicht beobachten, nicht beschreiben und auch nicht erklären. Parado-
xerweise vertragen sich diese Argumente nicht gut mit Kants Freiheitsantinomie. Antinomieverdächtig in Kants Sinne wäre es nämlich, den
subjektiven Eindruck der Willensfreiheit, der nach diesem Einwand
auch irreduzibel zu unserer empirischen inneren Natur gehört, als etwas
zu betrachten, was der durchgängigen Naturkausalität *entgegensteht*[21]

---

[20] Nida-Rümelin, 1993; Lanz, 1996; von Kutschera, 1998.
[21] Dagegen vereinbart die Quantentheorie des subatomaren Materieaufbaus einen
Determinismus mit einem Indeterminismus physikalischer Gesetze (vgl. Cassirer,
1936), was Raum für einen naturalistischen Freiheitsbegriff schafft.

– *nicht* jedoch, unsere empirische Vorstellung der Freiheit mittels physikalischer Gehirnzustände *deterministisch* zu erklären. Kants rein spekulativer Annahme eines intelligiblen Ich würde hierdurch allerdings ebenso wenig Abbruch getan wie dem Einwand, es handle sich bei diesem nicht-empirischen Ich um überflüssigen ontologischen Ballast.

Ähnliches gilt für die Notwendigkeitsantinomie. Kant löst sie so auf, daß die theologische Idee, an der er seine vorkritische Naturalismus-Kritik festgemacht hatte, grundsätzlich mit dem 1755 von ihm bekämpften naturalistischen Weltbild vereinbar ist. Gegenstand der Notwendigkeitsantinomie ist Gott als zureichender Daseinsgrund der Welt. Der Thesis-Beweis stützt sich auf einen etwas anderen traditionellen Gottesbeweis als die Physikotheologie von 1755, er schließt auf Gott als den zureichenden Grund dafür, daß es die Welt notwendigerweise gibt.[22] Der Beweis wird ausgehend von der Idee der Welt als einer vollständigen Gesamtheit von Gründen und Folgen geführt. Die Argumentation, die inner- und außerweltliche Erklärungsgründe konfundiert, hat ein spinozistisches Beweisresultat, das sogar *stärker* erscheint als das ursprünglich in der Thesis Behauptete – nämlich die Konklusion, es gebe Gott als notwendiges Dasein *in* der Welt.[23] Diese naturalistische Konklusion wird im Thesis-Beweis offenbar durch die Unterstellung erzwungen, es *gebe* den Gegenstand der kosmologischen Idee, was wiederum die (naturalistische) Unterstellung nach sich zieht, die *Natur*erkenntnis lasse sich in der Tat im Hinblick auf Grund-Folge-Beziehungen vervollständigen. Der „letzte" Daseinsgrund muß dann zwangsläufig mit zur Natur gezählt werden. Sowie diese naturalistische Unterstellung auf der Thesis-Seite fallen gelassen wird, zeigt sich, daß es unzulässig ist, vom (immanenten) Dasein der Welt in Raum und Zeit auf Gott als deren (transzendenten) absoluten Daseinsgrund zu schließen, und der transzendentale Schein eines Widerstreits zwischen Thesis und Antithesis erlischt. Die rationalistische Thesis-Behauptung ist nun ebenso unbewiesen wie die epikureistische Antithesis-Behauptung, nach der alles in der Welt zufällig ist; beide kommen sich aber nicht mehr ins Gehege.

---

[22] Dies ist Leibniz' Gottesbeweis a priori aus der *Theodizee*, Erster Teil, § 7 (Leibniz, 1996, S. 216ff).

[23] Vgl. dazu Falkenburg, 2000, S. 248. Dies wurde oft als Inkonsequenz kritisiert (vgl. etwa Schmucker, 1990, S. 159), entspricht aber nach Malzkorn exakt der formalen Thesis-Behauptung (Malzkorn, 1999, S. 219 und 230).

Kants Notwendigkeitsantinomie gibt also für die Naturalismus-Kritik nur eines her: den Einwand gegen den Spinozismus, er vermenge den kosmologischen Weltbegriff unzulässigerweise mit der theologischen Idee. Ein stringentes Argument gegen ein naturalistisches Weltbild liefert sie so wenig wie eine objektiv gültige Widerlegung der theologischen Idee. Ersteres hat man in der *mathematischen* Antinomie als dem eigentlichen Skandalon der reinen spekulativen Vernunft zu suchen; letzteres zeigen die Bemerkungen zum physikotheologischen Gottesbeweis im Kapitel zum *transzendentalen Ideal.* Kant versagt dem physikotheologischen Argument, auf dem seine vorkritische Naturalismus-Kritik beruht hatte, vom Standpunkt der Vernunftkritik keineswegs die Achtung:

> „Dieser Beweis verdient jederzeit mit Achtung genannt zu werden. Er
> ist der älteste, kläreste und der gemeinen Menschenvernunft am meisten
> angemessene. Er belebt das Studium der Natur, so wie er selbst von die-
> sem sein Dasein hat und dadurch immer neue Kraft bekommt." (*KrV,*
> B 651/A 623).

Welchen erkenntnistheoretischen Stellenwert diese Achtung hat, läßt sich aus der vernunftkritisch geläuterten Erkenntnislehre ersehen, die Kant immer in der Einleitung zu seinen Logik-Vorlesungen ausführte. Er unterscheidet dort zwischen logischen und ästhetischen Erkenntnisidealen.[24] Der physikotheologische Beweis genügt sicherlich nicht den epistemischen Idealen, denen objektive Erkenntnis unterliegen muß; seine Konklusion hat keine *logische* Allgemeinheit, Deutlichkeit oder Wahrheit. Er genügt aber den von Kant genannten *ästhetischen* Erkenntnisidealen, nach denen unser Erkenntnisvermögen darüber hinaus verlangt. Insbesondere geht das physikotheologische Argument von Prämissen mit ästhetischer Klarheit bzw. Deutlichkeit aus, die auf Beispielen *in concreto* beruhen; denn die „systematische Verfassung" des Weltbaus, mit der der junge Kant argumentiert hatte, wird in der Anschauung als ein Beispiel *in concreto* konstruiert, das die Newtonsche Gravitationstheorie – und mit ihr die Grundsätze der Transzendentalphilosophie – als objektiv gültig erweist.[25] Die physikotheologische Konklusion wiederum hat

---

24 Vgl. etwa die Ausführungen in der *Logik Jäsche*, AA IX, 36ff.

25 Die „systematische Verfassung" des Weltbaus, anhand deren Kant 1755 die phy-
    sikotheologische Konklusion begründete, dient ihm 1786 – in den *Metaphysischen
    Anfangsgründen der Naturwissenschaft* – dazu, die objektive Gültigkeit der Tran-

zwar keine *logische* Wahrheit, da sie einen unzulässigen Schluß vom Naturzusammenhang auf die intelligible Welt zieht. Sie hat nur *ästhetische* Wahrheit, d. h. den subjektiven Anschein der Wahrheit oder bloße Plausibilität; aber diese ist für uns als erkennende Wesen mit Anschauung und Verstand eben *auch* noch ein kognitives Ideal, das der „gemeinen Menschenvernunft" entgegenkommt.

Wie sehr dies wiederum bis heute gilt, zeigt die neuere Diskussion um das anthropische Prinzip der modernen physikalischen Kosmologie. Hintergrund ist der folgende physikalische Sachverhalt. Man weiß heute, daß die fundamentalen Naturkonstanten (Lichtgeschwindigkeit, Gravitationskonstante und Plancksches Wirkungsquantum) nur geringfügig andere empirische Größenwerte haben müßten als die faktisch gemessenen – und es gäbe kein Universum mit der vom jungen Kant bewunderten „systematischen Verfassung" der Himmelskörper, sondern eines, in dem sich keine Sterne bilden könnten und in dem es somit auch keinen Planeten in Sonnennähe gäbe, der einen Lebensraum für Lebewesen wie uns darstellt.[26] Die schwache Version des anthropischen Prinzips steht auf Seiten der *Antithesis* der Notwendigkeitsantinomie. Sie besagt nur, daß die Naturkonstanten in der Welt, in der es uns gibt, *trivialerweise* ihre faktischen Größenwerte haben *müssen*, weil das Universum bei anderen Werten ja so beschaffen wäre, daß es uns nicht gäbe. Das schwache anthropische Prinzip betrachtet die faktischen Werte der Naturkonstanten, die gegenwärtige Gestalt des Universums und unsere Existenz als zufällig. Die Naturkonstanten gelten danach als kontingente Anfangsbedingungen, unter denen sich das Universum so entwickelt hat, wie wir es kennen; wir existieren zufälligerweise in einem zufälligen Universum, das uns nur aufgrund der immensen Unwahrscheinlichkeit seiner Anfangsbedingungen als auf uns zentriert *erscheint*. Dagegen steht das starke anthropische Prinzip auf der *Thesis*-Seite der Notwendigkeitsantinomie. Es besagt, daß die Naturkonstanten im Universum *notwendigerweise* ihre faktischen Größenwerte haben, *damit* das Universum so beschaffen ist, daß es uns Menschen Lebensraum bieten *kann*. Die Größenwerte der Naturkonstanten sind darin teleologisch gedeutet, sie werden als Mittel zur Hervorbringung eines zweckmäßig

szendentalphilosophie anhand eines Beispiels *in conreto* zu erweisen; vgl. dazu Falkenburg, 2001 a, und Falkenburg, 2004.

[26]   Barrow/Tipler, 1986.

organisierten Universums betrachtet, das einem Schöpfungsplan gemäß
faktisch auf die Existenz von uns Menschen hin zentriert ist. Das starke
anthropische Prinzip steht in der Tradition von Kants vorkritischer
Physikotheologie, es dient dem physikotheologischen Schluß von der
gegenwärtigen „systematischen Verfassung" des Weltbaus auf Gott als
deren zureichenden Grund.

3.2. Die mathematische Antinomie aus heutiger Sicht

Anders als die Freiheits- und Notwendigkeitsantinomie verbietet die
mathematische Antinomie aus Kants Sicht bei Strafe des Widerspruchs
ein naturalistisches Weltbild. Kant stützt sich in den Beweisen zu Thesis und Antithesis teils auf rationalistische, teils auf verifikationistische
Argumente (wenn man die Beweise bezüglich seiner Beweisintentionen
nach dem *principle of charity* deutet). So überzeugend diese Argumente
in seinen Augen auch gewesen sein mögen – aus moderner Sicht haben
sie *keine* unmittelbare Beweiskraft. Dies hat zwei Gründe, die Kants
Argumente aber wohl erst *zusammengenommen* entkräften. Zum einen
hat man heute eine andere wissenschaftstheoretische Sicht des Verhältnisses von theoretischen Weltmodellen und empirischer Naturerkenntnis als Kant sie in der Antithetik der reinen Vernunft zugrundegelegt
hat. Die rationalistische und die empiristische Position werden so zu
schlichten Alternativen, die *per se* keine antinomischen Verstrickungen
nach sich ziehen. Zum anderen unterlaufen die modernen Modelle der
physikalischen Kosmologie und Teilchenphysik die von Kant vorgegebenen Alternativen der Weltgröße- und Teilbarkeitsantinomie.

1. Wissenschaftstheoretische Alternativen: Die moderne Wissenschaftstheorie sieht das Verhältnis zwischen physikalischen Theorien und ihrer
empirischen Bewährung heute ziemlich einhellig wie folgt. Die empirische Basis physikalischer Theorien beruht auf Messungen und Expe-
rimenten anstelle der bloßen Sinneserfahrung, auf die sich Kants antinomischer Begriff der „Sinnenwelt im Ganzen" bezieht. Physikalische
Theorien und auch die Weltmodelle, die sich daraus ableiten lassen,
werden nur lokal oder partiell getestet. Jede Theorie ist empirisch unter-
bestimmt, insofern sie mathematische Teile enthält, die *keine* empirische Interpretation haben; und dies fängt nicht erst bei theoretischen
Begriffen wie „elektromagnetisches Feld" oder „quantenmechanischer

Zustand" an, sondern schon beim Übergang von diskreten empirischen Daten zu mathematischen Datenmodellen, die Gebrauch von reellen Zahlen und kontinuierlichen Funktionen machen. Moderne Empiristen wie van Fraassen nehmen deshalb an, daß physikalische Theorien nur auf empirische Adäquatheit zielen und nicht auf Wahrheit. Sie vertreten einen Skeptizismus in der Tradition Humes, wie ihn schon Kant als prototypische skeptische Position vor Augen hatte. Die moderne rationalistische Gegenposition, die von Planck oder Einstein vertretene Variante eines „transzendentalen" Realismus im Sinne Kants, ist ein metaphysischer Realismus bezüglich der Gesetze und Systembeschreibungen der Physik. Beide Positionen kommen sich nicht ins Gehege, sie sind so sehr Glaubenssache wie (nach Kant) der Glaube an die Zufälligkeit oder Notwendigkeit des empirischen Naturgeschehens insgesamt, oder (heute) die Verteidigung der schwachen bzw. starken Version des anthropischen Prinzips. Auch aus der Sicht der stärksten metaphysischen Variante eines wissenschaftlichen Realismus werden wir niemals mit Sicherheit wissen, ob unsere besten akzeptierten physikalischen Theorien, bei empirischer Adäquatheit, in ihren nicht-empirischen Teilen wahr oder falsch sind. Antinomienverdächtig sind die Probleme der Bestätigung und Bewährung empirischer Theorien aus diesem Grund jedoch noch lange nicht, in der physikalischen Kosmologie so wenig wie in anderen Bereichen der empirischen Theorienbildung.

2. *Physikalische Alternativen*: Wie schon der Neukantianer Edgar Wind gezeigt hat,[27] sind die von Kant diagnostizierten Antinomien der Weltgröße und der Teilbarkeit im Rahmen eines modernen naturalistischen Weltbildes *vermeidbar*. Der Widerstreit antithetischer Behauptungen, den Kant auf der Basis bestimmter Begriffe der traditionellen Naturphilosophie als auswegslos betrachtet hatte, löst sich nach der modernen Physik in schlichte Alternativen auf, die zudem von der allgemein-relativistischen Physik sowie von einer physikalischen Dynamik gebundener Systeme unterlaufen werden. (i) Kants Antinomie der *Weltgröße* kommt auf der Grundlage der Annahme zustande, daß die Welt *nicht zugleich endlich und unbegrenzt* in Raum und Zeit sein kann; die Beweisresultate werden (unter anderem) dadurch erzielt, daß Kant die Begriffe ‚unendlich' und ‚unbegrenzt' als synonym behandelt bzw. die Prädikate ‚endlich' und ‚unbegrenzt' grundsätzlich als konträr betrachtet. Die allge-

---

27 Wind, 1934; dazu Falkenburg, 2001 b.

meine Relativitätstheorie ermöglicht jedoch Weltmodelle, nach denen
die raumzeitliche Mannigfaltigkeit des physikalischen Universums endlich und unbegrenzt zugleich in Kants Sinne ist. Das gegenwärtige allge-
gemein-relativistische kosmologische Standardmodell nimmt einen
Urknall an, also einen Anfang der Raum-Zeit, und betrachtet das Universum als geschlossen, also als in sich unbegrenzt. Es begründet so etwas
wie eine nicht-euklidische Variante von Kants Kosmogonie aus der *Allgemeinen Naturgeschichte und Theorie des Himmels* von 1755. (ii) Die Antinomie der *Teilbarkeit* wird unter der Voraussetzung bewiesen, daß Atomismus oder Kontinuitätstheorie eine vollständige Alternative bezüglich
der inneren Zusammensetzung der Materie bilden. Die moderne Atom-,
Kern- und Teilchenphysik nimmt jedoch an, daß Atome und ihre subatomaren Bestandteile dynamisch gebundene Systeme im Raum bilden.
Dabei wandelt sie auf speziell-relativistischen Pfaden im Gefolge von
Kants *Monadologia Physica* von 1756. Ähnlich wie diese oder auch wie
Boscovichs dynamischer Atomismus von 1763,[28] aber auf quantentheo-
retischer Grundlage, vereinbart sie einen Atomismus bezüglich kleinster
dynamischer Materiebestandteile, die durch bestimmte Größenwerte für
Masse, Spin und Ladung charakterisiert sind, mit einer *Kontinuitätstheorie* der Raum-Zeit-Gebiete, welche die Atome und ihre subatomaren Konstituenten erfüllen.[29] Ein solcher dynamischer Atomismus löst
Kants Teilbarkeitsantinomie allerdings nur um den metaphysischen
Preis des Raum-Zeit-Substantialismus auf. Er setzt voraus, daß es das
mathematische Kontinuum im Sinne einer absoluten Raum-Zeit gibt,
die unabhängig von der Materie als physikalische Entität existiert.[30]
    Aus der Sicht der modernen Physik gerät der Naturalismus erst
dann in Schwierigkeiten, wenn man die Gegenstände beider Varianten der mathematischen Antinomie *zusammen genommen* betrachtet
und eine physikalische Kosmologie fordert, die auf einer *umfassenden*
Theorie aller bekannten physikalischen Wechselwirkungen beruht. Alle
Ansätze dazu, die heutigen Quantenfeldtheorien der Elementarteilchen
mit einer allgemein-relativistischen Kosmologie zu vereinheitlichen,

---

[28] Boscovich, 1763.
[29] Falkenburg, 1995, S. 307-352.
[30] Kant konnte hierin keinen Ausweg aus der Teilbarkeitsantinomie sehen, weil er noch
      nicht über Cantors Theorie des mathematischen Kontinuums verfügte. Anders als
      den metaphysischen Realisten von heute hätte ihn diese Lösung vermutlich aller-
      dings auch angesichts der Cantorschen Mengentheorie nicht so recht überzeugt.

sind mit gravierenden konzeptuellen Schwierigkeiten behaftet.[31] Um
die gegenwärtige physikalische Kosmologie mit der Physik des subatomaren Materieaufbaus zu vereinheitlichen, muß man eine gekrümmte
Raum-Zeit quantisieren, eine quantenmechanische Wellenfunktion des
Universums hinschreiben, eine Weltbeschreibung finden, aus der die
Zeit als Parameter eliminiert ist, und für all dies mathematische Modelle
entwickeln, deren physikalische Bedeutung reichlich unklar ist. Diese
Modelle haben großteils paradoxe Züge; und dies hängt engstens mit
den semantischen Besonderheiten zusammen, die jede Quantentheorie
an sich hat. Quantentheoretische Zustände beschreiben nicht die physikalische Wirklichkeit in Raum und Zeit, sondern die Wahrscheinlichkeit möglicher Meßergebnisse. Wer eine Quantenfeldtheorie auf
ein kosmologisches Weltmodell anwenden möchte (wie es nach dem
Standardmodell der heutigen Kosmologie für Zeiten sehr kurz nach
dem Urknall erforderlich ist), ist gezwungen, operationale und axioma-
tische Perspektiven oder meßtheoretische und mathematische Annahmen über die Welt im Ganzen miteinander zu vermischen.[32] Dabei
lassen sich die epistemischen und die ontischen Aspekte der physikalischen Naturbeschreibung sowenig trennen wie nach Kants Theorie der
kosmologischen Erkenntnis. Hier drängt sich der Verdacht auf, daß
die Suche nach einer Quantenkosmologie auf ähnlich heilloser Vermi-
schung eines „sinnlichen" und eines „intelligiblen" Weltbegriffs beruht
wie die von Kant diagnostizierte mathematische Antinomie.

Kants Antinomienlehre weist immerhin auf ein grundsätzliches
erkenntnistheoretisches Problem hin, das in die physikalische Naturerkenntnis eingebaut ist und bei dem sich der Antinomienverdacht
nicht sofort ausräumen läßt, wenn es sich auch in den meisten Bereichen der Physik erfolgreich umgehen läßt. Das Kernproblem, an dem
sich nach Kant die kosmologische Antinomie entzündet, hat dieselbe
Struktur wie die Idealisierungen der Physik angesichts des Naturzusam-
menhangs. Die Physik konzipiert ihre Untersuchungsgegenstände, etwa

---

31   Vgl. etwa Callender/Huggett, 2001.
32   Letztlich liegt dies an den Besonderheiten des quantenmechanischen Meßpro-
     zesses, die eine operationale, probabilistische Deutung quantenmechanischer
     Zustandsfunktionen erzwingen und eine Quantenontologie nach dem Vorbild
     eines klassischen metaphysischen Realismus ausschließen. Wer oder was mißt den
     Quantenzustand des Universums; und: wer oder was mißt die quantisierte Raum-
     Zeit der Planck-Skala?

das Sonnensystem, elektromagnetische Wellen oder Atome, *zugleich* als
Gegenstände, zu denen man durch Messungen und Experimente empirischen Zugang hat, *und* als Gegenstände, die man als Entitäten *per se*
betrachtet, in Modellen, die von sämtlichen physikalischen Wechselwirkungen mit dem „Rest der Welt" abstrahieren. Physikalische Systeme
werden dadurch zugleich als *kontextabhängige, relationale Gegenstände*
und als *isolierte, relationslose Entitäten* betrachtet. In den meisten Fällen bekommt man in der Physik die Probleme, die hieraus grundsätzlich
resultieren, durch störungstheoretische Methoden in den Griff. Schwierig wird dies im subatomaren Gebiet; die Zustände von Quantensyste-
men sind miteinander und mit den Zuständen ihrer makroskopischen
Umgebung verschränkt, und im Gebiet der relativistischen Quantenfeldtheorien muß man die dynamischen Eigenschaften „freier" Felder
renormieren, um Wechselwirkungen störungstheoretisch zu erfassen.
Vollends problematisch wird es beim oben erwähnten Versuch, die heutigen Quantentheorien mit der allgemein-relativistischen Kosmologie
zu vereinheitlichen. Ob hier nicht sehr grundsätzliche Probleme lauern,
die mit der Struktur des physikalischen Gesetzesbegriffes zusammenhängen und das Streben nach der Vereinheitlichung und Vervollständigung
des physikalischen Weltbilds antinomieverdächtig machen, ist derzeit
unausgemacht.

Insgesamt gewinnt im Anschluß an solche Gedanken, die durch
Kants Antinomienlehre motiviert sind, eine Position des „internen
Realismus" Kredit, wie sie Hilary Putnam um 1980 entwickelt hat.
Putnams Argumente für den internen Realismus zu diskutieren, ist in
den letzten Jahren wieder aus der philosophischen Mode geraten; eine
Schwachstelle dieser Argumente ist zudem, daß sie mathematische
Unvollständigkeitsprobleme auf die Situation in der Physik übertragen, ohne genau zu untersuchen, wie weit die Analogie zwischen der
mathematischen und der physikalischen Erkenntnis im Hinblick auf
modelltheoretische Einwände gegen den metaphysischen Realismus
eigentlich trägt.[33] Dennoch sollten wir uns im Anschluß an Putnam
und Kant fragen, ob sich denn die *Innenperspektive*, aus der heraus die
neuzeitliche Physik die Natur vom mesokosmischen Standpunkt aus
erforscht, widerspruchsfrei zu einem *God's Eye View* des physikalischen
Universums vervollständigen läßt.

---

[33] Dies gilt insbesondere für Putnam, 1980. Vgl. dazu auch den Beitrag in diesem
Band von W. Lütterfelds.

Literatur

Al-Azm, S. J., 1972, *The Origin of Kant's Arguments in the Antinomies*, Oxford: Clarendon Press.

Barrow, J./Tipler, F., 1986, *The Anthropic Cosmological Principle*, Oxford: Clarendon Press.

Boscovich, R., 1763, *A Theory of Natural Philosophy*, Venedig (Nachdruck: Cambridge/Mass.: MIT Press 1966).

Callender, C./Huggett N. (Hrsg.), 2001, *Physics Meets Philosophy at the Planck Scale. Contemporary Theories in Quantum Gravity*, Cambridge: Cambridge UP.

Cassirer, E., 1936, *Determinismus und Indeterminismus in der modernen Physik*, Göteborg: Arsskrift (Nachdruck in: Cassirer, E., *Zur modernen Physik*, Darmstadt: WBG 1957).

Falkenburg, B., 1995, *Teilchenmetaphysik*, Heidelberg: Springer.

Falkenburg, B., 2000, *Kants Kosmologie. Die wissenschaftliche Revolution in der Naturphilosophie des 18. Jahrhunderts*, Frankfurt/M.: Klostermann.

Falkenburg, B., 2001 a, *Kants Forderungen an eine wissenschaftliche Metaphysik der Natur*, in: H. F. Fulda/J. Stolzenberg (Hrsg.), *Architektonik und System in der Philosophie Kants*, Hamburg: Meiner, S. 307-327.

Falkenburg, B., 2001 b, *Die Maßsetzung im Endlichen*, Einleitung in: E. Wind, 2001, S. 11-59.

Falkenburg, B., 2004, *The Principles of Kant's Plan for a Metaphysics of Nature*, erscheint in: C. Ferrini (Hrsg.), *The Kantian Legacy (1804-2004): Unsolved Problems*, Napoli: Bibliopolis.

Hallett, M., 1984, *Cantorian Set Theory and Limitation of Size*, Oxford: Clarendon Press.

Hinske, N., 1970, *Kants Weg zur Transzendentalphilosophie: Der dreißigjährige Kant*, Stuttgart: Kohlhammer.

Kutschera, F. von, 1998, *Die Teile der Philosophie und das Ganze der Wirklichkeit*. Berlin: De Gruyter.

Lanz, P., 1996, *Das phänomenale Bewußtsein. Eine Verteidigung*, Frankfurt/M.: Klostermann.

Leibniz, G. W., 1996, *Die Theodizee*, hrsg. und übers. von H. Herring, Frankfurt/M.: Suhrkamp.

Malzkorn, W., 1999, *Kants Kosmologie-Kritik*, Berlin/New York: De Gruyter (= Kantstudien Ergänzungsheft 134).

Nida-Rümelin, M., 1993, *Farben und phänomenales Wissen*, Wien: VWGÖ.

Putnam, H., 1980, *Models and Reality*, in: *Journal of Philosophical Logic* 45, S. 464-482 (Nachdruck in: Putnam, H., 1983, *Realism and Reason. Philosophical Papers III*, Cambridge: Cambridge UP, S. 1-25).

Putnam, H., 1981, *Reason, Truth and History*, Cambridge: Cambridge UP.

Schmucker, J., 1990, *Das Weltproblem in Kants „Kritik der reinen Vernunft"*, Bonn: Bouvier.

Überweg, F., [14]1958, *Grundriß der Geschichte der Philosophie*, 3. Teil, Darmstadt: WBG.

Wind, E., 1934, *Das Experiment und die Metaphysik: Zur Auflösung der kosmologischen Antinomien,* Tübingen: Mohr.

Wind, E., 2001, *Das Experiment und die Metaphysik: Zur Auflösung der kosmologischen Antinomien,* hrsg. von B. Buschendorf, Frankfurt/M.: Suhrkamp.

Wolff, M., 1981, *Der Begriff des Widerspruchs. Eine Studie zur Dialektik Kants und Hegels,* Königstein/Ts.: Hain.

8. Moderne Naturwissenschaft

Der Objektbegriff bei Kant und in der gegenwärtigen Physik

PETER MITTELSTAEDT

I. Einleitung

Der vorliegende Aufsatz behandelt das Problem der Erkenntnis von Gegenständen und führt von Kants *Kritik der reinen Vernunft* zum Objektbegriff der klassischen Physik und zu den Objekten der Quantenmechanik. Diesen Untersuchungen liegt die zunächst überraschende Beobachtung zu Grunde, daß die von Kant entwickelte und in ihren Grundsätzen dargestellte Methode der Konstituierung von Gegenständen in allen wesentlichen Punkten von der klassischen Mechanik übernommen werden kann und auch bis auf einige, prinzipielle Einschränkungen im Bereich der Quantenmechanik anwendbar ist. Der durch diese Feststellung vermittelte Eindruck der Kontinuität trügt jedoch insofern, als weder die von Newton konzipierte klassische Mechanik noch die am Anfang des 20. Jahrhunderts entwickelte Quantenmechanik von dieser Möglichkeit Gebrauch gemacht haben. Objekte wurden vielmehr *ad hoc* in die bereits ausformulierten Theorien eingefügt. Erst in den letzten Jahrzehnten wurde klar, wie man in den genannten Theorien Objekte systematisch einführen kann und daß diese Einführung eine Konkretisierung und Realisierung der Kantischen transzendentalen Argumentation darstellt.

II. Der Objektbegriff bei Kant

a) Argumentative Voraussetzungen

Kant formulierte in der *Kritik der reinen Vernunft* seine eigene, transzendentale Position vor dem Hintergrund von zwei kontrastierenden Positionen, der Metaphysik von Leibniz und Wolff und dem Empiris-

mus von David Hume und John Locke. Besonders die empiristische
Philosophie von Hume ist als ein Gegenentwurf zu der hier interessierenden Frage der Objekte von Interesse. Die Reaktion Kants auf diese
Position ist für das behandelte Problem deshalb von Interesse, weil sie
eine Widerlegung des Empirismus und eine Antwort auf die von Hume
aufgeworfenen Fragen nach der Notwendigkeit von kausalen Verbindungen und der Existenz von Körpern der äußeren Realität bereitstellt.
Kant liefert damit eine wichtige Argumentationshilfe gegenüber den
Vertretern des Empirismus, Positivismus und Antirealismus, die im 19.
und 20. Jahrhundert Humes Position in wesentlichen Teilen übernommen haben, – allerdings oft, ohne einen ausdrücklichen Bezug zur Philosophie von Hume herzustellen.[1]

Hinsichtlich des hier interessierenden Problems, ob es außer unseren
unmittelbaren Wahrnehmungen Objekte der realen Außenwelt gibt,
und was wir über sie wissen, äußert sich Hume an mehreren Textstel-
len. Die Bedeutung dieses Problems wird deutlich, wenn wir uns klar
machen, daß die in der Zeit wechselnden, direkt beobachtbaren Qualitäten oder Prädikate für sich genommen kein Merkmal eines Objekts
sind, sondern wegen ihrer Verschiedenheit eher gegen ein Objekt sprechen. Das, so schreibt Hume,

> „obliges the imagination to feign an unknown something, or *original*
> substance and matter, as a principle of union or cohesion among these
> qualities, and as what may give the compound object a title to be call'd
> one thing, [...]".[2]

Tatsächlich sind die Qualitäten, die wir beobachten, zunächst ganz
unabhängig voneinander und unabhängig von einem Träger, dessen
Eigenschaften sie möglicherweise darstellen:

> „Every quality being a distinct thing from another, may be conceiv'd to
> exist apart, and may exist apart, not only from every other quality, but
> from that unintelligable chimera of a substance."[3]

---

[1]   Wir denken hierbei etwa an den Positivismus von Ernst Mach, an Niels Bohrs
       Kopenhagener Interpretation der Quantenmechanik (Bohr, 1928) und in neuerer
       Zeit an den Antirealismus von van Fraassen (van Fraassen, 1989). Zur Bedeutung
       Kants für die gegenwärtige Naturphilosophie und Wissenschaftstheorie vgl. auch
       den Beitrag in diesem Band von B. Falkenburg.
[2]   Hume, 1978, S. 221.
[3]   Hume, 1978, S. 222.

– Ist also die Suche nach einem Objekt nichts anderes als die Jagd nach einer Chimäre?

Offensichtlich ist hier ein erkenntnistheoretisches Problem formuliert, das ohne zusätzliche Annahmen oder Argumente nicht zu lösen ist. Wie kann man von beobachteten Qualitäten, von Wahrnehmungen und Sinneseindrücken im allgemeinen auf die Existenz von realen Körpern oder allgemeiner von Objekten schließen? Diese Frage wird von Kant aufgegriffen und im Rahmen seiner transzendentalen Argumentation beantwortet. Sie muß aber auch in jeder naturwissenschaftlichen Disziplin, die den Anspruch einer realistischen Naturbeschreibung stellt, in irgend einem Sinne beantwortet werden.

b) Die Konstituierung von Objekten

Auch Kant geht davon aus, daß Wahrnehmungen, Sinneseindrücke und allgemein Beobachtungen uns die Erkenntnis von Qualitäten vermitteln, nicht aber von Gegenständen, denen die wahrgenommenen Qualitäten als Eigenschaften zukommen und die sich als zeitlich unveränderliche Träger von zeitlich veränderlichen Eigenschaften erweisen. Insofern stimmt Kant mit Hume überein. Kant bestreitet aber im Gegensatz zu Hume, daß Gegenstände lediglich willkürliche Erfindungen unserer Einbildungskraft seien und zwar in zweierlei Hinsicht. Einerseits ist es nämlich gar nicht immer möglich, die Beobachtungen aller Qualitäten auf ein Objekt als Referenten zu beziehen, sondern nur dann, wenn die beobachteten Qualitäten bestimmte notwendige Bedingungen erfüllen. Insofern argumentiert Kant vorsichtiger als Hume. Wenn aber die genannten Bedingungen erfüllt sind, dann ist das im Wandel der kontingenten, beobachteten Eigenschaften perennierende Objekt keine „Chimäre", sondern ein Gegenstand der äußeren, objektiven Realität. Hier geht Kant offensichtlich über die empiristische Position Humes hinaus.

Die Konstituierung von Objekten, von „Gegenständen der Erfahrung" aus den Wahrnehmungen und Beobachtungen geht aus von der Forderung der Objektivität. Die beobachteten Qualitäten sollen sich nicht auf das erkennende Subjekt, sondern auf die äußere vom Beobachter deutlich verschiedene Realität beziehen. Damit eine solche realistische Interpretation möglich ist, müssen einige notwendige

Bedingungen erfüllt sein. Die beobachteten Qualitäten müssen sich unter bestimmten begrifflichen Gesichtspunkten, den Kategorien der Substanz und der Kausalität, ordnen und interpretieren lassen. Es soll möglich sein, die zeitlich veränderlichen beobachteten Prädikate widerspruchsfrei auf eine im Wandel der Prädikate beständige Substanz als Träger dieser Eigenschaften zu beziehen. Und es soll weiter möglich sein, die Veränderungen der Prädikate in der Zeit als kausale, naturgesetzliche Veränderungen der Eigenschaften eines Objekts zu interpretieren.

Kant sagt nicht, daß eine derartige Ordnung und Interpretation von Wahrnehmungen immer möglich sei, aber er behauptet, daß dann, wenn das nicht möglich ist, auch keinerlei Erkenntnisse vorliegen:

> „Wenn eine jede einzelne Vorstellung der andern ganz fremd, gleichsam isoliert, und von dieser getrennt wäre, so würde niemals so etwas, als Erkenntnis ist, entspringen, welche ein Ganzes verglichener und verknüpfter Vorstellungen ist." (*KrV*, A 97).

Wenn uns also ein Gegenstand in der Erfahrung gegeben ist, dann muß dieser aus Wahrnehmungen unter den Gesichtspunkten der Substanz und Kausalität gebildet worden sein. Dann aber gelten für diesen Gegenstand *a priori* die Gesetze der Substanzerhaltung und der Kausalität, d. h. es gibt einen zeitlich konstanten Träger von Eigenschaften, die in ihren zeitlichen Veränderungen kausalen Gesetzmäßigkeiten gehorchen. Ein Objekt, ein Gegenstand der Erfahrung ist somit ein Element der äußeren, vom Beobachter verschiedenen Realität, auf das sich die beobachteten, zeitlich veränderlichen Qualitäten als Eigenschaften beziehen lassen, während der Gegenstand selbst durch einige unveränderliche Merkmale bestimmt ist.[4]

Die Kategorien der Substanz und der Kausalität gehören zu den notwendigen Vorbedingungen der Gegenstände der Erfahrung. Die Konstituierung von Objekten mit diesen Kategorien bestimmt aber im allgemeinen nur die Art von Objekten, die durch unveränderliche Merkmale charakterisiert sind, nicht hingegen Individuen. Für eine Bestimmung

---

[4] Man könnte dabei konkret an die Masse, die Form u. a. denken. Kant äußert sich hierzu nur sehr allgemein und in einem etwas anderen Kontext: „Was wir auch nur an der Materie kennen, sind lauter Verhältnisse [...]; aber es sind darunter selbständige und beharrliche, dadurch uns ein bestimmter Gegenstand gegeben wird [...]." (*KrV*, B 341).

von individuellen Objekten müssen die *formalen* Vorbedingungen der
Erfahrung, d. h. insbesondere die Kategorien der Substanz und Kausalität, durch *materielle* Vorbedingungen der Erfahrung ergänzt werden.
Die materiellen Bedingungen der Möglichkeit der Erfahrung entsprechen den materiellen Möglichkeiten, Beobachtungen und Messungen
von Qualitäten oder Prädikaten durchzuführen. Die materiellen Bedingungen möglicher Erfahrung erweitern und spezifizieren die Möglichkeiten, Objekte zu konstituieren. In diesem Zusammenhang ist der von
Kant formulierte Grundsatz der „durchgängigen Bestimmung" bedeutsam, der auf Dinge zutreffen soll:

> „Ein jedes Ding aber, seiner Möglichkeit nach, steht noch unter dem
> Grundsatze der durchgängigen Bestimmung, nach welchem ihm von
> allen möglichen Prädikaten der Dinge, so fern sie mit ihren Gegenteilen
> verglichen werden, eines zukommen muß." (*KrV*, B 599f).

Dieser Satz folgt nicht aus den Bedingungen der Möglichkeit der
Erfahrung. Er kann aber in Spezialfällen erfüllt sein und ermöglicht
dann eine weitergehende Bestimmung von Objekten. Insbesondere
kommt die Eigenschaft, an einem bestimmten Ort zu sein, einem
Ding zu jeder Zeit zu. Von Gegenständen, die die Ortseigenschaft
immer besitzen, wollen wir sagen, daß sie „durchgängig lokalisierbar"
sind.

Auch dann, wenn man die „durchgängige Lokalisierbarkeit" voraussetzt, ist eine Bestimmung von individuellen Objekten durch ihre
Orte noch nicht möglich, da sich zwei, in allen übrigen Prädikaten gleiche Objekte auch am gleichen Ort befinden können. Man muß daher
zusätzlich die kontingente Eigenschaft der „Undurchdringlichkeit" der
beiden Objekte annehmen, um eine Bestimmung von Individuen durch
ihre Eigenschaften zu ermöglichen. Kant ist auf diese Möglichkeit der
Individuierung durch die Ortseigenschaft nur kurz im Rahmen seiner Kritik des *Principium identitatis indiscernibilium* von Leibniz eingegangen, ohne die zusätzliche Bedingung der Undurchdringlichkeit
zu erwähnen.[5]

---

[5]   Das ist erstaunlich, da gerade Leibniz, den Kant hier kritisiert, auf diesen Umstand ausdrücklich hingewiesen hat. Als Beispiel für ein Phänomen, bei dem
Undurchdringlichkeit nicht gegeben ist, erwähnt Leibniz das Licht und sagt allgemein: „Es ist immer nötig, daß es außer dem Unterschiede von Ort und Zeit auch
ein inneres *Unterscheidungsprinzip* gibt, [...]." (Leibniz, 1996, S. 391).

„[…] so kömmt es auf die Vergleichung der Begriffe gar nicht an, sondern, so sehr auch in Ansehung derselben alles einerlei sein mag, ist doch
die Verschiedenheit der Örter dieser Erscheinung zu gleicher Zeit ein
genugsamer Grund der numerischen Verschiedenheit des Gegenstandes
(der Sinne) selbst." (*KrV*, B 319).

Die Kantischen Überlegungen zeigen, welche notwendigen und kontingenten Voraussetzungen erfüllt sein müssen, damit man die beobachteten Qualitäten in konsistenter Weise auf ein Objekt als deren
Träger beziehen kann. Diese ganz allgemein formulierte Methode der
Konstituierung von Objekten überhaupt und von Individuen muß in
speziellen Erfahrungswissenschaften konkretisiert werden. Es ist nicht
zu erwarten, daß in diesen Wissenschaften Objekte auf einfachere und
kürzere Weise bestimmt werden können. Das werden die folgenden
Betrachtungen ganz explizit bestätigen.

III. Der Objektbegriff in der klassischen Physik

a) Allgemeine Vorbemerkungen

Die Kantische Reaktion auf den Empirismus und Skeptizismus von
David Hume zeigt einen Weg, wie man trotz der empiristischen Skepsis objektive Erkenntnis von Gegenständen der Erfahrung erhalten
kann. Man hätte daher erwarten können, daß sich die für die Naturwissenschaft grundlegende Disziplin der Physik an der transzendentalen Argumentation Kants orientiert, um die Objektivität der eigenen
physikalischen Erkenntnisse zu sichern. Die Gründe für eine derartige
Neuorientierung der Physik liegen auf der Hand und hätten eigentlich
ausreichen sollen.

Die am Ende des 18. Jahrhunderts bekannte Physik war geprägt
von der Newtonschen Mechanik[6] und ihrer Weiterentwicklung durch
D'Alembert[7] und Lagrange[8]. Diese mathematisch schon sehr hoch entwickelte Disziplin besitzt jedoch, erkenntnistheoretisch betrachtet, zwei
entscheidende Mängel: *Einerseits* ist sie überladen mit metaphysischen

---

6   Newton, 1687.
7   D'Alembert, ²1758.
8   Lagrange, 1788.

Hypothesen, wie der Existenz einer universellen Zeit, der Erhaltung der Substanz (Masse) und der gelegentlichen Annahme eines absoluten Raumes, die als solche überhaupt nicht hervorgehoben werden. *Anderseits* wird die Mechanik ausschließlich im Sinne eines naiven Realismus interpretiert, der die Erscheinungen, hier also die physikalischen Beobachtungen mit Entitäten der realen Außenwelt gleichsetzt. Die bei Hume formulierte Kritik an der Praxis, von Beobachtungen direkt auf Objekte zu schließen, wird hier nicht etwa widerlegt, sondern gar nicht zur Kenntnis genommen. Die Mechanik war daher der empiristischen Skepsis unmittelbar ausgeliefert. – Sowohl der metaphysische Hintergrund als auch der radikale und skeptische Empirismus waren aber die Ausgangspunkte der Kantischen Kritik. Es wäre daher sehr naheliegend gewesen, auf der Grundlage von Kants *Kritik der reinen Vernunft* die Physik in einem kritisch-transzendentalen Sinne neu zu formulieren.

Die wirkliche Geschichte der Physik ist völlig anders verlaufen. Weder die Humesche Skepsis gegen Induktion und Kausalität noch die Kantische Kritik an diesen Positionen wurden von der Physik rezipiert. Ein unkritischer, naiver Realismus bildete den erkenntnistheoretischen Hintergrund der sich schnell weiter entwickelnden Disziplin. Wie wenig die Kantische Philosophie überhaupt zur Kenntnis genommen wurde, zeigen die am Ende des 19. Jahrhunderts von Ernst Mach vorgebrachten Argumente gegen die Existenz von Atomen. Da Atome zur damaligen Zeit nicht direkt, sondern nur über ihre Wirkungen bei thermodynamischen Erscheinungen erkannt werden konnten, schließt Mach, daß es sie nicht gibt. Dieser jetzt als Positivismus bezeichnete Rückfall in den Humeschen Zweifel an Objekten war Gegenstand einer Jahrzehnte dauernden Auseinandersetzung zwischen Ernst Mach und Ludwig Boltzmann, der die Existenz von Atomen als reale Entitäten verteidigte, allerdings nur in einem naiv-realistischen Sinne, ohne die transzendentale Lösung dieser Problematik auch nur zu erwähnen.[9] Auf diesem Niveau konnte es in der Mach-Boltzmann Debatte keine Entscheidung zwischen den beiden Positionen geben. Für die Physik erledigte sich diese Kontroverse durch die später entdeckte Möglichkeit, Atome direkt und nicht nur über thermodynamische Prozesse zu beobachten. Das grundlegende erkenntnistheoretische Problem wurde dabei aber weder gelöst noch überhaupt gesehen.

---

[9] Vgl. Brush, 1985.

Das systematische Problem, wie man in der Physik unter Beachtung der erwähnten Argumente zu einer objektiven Erkenntnis von Erfahrungsdingen kommen kann, ist erst sehr spät, etwa ab 1965, unter dem Einfluß der Quantenmechanik und zunächst als ein mathematisches Problem untersucht worden. Es soll im folgenden in zwei Stufen besprochen werden. In Abschnitt III.b untersuchen wir, wie in der klassischen Mechanik Objekte bestimmt werden können. Hier kommen die Argumente von Hume, Kant und Mach unmittelbar zum tragen. In IV behandeln wir das gleiche Problem in der Quantenmechanik, wobei neue, vorher nicht bekannte Schwierigkeiten auftreten, die von Bohr, Heisenberg u. a. gefunden worden sind.

b) Objekte in der klassischen Mechanik

Die klassische Mechanik beschreibt die Eigenschaften von klassisch-mechanischen Körpern und deren naturgesetzliche Verbindungen. Insbesondere werden in der Mechanik die zeitlichen Veränderungen von Eigenschaften durch geeignete Gesetze erfaßt. Im Vordergrund der Theorie stehen daher beobachtbare Größen, die Observablen, und die verschiedenartigen Relationen zwischen ihnen. Der mathematische Rahmen der klassischen Mechanik ist der Raum der möglichen Zustände, die ein Objektsystem annehmen kann, der sog. Phasenraum Γ. Die Observablen sind dann die stetigen und differenzierbaren Funktionen auf diesem Phasenraum.

In dieser Formulierung ist die Mechanik jedoch der empiristischen bzw. positivistischen Kritik preisgegeben. Da sich die Theorie nur auf die Observablen und deren Veränderungen bezieht, ist die Rede von Körpern oder Objekten, auf die sich die beobachtbaren Eigenschaften beziehen sollen, gänzlich leer. Humes Kritik trifft hier uneingeschränkt zu, ein Objekt ist ein „unknown something", ein Produkt der „imagination", aber kein greifbares Element der Theorie. Auch Machs Zweifel an der Existenz von Körpern, die man nicht direkt, sondern nur indirekt über die Wirkungen ihrer Eigenschaften erschließen kann, trifft hier zu. Eine Widerlegung der skeptisch-empiristischen Position im Sinne der Kantischen Transzendentalphilosophie sollte möglich sein, es ist aber nicht zu erwarten, daß die Konstituierung von Objekten in der klassischen Mechanik einfacher ist und schneller zum Ziel führt als in der Philosophie Kants.

Die konkrete Frage lautet daher, ob für die Observablen der Mechanik, die beobachtbaren Qualitäten entsprechen, ein oder mehrere Referenten in der äußeren Realität gefunden werden können, die Träger derjenigen Eigenschaften sind, die durch die Observablen beschrieben werden. Gibt es, so könnte man auch fragen, eine realistische Interpretation der klassischen Mechanik im Phasenraum? In Anlehnung an Kant steht am Beginn einer solchen Untersuchung die Forderung der Objektivität der Erkenntnis. Unter welchen notwendigen und vielleicht auch hinreichenden Bedingungen lassen sich beobachtete Größen, also Observablen, als eine objektive Gegenstandserkenntnis interpretieren? Objektiv heißt in diesem Zusammenhang nicht intersubjektiv, sondern bezogen auf eine vom Beobachter, dem Subjekt, verschiedene äußere Realität.

In der Physik bedeutet Objektivität einer Erkenntnis zunächst Unabhängigkeit von den physikalischen Vorbedingungen eines Beobachters. Die subjektive, Beobachter-abhängige Komponente einer Beobachtung oder Messung ist durch das raum-zeitliche Bezugssystem des Beobachters gegeben. Die Forderung der Objektivität bedeutet daher – worauf zuerst Hermann Weyl hingewiesen hat –,[10] daß die Gesetze der äußeren Realität gegenüber bestimmten raum-zeitlichen Bewegungstransformationen invariant sind. Einen realen Gegenstand kann man etwa von verschiedenen Seiten betrachten, wobei die Werte der Observablen sich entsprechend ändern. Diese Veränderung kann man aber auch dadurch bewirken, daß man den Gegenstand relativ zu dem ruhenden Beobachter in der umgekehrten Weise dreht. Weyl erläutert diese Symmetrie von aktiven Transformationen (des Objekts) und passiven Transformationen (des Beobachter-Koordinatensystems) an einem einfachen geometrischen Beispiel.[11] Für geometrische Objekte, z. B. Dreiecke in der euklidischen Ebene, gilt die Symmetrie von aktiven und passiven Transformationen immer. Für physikalische Gegenstände ist diese Symmetrie eine notwendige Bedingung ihrer Objektivität.

---

[10] Weyl, 1927.
[11] Weyl, 1927, S. 88-89.

Um in einem konkreten Fall zu überprüfen, ob Beobachtungs- oder Meßdaten sich als Eigenschaften eines realen Objekts interpretieren lassen, muß festgestellt werden, ob die jeweiligen Observablen diese notwendigen Bedingungen erfüllen. Damit die Symmetrie zwischen aktiven und passiven Transformationen gewährleistet ist, müssen sich die Observablen kovariant zu den Symmetrie-Transformationen transformieren. Für den Bereich der klassischen Mechanik wollen wir diese Zusammenhänge genauer betrachten.

Die Grundgesetze der klassischen Mechanik sind invariant gegenüber den Transformationen der 10-parametrigen Galilei-Gruppe G. Bezogen auf ein vorgegebenes inertiales Bezugssystem sind das 3 räumliche Translationen, 3 räumliche Drehungen, 3 Änderungen der konstanten Geschwindigkeit des Inertialsystems und eine zeitliche Translation. Wenn der Beobachter gemäß einer Galilei-Transformation „bewegt" wird, dann sollten sich die Observablen kovariant zu dieser Bewegung transformieren. Damit ist auch die geforderte Symmetrie zwischen aktiven und passiven Transformationen gewährleistet.

Anschaulich ist eine Observable eine meßbare Größe eines (noch nicht näher bestimmten) Objektsystems S, das der äußeren Realität angehört und deutlich von dem Beobachter bzw. dem Meßgerät verschieden ist. Eigenschaften oder Prädikate des Objekts können vorliegen oder nicht und entsprechen somit wertdefiniten (ja-nein) Aussagen A_i oder den einfachsten Observablen mit nur zwei Werten, etwa 0 und 1. Die Menge $\{A_i\}$ der elementaren Aussagen läßt sich durch Hinzunahme der logischen Operationen $\wedge$, $\vee$ und $\neg$ und der Relation $\leq$ erweitern. Auf diese Weise erhält man das volle Aussagensystem der klassischen Mechanik, das durch einen vollständigen, orthomodularen, distributiven und atomaren Verband L_C gegeben ist.

Formal kann man eine Observable als eine Funktion definieren, die Zahlen auf der Skala des Meßgerätes auf Eigenschaften des Objektsystems abbildet. Eine Observable ist daher bestimmt als eine Funktion

$$\Phi: B(\mathfrak{R}) \to L_C$$

die allgemein die Borel-Mengen $B(\mathfrak{R})$ der reellen Zahlen $\mathfrak{R}$ (der Meß-Skala) auf den Booleschen Verband L_C (der Objekt-Prädikate) abbildet. Eine Observable dieser Art ist auf zweifache Weise mit der Gruppe G der Galilei-Transformationen verbunden. Einerseits werden die Eigenschaften des Objekts S bzw. die entsprechenden Aussagen durch eine aktive Transformation verändert, bei der die Transformationsgruppe (oder Teile daraus) auf dem Aussagenverband L_C operiert. Anderseits wird das Bezugssystem des Beobachters durch eine passive Transformation verändert, bei der die Transformationsgruppe auf den Borel-Mengen $B(\mathfrak{R})$ der Skala des Meßgerätes M operiert.

Auf der Basis dieser Begrifflichkeit kann man jetzt ein Postulat formulieren, das „Kovarianz-Postulat", das die Observablen erfüllen müssen, wenn man sie als Eigenschaften eines real existierenden Trägers, eines realen Objekts interpretieren will. Das Kovarianz-Postulat lautet: „Die mit einer aktiven Transformation S(G) der Galilei-Gruppe transformierten Eigenschaften $\Phi[B(\mathfrak{R})]$ des Objekts S sollen übereinstimmen mit den Eigenschaften, die man erhält, wenn man zunächst die Borel-Mengen $B(\mathfrak{R})$ der Skala des Meßgerätes M einer passiven Transformation M(G) der Galilei-Gruppe unterwirft und auf das Ergebnis dann die Funktion Φ anwendet".- Man sagt auch, daß das Kovarianz-Diagramm in Fig.1 kommutieren soll. Durch das Kovarianz-Postulat werden diejenigen Funktionen Φ bestimmt, die eine realistische Interpretation gestatten, die also als Eigenschaften eines realen Objekts angesehen werden können.[12]

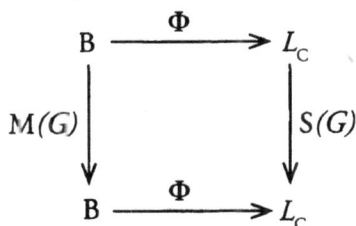

Fig. 1. Kovarianz-Diagramm der klassischen Mechanik. Die Borel-Mengen der Meß-Skala werden durch die Funktion Φ auf den Verband L_C der Objekt-Prädikate abgebildet, der dann einer Galilei-Transformation S(G) unterworfen wird, oder sie werden zuerst einer Galilei-Transformation M(G) unterworfen und dann durch die Funktion Φ auf den Verband L_C abgebildet.

---

[12] Überlegungen dieser Art finden sich zunächst im Rahmen von quantenmechanischen Untersuchungen bei Makey und sind später von Piron weiter ausgebaut worden (Makey, 1963; Piron, 1976). Für die klassische Mechanik sind auch die Untersuchungen von Sudarshan von Bedeutung (Sudarshan/Mukunda, 1974). Der Zusammenhang mit dem Problem der Konstituierung wurde hergestellt bei Mittelstaedt, 1994; Mittelstaedt, 1995.

c) Klassisch-physikalische Objekte

Die bisherigen Überlegungen haben gezeigt, welche Kriterien die Beob-
achtungsdaten erfüllen müssen, um eine realistische Interpretation zu
rechtfertigen, in der die beobachteten Qualitäten als Eigenschaften
eines Objekts gedeutet werden können. Das Objekt selbst ist bisher
nicht direkt in Erscheinung getreten, sondern nur indirekt als Träger
von Eigenschaften, die das Kovarianz-Postulat erfüllen. Man kann versuchen, diesen Sachverhalt in eine Definition des klassischen Objekts
umzusetzen. Ein klassisches Objekt ist dann ein Träger von Eigenschaften aus dem Verband L_C, und zwar nicht nur in einer kontingenten Situation K, die durch ein Koordinatensystem des Beobachters
bestimmt ist, sondern auch in allen anderen Situationen K′, die aus K
durch eine Galilei-Transformation hervorgehen, wobei sich die Observablen dem Kovarianz-Postulat entsprechend transformieren.

Objekte in diesem Sinne sind, als mathematische Objekte betrachtet,
Darstellungen der Galilei-Gruppe.[13] Auf Grund der bisher formulierten
Definitionen kann man verschiedene Klassen von Objekten durch verschiedene Arten von Darstellungen unterscheiden. Klassen von Objekten unterscheiden sich durch unveränderliche, geometrische Strukturen
und bestehen aus Kugeln, Kreiseln, Hanteln usw. Die wichtigste Objekt-
Art der klassischen Mechanik sind die elementaren Systeme ohne geometrische Struktur, die den *Massenpunkten* entsprechen. Sie sind durch
sog. *irreduzible* Darstellungen gegeben. Diese Darstellungen der Galilei-
Gruppe bestimmen aber den Objekttyp nur bis auf einen kontingenten,
reellen Parameter m, den man als Masse des betreffenden Objekts interpretieren kann. Ohne weiter auf diese Zusammenhänge eingehen zu
müssen, ist damit schon klar, daß die oben formulierte Bestimmung von
Objekten sich immer nur auf Klassen von Objekten mit einem jeweils
bestimmten Wert m bezieht, nicht aber auf individuelle Systeme. Falls
jedoch nur wenige Objekte in die Betrachtung einfließen, sind die bisherigen Definitionen im allgemeinen ausreichend.

---

[13] Der in der Gruppentheorie verwendete Begriff der „Darstellung" soll hier nur er-
     wähnt, aber nicht weiter besprochen werden. Für alle Einzelheiten verweisen wir
     auf die Literatur, z. B. Boerner, ²1967.

a) Beispiel: Der Sternenhimmel

Das Kriterium der Objektivität einer physikalischen Erkenntnis, das Kovarianz-Postulat, ist etwas abstrakt und soll durch ein konkretes Beispiel näher erläutert werden. Dazu betrachten wir den Sternenhimmel, insbesondere eine bestimmte Sternenkonfiguration, etwa eines der vielen bekannten Sternbilder. Wir wollen prüfen, ob die am Himmel beobachteten Lichtpunkte als Sterne, d. h. als objektiv vorhandene Himmelskörper interpretiert werden können. Dieses Beispiel ist als Illustration des Objektivitätskriteriums auch deshalb besonders geeignet, weil man Sterne nicht anfassen kann, um sich so über ein haptisches Realitätskriterium von der Objektivität der Sterne zu überzeugen.

Im vierdimensionalen Raum-Zeit-Kontinuum betrachten wir einen Beobachter $B_1(0)$, der in einem vorgegebenen Inertialsystem ruht. Seine Bahn in der Raum-Zeit, d. h. seine „Weltlinie", wird dann durch eine senkrechte Linie in dem betreffenden Raum-Zeit-Diagramm beschrieben. (Fig. 2, links). Die Weltlinien von 4 Sternen, die mit S_1, S_2, S_3 und S_4 bezeichnet werden sollen, schneiden den Vergangenheits-Lichtkegel von $B_1(0)$ in Ereignis-Punkten, die in Fig. 2 durch dick gezeichnete Punkte angedeutet sind. Was der Beobachter $B_1(0)$ wahrnimmt, sind Lichtstrahlen, die von diesen Ereignissen ausgehen und hier als punktierte Linien gezeichnet sind. Für den Beobachter scheinen die Sterne dann auf der Oberfläche der Himmelskugel zu liegen, die ihn umgibt. Ein zweiter Beobachter $B_2(v)$, der sich im Moment der Beobachtung am gleichen Ort befindet wie $B_1(0)$, aber gegenüber $B_1(0)$ mit einer Geschwindigkeit v bewegt ist, wird die vier Sterne in anderen Positionen auf der Himmelskugel beobachten. Diesen Effekt bezeichnet man als „Aberration" (Fig. 2, rechts).

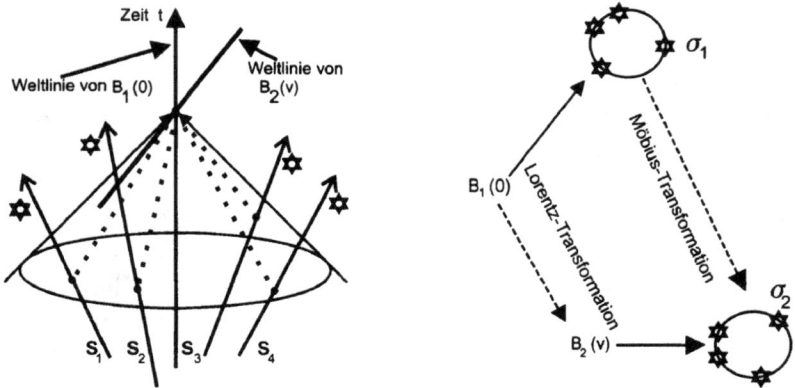

Fig. 2. *Links:* Raum-Zeit-Diagramm mit Weltlinien der Beobachter $B_1(0)$ und $B_2(v)$ und der vier Sterne S_1, S_2, S_3, S_4. Die Weltlinien der Sterne durchstoßen den Vergangenheits-Lichtkegel von $B_1(0)$ in den dick gezeichneten Punkten.
Rechts: Aberration. Ein vom Beobachter $B_1(0)$ gesehenes Sternbild σ_1 erscheint einem mit der Geschwindigkeit v bewegten Beobachter $B_2(v)$ als ein verschobenes Sternbild σ_2. Die Beobachter sind durch eine Lorentz-Transformation verbunden, die Sternbilder durch eine Möbius-Transformation.

Die Koordinaten-Systeme der Beobachter $B_1(0)$ und $B_2(v)$ sind durch eine Lorentz-Transformation miteinander verbunden. Die Punkte $x_i^{(1)}$, an denen sich die Sterne für den Beobachter $B_1(0)$ befinden, sind verschieden von den Punkten $x_i^{(2)}$, an denen der Beobachter $B_2(v)$ die Sterne wahrnimmt. Aus diesen Vorgaben kann man die Transformation bestimmen, die das Sternbild $\sigma_1 = \{x_i^{(1)}\}$ in das Sternbild $\sigma_2 = \{x_i^{(2)}\}$ überführt. Es handelt sich um einen *Möbius*-Transformation, bei der Kreise in Kreise überführt werden und Winkel unverändert bleiben.[14]

Auf der Grundlage dieser Überlegungen, die von der realen Existenz der Sterne Gebrauch machen, kann man nun leicht ein Kriterium im Sinne des oben genannten Kovarianz-Postulates formulieren, das die objektive Realität eines beobachteten Sternbildes sicherstellt. Die Observablen sind hier die Abbildungen $\Phi: \{M_i\} \rightarrow \{\sigma_i\}$ von Teilmengen (Punktmengen) des Raum-Zeit-Kontinuums auf Sternenkon-

---

[14] Für weitere Einzelheiten, die hier aber ohne Belang sind, verweisen wir auf die Literatur: Vgl. etwa Weyl, 1923, und Weyl, 1930/31.

figurationen σ_i. Ein Sternbild σ_1, das von dem Beobachter $B_1(0)$ wahrgenommen wird, besitzt nur dann objektive Realität, wenn der Möbius-transformierte Funktionswert $\Phi'(M_1) = \sigma_1' = \sigma_2$ von M_1 übereinstimmt mit dem Funktionswert $\Phi(M_1')$ der Lorentz-transformierten Menge M_1', d. h. wenn das Diagramm in Fig. 3, wie man sagt, „kommutiert". Man erkennt leicht, daß dieses Diagramm nur eine abstrakte Formulierung des Zusammenhangs ist, der bereits in (Fig. 2, rechts) dargestellt worden ist.

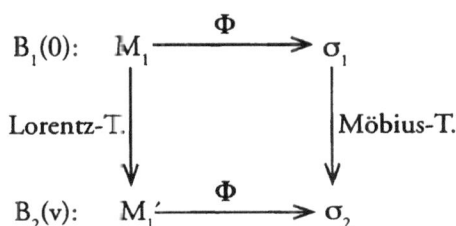

$$
\begin{array}{ccc}
B_1(0): & M_1 \xrightarrow{\ \ \Phi\ \ } & \sigma_1 \\
\text{Lorentz-T.} \Big\downarrow & & \Big\downarrow \text{Möbius-T.} \\
B_2(v): & M_1' \xrightarrow{\ \ \Phi\ \ } & \sigma_2
\end{array}
$$

Fig. 3. Ein durch Lichtpunkte auf der Himmelskugel wahrgenommenes Sternbild σ_1 besitzt objektive Realität nur dann, wenn das Kovarianz-Diagramm kommutiert.

ε) Individuelle Objekte

Die allgemeinen Überlegungen zu klassisch-physikalischen Objekten haben gezeigt, daß die Forderung der Objektivität der Erkenntnis und das daraus entwickelte Kovarianz-Postulat nur ausreicht, um Klassen gleichartiger Objekte zu bestimmen, nicht aber Individuen. Die verschiedenen Darstellungen der Symmetriegruppe der klassischen Mechanik, der Galilei-Gruppe, charakterisieren jeweils nur eine Art von Objekten und wie im Fall der Massenpunkte auch diese nur bis auf einen noch unbestimmten Parameter, der als Wert der Masse interpretiert werden kann. Um auch einzelne Objekte bestimmen zu können, muß man über die im Kovarianz-Postulat zum Ausdruck gebrachten notwendigen Bedingungen objektiver Gegenstandserkenntnis hinausgehen.

Auch bei dieser Erweiterung ist der Weg schon bei Kant vorgezeichnet. Die formalen Bedingungen müssen durch die materiellen Bedingungen der Gegenstandserkenntnis ergänzt werden, die bei Kant durch den Grundsatz der durchgängigen Bestimmtheit formuliert sind

(*KrV*, B 599f). Auch in der klassischen Mechanik müssen neben den essentiellen Eigenschaften, die die jeweilige Art charakterisieren, zur Bestimmung von Individuen alle akzidentiellen Eigenschaften herangezogen werden. Die Gesamtheit aller akzidentiellen Eigenschaften ist in der klassischen Mechanik durch Funktionen im Phasenraum, d. h. Funktionen der fundamentalen Observablen Ort (x_i) und Impuls (p_i) gegeben.

Die Kenntnis von Ort und Impuls zu jeder Zeit t liefert insbesondere die Bahn des Objekts im Raum-Zeit-Kontinuum und damit ein wichtiges Unterscheidungsmerkmal mehrerer gleichartiger Objekte, z. B. mehrerer Massenpunkte gleicher Masse.[15] Die Kennzeichnung eines Individuums durch eine mechanische Bahn ist aber nur möglich, wenn außerdem sicher gestellt ist, daß die betreffenden Objekte undurchdringlich sind, d. h. daß nicht mehrere zur gleichen Zeit am gleichen Ort sein können. Nur dann, wenn diese kontingente Eigenschaft der Undurchdringlichkeit gegeben ist, kann man Individuen so kennzeichnen, daß sie voneinander unterscheidbar sind und zu einer späteren Zeit wiedererkannt werden können. In der klassischen Physik ist die Kennzeichnung von individuellen Objekten durch Bahnen durchaus geläufig, wenn man etwa die optisch kaum unterscheidbaren ca. 2000 Planetoiden in unserem Sonnensystem benennen und wiedererkennen will.

Ein Objekt S, das neben anderen, in seinen essentiellen Eigenschaften gleichen Objekten zu einer Zeit t an einem Ort x_k beobachtet wurde, z. B. ein Planetoid, wird als ein undurchdringlicher Gegenstand betrachtet, der den Gesetzen der klassischen Mechanik gehorcht. Wenn man außer dem Ort auch die Geschwindigkeit zum Zeitpunkt t beobachtet hat, dann kann man rein rechnerisch den Ort x_k' zu einer späteren Zeit t′ ermitteln. Selbst wenn man in der Zwischenzeit von t bis t′ das Objekt nicht beobachten konnte, so kann man auf Grund dieser Überlegungen ein zur Zeit t′ am Ort x_k' beobachtetes Objekt S′ mit dem früher beobachteten Objekt S identifizieren. Die genannten Voraussetzungen ermöglichen daher die Unterscheidbarkeit und Wiedererkennbarkeit von sonst gleichartigen Gegenständen.

---

[15] Auch die Bedeutung des Ortes für eine eindeutige Kennzeichnung von Individuen wird schon bei Kant betont (*KrV*, B 320).

IV. Der Objektbegriff in der Quantenmechanik

a) *Allgemeine Vorbemerkungen*

Die Quantenmechanik beschreibt die Eigenschaften mikroskopischer Objekte, deren naturgesetzliche Verbindungen sowie deren zeitliches Verhalten. Diese scheinbar unverfängliche Formulierung des quantenmechanischen Aufgabenbereichs setzt aber offensichtlich bereits voraus, daß es auch in der Quantenmechanik sinnvoll ist, von Objekten und deren Eigenschaften zu sprechen. Tatsächlich ist aber die Bestimmung oder Konstituierung von Objekten in der Quantenmechanik ungleich schwieriger als in der klassischen Mechanik. Insgesamt sind hier drei Hürden zu überwinden. Das erste Hindernis ist die auf Niels Bohr zurückgehende „Kopenhagener Interpretation", die die Aussagen der Quantenmechanik auf die Formulierung von Meßresultaten und deren gesetzmäßige Verbindungen beschränken möchte. Auf die Formulierung von Eigenschaften, die einem Objekt zukommen, wird ganz verzichtet. Der Grund für diese restriktive Interpretation ist, anders als bei Ernst Mach und anderen Positivisten, keine philosophische Vorentscheidung, sondern es sind sachliche Schwierigkeiten, die auftreten, wenn man versucht, Prädikate einem Objekt als Eigenschaften zuzuschreiben. Eine realistische Interpretation der Quantenmechanik muß zunächst diese Schwierigkeiten berücksichtigen und eventuell beseitigen.

Erst dann kann man versuchen, ähnlich wie in der klassischen Mechanik aus beobachtbaren Qualitäten, den quantenmechanischen „Observablen", Objekte zu konstituieren, auf die sich die Observablen als Eigenschaften beziehen lassen. An dieser Stelle tritt die zweite der erwähnten Schwierigkeiten auf. Die in der Quantenmechanik jeweils verfügbaren Observablen sind nämlich niemals in dem Sinne vollständig, wie das klassisch der Fall ist und in dem Grundsatz der durchgängigen Bestimmtheit zum Ausdruck gebracht wurde. Die Objekte, die unter diesen einschränkenden Bedingungen konstituiert werden können, sind daher in einem gewissen Sinne unvollständig. Die Eigenschaften eines solchen Objekts bilden nämlich, anders als in der klassischen Mechanik, keinen *Booleschen Verband*, sondern nur eine sehr viel schwächere Struktur. Daraus resultieren zahlreiche Einschränkungen des quantenmechanischen Objektbegriffs. Insbesondere erweist es sich

als unmöglich – und das ist die dritte der erwähnten Schwierigkeiten
–, einzelne quantenmechanische Systeme zu bestimmen. Auch wenn
man die schon in der klassischen Mechanik unverzichtbare Undurchdringlichkeit voraussetzt, ist es nicht möglich, in der Quantenmechanik Individuen zu bestimmen, die sowohl unterscheidbar als auch wiedererkennbar sind.

Die auf Niels Bohr zurückgehende Kopenhagener Interpretation
der Quantenmechanik deutet deren Gesetze als Beziehungen zwischen
beobachtbaren Größen, ohne dabei über Objekte und andere Entitäten zu sprechen, auf die sich die Observablen beziehen könnten. Diese
sehr restriktive Deutung scheint den Empirismus von Hume oder den
Positivismus von Mach wieder aufzugreifen. Dieser Vergleich trifft aber
nicht den wirklichen Grund der Kopenhagener Interpretation. Während Hume keine induktive Rechtfertigung einer realistischen Sprech-
weise erkannte und auch Mach stets auf den hypothetischen Charakter
von Objekten hingewiesen hat, zeigte sich in der Quantenmechanik
eine völlig neue Situation. Der naive Realismus, den Hume und Mach
nur bezweifelten und für nicht gerechtfertigt hielten, erweist sich im
Kontext der Quantenmechanik als unhaltbar, da er zu Widersprüchen führt. Der versuchsweise, hypothetische Bezug von Meßresultaten verschiedener Observablen auf ein Objekt führt von Ausnahmen
abgesehen zu Widersprüchen. Die Kopenhagener Interpretation sollte
daher nicht als eine philosophische Position, sondern als ein Mittel der
Schadensbegrenzung verstanden werden. Sie erlaubte ein sehr restrik-
tives, aber konsistentes Sprechen über die Ergebnisse der damals neuen
Theorie.

b) Objekte in der Quantenmechanik

Der für die Konstituierung von Objekten entscheidende Unterschied
zwischen Quantenmechanik und klassischer Mechanik besteht darin,
daß man immer nur einige Prädikate gleichzeitig auf ein Objekt beziehen kann. Die Objekte der Quantenmechanik sind nicht „durchgängig
bestimmt" im Sinne von Kant. Der für die Quantenmechanik wichtige
Grundbegriff zur Beschreibung von Objekten ist der des Zustandes.
Ein Zustand $\Psi(S)$ ist der Inbegriff derjenigen Prädikate P_i, die man
in konsistenter Weise als Eigenschaften eines Objekts S interpretieren

kann. Prädikate P_i und P_k, die man gemeinsam auf ein Objekt beziehen kann, bezeichnet man als kommensurabel, Prädikate P_i und P_k, bei denen die Objektivierung der einen Eigenschaft, d. h. der Bezug auf ein Objekt, die Objektivierung der anderen Eigenschaft ausschließt, als inkommensurabel oder komplementär. Das bekannteste, aber keineswegs einfachste Beispiel komplementärer Größen sind die Observablen Ort und Impuls.[16]

Diese Bemerkungen antizipieren in keiner Weise die Bestimmung und Konstituierung von Objekten in der Quantenmechanik. Sie zeigen lediglich, daß anders als im Kontext der klassischen Mechanik eine Bildung von Objekten mit Hilfe *aller* beobachtbaren Prädikate nicht möglich ist. Die durch einen Zustand bestimmten Systeme sind nicht *durchgängig*, sondern in gewissem Sinne nur *unvollständig* bestimmt, und es erhebt sich als erstes die Frage, ob unter diesen einschränkenden Bedingungen die Konstituierung eines im zeitlichen Wandel der kontingenten Prädikate beständigen Trägers von Eigenschaften überhaupt möglich ist. Bezogen auf den vorliegenden Formalismus der Quantenmechanik ist also zu prüfen, ob diese Theorie eine *realistische* Interpretation zuläßt.

c) Die Konstituierung von Objekten in der Quantenmechanik

Grundsätzlich kann für die Bildung von Objekten in der Quantenmechanik die gleiche Argumentationsweise verwendet werden wie in der klassischen Mechanik. Auch hier steht am Anfang das Postulat der *Objektivität* der Erkenntnis, d. h. die Forderung, daß sich die Beobachtungen nicht auf das erkennende Subjekt, sondern auf die äußere Realität beziehen. Es ist offensichtlich, daß diese Zielsetzung, die einer realistischen Interpretation der Quantenmechanik angehört, deutlich über die Kopenhagener Interpretation hinausgeht. Auch in der Quantenmechanik entspricht das Objektivitätspostulat einer Invarianzforderung

---

[16] Niels Bohr hat im Rahmen der Kopenhagener Interpretation die Komplementarität von zwei Observablen damit erklärt, daß eine Messung der einen Observablen die der anderen ausschließt. Das ist argumentativ aber zu kurz gegriffen. Zwei Observablen sind komplementär, wenn man sie nicht gleichzeitig auf ein Objekt beziehen kann – wenn sie nicht gleichzeitig objektivierbar sind –, und deshalb kann man sie erst recht nicht gleichzeitig messen.

an die zugrunde liegenden Gesetze. Verschiedene, durch Symmetrie-Transformationen verbundene Beobachter können dann den gleichen Gegenstand der äußeren Realität erkennen. Auch in der Quantenmechanik ist die zugrunde liegende Symmetrie durch die 10-parametrige Gruppe der Galilei-Transformationen gegeben. Der „Beobachter" entspricht dabei einem klassisch-physikalischen Meßgerät, das mit einem raum-zeitlichen Koordinatensystem verbunden ist. Zwei Bemerkungen sind hier wichtig: Der Ausdruck „Beobachter" ist hier nur eine Metapher, denn wir sehen im folgenden ausdrücklich von der Subjektivität des Beobachters ab. Dessen Bewußtsein spielt in der Quantentheorie ebensowenig eine Rolle, wie in der klassischen Physik.[17]

Weiterhin ist ein Meßgerät zwar im allgemeinen ein makroskopisches Objekt, das aber nur in einer sehr guten Näherung den Gesetzen der klassischen Physik gehorcht. Strenggenommen muß auch das Meßgerät als ein Quantensystem behandelt werden. Auf diese Verallgemeinerung soll hier nicht eingegangen werden, da sie für das Problem der Konstituierung von Objekten keine neuen Gesichtspunkte liefert und mit einem größeren formalen Aufwand verbunden wäre.[18]

Die folgenden, mehr formalen Schritte sind denen in der klassischen Mechanik sehr ähnlich. Observablen sind auch hier bestimmt durch ihr Transformationsverhalten gegenüber Untergruppen der Galilei-Gruppe. Man definiert daher eine Galilei-kovariante Observable wieder als eine Funktion, die Zahlen auf der Skala des Meßgerätes auf Eigenschaften des Objektsystems abbildet. Eine Observable ist also wiederum bestimmt durch eine Funktion

$$\Phi: B(\mathfrak{R}) \rightarrow L_Q$$

die wie in der klassischen Mechanik Borel-Mengen $B(\mathfrak{R})$ der reellen Zahlen der Meß-Skala auf den Verband L_Q der Objekt-Prädikate abbildet. An dieser Stelle wird ein entscheidender Unterschied von klassischer Mechanik und Quantenmechanik sichtbar. Wie oben erwähnt, sind elementare Prädikate P_i und P_k im allgemeinen nicht kommensurabel, können also nicht gleichzeitig auf ein Objekt bezogen werden. Anders als in

---

[17] Hinsichtlich der Funktion des Beobachter-Bewußtseins hat es im ersten Jahrzehnt der Quantenmechanik einige Verwirrung gegeben; vgl. z. B. Jammer, 1974, S. 481-482.

[18] Vgl. hierzu Busch/Lahti/Mittelstaedt, 1991, ²1996, und Busch/Grabowski/Lahti, 1995, S. 50ff.

der klassischen Mechanik entsprechen die (scharfen) Prädikate in der Quantenmechanik Teilräumen eines Hilbertraumes bzw. den zugehörigen Projektionsoperatoren. Wenn man die Menge $\{P_i\}$ der elementaren Prädikate durch die logischen Junktoren $\wedge$, $\vee$, $\rightarrow$ und $\neg$ erweitert, dann wird man auf den vollständigen, atomaren, orthokomplementären Verband L_Q der „Quantenlogik" geführt, der jetzt an die Stelle des strukturell reicheren Booleschen Verbandes L_C der klassischen Physik tritt.[19]

Eine Observable Φ ist hier, ähnlich wie in der klassischen Mechanik, auf zweifache Weise mit der Invarianzgruppe G der Galilei-Transformationen verbunden. Einerseits operiert die Gruppe *aktiv* auf dem Verband L_Q der Eigenschaften des Objekts. Anderseits aber operiert sie *passiv* auf den Zeigerwerten Z des Meßgerätes, die den Borel-Mengen $B(\Re)$ der reellen Zahlen $\Re$ entsprechen. Das Kovarianzpostulat erfordert dann wieder die Symmetrie von aktiven und passiven Transformationen: Für eine Observable Φ, d. h. eine Funktion $\Phi(Z)$ der Zeigerwerte Z soll der Funktionswert $\Phi(Z')$ eines Galilei-transformierten Zeigerwertes Z' übereinstimmen mit dem transformierten Funktionswert $\Phi(Z)'$ des Zeigerwertes Z, d. h. das Diagramm in Fig. 4 soll kommutieren.

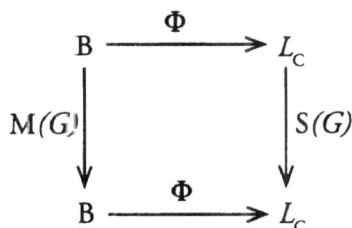

$$
\begin{array}{ccc}
B & \xrightarrow{\ \Phi\ } & L_C \\
{\scriptstyle M(G)}\Big\downarrow & & \Big\downarrow{\scriptstyle S(G)} \\
B & \xrightarrow{\ \Phi\ } & L_C
\end{array}
$$

Fig. 4. Das Kovarianz-Diagramm der Quantenmechanik bestimmt, welche Funktionen Φ als Observable gelten können.

Der Unterschied zwischen den Kovarianzpostulaten der klassischen Mechanik und der Quantenmechanik besteht in den unterschiedlichen Prädikaten-Systemen L_B und L_Q. Dieser zunächst harmlos wirkende Unterschied der beiden Konstituierungsmethoden hat jedoch

---

[19] Da diese formalen Eigenschaften der Prädikate für die folgenden Überlegungen nicht von Bedeutung sind, soll darauf hier nicht näher eingegangen werden. Für alle Einzelheiten sei auf die Literatur verwiesen, z. B. Mittelstaedt, 1984; Mittelstaedt, 1986, und Mittelstaedt, 1999.

wesentliche Unterschiede zwischen den so konstituierten Objekten zur Folge. Das Prädikaten-System L_C ist ein vollständiger, atomarer, orthomodularer und distributiver Verband. Ein damit konstituiertes Objekt S besitzt daher jede Eigenschaft $P_i \in L_C$ entweder positiv oder negativ, d. h. das Objekt ist vollständig oder „durchgängig" bestimmt. Im Gegensatz dazu besitzt ein mit dem atomaren, orthomodularen Verband L_Q konstituiertes Objekt jeweils, d. h. zu einer bestimmten Zeit, nur eine begrenzte Anzahl von objektiven und untereinander kommensurablen Eigenschaften, die einen Booleschen Unterverband von L_Q bilden. Ein Quantenobjekt ist daher nur Träger einiger Eigenschaften und somit, verglichen mit einem klassischen Objekt, nur *unvollständig bestimmt.* Es ist wichtig zu betonen, daß es sich hierbei nicht um eine behebbare Unvollständigkeit handelt, die von einem Wissensdefizit des jeweiligen Beobachters herrührt. Quantenobjekte sind vielmehr objektiv unvollständig bestimmte Entitäten.

Vor diesem Hintergrund kann man wieder verschiedene Klassen von quantenmechanischen Objekten unterscheiden, die durch unveränderliche, permanente Eigenschaften gekennzeichnet sind. Die für quantenmechanische Objekte wichtigen, permanenten Eigenschaften sind neben der geometrischen Struktur insbesondere Masse, Ladung und die neue quantenmechanische Eigenschaft Spin. Mathematisch lassen sich Klassen wieder durch verschiedene Darstellungen der Galilei-Gruppe unterscheiden, wobei auch hier die irreduziblen Darstellungen elementare Quantenobjekte nur bis auf eine positive, reelle Zahl m, die Masse des betreffenden Objekts, festlegen. Allgemein bezieht sich das dargestellte Verfahren der Objektkonstituierung immer nur auf Klassen von Objekten, nicht aber auf Individuen.

d) Individuelle Quantenobjekte

Die oben genannten Einschränkungen des quantenmechanischen Objektbegriffs, die auf der vergleichsweise schwächeren Struktur des quantenmechanischen Prädikatenverbandes L_Q beruhen und die *unvollständige Bestimmtheit* des Objekts zur Folge haben, wirken sich besonders stark bei der Bestimmung von Individuen aus. Während im Rahmen der klassischen Mechanik Objekte wegen ihrer durchgängigen Bestimmtheit durch die Ortseigenschaft individuiert werden können

– falls man Undurchdringlichkeit voraussetzen kann –, ist in der Quantenmechanik dieser Weg nicht gangbar. Die unvollständige Bestimmtheit von Quantenobjekten verbunden mit dem zeitlichen Wandel von Eigenschaften gemäß der Schrödingergleichung hat zur Folge, daß die Ortseigenschaft nicht immer objektiv ist, die Objekte also nicht *durchgängig lokalisiert* sind. Es gibt Zeitpunkte, an denen der Ort als objektive Eigenschaft nicht existiert.

Die Probleme, die bei der Individuierung von Quantenobjekten auftreten, gehen daher deutlich über die Probleme hinaus, die bei Leibniz, Locke und Kant erörtert worden sind. Im Gegensatz zu Leibniz reichen die permanenten, inneren Eigenschaften nicht aus, um ein Individuum zu charakterisieren, da die permanenten Eigenschaften immer nur Klassen bestimmen, die mehr als ein Individuum enthalten. Im Gegensatz zu Locke und Kant steht die Gesamtheit der kontingenten Eigenschaften nicht gleichzeitig zur Verfügung, so daß eine dauerhafte Individuierung durch die *Ortseigenschaft* nicht möglich ist. Die Unterscheidbarkeit von Objekten einer Klasse und die Wiedererkennbarkeit zu einer späteren Zeit ist aus diesen Gründen für Quantenobjekte nicht zu erreichen.

In der klassischen Mechanik kann man individuelle Objekte durch ihre raum-zeitlichen Trajektorien so bestimmen, daß sie unterscheidbar und wiedererkennbar sind, vorausgesetzt, die Undurchdringlichkeit ist gegeben. In der Quantenmechanik sind diese Möglichkeiten nicht mehr vorhanden. Daher kann man zwar ein Objekt bestimmen, das durch einige permanente Eigenschaften charakterisiert werden kann und Träger von kontingenten Eigenschaften ist, aber keine Individuen. Da die unvollständige Bestimmtheit von Quantenobjekten kein epistemisches, sondern ein ontisches Problem ist, so kann man quantenmechanischen Objekten auch nicht gedanklich individuelle Merkmale, Eigennamen, usw. zuschreiben. Eine derartige Zuschreibung von Kennzeichen steht in Widerspruch zu anderen, gut bestätigten Aussagen der Quantenmechanik. Daraus folgt aber, daß es individuelle Objekte im Realitätsbereich der Quantenphysik nicht gibt.

Literatur

D'Alembert, J. le R., ²1758, *Traité de dynamique*, Paris.

Boerner, H., ²1967, *Darstellungen von Gruppen*, Berlin: Springer.

Bohr, N., 1928, *The Quantum Postulate and the Recent Development of Atomic Theory*, in: *Nature* 121, S. 580-590.

Brush, S. B., 1985, *The Kind of Motion we call Heat*, Amsterdam: North-Holland Publ. Co.

Busch, P./Lahti, P./Mittelstaedt, P., 1991, ²1996, *The Quantum Theory of Measurement*, Berlin: Springer.

Busch, P./Grabowski, M./Lahti, P., 1995, *Operational Quantum Physics*, Berlin: Springer.

Fraassen, B. C. van, 1989, *Laws and Symmetry*, Oxford: Clarendon Press.

Hume, D., 1978, *A Treatise of Human Nature*, hrsg. v. L. A. Selby-Bigge/P. H. Nidditch, Oxford: Clarendon Press.

Jammer, M.,1974, *The Philosophy of Quantum Mechanics*, New York: John Wiley & Sons.

Lagrange, J. L., 1788, *Mechanique Analytique*, Paris.

Leibniz, G. W., 1996, *Neue Abhandlungen über den menschlichen Verstand*, Bd. I, hrsg. u. übers. v. H. H. Holz, Frankfurt/M.: Suhrkamp.

Makey, G., 1963, *The Mathematical Foundation of Quantum Mechanics*, New York: Benjamin.

Mittelstaedt, P., 1984, *Über die Bedeutung und Rechtfertigung der Quantenlogik*, in: B. Kanitscheider (Hrsg.), *Moderne Naturphilosophie*, Würzburg: Königshausen & Neumann, S. 261-281.

Mittelstaedt, P., 1986, *Sprache und Realität in der Modernen Physik*, Mannheim: BI Wissenschaftsverlag.

Mittelstaedt, P., 1994, *The Constitution of Objects in Kant's Philosophy and in Modern Physics*, in: P. Parrini (Hrsg.), *Kant and Contemporary Epistemology*, Dordrecht: Kluwer, S. 115-129.

Mittelstaedt, P., 1995, *Constitution of Objects in Classical Mechanics and in Quantum Mechanics*, in: *International Journal of Theoretical Physics* 34, S. 1615-1626.

Mittelstaedt, P., 1999, *Sprache und Wirklichkeit in der Quantenphysik*, in: H. E. Wiegand (Hrsg.), *Sprache und Sprachen in den Wissenschaften*, Berlin: De Gruyter, S. 64-88.

Newton, I., 1687, *Philosophia Naturalis Principia Mathematica*, London.

Piron, C., 1976, *Foundations of Quantum Physics*, Reading/Mass.: Benjamin.

Sudarshan, E.C.G./Mukunda, N., 1974, *Classical Dynamics: A Modern Perspective*, New York: John Wiley & Sons.

Weyl, H., 1923, *Mathematische Analyse des Raumproblems*, Berlin: Springer.

Weyl, H., 1927, *Philosophie der Mathematik und Naturwissenschaft*, in: *Handbuch der Philosophie, „Natur, Geist, Gott"*, München: Oldenbourg, S. 1-162.

Weyl, H., 1930/31, *Axiomatik. Vorlesung gehalten im Wintersemester 1930/31 an der Universität Göttingen*, hrsg. von C. Heinicke/F. W. Hehl, Universität zu Köln, 2002.

9. Ethik

Kants Ethik in der Philosophie der Gegenwart

KLAUS DÜSING

Stellt man heute – wie seinerzeit Benedetto Croce in bezug auf Hegel – die Frage, was von Kants Philosophie in gegenwärtigen philosophischen Entwürfen lebendig und was tot ist, so dürfte eine Antwort lauten: Insbesondere seine Ethik ist in lebendiger, aktueller Diskussion. Sie gilt als eine der ganz wenigen herausragenden klassischen Positionen der Ethik. Gleichwohl reichen die Stellungnahmen von dezidierter Zustimmung über viele Zwischenstufen und Schattierungen bis hin zu schroffer Ablehnung, je nachdem, welche Position der Stellung beziehende Autor selbst vertritt. Die Vielfalt der Kant-Aufnahmen spiegelt den gegenwärtigen buntfarbenen Pluralismus ethischer Entwürfe wider. Simpel ist die strikte Ablehnung des kategorischen Sollens, das nach Kant vom Sittengesetz geboten wird, und des korrespondierenden, unter Metaphysikverdacht gesetzten vernünftigen Selbst, in einem heute zumeist empiristisch fundierten ethischen Skeptizismus.[1] Dieser vertritt u. a. die Meinung, daß angesichts der erdrückenden Vielfalt ethischer Auffassungen in verschiedenen Lebensgemeinschaften, Gesellschaften, Kulturen und natürlich unter Philosophen eine Entscheidung nicht möglich und darum auch eine detaillierte Auseinandersetzung mit Kant wohl nicht nötig sei. – Doch läßt sich in diese Vielfalt ethischer Ansätze, sei es der Gegenwart, sei es der Geschichte der Philosophie, wenigstens prinzipiell durchaus eine systematische Anordnung bringen, so daß solcher skeptische Argumentationsverzicht generell kaum begründet sein dürfte. Ferner gewinnen durch solche Systematik die verschiedenen heutigen Stellungnahmen zu Kants Ethik ebenfalls eine grundlegende Anordnung.[2]

---

[1] Vgl. z. B. Mackie, 1983, zu Kant bes. S. 28ff, 284ff, zum Skeptizismus S. 11ff, 40ff (ebenso Mackie, 1977, zu Kant S. 27ff, 223ff, zum Skeptizismus S. 15ff, 36ff).

[2] Zur Bedeutung Kants auf anderen Feldern der praktischen Philosophie vgl. auch die Beiträge in diesem Band von D. Sturma, I. Fetscher, H.-G. Schmitz und P. Guyer.

Hinsichtlich des Willens einer Person kann man nun drei für eine Ethik relevante grundsätzliche Momente unterscheiden: Der Wille folgt erstens in seinen Entschlüssen gewissen praktischen Gesetzmäßigkeiten, nämlich bestimmten Normen oder Pflichten, die verwirklicht werden sollen; zweitens entwirft er dabei immer bestimmte Inhalte seines Wollens als Zwecke oder Güter; und drittens führt er in dieser Weise bestimmte Handlungen aufgrund von erworbenen Habitualitäten oder Haltungen aus. Daraus ergeben sich drei grundlegende Gebiete der Ethik,[3] eine ethische Pflichtenlehre, eine ethische Zweckelehre, besonders eine Lehre vom höchsten Zweck oder Gut und eine ethische Tugendlehre als Lehre von den sittlichen Habitualitäten von Personen. Eine vollständige Ethik muß alle drei Gebiete behandeln. Ihr Grundtypus richtet sich danach, in welchem dieser Gebiete jeweils ihr Prinzip angesiedelt wird. Ist das Prinzip der Sittlichkeit ein kategorisches praktisches Gesetz, so entsteht ihrem Grundtypus nach eine Ethik als Pflichtenlehre, eine Deontologie (von griechisch: to deon: die Pflicht). Ist das Prinzip der Sittlichkeit das höchste Gut oder der höchste Zweck, so entsteht dem Grundtypus nach eine Ethik als Zwecke- oder Güterlehre. Bedeutet das Prinzip der Sittlichkeit dagegen ethische Tugend überhaupt, so entsteht eine Ethik vom Grundtypus der Tugendlehre. Eine solche Ethik als Tugendlehre war lange Zeit vernachlässigt, wird aber seit mehreren Jahren wieder als eigener Ethik-Typus erörtert. Dagegen bleibt die Charakterisierung einer Ethik als Lehre von ethischen Werten zu unspezifisch; zumeist sind Güter oder Zwecke damit gemeint, manchmal auch Tugenden oder Eigenschaften von Personen; damit aber wird kein eigener Ethik-Typus getroffen. Ferner lassen sich Ethik-Typen nach den bevorzugten Anwendungsgebieten unterscheiden; wendet sich eine Ethik, sie mag nun grundlegend Pflichten-, Zwecke- oder Tugendlehre sein, vornehmlich an den Einzelnen, so entsteht eine Individualethik; wendet sie sich primär an ein Gemeinwesen oder eine Gesellschaft, so entsteht eine politische Ethik. Schließlich sind ganz unterschiedliche subjektive Ethikfundierungen möglich, insbesondere die Fundierung in reiner Vernunft einerseits oder in empirisch beschreibbaren Gefühlen, Stimmungen oder sinnlich veranlaßten Bestrebungen andererseits. Unter diesen Ethiktypen oder -fundierun-

---

[3] Die im folgenden genannten Grundtypen der Ethik werden ausführlicher dargestellt in dem Buch des Verfassers: *Fundamente der Ethik* (soll 2004 erscheinen).

gen sind wieder verschiedene Kombinationen möglich. So ist z. B. die Kantische Ethik von ihrem Grundtypus her Pflichtenlehre, da das Sittengesetz Prinzip der Pflichten ist; die Lehre vom höchsten Gut sowie die Tugendlehre folgen erst darauf; hinsichtlich ihres primären Anwendungsgebietes ist sie, wenn auch nicht ausschließlich Individualethik; hinsichtlich ihrer subjektiven Fundierung ist sie wesentlich in reiner Vernunft verankert. Auf diese Weise läßt sich in die zahlreichen Ethik-Ansätze der Gegenwart durchaus Ordnung und Systematik bringen.

Aus dieser Übersicht dürfte einleuchtend werden, daß die gegenwärtigen Vertreter einer Deontologie dem Grundtypus der Kantischen Ethik folgen und daher dieser Ethik als dem Paradigma einer Deontologie nahestehen. Dies sei an den unterschiedlichen Lehren und Kant-Bezügen von Rawls und seinen Anhängern, von strengeren heutigen Kantianern in der Ethik, aber auch von Tugendhat einerseits und von Habermas sowie von Apel andererseits gezeigt. Deutlich distanzierter oder kritischer fallen, wie skizziert sei, Stellungnahmen zu Kants Ethik von Utilitaristen, die von bestimmten Zwecken ausgehen, oder von Tugendlehrern und ebenso von allen Vertretern einer empirisch-anthropologischen Ethikbegründung aus. Am Schluß stehe ein Hinweis auf Kant-Bezüge einer neuen spezifisch subjektivitätstheoretisch begründeten Ethik.

I.

Noch in den sechziger Jahren des 20. Jahrhunderts konnte Hans Reiner im Ausgang von Kants und Schillers Ethik, aber auch von Schelers phänomenologischen Umformungen her erklären, daß die deontologische Ethik weitgehend akzeptiert werde.[4] Und im angelsächsischen Sprachraum, in dem der Utilitarismus schon deutlich früher entscheidende Bedeutung erlangt hatte, votierte in diesen sechziger Jahren einflußreich William K. Frankena zumindest für eine Mischform von Deontologie und Utilitarismus.[5] Doch ist seither der Utilitarismus z. T. unter anderen Namen – wie z. B. dem zu allgemeinen eines Konsequentialismus – die beherrschende Richtung

---

[4] Vgl. Reiner, 1964, S. 16f, 19 u. ö.; Reiner, 1974, S. 2ff, 5ff, 70ff u. ö.
[5] Vgl. Frankena, 1972, S. 51ff, 134ff (1963, S. 43ff, 110ff).

geworden. Angesichts dieses Umfeldes muß es als ein besonderes Ereignis gewertet werden, daß John Rawls mit seiner Theorie der Gerechtigkeit eine prominente, im wesentlichen deontologische Theorie aufgestellt hat, die sich als wirkungsmächtig erwies. Sie ist weitgehend eine rechtsphilosophische und politische Theorie, hat jedoch ethische Grundlagen. Diese bestehen in einer Konzeption von Gerechtigkeit als Fairness unter vernünftigen, freien und gleichen Personen und in der Vorstellung eines idealen Urzustandes, in dem diese Gerechtigkeit im Wechselverhältnis solcher Personen ungehindert etabliert werden kann.[6] Obwohl Rawls gelegentlich an das intelligible Ich im Sinne Kants erinnert, faßt er die Personen in diesem Urzustand und den Urzustand selbst konkreter. Die Personen haben durchaus eigene faktische Interessen und Bestrebungen; sie leben in bestimmten sozialen und wirtschaftlichen Verhältnissen; und der Urzustand ist eine bestimmte soziale und geschichtliche Welt von eigener konkreter Faktizität. Doch über bestimmte konkrete Gegebenheiten muß nach Rawls der Schleier des Nichtwissens gesenkt werden wie über gesellschaftliche oder wirtschaftliche Anfangsbedingungen, die Zugehörigkeit zu einer bestimmten Generation und dgl., und zwar im Namen der Gleichheit freier Personen in der Ausgangslage; Ungleichheit etwa in wirtschaftlicher Hinsicht wird nur zugestanden, wenn sie allen dient. – Die Personen, die sich in diesem Urzustand befinden, schließen nun nach Rawls einen ursprünglichen Vertrag ab, nämlich, kurz gesagt, einander als freie und gleiche Personen wechselseitig fair zu behandeln, und zwar gesetzmäßig. Auch diese Vertragschließung ist natürlich ein ideales Verfahren. So wird idealiter ein gerechter gesellschaftlicher Zustand eingerichtet; und diese Konzeption des Urzustandes und der Vertragschließung bildet eine moralische Richtlinie bei allem Handeln von Personen, diese Richtlinie mag nun allein auf deren Willen beruhen oder auch schon rechtlich-gesetzlich und institutionell irgendwie verankert sein.

Diese Konzeption des Urzustandes vernünftiger, freier und gleicher Personen und des ursprünglichen Vertrages erinnert eher an Rousseaus „contrat social" als an Kants Ethik; Rawls erwähnt auch Rousseau, bezieht sich jedoch hinsichtlich des ethischen Fundaments dieser

---

[6] Vgl. Rawls, 1979, bes. S. 27-39, 81ff, 174-185, 283-290 u. ö. (Rawls, 1971, S. 11-22, 60ff, 150-161, 251-257).

Gerechtigkeitstheorie dezidiert und mehrfach sowohl in seiner *Theory of Justice* als auch in einigen Abhandlungen auf Kants Ethik[7]. So ist sein Personbegriff deutlich von dem Kantischen bestimmt; eine Person ist Inhaber eines vernünftigen und freien Willens, und darin sind die Personen prinzipiell gleich. Aber sie sind für Rawls zugleich auch immer – Kants Lehre nicht gemäß – konkrete soziale, geschichtliche und sinnliche Wesen, die in den Faktizitäten ihrer konkreten, gemeinschaftlichen, sinnlichen Welt leben. Für diese Personen, die für Rawls wie für Kant Zwecke an sich selbst bedeuten, sind der kategorische Imperativ als die universale und für alle gleichgeltende Gesetzmäßigkeit von Maximen sowie die daraus sich ergebenden Pflichten verbindlich. Der kategorische Imperativ als die Formel des Sittengesetzes wird von Rawls allerdings wieder konkreter aufgefaßt, nämlich als Prinzip der Gerechtigkeit, die als Fairness verstanden wird. Hinter diesen ethischen Grundbestimmungen steht für Rawls die ethische, später von ihm so nicht mehr aufrechterhaltene Gesamtvorstellung des Urzustandes, in dem Gerechtigkeit eingerichtet wird; Vorprägung dafür ist ihm Kants Idee des Reichs der Zwecke. Dieses ist für Kant eine Verbindung freier und gleicher, vernünftiger Personen als Selbstzwecke nach rein moralischen Gesetzen unter dem Prinzip des Sittengesetzes; dadurch entsteht ein rein sittliches Gemeinwesen oder, wie Kant gelegentlich auch sagt, ein „ethischer Staat".[8] In diesem ist jedoch keine äußere Zwangsgewalt erforderlich; alles erfolgt in ihm aus innerer, freier Entscheidung der Personen aufgrund sittlicher Einsicht. Jeder ist in diesem ethischen Gemeinwesen Gesetzgeber und als Mitglied zugleich dem Gesetz unterworfen; dies mag J. Rawls an die Demokratieidee erinnert haben; Kant unterscheidet von den Mitgliedern aber in Gedanken noch ein Oberhaupt im Reich der Zwecke, den nicht mehr endlichen, sondern vollkommenen, göttlichen Willen als Idee und Urbild der Sittlichkeit. Für Kant ist dieses Reich der Zwecke wesentlich die intelligible oder noumenale Welt, da die Kausalität aller sittlichen Personen, die dazu gehören, als Kausalität aus Freiheit intelligibel ist; das Gesetz des Wirkens aus solcher Frei-

---

[7] Vgl. bes. Rawls, 1989, S. 81-113; Rawls, 1980, S. 515-572 (wiederabgedruckt in: Rawls, 1999, S. 497-528, 303-358), ebenso Rawls, 2000, S. 143-325, zum „Konstruktivismus" Kants bes. S. 235ff, 251f (Rawls, 2002, S. 201-421, bes. S. 312ff, 332ff). Vgl. ferner vorige Anm.

[8] *Religions-Schrift*, AA VI, 94ff. Zum Reich der Zwecke vgl. bes. *Grundlegung*, AA IV, 433ff, 438; *KpV*, AA V, 82f (*KpV*, 1788, S. 147).

heit ist das rein vernünftige Sittengesetz. Kant beansprucht damit keine
Erkenntnis der intelligiblen Welt, wohl aber die notwendige Annahme
einer solchen intelligiblen Welt der Freiheit, und zwar aufgrund des
Bewußtseins des Sittengesetzes von Personen, die es sich selbst auferlegen, sich dafür aber als frei ansehen müssen; denn das Bewußtsein des
Sittengesetzes erfordert die Annahme der Freiheit, um diesem gemäß
sein zu können.[9]

Diese Konzeption des Reichs der Zwecke ist für Rawls nun von
besonderer, prägender Bedeutung. Er sieht darin eine Präfiguration sei-
nes Entwurfs des Urzustandes und der ursprünglichen Einrichtung von
Gerechtigkeit der freien und gleichen, vernünftigen Personen in ihrem
Verhältnis zueinander. Dies läßt sich auf Kants Idee des Reichs der
Zwecke durchaus applizieren. Doch bestehen auch entscheidende, von
Rawls nicht eigens bemerkte Unterschiede. Zum einen ist Rawls' Urzustand mit der darin einzurichtenden Gerechtigkeit nicht als intelligible
Welt zu denken, sondern, wie gezeigt, durchaus als konkrete, soziale und
räumlich-zeitliche, d. h. sinnliche Welt. Zum anderen konzipiert Rawls
die Einrichtung der Gerechtigkeit in diesem Urzustand als ursprünglichen Vertrag, ein Modell, das nach Kant für die aus innerer Gesinnung
und Freiheit handelnden Personen offensichtlich ungeeignet wäre. Das
Reich der Zwecke und die darin herrschende Sittlichkeit im wechselseitigen Verhältnis der Personen zueinander konstituiert sich bei Kant
nicht durch Vertrag, sondern durch ursprüngliche, innere, sittliche und
intellektuelle Übereinstimmung. Das Vertragsmodell übernimmt Kant
im besonderen von Rousseau zur Konstitution einer rechtlichen, nicht
einer genuin sittlichen Gemeinschaft. Die ideale, ursprüngliche Konstitution eines rechtlichen Gemeinwesens, nämlich eines Rechtsstaats
in einem solchen Urvertrag erfolgt nach Kant zwar aus rein sittlichen
Gründen; sie kann nicht rechtlich erzwungen werden. Aber was dadurch
konstituiert wird, ist nur das rechtliche institutionelle Ganze. Insofern
entspringt Rawls' Konzeption des Urzustandes und der Einrichtung der
Gerechtigkeit einer Mischung aus Kants Idee des Reichs der Zwecke und
dessen Entwurf eines sittlich motivierten ursprünglichen Staatsvertrags,

---

[9]   Zu den unterschiedlichen Theorien der Freiheit und den darin enthaltenen unterschiedlichen Bestimmungen des Verhältnisses von Sittengesetz und Freiheit in der
Entwicklung von Kants Denken mag der Hinweis erlaubt sein auf die Darlegung
des Verfassers: Düsing, 2002, S. 211-235.

der zur Gründung eines Staates überhaupt führt. Anders als von Kant
werden von ihm aber spezifisch ethische von bloß rechtlichen Prinzipien
nicht grundsätzlich unterschieden. – In dieser Abänderung der Kantischen Lehre ist auch begründet, daß das Reich der Zwecke für Rawls ein
Objekt der praktischen Vernunft ist. Für Kant stellt es als Bedeutungsgehalt des kategorischen Imperativs in einer spezifischeren Formulierung vor allem ein ideales ethisches Richtmaß des Handelns dar; es wird
vollständiges Objekt der praktischen Vernunft, das sie als ihren Zweck
anstreben soll, erst als ein sittliches Reich, in dem zugleich sittliche Personen glücklich werden, d. h. als das höchste Gut. Für Rawls stellt es
dagegen als solches, nämlich als gerechtes Gemeinwesen im Urzustand
einen konkreten Inhalt des Wollens und Strebens dar, d. h. ein Objekt
der praktischen Vernunft, auf dessen Realisierung wir hinwirken sollen.

Entschieden weicht Rawls' Bestimmung der Methode dieses grundlegenden Teils der Ethik von Kant ab, obwohl Rawls auch diese Methode
für Kantisch hält. Im Unterschied zu einem rationalen Intuitionismus,
wie er sich etwa bei Sidgwick, Moore und anderen findet, nach dem
ethische Grundgegebenheiten wie z. B. ‚gut' undefinierbar für sich einleuchten müssen, vertritt Rawls unter Beziehung auf Kant die Auffassung, die Ethik müsse „konstruktivistisch" begründet werden; dies ist
von Nachfolgern vielfach aufgenommen worden. Konstruiert werden
nach Rawls nicht das Verallgemeinerungsverfahren des kategorischen
Imperativs selbst, auch nicht grundlegende Fakten der Moralität, wie
sie etwa die Personen in ihrer Freiheit und Gleichheit darstellen. In
Gedanken oder begrifflich konstruiert werden vielmehr die ethischen
Prinzipien und Vorschriften, die für Personen in ihren Umständen gelten; konstruiert werden soll damit offenbar innerhalb der Kantischen
Ethik jedenfalls nach Rawls' Verständnis insbesondere das Reich der
Zwecke als Objekt der praktischen Vernunft; es liegt nicht als werthafte
Gegebenheit unabhängig von dieser vernünftigen und konstruktiven
Konstitution einfach intuitiv schon vor, sondern wird für Rawls durch
praktische Vernunft als deren interner Bedeutungsgehalt reflexiv und
verfahrensmäßig allererst zustande gebracht.

Die Applikation dieser Bestimmung einer konstruktivistischen
Methode in der Ethik auf Kants Lehre bringt jedoch beträchtliche
Schwierigkeiten mit sich. Für Kant ist, was auch Rawls bemerkt, was
ihn aber nicht zur Änderung seiner Ansicht veranlaßt, Konstruktion die
Methode der Mathematik in Arithmetik und Geometrie, gerade nicht

der Philosophie; die Konstruktion konstituiert Figuren oder Zahlen in den reinen sinnlichen Anschauungen von Raum und Zeit. Die Philosophie dagegen verfährt in ihren prinzipiellen Teilen begrifflich und nicht konstruktiv in diesem Sinne; sie expliziert im wesentlichen reine Begriffe und kombiniert diese in Urteilen oder Sätzen, insbesondere in Grundsätzen, deren Gültigkeit dann eigens erörtert und, wenn möglich, erwiesen werden muß. So geschieht es auch im prinzipiellen Teil von Kants praktischer Philosophie; hier werden Begriffe a priori wie Person, Kausalität aus Freiheit, Allheit der Personen und formale Allgemeingültigkeit, nämlich von Handlungsmaximen, konzipiert und zu Sätzen verbunden, insbesondere zu dem einen obersten Grundsatz der Moral und der Moralphilosophie, zu dem kategorischen Imperativ und seinen besonderen Formeln, in denen die Bedeutungsbreite des Sittengesetzes erfaßt wird, sowie zu dessen Pendant, das die Möglichkeit der Ausführung des sittlich Gesollten betrifft, zu dem grundlegenden Satz über die Annahme der personalen Freiheit. Dies alles sind rein begriffliche Gedankeninhalte und Sätze, die sich in unserer sinnlichen Anschauung nicht darstellen lassen; und über eine intellektuelle verfügen wir nicht, wie Kant erst in seiner kritischen Philosophie erklärt. Gültigkeit können diese Sätze, kann insbesondere der kategorische Imperativ nach Kants späterer Lösung in der *Kritik der praktischen Vernunft* nur beanspruchen, weil er regelhafte Einheit für die Setzung von Zwecken und Maximen als Handlungsleitlinien in jedermanns Bewußtsein bedeutet, weil er, wie Kant dort erklärt, was Rawls vielfach aufnimmt, als „Faktum der Vernunft" gilt.[10] – Diese Lösung ist gewiß nicht konstruktivistisch, ebensowenig intuitionistisch, sondern rein begrifflich und diskursiv. Es handelt sich hierbei nicht um die Prüfung alltäglicher, lebensweltlicher Maximen auf ihren Allgemeinheits- und Sittlichkeitscharakter hin, die wesentlich einfacher ist, sondern um die Bestimmung der Methode des grundlegenden Teils der Ethik. Diese ist freilich prinzipientheoretisch problemreich, zum einen weil die Gültigkeit des kategorischen Imperativs nicht strictissime bewiesen werden kann, was Kant noch in der *Grundlegung* versucht, zum anderen weil verschiedene grundlegende Begriffe hier deskriptiv eingeführt und kombiniert, aber nicht methodisch expliziert und, was z. B. Fichte kritisch bemerkt, nicht im Gesamtkontext einer Theorie der praktischen Subjektivität entwickelt werden.

---

[10]   Vgl. oben Anm. 9.

So hat Rawls zwar prinzipielle Fragen der Kantischen Ethik angeschnitten, aber mit der Auslegung der Methode der Kantischen ethischen Lehre als Konstruktion die eigene Ethik-Begründung Kants ebenso wie jene erwähnten grundsätzlichen Probleme eher verdeckt. Der Grund dieser Rawlsschen Auslegung dürfte darin liegen, daß er seine eigene Lehre als konstruktivistisch und nicht als intuitionistisch ansieht. Konstruktivistisch konstituiert werden in Rawls' Theorie, wie skizziert, nicht die besonderen gesetzmäßigen Verhältnisse der Personen untereinander, sondern die ethischen Prinzipien und Normen, die freie und gleiche, vernünftige Personen untereinander gemäß der Gerechtigkeit als Fairness verbinden. Durch welche begrifflichen und theoretischen Mittel diese Konstitution geschieht und wie die Generierung solcher Inhalte aus reiner, zugleich konkreter Vernunft in Rawls' eigener Lehre zu verstehen ist, wird allerdings nicht endgültig geklärt. Solche generelle Konstruktion bildet bei Rawls nun das Fundament für die Ausführung zahlreicher spezifischer Regeln, Institutionen und Verhaltensweisen in einer gerechten, liberalen und demokratischen Gesellschaft; diese Entfaltung ist aber nicht mehr genuin ethisch, sondern gehört zur politischen Philosophie und Rechtsphilosophie.

II.

Rawls' Theorie der Gerechtigkeit und seine Art von Kantianismus erwies sich als durchaus wirkungsmächtig. So untersucht z. B. Onora O'Neill Rawls' Konstruktivismus mit den darin enthaltenen Kant-Bezügen. Dies wird ihr zur Grundlage eines eigenen Entwurfs eines Konstruktivismus, der auch zu einer Konzeption von Gerechtigkeit, Tugend und Pflicht führt;[11] ihr Entwurf wird insofern eindeutig in Auseinandersetzung mit Rawls' partiell kantianischer Konzeption gewonnen. Rawls habe in seiner philosophischen Gerechtigkeitstheorie im Ausgang von der Vorstellung eines Urzustandes seinen Personbegriff und seine Gerechtigkeitsbestimmung durch Idealisierung gewonnen. Diese aber gebe zum Metaphysikverdacht Anlaß. Was Metaphysik sei, warum man sie unbedingt vermeiden müsse und weshalb Rawls sich in ihre verderbliche Nähe begebe, wird nicht gesagt. Kant kann für diese Art der

---

[11] Vgl. O'Neill, 1989, S. 206-218; O'Neill, 1996 a, und O'Neill, 1996 b.

Argumentation von Metaphysikvermeidung nicht als Kronzeuge angeführt werden, weil er sich ähnlicher Argumente wie Rawls bedient, die
er nicht als zur Metaphysik gehörig angesehen hätte. Er vermeidet allerdings keine apriorischen Sätze, da für Kant bei „sittlichen Gesetzen" die
„Erfahrung [...] die Mutter des Scheins" ist (*KrV*, B 375).

An die Stelle der Idealisierung setzt O'Neill die Abstraktion. Durch
sie soll ein Grundgerüst der Morallehre gewonnen werden; so gelangt
man z. B. zu einer Konzeption von Person durch Abstraktion von der
Bestimmtheit realer Gruppen mit dem Ziel, die Allgemeinheit aller
zustimmungsfähigen Personen zu erreichen. Solche Abstraktion von
empirischer Besonderheit führt in der Regel jedoch nur zu größerer,
aber immer noch empirischer Allgemeinheit. Gleichwohl sollen in diesen Personen Normen gründen, die verständlich und handlungsleitend
und in beidem „nachvollziehbar" sein sollen. Auf diesem Fundament
sollen dann Gerechtigkeit, Tugend und Pflichten entwickelt werden;
dabei verzichtet O'Neill auf die Rawlssche Vorstellung des Urzustandes
und eines ursprünglichen Vertrags. Doch ergeben sich nun Probleme
hinsichtlich der Geltung der auf diese Weise dargelegten Normen und
ihrer Grundnorm. Da auch diese offenbar auf der Basis einer Abstraktion von empirischen Besonderheiten gewonnen wird, bleibt unklar,
ob sie selbst ein aus ihnen konstruktiv hervorgehobenes Gesetz a priori
sein kann oder ob sie nicht vielmehr von empirischer Bedeutung bleibt.
Für die zweite Möglichkeit spricht das Kriterium der „Nachvollziehbarkeit". Nachvollziehbar sind jene Normen für andere, was offenbar eine
Diskursgemeinschaft voraussetzt, die und deren Verstehen aber gerade
nicht ideal sein soll. Diese Voraussetzung wird nicht näher untersucht,
ebensowenig, welche Fähigkeiten von Personen für das Verstehen von
Nachvollziehbarkeit und darüber hinaus welche Grundbestimmungen des Person- und Selbstbewußtseinscharakters eigentlich erforderlich sind, um grundlegende Geltung und Verpflichtung von sittlichen
Normen zu gewährleisten. Daß man hier mit weniger Begründungs-
potential auskommen könne, trifft leider wohl nicht zu, wie auch die
Kantische Theorie zeigt.

Eine deutlich strengere Fassung von Deontologie mit deutlich engerer Anknüpfung an Kants Ethik vertritt Christine Korsgaard; und sie
entwickelt mit Kantischen, z. T. auch mit anthropologischen Argumenten eine Theorie der Ethik-Begründung, die die eben genannten
Probleme angeht, was unter heutigen Ethik-Entwürfen eine Selten-

heit darstellt.[12] Ausgangspunkt für die Darlegung einer Normen- und Pflichtenlehre ist für Korsgaard die Fähigkeit des menschlichen Geistes, auf die eigenen Vorstellungen zu reflektieren. Dies kann nur in der Perspektive der ersten Person geschehen, bedeutet aber nicht, daß der menschliche Geist sich darin vollständig und lückenlos durchsichtig wird. Aber er kann seine Vorhaben, Wünsche oder Bestrebungen prüfen und sich ggf. von ihnen distanzieren. Hierin gründet die Setzung von Normen für das eigene Handeln des Selbst. Damit verbunden ist, was auch in Kants Schriften nicht näher ausgeführt wird, die Konstitution der Identität des Selbst und seiner Autonomie; an dieser Identität des Selbst in der Mannigfaltigkeit von Bestrebungen, Maximen und Handlungen hält Korsgaard auch gegen moderne Bestreitungen eines solchen Selbst – z. B. durch Parfit – aus praktischen Gründen fest. Sogar eine Kommissurotomie, d. h. eine Durchtrennung des Balkens zwischen rechter und linker Gehirnhälfte, so daß beide Hälften zumindest partiell getrennt arbeiten, ist kein Grund zur Leugnung der praktischen Identität des Selbst, wie Korsgaard überzeugend hervorhebt;[13] denn erstens stellt dies einen Verletzungs- und nicht den Normalzustand dar; und zweitens bleibt auch bei diesen kommissurotomierten Personen, den split-brain-persons, im wesentlichen ein einheitliches praktisches Selbstbewußtsein erhalten, wie die Erfahrungen zeigen. Offensichtlich sind die allgemeinen Folgerungen gegen die Einheit des Selbstbewußtseins, die man vielfach aus den Inkongruenzexperimenten mit kommissurotomierten Personen gezogen hat, weder hinreichend in Beobachtungen und Erfahrungen noch einleuchtend in juridischer oder moralischer Praxis begründet. Wie allerdings gemäß Korsgaards These allein aufgrund von Reflexion die Normensetzung und die Identität des Selbst konstituiert werden können, bleibt offen; das Reflexionsmodell von Selbstbewußtsein dürfte hierzu nicht ausreichen.

Die Konstitution von Normen für das Handeln sowie der Identität des Selbst in seinen Handlungen und sozialen Rollen ist nun, für sich genommen, noch nicht moralisch. Um den moralischen Charakter von Normen und der Identität des Selbst zu erreichen – mit Rawls:

---

[12] Vgl. Korsgaard, 1996 a, bes. S. 7-130 und 219-258; Korsgaard, 1996 b, S. IX ff, 77-132, 188-221, auch 363-397.

[13] Vgl. Korsgaard, 1996 b, S. 369ff, 376f. Die differenzierende Literatur zur Kommissurotomie seit der Entdeckung der Inkongruenzphänomene durch Sperry und seine Mitarbeiter füllt inzwischen Bibliotheken.

zu konstruieren –, muß man eine Verallgemeinerung vornehmen, die nicht nur Abstraktion ist, sondern den positiven Begriff der Humanität mit sich führt. Solche Humanität bedeutet in Kantischer Begriffsprägung das Selbstzwecksein von Personen überhaupt. Nur das Selbst, das Zweck an sich und nicht bloß Mittel ist, kann als autonomes Subjekt der Moralität angesehen werden, das nach für alle gültigen Normen oder Pflichten handelt.[14] Darin liegt zugleich die Beachtung der Wechselseitigkeit des Selbstzweckseins der Personen in ihrem Verhältnis zueinander und damit eine Zurückführung der Rawlsschen Konzeption von Gerechtigkeit als Fairness unter freien und gleichen vernünftigen Personen in die Kantische Lehre vom Reich der Zwecke. Hierbei versucht Korsgaard einerseits an Kants transzendentalidealistischer Unterscheidung von phänomenaler, sinnlicher und noumenaler, intelligibler Welt nicht in ontologisch-dualistischer, sondern in aspekt-dualistischer Hinsicht festzuhalten, weil bei Kant nur dadurch natürlicher Determinismus mit Freiheit vereinbar ist; andererseits ist für sie Humanität, d. h. deren Selbstzwecksein und Autonomie in menschlichen, zugleich animalischen, d. h. offensichtlich sinnlichen Wesen realisiert. Wie dies mit der Intelligibilität der Freiheit vereinbar ist, bleibt offen. – So sind zwar manche Fragen ungelöst; aber die Unternehmung eines derartigen Versuchs einer Ethik-Begründung in Kantischen Argumentationslinien ist in jedem Fall ersichtlich lehrreicher als dessen Unterlassung.

In ganz anderer Weise, nämlich in Detailanalysen von Pflichten und Wertvorstellungen, aber in erklärter prinzipieller Absicht sucht z. B. Marcia Baron die Deontologie mit Kants Argumenten gegen andere Grundtypen von Ethik zu verteidigen. Sie geht von der Auffassung aus, daß sich in den letzten Jahren neben Utilitarismus und Deontologie die Tugendethik als ein dritter Grundtypus von Ethik etabliert hat; diese Grundtypen bezeichnet sie – wie auch andere – als „Methoden", was wohl noch eine Unterschätzung darstellt.[15] Die Deontologie, als deren exemplarischer Vertreter Kant gilt, zeigt beispielsweise die Förderung eigener Vollkommenheit als Pflicht auf, was nach Baron im Utilitarismus oder „Konsequentialismus" nicht ohne Schwierigkei-

---

[14] Zu Problemen des kategorischen Imperativs, zu Pflichten und zur systematischen Frage der Ableitung von Pflichten, die sich bei Kant nur im Ansatz findet, vgl. Herman, 1993.
[15] Baron, 2001, S. 3-91, 239-251.

ten begründbar ist. Vor allem folge die Deontologie dem Leitgedanken
der Humanität oder des Selbstzweckcharakters einer Person; auch hiermit habe der Utilitarismus, selbst wenn manche Vertreter widersprechen, gewisse Schwierigkeiten; sie liegen darin, daß der Utilitarismus
mit seinem ethischen Prinzip, dem Zweck des größten Glücks der meisten, keinen hinreichenden Grund bereitstellen könne, die Verletzung
von Menschenrechten und der Humanität prinzipiell und ausnahmslos zurückzuweisen. Gegenüber der Kritik der Tugendethiker aber an
der Abstraktheit und Leerheit des kategorischen Imperativs hebt Baron
hervor, daß das Kantische Sittengesetz in der Formulierung des kategorischen Imperativs keineswegs neutral und bedeutungsleer ist. Es
bestimmt vielmehr auch die Ausbildung von Tugend, die von Kant
durchaus, freilich herber in der Tonlage als bei Aristoteles, beschrieben
und charakterisiert wird. Kants Leitbild, das maßgeblich in einer Deontologie auszuführen ist, besteht nach Baron in einer Gesellschaft freier
und gleicher Personen, was wiederum an Rawls erinnert. Die Kantische Ethik sei in der Durchführung so reich, daß sie auf der Grundlage
ihrer Pflichtenlehre inhaltlich auch Fragen des Glücks ebenso wie der
Tugenden umfasse. Bei aller gelungenen Detailerörterung bleibt freilich die Aufgabe bestehen, zu erweisen, worin sich die Grundtypen der
Ethik prinzipiell voneinander unterscheiden und wie sich dies in deren
jeweiligen Sittlichkeitsvorstellungen ausprägt, warum die Deontologie
in solchem prinzipiellen Vergleich einen Vorzug verdient und wie sie
selbst zu begründen ist.

III.

So hat sich in angelsächsischen Deontologie-Entwürfen die zentrale
Bedeutung von Kants Ethik in unterschiedlichen Weisen gezeigt. Das
Problem einer Begründung der Ethik wird – außer von Korsgaard, die
Kants Begründungstheorie positiv aufnimmt – eher locker, z. T. auch
skeptisch behandelt. Dagegen nimmt diese Begründungsproblematik in
deutschsprachigen Deontologie-Entwürfen oft durchaus eine entscheidende Stelle ein. Dabei prävaliert die kritische Auseinandersetzung mit
Kants Fundierung der Ethik in der reinen, apriorischen praktischen Vernunft, unter anderem weil diese Fundierung die idealistischen Systeme
weiterführten, die man in der Regel ablehnt. Dies tritt besonders

deutlich in Ernst Tugendhats Ethik-Konzeption zutage, der eine Deontologie konzipiert, einige konkrete Teile eindeutig an Kant anschließt,
sich von anderen konkreten Teilen der Kantischen Ethik distanziert,
insbesondere aber Kants Begründungstheorie dezidiert zurückweist.[16]
Dabei geht Tugendhat von der Annahme aus, heute herrsche eine so viel-
farbige Mannigfaltigkeit von Ethik-Ansätzen, daß eine absolute Begründung nicht mehr möglich sei. Solche Vielfarbigkeit herrscht sicherlich;
eine weitgespannte Pluralität von Ethik-Ansätzen aber gab es auch schon
in der Antike, wie sich z. B. aus Ciceros *De finibus bonorum et malorum*
entnehmen läßt. Ein Verzicht auf gültige Begründung folgt daraus nicht.
Ferner lehnt Tugendhat traditionale, nämlich religiöse und metaphysische Ethik-Begründungen ab; auch hier wären detailliertere Begründungen – „sine ira et studio" – wohl wünschenswert. Für seinen eigenen
deontologischen Ansatz bezieht sich Tugendhat nun vor allem auf Kants
kategorischen Imperativ. Ihn formuliert er z. B. um in: „Instrumentali-
siere niemanden"; dies entspricht der Zweck-an-sich-Formel. Hieraus
entspringen dann Pflichten. Die Pflichtenlehre aber muß nach Tugendhat ergänzt werden um eine Lehre von sozialen Tugenden in bezug auf
Affekte, wofür ihm Aristoteles oder Adam Smith Vorbilder sind.

Anders als Kant lehnt Tugendhat Pflichten gegen sich selbst ab;
es gibt für ihn nur Pflichten gegenüber anderen. Dies leuchtet wenig
ein, da die allgemein gebotene Achtung aller Personen als Selbstzwek-
ke einschließt, daß in der gleichen Weise, wie andere meine Person
als Selbstzweck zu achten haben, ich auch selbst dazu verbunden
bin. Für Tugendhat dagegen gilt nur die intersubjektive Bedeutung
des Sittengesetzes. Dieses versteht er zunächst kontraktualistisch
als wechselseitige Vereinbarung, die dann jedoch von ihrem instru-
mentellen Charakter, den auch jeder rechtliche Vertrag hat, befreit
werden muß. Dies von Tugendhat nur angedeutete Konzept erinnert
wohl vornehmlich an Rawls und teilt die erwähnten Unterschiede
von dessen Urvertragslehre zu Kants Ethik. Vor allem aber kritisiert
Tugendhat Kants Begründung des kategorischen Imperativs als des
Prinzips der Pflichten in der reinen praktischen Vernunft schroff als
„sinnwidrig". Solche Letztbegründung sei heute nicht mehr möglich.
Aber auch eine intuitive oder bloß empirische Vorstellung des Sittengesetzes leiste keine Begründung. Es bleibe angesichts der vielfältigen

---

[16]   Vgl. Tugendhat, 1993, zur Auseinandersetzung mit Kant vgl. bes. S. 65–160.

Ethik-Ansätze nur, daß der kategorische Imperativ als Allgemeinheits-
gebot des Sittengesetzes einen Plausibilitätsvorzug gegenüber anderen
Ethik-Ansätzen erhalte und daß man „gute Gründe" dafür angeben
könne; aber ein Beweis seiner absoluten Gültigkeit könne dies nicht
sein. Doch fragt sich, ob in dieser Weise begründete Normen dann
als strenge Pflichten gelten können; sie haben offenbar keinen höhe-
ren Verpflichtungsgrad als die Ratschläge der Klugheit, wie Kant sie
darlegt. Schwerlich dürfte eine Norm zu ihrer Befolgung auch unter
Einsatz von Besitz, Gesundheit oder gar Leben antreiben, die nur relativ plausibler ist als andere; solche Normen haben kaum verbindliche
Kraft für den Ernstfall. Schließlich zeigt sich als Voraussetzung des
Plausibilitätsvorzugs des kategorischen Imperativs und der aus ihm
sich ergebenden Pflichten gegenüber ethischen Alternativen, daß für
die Diskussion und den Erweis eines solchen Vorzugs eine ethische
Diskursgemeinschaft als intersubjektives Gremium anzunehmen
ist. Zwar wendet Tugendhat gegen den noch näher zu erörternden
Ansatz einer solchen Diskursgemeinschaft bei Habermas und Apel
ein, daß in ihr eine normative Konzeption von Gerechtigkeit schon
vorweggenommen werde, die doch eigentlich erst begründet werden
solle.[17] Aber Tugendhat selbst entgeht offenbar der Voraussetzung
einer solchen Diskursgemeinschaft und auch dieser Problematik nicht,
wenn eine argumentative Begründung für das Sittengesetz gesucht, die
Kantische aber in reiner praktischer Vernunft aufgegeben wird.

Nicht nur bei Tugendhat, auch in den vorher erörterten angelsächsischen Ethik-Entwürfen stellt sich latent oder offenkundig dieses Problem einer Ethik-Begründung. Die Neukantianer erörterten es unter
dem Titel: „Letztbegründung"; hier wurden erste Prinzipien und schließlich ein erstes Prinzip für Ethik, Erkenntnistheorie und Ästhetik gesucht.
Doch ergeben sich dabei systematische Schwierigkeiten, die schon Aristoteles andeutete und die dann unter dem Ausdruck: „Münchhausen-
Trilemma" (Hans Albert) bekannt wurden; entweder sind solche ersten
Prinzipien unbeweisbar und werden aufgrund von Intuition oder Glauben angenommen; oder, wenn man sie eigens zu beweisen sucht, ergibt
sich ein Zirkel oder aber ein Regressus in infinitum. Zu diesen Problemen gesellte sich noch die geschichtliche Erfahrung hinzu, daß insbesondere seit Kant und den deutschen Idealisten Letztbegründungen in

---

[17] Vgl. ebd. S. 161-176.

der Philosophie versucht wurden, ohne daß je eine Einigung der Prinzi-
pientheoretiker untereinander zustande kam; so schien es zweckmäßiger
zu sein, auf derartige Versuche überhaupt zu verzichten, und solcher Verzicht wurde gern auf breiter Front befolgt, ja z. T. seinerseits zum Dogma
erhoben. – Entgegen dieser mächtigen Tendenz wendet sich Karl-Otto
Apel ausdrücklich der Letztbegründungsfrage wieder zu und stellt sie,
wie es scheint, auf eine neue Grundlage.[18] Die Annahme erster Prinzipien oder eines ersten Prinzips dürfe nicht irrational, sondern müsse
rational-argumentativ erfolgen, dürfe dann aber bei dem Versuch, für
ein erstes Prinzip eigens Gründe anzugeben, nicht Zirkel- oder Regreß-
problemen anheimfallen; dies bedeutet für Apel, sie dürfe nicht monologisch sein. Ein erstes Prinzip kann nicht abgeleitet, sondern allenfalls
verteidigt werden, und zwar durch eine transzendentale Reflexion, die
dialogisch-pragmatisch ausgeübt wird. Dahinter steht die von Peirce
angeregte, von Apel näher bestimmte reale und ideale Kommunikationsgemeinschaft als Forum für die beratschlagende Reflexion, was erstes
Prinzip sei und warum es angenommen werden müsse. Dies gilt für verschiedene philosophische Systemteile, insbesondere aber für die Ethik,
die für Apel wie für Kant sittliche Normenlehre ist. Apel transponiert mit
der Konzeption einer idealen und realen Kommunikationsgemeinschaft
Kants Lehre vom „Faktum der Vernunft" ins Kommunikative; ideal ist
die Kommunikationsgemeinschaft als Ort ungehinderten, gelingenden
wechselseitigen Verstehens und Vereinbarens sowie reiner intersubjektiv gültiger Regeln und Normen. Damit wird die Letztbegründungspro-
blematik nicht aufgegeben, sondern von der Ebene abstrakter, fixierter
theoretischer Aussagen mit absolutem Geltungsanspruch transponiert in
die Ebene eines praktischen Diskurses mit pragmatischen Ergebnissen
eines handlungsleitenden, intersubjektiven Consensus. Wer die Regeln
dieses Diskurses nicht akzeptiert, obwohl er in nicht-kontingenter Weise
an ihm teilnimmt, begeht einen performativen Widerspruch. – Dieser
Grundgedanke, der Kants reine praktische Vernunft durch eine reale
und ideale Kommunikationsgemeinschaft ersetzt, eröffnet neue Perspektiven der Ethik-Begründung.

Diese neuen Perspektiven entwickelt insbesondere Jürgen Habermas anregungsreich weiter. Er führt einerseits Apels Konzept der Ethik-
und Moralbegründung in einer konzeptuell idealen Kommunikations-

---

[18] Vgl. bes. Apel, 1976, bes. S. 358-435, auch Apel, 1998, S. 649-699.

gemeinschaft fort und entfaltet es unter Aufnahme nicht nur von Peirce, sondern auch von Mead und Rawls; andererseits verabschiedet er den bereits reduzierten Letztbegründungsanspruch Apels als traditionell.[19]

Die Diskursteilnehmer jener idealen Kommunikationsgemeinschaft einigen sich nach Habermas zunächst auf ein ganz allgemeines Universalisierungsprinzip als Argumentationsregel und als eine Art intersubjektiver Minimallogik. Dies sei hier nicht expliziert; soll es bündig und notwendig, d. h. auch unter Vermeidung eines performativen Selbstwiderspruchs geschehen, sind logische Gesetze freilich als gültige schon vorausgesetzt. Während für Apel ein solches Universalisierungsprinzip bereits selbst ethische Bedeutung impliziert, unterscheidet Habermas hiervon das Moralprinzip, das ebenfalls von allgemeiner, darüber hinaus von spezifisch ethischer, nämlich deontologischer Bedeutung ist. Auch Habermas sieht in Kants kategorischem Imperativ die maßgebliche Formulierung dieses Prinzips. Aber es dürfe nicht absolut und monologisch in reiner Vernunft, sondern müsse in praktisch-pragmatischer Weise kommunikativ begründet werden. Habermas gibt die Bestimmungen des Moral begründenden Diskurses und der ihn führenden idealen Kommunikationsgemeinschaft näher an: In ihm debattieren freie, nämlich zurechnungsfähige, gleiche, sich einander wechselseitig als solche anerkennende, aufrichtige Personen miteinander in symmetrischen Dialogchancen über die Frage, welche moralischen Normen allgemeine Geltung beanspruchen können. Die Teilnehmer dieses Diskurses sind keine rein intelligiblen, sondern ebensosehr praktisch-reale, auch sinnliche Wesen mit jeweils bestimmten Interessen; aber sie sind argumentationsfähig und -willig, d. h. vernünftig und agieren bzw. reagieren nicht bloß emotional. Die diesen Diskurs führende Kommunikationsgemeinschaft, die man noch näher charakterisieren könnte, erweist sich damit als eine selbst schon moralische soziale Welt, in der bestimmte moralische Normen ebenso wie Tugenden gelten. Die Normen, Pflichten und ethischen Eigenschaften, die allererst durch sie begründet werden sollen, gelten also schon in ihr, weshalb Tugendhat den erwähnten Zirkelvorwurf erhebt. Der Zirkel ergibt sich systematisch notwendig

---

[19] Vgl. Habermas, ³1988, S. 53-125; Habermas, 1991 a, S. 9-30, Habermas, 1991 b, S. 119-226, auch Habermas, 1981, Bd. 2, bes. S. 11-68 (zu Mead), und Habermas, 1989, S. 187-241 (zu Mead). Zu Habermas' Aufnahme des kategorischen Imperativs und der Pflichtenlehre in Kants Ethik und vor allem in Kants Rechtsphilosophie vgl. die kritische Darlegung von Brandt, 2002, S. 53-68.

dann, wenn man die Ansetzung der idealen Kommunikationsgemeinschaft und ihres ethischen Diskurses als Äquivalenz eines Letztbegrün-
dungsversuchs ansieht. Sie soll aber bei Habermas offenbar das Schritt
für Schritt vorgehende praktisch-pragmatische, diskursartige Abklären,
Vereinbaren und Herausheben von ethischen Grundnormen charakterisieren. Dies dürfte dann freilich eher ein Modell der idealen Moralentstehung als der systematischen Moralbegründung sein.

In dieser Bedeutung des ethischen Diskurses innerhalb der idealen
Kommunikationsgemeinschaft ähnelt Habermas' Entwurf dem Rawlsschen vom Urzustand und der Gerechtigkeitskonstitution, die Rawls
allerdings durch Konstruktion z. B. eines Urvertrags und nicht durch
Diskurs zustande zu bringen sucht. Aber die Annahme freier, gleicher
und vernünftiger Personen in jenem idealen intersubjektiven Zustand
und das Verstehen des grundlegenden Moralprinzips als Gerechtigkeit
liegt auch Habermas nahe, und so finden sich bei ihm auch ähnliche
Assonanzen an Kants Ethik wie bei Rawls. Vor allem konzipiert er seine
Ethik als Deontologie mit dem Prinzip des kategorischen Imperativs,
der für freie, gleiche, vernünftige Handelnde gilt. Diese allerdings sind
nicht für sich stehende Individuen, sondern von vornherein wesentlich
sozialisiert. Habermas' Subjektkritik hält auch in diesem Zusammenhang am Primat der Gesellschaft fest.[20] Darin gründen Schwierigkeiten
des von ihm vorausgesetzten Personbegriffs. Ein Teilnehmer jener idealen Kommunikationsgemeinschaft oder eine Person in ihr ist einerseits
real und konkret, hat bestimmte Interessen und Neigungen, ist aber
andererseits idealisierter Handlungs- und Konsensträger, was die Frage
hervorruft, worin die Vereinbarkeit oder gar Einheit beider Bestimmungen liegt. Ferner entwirft die Person auch in dieser idealen intersubjektiven Situation eigene Handlungen, versteht andere und sich selbst, sieht
sich als Acteur im Horizont moralischer Gesetze usf.; dies alles verlangt
Selbstbewußtsein und ein höherstufig strukturiertes Modell von Selbstbeziehung, was Habermas seiner Subjektkritik wegen abblenden muß.
Und auch die selbstbezügliche Individualität einer Person ist dann, wie
es Kant in seiner Ethik zumindest nahelegt, ethisch bedeutsamer zu
fassen und nicht im Sinne einer kommunikationstheoretischen Reduktion. – Habermas wendet sich ferner gegen die Kantische Unterschei-

---

[20] Zu Habermas' Subjektkritik mag der Hinweis erlaubt sein auf die Darlegung des
	Verfassers: Düsing, 1997, S. 53ff.

dung von Phaenomena und Noumena, weil er Metaphysik dahinter vermutet. So wird für ihn Kants Reich der Zwecke, das Rawls in den von ihm entworfenen Urzustand umformt, ohne die Konnotation einer intelligiblen Welt zur idealen Kommunikationsgemeinschaft, die das Moralprinzip generiert.

Vor allem aber sucht Habermas mit dieser Konzeption das Problem der Letztbegründung zu vermeiden. Seine Modernitätsargumente gegen Letztbegründung sind allerdings zu unbestimmt,[21] obwohl er im Unterschied zu nicht wenigen analytischen Philosophen, die Letztbegründung schlichtweg ablehnen, immerhin Gründe anführt. Zum einen lasse sich nicht mehr eine hierarchische Ordnung unter den Wissenschaften mit der Philosophie an der Spitze aufrechterhalten; der Philosophie komme allenfalls zu, einen metatheoretischen Zusammenhang unter den autonom gewordenen Wissenschaften herzustellen. Diese sehr allgemeine These müßte, wenn sie denn zutreffen soll, in einer ausgeführten Erkenntnis- und Wissenschaftstheorie unter Einschluß einer Theorie der Praxis- und Sozialwissenschaften begründet werden. Zum anderen könne, wie Habermas betont, die Philosophie nicht mehr apodiktisch gewisse Begründungssätze liefern, wie es etwa Kant noch in seiner transzendentalen Deduktion der Kategorien versucht habe; ihr bleibe eigentlich nur die „faktische Nichtverwerfbarkeit" von Regeln, d. h. in der Morallehre und Moralbegründung: von normativen Gehalten, die freilich von einer bestimmten Lebensform empirisch abhängen können. Wissenschaftstheoretisch legt sich eine derartige Reduktion der Gewißheitsansprüche gerade für empirische Wissenschaften nahe; für die Mathematik gilt sie weitgehend nicht; bei ihr fragt es sich nur, wie die schwerlich einzuschränkende Gültigkeit ihrer Axiome eigens gesichert werden kann; und Ähnliches gilt offenbar für Prinzipien der theoretischen Philosophie, ob auch für diejenigen der praktischen Philosophie, wie Kant darlegt, wäre dann zumindest noch als ein eigenes Problem zu klären. Hier sind also grundlegende Differenzierungen erforderlich. Da dies alles von Habermas nicht untersucht wird, entsprechen seine

---

[21] Vgl. bes. Habermas, 1991 b, S. 185-199. Zu Habermas' Letztbegründungskritik nimmt Apel, 1998, S. 649-699 Stellung; er wendet sich von seiner Position der Transzendentalpragmatik her insbesondere gegen die Argumente aus dem modernen Wissenschaftsbegriff, aus dem radikalen Skeptizismus und aus dem lebensweltlichen common-sense.

Dämpfungen der Erwartungen an die Philosophie wohl eher einer Zeitstimmung.[22] Wenn man aber solche Gründe der Vermeidung von Letztbegründung akzeptiert, so ergibt sich allerdings sinngerecht, daß an die Stelle einer derartigen Letztbegründung eine praktisch-pragmatische kommunikationstheoretische Explikation tritt, die die ideale Genesis einer deontologischen Moralauffassung darstellt.

Doch erhebt sich hier die grundsätzliche Frage, ob solche Moralentstehungslehre eine Theorie definitiver Moralbegründung ersetzen kann; offenbar ist die Lehre von der ideal-kommunikativen Moralentstehung ein Rückgang von der Kantischen reinen praktischen Vernunft in ihre idealisierte lebens- und sozialweltliche Herkunft. Daß nomologische Wissenschaften jeweils eine solche lebensweltliche Herkunft haben, darf als gut begründet gelten. So entstammt die Geometrie, wie man annimmt, z. B. der Feldmeßkunst; sie machte sich von den intersubjektiven praktischen Zwecken und den sie verfolgenden Personen durch ihre reinen Konstruktionen und Gesetzeserkenntnisse unabhängig. So entstand, um in historisch bekannte Zusammenhänge der Philosophie zurückzukehren, die reine Logik aus der Auseinandersetzung von Philosophen mit sophistischen Schlüssen, besonders mit betrügerischen Fehlschlüssen, aber machte sich als Gesetzeserkenntnis von diesen praktischen Kontexten unabhängig. Wenn nun die Morallehre als Deontologie Lehre von verpflichtenden Gesetzen für die Handlungen aller Personen ist, wie Kant erklärt, was Apel und Habermas ja aufnehmen, dann hat sie sich aus den ursprünglich alltagspraktischen oder auch religiösen, jedenfalls an Sitten und Gebräuche gebundenen Zusammenhängen der Lebenswelt in ähnlicher Weise emanzipiert wie die Geometrie oder die reine Logik. Nichts spricht dagegen, unabhängig von spezifischen geschichtlichen, sozialen und kulturellen Gegebenheiten die Morallehre aus einer im wesentlichen idealen Kommunikationsgemeinschaft oder einem idealen Urzustand freier, gleicher und vernünf-

---

[22] Daß der Skeptiker, der Letztbegründung angeblich unmöglich macht, entweder einen performativen Widerspruch begeht, wenn er sich auf Argumentationen einläßt, aber die grundlegenden Argumentationsregeln leugnet, oder sich bei der Vermeidung von Argumentation, wie Aristoteles sagt, nicht besser verhält als eine Pflanze, dürfte einleuchten, ebenso daß der lebensweltliche common sense, der Letztbegründung unnötig zu machen scheint, keine allgemeine Geltung von Normen rechtfertigen kann (vgl. auch vorige Anm.). – Zur Bedeutung von Selbstbewußtsein für eine Moralbegründung siehe auch unten Abschnitt V.

tiger Personen hervorgehen zu lassen. Aber es muß eigens zusammen-
hängend und systematisch dargelegt werden, welche Gedankeninhalte
als solche diese Moral entwerfenden Personen denn entwickeln, was
die Allgemeingültigkeit von Normen und praktischen Gesetzen für das
Handeln selbst denn noematisch bedeutet, ferner wie diese überhaupt
nur durch Freiheit realisiert werden können, welche Grundtypen von
Pflichten sich ergeben und wie die sittliche Gemeinschaft der sie rea-
lisierenden Personen denn objektiv beschaffen ist. Nichts anderes aber
entwickelt die Kantische Ethik. Die beratschlagenden Personen unter
idealisierten intersubjektiven Bedingungen mögen dieser Explikation
genetisch vorausgehen; den noematischen Sinn der auf diese Weise
entwickelten deontologischen Ethik tangieren sie nicht wesentlich; die
deontologische Ethik ist wie die Geometrie oder die Logik ein im Kern
davon unabhängiges Gedanken- und Sinngebilde. Das Problem der
Moral- und der Ethikbegründung hat sich also, durch welche modernen Wissenschaftsentwicklungen auch immer, nicht erledigt.

IV.

In den anderen neueren und neuesten Ethik-Entwürfen, die nicht dem
bisher erörterten Grundtypus der Deontologie folgen, ist die Kantische
Ethik entschieden weniger präsent. Insbesondere die Entwürfe des Utilitarismus (Konsequentialismus), die eigentlich in Kants Ethik ihren
entscheidenden, klassischen Widerpart erkennen sollten, behandeln
diese zumeist nur nebenher; aber sie wird immerhin oft erwähnt als
paradigmatische Position der Deontologie, die die Utilitaristen ablehnen. Offenbar waren die gegen Kants Ethik gerichteten Einwände des
Begründers der sog. analytischen Ethik, George Edward Moore, der
einen gemäßigten nichthedonistischen Utilitarismus vertrat,[23] für spätere Versuche maßgeblich und wurden seither in ähnlicher Weise vielfach wiederholt. Moore geht von der Grundthese aus, daß der Zentralterminus einer Ethik, nämlich: ‚gut' nur intuitiv faßbar, aber nicht

---

[23] Vgl. Moore, 1970 (zuerst: 1903), S. 164, 168, 184-188, 244 u. ö. (S. 110, 113,
      126-129, 174); Moore verfaßte wenige Jahre vor Vollendung der *Principia Ethica*
      (1903) eine Dissertation über Kant. – Aus der umfangreichen Utilitarismus-Lite-
      ratur des 20. Jahrhunderts können hier nur wenige Beispiele ausgewählt werden.

definierbar und daher auch nicht aus anderen Gegebenheiten ableitbar ist. Den ursprünglichen Sinn von ‚gut' aber wollten nach Moore u. a. die metaphysischen Ethik-Lehren in etwas Übersinnlichem begründen, und dazu zählt er auch Kants Ethik. Zwar leitet Kant das Sittengesetz nicht aus metaphysischen Sachverhalten her; aber er verbindet damit die Lehre vom Reich der Zwecke als einem übersinnlichen Ideal, wie Moore meint; und dies sei metaphysisch, was schwerlich Kants Lehre trifft. Ferner wirft Moore der Ethik Kants wie vielen anderen Ethiken de facto einen ‚naturalistischen Fehlschluß' vor, da für Kant in der *Kritik der praktischen Vernunft* Freiheit die „ratio essendi" des Sittengesetzes sei;[24] also werde dieses in einer seienden Gegebenheit begründet, was der Ursprünglichkeit von ‚gut' widerspreche. Doch erstens stellt der Vorwurf des ‚naturalistischen Fehlschlusses' gar keinen argumentativen Einwand dar, da er die petitio principii jener Ursprünglichkeit von ‚gut' oder von ‚sittlich' impliziert und daher nur Theorien voneinander unterscheidet, die dies Prinzip akzeptieren oder aber nicht akzeptieren. Zweitens enthält gerade Kants kritische Ethik die ausführliche Darlegung der Ursprünglichkeit des verpflichtenden Bewußtseins des Sittengesetzes, das nicht anderweitig ableitbar, allerdings durchaus definierbar und begreifbar ist. So trifft auch dieser Einwand Moores gegen Kant sicherlich nicht zu. Es findet allerdings weder bei ihm noch offenbar bei seinen Nachfolgern eine grundlegende Auseinandersetzung mit Kants Prinzip der Ethik und dessen Ethik-Typus statt, wie dies angesichts ihrer eigenen ganz andersartigen Begründung der Ethik in einer Zwecklehre durchaus sinnvoll gewesen wäre.

Diese mangelnde Auseinandersetzung mit abweichenden ethischen Prinzipien wirkt sich auch auf die Behandlung entscheidender ethischer Einzelfragen aus. So gilt Moore, kurz gesagt, Mord an Menschen in Gesellschaften, in denen deren Leben gewollt wird, als unzweckmäßig, aber nicht als strikt verboten;[25] es fehlt in diesem Utilitarismus die uneingeschränkte Wertschätzung des Menschen als Selbstzweck, die die erwähnten angelsächsischen Deontologen auch als Humanität bestimmten. Aus dem Selbstzweckcharakter des Menschen folgt z. B., anders als es Kant und sein Interpret Ebbinghaus glaubten,[26] das Verbot der Todes-

---

[24] Vgl. *KpV*, AA V, 4 Anm. (¹1788, S. 5 Anm.).

[25] Vgl. Moore, 1970, S. 221f (S. 156f).

[26] Vgl. *MS*, AA VI, 331-337; Ebbinghaus, 1968, S. 33ff, auch 98ff. Gemeint ist die Todesstrafe im staatlich gesicherten Rechtszustand.

strafe. – Weil der Utilitarismus die Achtung des Menschen als Selbstzweck nicht als unbedingte Pflicht betrachtet, sondern sie unter die Bedingung eines Kalküls der Interessen oder grundsätzlicher eines Kalküls der Nutzen- bzw. Glücksmehrung und der Schadens- bzw. Leidminderung als Zweck stellt, kann Peter Singer in seiner *Praktischen Ethik* in provozierender Breite die verschiedenen Fälle und Umstände einer Lizenz zum Töten menschlichen Lebens erörtern. Die Kantische Lehre von der Erfüllung der Pflicht um der Pflicht willen lehnt er daher entschieden ab, ja er unterstellt einer solchen deontologischen Ethik ohne Argumente „eine Art von Hochstapelei".[27] Hiermit hat die gegenwärtige Auseinandersetzung mit der Kantischen Ethik wohl ihren Tiefpunkt erreicht. Singer propagiert weitreichende aktive Euthanasie an Kranken, Alten und Leidenden sowie an mißgebildeten Kindern, auch an Föten und Säuglingen, wenn die Belastung ihres Lebens für sie selbst oder für andere groß ist. Dabei schildert er in Einzelfällen ernste Grenzsituationen; generell aber verstößt seine Tötungslizenz entschieden gegen ethische Intuitionen, wie sie insbesondere in dafür sensibilisierten Gesellschaften ausgebildet sind; grundsätzlich verstößt sie, obwohl Singer hierbei gerade keine grundsätzlichen Überlegungen anstellt, gegen die Achtung des Menschen als Selbstzweck. Aber es muß hinzugefügt werden, daß seine Betrachtungen zur Tötungslizenz keine prinzipiellen Hinderungsgründe in seinem Utilitarismus finden. Hieraus kann man ersehen, wie bedeutsam für die Beurteilung gravierender ethischer Sonderfragen und Einzelfälle die Klärung ethischer Prinzipien ist.

Allgemein wird nun ein Handlungs- von einem Regelutilitarismus unterschieden. Der Regelutilitarismus bezieht den leitenden Zweck, klassischerweise: das größte Glück der meisten, nicht direkt auf einzelne Handlungen, die ihn dann anstreben sollen, was schwierig zu realisieren ist, sondern auf bestimmte Regeln und Normen, denen die Handlungen folgen sollen und deren Befolgungen dann zur Verwirklichung jenes leitenden Zwecks beitragen. Bei William K. Frankena[28] etwa legt sich in diesem Zusammenhang die Frage nahe, wie solche

---

[27] Singer, ³1996, S. 411, zur aktiven Euthanasie z. B. S. 128f, 135, 219ff, 230ff u. ö. (S. 94f, 99f, 169ff, 179ff).

[28] Vgl. Frankena, 1972, S. 58-71 (Frankena, 1963, S. 39-56), zur kritischen Auseinandersetzung mit Kants Prinzip der Verallgemeinerung von Maximen vgl. S. 49-53 (S. 30-33); zu Handlungs- und Regelutilitarismus vgl. auch S. 55ff (S. 35ff); vgl. ebenso Smart, 1973, S. 9ff.

Regeln und Normen sich zu den Pflichten einer Deontologie, z. B. der
Kantischen, verhalten. Frankena versucht, Utilitarismus und Deontologie in einer Theorie zu vereinigen, indem er zwei ethische Grundprin-
zipien aufstellt, dasjenige des Wohlwollens, in dem das utilitaristische
Prinzip der Nützlichkeit gründet, und dasjenige der Gerechtigkeit, die
vielfach deontologisch aufgefaßt wird. In beiden Prinzipien gründen
spezifische Pflichten; doch kann einer speziellen in dem einen Prinzip begründeten Pflicht eine fundamentalere in dem anderen Prinzip
begründete vorangehen. Frankena sieht darin nicht eine Pflichtenkol-
lision, wie sie in einer rein deontologischen Ethik ein ernstes Problem
darstellt; vielmehr sind solche Pflichten eben Regeln, die offenbar auch
Ausnahmen zulassen, gelegentlich nicht befolgt werden müssen und
Zweckmäßigkeitserwägungen folgen. In dieser Hinsicht ist Frankenas
Lehre eher utilitaristisch. Solche Regeln und Normen für Handlungen sind demgemäß keine ausnahmslos gültigen Pflichten, die auch
ohne Folgenkalkül zu erfüllen sind, sondern, wie Kant gesagt hätte,
Regeln vom Verpflichtungsgrad von „Ratschlägen der Klugheit".

Ebenfalls kritisch gegenüber Kant, aber in der Regel moderater
äußern sich die Vertreter eines dritten Grundtypus von Ethik, nämlich der Tugendlehre. Sie ist erst in neuerer und neuester Zeit wieder-
belebt worden. Fast alle Vertreter berufen sich – anstelle einer eigenen
systematischen Begründung – auf Aristoteles als antike Autorität. Dies
ist in prinzipieller Hinsicht überraschend; denn Aristoteles' reife Ethik
enthält zwar eine plastische und wirkungsmächtig gewordene Tugendlehre; aber sie wird von ihm ausdrücklich eingebaut in eine Ethik, die
hinsichtlich ihres Grundtypus Lehre vom höchsten Zweck oder höchsten Gut als Eudaimonia ist. Protagonist einer Ethik, die vom Grundtypus her Tugendlehre ist, in der also das Prinzip des ethischen Verhaltens als Tugend bestimmt wird, dürfte vielmehr Platon sein.[29] Nach der
gegenüber Normen skeptischen Anregung einer Ethik als Tugendlehre
durch Elisabeth Anscombe war unter mehreren Versuchen der Ausführung einer solchen Tugendlehre der profilierteste wohl derjenige von
Alasdair MacIntyre in *After Virtue* (1981).[30] Durchaus traditionsorien-

---

[29] Hierzu mag der Hinweis auf die Darlegung des Verfassers erlaubt sein: Düsing,
1992, S. 25-37.

[30] Vgl. Anscombe, 1958, S. 1-19; vgl. MacIntyre, 1988; vgl. zu MacIntyres Werk
auch die Rezension von Gadamer, 1985, S. 1-7.

tiert erblickt MacIntyre in der mittelalterlichen Tugendethik und insbesondere bei Thomas eine paradigmatische Verbindung des sich selbst
gegenwärtigen natürlichen Menschseins, des Telos menschlichen Strebens und der beide synthetisierenden Rationalität, und zwar vor theolo-
gischem Hintergrund; antike Präfiguration war dafür Aristoteles. In der
Neuzeit aber, insbesondere seit der Aufklärung und d. h. vor allem bei
Kant fallen nach MacIntyre diese Komponenten auseinander. Bei Kant
bleibe eine bloß formale, inhalts- und bedeutungsleere Allgemeinheit
als Sittengesetz und ein autonomes, isoliertes, apriorisches und insofern geschichtsloses Subjekt übrig. Eine wirkliche Auseinandersetzung
mit Kant findet hier allerdings nicht statt, weder mit seiner Metaphysikkritik noch mit seiner Ethik oder Religionsphilosophie. Statt dessen äußert MacIntyre die Meinung, daß Nietzsche die unvermeidliche
Konsequenz ziehe, indem er diese bereits durch die Aufklärung reduzierten Residuen, zu denen auch die Menschenrechte zählen, als Schein
entlarve. Die maßgebliche Tugendlehre ist für MacIntyre die mittelal-
terliche, im wesentlichen diejenige des Thomas, der die Aristotelischen
Tugenden athenischer Bürger um christliche Tugenden ergänzt. Offensichtlich bilden Kants und Nietzsches Lehren hierzu nur radikaler werdende Verfallsformen.

Ein Beweis für die Selbständigkeit der Tugendlehre als eines eigenen
Grundtypus der Ethik ist mit solchen Darlegungen aber noch nicht
erbracht. Ihn mahnt R. 3. Louden an, und zumindest ansatzweise versucht ihn M. Slote.[31] Er knüpft stärker an Platon als an Aristoteles, aber
auch an Hutcheson und Hume an und zeigt mehr an konkreten Beispielen als in prinzipieller Argumentation, daß die Tugendlehre gegenüber
Utilitarismus und Deontologie einen eigenen Ethik-Typus darstellt, von
dessen Überlegenheit er überzeugt ist. Er legt einzelne Tugenden dar,
die ohne Glückskalkül zu erfüllen sind und die bestimmten Pflichten
bereits zugrunde liegen. Tugenden begründet er nicht-traditionalistisch
im modernen Subjekt als aktiv Handelndem. In diesem Gesamtkontext erörtert er zugleich kritisch einzelne Kantische Pflichten, kritisiert
Kants Unterschätzung der Tugend des Wohlwollens und vor allem die

---

31 Vgl. Louden, 1998, S. 185-212; vgl. Slote, 1992; Slote, ⁵2001, S. 175-238, 266-
    281. Hier kann nur ein kleiner Ausschnitt der inzwischen zur Flut angeschwolle-
    nen Literatur zur Tugendethik erwähnt werden, die sich zumeist mit konkreten
    ethischen Fragen und einzelnen Tugenden befaßt.

Formalität und Unspezifiziertheit des kategorischen Imperativs, ohne sich freilich auf prinzipielle Untersuchungen einzulassen; auch auf das gravierende Argument, Kant bilde doch innerhalb seiner Ethik eine Tugendlehre aus, geht er nicht ein.[32] So bleibt eine grundsätzliche Klärung des Verhältnisses der Kantischen Ethik zu den neuesten Versuchen einer Ethik als Tugendlehre offenbar noch ein Desiderat.

V.

Schließlich mag ein Ethik-Entwurf erwähnt werden, der wesentliche ethische Einsichten Kants aufnimmt, wenn er sich auch im systematischen Aufbau und in manchen ethischen Detailfragen von Kants Ethik unterscheidet; es handelt sich um eine subjektivitätstheoretisch fundierte Ethik, wie sie von mir skizziert wurde und ausgearbeitet wird.[33] Dabei ist vorausgesetzt, wie andernorts m. E. erwiesen wurde, daß die zahlreichen, insbesondere im 20. Jahrhundert geäußerten Kritiken an Theorien des Selbstbewußtseins und der Subjektivität im Kern nicht stichhaltig sind.

Das Leben von Personen ist auch in ihren ganz alltäglichen Handlungen und Entscheidungen, es mag nun jeweils für sich oder im Miteinander stattfinden, selbstbewußtes Leben. Selbstbewußtsein darf dabei nicht nach dem Muster der simplen Subjekt-Objekt-Beziehung, auch nicht generell als Vollzug von Reflexion gedacht werden, als käme es jeweils aus der Vorstellung von anderem auf sich zurück, wobei dann immer noch die Frage bleibt, was Sich-Vorstellen bedeutet, ebensowenig etwa als bloßer Bewußtseinsstrom, denn diesem fehlt die Zentrierung in einem selbstbezüglichen Selbst. Selbstbewußtsein ist allgemein nicht

---

[32] Auf die Tugendlehre innerhalb der Kantischen Ethik legt M. Baron Wert (s. o. Anm. 15 und folgenden Text). Diese Kantische Tugendlehre vergleicht Nancy Sherman mit der Aristotelischen in detaillierten Untersuchungen auf der Basis einer pointiert psychologischen Erörterung der Gefühle; die unterschiedlichen Grundtypen der Ethik spiegeln sich hierbei nur in diesen konkreten Fragen; vgl. Sherman, 1997.

[33] Erlaubt möge der Hinweis auf die Darlegung des Verfassers sein: Düsing, 2000, S. 23-36, vgl. ferner Düsing, 1997, bes. S. 229-255, zur Zurückweisung moderner Subjektivitätskritiken S. 23-120. Ein Buch über *Fundamente der Ethik* (erscheint voraussichtlich 2004) soll den erwähnten Ethik-Ansatz ausführen.

von monolithischer Bedeutung; es ist vielmehr als eine Skala von immer komplexer werdenden Selbstbewußtseins- und Selbstbeziehungsmodellen zu verstehen; diese Skala führt von unthematischem, bloß horizontartigem Seiner-inne-Sein im Vorstellen von Umwelthaftem über unmittelbares und sodann mehrfältiges mittelbares thematisches Vorstellen seiner selbst schließlich zur voluntativen Selbstbestimmung; die Stufenfolge dieser Selbstbewußtseinsmodelle, in denen Selbstbewußtsein, auf welcher Stufe auch immer, sich jeweils als ganzes gegenwärtig erscheint, bedeutet zugleich eine Sinnzunahme von Selbstbewußtsein.[34]

Für Entschlüsse, Maximen, Haltungen eines Selbst, ja für dessen praktische Lebensführung insgesamt ist nun die voluntative Selbstbestimmung als das höchstentwickelte Selbstbewußtseinsmodell verantwortlich. Sie baut auf dem Persönlichkeitsbild, das jemand von sich ausbildet, auf und vereinigt in sich die Instanzen erstens des vergangenen, erinnerten Selbst mit dessen damaligen Selbstvorstellungen, zweitens des sich gegenwärtigen Selbst sowie drittens des zukünftigen, gewollten Selbst mit dessen entworfenen Selbstbezüglichkeiten; sie ist somit eine vorwiegend entwurfhafte Gesamtselbstbeziehung von je schon selbstbezüglichen Instanzen des Selbst. Daß sie nicht einfach vorliegt, sondern aktiv zustande gebracht werden muß, dürfte einleuchten. Sieht man nun ab von der Konkretheit und der Gebundenheit an besondere Zeit- und Umweltgegebenheiten der Erlebnisse eines Selbst, die hierdurch synthetisiert werden, und idealisiert diese Erlebnisse zu allgemeinen und damit neutralen Erlebniselementen, so faßt die ebenfalls idealisierte voluntative Selbstbestimmung nur diese Mannigfaltigkeitsbasis in jenen Instanzen zusammen. Dann gilt die voluntative Selbstbestimmung für jegliches Selbst ganz allgemein; und in dieser Bedeutung ist sie als ethisches Grundprinzip geeignet, das Allgemeingültigkeit für alle Personen beansprucht. Solche praktische Allgemeingültigkeit sollte nicht relativistisch oder skeptisch von vornherein geleugnet werden. Die skizzierte Idealisierung ermöglicht vielmehr die Gewinnung dieser Allgemeingültigkeit. Damit erhält die Ethik ein subjektivitätstheoretisches Fundament, das Kant allenfalls angedeutet, aber nicht ausgeführt hat und das Fichte zwar ausbildete, aber nur gemäß dem im wesentlichen

---

[34] In ähnlicher Weise unterscheidet deskriptiv Damasio, 2000, Stufen des Selbstbewußtseins; er zeigt krankhafte Ausfallerscheinungen auf, wenn eine Stufe fehlt, und weist, wo es möglich ist, auf gehirnphysiologische Entsprechungen hin.

leitenden Modell von Selbstbewußtsein und Selbstbeziehung als Subjekt-Objekt-Beziehung und nur für den intelligiblen Willen.

Die idealisierte voluntative Selbstbestimmung einer Person, die sich
als einzelne von bloß endlichem Wirkenkönnen unter anderen einzelnen
Personen findet, deren Intersubjektivität also nicht erst wie bei Fichte
oder Hegel deduziert zu werden braucht, bildet nun ein bestimmtes
noematisches Korrelat aus: eine idealisierte, von konkreten Faktizitäten
absehende ethische Gemeinschaft von Personen, die in Einstimmigkeit
untereinander ihre voluntative Selbstbestimmung ausüben. Dies können
nur spontane, freie und selbstverantwortliche, untereinander wesentlich
gleiche, nämlich jeweils einander und sich selbst achtende Personen sein;
darin ist deren wechselseitige Anerkennung enthalten.[35] Eine Präfiguration der Vorstellung dieses idealisierten ethischen Gemeinwesens ist
Kants Konzeption eines Reichs der Zwecke, die auch in heutigen deontologischen ethischen Lehren, wie gezeigt, mehrfach aufgenommen
wird. Die Personen sind in diesen Aufnahmen und Umformungen freilich nicht rein intelligibel, sondern ebensosehr leiblich-sinnlich sowie
zeitlich erlebend; dies gilt auch in dem hier vorgestellten Ansatz; doch
wird etwa das Rawlssche Vertragsmodell hier nicht weitergeführt, da es
im Prinzip rechtsphilosophisch und nicht genuin ethisch ist. Ferner wird
in diesem Ansatz eine Person, ein Selbst, das seine voluntative Selbstbestimmung ausübt, wie bei Kant als Selbstzweck gedacht. Die wechselseitige Achtung des Selbstzweckcharakters von Personen bedeutet Humanität. Darin liegt der prinzipielle, ethische Grund der Menschenrechte.

Die idealisierte voluntative Selbstbestimmung des Selbst und ihr
noematisches Korrelat: das ethische Gemeinwesen freier und im wesentlichen gleicher Personen, die in Einstimmigkeit miteinander ihre voluntative Selbstbestimmung ausüben, ist nun – im systematischen Aufbau anders als bei Kant – das Prinzip der Ethik. Das erste Gebiet der
Durchführung dieses Prinzips aber ist – wie bei Kant – dasjenige der
Pflichten. Jedes Mitglied dieses ethischen Gemeinwesens hat den Selbstzweckcharakter gegenüber jeder anderen Person, aber auch sich selbst
gegenüber zu achten. Daraus folgen wie bei Kant Pflichten gegenüber
anderen und Pflichten gegenüber sich selbst. Die heute mehrfach vertretene Leugnung von Pflichten gegenüber sich selbst ist, wie oben

---

[35] Zu Theorien der Anerkennung vgl. Düsing, 1986, zuvor bes. zu Hegels Theorie
Siep, 1979.

erwähnt, inkonsistent; so wie ich verbindlich erwarte, daß andere die Freiheit und den Selbstzweckcharakter meiner Person achten, so habe ich mich auch selbst daran zu halten; ich soll mich also z. B. nicht willenlos anderen unterwerfen, habe Heuchelei auch gegen mich selbst zu vermeiden usf. Die Pflichten gegen andere Personen als Selbstzwecke implizieren z. B. das nicht unter Glückskalkülbedingungen zu stellende, uneingeschränkte Tötungsverbot, was aktive Euthanasie, Kindestötungen und dgl. ausschließt. Hierbei soll nicht geleugnet werden, daß es sehr ernste, den Selbstzweckcharakter tangierende Leidensprobleme gibt, die unter Voraussetzung der Deontologie eigener sittlicher Beurteilung bedürfen. – Kants kategorischer Imperativ aber in der allgemeinen Formulierung ist eine unvollständige Version des Sittengesetzes und setzt die Vorstellung jenes ethischen Gemeinwesens als Grund der ethischen Pflichten voraus.

Das zweite Gebiet der Durchführung jenes Prinzips der Sittlichkeit ist die Tugendlehre. Tugenden sind, wie schon Aristoteles erklärt, erworbene Haltungen sittlicher Vortrefflichkeit. Anders als bei Aristoteles und als in den meisten Tugendlehren aber ist im hiesigen subjektivitätstheoretischen Ansatz die sittliche Haltung ein Charakterzug des sittlich sich selbst verstehenden und voluntativ sich selbst bestimmenden Subjekts mit kausalem Einfluß auf seine Maximen und Handlungen. Die sittlich grundlegende Haltung ist die Achtung der Personen untereinander und sich selbst gegenüber, und solche Achtung ist prinzipiell geboten, d. h. Pflicht. Sie spezifiziert sich zu verschiedenen Tugenden in verschiedenen konkreten sozialen und geschichtlichen Situationen, z. B. in erdrückenden Notzeiten zur Barmherzigkeit, in gesellschaftlichen Konflikten zur Gerechtigkeit, in Zeiten der gefahrvollen Bedrohung von Gerechtigkeit z. B. zur Tapferkeit usf. Die Kantische Tugendlehre, die von Tugend als Sittlichkeit im Kampf gegen sinnliche Bestrebungen ausgeht, wird somit modifiziert; deren systematische Stellung aber, daß sie nämlich das Prinzip der Sittlichkeit und der Pflichten voraussetzt, wird beibehalten.

Das dritte Gebiet der Durchführung des Prinzips der voluntativen Selbstbestimmung und des ethischen Gemeinwesens ist die Lehre von den sittlichen Zwecken und dem höchsten Zweck oder Gut. Das leitende Ziel aller besonderen Zwecke, das sich eine Person aufgrund ihrer voluntativen Selbstbestimmung setzen soll, ist die Approximation an jenes ethische Gemeinwesen. Dieses wird dabei als angestrebtes konkreter, nämlich nach bestimmten geschichtlich-gesellschaftlichen und kulturellen Besonderheiten vorgestellt, je nachdem in welchen konkreten, auch faktischen Kontext die sittliche, Zwecke setzende Person gehört; und wenn ihr durch ihr Handeln eine Annäherung an jene konkreter vorgestellte ethische Gemeinschaft gelingt, so erlebt sie darin eine Erfüllung, ein ethisches Glück, wie es von endlichen Personen erreichbar ist, das dann – aristotelisch – auch noch durch außerethische Güter wie Gesundheit, Wohlergehen und dgl. ergänzt werden kann. Grundlegendes Ziel aber bleibt immer jene ethische Gemeinschaft. Der Aufbau einer solchen Lehre von sittlichen Zwecken und vom höchsten Zweck oder Gut, nicht als Prinzip, sondern als inhaltliche Folge der voluntativen Selbstbestimmung und der dadurch gewollten ethischen Gemeinschaft ist systematisch, wenn auch nicht in verschiedenen Details äquivalent mit Kants Lehre vom höchsten Gut oder höchsten sittlichen Zweck als Harmonie von Sittlichkeit und Glückseligkeit, in dem die Geltung des Sittengesetzes als Prinzip der Pflichten vorausgesetzt ist.

Diese Konzeption voluntativer Selbstbestimmung und des ethischen Gemeinwesens von einstimmig sich voluntativ bestimmenden Personen ist nun ohne besondere theoretische Weltkenntnis der vernünftigen Einsicht, über die jedermann verfügen kann, zugänglich und einleuchtend. Kant faßte solche Einsicht schließlich als „Faktum der Vernunft" auf. Die Vernünftigkeit der sittlichen Einsicht besteht – ohne Rekurs auf rein intelligible Vermögen und Erkenntnisse – nur im Vorstellen und Akzeptieren der Allgemeingültigkeit jener Konzeption eines ethischen Gemeinwesens für die Selbstbestimmung und das Handeln aller Personen. Da diese auch als psychisch-leibliche und zeitlich erlebende Wesen anzusehen sind, wird die vernünftige Einsicht zugleich als praktisch motivierend innerhalb der Sphäre des Gefühlslebens betrachtet. In vergleichbarer Unterordnung wird Kant in Aufnahme der englischen Gefühlsethik der praktischen Bedeutung der Emotionen für menschliches Handeln durch seine Theorie der Achtung gerecht. Deutlicher als bei Kant ist es im hiesigen Ansatz freilich die Einheit und Ganzheit der Person, die in ihrer vernünftigen sittlichen Einsicht und emotionalen Motivation das Subjekt ethischer voluntativer Selbstbestimmung ausmacht.

So zeigt sich, daß die Kantische Ethik wirkungsmächtig in der Vergangenheit war, daß sie in vielfältiger Weise in positiven Aufnahmen, aber auch in Kritiken gegenwärtige Entwürfe zur Ethik bestimmt und daß sie ebenso wegweisend für ethische Konzeptionen in der Zukunft sein kann.

Literatur

Anscombe, E., 1958, *Modern Moral Philosophy*, in: *Philosophy* 33, S. 1-19.

Apel, K.-O., 1976, *Transformation der Philosophie*, Bd. 2: *Das Apriori der Kommuni-kationsgemeinschaft* (zuerst: 1973), Frankfurt/M.: Suhrkamp.

Apel, K.-O., 1998, *Normative Begründung der „Kritischen Theorie" durch Rekurs auf lebensweltliche Sittlichkeit? Ein transzendentalpragmatisch orientierter Versuch, mit Habermas gegen Habermas zu denken*, in: K.-O. Apel, *Auseinandersetzungen in Erprobung des transzendentalpragmatischen Ansatzes*, Frankfurt/M.: Suhrkamp, S. 649-699.

Baron, M. W., 1995, *Kantian Ethics Almost Without Apology*, Ithaca/N.Y.: Cornell UP.

Baron, M. W., 2001, *Kantian Ethics*, in: M. W. Baron/Ph. Pettit/M. Slote, ⁵2001, *Three Methods of Ethics*, Malden/Mass.: Blackwell, S. 3-91, 239-251.

Brandt, R., 2002, *Habermas und Kant*, in: *Deutsche Zeitschrift für Philosophie* 50, S. 53-68.

Damasio, A., 1999, *The Feeling of What Happens. Body and Emotion in the Making of Consciousness*, New York: Harcourt Brace & Company.

Damasio, A., 2000, *Ich fühle, also bin ich. Die Entschlüsselung des Bewußtseins*, über-setzt von H. Kober, München: Ullstein List.

Düsing, E., 1986, *Intersubjektivität und Selbstbewußtsein. Behavioristische, phänomeno-logische und idealistische Begründungstheorien bei Mead, Schütz, Fichte und Hegel*, Köln: Dinter.

Düsing, K., 1992, *Wandlungen der Tugendlehre bei Platon und Aristoteles*, in: P. van Tongeren et al. (Hrsg.), *Eros und Eris. Liber amicorum for A. Peperzak*, Dordrecht/Boston/London: Kluwer, S. 25-37 (Phaenomenologica 127).

Düsing, K., 1997, *Selbstbewußtseinsmodelle. Moderne Kritiken und systematische Ent-würfe zur konkreten Subjektivität*, München: Fink.

Düsing, K., 2000, *Probleme der Ethikfundierung und das Prinzip der Subjektivität. Ein Programmentwurf*, in: L. Nagl/R. Langthaler (Hrsg.), *System der Philosophie? Fest-gabe für H.-D. Klein*, Frankfurt/M. etc.: Lang, S. 23-36.

Düsing, K., 2002, *Spontaneität und Freiheit in Kants praktischer Philosophie*, in: K. Düsing, *Subjektivität und Freiheit. Untersuchungen zum Idealismus von Kant bis Hegel*, Stuttgart-Bad Cannstatt: Frommann-Holzboog, S. 211-235 (zuerst italie-nisch 1993).

Düsing, K., ca. 2004, *Fundamente der Ethik*.

Ebbinghaus, J., 1968, *Die Strafen für Tötung eines Menschen nach Prinzipien einer Rechtsphilosophie der Freiheit*, Bonn: Bouvier (Kantstudien Ergänzungsheft 94).

Frankena, W. K., 1963, *Ethics*, Englewood Cliffs/N.J.: Prentice Hall.

Frankena, W. K., 1972, *Analytische Ethik*, München: Deutscher Taschenbuch Verlag.

Gadamer, H.-G., 1985, *Gibt es auf Erden ein Maß? (Fortsetzung)*, in: *Philosophische Rundschau* 32, S. 1-26.

Habermas, J., 1981, *Theorie des kommunikativen Handelns*, Bd. 2: *Zur Kritik der funk-tionalistischen Vernunft*, Frankfurt/M.: Suhrkamp.

Habermas, J., ³1988, *Diskursethik – Notizen zu einem Begründungsprogramm*, in: J. Habermas, *Moralbewußtsein und kommunikatives Handeln*, Frankfurt/M. (zuerst: 1983): Suhrkamp, S. 53-125.

Habermas, J., 1989, *Individuierung durch Vergesellschaftung. Zu G. H. Meads Theorie der Subjektivität*, in: J. Habermas, *Nachmetaphysisches Denken. Philosophische Aufsätze*, Frankfurt/M.: Suhrkamp, S. 187-241.

Habermas, J., 1991 a, *Treffen Hegels Einwände gegen Kant auch auf die Diskursethik zu?* (zuerst: 1986), in: J. Habermas, *Erläuterungen zur Diskursethik*, Frankfurt/M.: Suhrkamp, S. 9-30.

Habermas, J., 1991 b, *Erläuterungen zur Diskursethik*, in: J. Habermas, *Erläuterungen zur Diskursethik*, Frankfurt/M.: Suhrkamp, S. 119-226.

Herman, B., 1993, *The Practice of Moral Judgment*, Cambridge/Mass./London: Harvard UP.

Korsgaard, C., 1996 a, *The Sources of Normativity*, hrsg. von O. O'Neill, Cambridge/New York: Cambridge UP.

Korsgaard, C., 1996 b, *Creating the Kingdom of Ends*, Cambridge/New York: Cambridge UP.

Louden, R. B., 1984, *On Some Vices of Virtue Ethics*, in: *American Philosophical Quarterly* 21, 3, S. 227-236.

Louden, R. B., 1998, *Einige Laster der Tugendethik*, übersetzt von M. Sandhop, in: K. P. Rippe/P. Schaber (Hrsg.), *Tugendethik*, Stuttgart: Reclam, S. 185-212.

MacIntyre, A., 1981, ²1984, *After Virtue. A Study in Moral Theory*, Notre Dame: University of Notre Dame Press.

MacIntyre, A., 1988, *Der Verlust der Tugend. Zur moralischen Krise der Gegenwart*, übersetzt von W. Rhiel, Darmstadt: WBG.

Mackie, L., 1977, *Ethics. Inventing Right and Wrong*, Harmondsworth: Penguin Books.

Mackie, L., 1983, *Ethik. Die Erfindung des moralisch Richtigen und Falschen*, übersetzt von R. Ginters, Stuttgart: Reclam.

Moore, G. E., 1903, *Principia Ethica*, Cambridge/Mass.: Cambridge UP.

Moore, G. E., 1970, *Principia Ethica*, übersetzt von B. Wisser, Stuttgart: Reclam.

O'Neill, O., 1989, *Constructivisms in Ethics*, in: O. O'Neill, *Constructions of Reason. Explorations of Kant's Practical Philosophy*, Cambridge/New York etc.: Cambridge UP, S. 206-218.

O'Neill, O., 1996 a, *Towards Justice and Virtue. A Constructive Account of Practical Reasoning*, Cambridge/New York: Cambridge UP.

O'Neill, O., 1996 b, *Tugend und Gerechtigkeit. Eine konstruktive Darstellung des praktischen Denkens*, übersetzt von J. Schulte, Berlin: Akademie Verlag.

Rawls, J., 1971, *A Theory of Justice*, New Haven: Harvard UP.

Rawls, J., 1979, *Eine Theorie der Gerechtigkeit*, übersetzt von H. Vetter, Frankfurt/M.: Suhrkamp.

Rawls, J., 1980, *Kantian Constructivism in Moral Theory*, in: *The Journal of Philosophy* LXXVII, S. 515-572.

Rawls, J., 1989, *Themes in Kant's Moral Philosophy*, in: E. Förster (Hrsg.), *Kant's Transcendental Deductions. The Three Critiques and the Opus postumum*, Stanford: Stanford UP, S. 81-113.

Rawls, J., 1999, *Collected Papers*, hrsg. von S. Freeman, Cambridge/Mass.: Harvard UP.

Rawls, J., 2000, *Lectures on the History of Moral Philosophy*, hrsg. von B. Herman, Cambridge/Mass./London: Harvard UP.

Rawls, J., 2002, *Geschichte der Moralphilosophie. Hume – Leibniz – Kant – Hegel*, hrsg. von B. Herman, übersetzt von J. Schulte, Frankfurt/M.: Suhrkamp.

Reiner, H., 1964, *Die philosophische Ethik. Ihre Fragen und Lehren in Geschichte und Gegenwart*, Heidelberg: Quelle und Meyer.

Reiner, H., 1974, *Die Grundlagen der Sittlichkeit*, 2. stark erweiterte Aufl. von: *Pflicht und Neigung*, Meisenheim/G.: Anton Hain.

Sherman, N., 1997, *Making a Necessity of Virtue. Aristotle and Kant on Virtue*, Cambridge: Cambridge UP.

Siep, L., 1979, *Anerkennung als Prinzip der praktischen Philosophie. Untersuchungen zu Hegels Jenaer Philosophie des Geistes*, Freiburg/München: Alber.

Singer, P., [2]1993, *Practical Ethics*, Cambridge/Mass.: Cambridge UP.

Singer, P., [3]1996, *Praktische Ethik*, übersetzt von O. Bischoff/J.-C. Wolff/D. Klose, Stuttgart: Reclam.

Slote, M., 1992, *From Morality to Virtue*, Oxford/New York: Oxford UP.

Slote, M., [5]2001, *Virtue Ethics*, in: M. W. Baron/Ph. Pettit/M. Slote, *Three Methods of Ethics*, Oxford etc.: Blackwell, S. 175-238, 266-281.

Smart, J.J.C., 1973, *An Outline of a System of Utilitarian Ethics*, in: J.J.C. Smart/B. Williams (Hrsg.), *Utilitarianism for and against*, Cambridge: Cambridge UP, S. 3-74.

Tugendhat, E., 1984, *Probleme der Ethik*, Stuttgart: Reclam.

Tugendhat, E., 1993, *Vorlesungen über Ethik*, Frankfurt/M.: Suhrkamp.

10. Anthropologie

Was ist der Mensch?
Kants vierte Frage und der Übergang von der philosophischen Anthropologie zur Philosophie der Person

DIETER STURMA

1. Einleitung

Die traditionelle philosophische Anthropologie ist in die Jahre gekommen.[1] Nach einem disziplinären Aufschwung in der ersten Hälfte des zwanzigsten Jahrhunderts ist sie unter dem methodischen Druck des *linguistic turn* und der zunehmenden naturwissenschaftlichen Beschäftigung mit dem Menschen verblaßt. Es gilt nicht länger als rechtfertigungsfähig, das Wesen des Menschen nach Maßgabe von Begriffen wie der Gottesebenbildlichkeit, des vernünftigen Tiers, der vernünftigen Seele oder des natürlichen Mangels zu bestimmen. Dabei stellt sich heute die Frage nach dem Menschen kaum weniger nachdrücklich als in vergangenen Epochen. Technologische Innovationen wie die Gentechnik oder die Robotik verleihen ihr sogar zusätzliche praktische Virulenz. Aber es ist gerade diese Problemlage, die essentialistische Zugänge zum Menschen als hoffnungslos überholt erscheinen läßt.

Der disziplinäre Niedergang der philosophischen Anthropologie kann gleichwohl nicht so ausgedeutet werden, daß nunmehr auch die Frage nach dem Menschen ersatzlos gestrichen werden könnte. Reflexionsverzicht ist kulturell immer ein Verlust, und angesichts neuester technologischer Herausforderungen im Bereich der sogenannten Lebenswissenschaften ist der Preis zu bedenken, der dafür zu entrichten ist, daß die menschliche Lebensform nicht mehr als Ganze wissenschaftlich thematisiert wird. Auf der anderen Seite ist auch überzogenen

---

[1] Unter der traditionellen philosophischen Anthropologie wird hier ein Theorietypus verstanden, der seit dem Mittelalter bis zum Anfang des 20. Jahrhunderts die Frage nach dem Menschen essentialistisch beantwortet.

Ganzheitsforderungen eine Absage zu erteilen, denn die wissenschaftliche Beschäftigung mit dem Menschen fällt nicht in die Zuständigkeit einer Einzeldisziplin. An ihr haben unterschiedliche Bereiche der Philosophie genauso mitzuwirken wie Disziplinen der Sozial- und Naturwissenschaften.

Auf die komplexe Problemsituation bezüglich der Frage nach dem Menschen wird in der gegenwärtigen Philosophie mit einem Übergang von der traditionellen philosophischen Anthropologie zur Philosophie der Person[2] reagiert. Sie versucht, im Lichte von Erträgen anderer wissenschaftlicher Disziplinen den Eigensinn der menschlichen Lebensform zu erfassen. An die Stelle der umstandslosen Fragestellung ‚Was ist der Mensch?‘ tritt ein Fragetypus von der Art ‚Was bedeutet es, das Leben einer Person zu führen?‘, mit dem deskriptiv zugängliche Fähigkeiten und Eigenschaften der menschlichen Lebensform in den Blick geraten. Die Philosophie der Person wird vor allem von der Philosophie des Geistes sowie der Ethik bzw. angewandten Ethik beeinflußt. Während sich die neuere Philosophie des Geistes mit Phänomenen, Zuständen, Eigenschaften und Prozessen menschlichen Bewußtseins im weitesten Sinne auseinandersetzt,[3] werden in Ethik und angewandter Ethik Verfahrensweisen und Ergebnisse der Neuro- bzw. Biowissenschaften aufgenommen und auf ihre Konsequenzen für das entstehende, bestehende und vergehende Leben von Personen hin untersucht.

---

[2] Die moderne Philosophie der Person entwickelt sich seit dem Erscheinen von Strawsons *Individuals* sowohl in den Bereichen der angloamerikanischen Philosophie als auch in der kontinentaleuropäischen Philosophie; siehe u. a. Strawson, 1959; Nagel, 1970; Nagel, 1986; Schmitz, 1980; Dennett, 1981; Parfit, 1984; Wollheim, 1984; Taylor, 1985; Frankfurt, 1988; Spaemann, 1996; Sturma, 1997; Ausborn-Brinker, 1999; Quante, 2002; vgl. Rorty, 1976; Siep, 1983; Quante, 1999; Sturma, 2001b.

[3] Traditionelle Systeme der Philosophie des Geistes, wie sie etwa von Schelling und Hegel entwickelt worden sind, finden in der neueren Philosophie des Geistes keine Berücksichtigung. Vielmehr thematisiert diese meistens in Einzelanalysen Bestimmungen wie ‚Bewußtsein‘, ‚Selbstbewußtsein‘, ‚Qualia‘, ‚Person‘, ‚personale Identität‘, ‚Handlung‘, ‚Sprache‘, ‚Emotionen‘, ‚Unbewußtes‘, ‚Absichten‘ und ‚Absichten zweiter Stufe‘. Eine herausragende Rolle spielt die Erfassung des Verhältnisses von Körper und Bewußtsein bzw. Gehirn und Bewußtsein. Dabei wird auch Anschluß an die Künstliche Intelligenz-Forschung sowie an die Kognitions- und Neurowissenschaften gesucht. Vgl. in bezug auf Kant die Beiträge von K. Ameriks und G. Schönrich in diesem Band.

An dem Übergang von der philosophischen Anthropologie zur Philosophie der Person ist Kant auf vielfältige Weise beteiligt. Die alte Frage ‚Was ist der Mensch?' stellt er jedoch erst spät in seinem Werk, und sein Umgang mit ihr zeigt, daß sie erkenntnistheoretisch unbefangen nicht mehr zu beantworten ist. Die Gründe für Kants kompliziertes Verhältnis zur Frage nach dem Menschen ergeben sich aus den methodischen Positionen seiner kritischen Philosophie. Kant stellt zwar noch die Frage nach dem Menschen – was ihn mit der älteren Tradition verbindet –, aber er sieht nur noch die Möglichkeit, sie in einem erkenntniskritischen und metatheoretischen Rahmen zu beantworten – was ihn mit gegenwärtigen philosophischen Problemstellungen verbindet. Kants Œuvre enthält zudem eine Reihe von bedeutsamen Theoriestücken zur Philosophie der Person, die moderne Antworten auf die alte Frage nach der Natur des Menschen vorbereiten. In diesem Sinne vollzieht sich schon bei Kant ein Übergang von der philosophischen Anthropologie zur Philosophie der Person.[4]

2. Kants Grundsatzfragen

Kant benennt zum Ende der *Kritik der reinen Vernunft* drei berühmte Fragen: ‚Was kann ich wissen?', ‚Was soll ich tun?' und ‚Was darf ich hoffen?'.[5] In diesen Fragestellungen ist des öfteren ein umfassender programmatischer Vorgriff auf seine Philosophie insgesamt gesehen worden. Die Deutungen variieren dabei. Der Vorgriff solle sich auf alle drei Kritiken oder auf die beiden ersten Kritiken und die Religionsschrift beziehen. Zwar zeichnet sich der Hintergrund der drei Grundsatzfragen in der *Kritik der reinen Vernunft* nicht wirklich deutlich ab, es dürfte aber wohl wenig wahrscheinlich sein, daß Kant 1781 schon einen konkreten Ausblick auf spätere Werke geben wollte. Trotz der ungeklärten Herkunft der Fragestellungen dürfte es naheliegender sein, ihren Sinn aus der *Kritik der reinen Vernunft* selbst zu entnehmen.[6]

---

[4] Kant unterscheidet allerdings nicht zwischen philosophischer Anthropologie und Philosophie der Person. In disziplinärer Hinsicht bleibt er fest im 18. Jahrhundert verankert.

[5] Siehe *KrV*, B 832f.

[6] R. Brandt hält die drei Grundsatzfragen für eine freie Umdeutung von mittelalterlichen Quellen, deren Weg in die *Kritik der reinen Vernunft* noch nicht rekon-

Bei der Bestimmung des theoretischen Stellenwerts der drei Fragen wird gemeinhin übersehen, daß Kant ihnen keine unmittelbare Antwort zuteil werden läßt. Bedenkt man weiterhin, daß sie nach dem Abschluß des kritischen Geschäfts der *Transzendentalen Dialektik* gestellt werden, dann kann ihr Sinn eigentlich nur im unmittelbaren Zusammenhang mit den methodischen Intentionen und Innovationen seiner Erkenntniskritik gesucht werden. Das würde zunächst bedeuten, daß die Fragen nicht mehr auf herkömmliche Weise beantwortet werden können. Die *Transzendentale Dialektik* hat den Rekurs auf traditionelle Verwendungsweisen der Begriffe von Seele, Welt und Gott ein für allemal verstellt. Sie werden durch die transzendentale Methode außerhalb des theoriefähigen Bereichs gerückt. Die großen Fragen aus der *Methodenlehre* haben keine großen Antworten. Was bleibt, ist ein erkenntniskritischer Umgang in praktischer Absicht.[7]

Das Szenario der Grundsatzfragen erfährt in der *Logik* eine Wiederaufnahme. Das geschieht mit der zusätzlichen Komplikation, daß Kant noch eine vierte Frage stellt: ‚Was ist der Mensch?‘. Dieser Fragestellung werden diejenigen aus der *Kritik der reinen Vernunft* untergeordnet. Die Unterordnung erfolgt vor dem Hintergrund der Bestimmung von Aufgabe und theoretischem Stellenwert der Philosophie. Kant unterscheidet dabei zwischen einem Schulbegriff im Sinne von Vernunfterkenntnissen aus Begriffen und einem Weltbegriff im Sinne einer Wissenschaft „von den letzten Zwecken der menschlichen Vernunft.“[8] Bei der Erläuterung des Gedankens einer Philosophie nach dem Weltbegriff wendet er sich noch einmal den Grundsatzfragen aus der *Kritik der reinen Vernunft* zu, um schließlich die vierte Frage zu stellen:

---

struiert werden konnte; siehe Brandt, 1998, S. 195: „Die Einteilung hat sicher nicht mit der Gliederung durch die drei Kritiken zu tun; sie kommt auf einem bislang nicht geklärten Weg aus der mittelalterlichen Hermeneutik und bildet keine Direktive für die eigene Philosophie-Organisation.“ Brandt sieht mit Blick auf die Vorrede B in den drei Fragen eine formelhafte Thematisierung der „drei großen Themen der Metaphysik“. Danach beziehe sich die erste Frage auf Gott, die zweite auf die Freiheit und die dritte auf die Unsterblichkeit.

7 Siehe *KrV*, B 833: „Die erste Frage ist bloß spekulativ. [...] Die zweite Frage ist bloß praktisch. [...] Die dritte Frage [...] ist praktisch und theoretisch zugleich, so, daß das Praktische nur als ein Leitfaden zu Beantwortung der theoretischen, und, wenn diese hoch geht, spekulativen Frage führet.“

8 *Logik Jäsche*, AA IX, 23

„Das Feld der Philosophie in dieser weltbürgerlichen Bedeutung läßt
sich auf folgende Fragen bringen:

1) Was kann ich wissen?
2) Was soll ich tun?
3) Was darf ich hoffen?
4) Was ist der Mensch?

Die erste Frage beantwortet die Metaphysik, die zweite die Moral, die
dritte die Religion und die vierte die Anthropologie. Im Grunde könnte
man aber alles dieses zur Anthropologie rechnen, weil sich die drei ersten
Fragen auf die letzte beziehen."[9]

Der Akzent der ersten drei Fragen hat sich gegenüber ihrer Verwendungsweise in der *Kritik der reinen Vernunft* verschoben. Es wird nunmehr wieder der Anschluß an grundlegende Problematisierungen
gesucht. Die Pointe der Grundsatzfragen besteht nun nicht etwa darin,
daß sich die Fragestellungen der Metaphysik, Moral und Religion
unmittelbar auf die anthropologische Fragestellung beziehen lassen,
sondern daß sich die vierte Frage nur in der Perspektive der drei anderen Fragen beantworten läßt. Die Frage nach dem Menschen setzt sich
aus drei Teilantworten zusammen, die das epistemische und moralische
Selbstverhältnis sowie die Bestimmung des Lebenssinns betreffen. Kant
unterläßt es denn auch, die vierte Frage weiter zu erläutern. Er greift
lediglich noch einmal den Kerngedanken der ersten drei Problemstellungen heraus. Danach ist es die Aufgabe der Philosophie, die Quellen
des menschlichen Wissens, den praktischen Umgang mit Wissen sowie
die Grenzen der Vernunft zu bestimmen.

Aus der Einführungssituation der vierten Frage kann unschwer entnommen werden, daß die erkenntniskritischen Voraussetzungen der
Grundsatzfragen aus der *Kritik der reinen Vernunft* in Geltung bleiben.
Kant hebt die bedeutsame Konsequenz seines Ansatzes ausdrücklich
hervor: Erkenntniskritik und Primat einer praktischen Philosophie,
die den letzten Zwecken der menschlichen Vernunft verpflichtet
bleibt, seien nicht voneinander zu trennen. Sein Angriffspunkt ist der
Philodox oder „Vernunftkünstler", der nach spekulativem Wissen stre-
be und Regeln für den Gebrauch der Vernunft zu beliebigen Zwecken
gebe, „ohne darauf zu sehen, wie viel das Wissen zum letzten Zwecke

---

[9]   *Logik Jäsche*, AA IX, 24f.

der menschlichen Vernunft beitrage".[10] Bei den Grundsatzfragen geht
es dagegen um den Gebrauch der Vernunft. Sie messen gleichsam
den Raum der vernünftig bestimmten Gründe aus. Die vierte Frage
hebt hervor, daß der Gebrauch der Vernunft seinen Endzweck in der
menschlichen Vernunft hat. Menschliche Personen sind demnach
die Subjekte und Adressaten der Praxis der Vernunft, und auf diesen
Sachverhalt bezieht sich die vierte Frage. Gefragt wird also nach der
Vernunft des Menschen und nicht nach seinem Wesen oder seiner
Befindlichkeit.[11]

Die späte Antwort auf die vierte Frage ist systematisch überaus
belangvoll, inhaltlich fällt sie jedoch äußert dürftig aus. In den drei
Kritiken finden sich hingegen eine Reihe von Argumentationsstücken,
die als inhaltliche Bestimmungen einer Antwort auf die vierte Frage
verstanden werden können. Aus der *Kritik der reinen Vernunft* ist zu
entnehmen, daß der Mensch Selbstbewußtsein hat und über einen
intelligiblen und empirischen Charakter verfügt. Nach der *Grundlegung zur Metaphysik der Sitten* und der *Kritik der praktischen Vernunft*
sind Menschen autonomiefähige Personen, die als Zweck an sich existieren. Die *Kritik der Urteilskraft* nimmt die Bestimmungen aus den
ersten beiden Kritiken auf und stellt sie in eine naturphilosophische Perspektive. Danach ist der Mensch das einzige Wesen in der Welt, dessen
Kausalität auf von Naturbedingungen unabhängige Zwecke gerichtet
ist.[12] Schließlich unterscheidet Kant in der *Anthropologie in pragma-*

---

[10] *Logik Jäsche*, AA IX, 24.

[11] Heidegger nimmt im Rahmen einer grundsätzlichen Revision der Philosophie
Kants die vierte Frage zum Anlaß, eine philosophische Anthropologie zu entwerfen, die das metaphysische Bedürfnis menschlicher Existenz in den Mittelpunkt
stellt. Entsprechend kritisiert er die generalisierenden Abstraktionsvorgänge und
das Aufzählen von Eigenschaften der traditionellen philosophischen Anthropologie genauso wie naturalistische Nivellierungen. Es gehe vielmehr darum, die
Seinsart des Menschen zu erfassen, die darin bestehe, als in sich endlich zu existieren. Deshalb müsse von einem Primat der Endlichkeit vor dem Anthropologischen ausgegangen werden: „Ursprünglicher als der Mensch ist die Endlichkeit des
Daseins in ihm." (Heidegger, 1991, S. 229). Heideggers Ausdeutungen vollziehen
sich ersichtlich in beträchtlichem Abstand zu Kant. Seine These, daß philosophische Begründungsarbeit letztlich nichts anderes als Fragen nach dem Menschen
sei, kommt allerdings Kants erkenntnistheoretischem Umgang mit der vierten
Frage nahe.

[12] Siehe *KU*, AA V, 435.

tischer Hinsicht zwischen dem Menschen als einem sinnlichen Naturwesen sowie dem Menschen als einem vernünftigen und mit Freiheit
begabten Wesen. Entsprechend teile sich die anthropologische Untersuchung in einen physiologischen und einen pragmatischen Bereich. In
dem einen werde dem nachgegangen, was die Natur aus dem Menschen
macht, in dem anderen, was der Mensch als handelnde Person aus sich
selber macht oder machen kann und soll.[13]

Kants verstreute Beiträge zur Beantwortung der vierten Frage lassen
sich in eine fragile Ordnung bringen, wenn man sie in die Fluchtlinie
seines Projekts kritischer Philosophie stellt. Seine Erkenntniskritik ist
unstrittig der bis dahin ambitionierteste Versuch, einen Physikalismus
auf dem Gebiet der Naturwissenschaften mit einem Nicht-Reduktio-
nismus auf den Gebieten der Bewußtseinsphilosophie und Ethik in
Einklang zu bringen. Seine theoretische Ausgangssituation ist in vielerlei Hinsicht mit der gegenwärtigen Theoriesituation vergleichbar. Auch
Kant entwickelt sein philosophisches System unter der Voraussetzung
eines robusten und wirkungsmächtigen naturwissenschaftlichen Weltbildes. Ihm stellt sich genauso wie der heutigen Philosophie die Aufgabe, den unabweislichen naturwissenschaftlichen Reduktionismus
mit einer philosophischen Theorie zu verbinden, die den Eigensinn der
menschlichen Lebensform phänomengerecht und rechtfertigungsfähig
erfassen kann.

3. Die dritte Antinomie

Kant hat sich von dem naturwissenschaftlichen Weltbild seiner Zeit
herausgefordert gefühlt, von der Anziehungskraft eines eliminativen
Szientismus, die sich vor allem in Teilen des französischen Materialismus abzeichnet, bleibt er jedoch unberührt. Auch wenn die vielfältigen
Abhängigkeiten personalen Lebens von sozialen und natürlichen Gegebenheiten nicht zu bestreiten sind, darf Kant zufolge das Eingeständnis
der Kontextualität menschlicher Existenz nicht mit der Unterstellung
durchgängiger Heteronomie gleichgesetzt werden. Für diese konzeptionelle Differenz stehen in seiner theoretischen Philosophie der Begriff
des Selbstbewußtseins und in seiner praktischen Philosophie der Begriff

---

[13] Siehe *Anthropologie*, AA VII, 119.

der Autonomie. Die Erscheinungsweisen personalen Lebens in der Form des Gegebenen auf der einen sowie die Konstitution von Selbstbewußtsein und Moralität auf der anderen Seite folgen danach gänzlich unterschiedlichen Gesetzmäßigkeiten. Kants ambitioniertes philosophisches Projekt läuft darauf hinaus, Heteronomie und Autonomie in einem integrativen Theorierahmen zu vereinigen.

Die Ausdifferenzierung von Heteronomie und Autonomie machen für Kant den Rückgriff auf Argumentationsweisen unumgänglich, die mit dualen Komponenten wie dem Gegebenen und Gemachten operieren. Diese Vorgehensweise ist für Kant der einzige Ausweg aus den antinomischen Verhältnissen, die sich mit dem Bedürfnis der Vernunft ergeben, über die Grenzen möglicher Erfahrung hinauszugehen. Die antinomische Theoriesituation konstruiert Kant anhand von Thesen und Antithesen zum Anfang der Welt, zum Verhältnis von Einfachem und Zusammengesetztem, zum Verhältnis von Naturkausalität und Kausalität durch Freiheit sowie zur Welturache.[14] Während sich hinter den Thesen der Antinomien theoretische Unterstellungen des Rationalismus verbergen, drücken die Antithesen Annahmen des Empirismus aus. Kant hält beide Positionen nicht für rechtfertigungsfähig, und seine Antinomienlehre kann insgesamt so gelesen werden, daß beiden Theorieoptionen die Grundlage entzogen werden soll.[15] Kants Sympathie für die Position der Thesen ist gleichwohl offensichtlich. Insbesondere im Fall der dritten Antinomie verbinden sich mit ihr weitgehende Erwartungen zur Grundlegung der praktischen Philosophie.

Für das Integrationsprojekt von Heteronomie und Autonomie – und damit auch seiner Widerlegung des szientistischen Eliminativismus – ist die dritte Antinomie entscheidend. Sie besteht in dem Widerstreit der transzendentalen Ideen der Kausalität durch Freiheit und der Kausalität nach Gesetzen der Natur. Beide Ideen beziehen vordergründige Plausibilität aus ihrem jeweiligen Gegenbegriff: Zum einen sei nicht einzusehen, wie Gesetze der Freiheit in die Kausalität des Weltlaufs eingreifen könnten, wenn sie „selbst nichts anderes als Natur"[16] wären. Zum anderen könne der Satz, daß alle Kausalität nur nach Naturgesetzen möglich

---

[14] Siehe *KrV*, B 432ff.
[15] Siehe den Beitrag von B. Falkenburg in diesem Band.
[16] *KrV*, B 476.

sei, „in seiner unbeschränkten Allgemeinheit"[17] wegen der Unvollständigkeit der Reihenfolge der Erscheinungen auf der Seite der Ursachen
nicht konsistent gedacht werden. Kant versucht sein ‚transzendentales Problem' dadurch zu lösen, daß er der menschlichen Person einen
bestimmbaren empirischen Charakter und einen bestimmenden intelligiblen Charakter ansinnt, um im weiteren zu behaupten, daß beide
in ein und demselben Individuum miteinander koexistieren könnten.[18] Der empirische Charakter einer Person sei fest in die Ordnung
der Natur eingebunden. Ihre Handlungen stünden als Erscheinungen
mit allen anderen Erscheinungen nach beständigen Naturgesetzen im
Zusammenhang. Von Freiheit könne in der Perspektive des empirischen Charakters insofern nicht die Rede sein. Demgegenüber sei der
Mensch nach Maßgabe seines intelligiblen Charakters keinen empirischen Bestimmungen unterworfen, denn ihm fehle die „Verknüpfung
mit Erscheinungen als Ursachen".[19]

Die Schwierigkeit der dritten Antinomie besteht Kant zufolge nicht
in der Widersprüchlichkeit von These und Antithese, sondern in der
nicht erkannten Vereinbarkeit.[20] Deshalb setzt er bei der Auflösung
der dritten Antinomie auf ein eigentümliches Vereinbarkeitsmodell,
das These und Antithese im Bestand unberührt läßt und zugleich in
Geltung setzt: Bleibe die Naturnotwendigkeit allein auf Erscheinungen und Freiheit lediglich auf Dinge an sich selbst bezogen, könne gar
kein Widerspruch entstehen. Man müsse nur beide Arten von Kausalität einräumen.

Es ist aber nicht einzusehen, wie die Bestimmung einer Kausalität aus Freiheit dem empirischen Charakter ‚gemäß' sein und gleichzeitig eine ‚Verknüpfung mit Ursachen' wahren könnte. Kant räumt
denn auch ein, die Kausalität durch Freiheit nicht wirklich begreiflich
machen zu können. Die Begründungslast muß am Ende der Gedanke
tragen, daß eine Kausalität aus Freiheit nicht in sich widersprüchlich
sei. Der Nachweis, daß einer Person ein empirischer und intelligibler
Charakter zugeschrieben werden könne, ist aber nicht die Aufhebung
der dritten Antinomie, sondern nur die Wiederholung des Problems.

---

[17] *KrV*, B 474.
[18] Siehe *KrV*, B 570ff.
[19] *KrV*, B 569.
[20] Siehe *Prolegomena*, AA IV, 343ff.

Naturkausalität und Kausalität durch Freiheit stehen sich nach wie vor
unvermittelt gegenüber, und es bleibt unverständlich, wie sie in einer
Person koexistieren können.

Auch in der praktischen Philosophie greift Kant auf das Modell der
Doppelkausalität zurück. Im dritten Abschnitt der *Grundlegung zur
Metaphysik der Sitten* spricht Kant davon, daß eine Person als vernünftiges Wesen sich einerseits als „Intelligenz zur Verstandeswelt" zähle,
andererseits sich aber auch „als eines Stücks der Sinnenwelt bewußt"[21]
sei. Kant gibt dem Vereinbarkeitsmodell dadurch eine praktische Wendung, daß er aus der Gegenläufigkeit von Verstandes- und Sinnenwelt
die Differenz zwischen notwendigem Wollen und moralischem Sollen
verständlich machen will. Als Akteur in der intelligiblen Welt wäre eine
Person ausschließlich durch die Autonomie ihres Willens bestimmt und
ihre Handlungen würden allesamt dem notwendigen Wollen vernünftiger Selbstbestimmung gemäß ausfallen. Weil die Person aber zugleich
Bestandteil der Sinnenwelt sei, ermäßige sich das notwendige Wollen
zu einem moralischen Sollen.

Im Zuge der kritischen Aufhebung der Antinomie der praktischen
Vernunft[22] greift Kant auf die Argumentationsstrategie aus der *Kritik
der reinen Vernunft* zurück. Der Satz, daß das Bestreben nach Glückseligkeit einen Grund tugendhafter Gesinnung hervorbringe, sei zwar
schlechterdings falsch, der Satz, daß Tugendgesinnung notwendig
Glückseligkeit hervorbringe, erweise sich aber nur als bedingt falsch,
nämlich dann, wenn sie als Kausalität in der Sinnenwelt gedacht
werde. Schließlich findet sich auch in der *Kritik der Urteilskraft*, in der
Kant ersichtlich bemüht ist, einen Ausgleich dualistischer Argumenta-
tionsstrukturen aus den beiden anderen Kritiken vorzunehmen,[23] an
zentraler Stelle eine Theorie des Noumenalen, nach der der Mensch
das einzige Naturwesen mit dem übersinnlichen Vermögen der Freiheit ist.[24]

Kants Menschenbild wird insgesamt von einer Differenzierung beherrscht, deren theoretischer Status nicht gut geklärt ist. Er
geht davon aus, daß vom Menschen „in einem anderen Sinne und

---

[21] *Grundlegung*, AA IV, 453.
[22] Siehe *KpV*, AA V, 114ff.
[23] Siehe Recki, 2001, S. 131ff.
[24] Siehe *KU*, AA V, 435.

Verhältnisse"[25] gedacht werden müsse, wenn er als frei gelten soll, als wenn er den Gesetzen der Natur unterworfen sei. Diese Differenzierung ist in epistemologischer Hinsicht nahegelegt und rechtfertigungsfähig. Der damit aufgeworfenen ontologischen Problematik wendet sich Kant aber nicht entschieden genug zu. Er begnügt sich mit dem Nachweis, daß die Annahme einer Doppelperspektive nicht von vornherein widersprüchlich sei, und sieht davon ab, deren ontologische Voraussetzungen aufzudecken. Er beläßt es bei der epistemologischen Frage nach den Bedingungen der Möglichkeit kognitiven Bewußtseins und untersucht nicht mehr, wie die Konstitutionsleistungen des Verstandes in derjenigen Welt zu verorten sind, auf die die Gesetze der Natur erfolgreich angewendet werden können.

4. Jenseits der dritten Antinomie

Die ausdrücklichen Lösungsvorschläge zum Verhältnis von Heteronomie und Autonomie aus der *Kritik der reinen Vernunft*, der *Grundlegung zur Metaphysik der Sitten* und der *Kritik der praktischen Vernunft* sind unter den Bedingungen der gegenwärtigen Theoriesituation mit vielen semantischen und begründungstheoretischen Problemen belastet. Das bedeutet aber keineswegs, daß der erkenntniskritische Ansatz keinen systematischen Beitrag zur Gegenwartsphilosophie leisten kann. Kant hat zwar selbst die Auflösung der dritten Antinomie aus der *Kritik der reinen Vernunft* als Zentrum seiner Philosophie begriffen, doch finden sich bei ihm andere Theoriestücke, die für die Bestimmung des Verhältnisses von Heteronomie und Autonomie argumentative Optionen enthalten und die dualistische Auflösung der dritten Antinomie vermeiden. Das gilt vor allem für das Paralogismenkapitel der zweiten Auflage der *Kritik der reinen Vernunft*, in dem sich eine systematische Weiterentwicklung des Begriffs des Selbstbewußtseins und eine Öffnung zur praktischen Philosophie findet, seinen Autonomiebegriff aus der *Grundlegung zur Metaphysik der Sitten*, seine Lehre vom Faktum der Vernunft aus der *Kritik der praktischen Vernunft* sowie seine Konzeption der Selbstverhältnisse der Person in der *Anthropologie in pragmatischer Hinsicht*.

---

[25] *Grundlegung*, AA IV, 456.

In der *Kritik der reinen Vernunft* rekonstruiert Kant die epistemologische Strukturgeschichte, die kognitiven und selbstreferentiellen Bewußtseinszuständen zugrundeliegt.[26] Der systematische Kern dieser Strukturgeschichte ist die Doktrin von der formalen – nicht ausdrücklich bewußten – Selbstreferenz des Denkens. Mit ihr verbindet Kant die Formel von dem ‚Ich denke, das alle meine Vorstellungen begleiten können muß‘.[27] Danach ist kognitives Bewußtsein nicht auf eine Aneinanderreihung von mentalen Daten reduzierbar. Um kohärente Erfahrungsprozesse über die Zeit hinweg verständlich machen zu können, müsse vielmehr eine integrierende Instanz angenommen werden, die die Vielfalt der in der Anschauung gegebenen Daten ‚durchläuft‘ und ‚zusammennimmt‘.[28]

Unabhängig von der epistemologischen Sonderstellung des ‚ich denke‘ kann in personaler Perspektive Selbstbewußtsein nicht von der Existenz der bewußten Person getrennt werden. Das ‚ich denke‘ schließt das ‚ich bin‘ immer schon ein. Deshalb spricht Kant davon, daß der Satz ‚Ich denke, oder ich existiere denkend‘ ein empirischer Satz sei.[29] Dieser empirische Satz zeigt die konkrete Relationalität des Selbstbewußtseins an. Zwar hängt Selbstbewußtsein nicht von Identifikationssituationen der äußeren Reflexion ab und verfügt über die Eigenschaften, unmittelbar selbstvertraut und referentiell infallibel zu sein, es ist aber trotz seiner empirischen Unterbestimmung kein leerer Gedanke. Das Selbstbewußtsein einer Person enthält vielmehr eine Referenzstruktur, die sich zumindest mittelbar auf die Welt der äußeren Reflexion bezieht.[30]

Die erkenntniskritische Theorie des Selbstbewußtseins versperrt die Ausflucht in einen nicht empirisch bestimmten ontologischen Raum und erweist sich als fein differenzierte Deutung personaler Selbstverhältnisse, der die dualistischen Härten fehlen, die weite Teile der

---

[26] Siehe *KrV*, A 95ff, B 129ff. Vgl. Sturma, 1985, S. 30ff; Mohr, 1991, S. 122ff. Eine Bewertung der Forschungssituation zu Kants Philosophie des Geistes findet sich in Ameriks, ²2000 a. S. Vff.

[27] Siehe *KrV*, B 131f. Zum philosophiegeschichtlichen und systematischen Kontext von Kants Begriff des ‚ich denke‘ siehe Ameriks, 2000 b, S. 234ff.

[28] Siehe *KrV*, A 99.

[29] Siehe *KrV*, B 428.

[30] Für die Erfassung der Eigentümlichkeit der Referenzstruktur des Selbstbewußtseins bietet sich der Ausdruck ‚Quasi-Objekt des Selbstbewußtseins‘ an, siehe Sturma, 1985, S. 76ff. Vgl. Sturma, 1998, und Sturma, 2002.

Kritik der reinen Vernunft kennzeichnen. Danach nimmt eine selbstbewußte Person einen temporal und lokal eindeutigen Ort ein, der in ihr reflektiertes Selbstverhältnis eingeht. In diesem mittelbaren Sinne ist jeder Fall von Selbstbewußtsein eine Erlebnisperspektive *in* der Welt und insofern immer schon praktisch: Eine Person ist sich ihrer selbst bewußt, auf bestimmte Weise von Zuständen oder Ereignissen betroffen zu sein, zu denen sie sich in der Welt konkret verhält.

Die Praxis des Selbstbewußtseins ist eine Gegebenheit der menschlichen Lebensform. Sie ist geeignet, in gemäßigter, aber eben rechtfertigungsfähiger Form Begründungslast für Kants ambitionierten Begriff der Kausalität durch Freiheit zu tragen. Denn die Intention einer Person, sich in ihrem Leben nach Gründen verhalten zu wollen, zieht unabhängig von unvermeidlichen epistemischen Unsicherheiten Veränderungen in der Welt der Ereignisse nach sich. Kausalität durch Freiheit im Sinne der Praxis des Selbstbewußtseins ist kein blinder Fleck in der kausalen Geschlossenheit der Welt. Personen erweisen sich vielmehr als integrale Bestandteile einer Welt, in der auch die Naturgesetze gelten. Freiheit ist nicht Indifferenz oder Indeterminismus, sondern verfügt in der Form von Autonomie über eine eigene Gesetzmäßigkeit.

Der Übergang von der Kausalität durch Freiheit zur Autonomie manifestiert sich in der Lehre vom Faktum der Vernunft. Die Lehre gründet sich auf der Evidenz des moralischen Bewußtseins, das sich als solches „ursprünglich gesetzgebend"[31] erfährt. Der Begriff des Faktums der Vernunft steht für die Fähigkeit von Personen, sich zu ihren Neigungen und empirischen Bestimmungen verhalten zu können. Diese Fähigkeit ist Personen gleichsam einverleibt und aufgrund dieser Einbettung eine Quelle von Motivation und Handlung.[32]

Das Faktum der Vernunft ist das Bewußtsein des moralischen Gesetzes.[33] Kant hat den Grundsatz, daß die praktische Vernunft sich nur auf sich selbst als Bestimmungsgrund zu beziehen brauche, im Sinne einer

---

[31] *KpV*, AA V, 31.

[32] Kant folgt bei seiner Rekonstruktion der Wirklichkeit der Moralität Rousseaus Begriff des Gewissens als einer Sprache der Natur; siehe Rousseau, 1762, S. 598: „Il est donc au fond des ames un principe inné de justice et de vertu, sur lequel, malgré nos propres maximes, nous jugeons nos actions et celles d'autrui comme bonnes ou mauvaises, et c'est à ce principe que je donne le nom de conscience."

[33] Siehe *KpV*, AA V, 31.

Naturbeschaffenheit für unbezweifelbar gehalten.[34] Moralität ist danach kein Hirngespinst, sondern bei nüchterner Analyse der Alltagserfahrung unabweislich. Er geht davon aus, daß die Wirklichkeit des moralischen Bewußtseins selbst von dem Skeptiker oder Amoralisten nicht bestritten werden könne. Auch wenn eine Person permanent unmoralische Handlungen beginge, sei sie immer noch in der Lage, Bewertungen vorzunehmen und Verantwortlichkeitserwägungen anzustellen – sieht man einmal von pathologischen Fällen ab.

Die Fähigkeit, aus Gründen handeln zu können, stellt eine systematische Verbindung praktischer Einstellungen der ersten und dritten Person her. In moralischen Entscheidungssituationen legen Personen nicht nur für sich, sondern auch für alle anderen Personen fest, was als moralisches Gesetz für Handlungsregeln und Lebenspläne gelten kann. Kant gibt der moralischen Selbstgesetzgebung bekanntlich die formale Struktur eines kategorischen Imperativs, dem zufolge eine Person nur nach der Maxime handeln solle, durch die sie zugleich wollen könne, daß sie ein allgemeines Gesetz werde.[35]

Über Autonomie verfügen nur solche Wesen, die für Gründe empfänglich sind sowie aus Gründen verallgemeinern, differenzieren und handeln können. Mit dem Raum moralischer Gründe eröffnet sich eine eigenständige gesetzesartige Dimension, die vom Raum der Ursachen verschieden ist. Kant stellt nachdrücklich heraus, daß jedes Objekt in Raum und Zeit naturwissenschaftlichen Gesetzen unterworfen sei, die Person habe aber das Vermögen, nach der Vorstellung von Gesetzen zu handeln.[36] Zwar seien Gesetze, denen Personen aus moralischen Gründen folgen, geltungstheoretisch nicht mit den naturwissenschaftlichen Gesetzen zu vergleichen, deshalb fehle es ihnen aber nicht an Objektivität – das moralische Gesetz in mir verdient keineswegs weniger Bewunderung und Ehrfurcht als der bestirnte Himmel über mir.

Die Autonomiefähigkeit versieht Kant mit der moralischen Auszeichnung, daß die vernünftige Natur, die aus Gründen verstehen und handeln kann, als Zweck an sich existiere:[37]

---

[34] Siehe *KpV*, AA V, 105.
[35] Siehe *Grundlegung*, AA IV, 421.
[36] Siehe *Grundlegung*, AA IV, 412.
[37] Siehe *Grundlegung*, AA IV, 429.

„[D]er Mensch und überhaupt jedes vernünftige Wesen e x i s t i e r t
als Zweck an sich selbst, n i c h t   b l o ß   a l s   M i t t e l zum
beliebigen Gebrauche für diesen oder jenen Willen, sondern muß
in allen seinen sowohl auf sich selbst, als auch auf andere vernünftige Wesen gerichteten Handlungen jederzeit z u g l e i c h   a l s
Z w e c k betrachtet werden.“[38]

Der Grund der Selbstzweckhaftigkeit des Menschen oder jedes anderen vernünftigen Wesens erschließt sich nach Kant nicht der weiter-
gehenden Frage „wozu (quem in finem) er existiere.“[39] Ein solches
Wesen habe vielmehr seinen höchsten Zweck in sich selbst. Fähigkeit
zur Autonomie und Selbstzweckhaftigkeit beinhalten in epistemischer
wie in moralischer Hinsicht eine Distanzierung von naturbestimmten
Zwangsläufigkeiten. Sie rücken den Menschen aber nicht aus der Natur
heraus, sondern bringen ihn in eine besondere Stellung zu den Bedingungen seiner Existenz. In der Gestalt des Instrumentalisierungsver-
bots wirkt sich die Selbstzweckhaftigkeit unmittelbar auf die Einstellungen und das Verhalten von Personen sich selbst und anderen Personen
gegenüber aus und ist insofern unmittelbar praktisch.

In der Auszeichnung der vernünftigen Natur bzw. der Person als
Zweck an sich selbst schließt Kant an Rousseaus Konzeption einer Ethik
der Autonomie an, die zugleich die systematische Grundlage für eine
Ethik der Menschenrechte bildet.[40] Sie bildet gleichsam den Abschluß
des Denkweges, der von der Praxis des Selbstbewußtseins, dem Fak-
tum der Vernunft zu Autonomie und Selbstzweckhaftigkeit führt.
Diese Bestimmungen werden von Kant in seinem späten Werk noch
um anthropologische Überlegungen ergänzt, die sich vor allem auf die
Verankerung von epistemischen und moralischen Selbstverhältnissen im
Leben von Personen richten: Weil die einzelne Person ihr eigener letzter
Zweck ist, läuft alle ,Weltkenntnis‘ darauf hinaus, was der Mensch aus
sich als frei handelndes Wesen ,macht oder machen kann und soll‘.[41]

Die *Anthropologie in pragmatischer Hinsicht* ist vom Ansatz so konzipiert, daß das Leben einer Person in seiner konkreten inhaltlichen
Gestalt in den Blick gerät. Die erkenntniskritischen Vorbehalte aus der

---

[38] *Grundlegung*, AA IV, 428.
[39] *KU*, AA V, 435.
[40] Siehe Sturma, 2001 a, S. 146ff.
[41] Siehe *Anthropologie*, AA VII, 119.

Kritik der reinen Vernunft bleiben gleichwohl in Kraft. So lassen sich im anthropologischen Kontext weder die Naturursachen für meine epistemischen und praktischen Selbstverhältnisse ermitteln noch klären, wie Selbstbewußtsein faktisch zustande kommt.[42] Kants anthropologische Überlegungen erhalten ihren besonderen Stellenwert dadurch, daß er versucht, die verschiedenen Beantwortungsperspektiven zur vierten Frage konkret auf das Leben einer Person in seiner inhaltlichen Ausgestaltung zu beziehen. Dabei macht er mit der epistemischen und moralischen Auszeichnung der Person den Anfang:

> „Daß der Mensch in seiner Vorstellung das Ich haben kann, erhebt ihn unendlich über alle anderen auf Erden lebende Wesen. Dadurch ist er eine P e r s o n und vermöge der Einheit des Bewußtseins bei allen Veränderungen, die ihm zustoßen mögen, eine und dieselbe Person".[43]

Identität des Selbstbewußtseins und Identität der Person werden in der ‚Transzendentalen Deduktion der reinen Verstandesbegriffe' und der Paralogismenkritik der *Kritik der reinen Vernunft* zunächst noch unabhängig voneinander thematisiert.[44] Der Evidenz der Identität des Selbstbewußtseins steht die personale Identität als Phänomen kognitiven Bewußtseins gegenüber, das von der Person selbst und anderen Personen – im Sinne äußerer Beobachter[45] – erkannt werden kann. In den Eingangspassagen der *Anthropologie in pragmatischer Hinsicht* bezieht Kant die beiden Identitätsbegriffe nunmehr direkt aufeinander und weist sie als wesentliche Bestimmung personalen Lebens aus. Die Einheit des Bewußtseins wird in Bezug zu Veränderungen gesetzt, die der einzelnen Person im Laufe ihres Lebens zustoßen können. Da sich diese Veränderungen empirisch vollziehen, muß die Einheit des Bewußtseins als immanente Bestimmung der Natur der Person verstanden werden. Dieser Zugang wird durch den Umstand verstärkt, daß Kant davon spricht, der Mensch könne das ‚Ich' in der *Vorstellung* haben, denn vom semantische Ansatz her vermeidet er so egologische Reifizierungen eines ‚stehenden und bleibenden Ich'.

---

[42] Siehe *Anthropologie*, AA VII, 119, 127.

[43] *Anthropologie*, AA VII, 127 [§ 1].

[44] Zu Kants Theorie personaler Identität in der *Kritik der reinen Vernunft* siehe Ameriks, ²2000 a, S. 128ff.

[45] Siehe *KrV*, A 362f.

Im Anschluß an die Auszeichnung der Person entfaltet Kant eine Phänomenologie des Bewußtseins der Alltagserfahrung, die in weitläufige Überlegungen zu psychischen und physischen Voraussetzungen personalen Lebens mündet. Die pragmatische Anthropologie geht mit diesen Voraussetzungen auf zweierlei Weise um, sie zielt zum einen auf Selbsterkenntnis und praktisches Selbstverständnis, zum anderen auf die Orientierung über die Charaktere von Personen im besonderen und der menschlichen Gattung im allgemeinen. Dabei bezieht sich Kant zuweilen auf Beobachtungen und Berichte, die in heutiger Sicht nicht mehr als theoriefähig gelten. Seine Vorgehensweise verstärkt aber den Ansatz, Selbstverhältnisse als integrale Bestandteile des konkreten Lebens von Personen zu behandeln.

5. Von der philosophischen Anthropologie zur Philosophie der Person

Die methodische Besonderheit von Kants Ansatz liegt darin, daß er bei der Beantwortung der vierten Frage erkenntnistheoretische Argumentationsperspektiven einsetzt, die herkömmliche Antworten und traditionelle semantische Zugriffe auf die vierte Frage von vornherein ausschließen. Die transzendentale Frage nach den Bedingungen der Möglichkeiten schränkt den Bereich der Gegenstände möglicher Erfahrung deutlich ein. So zeigen sich die Begriffe ‚ich‘ oder ‚Selbstbewußtsein‘ als transzendentale Bedingungen kognitiven Bewußtseins und begegnen diesem nicht als Gegenstand. Zwar versucht Kant, sich mit noumenalen Bestimmungen aus systematischen Verlegenheiten zu befreien, er hat dabei aber niemals die Ergebnisse aus der transzendentalen Analytik der *Kritik der reinen Vernunft* zurückgenommen. Wenn Kant in der *Logik* davon spricht, daß die ersten drei Fragen auf die vierte Frage zurückgeführt werden können, dann ist dabei der transzendentalphilosophische Zugang in Rechnung zu stellen. Beantwortungen der vierten Frage können insofern nur unter Einbeziehung erkenntnistheoretischer Erwägungen erfolgen.

Seine erkenntniskritische Theorie epistemischer und moralischer Selbstverhältnisse macht Kant zu einem Begründer der modernen Philosophie der Person. Er löst sich aus den traditionellen Argumentationen zum *animal rationale* und entwickelt einen eigenständigen Zugang zur

vernünftigen Natur. Es gelingt Kant, die Theorien des Selbstbewußtseins und der Identität der Person gegenüber dem Rationalismus von
Descartes und Leibniz genauso wie gegenüber dem Empirismus von
Locke und Hume systematisch zu verbessern. Vor allem nimmt er
schon den erkenntniskritischen Abstieg vom ‚Ich‘ zum ‚ich‘ vorweg,
der gemeinhin erst mit dem *linguistic turn* im zwanzigsten Jahrhundert verbunden wird. In der praktischen Philosophie entwickelt Kant
im Anschluß an Rousseau einen modernen Autonomiegedanken und
vollzieht auf wirkungsmächtige Weise die systematische Aufwertung
des Begriffs der Person, der auf dem Wege des Instrumentalisierungs-
verbots in die Grundlegung der Menschenrechte eingeht. Die von ihm
dabei entwickelte Semantik gewinnt gegenüber Lockes Einsetzung des
modernen Personbegriffs an systematischer Tiefe und Komplexität. Sie
umfaßt fünf Bereiche von Fähigkeiten und Eigenschaften der Person als
vernünftiger Natur: 1. der Zusammenhang von Sinnlichkeit und Verstand, 2. die Identität des Selbstbewußtseins über die Zeit hinweg, 3.
die dem äußeren Beobachter zugängliche Identität, 4. Autonomie und
5. Selbstzweckhaftigkeit.

In der neueren Philosophie der Person wird auf die Frage ‚Was ist der
Mensch?‘ weitgehend verzichtet, weil sie implizit schon bestimmte Antworttypen nahelegt, mit denen sich wiederum essentialistische Theorieoptionen verbinden. Andere Antworttypen ergeben sich, wenn man
sich von vornherein an dem Begriff der Person orientiert. Fragen wie
‚Wie verhält sich der Mensch als Person?‘, ‚Wie verhält sich eine Person?‘, ‚Wie soll sich eine Person verhalten können?‘ fordern Anwor-
ten, in denen deskriptiv identifizierbare Eigenschaften und Fähigkeiten
benannt werden müssen. Derartige Fragestellungen lenken vom Ansatz
her die theoretische Aufmerksamkeit auf Bestimmungen wie ‚Emoti-
vität‘, ‚Selbstbewußtsein‘, ‚Sprache‘, ‚Ausdruck‘, ‚Bildung‘, ‚personale
Identität‘, ‚Erfahrung‘, ‚Intelligenz‘, ‚Verstehen‘, ‚Handlung‘, ‚Anerkennung‘, ‚Selbstachtung‘ oder ‚Gerechtigkeit‘. Wird der Begriff des Menschen von essentialistischen Ansätzen der philosophischen Tradition
gelöst, dann zeigt sich, daß er nicht unmittelbar eine Person bezeichnet,
sondern ein Wesen, das auf besondere Weise dafür ausgestattet ist, eine
Person zu sein bzw. zu werden – deshalb verwendet Kant im Zusammenhang von normativen Auszeichnungen der vernünftigen Natur
vielfach Ausdrücke wie ‚der Mensch und überhaupt jedes vernünftige
Wesen‘. Der Begriff der Person ist dagegen keine speziesistische Bestim-

mung. Im Rahmen seiner komplexen und komplizierten Begriffsge-
schichte wird er weder als Bezeichnung für eine biologische Art noch
als Synonym von ‚Mensch' verwandt.[46]

Der moderne Begriff der Person bezieht sich auf ein selbstrefe-
rentielles Subjekt von Aktivitäten, das Ansprüche erhebt, Erwartungen hegt und Verpflichtungen erfüllt, gleichzeitig aber auch Adressat
von Ansprüchen, Erwartungen und Verpflichtungen anderer Personen
ist. Diesen Sachverhalt kann man dahingehend zusammenfassen, daß
der Begriff der Person Akteure im Raum der Gründe bezeichnet. Für
einen so verstandenen Personbegriff stellt Kant mit seiner erkenntniskritischen Theorie epistemischer und praktischer Selbstverhältnisse
systematische Grundlagen bereit. Er leistet damit einen gewichtigen
Beitrag, die alte Frage nach dem Menschen neu zu stellen und Antworten vorzubereiten, die den technologischen und lebenswissenschaftli-
chen Innovationen mit einem theoretisch wie praktisch unabweisbaren
Personbegriff begegnen.

In unausgeführter Form läuft Kants erkenntniskritische Position auf
eine konzeptionelle Vereinigung von Physikalismus einerseits und nicht-
reduktionistischer Bewußtseinsphilosophie und Ethik andererseits hinaus. Bei allen nicht-reduktionistischen Intentionen kann eine solche
Konzeption nur von naturalistischen Grundvoraussetzungen ausgehen.
Sie wird die Reichweite des wissenschaftlichen Szientismus eingrenzen,
ohne ihn grundsätzlich in Zweifel zu ziehen.[47] Der aus heutiger Sicht
aussichtsreichere Weg ist die Erweiterung des naturalistischen Weltbildes um epistemische Aspekte, nicht eine Zweiweltenlehre von empiri-

---

[46] Siehe Sturma, 1997, S. 44ff.

[47] In offensichtlicher Nähe zu Kant hat Wilfrid Sellars den Ansatz eines integrativen Naturalismus entworfen. Im Unterschied zu den eliminativistisch ausgerichteten Hauptströmungen des Szientismus will Sellars die personale Perspektive nicht
angleichen oder eliminieren. Vielmehr solle die personale Perspektive in den naturalistischen Theorierahmen eingefügt werden, siehe Sellars, 1963, S. 40: „[T]he
conceptual framework of persons is not something that needs to *be reconciled with*
the scientific image, but rather something to be *joined* to it. Thus, to complete
the scientific image we need to enrich it *not* with more ways of saying what is the
case, but with the language of community and individual intentions, so that by
construing the actions we intend to do and the circumstances in which we intend
to do them in scientific terms, we *directly* relate the world as conceived by scientific theory to our purposes, and make it *our* world and no longer an alien appen-
dage to the world in which we do our living."

schem und intelligiblen Charakter. Bestimmbares und Bestimmendes sind als Elemente eines einheitlichen ontologischen Raums zur Darstellung zu bringen, und das kann nur in der Weise geschehen, daß der in der These der dritten Antinomie angesprochene Sachverhalt der Kausalität durch Freiheit als innerweltliches Phänomen ausgewiesen wird. Der ontologische Ort der menschlichen Lebensform ist das Ineinandergreifen von Raum der Ursachen und Raum der Gründe. Nur dort können sich Menschen als Personen aufhalten.

Zwar hat Kant nur erste Schritte auf dem Weg zu einer Theorie des Ineinandergreifens von Raum der Ursachen und Raum der Gründe zurückgelegt. Ihm kommt aber das Verdienst zu, das Problemfeld der Integration von Heteronomie und Autonomie mit scharfen Konturen versehen zu haben. Bei der Beantwortung der vierten Frage wendet er sich zudem von der traditionellen philosophischen Anthropologie ab und begibt sich auf die Seite der modernen Philosophie der Person. Er umfaßt dabei das Ganze der theoretischen und praktischen Philosophie und erteilt damit disziplinären Departmentalisierungen eine Absage. Will man aus Kants komplexem und kompliziertem Umgang mit der vierten Frage ein Fazit ziehen, so könnte man sagen, daß der Eigensinn der menschlichen Lebensform darin bestehe, das Leben einer selbstbewußten und autonomen Person zu führen.

Literatur

Ameriks, K., 1998, *The First Edition Paralogisms of Pure Reason*, in: G. Mohr/M. Willaschek (Hrsg.), 1998, S. 371-390.

Ameriks, K., ²2000 a, *Kant's Theory of Mind. An Analysis of the Paralogisms of Pure Reason*, Oxford: Oxford UP.

Ameriks, K., 2000 b, *Kant and the Fate of Autonomy. Problems in the Appropriation of the Critical Philosophy*, Cambridge: Cambridge UP.

Ameriks, K./Sturma, D. (Hrsg.), 1995, *The Modern Subject. Conceptions of the Self in Classical German Philosophy*, Albany: SUNY.

Ausborn-Brinker, S., 1999, *Person und Personalität. Versuch einer Begriffsklärung*, Tübingen: Mohr.

Brandom, R. B., 1994, *Making it Explicit. Reasoning, Representing, and Discursive Commitment*, Cambridge/Mass.: Harvard UP.

Brandt, R., 1998, *D'Artagnan und die Urteilstafel. Über ein Ordnungsprinzip der europäischen Kulturgeschichte 1, 2, 3/4*, München: dtv.

Brandt, R., 1999, *Kritischer Kommentar zu Kants ‚Anthropologie in pragmatischer Hinsicht' (1798)*, Hamburg: Meiner.

Dennett, D. C., 1981, *Brainstorms. Philosophical Essays on Mind and Psychology*, Cambridge/Mass.: MIT Press.

Frankfurt, H. G., 1988, *The importance of what we care about. Philosophical essays*, Cambridge/Mass.: Cambridge UP.

Heidegger, M., 1991, *Kant und das Problem der Metaphysik*, Frankfurt/M.: Klostermann.

Kitcher, P., 1999, *Kant on Self-Consciousness*, in: *The Philosophical Review* 108, S. 345-386.

Klemme, H. F., 1996, *Kants Philosophie des Subjekts. Systematische und entwicklungsgeschichtliche Untersuchungen zum Verhältnis von Selbstbewußtsein und Selbsterkenntnis*, Hamburg: Meiner.

McDowell, J., 1994, *Mind and World*, Cambridge/Mass.: Harvard UP.

McGinn, C., 1991, *The Problem of Consciousness. Essays Towards a Resolution*, Oxford: Blackwell.

McGinn, C., 1999, *The Mysterious Flame. Conscious Minds in a Material World*, New York: Basic Books.

Mendelssohn, M., 1979, *Phädon oder über die Unsterblichkeit der Seele* (1767), Hamburg: Meiner.

Mohr, G., 1991, *Das sinnliche Ich. Innerer Sinn und Bewußtsein bei Kant*, Würzburg: Königshausen & Neumann.

Mohr, G., 2001, *Der Begriff der Person bei Kant, Fichte und Hegel*, in: D. Sturma (Hrsg.), 2001, S. 103-141.

Mohr, G./Willaschek, M. (Hrsg.), 1998, *Immanuel Kant. Kritik der reinen Vernunft*, Berlin: Akademie.

Nagel, Th., 1970, *The Possibility of Altruism*, Oxford: Clarendon.

Nagel, Th., 1986, *The View from Nowhere*, New York/Oxford: Oxford UP.

Quante, M., 2002, *Personales Leben und menschlicher Tod*, Frankfurt/M.: Suhrkamp.

Quante, M. (Hrsg.), 1999, *Personale Identität*, Paderborn: Schöningh.

Parfit, D., 1984, *Reasons and Persons*, Oxford: Oxford UP.

Recki, B., 2001, *Ästhetik der Sitten. Die Affinität von ästhetischem Gefühl und praktischer Vernunft bei Kant*, Frankfurt/M.: Klostermann.

Renaut, A., 1997, *Kant aujourd'hui*, Paris: Flammarion.

Rescher, N., 1987, *Ethical Idealism*, Berkeley: University of California Press.

Rorty, A. O. (Hrsg.), 1976, *The Identities of Persons*, Berkeley: University of California Press.

Rousseau, J. J., 1762, *Émile, ou de l'éducation*, in: J. J. Rousseau, *Œuvres complètes*, Bd. 5, hrsg. von E. Gagnebin/M. Raymond, Paris: Gallimard.

Schmitz, H., 1980, *System der Philosophie*, Bd. 4: *Die Person*, Bonn: Bouvier.

Sellars, W., 1997, *Empiricism and the Philosophy of Mind* (zuerst 1956), Cambridge/Mass.: Harvard UP.

Sellars, W., 1963, *Philosophy and the Scientific Image of Man*, in: W. Sellars, *Science, Perception and Reality*, London: Routledge, S. 1-40.

Sellars, W., 1974, „... *this I or he or it (the thing) which thinks* ... ", in: W. Sellars, *Essays in Philosophy and Its History*, Dordrecht: Reidel, S. 62-90.

Siep, L. (Hrsg.), 1983, *Identität der Person. Aufsätze aus der nordamerikanischen Gegen-wartsphilosophie*, Freiburg/München: Alber.

Spaemann, R., 1996, *Personen. Versuche über den Unterschied zwischen ,etwas' und ,jemand'*, Stuttgart: Klett-Cotta.

Strawson, P. F., 1959, *Individuals. An Essay in Descriptive Metaphysics*, London: Methuen.

Strawson, P. F., 1985, *Skepticism and Naturalism: Some Varieties. The Woodbridge Lectures 1983*, London: Methuen.

Sturma, D., 1985, *Kant über Selbstbewußtsein. Zum Zusammenhang von Erkenntnis-kritik und Theorie des Selbstbewußtseins*, Hildesheim: Olms.

Sturma, D., 1997, *Philosophie der Person. Die Selbstverhältnisse von Subjektivität und Moralität*, Paderborn: Schöningh.

Sturma, D., 1998, *Kritik des Subjekts. Kommentar zu Kants Kritik an den Paralogis-men der rationalen Philosophie*, in: G. Mohr/M. Willaschek (Hrsg.), 1998, S. 391-411.

Sturma, D., 2001 a, *Jean-Jacques Rousseau*, München: Beck.

Sturma, D., 2002, *Selbstbewußtsein und personale Identität. Kant über den Zusammen-hang von Erkenntniskritik und Philosophie des Geistes*, in: R. Hiltscher/A. Georgi (Hrsg.), *Perspektiven der Transzendentalphilosophie im Anschluß an die Philosophie Kants*, Freiburg/München: Alber, S. 209-229.

Sturma, D. (Hrsg.), 2001 b, *Person. Philosophiegeschichte – Theoretische Philosophie – Praktische Philosophie*, Paderborn: Mentis.

Taylor, C., 1985, *Human Agency and Language. Philosophical Papers 1*, Cambridge: Cambridge UP.

Williams, B., 1985, *Ethics and the Limits of Philosophy*, London: Fontana.

Wollheim, R., 1984, *The Thread of Life*, Cambridge: Cambridge UP.

Wood, A. W., 1999, *Kant's Ethical Thought*, Cambridge: Cambridge UP.

11. Politische Philosophie

Grenzen der Aktualität der politischen Philosophie Kants

IRING FETSCHER

Heutige Demokratietheoretiker wie Jürgen Habermas und John Rawls kann man mit einigem Recht als „Erben" Immanuel Kants ansehen. Freilich können sie Kants Gedanken zur republikanischen Verfassung und zur repräsentativen Demokratie sowie zur friedlichen Weltordnung nur unter Ausklammerung einiger, für Kant selbst durchaus nicht marginaler, Thesen übernehmen.[1] Zwei Aspekte spielen dabei eine nicht immer als wesentlich angesehene Rolle. Einmal Kants Unterscheidung zwischen aktiven und passiven Staatsbürgern und zum anderen sein striktes Interventionsverbot in die inneren Angelegenheiten anderer Staaten.

I. Republikanische Verfassung und repräsentative Demokratie

a) Aktive und passive Staatsbürger

In seiner letzten umfassenden politischen und rechtsphilosophischen Schrift, den *Metaphysischen Anfangsgründen der Rechtslehre* (1797) führt Kant in § 46 die – seiner Überzeugung nach notwendige – Unterscheidung zwischen „aktiven und passiven Staatsbürgern" ein. Er begründet diese Unterscheidung an dieser Stelle wie schon zuvor 1793 in dem Essay *Über den Gemeinspruch: Das mag in der Theorie richtig sein, taugt aber nicht für die Praxis* damit, daß nur derjenige „die Fähigkeit der Stimmgebung" erhalten könne, der auch in der Gesellschaft über wirtschaftliche (bürgerliche) Selbständigkeit verfügt. Wer dagegen „seine Existenz und Erhaltung [...] der Willkür eines Anderen im Volke" ver-

---

[1] Vgl. Habermas, 1981; Rawls, 1971. Zu Habermas und Rawls siehe die Beiträge von K. Düsing und H.-G. Schmitz in diesem Band.

dankt, kann nur „passiver" Staatsbürger sein. Ein Begriff, den Kant
selbst eigentlich als widerspruchsvoll ansieht, da ja Staatsbürger diejenigen sind, die durch ihren „vereinigten Willen" den Staat als eine verbindliche Rechtsordnung stiften (AA VI, 313f). Grund für den Ausschluß Abhängiger von der aktiven Staatsbürgereigenschaft ist wohl für
Kant, daß Personen, die im sozialen Alltag abhängig sind, nicht frei über
die Wahl von Repräsentanten, die den vereinigten Willen des Populus
als dessen Repräsentanten zum Ausdruck bringen, entscheiden können.
Zwar spricht Kant nicht von der Öffentlichkeit der Stimmabgabe, aber
man kann annehmen, daß er von ihr ausging. Bei öffentlicher Stimmabgabe könnte aber das Votum von Personen, die bürgerlich abhängig
sind, von ihren ‚Vorgesetzten‘, d. h. von ihren ‚Arbeitgebern‘ beeinflußt
oder kontrolliert werden. Um konkret zu veranschaulichen, welchen
Personenkreis Kant zu den ‚passiven Staatsbürgern‘ zählt, nennt er eine
ganze Reihe von signifikanten Beispielen:

> „Der Geselle bei einem Kaufmann oder bei einem Handwerker; der
> Dienstbote (nicht der im Dienste des Staats steht); der Unmündige
> (*naturaliter vel civiliter*); alles Frauenzimmer und überhaupt jeder-
> mann, der nicht nach eigenem Betrieb, sondern nach der Verfügung
> Anderer (außer der des Staats) genöthigt ist, seine Existenz (Nahrung
> und Schutz) zu erhalten, entbehrt der bürgerlichen Persönlichkeit, und
> seine Existenz ist gleichsam nur Inhärenz. – Der Holzhacker, den ich
> auf meinem Hofe anstelle, der Schmied in Indien, der mit seinem Ham-
> mer, Amboß und Blasebalg in die Häuser geht, um da in Eisen zu arbei-
> ten, in Vergleichung mit dem europäischen Tischler oder Schmied, der
> die Produkte aus dieser Arbeit als Waare öffentlich feil stellen kann; der
> Hauslehrer in Vergleichung mit dem Schulmann, der Zinsbauer in Ver-
> gleichung mit dem Pächter u. dergl. sind bloß Handlanger des gemei-
> nen Wesens, weil sie von anderen Individuen befehligt oder beschützt
> werden müssen, mithin keine bürgerliche Selbständigkeit besitzen." (AA
> VI, 314f).

Die gleiche Argumentation über den Ausschluß wirtschaftlich Unselb-
ständiger (immer mit Ausnahme der Beamten und Angestellten des
Staates) findet sich in der Arbeit von 1793. Dort sieht es so aus, als ob
es sich um die Unterscheidung von materiellen Gütern als Waren und
Dienstleistungen handle, deren Warenförmigkeit Kant offenbar nicht
in Betracht zieht. Hannah Arendt hat diese Unklarheit bei Kant dahingehend mißverstanden, daß sie Waren grundsätzlich nur in Gestalt von

materiellen Gütern sich vorstellen kann.[2] In einer Fußnote des Essays
Über den Gemeinspruch heißt es: „Derjenige, welcher ein *opus* verfertigt, kann es durch Veräußerung an einen anderen bringen, gleich als
ob es sein Eigentum wäre." (AA VIII, 295 Anm.). Kant übersieht hier,
daß der Hersteller eines Produktes nur dann über es verfügen kann,
wenn Rohstoff und Arbeitsinstrumente sein Eigentum sind; der in der
Rechtslehre von 1797 erwähnte Geselle ist ja sehr wohl ‚Verfertiger eines
opus', kann es aber zweifellos nicht verkaufen. Trotz seiner Kenntnis
des Hauptwerkes von Adam Smith[3] vernachlässigt Kant an dieser Stelle
den Unterschied zwischen dem selbständigen Handwerker und dem
Gesellen – oder Lohnarbeiter. „Die *praestatio operae* aber ist keine Veräußerung. Der Hausbediente, der Ladendiener, der Taglöhner, selbst
der Friseur sind bloß *operarii*, nicht *artifices* (in weiterer Bedeutung des
Worts) und nicht Staatsglieder, mithin auch nicht Bürger zu sein qualifiziert". (Ebd.). Hier wird noch deutlicher als in den späteren Ausführungen Kants, daß er jede Art von Dienstleistung im Unterschied
zur Herstellung eines materiellen Produktes von den zur bürgerlichen
Selbständigkeit führenden Leistungen ausschließt. Am Beispiel des Friseurs läßt sich aber sehr wohl aufweisen, daß auch bei dieser Tätigkeit
zwischen selbständigen Bürgern und abhängigen Angestellten unterschieden werden kann. Ein Friseurmeister verkauft an die in seinem
Frisiersalon bedienten Kunden Haarschnitte, Färbungen und Waschungen der Haare; der bei ihm angestellte Geselle und Lehrling erhält vom
Meister einen Lohn. Vermutlich hat Kant die seinerzeit meist noch ins
Haus kommenden Friseure im Auge, aber auch die können selbständig
oder Angestellte eines Meisters sein, der über eine Anzahl von Friseuren ‚gebietet'. Um die von ihm gemeinte Unterscheidung noch weiter
zu klären, erwähnt Kant auch hier den sein Brennholz aufarbeitenden

---

[2]   Vgl. Fetscher, 1995/96, S. 121f: „Vielleicht kann Hannah Arendt für ihren Irrtum entschuldigt werden, wenn man sich daran erinnert, daß auch Immanuel
    Kant eine ähnliche Verwechslung passiert ist [...]". Kant „beschreibt den Status
    eines wirtschaftlich unabhängigen Bürgers, den Marx ‚Warenproduzent' genannt
    haben würde [...]" und „verwechselt bei dem folgenden Beispiel die konkrete Art
    der Tätigkeit mit der sozialökonomischen Stellung des Tätigen und leitet aus der
    Art der Tätigkeit unmittelbar die Zugehörigkeit zur Kategorie der Selbständigen
    oder Abhängigen ab".
[3]   Vgl. den Brief von Marcus Herz vom 9.7.1771, in dem er Adam Smith als Kants
    „Liebling" bezeichnet, den er souverän zitiere (vgl. AA XI, 126).

Tagelöhner und den Schneider, der ins Haus kommt, um zuzugeben, daß beide zwar das gleiche tun wie selbständige Handwerker, die Holz und Kleidungsstücke verkaufen, man müsse jedoch beide ebenso voneinander unterscheiden wie den Friseur und seine Dienstleistungen auf der einen Seite und den Perückenmacher auf der anderen. Der eine ist bloßer „Taglöhner", der andere „Künstler oder Handwerker, der ein Werk macht, das ihm gehört, solange er nicht bezahlt ist". „Der letztere als Gewerbetreibender verkehrt also sein Eigentum mit dem anderen (*opus*), der erstere den Gebrauch seiner Kräfte, den er einem Anderen bewilligt (*operam*)." (Ebd.). An all diesen Stellen identifiziert Kant den Selbständigen mit dem Hersteller eines materiellen Produktes. Die Erbringung einer Dienstleistung kann er sich nicht anders denn als „abhängige Tätigkeit" vorstellen. Er würde vermutlich Schwierigkeiten haben, die als Ware verkäufliche Tätigkeit eines Anwalts ebenso abzuqualifizieren wie die des ins Haus kommenden Friseurs; aber auch der Anwalt verkauft ‚Dienstleistungen', keine materiellen Produkte. Am Ende dieser ausführlichen Fußnote seufzt Kant förmlich auf und erklärt: „Es ist, ich gestehe es, etwas schwer die Erforderniß zu bestimmen, um auf den Stand eines Menschen, der sein eigener Herr ist, Anspruch machen zu können". (Ebd.).
Abgesehen von Kants Mißverständnis hinsichtlich der warenförmigen Dienstleistungen kann man seine Begrenzung der aktiven Staatsbürgerschaft – ähnlich wie die von Rousseau als optimal angesehene soziale Zusammensetzung der Republik[4] – als an wirtschaftliche Selbständigkeit gebunden bezeichnen. Nur der warenproduzierende Eigentümer kann aktiver Bürger sein. Die hiervon ausgeschlossenen Personen sind aber als Menschen durch die allgemeinen Gesetze und die an sie gebundene Regierung geschützt. Darüber hinaus steht allen

---

[4] Vgl. Rousseau, 1964, S 391f: „niemand soll so reich sein, um einen Anderen kaufen zu können, niemand so arm, um sich verkaufen zu müssen". (*Contrat Social* II, 11). D. h. die Staatsbürger sollen selbständige kleine Warenproduzenten, Bauern, Handwerker und Händler sein. Während Kant alle abhängig Tätigen vom aktiven Staatsbürgerrecht ausschließt, zieht Rousseau offenbar einen Staat, in dem alle (erwachsenen Familienväter) selbständig sind, vor. Zumindest fürchtet er den Verlust der notwendigen „vertu", wenn die Gesellschaft in Arme und Reiche, Produktionsmittelbesitzer und Lohnabhängige gespalten ist. Vgl. Fetscher, ³1981, § 17 a: „Das Kleinbürgertum (état médiocre) als ideale ‚Klassenbasis' der Republik".

Eigentumslosen der soziale Aufstieg offen. Die passiven Staatsbürger können zwar von allen anderen fordern, „nach Gesetzen der natürlichen Freiheit und Gleichheit als passive Teile des Staats behandelt zu werden", nicht freilich auch

> „als aktive Glieder den Staat selbst zu behandeln, zu organisieren oder zu Einführung gewisser Gesetze mitzuwirken: sondern nur daß, welcherlei Art die positiven Gesetze, wozu sie stimmen, auch sein möchten, sie doch den natürlichen, der Freiheit und der dieser angemessenen Gleichheit Aller im Volk, sich nämlich aus diesem passiven Zustand zu dem aktiven emporarbeiten zu können, nicht zuwider sein müssen". (AA VI, 315).

Damit ist unter anderem die Rechtmäßigkeit des Erbadels und der Ausschließung von bestimmten Eigentumsarten (Adelsgüter) ausgeschlossen. Die Existenz des Erbadels ist denn auch – nach Kant – sobald die Mehrheitsmeinung der aktiven Bürger ihn ablehnt, ohne weiteres durch ein Gesetz abzuschaffen.

Da nur die ökonomisch Selbständigen aktive Staatsbürger sein können, hindert die Besitzkonzentration des agrarischen Landes in der Hand des Adels die Möglichkeit armer Bauern zu selbständigen Landwirten zu werden, und Kant greift in einer der wenigen polemischen Passagen seiner Schrift *Über den Gemeinspruch* den adligen Großgrundbesitz zugleich ironisch nach seiner legalen Herkunft fragend, an:

> „Derjenige nun, welcher das Stimmrecht in dieser Gesetzgebung hat, heißt ein Bürger (*citoyen*, d. i. Staatsbürger, nicht Stadtbürger, *bourgeois*). Die dazu erforderliche Qualität ist außer der natürlichen (daß es kein Kind, kein Weib sei) die einzige: daß er sein eigener Herr (*sui iuris*) sei, mithin irgend ein Eigentum habe (wozu auch jede Kunst, Handwerk oder schöne Kunst oder Wissenschaft gezählt werden kann), welches ihn ernährt; d. i. daß er in den Fällen, wo er von Andern erwerben muß, um zu leben, nur durch Veräußerung dessen, was sein ist, erwerbe, nicht durch Bewilligung, die er anderen gibt, von seinen Kräften Gebrauch zu machen, folglich daß er niemanden als dem gemeinen Wesen im eigentlichen Sinne des Worts diene. Hier sind nun Kunstverwandte und große (oder kleine) Gutseigentümer alle einander gleich, nämlich jeder nur zu einer Stimme berechtigt." (AA VIII, 295f).

Damit ist ausgeschlossen, daß der Großgrundbesitz (des Adels) ein Mehrfachstimmrecht in Anspruch nehmen kann. Auch in diesem Absatz bleibt Kant übrigens wieder unklar, ob er den Eigentümer von Produktionsmitteln oder den Produzenten von materiellen Gütern als Waren als anspruchsberechtigt für die Eigenschaft des Staatsbürgers anerkennt. Wenn nämlich die Fähigkeiten zur Herstellung von Gebrauchsgegenständen oder Kunstwerken als Arten von „Eigentum" bezeichnet werden, dann könnte ja sehr wohl auch der geschickte Geselle bei einem Meister Staatsbürger sein. Vermutlich würde Kant diese Qualifikation aber nur dem selbständigen Handwerker oder Künstler zubilligen, der seine Produkte am Markt anbietet. Im vorliegenden Zusammenhang geht es ihm aber um den Großgrundbesitz, auf den er wie folgt zu sprechen kommt:

> „Denn was die letzteren [die Großgrundbesitzer; I. F.] betrifft, ohne einmal die Frage in Anschlag zu bringen: wie es doch mit Recht zugegangen sein mag, daß jemand mehr Land zu eigen bekommen hat, als er mit seinen Händen selbst benutzen konnte (denn die Erwerbung durch Kriegsbemächtigung ist keine erste Erwerbung); und wie es zuging, daß viele Menschen, die sonst insgesamt einen beständigen Besitzstand hätten erwerben können, dadurch dahin gebracht sind, jenem bloß zu dienen, um leben zu können? so würde es schon wider den vorigen Grundsatz der Gleichheit streiten, wenn ein Gesetz sie mit dem Vorrecht des Standes privilegierte, daß ihre Nachkommen entweder immer große Gutseigentümer (der Lehne) bleiben sollten, ohne daß sie verkauft oder durch Vererbung geteilt und also mehreren im Volk zu Nutze kommen dürften, oder auch selbst bei diesen Teilungen niemand als der zu einer gewissen willkürlich dazu angeordneten Menschenklasse Gehörige davon etwas erwerben könnte. Der große Gutsbesitzer vernichtet nämlich so viel kleinere Eigenthümer mit ihren Stimmen, als seinen Platz einnehmen könnten; stimmt also nicht in ihrem Namen und hat mithin nur Eine Stimme. – Da es also bloß von dem Vermögen, dem Fleiß und dem Glück jedes Gliedes des gemeinen Wesens abhängend gelassen werden muß, daß jeder einmal einen Teil davon und alle das Ganze erwerben, dieser Unterschied aber bei der allgemeinen Gesetzgebung nicht in Anschlag gebracht werden kann: so muß nach den Köpfen derer, die im Besitzstande sind, nicht nach der Größe der Besitzungen die Zahl der Stimmfähigen zur Gesetzgebung beurteilt werden." (AA VIII, 296).

Mit diesem – vorsichtig formulierten – Einwand gegen den ländlichen Großbesitz greift Kant einen Gedanken von Jean Jacques Rousseau auf, der zumindest als optimale, wenn nicht als einzig angemessene Voraussetzung für eine lebensfähige Republik breit gestreuten Kleinbesitz for-

derte. Nur unter dieser Voraussetzung könnten wirklich (fast) alle verheirateten Männer Eigentümer und damit ökonomisch Selbständige
sein. Während Kant gegen großen Besitz an Gebäuden oder Werkzeu-
gen, Läden und Maschinen keinen Einwand formuliert, sieht er agrarischen Großbesitz, weil die Erdoberfläche begrenzt ist, als einen Ver-
stoß an, der den Aufstieg passiver, weil eigentumsloser Staatsbürger zum
aktiven Citoyen verhindert.

Aus seinen Ausführungen zum grundbesitzenden Adel geht deutlich hervor, daß Kant die neuzeitlich-bürgerliche Ableitung des Eigen-
tums aus der Bearbeitung als selbstevident voraussetzt[5] und eine Auf-
teilung des Großgrundbesitzes für sinnvoll und nützlich halten würde.
Die Begrenzung des aktiven Staatsbürgerrechts auf wirtschaftlich Selb-

---

[5] Daß die Abschaffung des Adels und seiner Privilegien keine rechtlichen Probleme darstellt, behauptet Kant in *Metaphysische Anfangsgründe der Rechtslehre*:
„Die Frage ist nun: ob der Souverän einen Adelstand, als einen erblichen Mittel-
stand zwischen ihm und den übrigen Staatsbürgern, zu gründen berechtigt sei. In
dieser Frage kommt es nicht darauf an: ob es der Klugheit des Souveräns wegen
seines oder des Volks Vorteils, sondern nur, ob es dem Rechte des Volks gemäß
sei, einen Stand von Personen über sich zu haben, die zwar selbst Untertanen,
aber doch in Ansehung des Volks geborne Befehlshaber (wenigstens privilegierte)
sind. – – Die Beantwortung derselben geht nun hier eben so wie vorher aus dem
Prinzip hervor: „Was das Volk (die ganze Masse der Untertanen) nicht über sich
selbst und seine Genossen beschließen kann, das kann auch der Souverän nicht
über das Volk beschließen." Nun ist ein angeerbter Adel ein Rang, der vor dem
Verdienst vorher geht und dieses auch mit keinem Grunde hoffen läßt, ein Ge-
dankending ohne alle Realität. Denn wenn der Vorfahr Verdienst hatte, so konnte
er dieses doch nicht auf seine Nachkommen vererben, sondern diese mußten es
sich immer selbst erwerben, da die Natur es nicht so fügt, daß das Talent und
der Wille, welche Verdienste um den Staat möglich machen, auch anarten. Weil
nun von keinem Menschen angenommen werden kann, er werde seine Freiheit
wegwerfen, so ist es unmöglich, daß der allgemeine Volkswille zu einem solchen
grundlosen Prärogativ zusammenstimme, mithin kann der Souverän es auch nicht
geltend machen. – – Wenn indessen gleich eine solche Anomalie in das Maschi-
nenwesen einer Regierung von alten Zeiten (des Lehnswesens, das fast gänzlich
auf den Krieg angelegt war) eingeschlichen, von Untertanen, die mehr als Staatsbürger [...] sein wollen, so kann der Staat diesen von ihm begangenen Fehler eines
widerrechtlich erteilten erblichen Vorzugs nicht anders, als durch Eingehen und
Nichtbesetzung der Stellen allmählich wiederum gut machen, und so hat er pro-
visorisch ein Recht, diese Würde dem Titel nach fortdauern zu lassen, bis selbst in
der öffentlichen Meinung die Einteilung in Souverän, Adel und Volk der einzigen
natürlichen in Souverän und Volk Platz gemacht haben wird." (AA VI, 329).

ständige ist aber in modernen Industriegesellschaften unmöglich, weil
damit rund zwei Drittel der männlichen erwachsenen Bevölkerung
ausgeschlossen würden. Daß seit mehr als hundert Jahren in den meisten Ländern der Ausschluß der Frauen vom aktiven Staatsbürgerrecht
ebenso inakzeptabel ist, versteht sich. Kant dürfte seine prinzipielle
Ausschließung der Frauen aufgrund der zivilrechtlichen Abhängigkeit
der verheirateten Frauen von ihren Ehemännern angenommen haben.
Daß unverheiratete Frauen (bis in die frühe Neuzeit hinein z. B. Wit-
wen von Handwerksmeistern) durchaus ökonomisch selbständig sein
konnten, scheint ihm nicht bewußt gewesen zu sein. Wenn man zur
Entlastung der ‚Rückständigkeit' Kants den Hinweis der Möglichkeit
der männlichen passiven Staatsbürger sozial und rechtlich „aufzustei-
gen" anführen kann, so bleibt doch die Tatsache bestehen, daß ein solcher Aufstieg – jedenfalls für die lohnabhängige Bevölkerungsmehrheit
– heute unrealistisch ist.

b) Ausschluß des Widerstandsrechts der Bürger selbst gegen einen Souverän, der den „ursprünglichen Vertrag" verletzt hat

Die oberste Gewalt im Gemeinwesen ist die gesetzgebende. Sie kommt
– im Prinzip – den vereinigten aktiven Staatsbürgern zu. Der „ursprüngliche Vertrag", den Kant sich ganz ähnlich wie Rousseau als einen Vertrag aller mit allen zugunsten der vereinigten Gesamtheit vorstellt, ist
kein historisches Faktum, sondern lediglich eine „Idee der Vernunft",

> „die aber ihre unbezweifelte (praktische) Realität hat: nämlich jeden
> Gesetzgeber zu verbinden, daß er seine Gesetze so gebe, als sie aus dem
> vereinigten Willen eines ganzen Volks haben entspringen können, und
> jeden Untertan, sofern er Bürger sein will, so anzusehen, als ob er zu
> einem solchen Willen mit zusammengestimmt habe. Denn das ist der
> Probierstein der Rechtmäßigkeit eines jeden öffentlichen Gesetzes. Ist
> nämlich dieses so beschaffen, daß ein ganzes Volk unmöglich dazu seine
> Einstimmung geben könnte (wie z.B. daß eine gewisse Klasse von Unter-
> tanen erblich den Vorzug des Herrenstandes haben sollte), so ist es nicht
> gerecht; ist es aber nur möglich, daß ein Volk dazu zusammenstimme,
> so ist es Pflicht, das Gesetz für gerecht zu halten: gesetzt auch, daß das
> Volk jetzt in einer solchen Lage, oder Stimmung seiner Denkungsart
> wäre, daß es, wenn es darum befragt würde, wahrscheinlicherweise

seine Beistimmung verweigern würde." (*Über den Gemeinspruch*, AA VIII, 297).[6]

Damit nimmt Kant an, daß die bestehende Verfassung durch den Souverän – er mag nun aus den gewählten Abgeordneten bestehen oder aus einem Monarchen – unerschütterliche Geltung beanspruchen kann und jeder Widerstand „Hochverrat" ist.

Hierzu erwähnt Kant eine extrem ungerechte Verfügung, die darin besteht, daß ein Teil der Gutsbesitzer von Kriegssteuern ausgenommen ist, während die Mehrheit der übrigen „belästigt" wird und betont, daß es selbst in diesem Fall nicht zulässig ist, sich zu widersetzen. „Denn die Rede ist hier nicht von Glückseligkeit, die aus einer Stiftung oder Verwaltung des gemeinen Wesens für den Untertan zu erwarten steht; sondern allererst bloß vom Rechte, das dadurch einem jeden gesichert werden soll: welches das oberste Prinzip ist, von welchem alle Maximen, die ein gemeines Wesen betreffen, ausgehen müssen, und das durch kein anderes eingeschränkt wird." (AA VIII, 298). Würde nämlich die oberste gesetzgebende Gewalt in Frage gestellt, fiele das ganze Staatswesen auseinander und würde der Naturzustand, in dem kein Einzelner sicher ist, wieder hergestellt. „Hieraus folgt", schreibt Kant 1793,

„daß alle Widersetzlichkeit gegen die oberste gesetzgebende Macht, alle Aufwiegelung, um Unzufriedenheit der Untertanen tätlich werden zu lassen, aller Aufstand, der in Rebellion ausbricht, das höchste und strafbarste Verbrechen im gemeinen Wesen ist: weil es dessen Grundfesten zerstört. Und dieses Verbot ist unbedingt, so daß, es mag auch jene Macht oder ihr Agent, das Staatsoberhaupt, sogar den ursprünglichen Vertrag verletzt und sich dadurch des Rechts Gesetzgeber zu sein nach dem Begriff des Untertans verlustig gemacht haben, indem sie die Regierung bevollmächtigt, durchaus gewalttätig (tyrannisch) zu verfahren, dennoch dem Untertan kein Widerstand als Gegengewalt erlaubt bleibt". (AA VIII, 299).

---

[6] Vgl. aber auch *Metaphysische Anfangsgründe der Rechtslehre*. „Wider das gesetzgebende Oberhaupt des Staats gibt es also keinen rechtmäßigen Widerstand des Volks; denn nur durch Unterwerfung unter seinen allgemein-gesetzgebenden Willen ist ein rechtlicher Zustand möglich; also kein Recht des Aufstands (*seditio*) noch weniger des Aufruhrs (*rebellio*), am allerwenigsten gegen ihn, als einzelne Person (*Monarch*) unter dem Vorwande des Mißbrauchs seiner Gewalt (*tyrannis*)". (AA VI, 320).

Wenn man diese Argumentation Kants auf die Lage des Deutschen
Reiches nach dem „Ermächtigungsgesetz", durch das die Reichstags-
mehrheit der Regierung praktisch tatsächlich erlaubt hat, „gewalttätig
(tyrannisch) zu verfahren" und eigenmächtig selbst Verfassungsartikel
aufzuheben, anwendet, wäre demnach ein Widerstand der demokra-
tisch gesinnten Bevölkerung damals unzulässig gewesen. Die schmerz-
liche Erfahrung mit der formal legalen „Machtergreifung" durch die
Nationalsozialisten legte es nahe, von einem bis dahin in Deutschland
üblichen Verbot des Widerstands gegen antidemokratische Anschläge
abzugehen; der Parlamentarische Rat (1948/49) hat jedoch davon abgesehen, weil er befürchtete, ein entsprechender Verfassungsartikel könnte
als „Aufforderung zum Landfriedensbruch" mißverstanden werden.

Erst im Zusammenhang mit den „Notstandsgesetzen" (1968),
die es erlauben, in Krisensituationen einige Artikel des Grundgesetzes außer Kraft zu setzen, wurde – gleichsam als Ausgleich dafür – ein
vierter Absatz zum Artikel 20 des Grundgesetzes hinzugefügt, der feststellt: „gegen jeden, der es unternimmt, diese Ordnung zu beseitigen,
haben alle Deutschen das Recht zum Widerstand, wenn andere Abhilfe
nicht möglich ist". Mit der möglichen „anderen Abhilfe" ist hier die
Anrufung der Gerichte, insbesondere des Bundesverfassungsgerichts,
gemeint. 1973 hat Frankreich in eine Neuformulierung der „Erklärung
der Menschen- und Bürgerrechte" (art. 35) eine Bestimmung über die
Zulässigkeit von Widerstand aufgenommen.

Kants Ablehnung eines (obendrein in die Verfassung aufgenomme-
nen) Widerstandsrechts wird jedoch verständlicher, wenn man seinen
Hinweis auf die Verfassung Großbritanniens und auf das Recht auf
öffentliche Kritik berücksichtigt. Dem Volk kann kein „Zwangsrecht"
gegen das Staatsoberhaupt zuerkannt werden. Diese Feststellung der
Theorie wird – nach Kant – durch die

> „Praxis hinreichend bestätigt. In der Verfassung von Großbritannien, wo
> das Volk mit seiner Konstitution so groß tut, als ob sie das Muster für
> alle Welt wäre, finden wir doch, daß sie von der Befugnis, die dem Volk,
> im Fall der Monarch den Contrakt von 1688 übertreten sollte, zusteht,
> ganz schweigt; mithin sich gegen ihn, wenn er sie verletzen wollte, weil
> kein Gesetz hierüber da ist, insgeheim Rebellion vorbehält. Denn daß
> die Konstitution auf diesen Fall ein Gesetz enthalte, welches die subsi-
> stierende Verfassung, von der alle besonderen Gesetze ausgehen, (gesetzt
> auch der Kontrakt sei verletzt) umzustürzen berechtigte, ist ein klarer

Widerspruch: weil sie alsdann auch eine öffentlich konstituierte Gegen-
macht enthalten müsse, mithin noch ein zweites Staatsoberhaupt, welches die Volksrechte gegen das erstere beschützt, sein müßte, dann aber
auch ein drittes [...]." (AA VIII, 303).

Der insgeheime Rebellions-Vorbehalt und die Ablehnung der verfas-
sungsmäßigen Festlegung des Widerstandsrechts sind also durchaus vereinbar. Kant billigt daher auch die vollzogene Revolution in Frankreich,
auch wenn diese formalrechtlich nicht „zulässig" war.

Auch wenn Kant ein verfassungsrechtlich festgelegtes Widerstands-
recht ausdrücklich ausschließt, lehnt er doch die von Thomas Hobbes in
De cive (Cap. 7 § 14) aufgestellte Behauptung ab, das Staatsoberhaupt
könne dem Bürger nicht Unrecht tun, da es dem Volk nicht durch Vertrag verbunden sei. Der Satz „würde [nur dann; I.F.] ganz richtig sein,
wenn man unter Unrecht diejenige Läsion versteht, welche dem Belei-
digten ein Zwangsrecht gegen denjenigen einräumt, der ihm Unrecht
tut; aber so im allgemeinen ist der Satz erschrecklich". Nur deshalb verbleibt dem Untertan wenigstens das Unrecht, das ihm seiner Meinung
nach zugefügt wird, öffentlich zu kritisieren. Dem Staatsbürger muß,

> „und zwar mit Vergünstigung des Oberherrn selbst die Befugnis zuste-
> hen, seine Meinung über das, was von den Verfügungen desselben
> ihm ein Unrecht gegen das gemeine Wesen zu sein scheint, öffentlich
> bekannt zu machen. Denn daß das Oberhaupt auch nicht einmal irren
> oder einer Sache unkundig sein könne, anzunehmen, würde ihn als mit
> himmlischen Eingebungen begnadigt und über die Menschheit erha-
> ben vorstellen. Also ist die Freiheit der Feder – in den Schranken der
> Hochachtung und Liebe für die Verfassung, worin man lebt, durch die
> liberale Denkungsart der Untertanen, die jene noch dazu selbst einflößt,
> gehalten (und dahin beschränken sich auch die Federn einander von
> selbst, damit sie nicht ihre Freiheit verlieren), – das einzige Palladium
> der Volksrechte. Denn diese Freiheit ihm auch absprechen zu wollen,
> ist nicht allein soviel, als ihm allen Anspruch auf Recht in Ansehung des
> obersten Befehlshabers (nach Hobbes) nehmen, sondern auch dem letz-
> teren, dessen Wille bloß dadurch, daß er den allgemeinen Volkswillen
> repräsentiert, Untertanen als Bürgern Befehle gibt, alle Kenntnis von
> dem entziehen, was, wenn er es wüßte, es selbst abändern würde, und
> ihn mit sich selbst in Widerspruch setzen. Dem Oberhaupt aber Besorg-
> nis einzuflößen, daß durch Selbst- und Lautdenken Unruhen im Staate
> erregt werden dürften, heißt soviel als ihm Mißtrauen gegen seine eigne
> Macht, oder auch Haß gegen sein Volk erwecken". (AA VIII, 303f).

In der Schrift *Zum ewigen Frieden* (1795) – also zwei Jahre später – geht Kant nicht so weit, indem er den Staaten sogar „zur Pflicht macht", zwar nicht „den Grundsätzen des Philosophen vor den Aussprüchen des Juristen (des Stellvertreters der Staatsmacht) den Vorzug einzuräumen", wohl aber den Philosophen zu hören. Der Jurist habe nämlich nur die bestehenden Gesetze anzuwenden, nicht aber zu untersuchen, „ob diese selbst nicht einer Verbesserung bedürfen". Platos Ideal einer Herrschaft der Philosophen hält Kant nicht für wünschenswert, „weil der Besitz der Gewalt das freie Urteil der Vernunft unvermeidlich verdirbt". Machtlose Philosophen dem Staatsoberhaupt gegenüber offen sprechen zu lassen, ist dagegen „[b]eiden zu Beleuchtung ihres Geschäfts unentbehrlich und, weil diese Klasse ihrer Natur nach der Rottierung und Clubbenverbündung unfähig ist, wegen der Nachrede der Propaganda verdachtlos". Kritische Denker und Philosophen kann sich Kant nur als solche vorstellen, die nicht zur Verbindung und zu gemeinsamem Aufstand neigen. Auch wenn es für die „gesetzgebende Autorität [...] verkleinerisch" scheine, bei Untertanen (und die Philosophen sind solche) Rat zu suchen, ist es „gleichwohl aber sehr ratsam es zu tun". (AA VIII, 368f). Auch wenn Kant in diesem zweiten Zusatz, einem „Geheimartikel zum ewigen Frieden", in erster Linie an Ratschläge zur internationalen Politik denkt, gelten seine Aussagen doch auch für Gesetzgebung und Regierung im allgemeinen. Als Bezugspunkt von Kritik am Gesetzgeber wie an der Regierung fehlt – für unsere heutige Auffassung von liberaler Demokratie – lediglich die allgemeine Öffentlichkeit, das Publikum der Staatsbürger, vor dem die Argumente vorgetragen und in politischen Einfluß umgesetzt werden. Nimmt man jedoch den von Kant als ideal angesehenen kollektiven Souverän oder auch dessen Repräsentanten als Adressaten der philosophischen Belehrung an, dann kommt seine Theorie dem Konzept einer aufzuklärenden öffentlichen Meinung zumindest nahe.

II. Völkerrecht und Völkerbund

Auf das Gebiet der internationalen Politik haben Schriften Kants in weit größerem Maße sichtbare Wirkung gehabt als auf das der Innenpolitik. Gegen Ende des Ersten Weltkrieges hat der amerikanische Präsident Woodrow Wilson in bewußter Anknüpfung an Kants Schrift *Zum*

ewigen Frieden die Bildung eines „Völkerbundes" propagiert. Nach dem
Ersten wie nach dem Zweiten Weltkrieg sind mehrfach Neuausgaben
dieser kleinen Schrift von Kant veröffentlicht und mit aktualisieren-
den Einleitungen versehen worden.[7] Schon elf Jahre vor der Veröffent-
lichung der Friedensschrift hatte Kant in einem Aufsatz in der Berliner
Monatsschrift *Idee zu einer allgemeinen Geschichte in weltbürgerlicher
Absicht* (1784) die von einer erkennbaren „Naturabsicht" angestrebte
friedliche Weltordnung unter den Staaten erläutert. Der Kerngedanke
dieser Geschichtsphilosophie wird im siebten Satz wie folgt formuliert:
„Das Problem der Errichtung einer vollkommenen bürgerlichen Verfassung ist von dem Problem eines gesetzmäßigen äußeren Staatenver-
hältnisses abhängig und kann ohne das letztere nicht aufgelöst werden".
(AA VIII, 24).[8] Ähnlich hatte schon Rousseau argumentiert, ohne freilich Kants optimistische Geschichtsphilosophie akzeptieren zu können. Ein „Fragment zur Theorie der Föderation", das Rousseau verfaßt
haben soll, ist leider verloren gegangen. Hinweise finden sich allerdings
im *Contrat Social* (III, 15):

> „Wenn man alles richtig bedenkt, so sehe ich heutzutage keine Möglich-
> keit für den Souverän [gemeint ist bei Rousseau immer das souveräne
> Volk; I. F.] die Ausübung seiner Rechte unter uns aufrechtzuerhalten, als
> wenn der Staat sehr klein ist. Aber wenn er sehr klein ist, wird er dann
> nicht unterworfen werden? [...] Nein, ich werde im folgenden zeigen,
> wie man die äußere Stärke eines großen Volkes mit der bequemen Ver-
> waltung und guten Ordnung eines kleinen Staates verbinden kann".
> (Rousseau, 1964, S. 431; m. Übers.).

Etwas ausführlicher kommt Rousseau im *Émile* auf das Thema
zurück:

---

7   Als Beispiele seien genannt: Katzer, 1915; Moog, 1917; Vorländer, 1919 a; Vor-
    länder, 1919 b; Natorp, 1924; Görland, 1924; Adler, 1925. Eine ähnliche Häu-
    fung von Schriften zu Kants Friedensschrift findet sich auch nach 1945: Friedrich,
    1948; Picht, 1969; Hirsch, 1970; Batscha, 1979; Schmidt, 1981; Gerhardt, 1995;
    Höffe, 1995; Fetscher, 1996.

8   Der im übrigen so unglückliche Zustand eines Antagonismus der souveränen Staa-
    ten wird unter dem Gesichtspunkt einer „Naturabsicht", die sich dieses Wider-
    streits bedient, um die Menschen zur Errichtung eines umfassenden, den Frieden
    sichernden Bundes zu nötigen, von Kant begrüßt. Als Naturabsicht bezeichnet
    Kant, was man sonst als „weise göttliche Vorsehung" bezeichnet hätte. Siehe zur
    Geschichtsphilosophie auch den Beitrag von E. Angehrn in diesem Band.

„Nachdem wir so die diversen Arten von Staaten (sociétés) für sich betrachtet haben, werden wir sie vergleichen, um die verschiedenen Beziehungen zu beobachten, die zwischen den großen und kleinen, den schwachen und starken bestehen, wie sie sich gegenseitig angreifen, beleidigen, zerstören und durch diese Aktionen und Reaktionen mehr unglücklich machen und mehr Menschen das Leben kosten, als wenn diese in ihrer ursprünglichen Unabhängigkeit verblieben wären. Wir werden dann untersuchen, ob man nicht beim Übergang vom Gesellschaftszustand [d.h. bei der Stiftung eines republikanischen Gemeinwesens; I. F.] zu viel oder zu wenig getan hat, ob die Menschen, die Gesetzen und Menschen untertan sind, während die Staaten untereinander im Zustand natürlicher Unabhängigkeit bleiben, nicht so den Leiden (maux) beider Zustände ausgesetzt sind, ohne deren Vorteile zu genießen und ob es nicht besser wäre, daß es gar keine bürgerliche Gesellschaft (keinen Staat) auf der Welt gäbe als mehrere. Denn ist es nicht dieser Mischzustand, der an beiden teilhat und weder das eine noch das andere garantiert [...] ist es nicht diese teilweise unvollkommene Assoziation, die Tyrannei und Krieg hervorbringen? Und sind nicht Tyrannei und Krieg die größten Geißeln der Menschheit?" (Rousseau, 1969, S. 848; m. Übers.).

Als Hilfe gegen diesen einstweilen allgemein herrschenden „Mischzustand" nennt Rousseau auch hier „Bündnisse und Konföderationen", „die jedem Staat nach innen seine Herrschaft belassen, ihn nach außen gegen jeden ungerechten Angriff schützen". (Ebd.). In einem fragmentarischen Text aus dem Nachlaß *L'Etat de guerre* geht er auf den „Naturzustand" zwischen den souveränen Staaten in ähnlichem Sinne ein und stellt fest:

„La première chose que je remarque, en considérant la position du genre humain, c'est une contradiction manifeste dans sa constitution, qui la rend toujours vacillante. D'homme à homme, nous vivons dans l'état civil et soumis aux lois; de peuple à peuple, chacun jouit de la liberté naturelle: ce qui rend au fond notre situation pire que si ces distinction étaient inconnues. Car vivant à la fois dans l'ordre social et dans l'état de nature, nous somme assujettis aux inconvénients de l'un et de l'autre, sans [...] trouver la sûreté dans aucun des deux". (Rousseau, 1964, S. 610).

Man könnte daher schließen, daß es ebenso Pflicht ist, aus dem Naturzustand zwischen den Staaten herauszugehen, wie es – nach Hobbes wie nach Rousseau und Kant – notwendig war, aus dem Naturzustand der vereinzelten „Naturmenschen" herauszugehen. Dennoch ist Rousseau nicht bereit, den utopischen Idealen eines Abbé de St. Pierre zu folgen und begnügt sich letztlich mit der Bildung von Föderationen, die für ein Gleichgewicht zwischen föderierten Kleinstaaten und großen Staaten sorgen. Einen vereinigten Weltstaat kann er sich ebensowenig vorstellen wie Kant, der im Hinblick auf die weltumfassende Universalmonarchie das Ende der rechtsstaatlich gesicherten Freiheit der Citoyens voraussieht.

Während Rousseau ein weiteres Mittel zur Verringerung der Kriegsgefahr in der Errichtung weitgehend autarker Staaten erblickt, die weder der Einfuhr aus anderen Staaten bedürfen noch selbst durch großen Reichtum als Beuteobjekt Angriffe anderer anziehen, erblickt Kant in dem sich entwickelnden Handelsverkehr der Staaten eher einen Anreiz zu friedlicher Verbindung. Im Ersten Zusatz zu den Definitivartikeln *Zum ewigen Frieden* „Von der Garantie des ewigen Friedens" führt Kant – etwas umständlich – aus:

> „So wie die Natur weislich die Völker trennt, welche der Wille jedes Staats und zwar selbst nach Gründen des Völkerrechts gern unter sich durch List und Gewalt vereinigen möchte: so vereinigt sie auch andererseits Völker, die der Begriff des Weltbürgerrechts gegen Gewalttätigkeit und Krieg nicht würde gesichert haben, durch den wechselseitigen Eigennutz. Es ist der Handelsgeist, der mit dem Kriege nicht zusammen bestehen kann, und der früher oder später sich jedes Volks bemächtigt. Weil nämlich unter allen der Staatsmacht untergeordneten Mächten (Mitteln) die Geldmacht wohl die zuverlässigste sein möchte, so sehen sich Staaten (freilich wohl nicht eben durch Triebfedern der Moralität) gedrungen, den edlen Frieden zu befördern und, wo auch immer in der Welt Krieg auszubrechen droht, ihn durch Vermittlungen abzuwehren, gleich als ob sie deshalb im beständigen Bündnis ständen; [...]. Auf diese Art garantiert die Natur durch den Mechanismus der menschlichen Neigung selbst den ewigen Frieden; freilich mit einer Sicherheit, die nicht hinreichend ist, die Zukunft desselben (theoretisch) zu weissagen, aber doch in praktischer Absicht zulangt und es zur Pflicht macht, zu diesem (nicht bloß chimärischen) Zwecke hinzuarbeiten." (AA VIII, 368).

Im Nachlaß findet sich eine noch eindeutigere Formulierung, die auf die Notwendigkeit hinweist, auch zwischen den souveränen Staaten

einen verpflichtenden Zusammenhang herzustellen: „Für Staaten im
Verhältnis gegeneinander gibt es nach der Vernunft keine andere Art aus
dem gesetzlosen Zustand der lauter Krieg enthält, herauszukommen als
daß sie ebenso wie einzelne Menschen ihre wilde (gesetzlose) Freiheit
aufgeben und sich gleichfalls öffentlichen Zwangsgesetzen unterwerfen
und so einen freilich immer wachsenden Völkerstaat (civitas gentium)
der zuletzt alle Völker der Erde befassen würde bilden." (AA XXIII,
169). Da diese Idee jedoch durch die ihr entgegenstehende völkerrecht-
liche Theorie der absoluten Souveränität der Staaten und der aus ihr
fließenden Berechtigung, Krieg gegen andere Staaten zu führen, verhindert wird, setzt Kant allein Hoffnung auf die Bildung eines Gegen-
gewichts gegen die Kriegsneigung anderer, das „zu einer reinen Republik" führen kann, „die ihrer Natur nach zum ewigen Frieden geneigt
ist" und „einen Mittelpunkt abgeben [kann] für andere Staaten selbst
die welche jene Form noch nicht völlig angenommen haben um sich
der Friedensabsicht anzuschließen." (Ebd.).

In vielerlei Hinsicht gehen Kants Vorstellungen vom „ewigen Frieden", der aus den bitteren Erfahrungen immer kostspieliger und blu-
tiger werdender Feldzüge von republikanischen Staaten aus Einsicht
angestrebt werde, weit über die politischen Auffassungen seiner Zeit
hinaus. Auch der fünfte Präliminarartikel: „Kein Staat soll sich in die
Verfassung und Regierung eines anderen Staats gewalttätig einmischen." (AA VIII, 346) war bis vor kurzem noch ein unbestrittener
Artikel des Völkerrechts. Erst seit Verstöße gegen die Menschenrechte,
die über ein bestimmtes Maß hinausgehen – z. B. Genozide – als Legi-
timierung, ja sogar Verpflichtung zu gewaltsamer Einmischung jedenfalls der UNO anerkannt werden, ist dieser Artikel – nach verbreiteter
Auffassung – obsolet.

Auch der erste Definitivartikel zum ewigen Frieden, „die bürgerliche Verfassung in jedem Staate soll republikanisch" sein (AA VIII,
349), wird – jedenfalls als berechtigter Wunsch – heute nicht prinzipiell abgelehnt. Allerdings knüpfte Kant allzu große Erwartungen an die
republikanische Verfassung als Garantie friedlichen Verhaltens. Bestätigt
konnte er sich freilich durch die Verfassung Frankreichs von 1791 füh-
len, die im Titel VI: „Von den Beziehungen der französischen Nation
zu fremden Nationen" erklärt: „Die französische Nation verzichtet darauf, einen Krieg zu unternehmen, um Eroberungen zu machen. Sie wird
ihre Streitkräfte niemals gegen die Freiheit eines anderen Volkes verwen-

den"[9] und im Artikel 119 der Verfassung von 1793 heißt es: Das französische Volk „mischt sich nicht in die Regierung anderer Nationen ein; es duldet nicht, daß andere Nationen sich in die seinen einmischen".[10] Beide Artikel stimmen mit den Präliminararartikeln 2 und 5 überein, die Folgerung aus dem ersten Definitivartikel wurde jedoch durch die Erfahrungen der Folgezeit gelegentlich widerlegt. Dort heißt es:

> „Nun hat aber die republikanische Verfassung außer der Lauterkeit ihres Ursprungs [...] noch die Aussicht in die gewünschte Folge, nämlich den ewigen Frieden; wovon der Grund dieser ist. – Wenn (wie es in dieser Verfassung nicht anders sein kann) die Beistimmung der Staatsbürger dazu erfordert wird, um zu beschließen, ob Krieg sein solle, oder nicht, so ist nichts natürlicher, als daß, da sie alle Drangsale des Krieges über sich selbst beschließen müßten (als da sind: zu fechten, die Kosten des Krieges aus ihrer eigenen Habe herzugeben; die Verwüstungen, die er hinter sich läßt, kümmerlich zu verbessern; zum Übermaße des Übels endlich noch eine den Frieden selbst verbitternde, nie (wegen naher, immer neuer Kriege) zu tilgende Schuldenlast selbst zu übernehmen), sie sich sehr bedenken werden, ein so schlimmes Spiel anzufangen [...]." (AA VIII, 351).

Dort dagegen, wo der „Untertan nicht Staatsbürger" sei, könne der (monarchische) Machthaber, Krieg „wie eine Art von Lustpartie aus unbedeutenden Ursachen beschließen". (Ebd.). Immerhin wird selbst noch in der französischen Konsulatsverfassung von 1799 festgelegt: „Die Kriegserklärung, Friedensschlüsse, Allianz- und Handelsverträge werden gleich Gesetzen, vorgeschlagen, verhandelt, dekretiert und verkün-

---

[9] Zitiert nach Grab, 1973, S. 91; schon zuvor in Kap. III „Von der Ausübung der gesetzgebenden Gewalt" heißt es ganz im Sinne Kants: „Der Krieg kann nur durch ein Dekret der gesetzgebenden Versammlung, das auf förmlichen und notwendigen Vorschlag des Königs erlassen und von ihm bestätigt wird, beschlossen werden. Im Falle drohender oder begonnener Feindseligkeiten, der Unterstützung eines Verbündeten oder der Wahrung des Rechts durch Waffengewalt wird der König ohne jede Verzögerung der gesetzgebenden Körperschaft davon Kenntnis geben und die Gründe bekannt geben. [...] Wenn die gesetzgebende Körperschaft entscheidet, daß der Krieg nicht stattfinden darf, wird der König sogleich Maßnahmen ergreifen, um die Feindseligkeiten zu beenden oder ihnen zuvorzukommen. Die Minister bleiben für den Verzug verantwortlich" (ebd., S. 77). Hier wird deutlich, daß für die Entscheidungen über Krieg und Frieden eine Zusammenarbeit zwischen gesetzgebender Körperschaft und Exekutive notwendig ist.

[10] Grab, 1973, S. 162, Artikel 118.

det".[11] Einschränkend kann man jedoch feststellen, daß einmal – selbst
wenn Parlamentsbeschlüsse zur Kriegserklärung notwendig sind – die
Regierungen über Möglichkeiten verfügen, die Zustimmung von Par-
lamenten herbeizuführen. Musterbeispiel für einen nie offen als Krieg
erklärten militärischen Einsatz, dessen Billigung durch den amerikanischen Senat durch einen Trick umgangen wurde, war der Vietnamkrieg.
Eine angebliche Attacke nordvietnamesischer Torpedoboote auf den US
Zerstörer Maddox wurde zum Anlaß für unverzügliche massive Vergel-
tungsangriffe der US Luftstreitkräfte (30. Juli 1964) benützt, die in der
Folge zu einem immer stärkeren Engagement amerikanischen Militärs
in Vietnam führten, bis zuletzt 540.000 Amerikaner faktisch im Krieg
gegen Nordvietnam und die „Befreiungsbewegung" des Vietcong einge-
setzt waren. Durch die Nutzung des fingierten Zwischenfalls wurde das
Mitspracherecht des amerikanischen Senats umgangen. Ähnlich hatte
Präsident Franklin D. Roosevelt den japanischen Angriff auf Pearl Har-
bor am 7. Dezember 1941 genützt, um die sofortige Zustimmung des
Senats zur Kriegserklärung zu erhalten. Kein Zweifel, daß es sich in die-
sem Fall um einen eindeutigen Angriff auf amerikanisches Territorium
(US Kriegsschiffe in US Hoheitsgebiet) handelte, während es im Fall des
Tonking-Golf „Angriffs" um eine Fiktion ging. Der Präsident George W.
Bush hat die Angriffe auf das World Trade Center in New York und das
Pentagon in Washington am 11. September 2001 mit dem japanischen
Überfall auf Pearl Harbor gleichgesetzt und erklärt, die USA befänden
sich von diesem Zeitpunkt an im Kriegszustand. Auch das war der Versuch, eine Abwägung über Krieg oder Frieden durch die Volksvertretung
überflüssig zu machen, obgleich die Angreifer in diesem Fall nicht mit
einem Staat eindeutig identifiziert werden konnten. Immerhin konnte
man das Taliban Regime in Afghanistan, das der islamistischen Terroror-
ganisation Al Quaeda Schutz gewährte, für den Überfall mitverantwortlich machen, so daß der Krieg gegen dieses Land gerechtfertigt werden
konnte. Der propagandistische Versuch, auch einen „preemptive strike"
gegen Irak und seinen totalitären Machthaber Saddam Hussein durch
die Angriffe vom 11. September 2001 zu legitimieren, blieb jedoch fragwürdig. Damit berühren wir den zweiten Gesichtspunkt, den Kant
unberücksichtigt läßt und kaum voraussehen konnte: die Möglichkeit
durch Regierungspropaganda aggressive Emotionen und Kampfbereit-

---

[11]   Grab, 1973, S. 294f.

schaft des Demos gegen einen als Feind hingestellten (oder auch deutlich gemachten) Gegner zu mobilisieren. Dennoch bleibt die Annahme Kants im Prinzip zutreffend, daß republikanische (wir sagen heute demokratische) Staaten im allgemeinen wenig Neigung zu Angriffskriegen zeigen, wohl aber bereit sind, sich gegen feindliche Angriffe zu verteidigen. In der Tradition Kantischen Friedensdenkens hat der französische Sozialist Jean Jaurès die Abschaffung der ständigen Armee und ihren Ersatz durch ein Milizheer gefordert – entsprechend dem zweiten Präliminararartikel zum ewigen Frieden: „Stehende Heere (*miles perpetuus*) sollen mit der Zeit ganz aufhören." (AA VIII, 345).[12]

Für die Bildung der „Société des Nations" (Völkerbund) nach dem Ersten wie für die der „United Nations" nach dem Zweiten Weltkrieg konnte der zweite Definitivartikel zum ewigen Frieden richtungweisend werden: „Das Völkerrecht soll auf einen Föderalismus freier Staaten gegründet sein". Durch die Bildung des Sicherheitsrates der „Vereinten Nationen" hat man versucht, die Schwäche des Völkerbunds zu überwinden, die sich zeigte, als er ohnmächtig war, den Eroberungskrieg Italiens gegen Äthiopien zu verhindern und effiziente Sanktionen über diesen Staat zu verhängen. Durch den Ost-West-Konflikt war bis 1990 die Mehrheitsbildung im Sicherheitsrat gefährdet, es wird sich zeigen, ob in Zukunft die Rolle dieses, eine Art Exekutivausschuß bildenden, Organs der UNO effizienter wird. Alles hängt davon ab, wie sich die letzte verbleibende Supermacht gegenüber diesem Organ der internationalen Ordnung verhält. Das Grundgesetz Deutschlands geht in Artikel 24 so weit, daß „durch Gesetze Hoheitsrechte auf zwischenstaatliche Einrichtungen übertragen" werden können und der „Bund sich zur Wahrung des Friedens einem System gegenseitiger kollektiver Sicherheit einordnen" und hierbei „in die Beschränkung seiner Hoheitsrechte einwilligen" wird. Auch wenn sich diese Bestimmungen in erster Linie auf die Europäische Union beziehen, gelten sie doch tendenziell auch für die „Vereinten Nationen".

Dennoch ist die Welt auch heute noch von einem umfassenden, friedenssichernden „Föderalism freier Staaten" (AA VIII, 353) weit entfernt. Die von Kant nicht vorausgesehene extrem ungleiche Entwicklung der wirtschaftlichen, technischen und militärischen Stärke der Staaten sowie die Spaltung der Völker in unterschiedliche Kulturkreise

---

[12] Vgl. Jaurès, 1913.

und religiöse Traditionen, steht einer Vollendung dieses Föderalismus einstweilen noch im Wege.

Literatur

Adler, M., 1925, *Kant und der ewige Friede*, in: *Kant und der Marxismus. Gesammelte Aufsätze*, Berlin: Scientia Verlag (ND: 1975).

Batscha, Z. (Hrsg.), 1979, *Friedensutopien. Kant/Fichte/Schlegel/Görres*, Frankfurt/M.: Suhrkamp.

Fetscher, I., 1995/96, *Hannah Arendt über ,produktive und unproduktive Arbeit' bei Adam Smith und Karl Marx. Eine Richtigstellung*, in: *Politisches Denken*, S. 117-123.

Fetscher, I., 1996, *Kants friedliche Republiken und der (populistische) Nationalismus*, in: *Kritisches Jahrbuch der Philosophie* 1, S. 95-107.

Fetscher, I., ³1981, *Rousseaus politische Philosophie*, Frankfurt/M.: Suhrkamp.

Friedrich, C. J., 1948, *Inevitable Peace*, Cambridge/Mass.: Harvard UP.

Gerhardt, V., 1995, *Immanuel Kants Entwurf ,Zum ewigen Frieden'. Eine Theorie der Politik*, Darmstadt: WBG.

Görland, A., 1924, *Kant als Friedensfreund*, Leipzig: Oldenburg.

Grab, W. (Hrsg.), 1973, *Die Französische Revolution, eine Dokumentation*, München: Nymphenburger Verlag.

Habermas, J., 1981, *Theorie des kommunikativen Handelns*, Frankfurt/M.: Suhrkamp.

Hirsch, E. C., 1970, *Der Frieden kommt nicht durch die Kirche – Thesen zu Kants Friedensschrift*, in: W. Huber (Hrsg.), *Historische Beiträge zur Friedensforschung*, Stuttgart: Klett.

Höffe, O. (Hrsg.), 1995, *Immanuel Kant, ,Zum ewigen Frieden'*, Berlin: Akademie.

Jaurès, J., 1913, *Die neue Armee* (franz. *L'armée nouvelle*, Paris 1912), Jena: Diedrichs.

Katzer, E., 1915, *Kant und der Krieg*, in: *Kant-Studien* 20, S. 146-173.

Kersting, W., 1993, *Kant und die politische Philosophie der Gegenwart*, in: W. Kersting, *Wohlgeordnete Freiheit. Immanuel Kants Rechts- und Staatsphilosophie*, Frankfurt/M.: Suhrkamp, S. 11-87.

Moog, W., 1917, *Kants Ansichten über Krieg und Frieden*, Darmstadt: Falken-Verlag.

Natorp, P., 1924, *Kant über Krieg und Frieden*, Erlangen: Verlag der phil. Akademie.

Picht, G., 1969, *Studien zur Friedensforschung*, Bd. 1, Stuttgart: Klett.

Rawls, J., 1971, *A Theory of Justice*, New Haven: Harvard UP.

Rousseau, J. J., 1964, *Du Contrat Social*, in: J. J. Rousseau, *Œuvres Complètes*, Bd. 3, Genf: Gallimard.

Rousseau, J. J., 1969, *Émile, ou de l'éducation*, in: J. J. Rousseau, *Œuvres Complètes*, Bd. 4, Genf: Gallimard.

Schmidt, H., 1981, *Maximen politischen Handelns. Bemerkungen zu Moral, Pflicht und Verantwortung des Politikers. Rede des Bundeskanzlers auf dem Kant-Kongreß der Friedrich-Ebert-Stiftung am 12. März 1981*, Bonn: Presse- und Informationsdienst der Bundesregierung.

Vorländer, K., 1919 a, *Die geschichtliche Entwicklung des Friedensgedankens*, in: *I. Kant, Zum ewigen Frieden*, Leipzig: Meiner.

Vorländer, K., 1919 b, *Kant und der Gedanke des Völkerbunds*, Leipzig: Meiner.

12. Rechtsphilosophie

Kantisches Vernunftrecht und seine gegenwärtige rechtsphilosophische Reinterpretation

HEINZ-GERD SCHMITZ

‚Recht' ist der Name für die Gesamtheit derjenigen kodifizierten Garantien und Verhaltensvorschriften, deren Durchsetzung hierzu autorisierte Organe eines Staates durch äußeren Zwang bewerkstelligen. Sie eröffnen den Bürgern auf diese Weise einerseits bestimmte Optionen, d. h. sie treten permissiv in Erscheinung, andererseits ge- oder verbieten sie gewisse Handlungen bzw. deren Unterlassung, d. h. sie präsentieren sich obligativ. Um dies bewerkstelligen zu können, müssen Rechtsregeln gewisse Bedingungen erfüllen: Man hat verständlich, widerspruchsfrei und in allgemeinen Begriffen zu formulieren und publik zu machen, was jedermann, so er geistig und körperlich gesund ist, zu tun oder zu unterlassen vermag, auf daß berechenbar wird, womit man im Falle der Rechtstreue bzw. des Rechtsbruches zu rechnen hat. Dazu ist eine gewisse Konstanz des Rechts wie auch seine möglichst widerspruchsfreie Anwendung unabdingbar.

Ein philosophisches Problem ist mit einem auf diese Weise definierten Recht insofern verbunden, als nicht klar wird, wie das, was als Recht zu gelten hat, überhaupt identifiziert werden kann. Die Tradition kennt hier zwei unterschiedliche Zugänge: einmal heißt es, Recht sei genau das, was von gewissen, hierzu wie auch immer autorisierten – im Regelfall staatlichen – Instanzen gemäß gewisser Verfahren als Recht festgesetzt werde bzw. festgesetzt worden sei; zum anderen bestreitet man diese rechtspositivistische Auffassung und reklamiert universelle Normen, die nicht erst dadurch in Kraft gesetzt werden, daß man sie kodifiziert. Ein Beispiel solcher Normen stellen die sogenannten Menschenrechte dar, von denen man annimmt, daß sie gar nicht durch eine Obrigkeit gewährt werden können, sondern daß sie vielmehr einem jeden menschlichen Wesen unmittelbar zukommen. Gibt es solche Rechte, dann können sie nicht rechtspositivistisch begründet werden, dann kodifizieren staatliche Instanzen erst im nachhinein, was immer schon Recht gewesen ist, um ihm dann mit Zwangsgewalt Beachtung zu verschaffen.

Aus der letzten Bestimmung resultiert zugleich eine zweite Aufgabe rechtsphilosophischer Reflexion – die Beantwortung der Frage nach der Legitimität des Zwanges nämlich, mit dem das als Recht Erkannte durchgesetzt werden soll. Eine Lösung dieses Problems stellt sich um so dringlicher, je schwächer die Absicherung einer jeweiligen Rechtssetzung erfolgt – am schärfsten also dann, wenn man das Recht ausschließlich auf die Willkür rechtssetzender Subjekte zurückführen will. In aller Deutlichkeit zeigt sich dies an der sogenannten Imperativtheorie,[1] welche konstatiert, Recht sei, was überlegene Gewalt als solches proklamiere, und dies genau so lange, wie das nötige Durchsetzungspotential vorhanden sei.[2]

Die Kantische *Metaphysik der Sitten* liefert in ihrem ersten Teil, in der Rechtslehre, eine bündige Antwort auf beide Fragen. Hier findet man in der rechtsphilosophischen Modifikation des kategorischen Imperativs die trans-positive, nämlich vernunftrechtliche Begründung eines Kriteriums, welches einerseits die Unterscheidung von Recht und Unrecht erlaubt, welches andererseits aber auch die Fundierung einer Theorie der Menschenrechte liefert, ohne zugleich Recht und Moral unmittelbar zu identifizieren. Darüber hinaus entwickelt Kant seinen Rechtsbegriff dergestalt, daß ihm unmittelbar die Legitimität staatlichen Zwangshandelns entnommen werden kann.

Schon kontemporär allerdings bleibt der Kantische Entwurf einer Rechtsphilosophie nicht unbestritten. Kants Rechtslehre bekommt Konkurrenz, bevor sie – um die Jahreswende 1796/97 – überhaupt erschienen ist. Fichte entwickelt seine Rechtsphilosophie unter dem Titel einer *Grundlage des Naturrechts nach Principien der Wissenschaftslehre* zum Teil parallel zu den Kantischen Vorstellungen, zum Teil im Anschluß an sie. Die Arbeit erscheint in einem ersten Teil 1796, in einem zweiten 1797 und bestreitet in aller Deutlichkeit die Gültigkeit der Gedankenfigur, mit welcher Kant das Recht als Moralität in äußerer Gestalt präsentiert. Hegels Naturrechtsaufsatz von 1802 wiederum attestiert Fichte, ein System reinen Zwanges entworfen zu haben, in welchem individuelle Frei-

---

[1] Vgl. Austin, 1955.
[2] Zur Kritik der Imperativtheorie vgl. Hart, 1961, insbes. S. 70ff.

heit keinen Platz finde.[3] Die *Grundlinien der Philosophie des Rechts* – ausgeliefert im Herbst 1820 – schließlich verdrängen Kants Rechtslehre weitgehend. Hinzu kommt die verhängnisvolle Wirkung, welche Schopenhauers[4] Einschätzung des ersten Teils der *Metaphysik der Sitten* gehabt hat; bis in unsere Tage[5] ist die These vertreten worden, Kants Rechtsphilosophie sei das Alterswerk eines Philosophen, der nicht mehr über seine ganze Schaffenskraft verfüge. Im Felde der Rechtstheorie wird dann der philosophischen Bemühung um eine Grundlegung des Rechts mit dem Sieg der historischen Rechtsschule endgültig der Boden entzogen, auch und gerade in der Hegelschen Gestalt. Vernunftrechtliche Normbegründung weicht so schließlich rechtspositivistischen Auffassungen, welche bis auf den heutigen Tag das maßgebliche Paradigma darstellen.

Die Bedeutsamkeit des Kantischen Entwurfes im Lichte gegenwärtiger philosophischer Bemühungen wird sich daher nur ermessen lassen, wenn überprüft wird, inwiefern er einer rechtspositivistischen Kritik standzuhalten vermag. Es ist Hans Kelsens *Reine Rechtslehre*, welche – weit über den deutschsprachigen Bereich hinaus – als eine der wirkungsmächtigsten Begründungen des Rechtspositivismus angesehen werden darf. Zur Kennzeichnung der gegenwärtigen Bedeutsamkeit des Kantischen Rechtsdenkens ist sie besonders geeignet, da Kelsen seine Vorstellungen in deutlicher Abgrenzung zu Kants praktischer Philosophie entwickelt.[6] Im folgenden soll sein Argumentationsgang kurz skizziert werden. Im Anschluß daran wird Kelsens Ansatz mit der Kantischen Position konfrontiert. Damit lassen sich zugleich die Ansatzpunkte benennen, von welchen aus die beiden gegenwärtig wohl einflußreichsten rechtsphilosophischen Theoretiker, John Rawls und Jürgen Habermas, sich um eine Rekonstruktion gewisser Kantischer Ansätze der Normenbegründung bemühen. Ihre Überlegungen können zudem zeigen, in welchem Grade und mit welchen Gründen sich die gegenwärtige rechtsphilosophische Grundsatzdebatte von ihrem Kantischen Bezugspunkt entfernt hat.[7]

---

3   Hegel, 1986, Bd. 2, S. 471.
4   Vgl. Schopenhauer, 1977, Bd. 2, S. 419.
5   Vgl. Ilting, 1981, S. 326 Anm.; Arendt, 1982, S. 7f; zur Kritik der Senilitätsthese vgl. Ludwig, 1988, S. 39ff.
6   Vgl. insbesondere die Kritik am kategorischen Imperativ: Kelsen, ²1960, S. 372f; Kelsen, 2000, S. 41f.
7   Vgl. hierzu auch die Beiträge von K. Düsing sowie von I. Fetscher in diesem Band.

I

Kelsen verweist auf den von Hume konstatierten Sein-Sollens-Hiatus,[8] um naturrechtliche Begründungsmuster ad absurdum zu führen. Denn traditionell läßt sich ein trans-positives Recht auf dreifache Weise herleiten: Man kann, was jedem Menschen geboten sein soll, entweder anthropologisch, kosmologisch oder theologisch zu erweisen suchen. Die erste Figur liegt vor, wenn aus psycho-physischen Gegebenheiten des Menschen,[9] die zweite hingegen, wenn aus der Verfassung der Welt auf das geschlossen wird, was sein soll, was sein darf, was zu unterlassen ist.[10] Beide Ansätze können seit Humes Formulierung des Sein-Sollens-Hiatus als obsolet gelten, da sich ein Schluß von dem, was ist, auf das, was sein soll, durch nichts rechtfertigen läßt. Anders steht es mit einem theologisch begründeten Naturrecht.[11] Hier setzt man zunächst einen planvoll agierenden Schöpfergott, der in seinem Werk deutliche Spuren seiner Absichten hinterlassen hat. Betrachtet man nun die Verfaßtheit der Welt, so entschlüsselt man die Postulate, welche im Schöpfungsakt realisiert worden sind. Daher kann der Verweis auf den Sein-Sollens-Hiatus nicht mehr verfangen; denn alles, was ist, ist ja seinerseits Ausfluß eines Sollens. Man leitet also über die Vermittlungsstufe des Seienden die für die Menschen gültigen Vorschriften sowie die ihnen zukommenden Rechte aus den göttlichen Postulaten her. Mit dem Zusammenbruch der philosophischen Versuche der Begründung einer natürlichen, d. h. nicht durch Offenbarung dem Menschen vermittelten, sondern mit dem Lichte der Vernunft entdeckten Religion verliert diese Argumentationsfigur freilich ihre Bedeutung. Kelsen berücksichtigt daher das theologische Begründungsmuster nicht mehr, er bezieht sich lediglich auf anthropologische bzw. kosmologische Herleitungen.

Für beide aber gilt: Die Behauptung, aus der Natur – sei es die des Menschen oder die des Kosmos – Normen deduzieren zu können, verkennt das Faktum, daß sich aus Tatsachen – und die Natur, so Kelsen,

---

[8] Hume, 1982, S. 469.
[9] Vgl. Hart, 1961, S. 182.
[10] Vgl. Cicero, De re publica III, 22, 23; für einen modernen Ansatz exemplarisch Messner, ³1958, S. 265f
[11] Vgl. Thomas, Summa theologiae, I-II, 91,1.

ist nichts anderes als die Gesamtheit kausal verknüpfter Fakten – kein Wert gewinnen lasse. Man muß also an das Sein ein Sollen von außen herantragen, erst dann kann man die Wirklichkeit bewerten.[12] Daher verbleibt nur eine rechtspositivistische Position. Kelsen entwickelt, was er unter ihr verstehen will, in Abgrenzung zu den von ihm ins Auge gefaßten Spielarten naturrechtlicher Argumentation. Er konfrontiert beide Auffassungen zunächst hinsichtlich des Geltungsgrundes, welchen das Recht jeweils haben soll. Unter einem Geltungsgrund versteht er die Quelle, aus welcher eine Norm fließt. Im Falle des Naturrechts soll ein objektives, im Falle des positiven Rechtes kann nur ein subjektives Prinzip vorliegen.

Der Naturrechtslehrer behauptet, die natürliche Ordnung der Dinge sei die Quelle des Rechts. Diese Ordnung aber soll ein objektiv Gegebenes sein. Der Rechtspositivist hingegen, der eingesehen hat, daß die naturrechtliche Argumentation um den Preis des naturalistischen Fehlschlusses erkauft wird, hat nur noch ein subjektives Prinzip zur Verfügung. Um ein subjektives Prinzip handelt es sich insofern, als das Recht nun auf Willkür beruht, auf einem Willensentschluß. Auch wenn die Anzahl der Personen, die sich hier zu etwas entschließen, groß ist, ja wenn – was gewiß unmöglich ist – alle dem Recht Unterworfenen an diesem Entschluß beteiligt wären, hörte das Prinzip nicht auf, subjektiv zu sein.

Daraus folgt nun ein zweiter Aspekt. Kelsen nennt das willkürliche positive Recht im Gegensatz zum Naturrecht ein Zwangsrecht. Zwanglos kommt das Naturrecht insofern daher, als es die Evidenz beansprucht, die eine logische Herleitung mit sich bringt. Wäre eine naturrechtliche Begründung der Gerechtigkeit wirklich möglich, dann müßte jemandem, der fragt, warum man ihm eine gewisse Handlung verbietet, schrittweise erklärt werden können, aus welcher Quelle das Verbot fließt. Am Ende der Erklärung stieße man dann auf etwas unmittelbar Evidentes. Anders ist es, wenn das Verbot aus positivem Recht resultiert. Denn hier entspringt die jeweilige Norm menschlicher Willkür, was ihr alle unmittelbare Evidenz raubt.[13] Damit steht das positive Recht vor der fundamentalen Schwierigkeit, sich, wenn es nicht einfach auf Gewalt beruhen soll, ausdrücklich legitimieren zu müssen.

---

[12] Kelsen, ²1960, S. 405.
[13] Kelsen, 1989, S. 78.

Wie dies geschehen kann, will Kelsen durch eine genauere Untersuchung des positiven Rechts näher bestimmen.

Der Rechtssatz tritt als hypothetisches Urteil auf: *Wenn die Antezedenz-Bedingung* A *erfüllt ist, soll die Konsequenz* B *eintreten.* Der zweite Teil des Satzes impliziert ein Organ, welches die im Rechtssatz angeordnete Folge auftreten läßt. Damit spezifiziert sich das positive Recht zu einer Zwangsorganisation, welche nichts anderes ist als der Staat. Kelsen nennt den Staat daher die ,vollendete Form des positiven Rechts'.[14] Ohne ihn verliert das positive Recht die Grundlage, auf der es ruht.

Dies gilt zunächst nicht für das Naturrecht, denn es bedarf keines Staates, ja es kann auch gegen die positiven Vorschriften einer bestimmten politischen Organisation seine Gültigkeit behaupten. Anders steht es freilich, wenn es um die Durchsetzung geht. Hier zeigt sich, daß auch im Naturrecht gewisse positive Züge zu entdecken sind. Diese treten nämlich immer dann auf, wenn das, was man als Naturrecht behauptet, angewendet werden soll. Jede Anwendung von Recht setzt seine Konkretisierung voraus, d. h. es muß so formuliert werden, daß es auf empirische Menschen und ihre Neigungen und Fähigkeiten bezogen wird. Denn eine Norm ist überhaupt nur wirksam, wenn das Verhalten, welches sie regeln soll, ihr prinzipiell zu entsprechen vermag. Andererseits muß die gegenteilige Möglichkeit gegeben sein. Eine Norm, die vorschreibt, was alle tun, ist genauso sinnlos wie eine, die verlangt, was niemand tun kann. Das konkretisierte Naturrecht hat also solche Subjekte ins Kalkül zu ziehen, welche sich trotz mittelbarer oder unmittelbarer Evidenz dessen, was geboten ist, normwidrig verhalten könnten. Denn erst der halsstarrige, begriffsstutzige, hartnäckige Übeltäter macht ein Rechtsorgan nötig, welches ihm aufzwingt, was er zwar ohne Zwang tun müßte, was er aber gegen alle Vernunft nicht zu tun bereit ist. Damit nimmt das Naturrecht Elemente einer positiven Zwangsordnung in sich auf. Es tritt nun auf die gleiche Weise wie das positive Recht in Erscheinung; und für den Gezwungenen ist es nichts anderes als positives Recht. Man kann also sagen: immer dann, wenn das Naturrecht wirklich werden soll, muß genau das aufgegeben werden, was es vom positiven Recht unterscheidet, seine Zwangsfreiheit.

Noch ein weiterer Aspekt ist mit der Positivierung des Naturrechtes verbunden. Einerseits werden die im Rechtssatz festgeschriebenen Kon-

---

[14] Kelsen, 1989, S. 80.

sequenzen von einer Organisation herbeigeführt, andererseits ist aber
auch eine Organisation nötig, welche feststellt, ob die jeweiligen Ante-
zedenz-Bedingungen erfüllt sind. Ein Gericht muß konstatieren, daß
der und der Tatbestand vorliege, und die entsprechenden Konsequenzen anordnen. Der Tatbestand aber liegt genau dann vor, wenn die zur
Feststellung des Tatbestandes berechtigte Organisation das Vorliegen
des Tatbestandes konstatiert. Ob diese Tatsachenfeststellung wahr oder
falsch ist, kann keine Bedeutung mehr haben. Für das Naturrecht heißt
dies, daß es mit seiner Positivierung den Wahrheitsanspruch, auf dem
es ruht, ganz und gar aufgeben muß. Ein in positives Recht verwandel-
tes Naturrecht hebt sich daher schließlich selber auf: Evidenz ersetzt es
durch Zwang, Wahrheit durch Verfahrenskonformität.

Diese Verwandlung des Naturrechtes in positives Recht erklärt Kelsen durch das Eindringen des Delegationsprinzips. Zunächst ist das
Naturrecht ein statisches System. Eine Grundnorm wird als evident
konstatiert; aus ihr als dem Allgemeinen leitet man die nötigen Spezifi-
kationen ab. Das positive Recht ist hingegen ein dynamisches System.
Hier wird von einer Grundnorm eine Autorität ermächtigt, welche ihre
Verfügungsgewalt an Organisationen delegiert, an die Gerichte, an den
Justiz- und Polizeiapparat insgesamt. Will das Naturrecht positiv, d. h.
wirksam werden, muß es die gleiche Delegation vornehmen, die ein rein
positives Recht in Kraft setzt. Damit aber tritt es seinen Anspruch auf
Evidenz und Wahrheit an eben die Organisationen ab, denen es seine
Durchsetzung anvertraut. Es gewinnt auf diese Weise den dynamischen
Charakter des positiven Rechts, d. h. Wahrheit und Evidenz werden
nun durch Verfahrenskonformität erzeugt, sie stellen sich als Ergebnis
eines Prozesses dar. Es wird dieser Gesichtspunkt sein, der sowohl für
Rawls' als auch für Habermas' Versuche einer Reform des Kantischen
Vernunftrechts von ausschlaggebender Bedeutung ist.

Kelsen konstatiert freilich auch eine gegenläufige Bewegung, durch
die das positive Recht gewisse Züge des Naturrechts in sich aufnimmt;
denn es gewinnt seine Legitimität ja erst durch die Autorität, an welche es seine Durchsetzung delegiert. Diese Autorität ist aber ihrerseits
von einer Grundnorm her ermächtigt, welche nicht gesetzt, sondern
vielmehr vorausgesetzt ist, also nicht den Charakter positiven Rechts
aufweist.[15] Kelsen spricht expressis verbis von einem ,naturrechtli-

---

[15]   Kelsen, 1928, S. 20.

chen Minimum', ohne welches kein positives Recht formuliert werden könne.[16] Die Notwendigkeit, den Rechtspositivismus auf diese Weise abzusichern, resultiert wiederum aus der Gefahr, in einen Begründungsregreß zu geraten.[17] Freilich muß die Grundnorm so interpretiert werden, daß das Rechtssystem seinen dynamischen Charakter nicht verliert. Das heißt, die Grundnorm kann nicht unmittelbare Evidenz für sich beanspruchen, sie kann nicht den Geltungsgehalt, sondern lediglich den Geltungsgrund aller weiteren Normen liefern. Dies tut sie, indem sie eine Regel festlegt, der zu entnehmen ist, wie allgemeine und besondere Normen zu erzeugen sind. Nach Festsetzung der Regeln kann prinzipiell alles Inhalt des Rechts werden, man muß lediglich zeigen können, daß die Rechtssetzung der ursprünglichen Regel gemäß erfolgt ist. Außerhalb des dynamischen Prozesses der Rechtserzeugung liegt mithin das Verfahren selbst; es besitzt als Grundnorm oder – man könnte sagen – als rechtserzeugende Meta-Regel eine besondere trans-positive Dignität. Kelsen nennt die Grundnorm die ,ursprüngliche Verfassung'. Denn es sind ja Verfassungen, welche Autoritäten ermächtigen und Regeln festlegen, nach denen zu verfahren ist. Das positive Recht ist mithin eine Zwangsordnung, deren Legitimität auf einer ursprünglichen Verfassung beruht, welche selbst nicht so gesetzt ist wie das positive Recht, sondern welche als seine Voraussetzung Meta-Regeln der Rechtserzeugung enthält.

Es genügt, Kelsens Ausführungen bis zu diesem Punkt zu entwikkeln, um die grundsätzliche Begründungsschwäche des Rechtspositivismus ins Auge fassen zu können.[18] Die Annahme einer ursprünglichen Verfassung, welche die Regeln der Regelerzeugung enthält, dient der Vermeidung eines Begründungsregresses, kann diesen aber nicht etwa stillstellen, sondern nur abbrechen. Denn sie ist ja ihrerseits nichts anderes als eine Setzung, die eigens auszuweisen wäre. Eben dies kann dem Rechtspositivisten nicht gelingen, da nur eine endlose Stufung von Metaebenen denkbar ist. Hier genau liegt die Bedeutung, welche dem Kantischen Rechtsdenken für die Gegenwart zukommt; es präsentiert ein unhintergehbar Erstes, mit welchem der Begründungsregreß in der Tat zum Stillstand kommt.

---

[16] Kelsen, 1928, S. 66.
[17] Kelsen, ²1960, S. 197.
[18] Vgl. Kaulbach, 1982, S 98f.

II

Kants Rechtslehre stellt eine vernunftrechtliche Rekonzeptualisierung des Naturrechts dar, deren Charakter Kelsen verkennt, wenn er meint, sein kritisches Augenmerk lediglich auf anthropologische bzw. kosmologische Begründungsmuster richten zu müssen. Den neuzeitlichen Ausgangspunkt des Vernunftrechts schafft John Locke, der – allerdings noch in theologischer Einkleidung – ein trans-positives Freiheitsrecht aus der ursprünglichen Gleichheit aller Menschen herleitet, auf welche er sich zu schließen gezwungen sieht, da keinem menschlichen Wesen ein Merkmal anhafte, welches als normatives Evaluationskriterium tauge, ihn also zur Herrschaft über alle anderen berechtige.[19] Die Lockesche Gleichheit wird freilich von der Vernunft – so könnte man sagen – lediglich zähneknirschend zugestanden: Trotz offenkundiger Unterschiede vermag sie nichts zu finden, was diese Differenzen normativ nutzbar zu machen erlaubte. Daher erklärt sich die Vernunft schließlich zu einer allgemeinen Gleichheitsfiktion bereit; denn sie kann nicht anders, als in rechtlicher Hinsicht vor allen Unterschieden die Augen zu verschließen.

Kant stellt das so vernunftrechtlich reformierte Naturrecht auf eine verläßlichere Grundlage, da es ihm – im Gegensatz zu Locke – gelingt, durch ein Modifikation des kategorischen Imperativs, welche seine Rechtstauglichkeit sichert, ein apriorisches Recht zu konzeptualisieren, d. h. diejenigen äußeren Gesetze, denen a priori Verbindlichkeit zukommt.[20] Er erfüllt damit eine Forderung, welche die juristische Literatur seiner Zeit lediglich erhoben, nicht aber eingelöst hat. So heißt es in dem von Kant geschätzten und bei seiner Lehrtätigkeit in Königsberg stets verwendeten Kompendium Achenwalls und Pütters zwar: „Leges [...] ex voluntate et ratione humana, hoc est, ex principio omnibus hominibus communi deducendae sunt",[21] doch werden dann die einschlägigen Bestimmungen lediglich anthropologisch gewonnen und gerechtfertigt.

Kernpunkt der Kantischen Lehre ist die Differenz von Recht und Moral – auf den Begriff gebracht in der berühmten Formel,

---

[19] Vgl. Schmitz, 2000.
[20] *Metaphysik des Sitten* (*Rechtslehre*), abgek.: *MSR*, AA VI, 224.
[21] Achenwall/Pütter, 1995, S. 20.

Recht sei die Moral in äußerer Gestalt.[22] Was auf diese Weise zum
Ausdruck kommt, ist ein strenger rechtstheoretischer Anti-Menta-
lismus oder – anders gewendet – die These von einer durch nichts
einzuschränkenden Gesinnungsneutralität des Rechts. Begründet wird
diese Auffassung durch einer Analyse des Verhältnisses von Begehrungsvermögen, Bestimmungsgrund des Begehrungsvermögens und
Handlung, die auf den ersten Blick den Eindruck macht, lediglich
eine weitere Spielart der anthropologischen Naturrechtsbegründung
darzustellen.

Hintergrund der Überlegungen ist nämlich die Tatsache, daß alles
Lebendige sich durch Mangel auszeichnet, d. h. seine Lebendigkeit
nur dann aufrecht erhalten kann, wenn es sich etwas aneignet, das
es nicht sich selbst zu entnehmen in der Lage ist. Verfügt es über
Begehrungsvermögen, dann kann es das, worauf sich seine Begierde
richtet, als Objekt der Begierde imaginieren. Es verspürt in diesem
Falle praktische Lust. Tritt diese praktische Lust gewohnheitsmäßig
auf, dann heißt sie als habitualisierte Begierde ‚Neigung‘.[23] Kann
obendrein gesagt werden, daß die Verbindung der Lust mit dem Begehrungsvermögen gemäß einer allgemeinen Regel erfolgt, dann liegt
ein Interesse vor. Interessiert ist also etwas Lebendiges genau dann,
wenn eine habitualisierte Begierde das Begehrungsvermögen regelhaft
dazu veranlaßt, den Gegenstand der Begierde ins Bewußtsein treten
zu lassen und sich dazu zu bestimmen, ihn handelnd in seine Verfügungsgewalt zu bringen.

Damit zeigt sich, daß Kant von einem dreigliedrigen Geflecht ausgeht. Verflochten sind das Begehrungsvermögen und sein Bestimmungsgrund sowie die Handlung. Kant gibt nun den möglichen Korrelationen dieser Glieder unterschiedliche Namen. Die Korrelation
von Bestimmungsgrund und Begehrungsvermögen nennt er ‚Wille‘,
die von Handlung und Begehrungsvermögen heißt entweder ‚Wunsch‘
oder ‚Willkür‘.[24]

Der Begriff ‚Wille‘ hat in der philosophischen Tradition unterschiedliche Bedeutungen angenommen. Er kann ein Vermögen bezeichnen,
einen Vorsatz, die Energie, mit der dieser Vorsatz in die Tat umgesetzt

---

[22] Vgl. *MSR*, AA VI, 220.

[23] *MSR*, AA VI, 212.

[24] *MSR*, AA VI, 213f.

wird, schließlich – in der Retrospektive – das Resultat einer Handlung, welches entweder dem Willen einer Person entspricht oder ihm zuwiderläuft. Kant verwendet den Begriff des Willens hier so, daß er einen Vorsatz bezeichnet. Einen Vorsatz kann man aber nur fassen, wenn man durch einen Bestimmungsgrund dazu gebracht wird, das Begehrungsvermögen auf einen Gegenstand auszurichten. ‚Wille' ist also der Name für die Ausrichtung des Begehrungsvermögens auf das, was der Bestimmungsgrund als Gegenstand vorgibt. Damit gerät die Triebfeder des Willens in den Blick. Für eine ethische Gesetzgebung ist sie von ausschlaggebender Bedeutung, für eine juridische hingegen ohne allen Belang. Denn moralischen Wert gewinnt eine Handlung genau dann, wenn eine Handlung nicht nur pflichtmäßig, sondern wenn sie aus Pflicht erfolgt, d. h. wenn die Pflicht Triebfeder der Handlung ist.[25] In diesem Falle verdient der Wille den Zusatz ‚gut'. Ob allerdings ein guter Wille vorliegt, kann von außen niemals entschieden werden, denn Übereinstimmung von Maxime, d. h. das subjektive, und Gesetz, d. h. das objektive Prinzip des Wollens,[26] kann nur konstatieren, wem die jeweils in Frage stehende Maxime auch zugänglich ist. Der Außenansicht verbleibt nur der Blick auf die Handlung selbst. Eben diese Außenansicht ist es, auf welche Kant seinen strikt antimentalistischen Rechtsbegriff gründet.

Betrachtet man die Korrelation von Begehrungsvermögen und Handlung, so tritt zunächst die Tatsache vor Augen, daß mit dem Begehren von etwas nicht auch schon notwendig die Handlung vorgeschrieben ist, durch welche das Begehrte in die Verfügungsgewalt des Begehrenden gerät. Die Rede vom Begehrungsvermögen impliziert also sowohl das Tun- als auch das Lassen-Können. Wenn nun das Begehrungsvermögen einen Gegenstand als Objekt der Begierde imaginiert und es zugleich die Vorstellung erzeugt, dieses Objekt in der Tat in seine Verfügungsgewalt bringen zu können, dann spricht Kant von ‚Willkür'. Ist letzteres nicht der Fall, fehlt also das Könnensbewußtsein, dann liegt ein bloßer Wunsch vor. Für das Recht sind Wünsche belanglos, nur die Willkür ist bedeutsam. Zudem muß vorausgesetzt werden, daß man es wirklich mit Will-Kür, d. h. mit einer Wahl des Willens, zu tun hat; die Willkür muß freie Willkür sein.

---

[25] Vgl. *Grundlegung*, AA IV, 397.
[26] Vgl. *Grundlegung*, AA IV, 420 Anm.

Die Bestimmung des Begriffs der ‚freien Willkür' macht deutlich, daß die bisher referierten Angaben nicht dazu dienen, dem Naturrecht eine anthropologische Grundlage zu verschaffen. Frei ist die Willkür nämlich, wenn sie durch reine Vernunft bestimmt wird; herrscht hingegen die Neigung, ist sie tierische Willkür – was letztlich heißt, daß sie ihren Namen nicht verdient. Freie Willkür liegt immer dann vor, wenn ein Subjekt sich nach einer Maxime zur Handlung bestimmt, welche gesetzesfähig ist, d. h. welche generalisiert werden kann. In diesem Falle kommt der Handlung objektive Notwendigkeit zu; die Willkür verfügt hier – ganz im Gegensatz zur Subjektivität rechtspositivistischer Setzungen – über ein objektives Prinzip, welches besagt, daß jenseits des engeren Kontextes, in welchem ein Subjekt sich findet, ja schließlich jenseits aller nur denkbaren Kontexte überhaupt, ein bestimmtes Verhalten geboten ist. Nur so ist die Allgemeinheit des Rechts zu gewährleisten. Zugleich macht das Dekontextualisierungspostulat deutlich, daß – im Gegensatz zum anthropologischen Begründungsmuster – von der conditio humana gerade abzusehen ist. Nicht der Mensch als so und so bestimmtes Wesen ist der Ausgangspunkt, sondern die Vernunft, welche eben nicht einen vor vielen unterschiedlichen Kontexten darstellt, sondern vielmehr als Kontext aller Kontexte anzusehen ist und deshalb auch die conditio humana weit übersteigt.

Faßt man die Gesetzmäßigkeit äußerer Handlungen ins Auge, dann betrachtet man das Subjekt unter einem juridischen Gesichtspunkt. Man beurteilt die Gesetzesfähigkeit seiner Willkür. Nimmt man hingegen seinen Willen in den Blick, dann herrscht der ethische Gesichtspunkt.[27] Stimmt die Handlung mit der juridischen Gesetzgebung überein, dann hat sie Legalität, konveniert der Bestimmungsgrund der ethischen Gesetzgebung, dann hat sie obendrein Moralität. Da nun zwar einerseits für die Überprüfung des moralisch wie auch für die des rechtlich Gebotenen das Generalisierbarkeitspostulat gilt, andererseits aber nicht jede moralisch gebotene Handlung auch erzwungen werden kann, muß Legalität als die Moralität in äußerer Gestalt verstanden werden. Das Recht hat mithin genau das zum Gegenstand, was von einer moralischen Handlung nach außen hin sichtbar wird – und auch diese Bestimmung muß noch eingeschränkt werden; denn moralisch ist eine nur pflichtmäßige Handlung wertlos, rechtlich hingegen ist

---

[27] *MSR*, AA VI, 214.

sie nicht zu beanstanden. Das Recht steht daher gar nicht auf dem Standpunkt der Moral, da es strenge Gesinnungsneutralität übt. Dennoch fließt es – ganz wie alle Moral – unmittelbar aus dem kategorischen Imperativ, d. h. aus dem Generalisierbarkeitspostulat, das freilich seiner mentalistischen Elemente entkleidet und so zur Beurteilung fremden Handelns tauglich wird. Damit wandelt sich innere Sittlichkeit zur äußeren Legalität, ethischer Selbstzwang zur äußeren Gesetzesherrschaft.[28] Als rechtsbegründende Formel ergibt sich: Die Freiheit einer Pluralität von Agenten muß unter der Herrschaft eines allgemeinen Gesetzes gewahrt und gesichert werden. Rechtsförmig ist mithin jede Handlung, welche ein solches freiheitswahrendes Gesetz nicht verbietet.[29] Damit ist der Ausgangspunkt gefunden, aus dem alles weitere hergeleitet werden kann. Der kategorische Imperativ in rechtsförmiger Gestalt ist das von Kelsen ohne Erfolg gesuchte fundamentum iuris, die Grundformel. Freilich hat sie nicht den Charakter einer Regel zur Regelerzeugung. Ihr diese Gestalt zu geben und damit die Kantische Theorie dem rechtspositivistischen Programm anzunähern, zeichnet Rawls' und Habermas' Reinterpretation des Kantischen Ansatzes aus.

Nachdem Kant die Grundformel des Rechts aufgefunden hat, wird es ihm möglich, das äußere praktische Verhältnis, in welchem Personen zueinander stehen, zu bestimmen. Hier kommen drei für eine jede Theorie des Rechts grundlegende Aspekte zur Sprache – die Pluralität von Personen, ihre Intersubjektivität sowie die reziproke Korrelation, in welcher sie zueinander stehen. Damit nämlich sinnvoll von Recht gesprochen werden kann, muß angenommen werden, daß es mehr als einen Träger von Rechten gibt. Diese Rechtsträger sind so aufeinander ausgerichtet, daß die Willkür des einen mit der Willkür des anderen in Konflikt zu geraten vermag. Ist dies der Fall, liegt ein Unrecht vor. Unrecht-Tun heißt Hindernisse für die Willkürfreiheit eines anderen aufzubauen, obwohl sie nach einem allgemeinen Gesetz mit der aller anderen vereinbar ist. Gegen dieses Hindernis setzt das Recht den Rechtszwang, d. h. ein Hindernis des Hindernisses.[30] Dieser Zwang

---

[28]   *Metaphysik der Sitten* (*Tugendlehre*), abgek.: *MST*, AA VI, 397.

[29]   Vgl. *KrV*, A 301, AA IV, 193; B 358, AA III, 239; *Über den Gemeinspruch*, AA VIII, 289f; Reflexion Nr. 6738, AA XIX, 145.

[30]   *MSR*, AA VI, 231; *MST*, AA VI, 396.

tritt allerdings nicht – wie der Rechtspositivist annehmen muß – zur Verbindlichkeit des Rechts hinzu, sondern er ist sein unmittelbares Element.[31] Denn die Kompatibilität der Rechtssubjekte ist ja genuiner Bestandteil einer jeden Rede von Recht. Zwang muß daher als die Triebfeder eines Subjektes verstanden werden, das lediglich einer äußeren Gesetzgebung unterstellt ist. Mithin kann nicht sinnvoll von Recht gesprochen werden, wenn nicht auch zugleich die Befugnis zur Kompatibilitätserzwingung zugestanden wird.[32] Kelsens Annahme, das Naturrecht verliere gleichsam seine Unschuld, wenn es Zwang zu seiner Verwirklichung verwende, überträgt fälschlicherweise die Schwäche eines nur positiven Rechts, dem legitimes Zwingen-Können äußerlich ist, auf das Natur- bzw. Vernunftrecht.

Nach den referierten begrifflichen Vorarbeiten kann Kant bestimmen, wie die Rede von einem jedem Menschen angeborenen Recht, d. h. einem Menschenrecht, zu verstehen ist. Es benennt die Freiheit, welche unter einem allgemeinen Gesetze mit der Freiheit aller anderen zusammenstimmt. Weitere Angaben, welche man noch machen mag, etwa die Gleichheitsgarantie, leiten sich aus diesem Freiheitsrecht her.

III

Die in der kontemporären philosophischen Debatte um die Grundlegung des Rechts an Kant geübte Kritik läßt sich fast durchgängig auf das Faktum zurückführen, daß man den Anspruch, reine Vernunft als den Kontext aller Kontexte bestimmen und aus ihr alles weitere deduzieren zu können, als unerfüllbar und daher auch als maßlos empfindet. Dies äußert sich häufig in einem anti-metaphysischen Affront;[33] denn Kant nennt ja „ein System der Erkenntniß a priori aus bloßen Begriffen" „Metaphysik".[34] Man bemüht sich daher, das Dekontextualisierungspostulat so weit abzumildern, daß Elemente einer wie auch immer

---

[31] Vgl. hierzu auch Kants Rezension der Schrift Hufelands *Versuch über den Grundsatz des Naturrechts* (Leipzig 1785), AA VIII, 128f.

[32] *MSR*, AA VI, 232.

[33] Vgl. Rawls, 1985, S. 230; Rawls, 1993, S. 126f; Habermas, 1981, Bd. 1, S. 518f; Habermas, 1986, S. 25; zu Rawls vgl. Höffe, 1995, S. 318ff.

[34] *MSR*, AA VI, 216.

näher zu bestimmenden Lebenswelt Berücksichtigung finden. Diesem Bestreben dienen sowohl Rawls' „original position" als auch die von Habermas in die Debatte eingeführten Diskursprinzipien. Beide zollen der von Kelsen behaupteten unvermeidlichen rechtspositivistischen Erweiterung des Naturrechts Tribut.

IV

Das Theorem der „original position" versteht Rawls als eine prozedurale Reinterpretation des kategorischen Imperativs.[35] Sie dient ihm in seiner *Theory of Justice* dazu, Prinzipien zu erzeugen, welchen soziale Institutionen entsprechen müssen, wenn sie ‚gerecht' genannt werden wollen. Rawls meint, die Konstruktion einer Ursprungssituation sei nötig, da die gesuchten Prinzipien einerseits nicht selbst-evident seien, andererseits aber auch nicht induktiv gewonnen werden könnten; denn – so die Grundannahme – sie bestehen überhaupt nur dann, wenn sie in einem bestimmten Verfahren erzeugt werden.[36]

In der „original position" sitzen die Menschen hinter dem bekannten Schleier des Nicht-Wissens, der sie so weit ihrer Partikularität enthebt, daß sie nicht mehr in der Lage sind, für sich als Individuen vorteilhafte Entscheidungen zu treffen. Dennoch urteilen sie nun nicht etwa altruistisch, sie verbleiben vielmehr Personen, die zweckrational den eigenen Vorteil im Blick haben. Dies tun sie freilich so, daß sie an anderen Menschen kein Interesse nehmen, also nicht etwa neidisch, aber eben auch nicht wohlmeinend oder gar fürsorglich sind. In späteren Arbeiten spricht Rawls von Repräsentanten der Bürger, die einerseits vernünftig („reasonable"), andererseits rational („rational") sein müssen.[37] Doch auch diese Bestimmungen können das Faktum nicht verhehlen, daß in Rawls' Beschreibung der „original position" Elemente einer ganz bestimmten Anthropologie Aufnahme finden.[38]

Die Restriktionen, welche der Schleier erzeugt, dienen dazu, eine Vernünftigkeit hervorzubringen, die einer Vorstellung des Guten ver-

---

[35] Rawls, 1973, S. 256.
[36] Vgl. Rawls, 1973, S. 136.
[37] Vgl. Rawls 1993, S. XX, 49-55, 300.
[38] Vgl. Höffe, 1995, S. 309.

pflichtet ist, von der man allerdings weiß, daß sie sich später in gewissen religiösen, philosophischen bzw. moralischen Vorstellungen konkretisieren wird. Damit hat das vernunftrechtliche Programm insofern eine erhebliche Veränderung erfahren, als man sich nun nicht mehr darum bemüht, zu einem unhintergehbar Ersten der praktischen Vernunft zu gelangen. Man setzt sein Vertrauen vielmehr in ein ganz bestimmtes Verfahren, welches so ausgelegt sein muß, daß es sowohl Rechtsprinzipien als auch Rechtsregeln zu erzeugen vermag. Damit ist die prozedurale Reinterpretation des vernunftrechtlichen Ansatzes Kants auf den Weg gebracht.

Zu dem Konstrukt der „original position" tritt als Korrektiv das Überlegungsgleichgewicht, d. h. das systematische Ganze unserer wohlabgewogenen Gerechtigkeitsvorstellungen, welches dadurch zustande kommt, daß die verschiedenen Urteile, welche wir intuitiv fällen, in einen kohärenten Zusammenhang gebracht werden.[39] Die im Überlegungsgleichgewicht hergestellte kohärente Auffassung kann – ganz im Sinne der von Kelsen vorgenommenen Kennzeichnung eines der Wirklichkeit ausgesetzten Naturrechts – genausowenig Wahrheitsanspruch im Sinne der Adäquationstheorie erheben wie die in der „original position" mit ihrer Hilfe zu erzeugenden Prinzipien dies können.[40] Gesichert wird sie nur durch das Verfahren, welches sie durchläuft; sie muß daher ihrerseits den Bedingungen der „original position" ausgesetzt werden. Sollten sich hier Differenzen ergeben, dann muß sowohl das Überlegungsgleichgewicht modifiziert als auch die Dichte des Schleiers so lange verändert werden, bis alle Widersprüche ausgeräumt sind. Ist dies erreicht, hat die prozedurale rechtstheoretische Vernunft den Standort konstruiert, von dem aus die Prinzipien der Gerechtigkeit formuliert werden können.

Rawls löst also das Regressus-Problem, von welchem der Rechtspositivismus bedroht ist, indem er einen Begründungszirkel konstruiert.[41] Er bringt die „original position" in Abhängigkeit vom kohärenten common sense et vice versa. Was vom Kantischen Programm einer vernunftrechtlichen Begründung hier zurückbleibt, ist lediglich die als inter-subjektiv gültig empfundene Grundlegung des Rechts, welche den

---

[39] Vgl. Rawls, 1973, S. 47ff.
[40] Rawls, 1973, S. 21.
[41] Zur Kritik dieser Figur vgl. Lyons, 1989.

jeweiligen Kontexten aller Beteiligten so weit angepaßt ist, daß ihre
Revisionsbedürftigkeit konstitutiver Bestandteil des Verfahrens wird.
Nur das Procedere selbst bleibt stets unverändert.

V

Auch Habermas ersetzt das apriorische Vernunftrecht Kantischer Provenienz durch ein Verfahren, dem er trans-positive Gültigkeit zuspricht;
auch er hofft, ohne die metaphysischen Verstrickungen reiner Begriffe
ein positives Recht erzeugen zu können, welches nicht unter dem Legi-
timitätsdefizit des Rechtspositivismus leidet. Von Rawls grenzt er sich
dadurch ab, daß er die Berechtigung der in die Beschreibung der „original position" eingeflossenen anthropologischen Prämissen bezweifelt. Er stellt dem negativen Freiheitsbegriff der angelsächsischen Tradition eine positive Auffassung gegenüber, indem er feststellt, Individuen
grenzten sich voneinander nicht durch Ausschluß ab, sondern indem sie
sich in einem demokratischen Prozeß „öffentlichen Vernunftgebrauchs"
gemeinsam ein Gesetz gäben, als dessen Autor sich jedermann verstehen könne.[42]
Was hier als konkurrierende Anthropologie präsentiert wird, erweist
sich bei näherem Hinsehen freilich schnell als ein diskursmoralisches
Postulat, welches die von Kant eingeleitete Trennung von Recht und
Moral, d. h. die strikte Gesinnungsneutralität des Rechts, im Ansatz
aufzuheben droht. Habermas will nämlich das aufgeklärte Selbstinteresse der Rawlsschen Individuen schlicht verbieten. Er begründet diese
Haltung, indem er an den Menschen, die sich in der „original position"
befinden, kritisiert, sie seien wegen ihres nicht aufgehobenen Egoismus
nicht in der Lage, die Perspektive des jeweils anderen einzunehmen.[43]
Dies sei aber durchaus nötig, wenn das Verfahren die nötige Dignität
besitzen solle.
Den Hintergrund für diese Forderung bildet die Unterscheidung
erfolgs- und verständigungsorientierter Rationalität. Für die erste gilt:
Man muß es mit zurechnungsfähigen Personen zu tun haben, die zwischen Alternativen wählen und zumindest einige der Bedingungen,

---

[42]   Habermas, ²1997 b, S. 126.
[43]   Habermas, ²1997 b, S. 69.

unter denen sie leben, verändern können.[44] Für die verständigungsorientierte Rationalität tritt eine weitere Anforderung hinzu; hier gilt nämlich nur als zurechnungsfähig, wer sich in seinem Handeln an „intersubjektiv anerkannten Geltungsansprüchen" zu orientieren vermag.[45] Das Medium der von so bestimmten Individuen geführten Auseinandersetzungen ist die Argumentation. Man erhebt Geltungsansprüche und versucht diese durch Angabe von Gründen einzulösen. Ein Diskurs liegt freilich erst dann vor, wenn die Beteiligten zudem unterstellen, daß äußere Zwänge die Verständigung nicht behindern.[46] Damit diese Annahme gerechtfertigt ist, dürfen die Partner keine strategische Haltung einnehmen, d. h. sie müssen dem Rawlsschen Egoismus entsagen, eine diskursmoralisch begründete Negation ihrer jeweiligen Geneigtheit vollziehen.

Habermas reformuliert damit als Bedingung der Möglichkeit eines Diskurses die Notwendigkeit eines Handelns aus Pflicht: nicht eine strategische, d. h. jeweilige Neigungen verfolgende, sondern eine normregulierte Orientierung ermöglicht es den Mitgliedern einer sozialen Gruppe, sich an gemeinsamen Werten zu orientieren. Diese Werte soll der Diskurs erzeugen, aber sie müssen zugleich bereits respektiert sein, wenn er überhaupt soll stattfinden können. Damit setzt sich der gesamte Ansatz einem petitio-principii-Vorwurf aus,[47] dem nur dadurch zu begegnen ist, daß der Diskurs moralische Neutralität gewinnt. Eben diese Revision vollzieht Habermas in seinen spezifisch rechtstheoretischen Überlegungen. Sie konstatieren eine interne Beziehung zwischen Recht und Moral,[48] welche in einer Verschränkung von rechtlichem Verfahren und moralischer Argumentation bestehe, die freilich erst dann evident werde, wenn alle natur- und vernunftrechtlichen Begründungen des Rechts obsolet, wenn das Recht als lediglich gesatztes Recht aufgefaßt werde. Die Funktion gesatzen Rechts bestimmt Habermas auf folgende Weise: Moderne Wirtschaftsgesellschaften sind durch eine große Zahl strategischer Interaktionen gekennzeichnet. Die hier notwendig auftretenden Konflikte können nur dann bewältigt werden, wenn man diese strategischen Interaktionen normativ regelt. Solche

---

[44] Habermas, 1981, Bd. 1, S. 34.
[45] Habermas, 1981, Bd. 1, S. 34.
[46] Habermas, 1981, Bd. 1, S. 71.
[47] Vgl. Tugendhat, 1992, S. 300; Tugendhat, ³1995, S. 165.
[48] Habermas, ⁵1997 a, S. 550.

Regelungen müssen einerseits die strategisch kalkulierenden Subjekte zur Regelkonformität zwingen, andererseits haben sie aber auch sozial-integrative Kraft zu entfalten. Denn der pure äußere Zwang garantiert niemals die wirkliche Herrschaft der Gesetze, die Menschen müssen sie vielmehr auch als gültige Normen akzeptieren und ihnen somit eine ihnen inhärente zwingende Kraft zuschreiben, d. h. sie müssen sich der von Kant konstatierten Einheit von Recht und Zwang bewußt sein. Eine solche Auffassung gewinnen sie aber nur dann, wenn die rechtlichen Regelungen auf Geltungsansprüchen beruhen, die intersubjektiv anerkannt sind.[49]

Die Normen müssen bei den Gliedern einer Gemeinschaft mithin auf zwei Weisen Wirksamkeit entfalten – einmal dadurch, daß sie – äußerlich – zwangsbewehrt sind, zum anderen dadurch, daß man ihnen Legitimität attestiert. Da diese Legitimitätszuschreibung nicht durch eine Kantische vernunftrechtliche Reflexion erfolgen soll, kann sie nur noch aus dem Procedere gewonnen werden, dem sich das Recht verdankt. Dieses wiederum ist in einem allgemeinen – nun als moralisch neutral aufgefaßten – Diskursprinzip begründet, welches nur diejenigen Handlungsnormen, d. h. generalisierte Verhaltenserwartungen, für normativ gültig erklärt, denen alle potentiell Betroffenen in einem rationalen Diskurs, d. h. im Rahmen einer durch äußere Zwänge nicht eingeschränkten argumentativen Verständigung, zustimmen könnten.[50] Aus dem allgemeinen Diskursprinzip wird dann ein spezifisches Moral- und ein das Recht erzeugendes Demokratieprinzip abgeleitet.

Strikte Universalisierbarkeit verlangt Habermas dann nur für die aus dem Prinzip der Moral resultierenden Normen; denn hier sei die gesamte Menschheit das Bezugssystem. Rechtsvorschriften hingegen, welche sich aus dem Demokratieprinzip ergeben sollen, seien auf die Lebensform eines bestimmten politischen Gemeinwesens beschränkt. Recht und Moral unterscheiden sich mithin durch unterschiedliche Dekontextualisierungsstufen. Im Felde des Rechts müssen nur die individuellen und die gruppenspezifischen Besonderheiten abgeblendet werden, die lebensweltlichen Bedingungen aber dürfen bestehen bleiben.

---

[49]   Habermas, ⁵1997 a, S. 44.
[50]   Habermas, ⁵1997 a, S. 138.

Fragwürdig an dieser Lösung erscheint freilich, ob durch die Behauptung, das allgemeine Diskursprinzip sei moralisch neutral, der petitio-principii-Vorwurf wirklich ausgeräumt werden kann. Denn es fragt sich ja noch immer, wie denn die Regeln zu rechtfertigen sind, welchen der Diskurs selbst untersteht. Dem an Kant geschulten Leser stellt sich hier der Verdacht ein, daß es schließlich doch die reine praktische Vernunft ist, welche vor allem Diskurs festlegt, wie zu verfahren sei. Damit wäre allerdings zugestanden, daß wir es hier in der Tat mit dem Horizont aller Horizonte zu tun hätten.

VI

Kelsen konstatiert, das Naturrecht, wenn es wirklich werden wolle, habe seinen Anspruch auf Wahrheit und Evidenz an eine Organisation abzutreten, die – mit Mitteln der Rechtserzwingung ausgestattet – durchsetzen könne, was es selbst nur zu postulieren vermöge. Daß damit nicht das Kantische Vernunftrecht gemeint sein kann, erhellt aus der Tatsache, daß hier Recht und Zwang unmittelbar eins sind. Diese Einheit geht freilich verloren, wenn eine Herleitung aus apriorischer Begrifflichkeit unter Metaphysikverdacht gesetzt und durch eine prozedural zu erwirkende Legitimation ersetzt werden soll. Denn nun unterscheidet sich das Vernunftrecht zunächst in nichts vom positiven Recht. Alles ruht hier auf der Dignität, welche dem jeweiligen Verfahren attestiert werden kann. Von zwei Seiten droht hier Ungemach – einmal durch eine halbherzig vorangetriebene Dekontextualisierung, wie sie sich in Rawls' anthropologischen Prämissen zeigt, zum anderen durch eine an sich selbst nicht mehr zu rechtfertigende moralische Grundlegung des Procedere, wie Habermas sie in seinem Verbot strategischen Denkens zum Ausdruck bringt. Daß beide Schwierigkeiten einander bedingen, liegt auf der Hand: Rawls traut Kantischer Vernunft nicht mehr zu, ein objektives Prinzip der Rechtsfundierung herbeischaffen zu können und schraubt aus diesem Grunde das Dekontextualisierungsgebot so weit zurück, daß es nur noch eine bestenfalls intersubjektive Gültigkeit zu erwirken vermag; da diese aber ein unerwünschtes Maß an empirischer Verunreinigung mit sich zu bringen droht, sieht Habermas sich gezwungen, die Maßgaben der reinen praktischen Vernunft im Gewande diskursmoralischer Prinzipien zu reimportieren.

Literatur

Achenwall, G./Pütter, J. S., 1995, *Anfangsgründe des Naturrechts* (*Elementa iuris naturae*), lat./dt., hrsg. u. übers. von J. Schröder (erstmals Göttingen 1750), Frankfurt/M.: Insel.

Arendt, H., 1982, *Lectures on Kant's Political Philosophy*, hrsg. von R. Beiner, Brighton: Harvester Press.

Austin, J., 1955, *The Province of Jurisprudence Determined*, London: Weidenfeld and Nicolson.

Habermas, J., 1981, *Theorie des kommunikativen Handelns*, 2 Bde., Frankfurt/M.: Suhrkamp.

Habermas, J., 1986, *Moralität und Sittlichkeit. Treffen Hegels Einwände gegen Kant auch auf die Diskursethik zu?*, in: W. Kuhlmann (Hrsg.), *Moralität und Sittlichkeit. Das Problem Hegels und die Diskursethik*, Frankfurt/M.: Suhrkamp, S. 16-37.

Habermas, J., ⁵1997 a, *Faktizität und Geltung. Beiträge zur Diskurstheorie des Rechts und des demokratischen Rechtsstaats* (zuerst 1992), Frankfurt/M.: Suhrkamp.

Habermas, J., ²1997 b, *Die Einbeziehung des Anderen. Studien zur politischen Theorie*, Frankfurt/M.: Suhrkamp.

Hart, H.L.A., 1961, *The Concept of Law*, Oxford: Clarendon.

Hegel, G.W.F., 1986, *Theorie-Werk-Ausgabe*, 20 Bde., hrsg. von E. Moldenhauer/K. M. Michel, Frankfurt/M.: Suhrkamp.

Höffe, O., 1995, *Kategorische Rechtsprinzipien. Ein Kontrapunkt der Moderne*, Frankfurt/M.: Suhrkamp.

Hume, D., 1982, *A Treatise of Human Nature*, hrsg. von L. A. Selby-Bigge/P. H. Nidditch (zweite Auflage), Oxford: Oxford UP.

Ilting, K.-H., 1981, *Gibt es eine kritische Ethik und Rechtsphilosophie Kants?*, in: *Archiv für Geschichte der Philosophie* 63, S. 325-345.

Kaulbach, F., 1982, *Studien zur späten Rechtsphilosophie Kants und ihrer transzendentalen Methode*, Würzburg: Königshausen & Neumann.

Kelsen, H., 1928, *Die philosophischen Grundlagen der Naturrechtslehre und des Rechtspositivismus* (= *Philosophische Vorträge. Veröffentlicht von der Kant-Gesellschaft*, hrsg. von P. Menzer/A. Liebert, Bd. 31), Berlin: Pan.

Kelsen, H., ²1960, *Reine Rechtslehre. Mit einem Anhang: Das Problem der Gerechtigkeit*, Wien: Franz Deuticke.

Kelsen, H., 1989, *Die Idee des Naturrechts*, in: H. Kelsen, *Staat und Naturrecht. Aufsätze zur Ideologiekritik*, mit einer Einleitung von E. Topitsch, München: Fink, S. 73-114.

Kelsen, H., 2000, *Was ist Gerechtigkeit?* (Text nach dem Erstdruck Wien 1953), Stuttgart: Reclam.

Kersting, W., 1984, *Wohlgeordnete Freiheit. Immanuel Kants Rechts- und Staatsphilosophie*, Berlin/New York: De Gruyter.

Ludwig, B., 1988, *Kants Rechtslehre*, Hamburg: Meiner (= *Kant Forschungen*, hrsg. von R. Brandt/W. Stark, Bd. 2).

Lyons, D., 1989, *Nature and Soundness of the Contract and Coherence Arguments*, in: N. Daniels, (Hrsg.), *Reading Rawls. Critical Studies on Rawls' ‚A Theory of Justice'* (zuerst 1975), Stanford: Stanford UP, S.141-167.

Messner, J., ³1958, *Das Naturrecht. Handbuch der Gesellschaftsethik, Staatsethik und Wirtschaftsethik*, Innsbruck/Wien/München: Tyrolia.

Rawls, J., 1973, *A Theory of Justice* (zuerst 1971), Oxford: Oxford UP.

Rawls, J., 1985, *Justice as Fairness. Political not Metaphysical*, in: *Philosophy and Public Affairs* 14, S. 223-251.

Rawls, J., 1993, *Political Liberalism*, New York: Columbia UP.

Schmitz, H.-G., 2000, *... created equal. Lockes negatives Argument zur Begründung der Menschenrechte*, in: *Archiv für Rechts- und Sozialphilosophie* 86, S. 29-47.

Schopenhauer, A., 1977, *Werke in zehn Bänden. Züricher Ausgabe*. Text nach der hist.-krit. Ausgabe von A. Hübscher, Zürich: Diogenes.

Tugendhat, E., 1992, *Sprache und Ethik*, in: E. Tugendhat, *Philosophische Aufsätze*, Frankfurt/M.: Suhrkamp, S. 275-314.

Tugendhat, E., ³1995, *Vorlesungen über Ethik* (zuerst 1993), Frankfurt/M.: Suhrkamp.

13. Geschichtsphilosophie

Kant und die gegenwärtige Geschichtsphilosophie

EMIL ANGEHRN

Nach der Aktualität von Kants Denken im Kontext heutiger Geschichtsphilosophie zu fragen, versteht sich nicht von selbst, und dies in zweifacher Hinsicht. Zum einen gilt vielen als ausgemacht, daß geschichtliches Denken bei Kant allenfalls einen marginalen Stellenwert besitzt: Im Zentrum der Rezeptionsgeschichte seines Werks stehen die großen systematischen Abhandlungen, und auch in den kleineren historischen Schriften scheinen der apriorische Rahmen wie der aufklärerische Vernunftoptimismus einem wirklich geschichtlichen Ansatz fremd. Zum anderen wird Geschichtsphilosophie ihrerseits nicht als aktuelle Gestalt heutigen Denkens angesehen: Ihre klassischen Antworten sind seit langem der Kritik verfallen, selbst ihren Fragen scheint nur noch ein untergeordnetes oder historisches Interesse zuzukommen.

Die folgenden Überlegungen wollen dieses gängige Urteil nach beiden Hinsichten hinterfragen. Zu widersprechen ist zum einen der Ansicht, wonach kantisches Denken geschichtsfremd und für Geschichtsdenken irrelevant sei: Vielmehr ist zu zeigen, daß sich in Kants Schriften eine profilierte, im historischen Kontext wie für heutiges Denken bedeutsame Figur philosophischer Geschichtsreflexion ausmachen läßt. Zu prüfen ist zum anderen, ob nicht geschichtsphilosophische Reflexion auch für heutiges Denken einen unverzichtbaren Horizont der Selbstverständigung bildet. Beide Überlegungen verbinden sich zur Frage, inwiefern Kants Entwurf für diese Reflexion ein Modell oder zumindest einen wichtigen Referenzpunkt darstellt.[1]

Um diesen Fragehorizont auszuleuchten, ist zunächst die Problemlage der Geschichtsphilosophie heute zu skizzieren; vor ihrem Hintergrund ist das Spezifische des Kantischen Ansatzes herauszuarbeiten und nach dessen Relevanz für heutige (Geschichts-)Philosophie zu fragen.

---

[1] Zur Bedeutung Kants für die gegenwärtige politische Philosophie vgl. auch den Beitrag in diesem Band von I. Fetscher.

1. Kritik der Geschichtsphilosophie

Ersichtlich ist der Dissens darüber, ob Geschichtsphilosophie heute fragwürdig, obsolet, ja inexistent oder weiterhin ein legitimer Gegenstand
der Reflexion sei, zum Teil ein Streit um Worte. Kritik und Krise der
Geschichtsphilosophie, soweit von ihnen unkontrovers die Rede sein
kann, betreffen einen bestimmten Typus philosophischer Geschichtsreflexion, der in klassischer Form durch Hegel ausgebildet wurde und
stellvertretend für die Disziplin als solche steht. Sein Kennzeichen ist
die umfassende inhaltliche Deutung der Geschichte der Menschheit,
die typischerweise als Fortschrittsgeschichte verstanden wird. Davon
lassen sich zumindest zwei andere Formen philosophischer Beschäftigung mit der Geschichte unterscheiden, die in zahlreichen Varianten im
19. und 20. Jahrhundert ausgebildet worden sind und nicht in gleicher
Weise der Kritik verfallen: zum einen die philosophische Theorie historischer Erkenntnis und Darstellung, zum anderen die Reflexion auf die
Geschichtlichkeit menschlicher Existenz. Geschichtsphilosophie fragt
typischerweise erstens nach dem Verlauf – nach Anfang und Ende, Pro-
zeßform, Richtung und Sinn – ,der' Geschichte, zweitens nach den Formen des Erkennens – des Verstehens, Erklärens, Beschreibens, Ausle-
gens, Konstruierens – von Geschichte, drittens nach dem, was es für den
Menschen bedeutet, geschichtlich zu sein und in der Geschichte zu existieren. Diese Fragerichtungen sind nicht abgelöst voneinander und in
umfassenden Konzepten eng miteinander verknüpft; doch stehen sie für
unterschiedliche Erkenntnisinteressen und sind mit verschiedenen Problemen verbunden.

Das Problematische ,substantialistischer'[2] Geschichtsphilosophien
liegt in ihren Unterstellungen, die mehreres betreffen. Sie betreffen
zum einen den umfassenden, menschheitlichen Horizont, den Geschichtsphilosophie von den Universalhistorien des 18. Jahrhunderts
(oder, so eine andere Lesart, den heilsgeschichtlichen Prämissen)
auf die philosophische Geschichtskonstruktion überträgt – als ob
ausgemacht wäre, daß nicht nur von Individuen oder bestimmten
Gruppen, sondern von der Menschheit als solcher eine sinnvolle
Geschichte zu erzählen sei (wie wenn wir, so Spenglers Ironisierung,
der „Gattung der Schmetterlinge oder Orchideen" ein Ziel unterstell-

---

[2]   So die Bezeichnung bei Danto, 1974.

ten³). Die Voraussetzung betrifft zum zweiten, damit verwandt, die Einheitskonstruktion: Zu prüfen ist, wieweit wir die Geschichte eines Subjekts – vom Individuum über Gruppen und Völker zu Epochen und Zivilisationen – als einheitliche auffassen können, wieweit die Vereinheitlichung in den ‚grands récits‘ (F. Lyotard) nicht die Kontingenz und Pluralität alles Geschichtlichen gewaltsam überformt. Zu problematisieren ist drittens die Rationalität der Geschichte als theoretische wie als praktische: sowohl die Annahme, daß sich Geschichte systematisieren und nach Gesetzmäßigkeiten begreifen läßt, wie das weitergehende Postulat, daß sich in ihr ein Sinn und Zweck erkennen lassen. ‚Vernunft in der Geschichte‘ lautet Hegels Programmwort für diese doppelte Unterstellung. Kritisch hinterfragt werden, viertens, Interpretamente und Motive dieser praktischen Vernunftsupposition: die Ideen des Fortschritts, der Steuerbarkeit und Machbarkeit der Geschichte, aber auch inhaltliche Leitvorstellungen der Naturbeherrschung, der Emanzipation, des Wachstums, der Rationalisierung und Globalisierung. Als problematisch erweisen sich in alledem schließlich nicht nur gleichsam ‚überschwengliche‘, das Handeln überfordernde oder erkenntnismäßig nicht einholbare Ideale, sondern Merkmale philosophischen Geschichtsdenkens, die dieses in sich als zwiespältig, irrational, letztlich als Verfehlen eines geschichtlichen Weltbezugs erscheinen lassen: so das Absehen auf Notwendigkeit und Gesetzmäßigkeit (bis hin zum Geschichtsautomatismus), die organizistischen oder technizistischen Leitvorstellungen, die Tendenzen zur Totalisierung und zur Geschlossenheit des Geschichtsbildes.

Solche Grundzüge kennzeichnen, wie gesagt, einen Idealtypus, der mit dem Kulminationspunkt philosophischer Geschichtskonstruktion bei Hegel und Marx assoziiert wird und der seit der Mitte des 19. Jahrhunderts weithin der Kritik verfallen ist. Neben ihm – und gegen ihn – haben sich andere Gestalten philosophischer Geschichtsreflexion herausgebildet und erhalten, die im Verhältnis zum emphatischen Projekt einer materialen Gesamtdeutung teils als „Schwundstufen" der Geschichtsphilosophie erscheinen;⁴ teils treten sie nicht als Reduktionsformen, sondern als Gegenkonzepte auf, welche Geschichte – gegen ihre geschichtsphilosophische Aushöhlung – als Thema der Philoso-

---

³ Spengler, 1923, S. 28.
⁴ Vgl. Marquard, 1973, S. 23ff; Nagl-Docekal, 1996 b, S. 8ff.

phie und als Bedingung menschlicher Existenz ernst nehmen wollen. Bewegungen der Marginalisierung und der Aufwertung des Geschichtlichen begegnen und überlagern sich im Feld der Philosophie wie in der kulturellen Öffentlichkeit. Diagnosen vom Ende der Geschichte und posthistorische Strömungen standen in den vergangenen Jahrzehnten neben Renaissancen des historischen Interesses, neuen Arbeitsfeldern historischer Forschung und einer breiten, unterschiedliche Disziplinen berührenden Konjunktur der Erinnerungs- und Gedächtnisthematik. Dabei ist das Fazit der mannigfachen Bewegungen und Gegenbewegungen kein einsinniges. Wie sich kollektives Vergessen und Erinnerungskultur in der Gesellschaft zueinander verhalten, bleibt ebenso offen wie die Auseinandersetzung um Obsoletheit oder Rehabilitierung der Geschichtsphilosophie oder das generelle Schwanken der Philosophie zwischen historischer und systematischer Orientierung.

Im Folgenden ist diesen Fragen nicht in diesem umfassenden Horizont nachzugehen. In engerer Fokussierung auf Geschichtsphilosophie ist zu prüfen, wieweit sich von Kants Schriften her Perspektiven einer substantiellen Verständigung über Geschichte – über die Bedeutung historischen Bewußtseins und die Möglichkeiten philosophischer Geschichtsdeutung – eröffnen. Auszugehen ist von der Feststellung, daß die genannte Diskreditierung der Geschichtsphilosophie in erster Linie Ansätze wie den Hegelschen oder Marxschen trifft. Dabei soll die Berechtigung dieser Kritik, die in der Festlegung Hegels oder Marx' auf die monierten Merkmale oft karikierende Züge annimmt, nur sekundär Thema sein (und ebenso die Frage, wieweit überhaupt die Diagnose vom Absterben der Geschichtsphilosophie tatsächlich zutrifft). Die leitende Hypothese der folgenden Betrachtungen geht dahin, daß die Vorwürfe jedenfalls Kants Geschichtsdenken nicht in gleicher Weise treffen, ja, daß dieses einer heutigen Reflexion, gegen den Paradigmenstatus jener Konzepte, gerade als orientierendes Modell dienen kann. In Kants Geschichtsphilosophie, so eine Vermutung von H. Nagl-Docekal, lassen sich „unabgegoltene Motive"[5] ausmachen, die ihre Gültigkeit nicht eingebüßt haben und deren produktives Potential anzueignen bleibt. Zur Pointe dieser Betrachtungsweise gehört, daß gerade der Rückgriff auf eine Position, die der klassischen

[5] Nagl-Docekal, 1996 b, S. 28.

Geschichtsphilosophie vorausliegt, über deren Grenzen und Aporien hinausweisen kann.

2. Grundzüge der Geschichtsphilosophie Kants

Zu den Merkmalen der Kantischen Geschichtsphilosophie gehört ihr spezifischer Ort zwischen theoretischer und praktischer Philosophie. Sie ist weder sozialphilosophische Prophetie noch politische Utopie, weder Totaltheorie noch programmatische Anweisung. Sie ist der Versuch, einen umfassenden Horizont des politischen Handelns zu zeichnen und dabei zweierlei zu vermitteln: den normativen Aufweis des Endzwecks – der weltbürgerlichen Ordnung – und die theoretische Vergewisserung einer Geschichte, deren Leitfaden die Realisierung dieses Zwecks bildet. Sie entspricht darin dem Prototyp klassischer Geschichtsphilosophie, sofern sie den enzyklopädischen Ausgriff universalhistorischer Entwürfe durch eine Theorie des Richtungssinns der Geschichte ergänzt und diesen durch eine inhaltliche Deutung der Geschichte der Menschheit konkretisiert. Allerdings nimmt Kant hier eine Unterscheidung vor, die ihn etwa von Hegel unterscheidet: Nur der apriorische „Leitfaden", nicht die materiale Ausführung dieser Geschichte ist bei ihm Gegenstand geschichtsphilosophischer Reflexion. Inhaltliche Bezüge auf Episoden und Epochen dienen der Illustration und Plausibilisierung des Grundkonzepts, nicht der narrativen Entfaltung des Geschichtsbildes; schon von daher trifft ein Teil der gängigen Vorbehalte gegen substantialistische Geschichtsvisionen bei Kant ins Leere. Doch kommt auch der Gewinnung jenes Leitfadens für sich eine Bedeutung zu, die sich nicht in der Orientierungsfunktion für empirische Geschichtsschreibung erschöpft, sondern unseren Geschichtsbezug und unser Geschichtsverständnis im ganzen berührt.

Es ist der Leitfaden einer aufklärerischen Fortschrittsgeschichte, die dem Menschen als ideales Ziel vorgibt, sein Schicksal selbst an die Hand zu nehmen und sein Leben frei und vernünftig zu gestalten. Als „vernünftige Weltbürger" handeln die Menschen dann, wenn sie „nach einem verabredeten Plane, im ganzen verfahren":[6] Dies ist die unstrittige

---

[6]   *Idee zu einer allgemeinen Geschichte in weltbürgerlicher Absicht* (abgk.: *Idee*), AA VIII, 17.

Zielperspektive des hypothetisch entworfenen Geschichtsbildes. Allerdings kontrastiert sie mit dem real erfahrbaren „Tun und Lassen" der Menschen „auf der großen Weltbühne" aufs schärfste, so daß sich der Geschichtsbetrachter, der nicht einfach unbeteiligter Zuschauer ist, eines „gewissen Unwillens nicht erwehren" kann;[7] die Frage ist, welche Argumente die Geschichtsphilosophie gegen diesen Unwillen oder die Resignation anzubieten vermag. Kants Disposition besteht darin, der mangelnden Erfahrung gleichsam eine andere Basis zu substituieren, um die Hypothese eines im ganzen rationalen Gangs der Geschichte zu plausibilisieren. Das Desiderat wäre, ein Analogon zur rationalen Zweckmäßigkeit, wie wir sie in einzelnen Handlungen antreffen, für kollektives Handeln, letztlich das Handeln der Menschheit im Ganzen ausmachen zu können. Da uns dies manifesterweise versagt bleibt, schlägt Kant vor, es anstelle der Handlungsteleologie mit der Naturteleologie zu versuchen und, in Ermangelung einer Handlungsabsicht, nach einer Naturabsicht im Gang der Dinge zu forschen – womit er die weitere (in anderen Konzepten als Vorsehung oder als List der Vernunft beschriebene) Figur verbindet, daß die beiden Absichten in zweifacher Weise konvergieren, sofern die Naturabsicht letztlich der Zielbestimmung der Menschen zugute kommt und diese in ihrem Tun unbewußt und unwillentlich an der Beförderung der Naturabsicht arbeiten („an welcher, selbst wenn sie ihnen bekannt würde, ihnen doch wenig gelegen sein würde").[8]

Die Supposition einer Naturteleologie als Fundament des historischen Fortschritts enthält zusätzliche Annahmen. Zum einen überträgt sie nicht einfach die Idee organischen Wachstums auf geschichtliche Prozesse, sondern entwirft eine Art indirekter Handlungsrationalität in der Geschichte. Die naturale Zweckmäßigkeit ist gewissermaßen auf ihre Selbsttranszendierung angelegt, sofern sie gerade selbstbestimmtes Handeln hervorbringen soll, und sie bedient sich zu diesem Zweck eines Mechanismus, in welchem die subjektive Vernunft über ihre egoistisch-zweckrationale Ausrichtung hinaus zur Verwirklichung objektiver Ziele der Menschheit gedrängt wird: über den Antagonismus zur Vergesellschaftung, über die „Ehrsucht, Herrschsucht oder Habsucht" zum kulturellen und politischen Fortschritt, über den Handelsgeist zur

---

[7] *Idee*, AA VIII, 17.
[8] *Idee*, AA VIII, 17. Vgl. zur Teleologie auch den Beitrag in diesem Band von P. Guyer.

Völkerverständigung, über die „pathologisch-abgedrungene Zusammenstimmung" zum „moralischen Ganzen".[9] So enthält die Idee einer fürsorglich-zweckmäßigen Natur Elemente, die mit den Vorgaben des aufklärerischen Vernunftoptimismus konvergieren.

Zum anderen ist diese immanente Dialektik des Geschichtlichen, die aus den „natürlichen Triebfedern"[10] unseres Tuns Vernünftigkeit – der Verhältnisse, aber auch der Subjekte und ihres Wollens – hervorgehen läßt, unter die allgemeinen Prämissen einer teleologischen Betrachtung gestellt, deren Legitimität Kant besonders in der Einleitung der *Kritik der Urteilskraft* exponiert. Die teleologische Weltbeschreibung ist durch das Interesse der Vernunft bestimmt, das auf das Ganze, die Einheit, das Unbedingte zielt, doch keine Erkenntnis im strengen Sinn zu begründen vermag: Es ist Grundlage einer Betrachtung, die die Welt so auffaßt, wie wenn sie dem Bedürfnis und der Fähigkeit des Erkennens entgegenkäme, auf ihr mögliches Erfaßtwerden durch den Menschen hin angelegt wäre. Der Ausgriff auf Einheit und Ganzheit ist ein im Selbstverständnis des Menschen begründeter Ausgriff, der nicht nur eine heuristische Funktion für die wissenschaftliche Beschreibung und Erklärung der Natur erfüllt, sondern auch für das Selbst- und Weltverständnis des Menschen einen orientierenden Rahmen bildet. Wie die schönen Dinge in ihrem Wechselspiel von Kunst und Natur anzeigen, „daß der Mensch in die Welt passe",[11] so erlaubt die teleologische Deutung ein Vermitteln der Naturbeschreibung mit einem ethischen und theologischen Verständnis, das uns als moralische Handlungssubjekte und zugleich als „Weltwesen" unter anderen,[12] als Teil einer Welt begreifen läßt, und weist schließlich auf Geschichte als ein Ganzes hin, das uns nicht nur als Objekt gegenübersteht, sondern einen Horizont unseres eigenen Seins und Wollens bildet.

Die Begründetheit dieses Geschichtsbildes, die sich gleichsam der immanenten Plausibilität des teleologischen Ansatzes verdankt, wird von Kant durch eine zweite Stütze ergänzt, die gleichzeitig auf ein komplementäres inhaltliches Fundament der Geschichte verweist. Es ist die Lehre vom „Geschichtszeichen", worunter Kant ein Anzeichen für die

---

[9]   *Idee*, AA VIII, 21.
[10]   *Idee*, AA VIII, 21.
[11]   Refl. 1820 a: AA XVI, 127.
[12]   *KU*, § 87, AA V, 447-451.

„moralische Tendenz des Menschengeschlechts"[13] versteht, das seinerseits den Mangel einer direkten Erfahrung vom planmäßigen Gang der
Geschichte kompensiert. Ein solches Zeichen meint Kant in der enthu-
siastischen Anteilnahme der Öffentlichkeit an den Geschehnissen der
Französischen Revolution ausmachen zu können. Über den egoistisch-
zweckrationalen Handlungsimpuls hinaus, den die Naturteleologie für
höhere Zwecke wirken läßt, sieht Kant hier eine „moralische Anlage"
und „ein Vermögen im Menschengeschlecht zum Besseren" am Werk,
das uns legitimiert, das irreversible „Fortschreiten" der Menschheit zur
Erreichung der weltbürgerlichen Verfassung „auch ohne Sehergeist"
vorherzusagen.[14] Die teleologische Grundlagenreflexion wird durch
ein Zeugnis aus der historischen Erfahrung ergänzt, das jedoch, als
Beleg einer Tendenz, ebensowenig im strengen Sinn eine theoretische
Erkenntnis vom Verlauf der Geschichte im ganzen begründet.

Bedeutsam ist schließlich die Bestimmung der Dimensionen, in
denen die von Kant ins Auge gefaßte Menschheitsgeschichte spielt.
Sie präsentiert den umfassenden Horizont aufklärerisch-klassischer
Geschichtsphilosophie in einer markanten Konstellation. Geschichte
kommt in den Bereichen der zivilisatorisch-kulturellen Entwicklung
wie der moralischen Selbstbestimmung und politischen Gestaltung
zum Tragen (mit der Phasendifferenz, daß wir zwar „im hohen Grade
durch Kunst und Wissenschaft kultiviert" und beinahe im Übermaß im
gesellschaftlichen Verkehr „zivilisiert", doch weit davon entfernt sind,
„uns für schon moralisiert" halten zu dürfen[15]). Tragend ist zum einen
die Einsicht, daß eine stabilisierungsfähige Rechtswirklichkeit nicht
allein auf Institutionen und äußeren Regulierungen aufbauen kann,
sondern auf moralischem Handeln und subjektiven Haltungen beruhen muß. Wie im Moralischen die Qualität des Wollens und nicht die
äußere Normadäquanz über den Wert einer Handlung entscheidet, so
gilt in der geschichtlich-sozialen Realität, daß alles Gute, „das nicht auf
moralisch-gute Gesinnung gepropft ist", nur „Schein und schimmern-
des Elend" ist.[16] Auf der anderen Seite bleibt Geschichte im Bereich
der äußeren Verhältnisse situiert: Ihr Leitfaden ist nicht die moralische

---

[13]   *Der Streit der Fakultäten.* AA VII, 84f.
[14]   *Der Streit der Fakultäten.* AA VII, 85, 88.
[15]   *Idee,* AA VIII, 26.
[16]   *Idee,* AA VIII, 26.

Vervollkommnung des Menschengeschlechts, sondern die Institutionalisierung von Rechtsverhältnissen, die Sicherung des Friedens durch die
Errichtung einer weltbürgerlichen Gesellschaft. Teilt Kant die politischrechtsphilosophische Zentrierung mit Hegels Geschichtsphilosophie, so
transzendiert er deren Rahmen (wie den der überkommenen politischen
Philosophie), indem er das gemeinsame Leitmotiv der Verwirklichung
der Freiheit jenseits des Einzelstaats zur Geltung bringt und die rechtsförmige Gestaltung der zwischenstaatlichen Beziehungen, letztlich der
Weltgesellschaft ins Auge faßt. Jenseits des Kreislaufs der Verfassungen und der Errungenschaften des bürgerlichen Staats wird die Gestaltung des Politischen einer progressiven Realisierung in einer offenen
Zukunft übertragen. Der politischen Fokussierung des aufklärerischen
Geschichtsdenkens korrespondiert von der Gegenseite die Historisierung klassischer Politik.[17]

Soweit sind einige Motive und Merkmale benannt, die Kants philosophisches Geschichtskonzept charakterisieren. Es sind nun spezifische
Züge dieses Konzepts auszuführen, die seine Eigenart gerade im Kontext neuerer Diskussionen, im Spannungsfeld zwischen Kritik, Rehabilitierung und Transformation philosophischen Geschichtsdenkens
ausmachen. Sie lassen sich unter zwei Stichworte subsumieren: die
Offenheit und die praktische Funktion der Geschichtsphilosophie.

3. Die Offenheit des Geschichtsdenkens

Die Hauptstoßrichtung der Kritik an der Geschichtsphilosophie zielte
auf die metaphysischen Einheits- und Vernunftpostulate, wobei nicht
nur deren ‚überschwenglicher‘ Charakter, sondern ebenso ihre verfälschende, repressive Tendenz zur Diskussion standen. Hier ist als erstes
deutlich zu machen, inwiefern Kant dieser Kritik nicht unterliegt,
ohne daß er einfach der Gegenseite – dem Plädoyer für Pluralität und
Kontingenz, für das Andere der abendländischen Ratio – zuzuordnen
wäre. Kants Position steht für eine Gegenwendung zur Metaphysik,
die sich gleichzeitig zu deren Antithese kritisch verhält. Kants Texte
markieren einen Vorbehalt gegenüber den Thesen und Ausführungen substantialistischer Geschichtsphilosophie, ohne einfach deren

---

[17] Vgl. Bien, 1976.

Ausrichtung und Zielvorstellungen zu widerrufen. Dies ist für drei Themenfelder zu konkretisieren: das Verhältnis von Universalität und Vielfalt, die Utopie einer vernünftigen Gestaltung der Geschichte, das Absehen auf das Ganze.

3.1. Universalität und Vielfalt

Schon der Titel der Hauptschrift *Idee zu einer allgemeinen Geschichte in weltbürgerlicher Absicht* macht klar, daß es Kant um die „allgemeine Geschichte" der Menschheit geht. Moderne Geschichtsphilosophie hat ihren Gegenstand nicht in Regional- und Nationalgeschichten, sondern in ‚der' Geschichte der Menschheit. Nur sekundär ist dabei der zeitlich umfassende Rahmen – der in den Titeln *Mutmaßlicher Anfang der Menschengeschichte, Zum ewigen Frieden, Das Ende aller Dinge* evoziert wird – entscheidend; primär geht es um den menschheitlichen Horizont jenseits der Völker und Staaten: Anvisiert ist eine Welt-Geschichte, eine Geschichte in „weltbürgerlicher Absicht". Der universalistische Rahmen, den klassische Geschichtsphilosophie aus ihrer christlichen und aufklärerischen Herkunft übernimmt, konkretisiert sich in der Vision einer menschheitlichen Zukunft, die den Horizont politischen Handelns bildet. Daran hält der Kantische Entwurf mit Entschiedenheit fest, über seine Zeit und über Autoren wie Fichte und Hegel hinaus auf Probleme gerichtet, die sich zwei Jahrhunderte später im Zeichen der Globalisierung mit erhöhter Dringlichkeit stellen, und gleichsam in vorweggenommener Antithese zur historistischen Partikularisierung wie zur postmodernen Aufsplitterung ins Vielfältig-Heterogene. Wenn die singuläre Größe der Kantischen Philosophie traditionellerweise vor allem in seiner maßgeblichen Stellung für die Grundlagendiskussion der theoretischen und praktischen Philosophie gesehen wurde, so ist namentlich in den letzten Jahrzehnten die Zukunftsträchtigkeit und geradezu paradigmatische Profilierung seiner politisch-geschichtlichen Schriften gewürdigt worden. Sie berührt nicht das Gesamtspektrum der mit der – kulturellen, technischen, wirtschaftlichen – Globalisierung sich stellenden Fragen, doch um so direkter deren politischen Kernpunkt der zwischen- und überstaatlichen Rechtsverfassung.

Gerade darin offenbart sie indes ein Schwanken, das ihre spezifische Signatur mit ausmacht. Es ist des öfteren vermerkt worden, daß Kants

Stellungnahme in der Alternative zwischen Weltstaat („Weltrepublik",
„Völkerstaat") und Völkerbund („Föderation") eigentümlich offen
bleibt. Auf der einen Seite scheint die Suche nach Frieden keine andere
Lösung zuzulassen, als das Analogon des Einzelstaats – Gesetzgebung
und Rechtssicherheit unter einer vereinigten Macht – auf überstaatli-
cher Ebene einzurichten (indem die allseitige Bedrohung uns zwingt,
nicht nur „in eine staatsbürgerliche", sondern „in eine weltbürgerliche
Verfassung zu treten"[18]). Auf der anderen Seite kann ein solches Gebilde,
sofern ihm eine naturgemäße Tendenz zum Despotismus innewohnt,
„der Freiheit noch gefährlicher" sein, so daß nicht ein „weltbürgerli-
ches gemeines Wesen unter einem Oberhaupt", sondern ein „rechtlicher
Zustand der Föderation nach einem gemeinschaftlich verabredeten Völkerrecht" die adäquatere Friedenssicherung verspricht.[19] In der Schrift
Zum ewigen Frieden charakterisiert Kant diese Konstellation so, daß
zwar „nach der Vernunft" ein Völkerstaat, der „zuletzt alle Völker der
Erde befassen würde", der gebotene Weg wäre, daß aber die Völker dies
„durchaus nicht wollen, mithin, was in thesi richtig ist, in hypothesi ver-
werfen", so daß an Stelle „der positiven Idee einer Weltrepublik [...] nur
das negative Surrogat eines den Krieg abwehrenden, bestehenden, und
sich immer ausbreitenden Bundes" bleibt.[20] Beeindruckend ist nicht nur
die Verbindung von begrifflicher Stringenz und dem Sinn für geschichtliche Erfahrung, die in solchen Beschreibungen zum Ausdruck kommt
und die Kant auch – im Gegensatz zu dem ihm oft vorgehaltenen ab-
strakten Verstandesdenken – als Grundlage für politisch-geschichtliches
Handeln reklamiert: „Richtige Begriffe" vom erstrebten Ziel, „große,
durch viel Weltläufe geübte Erfahrenheit" und ein „guter Wille" müssen zusammenkommen, um das der Menschheit aufgegebene Ziel einer
weltbürgerlichen Ordnung zu erreichen.[21] Bemerkenswert ist ebenso die
Prägnanz, mit der Kant ein Problem formuliert, das sich späteren Generationen in gleicher Dringlichkeit und Ungelöstheit präsentiert.

Strukturell ist das Oszillieren zwischen Weltstaat und Völkerbund
bezeichnend für das Zusammen von Einheit und Vielfalt in der Zielvor-
stellung des Kantischen Geschichtsbildes. Das Interesse der Vernunft,

---

[18] *Gemeinspruch*, AA VIII, 310; vgl. *Idee*, AA VIII, 24.
[19] *Gemeinspruch*, AA VIII, 311.
[20] *Zum ewigen Frieden*, AA VIII, 357.
[21] *Idee*, AA VIII, 23.

das auf Einheit und Ganzheit zielt, ist weit von einer monistischen Vision der Menschheit entfernt. Universalität heißt nicht inhaltliche Fixierung eines herrschenden Allgemeinen. Dies zeigt sich schon darin, daß Kant die vereinheitlichende Perspektive in der äußerlichen Sphäre des Rechts ansiedelt, die keine Nivellierung der Kulturen – Lebensformen, Moralen, Religionen, Weltinterpretationen – einschließt; es bestätigt sich darin, daß Kant auch in der Bestimmung der abschließenden Rechtsform zögert, der Machtkonzentration in einer zentralen, staatsanalogen Institution zuzustimmen. Dieses Zögern steht neben dem entschiedenen Festhalten am Ziel einer völkerübergreifenden, institutionalisierten Friedensregelung, das der Geschichte ihre Einheit und Gerichtetheit verleiht: Die Offenheit der abschließenden Form bedeutet keine Zerstreuung ins Vielfältige oder Beliebige, sondern ist die Offenheit eines Allgemeinen, das den Raum des Besonderen und der Differenzen freigibt.

3.2. Die vernünftige Gestaltung der Geschichte

Auch wenn Kant in seinen Ausführungen die Figuren der Vorsehung und der fürsorglichen Natur ins Spiel bringt, kann kein Zweifel sein, daß sein Geschichtsideal ,an sich' handlungstheoretisch bestimmt ist: Die vernünftige, ,planmäßige' Gestaltung der Geschichte durch die Menschen bildet sowohl das Ziel wie die implizite Norm des geschichtlichen Verlaufs. Die später von Marx vertretene These, daß das Ziel der Geschichte in der eigentlichen, von Menschen in freier Selbstbestimmung gemachten Geschichte liege, der gegenüber das bisherige, ,naturwüchsige' Geschehen zur ,Vorgeschichte' herabsinkt, gilt in stringenter Weise auch für Kant. Auch dieses Ideal sieht sich, neben der universalistischen Ausrichtung, der Kritik ausgesetzt: Problematisiert wird seine Realisierbarkeit wie seine Wünschbarkeit und seine Adäquatheit für einen sachgerechten Begriff der Geschichte.

Der grundsätzlichste Vorbehalt moniert einen Kategorienfehler. Das Ideal der ,Machbarkeit' verwische die Differenz von Handeln und Geschichte: Geschichte wird erlebt, nicht gemacht; geschichtlich bin ich, was ich ohne mein Zutun, ggf. gegen meine Absicht geworden bin, nicht, was ich geplant und realisiert habe. Nicht der prospektive Handlungsplan, sondern die retrospektive Narrationsstruktur definiert

danach die Logik der Geschichte. Nicht nur gilt es, die wiederholte Des-
illusionierung des subjektiven Vernunft- und Machtanspruchs durch die
Rückschläge der Geschichte ernst zu nehmen. Grundsätzlicher geht es
– so die These von H. Lübbe – darum, Geschichten als Vorgänge ohne
Handlungssubjekt aufzufassen und die traditionelle Frage nach dem
‚Subjekt in der Geschichte‘ als emanzipatorischen Irrweg zurückzuweisen;[22] nach O. Marquard macht die geschichtliche Autonomiebehaup-
tung (die zugleich Theodizeefunktion übernimmt, indem sie Gott von
der Verantwortung für die Übel in der Welt entlastet, dabei aber ihrerseits in eine aporetische Überforderung menschlicher Handlungsmacht
mündet) die Irrationalität klassischer Geschichtsphilosophie aus.[23]
    Wenn sich solche Abrechnungen mit der Geschichtsphilosophie
bevorzugt gegen die marxistische Vision einer mündigen, selbstverant-
worteten Täterschaft in der Geschichte wenden, so ist nicht zu übersehen, daß das kritisierte Ideal auch von einem Autor wie Kant geteilt
wird. Aus seiner Sicht wäre dem Urteil zu widersprechen, welches
die Idee einer ‚planmäßigen‘ Geschichte zum Zerrbild authentischen
Geschichtsdenkens erklärt. Gleichwohl ist zu unterstreichen, daß sie
bei ihm nicht zur Hypostasierung subjektiver Allmacht (und ebensowenig zu dem von Hegel inkriminierten Junktim von moralischem
Rigorismus und revolutionärem Terror) führt. Das unnachgiebige
Festhalten am Ideal geht mit dem Bewußtsein unhintergehbarer
Endlichkeit einher. Die Zielbestimmung hat den Status einer regulativen Idee, auf die ausgerichtet zu sein dem praktischen Handeln
unverzichtbar ist, die aber über jede faktische Realisierung und jede
konkret-institutionelle Ausgestaltung hinausweist. Was Kant im Blick
auf das „schwerste" Postulat eines gerechten Herrschers formuliert
– „aus so krummem Holze, als woraus der Mensch gemacht ist, kann
nichts ganz Gerades gezimmert werden. Nur die Annäherung zu dieser
Idee ist uns von der Natur auferlegt" – ist in präzisem Sinn für seine
Vorstellung vom Ziel der Geschichte geltend zu machen. Geschichte
ist ein unvollendetes, unabschließbares Projekt. Ihre Gerichtetheit und
ihre Offenheit sind für Geschichte gleichermaßen konstitutiv. Wie
sich ihre universalistische Perspektive der inhaltlichen Festlegung und
Vereinheitlichung entzieht, so enthält sich die praktische Finalisierung

---

[22] Lübbe, 1977, S. 69ff.
[23] Marquard, 1973, S. 66ff.

der abschließenden Ausmalung (ähnlich Adornos Widerstand gegen
die „ausgepinselte Utopie"[24]) und der vorwegnehmenden Unterwerfung des Endzustandes unter die Handlungsmacht des Menschen.
Der etwa gegen Marx erhobene Vorwurf des Geschichtsautomatismus
trifft Kant ebensowenig wie die Kritik am geschichtsphilosophischen
Prophetismus. Das Interesse daran – und die praktische Forderung –,
Geschichte in die eigenen Hände zu nehmen und sie nach Prinzipien
praktischer Vernunft zu gestalten, impliziert keine die conditio humana übersteigende Selbstermächtigung.

Kants Vorbehalt gegen eine moralische Überforderung und abschließende Fixierung läßt sich konkret in der inhaltlichen Ausführung des
Geschichtsziels erkennen. Im Fluchtpunkt der Geschichte steht weder
die Internalisierung moralischer Normen noch eine utopische Sozialord-
nung, sondern ein pragmatisches Handlungsziel, das endliche Wesen in
vernünftigem Handeln verfolgen und erreichen können. Sein Leitbegriff
ist nicht Versöhnung „als das Ende der Entfremdung und der Konflikte",
sondern Frieden als die äußere Ordnung des Zusammenlebens der Individuen und Völker.[25] Auch wenn der programmatische Titel eines ewigen Friedens, wie Kant selbst vermerkt, als „süßer Traum" der Philosophen oder „schwärmerische" Idee eines Abbé de Saint-Pierre „verlacht"
worden ist, meint er in Wahrheit nichts anderes als das konkrete politische Projekt, das den „unvermeidlichen Ausgang" aus der gegenseitigen
Bedrohung institutionell konkretisieren und absichern will.[26] Mit seiner Beschränkung auf die äußere Ordnung des Rechts geht die Offenheit der Geschichte einher, in der Gestaltung des kulturellen Lebens wie
der gegenseitigen Verständigung der Völker. Darin unterscheidet sich
Kants Projekt sowohl von religiös überhöhten geschichtsphilosophischen Visionen – der Korrelierung des irdischen und des ewigen Friedens in Augustins Gottesstaat,[27] der moralisch-religiösen Überformung
der Rechtsordnung im christlichen Staat Fichtes,[28] der objektiv gewordenen „wahrhaften Versöhnung" des Geistes mit der Welt bei Hegel[29]

---

[24] Adorno, 1969, S. 38.
[25] Vgl. Schnädelbach, 1996, S. 25.
[26] *Zum ewigen Frieden*, AA VIII, 343; *Idee*, AA VIII, 24.
[27] Augustinus, *De civitate Dei*, XIX; kritisch zur Maßstabfunktion des himmlischen
      Friedens im politischen Diskurs: Sternberger, 1978.
[28] Fichte, 1971, S. 599f.
[29] Hegel, *Rechtsphilosophie*, § 360; Hegel, 1970, S. 539f.

– wie von sozialutopischen Modellen, welche das Bild eines harmonischen Zusammenlebens zeichnen, das auf egalitärer oder korporativer Basis vollendete Stabilität erreicht. Zur Signatur der Utopien von Platon bis Morus gehört, mit dem Überwundensein interner Differenzen und Konflikte, ein Zug des Statisch-Zeitlosen, jenseits der Kontingenzen und des Wandels: Das Ziel der Geschichte impliziert nach solchen Visionen die Abschaffung der Geschichte. Die Geschlossenheit der Gesellschaft und die welthistorische Abschließung gehen Hand in Hand. Beidem ist Kants Theorie gleichermaßen fremd.

Näherhin kann man in der zentralen Stellung der Friedensidee eine Abwehr nach zwei Seiten sehen: gegen die Perpetuierung des Kriegszustandes wie gegen ein überhöhtes Einheitsideal. Zu Recht hat man diese Stellung nicht nur für das politische Denken, sondern für Kants Philosophieren im ganzen geltend gemacht. Dieses hat seinen Impuls darin, sich am Widerstreit der Vernunft abzuarbeiten und dabei weder dem Skeptizismus noch dem Dogmatismus zu verfallen.[30] Im Politischen wie im Theoretischen geht es um die Überwindung des Naturzustandes und die Hegung des Konflikts; der Diskurs der Vernunft bewegt sich im Medium der Kritik und des Rechtsprozesses, jenseits dogmatischer Metaphysik wie des postmodern revitalisierten gewaltsamen ‚Widerstreits‘.[31] Der Rückfall in den Zustand des Kriegs wie die transzendierende Stillstellung des Streits unterlaufen gleichermaßen die Bedingungen, unter denen sich endliche Vernunft im Theoretischen wie im Praktischen entfalten und ihre friedensstiftende Funktion ausüben kann. Kants politische Geschichtsphilosophie ist die Darlegung dieser Funktion im Weltlich-Praktischen, wie die kritische Philosophie sie im Diskursiv-Theoretischen begründet.

3.3. Der Ausgriff auf das Ganze und die Offenheit des Sinns

Mit der Zurückhaltung im Praktischen geht der metaphysikkritische Vorbehalt im Theoretischen einher. Von der Geschichte im ganzen gibt es keine positive Erkenntnis, für den stetigen Fortschritt im Gang der Menschheit keinen gültigen Beweis. Auch wenn sich uns das empiri-

---

[30] Vgl. Saner, 1967; Baumgartner, 1996.
[31] Vgl. Baumgartner, 1996, S. 56ff.

sche Material nicht „verwickelt und regellos"[32], sondern nach einem geordneten Muster präsentierte, bliebe der Ausgriff auf das Ganze haltlos: Von der Totalität kann es keine sichere Erkenntnis geben, da sie nie als solche Gegenstand der Erfahrung sein kann. Zum Grundzug der Kantischen Konzeption gehört deren „epistemische Bescheidenheit".[33] Über die negative Begrenzung greift die teleologische Hypothese hinaus, die, wie in der Naturbeschreibung, so auch in der Geschichtsdeutung einen Ausgriff auf das Ganze formuliert, der für unseren Weltbezug sowohl forschungsmäßig-heuristische wie praktisch-orientierende Funktion hat. Ihrem theoretischen Status nach werden solche Aussagen von Kant als regulative Ideen definiert, die unser Erkennen und Handeln leiten, ohne daß ihnen objektive Realität zugeschrieben werden kann und muß; ungeachtet ihrer kognitiven Nichtgesichertheit sind sie für ein rationales Begreifen der Geschichte wie ein vernünftiges Handeln in der Geschichte unverzichtbar. Ihre erkenntnismäßige Grundlage bildet die reflektierende Urteilskraft, die das Besondere unter – nicht vorgegebene, sondern zu bildende – allgemeine Begriffe subsumiert und dadurch ein Verständnis der Phänomene ermöglicht. Der Entwurf des Geschichtsbildes ist weder eine deskriptive Synthetisierung noch eine vorausgreifende Prognose, sondern ein interpretierender Entwurf, der unserem Geschichtsverständnis Richtung und Konsistenz verleiht; die teleologische Deutung begründet nicht eine wissenschaftliche Theorie über den notwendigen Gang der Ereignisse, sondern eine „auf politisches Handeln ausgerichtete Hermeneutik der empirisch-gesellschaftlichen Welt".[34] Ihre Erfahrungsgrundlage sind nicht stringente Beweise, sondern nur „schwache Spuren der Annäherung", die „etwas weniges" vom Gang der Geschichte erkennen lassen,[35] bzw. das „hindeutende" Geschichtszeichen,[36] das eine Tendenz und Richtung anzeigt.

Man kann darin die spezifische Konstellation eines nichtmetaphysischen Geschichtsdenkens sehen, die einen Strang moderner Geschichtsreflexion kennzeichnet. Nach K. Rossmann lassen sich in dieser zwei Haupttendenzen auseinanderhalten, je nachdem ob sich das Geschichtsdenken an einer positiven oder einer negativen Metaphysik

---

[32] *Idee*, AA VIII, 17.
[33] Kleingeld, 1996, S. 177.
[34] Cheneval, 2002, S. 501.
[35] *Idee*, AA VIII, 27.
[36] *Der Streit der Fakultäten*, AA VII, 84.

orientiert, ob es auf einer „totalen Sinndeutung der Geschichte" beruht oder ein historisches Selbstverständnis ohne abschließenden Geschichts-sinn artikuliert.[37] Kants Konzept geht – etwa in der Zurückweisung der ‚terroristischen‘, ‚eudämonistischen‘ und ‚abderitistischen‘ Vorstel-lungsarten der Menschengeschichte[38] – von der Kritik an umfassen-den Fortschritts- oder Verfallsbildern aus und wehrt sich dagegen, „die Geschichte selber in ihrer Entwicklung für das Reich Gottes und der Wahrheit zu begreifen", letztlich den offenen Horizont des Geschichtli-chen in den Denkrahmen der geschlossenen antiken Seinslehre zu zwin-gen.[39] Anders als Hegel, der die Geschichte als Selbstexplikation der Ver-nunft und Manifestation des Geistes denkt und für den der Satz gilt, daß das Ganze das Wahre ist, denkt Kant Geschichte zwar in universalisti-scher Perspektive, doch zugleich im offenen Horizont menschheitlicher Verständigung und kosmopolitischen Handelns. Darin ist er Ansätzen universalhistorischer Reflexion verwandt, wie sie etwa Max Weber und Karl Jaspers ausgeführt haben, die jenseits der hegelianisch-marxistischen Gesamtdeutungen eine Geschichte der Menschheit ins Auge fassen, die für die einzelnen wie für Völker und Kulturen einen Rahmen der Orien-tierung bildet, ohne damit den Sinn ihres Handelns aus der Sicht einer antizipierten Erfüllung zu bestimmen. Die Offenheit des Geschichtsbil-des hindert weder seine Gerichtetheit noch seine Bedeutung für das theo-retische und praktische Selbstverständnis der Menschen.

4. Die praktische Funktion der Geschichtsphilosophie

Nicht weniger prägnant als die theoretische ist die praktische Bestim-mung der Kantischen Geschichtsphilosophie. Eine allgemeine Geschich-te „in weltbürgerlicher Absicht" zu entwerfen, definiert von vornherein ein praktisches, nicht nur theoretisches Projekt. Wie jede historische Darstellung lebensweltlich-politisch bedeutsam sein kann, so steht phi-losophische Geschichtsdeutung im Horizont praktischer Interessen und praktischer Verständigung. Dabei ist das Wechselspiel zwischen theore-tischer und praktischer Orientierung von beiden Seiten zu lesen.

---

[37] Rossmann, 1959, S. XLIII.
[38] *Der Streit der Fakultäten*, AA VII, 81ff.
[39] Rossmann, 1959, S. LI.

Auf der einen Seite ist die praktische Ausformulierung des Geschichtlichen Grundlage des wissenschaftlichen Begreifens: Das neuzeitliche
Programm eines rationalen Begreifens der Geschichte erschöpft sich
nicht in der Systematisierung von Faktoren und Prozeßformen, sondern zielt letztlich auf eine Transparenz des Gegenstandes, die im ver-
nünftig-selbstbestimmten Handeln, in der ‚planmäßigen‘ Gestaltung
der menschlichen Verhältnisse gründet. Für Kant gilt, was Marx zur
These zuspitzt, daß es nur von einer vernünftigen, freien Geschichte ein
wirkliches, volles Begreifen gäbe. Das Irrationale bleibt dem rationalen
Begriff verschlossen. Diese Korrelation läßt sich in einer ‚aktivistischen‘
Perspektive dahingehend verschärfen, daß nur derjenige, der an der
Gestaltung der Geschichte interessierten Anteil nimmt, auch zu deren
Erkenntnis befähigt wird – eine Sichtweise, die man in abgeschwäch-
ter Form auch bei Kant wiederfinden kann, wenn er die Erkenntnis der
Geschichte mit dem Interesse an deren Zweckgerichtetheit und sinn-
hafter Auslegung verknüpft.

Auf der anderen Seite – und dies ist der bei Kant primär inter-
essierende Aspekt – erfüllt das philosophische Geschichtsbild selber
eine praktische Funktion. Es tut dies auf zwei Ebenen, zum einen
als Medium der Verständigung über das eigene Wollen und Sein,
zum anderen im Blick auf die Motivation historischen Handelns. In
geschichtlicher Besinnung verständigen sich Menschen darüber, woher
sie kommen und wohin sie gehen, worum es ihnen in ihrem Tun und
Wollen geht. Moralische Selbstbestimmung und praktisches Handeln
vollziehen sich nicht im leeren Raum, sondern aus einer Geschichte heraus, die kein bloßer Geschehensverlauf, sondern immer auch ein Prozeß
der Selbstverständigung und Selbstfindung ist. Jede historische Darstellung kann sich im Selbstgefühl von Individuen und Gruppen aus-
wirken, ihr Selbst- und Weltverständnis verändern, ihre Ziele und Prä-
ferenzen beeinflussen. Philosophische Geschichtsreflexion kann diese
Orientierung hinterfragen, aber auch bestärken, indem sie die Zeichen
des Geschichtsverlaufs auslegt und sie auf Ziele des Handelns bezieht
(so daß darauf bezogene Interpretationen nach Kant zwar als theoretische Vorhersagen „überschwenglich", doch in praktischer Hinsicht
„dogmatisch" sein können und das Hinarbeiten auf den Geschichts-
zweck zur „Pflicht" machen).[40] Darin liegt die praktische Ausrichtung

---

[40] *Zum ewigen Frieden*, AA VIII, 362, 368.

der Kantischen Geschichtsphilosophie, die sich nicht primär als wissenschaftliche Abhandlung über das Schicksal des Menschengeschlechts, sondern als ein hermeneutisch-interpretativer Entwurf präsentiert, welcher „die grundsätzliche Möglichkeit und Sinnhaftigkeit von praktisch gebotenem, kosmopolitischem Handeln" sichern soll.[41] Sie stellt gleichsam die Vermittlung zwischen normativer Ethik und konkreter, unter raumzeitlichen Bedingungen sich vollziehender Politik her.

Als reflexives Moment des Handelns geht historische Besinnung selbst in die Gestaltung der menschlichen Welt ein. Der Geschichtsphilosophie eignet ein selbstimplikativer Zug, der in Wahrheit nicht erst die philosophische Reflexion, sondern das historische Bewußtsein als solches, das Wechselverhältnis zwischen geschichtlicher Realität und historischer Reflexion kennzeichnet. Der von Hegel betonte Konnex zwischen den *res gestae* und der *historia rerum gestarum*, demzufolge von eigentlicher Geschichte erst dort zu sprechen ist, wo auch Erinnerung und Verständigung über Geschichte gegeben sind, ist in spezifischem Sinn für die Geschichtsphilosophie geltend zu machen. Sie erwächst aus der Geschichte und wirkt auf Geschichte zurück. Wenn Hegel für seine Gegenwart meint, es sei nun „endlich an der Zeit" – sowohl möglich geworden wie als Aufgabe gefordert –, Geschichte philosophisch zu durchdringen,[42] so geht diese Durchdringung ihrerseits in die Gestalt ihrer Zeit ein. Daß ein Zeitalter im Zeichen des Fortschritts, der Stagnation oder des Verfalls, der Auflösung oder der Konsolidierung nationaler, regionaler, welthistorischer Perspektiven steht, ist keine bloß hinzukommende Selbstauslegung, sondern eine reale Prägung der gesellschaftlichen und politischen Wirklichkeit.

Mit besonderem Nachdruck unterstreicht Kant die motivationale Funktion der Philosophiegeschichte. Die Vergewisserung über den Gang der Geschichte kann für diesen selbst „beförderlich" werden, sofern sie den handelnden Menschen, trotz der vermeintlichen Zwecklosigkeit, eine „tröstende Aussicht in die Zukunft" eröffnet und damit ihren Handlungswillen unterstützt.[43] Ja, die Möglichkeit einer solchen Unterstützung wird selbst zum Argument für eine bestimmte Lesart der Geschichte: Die Möglichkeit, im scheinbar Ordnungslosen

---

[41] Cheneval, 2002, S. 513.
[42] Hegel, 1970, S. 28.
[43] *Idee*, AA VIII, 27, 30.

eine Zweckmäßigkeit auszumachen und damit gleichsam eine Theodizee, eine „Rechtfertigung der Natur – oder besser der Vorsehung" zu begründen, ist geradezu Anstoß und Selektionskriterium historischer Auslegung; sie ist „kein unwichtiger Bewegungsgrund, einen besonderen Gesichtspunkt der Weltbetrachtung zu wählen".[44] Leitend ist das Motiv einer Versöhnung mit der Welt: Gegen die Weltflucht, welche auf Vernunft „nur in einer anderen Welt" hofft,[45] stellt sich Geschichtsphilosophie in den Dienst des Interesses an der Erkenntnis und vernünftigen Gestaltung der realen Welt. Etwas von dem, was die sich selbst erfüllende Prophezeiung im Negativen vorführt – wie nach Kant die „jüdischen Propheten" den Verfall, den sie selbst mit hervorbrachten, „gut weissagen" hatten und auch Politiker und Geistliche der Gegenwart dieselbe Wahrsagungskunst praktizieren –,[46] muß auch für die positive Variante in Kraft sein: Geschichtsphilosophie stellt sich selbst in den Dienst eines praktischen Projekts.

5. Geschichtsphilosophie heute?

Philosophische Geschichtsreflexion heute – soweit sie unser Selbstverständnis tangiert und nicht in Methodenbetrachtung aufgeht – scheint um zwei Gravitationspunkte angelegt. Der erste ist durch eine hermeneutische Perspektive definiert. Hier interessiert, wieweit menschliches Verstehen und Sichselbstverstehen wesentlich geschichtlich sind, sich aus der Geschichte heraus und in einem geschichtlichen Horizont vollziehen. Der zweite ist durch die menschheitlich-globale Perspektive gegeben: Die im Aufklärungszeitalter eröffnete universalistische Dimension des Historischen ist heute unter neuen Vorzeichen unabweisbar geworden. Beide Perspektiven definieren je eigene, spezifische Fragerichtungen, die sich aber nicht ausschließen, sondern sich überlagern und miteinander verbinden können. Beide distanzieren sich sowohl von den starken Einheits- und Sinnannahmen substantialistischer Geschichtsphilosophie wie von postmoderner Pluralisierung und Beliebigkeit. Hermeneutisches Denken bleibt ohne die abschließende

---

[44] *Idee*, AA VIII, 30.
[45] *Idee*, AA VIII, 30.
[46] *Der Streit der Fakultäten*, AA VII, 80.

Finalisierung und inhaltliche Ausfüllung klassischer Fortschrittsgeschichte; aber auch ein heutiger Universalismus bleibt offen in der institutionellen und kulturellen Gestaltung des Lebens der Völker. Der ‚nach-geschichtsphilosophische' Ort heutiger Geschichtsreflexion ist nicht nur durch die Suspendierung linearer Entwicklungsmuster, sondern ebenso durch ein vertieftes Bewußtsein der Vielfalt und des Eigenrechts der Kulturen gekennzeichnet. Nach der Gegenseite beharren beide Denkrichtungen auf der Unhintergehbarkeit historischer Orientierung, die zugleich einen bestimmten Allgemeinheitshorizont impliziert. Beide sind nicht unkontrovers im Kontext heutigen Denkens; beide lassen sich in ihrer Affinität, aber auch ihrer Differenz zum Kantischen Ansatz beleuchten.

Die grundsätzliche historische Verankerung scheint dem heutigen Bewußtsein in gewisser Weise näherliegend denn je. Auch für die Naturwissenschaften ist das Bewußtsein des historischen Wandels zum Element der methodischen Selbstvergewisserung geworden; zugleich ist die historische Kultur – bis hin zur Geschichtsphilosophie – in ihrer eigenen Historizität, der Veränderung ihrer Paradigmen und der Varianz ihrer Geltung und Tiefe sichtbar geworden. Geschichte erscheint als Rahmen unseres Selbstverständnisses, den wir weder übersteigen noch unterlaufen können. Hermeneutik – in ihren mannigfachen Haupt- und Nebenprägungen als Auslegungskunst, Interpretationslehre, Dekonstruktion etc. – diskutiert die Modalitäten, Prämissen und Grenzen dieses Umgangs mit der Tradition und die Art und Weise, wie diese die Gegenwart begründet und prägt. Gleichwohl ist solche historische Verständigung keine Selbstverständlichkeit, steht sie neben post- und a-historischen Denkformen; eine ihrer ersten Aufgaben ist die Verständigung darüber, wieso und in welcher Weise die Besinnung auf Geschichte konstitutiv zu unserem Sein und einem sachhaltigen, aufgeklärten Verständnis unserer selbst gehört. Anhaltspunkte dafür können wir Kant entnehmen, der, wenn auch keineswegs in gleicher Breite und Grundsätzlichkeit wie Hegel, Geschichte und Geschichtsbewußtsein als Grundlagen der Theorie wie der Praxis aufgewiesen hat.

In direkterer Berührung mit Kant steht die universalistisch-globale Ausrichtung, die eine zweifache Option offenläßt. Die eine betrifft die für klassische Geschichtsphilosophie charakteristische politische Zentrierung des Geschichtsdenkens. Von dieser haben sich spätere Ansätze gelöst, sei es daß sie wie Marx die Gesellschaft als „wahren Herd und

Schauplatz aller Geschichte" behandeln und das Soziale gegen die politischen „Haupt- und Staatsaktionen" in den Vordergrund rücken,[47] sei es daß die Kultur zum umfassenden Medium historischer Entwicklung und Gestaltung wird. Einem heutigen Bewußtsein ist die von Marx gezeichnete Frontstellung nicht in dieser Schärfe und prinzipiellen Weise gegeben: Ob und in welchem Ausmaß für die Erklärung historischer Prozesse Wirtschaft, Technik, Kultur, Religion, politische oder gesellschaftliche Konflikte den Ausschlag geben, ist eine empirische Frage;[48] ob der Staat als steuernde Zentralmacht die anderen Dimensionen umgreift oder als ein soziales System neben anderen fungiert, ist nicht von einem apriorischen Konzept her zu entscheiden. Gleichwohl ist – trotz theoretischer Dezentrierung und realer Entmächtigung – gerade in einer universalistisch-globalisierten Perspektive die eminente Bedeutung des Politischen festzuhalten. Probleme von Krieg und Frieden, Welternährung, globaler Gerechtigkeit, Klimaschutz etc. verlangen nach Regelungen, die letztlich nur auf der von Kant anvisierten kosmopolitischen Ebene getroffen und durchgesetzt werden können. Ihre wachsende Dringlichkeit bestätigt die geradezu visionäre Kraft, mit der Kant über seine direkten Nachfolgegenerationen hinaus Aufgaben der Menschheit beschrieben hat.

Damit geht eine andere Weichenstellung historischer Orientierung einher, die sich exemplarisch an der Differenz zwischen Hegel und Kant festmachen läßt: als Differenz zwischen einer primär retrospektiv und einer primär prospektiv angelegten Geschichtsreflexion, einem der Erinnerung verpflichteten und einem auf das Handeln ausgerichteten Geschichtsdenken. Sie verbindet sich mit der Verlagerung zwischen hermeneutischer und politischer Akzentuierung des Geschichtsbezugs, teils aber auch mit der Divergenz zwischen dem, was kulturell und alltagsweltlich als Geschichte erlebt und aufgearbeitet wird, und einer genuin geschichtsphilosophischen Pointierung. Historisches Bewußtsein hat zunächst mit Erinnerungskultur, mit der Gegenwart und Vergegenwärtigung des Gewesenen zu tun. Gerade in den letzten Jahrzehnten hat der Themenkreis Gedächtnis und Erinnerung – einschließlich der Gegenpotenz des Vergessens – eine gesteigerte Aktualität gewonnen,

---

[47] Marx, 1973, S. 36.

[48] Als Beispiel einer von der Technikentwicklung her konzipierten Geschichtsphilosophie vgl. Rohbeck, 2000.

welcher Diversifizierungen und Neubestimmungen historischer Arbeit korrespondieren.[49] Der Selbstsituierung in der Geschichte, dem Sichverstehen aus der Geschichte scheint der praktische (oder gar theoretisch-prognostische) Zukunftsentwurf als das Andere gegenüberzustehen. Indessen ist der Gegensatz kein absoluter. Auch hermeneutisches Verstehen erschöpft sich nicht im traditionalen Bewahren, sondern enthält eine Aneignung des Vergangenen, die gleichzeitig ein Anschließen an dieses und ein Öffnen auf die Zukunft ist. Dieses Öffnen kann einen radikalen Zukunftsbezug artikulieren – als Ausgriff auf das Andere und Neue, in dessen Licht das Vergangene verwandelt wird –, ohne Gesetzmäßigkeiten der Entwicklung oder des Fortschritts zu unterstellen. In gewisser Weise muß man sagen, daß beide Orientierungen, Erinnerung wie Zukunftsbezug, unsere Geschichtlichkeit ausmachen, daß beide in unserem individuellen und kulturellen Geschichtsbezug, mit je eigener Prägnanz, gegeben sind, sowohl miteinander kommunizierend wie sich unabhängig voneinander artikulierend. Philosophische Geschichtsreflexion steht vor der Herausforderung, diese Spannweite aufzunehmen und beide Ausrichtungen in ihrem Eigensinn wie ihrer Verbundenheit zur Sprache zu bringen.

Literatur

Adorno, T. W., 1969, *Fortschritt*, in: *Stichworte. Kritische Modelle 2*, Frankfurt/M.: Suhrkamp, S. 29-50.

Batscha, Z. (Hrsg.), 1976, *Materialien zu Kants Rechtsphilosophie*, Frankfurt/M.: Suhrkamp.

Baumgartner, H. M., 1996, *Die friedensstiftende Funktion der Vernunft. Eine Skizze*, in: G. Schönrich/Y. Kato (Hrsg.), 1996, S. 52-63.

Bien, G., 1976, *Revolution, Bürgerbegriff und Freiheit. Über die neuzeitliche Transformation der alteuropäischen Verfassungstheorie in politische Geschichtsphilosophie*, in: Z. Batscha (Hrsg.), 1976, S. 77-101.

Cheneval, F., 2002, *Philosophie in weltbürgerlicher Bedeutung. Über die Entstehung und die philosophischen Grundlagen des supranationalen und kosmopolitischen Denkens der Moderne*, Basel: Schwabe.

Danto, A. C., 1974, *Analytische Philosophie der Geschichte*, Frankfurt/M.: Suhrkamp.

Fichte, J. G., 1971, *Die Staatslehre, oder über das Verhältnis des Urstaats zum Vernunftreiche*, in: *Werke*, hrsg. von I. H. Fichte, Berlin 1845/46, Nachdruck: Berlin: De Gruyter, Bd. IV, S. 369-600.

---

[49]   Vgl. Ricœur, 2000.

Hegel, G.W.F., 1970, *Vorlesungen über die Philosophie der Geschichte*, in: G.W.F. Hegel, *Werke in zwanzig Bänden*, Bd. 12, hrsg. von E. Moldenhauer/K. M. Michel, Frankfurt/M.: Suhrkamp.

Kleingeld, P., 1996, *Zwischen kopernikanischer Wende und großer Erzählung. Die Relevanz von Kants Geschichtsphilosophie*, in: H. Nagl-Docekal (Hrsg.), 1996 a, S. 173-197.

Lübbe, H., 1977, *Geschichtsbegriff und Geschichtsinteresse. Analytik und Pragmatik der Historie*, Basel/Stuttgart: Schwabe.

Marquard, O., 1973, *Schwierigkeiten mit der Geschichtsphilosophie*, Frankfurt/M.: Suhrkamp.

Marx, K., 1973, *Die deutsche Ideologie*, in: Karl Marx/Friedrich Engels, *Werke*, Bd. 3, Berlin (Ost): Dietz.

Nagl-Docekal, H. (Hrsg.), 1996 a, *Der Sinn des Historischen. Geschichtsphilosophische Debatten*, Frankfurt/M.: Fischer.

Nagl-Docekal, H., 1996 b, *Ist Geschichtsphilosophie heute noch möglich?*, in: H. Nagl-Docekal (Hrsg.), 1996 a, S. 7-63.

Ricœur, P., 2000, *La mémoire, l'histoire, l'oubli*, Paris: Seuil.

Riedel, M., 1974, *Einleitung. Kant und die Geschichtswissenschaft*, in: M. Riedel (Hrsg.), *Immanuel Kant, Schriften zur Geschichtsphilosophie*, Stuttgart: Reclam, S. 3-20.

Rohbeck, J., 2000, *Technik – Kultur – Geschichte. Eine Rehabilitierung der Geschichtsphilosophie*, Frankfurt/M.: Suhrkamp.

Rossmann, K., 1959, *Deutsche Geschichtsphilosophie von Lessing bis Jaspers*, Bremen: Schünemann.

Saner, H., 1967, *Kants Weg vom Krieg zum Frieden*, Bd. I: *Widerstreit und Einheit*, München: Piper.

Schnädelbach, H., 1996, *Kant – der Philosoph der Moderne*, in: G. Schönrich/Y. Kato (Hrsg.), 1996, S. 11-26.

Schönrich, G./Kato, Y. (Hrsg.), 1996, *Kant in der Diskussion der Moderne*, Frankfurt/M.: Suhrkamp.

Spengler, O., 1923, *Der Untergang des Abendlandes*, München: Beck (Nachdruck: Zürich 1980).

Sternberger, D., 1978, *Drei Wurzeln des Politischen*, Frankfurt/M.: Suhrkamp.

14. Ästhetik

Kant in der Gegenwartsästhetik

KRISTINA ENGELHARD

Kants *Kritik der ästhetischen Urteilskraft* erfüllt zwei systematische Funktionen: Sie bildet als erster Teil der *Kritik der Urteilskraft* neben dem zweiten Teil, der *Kritik der teleologischen Urteilskraft*,[1] einen von zwei Brückenpfeilern, der eine Verbindung von theoretischer und praktischer Philosophie, von Natur und Freiheit, über die aus der Kantischen Transzendentalphilosophie sich ergebende Kluft zwischen diesen beiden Bereichen hinweg schaffen soll; und sie ist für sich selbst eine eigenständige Disziplin der Philosophie, nämlich Ästhetik. Beide Funktionen der Kantischen Ästhetik, systematische Einbindung und Autonomie, verschränken sich dabei in ihrer internen Konzeption, so daß sie nicht voneinander getrennt werden können. Diese Verschränkung zeigt sich unmittelbar am Prinzip der ästhetischen Urteilskraft; zwar verfügt die Urteilskraft über das originäre, ihr eigentümliche Prinzip der Zweckmäßigkeit, welches im ästhetischen Urteilen in subjektiver Bedeutung genommen, d. h. auf die subjektiven Bedingungen des Urteilens bezogen wird; gleichwohl aber kommen ihm im ästhetischen Urteilen Merkmale zu, die es sowohl mit praktischen als auch mit theoretischen Grundsätzen in Analogie setzt: Wie ein praktischer Grundsatz operiert es mit dem Zweckbegriff, wie ein theoretischer Grundsatz richtet es sich nicht auf die Handlungen eines Subjekts, sondern es wird auf die Bestimmungen des Objekts bezogen (*KU*, AA V, 181).

Diese Grundkonzeption bildet eine Schwierigkeit, die der adäquaten Rezeption der Ästhetik Kants in der Gegenwart vielfach im Wege gestanden hat. Sie bietet aber auch zahlreiche Möglichkeiten einer Aktualisierung, wie die breite Aufnahme der Kantischen Ästhetik in der Gegenwart belegt. Nicht zuletzt ist es die Autonomie, die der Ästhetik nach Kant zukommt - d. h. daß sie einen eigenständigen Status neben

---

[1] Zur Teleologie vgl. den Beitrag in diesem Band von P. Guyer.

anderen Weisen der Welterschließung besitzt -, die Kants Ansatz mit
der Grundüberzeugung gegenwärtiger Ästhetik teilt. Im Hinblick auf
die systematische Einbettung der Ästhetik ist der Brückenschlag von
der Ästhetik zur Moralität, der in der unmittelbaren zeitgenössischen
Rezeption, beispielsweise durch Schiller, von größerer Bedeutung war,
heute eher in den Hintergrund getreten, derjenige aber zur theoretischen Philosophie, insbesondere zur Erkenntnistheorie, erweist sich in
hohem Maße als anschlußfähig.

Die systematische Verbindung von Ästhetik und Erkenntnistheorie besteht bei Kant in zwei wesentlichen Theoremen: Das ästhetische
Urteil wird *erstens* durch ein spezifisches Verhältnis der Erkenntnisvermögen Einbildungskraft und Verstand motiviert: Wenn die Erfahrung
eines Gegenstandes diese Erkenntnisvermögen zu einem freien und harmonischen Spiel miteinander veranlaßt, dann wird dem Gegenstand
das Prädikat ‚schön‘ zugesprochen. Daraus ergibt sich, daß das ästhetische Urteil zwar kein Erkenntnisurteil ist, doch sein Bestimmungsgrund beruht auf denselben Vermögen wie ein Erkenntnisurteil. *Zweitens* erfährt das erkennende Subjekt allein in dieser „Stimmung“ der
Vermögen die Zweckmäßigkeit der Natur für sein Erkenntnisvermögen. Die Verbindung der Ästhetik mit der praktischen Philosophie hingegen zeigt sich insbesondere in Kants Lehre vom Ideal der Schönheit
sowie in der Analytik des Erhabenen. Allein in der Gestalt des Menschen
läßt sich nach Kant Zweckmäßigkeit darstellen, da nur er sich als sittliches Wesen selbst Zwecke zu setzen vermag, wenngleich diese Zweckmäßigkeit in der schönen Gestalt ohne bestimmten Zweck ist. Zudem
erfährt sich der Mensch angesichts der Gewalten der Natur oder aber
auch politischer Gewalt, wie an Kants Beispiel des Freiheitskrieges deutlich wird (*KU*, AA V, 262f), selbst als durch das Sittengesetz in sich über
diese Gewalten erhaben.

Ein weiterer Grund, der die Rezeption der Kantischen Ästhetik in
der Gegenwart erschwert hat, besteht darin, daß einige ihrer wesentlichen Theoriebestandteile, besonders aber Kants Beispiele, historisch
bedingt und an zeitgenössische Kunstauffassungen gebunden zu sein
scheinen, so daß seine Ästhetik einen aus heutiger Sicht zu engen
Bereich des Ästhetischen erfaßt.[2] Meist werden hierbei die Lehre von

---

[2] Als eine dilemmatische Situation beschreibt jüngst J. Kulenkampff die Gegenwartsästhetik im Hinblick auf eine Aktualisierung der Kantischen Ästhetik. Kants

der Interesselosigkeit des reinen Geschmacksurteils, die Formästhetik, die die freie Zeichnung zum höchsten Kunstideal erhebt, oder die Verbindungspunkte zur Ethik kritisiert. Adorno dagegen urteilt über Kant wohl zutreffend, wenn er die geringe Bedeutung einzelner konkreter Kunstbeispiele bei Kant bedenkt, sein Urteil über Hegel erscheint jedoch ungerecht:

> „Er [sc. Hegel] und Kant waren die letzten, die, schroff gesagt, große Ästhetik schreiben konnten, ohne etwas von Kunst zu verstehen. [...] Künstlerisch befangen in einem achtzehnten Jahrhundert [...] kompromittierte er [sc. Kant] sich nicht ebenso durch kunstfremde Behauptungen wie Hegel. Sogar späteren radikal modernen Möglichkeiten ließ er mehr Raum als jener, [...]." (Adorno, 1970, S. 495ff).

Mit dieser Höherbewertung der Kantischen gegenüber der Hegelschen Ästhetik ist ein systematischer Vorteil benannt, den der Kantische Formalismus gegenüber einer Gehaltsästhetik gewährt, der sich, wie zu zeigen ist, in der Ästhetik der Gegenwart als anschlußfähig erweist. Ohne die Bedeutung der Gehalte der Kunst abzustreiten, sondern vielmehr die Form zu bestimmen, in welcher sowohl Kunst als Natur in der ästhetischen Erfahrung Gehalte zugewiesen werden, steht eine kantische Formästhetik nicht in der Gefahr, durch die Bestimmung des Wesens des Schönen oder der Kunst die Gehalte normativ einzuschränken.

Geht man davon aus, daß sich die philosophische Ästhetik auf eine spezifische Relation eines Subjekts zu einem Objekt, einem Kunstwerk oder allgemeiner dem ästhetischen Gegenstand, bezieht, so lassen sich unterschiedliche Ansätze der Ästhetik unterscheiden hinsichtlich dessen, was jeweils als Bestimmungsgrund des Ästhetischen angesetzt wird. *Erstens* kann die Ästhetik den ästhetischen Gegenstand als grundlegend annehmen und sich auf die Bestimmung von Eigenschaften richten, die einen Gegenstand als ästhetisch, als schön oder erhaben, von anderen Gegenständen unterscheidet; solche Ästhetik ist Werkästhetik. Als Werkästhetik kann man aber auch die einzelnen Kunstwissenschaften

---

Ästhetik ist ihm zufolge derart stark durch die zeitgenössische Metaphysik geprägt, daß sie sich nicht auf die moderne Kunst anwenden lasse (Kulenkampff, 2002). Allerdings sei eine Ästhetik der Gegenwart auch nicht ohne Kant, ebensowenig ohne Hegel, überhaupt denkbar; beide seien als philosophische Ästhetiken alternativlos.

bezeichnen, die Kunstwerke nach wiederum unterschiedlichen Methoden und Ansätzen erforschen. Ästhetik kann *zweitens* das Subjekt in der ästhetischen Relation zur Grundlage nehmen; solche Ästhetik ist dann entweder, sofern das Subjekt sich auf den Gegenstand als einen gegebenen bezieht, Rezeptions- oder Wirkungsästhetik oder, sofern es sich auf den Gegenstand als einen hervorzubringenden richtet, Produktionsästhetik, die sich dann entweder als Künstler- oder als Genieästhetik begreifen läßt. Rezeptionsästhetische Ansätze können vom einzelnen Subjekt oder von intersubjektiv gebundenen Subjekten ausgehen. Schließlich kann man *drittens* die spekulative oder dialektische Ästhetik von den beiden Grundtypen, der subjekt- und der objektfundierten Ästhetik unterscheiden, die gerade im Ästhetischen eine Überwindung der Subjekt-Objekt-Spaltung erblicken; beispielhaft für die spekulative Ästhetik wäre Schellings *System des Transzendentalen Idealismus* zu nennen, der im Kunstgenie die Vereinigung von Natur und Freiheit erreicht sieht, eine dialektische Ästhetik ist Hegels Lehre von der Kunst als erster Stufe des absoluten Geistes in der *Enzyklopädie*; gleichwohl müssen die ersten beiden Typen nicht auf einer Voraussetzung der Subjekt-Objekt-Unterscheidung beruhen. Schließlich gibt es *viertens* die Möglichkeit, das Subjekt der Relation zu negieren und die Kunst als eine Art selbstreproduzierende Struktur zu betrachten, wie beispielsweise in der Postmoderne. Hinsichtlich des Charakters der Prinzipien, die sie aufstellt, kann Ästhetik außerdem entweder deskriptiv oder präskriptiv sein, d. h. sie analysiert entweder das Ästhetische, die ästhetische Wahrnehmung, das ästhetische Urteil, die künstlerische Tätigkeit o. ä., oder aber sie stellt Normen dafür auf, was als ästhetisch zu gelten habe. Diese letztere Ästhetik heißt auch Regelästhetik. Kants Ästhetik läßt sich primär als deskriptive Rezeptionsästhetik bestimmen, wie im folgenden weiter darzulegen sein wird.

Der Kantische Ansatz einer deskriptiven Rezeptionsästhetik wird insbesondere von drei Richtungen der Gegenwartsästhetik produktiv aufgenommen; *erstens* von der *analytischen Ästhetik*, die sich Mitte des zwanzigsten Jahrhunderts entwickelt hat. Ihre Hauptvertreter rekurrieren zwar kaum einmal explizit auf Kant, ihnen werden aber deutliche konzeptionelle Kant-Bezüge zugeschrieben, was aufgrund dessen, daß Kant die Urteilsästhetik nachhaltig bestimmt hat, indem er erstmals eine Ästhetik insgesamt auf eine Analyse des ästhetischen Urteils gründet, nahe liegt (vgl. Spremberg, 1999). Insbesondere in den

vergangenen Jahren gab es Versuche einer Verbindung der Kantischen
mit der analytischen Ästhetik.[3] *Zweitens* ist Kants Theorie des Erhabenen Gegenstand des Interesses der Postmoderne.[4] Besonders aber ist
Kants Ästhetik *drittens* für eine Richtung der Ästhetik von Bedeutung,
die sich seit einiger Zeit unter dem Titel „Theorien ästhetischer Erfahrung" zusammengefunden hat, ein rezeptionsästhetischer Ansatz, der
auch analytische, pragmatistische, phänomenologische oder semiotische
Anleihen macht.[5] Bevor diese Ansätze im einzelnen diskutiert werden,
sollen zunächst einige Standardeinwände gegen die Kantische Ästhetik dargelegt und anschließend zwei einflußreiche kritische Positionen
dargestellt werden.

I. Kant-Kritiken

Die Kantische Lehre wird häufig als eine normative Ästhetik verstanden. Anlaß dazu geben insbesondere die vier Momente des reinen
Geschmacksurteils, die Kant aus den vier Gruppen der Urteilstafel
ableitet, die vier Bestimmungen des Schönen, die aus den vier Momen-
ten jeweils gefolgert werden, und seine Lehre vom Ideal der Schönheit (*KU*, AA V, 215, 223ff, 231ff). Die vier Momente des reinen
Geschmacksurteils, Interesselosigkeit, Allgemeinheit, Zweckmäßigkeit und Notwendigkeit, lassen sich leicht als Normen fehlinterpretie-
ren, die ein idealer Betrachter, wie beispielsweise von Hume in *On the
Standard of Taste* konzipiert, erfüllen soll. Die Kantische Ästhetik ist
ihrem Grundcharakter nach jedoch keine normative Ästhetik, so die
hier vertretene These, denn dies widerspräche ihrem Apriorismus oder,
wie Kant seine Lehre nennt, dem „Idealismus der Zweckmäßigkeit" im
Schönen der Natur und der Kunst.

Die Grundfrage der *Kritik der ästhetischen Urteilskraft* lautet: „Wie
sind Geschmacksurtheile möglich?" (*KU*, AA V, 288). Das bedeutet
als transzendentale Frage: Was sind die Bedingungen der Möglich-

---

[3]   Savile 1982; Lüdeking, 1991; Otto, 1993.
[4]   Lyotard, 1994; de Man, 1993; de Duve, 1993.
[5]   Vgl. Bubner, 1989; Früchtl, 1991; Kern, 2000; immer wieder zitiert wird in die-
       sem Zusammenhang Henrich, 1992, der in Kants Ästhetik das Potential für eine
       neue Ästhetik erkennt, dieses aber selbst noch nicht fruchtbar gemacht hat (Hen-
       rich, 1992, S. 54ff).

keit a priori, einem Gegenstand das Prädikat ‚schön' zuzusprechen? Nach Kant ist allein das apriorische Konstituens ästhetischer Urteile im strengen Sinne theoriefähig; induktiv gewonnene Erkenntnisse aus der empirischen ästhetischen Erfahrung dagegen können keine wahre Wissenschaft begründen, was Kant noch 1787 gegen die Möglichkeit der Ästhetik als philosophischer Disziplin überhaupt einwandte (*KrV*, B 35 Anm.). Das erste apriorische Konstituens im Geschmacksurteil ist das allgemeine Prinzip der Urteilskraft, nämlich die Zweckmäßigkeit (*KU*, AA V, 184), das zweite ist das Vermögen zu Lust und Unlust als rein subjektive Empfindungen, die das Erreichen bzw. Nichterreichen eines Zweckes anzeigen.[6] Das Gefühl der Lust, das sich am Schönen entzündet, gründet in einem spezifischen, proportionierten Verhältnis der Aktivität von Einbildungskraft und Verstand, das sich als Spiel darstellt. Einbildungskraft und Verstand interagieren demnach derart, daß das Subjekt bei keiner der Vorstellungen, die das eine oder das andere Vermögen angesichts eines Gegenstandes liefert, stehenbleibt; dennoch aber beziehen sich die Vorstellungen beider auf denselben Gegenstand. Auf diese Weise erfüllen sie an ihm ihren Zweck als Erkenntnisvermögen; da die Urteilskraft den Gegenstand nicht abschließend unter einen bestimmten Begriff subsumiert, ist es nicht die Zweckmäßigkeit des Erkenntnisvermögens für die besondere Erkenntnis eines bestimmten Objekts, sondern „in Ansehung der Erkenntniß überhaupt", wie Kant sagt (*KU*, AA V, 222). Diese Bedingung des reinen Geschmacksurteils, die Begrifflosigkeit, ist jedoch keine Norm, die den Betrachter zu einer bestimmten Haltung verpflichtet, denn das Gefühl der Lust kann sich überhaupt nur spontan einstellen. Es kann nicht unmittelbar durch Kenntnisse, beispielsweise Kunstkennerschaft, ausgelöst werden.

Der sog. Formalismus-Einwand, der nicht nur gegen Kants Ästhetik, sondern ebenso gegen seine Ethik erhoben wird, macht Kant vielfach zur Zielscheibe, insbesondere für gehaltsästhetische Konzeptionen.[7]

---

6   Die in der Nachfolge der Hermeneutik stehende Rezeptionsästhetik hätte konzeptionell durchaus an Kant anschließen können; ihre Hauptvertreter H. R. Jauß und M. Imdahl haben von dieser Möglichkeit aber keinen Gebrauch gemacht, sondern verweisen lediglich sporadisch auf Kants Lehre von der allem ästhetischen Urteilen zugrunde liegenden Mitteilbarkeit des freien und harmonischen Spiels der Erkenntniskräfte sowie auf seine Lehre von der Notwendigkeit der Voraussetzung eines *sensus communis*.

7   Vgl. die Darlegung und Widerlegung dieses Einwandes bei Esser, 1997, S. 78-82.

Er besagt, daß Kants Ästhetik Bedeutungsgehalte von Kunstwerken als sekundär bezüglich ihres ästhetischen Wertes betrachtet. Im dritten Moment des reinen Geschmacksurteils zeigt Kant, daß der Form der Zweckmäßigkeit der Vermögen in ihrem freien und harmonischen Spiel auf der Gegenstandsseite die Zweckmäßigkeit der Form entspreche. Gegenstände sind daher deshalb schön, weil ihre Form Einbildungskraft und Verstand in eine spezifische, „proportionierte Stimmung" der Harmonie versetzt (*KU*, AA V, 216ff). Doch Kant ist nicht der Auffassung, daß der Wert der Kunst sich im Schönsein erschöpfe; vielmehr muß Kunst geistvoll sein, d. h. sie muß ästhetische Ideen ausdrücken (*KU*, AA V, 313ff). Bemerkenswerterweise bestimmt Kant nun die ästhetische Idee unabhängig vom Prädikat ‚schön': Sie sei diejenige Vorstellung, die viel zu denken veranlasse, ohne daß ihr irgendein bestimmter Gedanke, ein Begriff, adäquat sein könne (ebd.). Nach Kant läßt sich jedoch a priori nur die Struktur der Bezugnahme des Subjekts auf die Gehalte der Kunst philosophisch erfassen. Die philosophische Deduktion von Gehalten verstößt demnach gegen die Autonomie der Kunst.

Auch erhebt sich ein generelles Bedenken gegenüber jedweder Ästhetik des Schönen angesichts der Ablösung der modernen Kunst von jenem klassischen Zentralterminus der Ästhetik; Kunst ist heute kaum mehr schöne Kunst. Für Kant ist das Schöne zwar der zentrale Begriff der Ästhetik, da es – anders als das Erhabene – eine objektive Zweckmäßigkeit der Natur anzeigt und so systematisch zur Teleologie überleitet (*KU*, AA V, 246), aber es ist nicht die hinreichende Bedingung für ästhetisch wertvolle Kunst. Auch an diesem Theorem erkennt man die systematische Funktion, die die *Kritik der ästhetischen Urteilskraft* für Kant zu erfüllen hat und die sie nicht unproblematisch als eine Philosophie der Kunst lesbar macht.

Ebenfalls als kritikwürdig wird der Vorrang der Naturschönheit vor der Kunstschönheit in Kants Ästhetik angesehen, sie scheint auf einem veralteten Antagonismus von Natur und Kultur zu beruhen. Aufgrund dieser Lehre wird Kant oft eine Mimesis-Lehre unterstellt, die aus seiner Genielehre abgeleitet wird; danach besteht Schönheit in der Kunst darin, die Natur nachzuahmen (vgl. *KU*, AA V, 306). Näher liegt es jedoch, so die hier vertretene These, die Genielehre so zu verstehen, daß das Genie seine eigene, menschliche Natur in der schönen Kunst zum Ausdruck bringt, was von einer Mimesis-Lehre weit entfernt ist, besagt sie doch vielmehr, daß die menschliche Natur eben gerade in der Kunst ihren wesentlichen Ausdruck findet. Die Definition des Genies in § 46 der *Kritik der Urteilskraft* kann also auch anders als mimetisch verstanden werden, insofern Talent selbst Teil der Natur ist (vgl. *KU, AA V*, 307). Genie ist demnach das Talent, die eigene, menschliche Natur der Kunst als Regel vorzuschreiben, ohne daß diese Regel willkürlich und auf einen bestimmten Zweck gerichtet ist. Zu beachten ist hierbei, daß Kant noch nicht über den emphatischen Kunstbegriff verfügt, der sich erst in der Romantik entwickelt hat, er gebraucht ‚Kunst‘ noch gleichbedeutend mit *téchne* oder *ars*, d. h. im Sinne von Kunstfertigkeit. Kunst ist also erst dann schöne Kunst, wenn sie den Regeln des Genies folgt, das Geschmack besitzt; das Kunstwerk ist Ausdruck ästhetischer Ideen des Genies, die sich seiner Natur verdanken. Insofern kann das Verhältnis von Natur und Kunst bei Kant auch weniger traditionell verstanden werden und also durchaus vollkommen abstrakte Kunst - wie insbesondere die reine Ausdruckskunst der *art informel* oder des *action painting* - begreifen.

Ästhetische Ansätze, die einer Werkästhetik verpflichtet sind, lehnen die Kantische Ästhetik zumeist ab; insbesondere die Hermeneutik, aber auch die Kritische Theorie, die beide an die Hegelsche Ästhetik anknüpfen, kritisieren an der Kantischen insbesondere vier Aspekte: den Subjektivismus, den Formalismus, die Begrifflosigkeit sowie den Apriorismus überhaupt. In seinem Hauptwerk *Wahrheit und Methode* von 1960 setzt sich Hans-Georg Gadamer ausführlich und kritisch mit Kant auseinander (Gadamer, ⁵1986, S. 48-87). Seine Ablehnung Kants ergibt sich aus den Grundlagen der eigenen Philosophie, der Hermeneutik, die eine geisteswissentschaftliche Erkenntnislehre ist. Zunächst gilt seine Kritik Kants Lehre von der Priorität des Naturschönen vor dem Kunstschönen; er hält diese Ansicht Kants zwar nicht für falsch, sie unterschätzt ihm zufolge jedoch die Bedeutsamkeit der Kunst. Wie Hegel meint Gadamer, Ästhetik müsse Philosophie der Kunst sein, denn der Natur mangele es an „bestimmter Aussage“, die Kunst dagegen spreche uns „bedeutungshaft“ an (Gadamer, ⁵1936, S. 57). Grundlage dieser Umgewichtung ist seine „Ontologie des Kunstwerkes“: Nach Gadamer ist für Ästhetik nicht die ethische Dimension bestimmend – diese Position spricht er Kant zu –, sondern Wahrheit. Der zentrale Vorwurf Gadamers gilt daher Kants „Subjektivismus“: Seiner Interpretation zufolge beruht das Geschmacksurteil bei Kant auf einem rein subjektiven Prinzip und habe folglich keine Erkenntnisbedeutung mit Anspruch auf Wahrheit. Die Autonomie der Ästhetik gegenüber Erkenntnis und Sittlichkeit, wodurch Kant entgegen rationalistischen Positionen die Sinnlichkeit als eigenes Vermögen aufwertet, ist für Gadamer jedoch unlöslich verbunden mit einer Marginalisierung des Ästhetischen. Nach Gadamer ist die Kunst der Ort der Wahrheit; dies ist sie in dem Sinne, daß der Mensch in der Kunst sich durch seinen deutenden Geist selbst begegne (Gadamer, ⁵1986, S. 64). Nicht zuletzt ist diese Auffassung auch durch sein auf Heidegger und auf Hegel zurückgehendes Verständnis von Begriff und Sprache gekennzeichnet; durch Sprache eröffnet sich nach Gadamer im Verstehensprozeß die „hermeneutische Seinserfahrung" (Gadamer, ⁵1986, S. 490), so gilt ihm das Sprechtheater als wichtigste Kunstform, als Verbindung von Sprache und Spiel, wobei er das Spiel, anders als Kant, als „Selbstdarstellung" begreift (Gadamer, ⁵1986, S. 107-115). Die hermeneutische Seinserfahrung bedeutet dabei eine fortschreitende Horizonterweiterung des Verstehens. Gadamer meint zudem, Kants Lehre von der Begrifflosigkeit des Bestimmungsgrundes ästhetischer Urteile sei inkonsistent, dies zeige die Lehre vom Ideal der Schönheit, das von sittlichen Ideen, mithin von moralischen Begriffen, bestimmt ist (Gadamer, ⁵1986, S. 58ff). Was nach Gadamer von Kants Ästhetik beizubehalten ist, ist sein „rezeptionsästhetischer" Ansatz, der sich aus seiner Geschmacksästhetik ableiten läßt; insbesondere das Verhältnis des Genies zum Geschmack, dem Vermögen zur Beurteilung des Schönen, ist für ihn eine „Basis, auf der später weiter gebaut werden sollte" (Gadamer, ⁵1986, S. 62); die Konzeption nämlich, daß Rezipieren und Produzieren von Kunst ineinander übergehen. Damit interpretiert Gadamer Kants Lehre, daß auch das Genie über Geschmack verfügen müsse, um schöne Kunst hervorbringen zu können, da sonst lediglich genialischer Unsinn entstehe (*KU*, AA V, 311ff, 319f). Gleichwohl wird auch der Kantische Geschmacksbegriff von Gadamer insbesondere im Hinblick auf den Vorrang der Naturschönheit bei Kant kritisiert (Gadamer, ⁵1986, S. 62ff). Geschmack ist ein Vermögen der Beurteilung, somit kommt ihm die Aufgabe zu, ‚Schönes' von ‚Nichtschönem' bzw. ‚Häßlichem' zu unterscheiden. Kann es aber, so Gadamer, nach der Kantischen Naturkonzeption überhaupt nichtschöne oder gar häßliche Natur geben? Ist die Natur in ihrer unerschöpflichen Ausdeutbarkeit und in der in ihr zu denkenden Zweckmäßigkeit nach Kant nicht *per se* schön? In

Kants angeblichem Unvermögen, den Geschmacksbegriff konsistent mit dem Geniebegriff zu verbinden, sieht Gadamer die Ursache der Genieästhetiken des Deutschen Idealismus, die sich von der Priorität des Naturschönen absetzen.

Gadamer löst Kants Ästhetik aus dem Zusammenhang seiner Gesamtkonzeption der Transzendentalphilosophie und unterstellt zugleich, er habe eine umfassende Theorie des Ästhetischen konzipieren wollen. Der systematische Kontext der Kantischen Analyse der ästhetischen Urteilskraft verlangt jedoch nur, das Geschmacksurteil auf die Bedingungen seiner Möglichkeit a priori hin zu untersuchen. Sein Ansatz schließt nicht aus, daß ästhetisches Erleben phänomenal niemals rein, d. h. unvermischt durch andere, nicht originär ästhetische Prinzipien, ist, noch normiert er *eo ipso* die ästhetische Erfahrung auf die Bedingungen des reinen Geschmacksurteils.

Von einer anderen, gleichwohl aber auch hegelianischen Grundposition kritisiert T. W. Adorno Kants Ästhetik: In seinem unvollendeten Spätwerk *Ästhetische Theorie* findet sich keine zusammenhängende, aber eine kontinuierlich-kritische Auseinandersetzung mit Kant (Adorno, 1970). Adornos hegelianisches Kunstverständnis steht wie bei Gadamer unmittelbar in Spannung zu Kants geschmacksästhetischem Ansatz, seiner Lehre von der Interesselosigkeit des Geschmacksurteils und seinem Formalismus; dagegen bietet die Priorität des Naturschönen und der Autonomie der Ästhetik durchaus Anknüpfungspunkte für Adorno. Wie Gadamer verteidigt Adorno einen emphatischen Wahrheitsbegriff für die Kunst, verurteilt aber jede Methodik des Kunstzuganges: Ein instrumentalisiertes Kunstverständnis ist ihm zufolge kunstfern. Zunächst kritisiert Adorno Kants Lehre von der Interesselosigkeit des reinen Geschmacksurteils und in ihrer Folge seinen Formalismus; beide stufen die Kunst zur uninteressanten Dekoration herab (Adorno, 1970, S. 22-27). Adorno diskreditiert Kants geschmacksästhetischen Ansatz als einen verkappten Hedonismus (Adorno, 1970, S. 26), wobei er allerdings die bedeutende Unterscheidung vom Angenehmen und Schönen bei Kant unterschlägt, die dies gerade verneint (*KU*, AA V, 209ff). Zwar sei es Kant anzurechnen, mit seiner Lehre von der Interesselosigkeit des reinen Geschmacksurteils der Kunst erklärtermaßen Autonomie zuzusprechen, aber zugleich sei sie dadurch auch zur uninteressanten Kunst verkommen. Demgegenüber müssen Kunstwerke in der Spannung zwischen Interesselosigkeit und größtem Interesse stehen. Adornos Kant-Kritik richtet sich auch gegen die angebliche „Objektivität", die Kant dem Geschmacksurteil zuspreche (Adorno, 1970, S. 244-248); Diese Objektivität begründe Kant aus dem Subjekt. Aus dieser Konzeption ergibt sich nach Adorno die unhaltbare Allgemeingültigkeit ästhetischer Urteile und daraus folgend der Kantische Formalismus. Für Adorno kommt die Allgemeingültigkeit des ästhetischen Urteils bei Kant der Disqualifizierung des Gegenstandes eines solchen allgemeinen Wohlgefallens als Kunstwerk gleich (Adorno, 1970, S. 248). Ästhetisch wertvolle Kunst kann nach Adorno unmöglich allgemein gefallen. Er stellt dieser „Objektivität" hegelisch die Dialektik von Subjekt und Objekt entgegen, die sich in Kunstwerken im Ausdruck des Subjektiven im Objektiven zeige. Die Kunstproduktion ist Arbeit, durch welche das produktive Subjekt sich selbst zum Objekt wird. Diese dialektische Gegenwart des Subjektiven im Kunstwerk macht die Allgemeingültigkeit ästhetischer Urteile unmöglich. Adorno deutet wie Gadamer Kants Ästhetik ohne Rückgriff auf ihre systematische Stellung und unabhängig von der Gesamtkonzeption, in die Kant sie einfügt, als eine präskriptive, normative Kunstphilosophie, die die Interesselosigkeit eines idealen Rezipienten, die Allgemeingültigkeit seines Urteils etc. fordert. Doch dies ist, wie bereits ausgeführt, von Kant nicht in dieser Form beabsichtigt. Adorno hingegen kann in seinem Ansatz nicht systematisch begründen, worauf der Zusammenhang von Natur und Kunst überhaupt beruht.

Zwiespältig, aber grundsätzlich positiv ist Adornos Rezeption der Kantischen Lehre vom Erhabenen (Adorno, 1970, S. 293ff). Gemäß seiner Grundannahme der Entfremdung des modernen Menschen von sich selbst, die es zu durchbrechen gilt, sieht Adorno in der Naturschönheit und insbesondere in der Gestalt der erhabenen Natur die Möglichkeit, die unreflektierte Verfügbarkeit des Menschen zu überwinden (Adorno, 1970, S. 100f, 143, 172f); er rekurriert dabei jedoch nicht auf ein romantisches Naturverständnis, welches die Natur unproblematisch als das Andere des Geistes und der Kultur faßt, vielmehr verweist er auf die unlösliche Verbindung von Natur und Kultur. Gemäß Adorno erfährt sich der Mensch in Anbetracht des Erhabenen aber nicht als selbst erhaben über die Natur, indem er das Sittengesetz als wesentliches Prinzip der Vernunft begreift und sich als frei gegenüber der Natur erfährt – wie Kants Lehre wohl zu verstehen ist –, sondern er begreift sich angesichts des Erhabenen als frei, indem er sich selbst als naturhaftes Wesen erfährt.[8] Es ist diese Lehre des Erhabenen, die Kant insbesondere in der Postmoderne in die Diskussion gebracht hat, welche wie Adorno die Kunst wesentlich auch als Ideologiekritik versteht.

II. Das Erhabene. Kant in der Rezeption der Postmoderne

Eine breite, positive Rezeption hat die Kantische Ästhetik seit Anfang der achtziger Jahre des vergangenen Jahrhunderts in zahlreichen Arbeiten der Postmoderne erfahren.[9] Besonders wirkungsmächtig ist J.-F. Lyotards ausführlicher Kommentar zu diesem Abschnitt der *Kritik der Urteilskraft: Die Analytik des Erhabenen* (Lyotard, 1994). In Kants Theorie des Erhabenen erblickt Lyotard ein Moment des Irrationalismus in Kants System. In der Erfahrung des Erhabenen stößt die

---

[8] Adorno, 1970, S. 410f. In dieser Tradition stehen einige Ansätze zu einer neuen Naturästhetik oder ökologischen Ästhetik, die u. a. auch an Kant und Adorno anknüpfen: Vgl. Seel, 1991, insb. zu Kant S. 76f, 109f, zu Kant und Adorno S. 164f, 180f. Mit einer gewissen Weitsicht meint Kant, die Bedeutung der Kunst werde mit der Zeit zunehmen, weil die Kultur sich mehr und mehr von der freien Natur entferne, so daß der Mensch in der Erfahrung der Zweckmäßigkeit seiner Vermögen und in der Entwicklung seiner Humanität auf die Kunst angewiesen sei, da er sie in der freien Natur nicht mehr erfahren könne (*KU*, AA V, 356). Daß die Interpretation der Kantischen Ästhetik als Mimesislehre der Natur falsch ist, geht aus seiner Bemerkung an dieser Stelle hervor, daß der Geschmack letztlich ohnehin durch Sittlichkeit ausgebildet wird.

[9] Zur Rezeptionsgeschichte des Erhabenen bei Kant vgl. auch Pries, 1995, S. 11-37. Erwähnt sei noch de Man, 1993. Kants Verankerung des Erhabenen in der Vermögenslehre ist nach de Man verfehlt, statt dessen müsse es im „Diskurs" verortet werden. Zudem mündet nach de Man die Kantische Ästhetik in einen „formalen Materialismus" (de Man, 1993, S. 27), gemeint ist wohl die Beschränkung der ästhetischen Erfahrung auf sinnliche Qualitäten, die de Man zufolge zu einem Mangel an „semantischer Tiefe" führt. Damit verfalle Kant, nachdem die Transzendentalphilosophie als Metaphysikkritik und damit als Ideologiekritik aufgetreten war, selbst einer Ideologie, weil zwischen ihr und der Ideologie ein wechselseitiges Abhängigkeitsverhältnis bestehe; in der Lehre vom Erhabenen liege der systematische Ort der Kantischen Philosophie insgesamt, an dem die kausale Verknüpfung der kritischen Philosophie mit der Ideologie stattfinde (de Man, 1993, S. 12). Grundsätzlich negativ wird Kants Lehre vom Erhabenen auch von J. Kulenkampff bewertet (Kulenkampff, ²1994, S. 173f).

Vernunft an die Grenzen ihrer selbst, sie gewahrt das Undarstellbare, das Formlose an ihr selbst. Denn das Erhabene kommt nicht den Dingen zu, deren Erfahrung mit jenem spezifischen Gefühl der negativen Lust verbunden ist, sondern bezieht sich, wie Lyotard gegenüber zahlreichen Fehlinterpretationen der Struktur der Kantischen Lehre zutreffend analysiert, auf die Form der Vernunft selbst. Das Erhabene zeigt in uns ein Vermögen an, das den Maßstab der Sinne übertrifft (*KU*, AA V, 250), oder es ist die Fähigkeit des Gemüts, wie Kant sagt, „die eigene Erhabenheit seiner Bestimmung [...] sich fühlbar" zu machen (*KU*, AA V, 262; 268). Das Gemüt überträgt das Erhabene *per analogiam* auf den Gegenstand, der dieses Gefühl erweckt, so daß er als erhaben beurteilt wird; erhaben aber ist primär die spezifische „Geistesstimmung", die „Bestimmung unseres Vermögens, so wie die Anlage zu demselben in unserer Natur ist" (*KU*, AA V, 262); d. h. unser Vermögen zu Ideen der Vernunft, genauer nach Kant: unser Vermögen zu praktisch-moralischen Ideen. Aber das mathematisch Erhabene zeigt, daß das jedes Maß übersteigende, „unbeschränkte" Vermögen nicht allein auf moralische Ideen bezogen ist (*KU*, AA V, 259), sondern eine allgemeine Verfaßtheit der Vernunft anzeigt, wie auch die *Transzendentale Dialektik* der *Kritik der reinen Vernunft* beweist. Diese allgemeine Struktur der Vernunft ist dasjenige, was Lyotard an der Theorie des Erhabenen für bedeutsam hält; die Theorie des Erhabenen ist ihm zufolge bei Kant nicht eine ästhetische Lehre, sondern kennzeichnet den Zustand des kritischen Denkens an seinen äußersten Grenzen, das Erhabene ist der fühlbare Zustand des Denkens, das auf das Absolute ausgreift (Lyotard, 1994, S. 69f, 169f). Dabei streitet Lyotard ab, daß das Erhabene überhaupt für die Moralität relevant sei (Lyotard, 1994, S. 69). Dies ist nach Kant offenbar nicht der Fall, da es die Erhabenheit der Vernunft über die Natur insbesondere in moralischer Hinsicht fühlbar werden läßt.

Die Implantation Kantischer Lehre in Lyotards eigenes postmodernes Denken verfremdet Kants Ästhetik jedoch erheblich, wie in seinem Aufsatz *Das Interesse des Erhabenen* deutlich wird.[10] Für Lyotard ist jed-

---

[10] Lyotard, 1989. Lyotard lehnt jedwede „Theorie" ab und stellt dem die „Reflexion", im Kantischen Sinne, entgegen (S. 331). Auch bei Derrida lassen sich Bezüge zu Kant nachweisen; eine Untersuchung zum Verhältnis Derridas zu Kant hat J. M. Bernstein angestellt (Bernstein, 1992).

wede Theoriebildung unphilosophisch, vielmehr dürfe nur Reflexion
betrieben werden. Daher konzentriert er sich auf die Lehre von der
reflektierenden Urteilskraft bei Kant und erklärt sie zum Zentrum seiner Philosophie. Daraus ergibt sich eine Ästhetisierung nicht nur der
Philosophie insgesamt, sondern auch der Psychologie, Soziologie und
Ökonomie. Lyotard überträgt das Erhabene damit auf Bereiche, die
gemäß Kant nach anderen als ästhetischen Prinzipien adäquat zu beurteilen wären; umgekehrt ist die Übertragung psychologischer und öko-
nomischer Gesichtspunkte auf die Philosophie aus einer Kantischen
Perspektive methodisch höchst problematisch. Die Überformung des
Theoretischen und Praktischen mit ästhetischen Prinzipien und der
Gebrauch des Erhabenen als Analyse der *conditio humana* schlechthin
lädt die Lehre des Erhabenen mit Bedeutungen auf, die es aus Kantischer Sicht überfordern. Lyotards Kant-Deutung mündet schließlich in
seiner These von der Auflösung der Einheit des Subjekts, die schwerlich
mit Kants Lehre vereinbar ist.[11]
Nicht mehr der Postmoderne zuzurechnen, obwohl auch hier von
einer Ästhetisierung der Philosophie insgesamt gesprochen werden
kann, ist wohl die Theorie des *sublime understanding* von K. Pillow, der
Kants Lehre vom Erhabenen, wie auch diejenige Hegels, zur Grundlage
einer am Irrealismus N. Goodmans orientierten Theorie macht (Pillow, 2000). In Kants Darstellung der Bedingungen für das ästhetische
Urteilen über das Erhabene findet Pillow eine Struktur des kognitiven

---

[11] Lyotard, 1994, S. 117f. Näher an der Kantischen Theorie ist die Aktualisierung
von C. Pries, die gleichwohl in den Grundzügen mit Lyotard übereinstimmt
(Pries, 1995). Die Aktualisierung der Theorie des Erhabenen von P. Crowther
besteht demgegenüber nur darin, das Erhabene als Kategorie der Kunst zu etablieren (Crowther, 1989, S. 152-174). Für Kant ist das Erhabene ein Gefühl,
das sich angesichts des Undarstellbaren einstellt, deshalb kann es an der Kunst
nur vergleichsweise erfahren werden, denn alle Kunst ist Darstellung von Ideen.
Crowther meint, das Staunen über die Bedeutungsfülle großer Kunstwerke könne
als Erhabenheit erfahren werden (Crowther, 1989, S. 158); er unterscheidet drei
Erscheinungsweisen des Erhabenen in der Kunst: den perzeptuellen Reichtum,
die persönliche Bedeutungsfülle, die Rezipienten einem Kunstwerk beimessen,
sowie den Ausdruck von Wahrheit in einem Kunstwerk (Crowther, 1989, S. 161).
Kritisch analysiert P. Foos die theoretischen Möglichkeiten eines gemeinsamen
Bereiches von Philosophie und Kunst im Rückgriff auf Kant und die Postmoderne; Kant soll letztlich doch eine dogmatische, normative Ästhetik entworfen
haben (Foos, 1999).

Vermögens, der weit über das ästhetische Urteilen hinaus Bedeutung zukommt, nämlich für unseren Weltzugang schlechthin als Modell der Interpretation. Die spezifische Tätigkeit der reflektierenden Urteilskraft ist u. a. die Begriffsbildung für bisher unbekannte Gegenstände. Nach Pillow ist es vorrangig das Erhabene, in dem sich die Funktion der reflektierenden Urteilskraft spiegelt, denn in der Erfahrung des Schönen ist das Spiel von Einbildungskraft und Verstand in einem harmonischen Zustand, so daß der schöne Gegenstand zwar nicht völlig begrifflich bestimmt ist, aber er fordert auch keine weitere begriffliche Bestimmung, sondern geht in der ästhetischen Wahrnehmung auf. In der Erfahrung des Erhabenen dagegen besteht eine Disharmonie der Vermögen, so daß das Darstellungsvermögen an der darzustellenden Vorstellung scheitert, die Schematisierung des Objekts kommt zu keinem Abschluß. Der Gegenstand dieser Vorstellung wird daher als erhaben erfahren, das Objekt wird erlebt als überbordende, unbestimmte Mannigfaltigkeit von Konnotationen (Pillow, 2000, S. 88). Auf diese Weise wird sich das Bewußtsein seiner eigenen Tätigkeit inne. Nach Pillow ist die Begriffsbildung in der Reflexion über das Erhabene metaphorisch, wobei er Kants Symbollehre (*KU*, AA V, 352f, 315) auf die Reflexion über das Erhabene überträgt. Bereits in der Beurteilung äußerer Gegenstände als erhaben zeigt sich, daß sie nur durch die bereits erwähnte Übertragung eines „Gemütszustandes" auf äußere Gegenstände bezogen wird; so wird der „durch Stürme empörte Ocean" ästhetisch als Metapher für Vernunftideen, die keine adäquate Darstellung erlauben, gebraucht und als erhaben erfahren (*KU*, AA V, 245). Pillow erkennt in Kants Theorie des Erhabenen daher Grundzüge einer Metapherntheorie (Pillow, 2000, S. 254-263). Ein Kunstwerk ist nach Pillow ein „open work", d. h. es verhält sich gegenüber seiner begrifflichen Bestimmung als unendlich ausdeutbar, was – anders als für die Hermeneutik – nicht zu einer zunehmenden Horizontverschmelzung im Hinblick auf eine jenseitige Wahrheit führt, sondern es lediglich ermöglicht, Welten, d. h. kohärente Weltdeutungen, zu entwerfen, die gegenüber absoluten Wahrheitsansprüchen neutral sind (Pillow, 2000, S. 287-294). Diese Weltdeutungen stehen in einem intersubjektiven Zusammenhang, was Pillow aus Kants Lehre des *sensus communis* ableitet: Danach werden Metaphern intersubjektiv vermittelt gebildet und mit Sinn versehen. Das Sublime der Welt überhaupt ist ihre unendliche Ausdeutbarkeit und d. h. ihre Unausdeutbarkeit, wenn man darunter ein erschöpfendes Begreifen versteht; dies macht den Eindruck des Unheimlichen, den die Welt auf uns ausübt, aus. Die Welt läßt sich allein metaphorisch bezeichnen, das Ästhetische ist dabei lediglich ein Spezialfall metaphorischer Weltbeschreibung. Anders als Lyotard bezieht Pillow das Erhabene nicht auf die Vernunft selbst, auch nicht auf das praktische Prinzip in ihr, sondern auf ein ihr gegenüber Anderes, das sie zu erfassen trachtet, das sich aber dem Erfassen entzieht und daher das Gefühl des Unheimlichen, des Sublimen erregt.

III. Das Schöne und die Kritik. Kant in der analytischen Ästhetik

Kants Ästhetik ist eine Urteilsästhetik, d. h. sie besteht wesentlich in einer Analyse des ästhetischen Urteils, des Geschmacksurteils. Was läge also näher als die Kant-Rezeption durch die analytische Ästhetik, gehen doch beide Ansätze davon aus, daß Ästhetik als Analyse des Urteilens über das Ästhetische betrieben werden müsse. Doch dies ist weitaus seltener der Fall, als zu vermuten ist, da die analytische Ästhetik zumeist der empiristischen Ästhetik stärker verpflichtet ist als dem transzendentalen Ansatz der Kantischen.[12]

Als Urteil ist das Geschmacksurteil nach Kant logisch und durch die logischen Urteilsformen bestimmbar. Dabei gibt es der Form nach im Grunde nur ein ästhetisches Urteil, dessen Prädikat feststeht: „Dieser Gegenstand x ist schön". Das spezifische Prädikat dieses Urteils ‚schön' scheint dabei wie in einem gewöhnlichen kategorischen Urteil die Relation einer Eigenschaft zu einem Objekt zu bezeichnen; doch nach Kant ist dies nicht der Fall: Das Prädikat ‚schön' bezeichnet keine Eigenschaft eines Gegenstandes, so daß das Urteil die Synthesis eines Anschauungsmannigfaltigen nach der Substanz-Inhärenz Kategorie ausdrückt. Vielmehr wird das Prädikat ‚schön' aufgrund des der Urteils-

---

[12] Als symptomatisch für die Ablehnung der Kantischen durch die analytische Ästhetik, wenngleich wohl extrem, kann G. Dickies Kritik an Kant und sein Bekenntnis zu Hume gelten (Dickie, 1996, S. 85-122, 142f). Dickie vertritt selbst eine institutionalistische Ästhetik, die dezidiert psychologische oder epistemologische Ansätze – dazu wird Kant gezählt – ablehnt. Er begreift die primäre Frage der Ästhetik als: „Was ist ein Kunstwerk?" und geht davon aus, daß es Institutionen, d. h. institutionell gebundene Experten sind, die gemäß Konventionen darüber entscheiden, was als Kunst zu gelten hat und was nicht (Dickie, 1974, S. 147-181).

kraft eigentümlichen Prinzips der Zweckmäßigkeit dem Subjektbegriff zugesprochen.[13] Das Geschmacksurteil wird nicht durch die Regel eines Begriffs gefällt; es ist daher frei, wie im „Schlüssel zur Kritik des Geschmacks" ausgeführt wird (*KU*, AA V, 217ff). Der Bestimmungsgrund dafür, über einen Gegenstand zu urteilen, er sei schön, läßt sich nicht begrifflich fassen, was Kant im dritten Moment des Geschmacksurteils in den scheinbar widersprüchlichen Ausdruck „Zweckmäßigkeit ohne Zweck" faßt. Die ästhetische Erfahrung geschieht gleichwohl nicht insgesamt ohne Beteiligung von Begriffen; vielmehr ist das Begriffsvermögen Verstand im freien Spiel der Vermögen ebenso aktiv wie das bildgebende Vermögen der Einbildungskraft. Daß beispielsweise Giorgiones Gemälde *Knabe mit Pfeil* einen Jungen mit einem Pfeil in der rechten Hand darstellt, wird jeder Betrachter in Begriffen zum Ausdruck bringen können, der mit Hilfe von Kategorien und besonderen anwendungsbezogenen Begriffen das Anschauungsmannigfaltige zu den entsprechenden Objekten synthetisiert hat –, vielmehr impliziert Kants Lehre vom freien und harmonischen Spiel von Einbildungskraft und Verstand, daß der Verstand tätig ist und also das Angeschaute zu begreifen versucht. Das spezifisch Ästhetische ist hierbei, daß die kognitive Tätigkeit darin nicht aufgeht, sondern die Einbildungskraft einen potentiell unerschöpfbaren „Überschuß" des Begreifbaren vorführt: sie legt dem Verstand die Symbole des Bildes zur Bestimmung vor, die uns beispielsweise dazu veranlassen können, den Jungen als Apoll oder als Amor zu denken und seine Darstellung mit dem Mythos des Apoll oder des Amor in Verbindung zu bringen oder den Mythos in weitere Zusammenhänge, anthropologische oder psychologische, zu setzen. Doch die Schönheit des Bildes erschließt sich uns plötzlich und unmittelbar, einfach durch seine Komposition, d. h. die Zweckmäßigkeit aller Elemente des Kunstwerkes im Hinblick auf seine organische Einheit, unabhängig von seiner begrifflich bestimmbaren Bedeutungsfülle.

Das induktive Verfahren der analytischen Ästhetik, ausgehend vom ästhetischen Urteilen, bedingt eine gewisse Diskrepanz zwischen der

---

[13] Selten einmal wird hierbei das schwierige Problem erörtert, wie der Gebrauch der Urteilstafel bzw. Kategorientafel in der *Kritik der Urteilskraft* überhaupt zu rechtfertigen ist. Das Problem besteht darin: Wenn das Geschmacksurteil autonom, d. h. vom theoretischen Erkennen unabhängig sein soll, wie kann es dann, wie Kant notwendigerweise annehmen muß, den logischen Urteilsformen unterstehen (vgl. Marcucci, 2002)?

analytischen Ästhetik und dem Apriorismus der Kantischen Ästhetik, die besonders hinsichtlich der Lehre von der Allgemeingültigkeit des ästhetischen Urteils zur Abgrenzung gegenüber Kant führt. Die analytische Ästhetik lehnt den Rückgang auf die ästhetische Erfahrung zumeist mit dem Hinweis auf deren Privatheit ab. Dabei wird häufig übersehen, anders als in Lyotards diesbezüglich präziser Analyse, daß es Kant nicht darum geht, daß jedes faktische Urteil unter der Norm steht, von jedem geteilt werden zu müssen, sondern daß es sich hier um eine „idealische Norm" handelt, deren spezifischer Sinn es ist, bloß eine von jedem ästhetisch Urteilenden notwendig vorauszusetzende Vorstellung zu sein.[14] Insofern nun aber der Bestimmungsgrund des Geschmacksurteils die bloß subjektive Zweckmäßigkeit ist, kann seine Allgemeingültigkeit, die Kant entschieden von der logischen Allgemeinheit abgrenzt, nur „angesonnen" sein. D. h. was vom Urteilenden vorausgesetzt wird, ist nur, daß andere Urteilssubjekte mit ihm strukturell dieselbe kognitive Beschaffenheit teilen und daß folglich eine Verständigung über die Zustände des eigenen Gemüts prinzipiell möglich ist. Vorausgesetzt wird also lediglich, daß eine Übereinstimmung des Erkenntnisvermögens überhaupt besteht und daß also eine Mitteilung über den Zustand dieses Vermögens sinnvoll ist. Beim theoretischen Urteilen nimmt diese Funktion des identischen Bezugspunktes das beurteilte Objekt ein; der Erkenntnisanspruch im theoretischen Urteil wird durch Anschauung gerechtfertigt. Das Urteil, daß eine Landschaft oder ein Kunstwerk schön sei, wird dagegen notwendig unter der Voraussetzung gefällt, daß ein anderes Subjekt prinzipiell diesen subjektiven Zustand auch erleben könnte. Das Erleben könnte auch völlig privat verbleiben, dann unterliegt das Subjekt nicht der Verpflichtung, sich über seinen Zustand auszutauschen, sondern kann bloß genießend sein. Ein Erleben aber, das sich dieser Mitteilbarkeit prinzipiell nicht unterzieht und also rein privat ist, ist nach Kant nicht ästhetisch, denn es ist dann strukturell nicht unterschieden von der Erfüllung sinnlicher Bedürfnisse, deren Ausdruck im Urteil überflüssig ist. Auch an der völlig unterschiedlichen Struktur von theoretischen und ästhetischen Urteilen ersieht man, daß Kant die subjektiven Vermögensleistungen im ästhetischen Urteil zwar nicht für objektivierbar hält, gleichwohl aber für theoretisierbar.

---

14 Lyotard, 1994, S. 103ff. Lyotard legt damit eine affirmative Interpretation der Allgemeinheit und Notwendigkeit des ästhetischen Urteils vor.

Doch wie erklärt sich nach Kant, daß das ästhetische Urteil zwar einerseits seinen Bestimmungsgrund in unseren Vermögen hat, d. h. auf einem proportionierten Verhältnis von Einbildungskraft und Verstand beruht, sich andererseits dennoch auf ein Objekt, nämlich den schönen Gegenstand bezieht, ohne einen unmittelbaren Kausalzusammenhang zwischen den Eigenschaften des ästhetischen Gegenstandes und dem Erleben anzusetzen? Die Bestimmungen des ästhetischen Urteils werden nach Kant aufgrund einer Affinität der Vermögen zum Gegenstand auf diesen übertragen. In der ästhetischen Erfahrung eines Gegenstandes wird dieser als zweckmäßig dafür gedacht, in uns die Stimmung hervorzurufen, die im proportionierten Verhältnis von Einbildungskraft und Verstand besteht. Aufgrund dessen erlebt das Erfahrungssubjekt in dieser Affinität zum Gegenstand die von ihm vorausgesetzte Zweckmäßigkeit seiner Vermögen als auf den Gegenstand bezogen. Die Zweckmäßigkeit ruft das Gefühl der Lust hervor und nicht unmittelbar der Gegenstand selbst mit seinen Eigenschaften. Dennoch ist die ästhetische Empfindung, die Lust, auf das Objekt bezogen und nicht lediglich ein Zustand, sonst wäre das Wohlgefallen durch bloßen Sinnenreiz – ein angenehmer, belebender Duft beispielsweise, der wohl aufgrund physiologischer Ursachen eine angenehme Empfindung weckt – nicht von dem spezifisch ästhetischen Wohlgefallen zu unterscheiden, bei welchem der Verstand nach Kant essentiell beteiligt ist.[15] Die analytische Ästhetik geht, anders als Kant, zumeist von einer objektfundierten Ästhetik aus, die ästhetische Qualitäten dem Gegenstand und seinen Eigenschaften zuspricht.

---

[15] Der Begriff der Zweckmäßigkeit und einige Äußerungen Kants könnten möglicherweise dazu verleiten, auch evolutionär-ästhetische Elemente in Kants Ansatz zu erblicken (vgl. K. Richter, 1999). Die evolutionäre Ästhetik geht davon aus, daß unser ästhetisches Empfinden auf unterschiedliche biologische Faktoren reduzierbar sei; so sollen Merkmale an Gegenständen, die ein bestimmtes biologisch zweckmäßiges Verhalten in uns auslösen, wie beispielsweise Merkmale eines passenden Geschlechtspartners oder das sog. Kindchenschema, Grundlage unseres ästhetischen Empfindens sein. Das ästhetische Wohlgefallen ist dann an sich selbst zweckmäßig in Hinblick auf evolutionär zweckmäßiges Handeln. Kant kann auch diese Form des ästhetischen Wohlgefallens systematisieren als ein nicht reines Geschmacksurteil, bei dem das teleologische Urteil dem ästhetischen zur Grundlage dient; in diesem Falle werden die objektiven Zwecke eines Wesens als schön vorgestellt, wie beispielsweise die evolutionär zweckmäßigen Merkmale am weiblichen Körperbau (*KU*, AA V, 311f). Doch es steht nach Kant fest, daß es sich bei dieser Art des Wohlgefallens um ein unfreies, nicht originär ästhetisches handelt.

Als prominentestes Beispiel für eine eher vage Analogie zwischen der Kantischen und der analytischen Ästhetik mag F. Sibley gelten, dessen Analysen ästhetischer Begriffe oft mit Kant in Verbindung gebracht werden.[16] Sibleys Verfahren besteht darin, aus einer Liste ästhetischer Begriffe auf Eigenschaften von Objekten zu schließen, die einen ästhetischen Gegenstand von einem nichtästhetischen unterscheiden. Hierbei zeigt sich, daß sich für das ästhetische Urteilen keine allgemeinen Regeln aufstellen lassen, daß man aber ästhetische Begriffe in unterschiedliche Gruppen einteilen kann (Sibley, 1974, S. 359ff). Das Erlernen ästhetischer Begriffe führt Sibley auf Konditionierung zurück, er bestreitet aber wie Kant, daß das ästhetische Urteil durch Regelbefolgung getroffen werden kann; vielmehr beruht es auf Wahrnehmung (Sibley, 1974, S. 365; Sibley, 1977, S. 135). Das ästhetische Urteil bezeichnet nach Sibley einen Spezialfall von Wahrnehmung gewisser Eigenschaften von Gegenständen (Sibley, 1977, S. 135f). Ästhetische Eigenschaften von Gegenständen sind dabei von nichtästhetischen Eigenschaften abhängig; ästhetische Eigenschaften sind nicht eine bestimmte Modifikation von theoretisch erfassbaren Eigenschaften, sondern es besteht nach Sibley eine Emergenz-Beziehung zwischen ihnen (Sibley, 1977, S. 136f); deshalb ist das ästhetische Urteil autonom, und von nichtästhetischen Eigenschaften kann nicht auf ästhetische geschlossen werden; das ästhetische Urteil kann also nicht im theoretischen begründet werden. Ohne explizit auf Kant Bezug zu nehmen, kommt Sibley zu einigen Kant ähnlichen Thesen: So vertritt er wie Kant die Autonomie der Ästhetik gegenüber der theoretischen Erkenntnis, auch lehnt er mit Kant die Regelästhetik ab. Anders aber als Kant ist seine Ästhetik auf eine Werkästhetik hin ausgerichtet; obwohl sie bei der Wahrnehmung ansetzt und das ästhetische Urteil untersucht, ist sie keine Rezeptionsästhetik, sondern sieht das Ästhetische als objektiv an.

In den letzten Jahren hat es einige Versuche gegeben, der analytischen Ästhetik, insbesondere Sibleyscher Prägung, durch eine transzendentale, Kantische Grundlage neue Impulse zu verleihen. Den bisher

---

[16] Sibley, 1974. Vgl. die Einschätzung des Verhältnisses Sibleys zu Kant durch J. Kulenkampff im Vorwort des Bandes S. 29ff. Vgl. Sibley, 1977. Die Möglichkeit einer Aktualisierung der Kantischen Ästhetik durch eine Abgleichung mit derjenigen Wittgensteins und Sibleys hat H. Spremberg untersucht (Spremberg, 1999, S. 272-321).

elaboriertesten Versuch hat M. Otto unternommen, indem er das ästhetische Urteil auf seine subjektiven Quellen hin untersucht und in ihnen
das Fundament der Ästhetik erblickt (Otto, 1993). Er interpretiert die
nicht ursprünglich Kantische Lehre von der Interesselosigkeit des reinen
Geschmacksurteils als „Bedingungsunabhängigkeit". Unter Zurückweisung der Gefühls- und Ausdrucksästhetik, mit dem Argument, daß es
ausreichend viele Gegenbeispiele für Kunstwerke gibt, die weder
Gefühl noch Ausdruck vermitteln und dennoch Kunst sind, vertritt
Otto eine formalistische Ästhetik, die einen dezidiert Kantischen Form-
begriff gegen formalistische Ansätze der analytischen Ästhetik entwickelt (Otto, 1993, S. 199-232). Form ist danach dann eine ästhetische
Kategorie, wenn sie als Ordnung oder Organisiertheit begriffen wird,
worunter eine bestimmte, „stimmige Ordnung" als Konfiguration und
stimmiges Zusammenwirken der Teile verstanden wird (Otto, 1993,
S. 233ff). Otto nimmt von Kant auch die Bestimmung der Form als
Zweckmäßigkeit ohne Zweck auf und interpretiert sie völlig zu Recht
als eine nicht-intrinsische Eigenschaft von Objekten, sondern als einen
relationalen Ausdruck in Bezug auf das Subjekt, dem der Gegenstand
zweckmäßig erscheint. Auch teilt er die Lehre von der Begrifflosigkeit
des ästhetischen Urteils.[17] Dennoch aber löst er Kants Lehre der Zweckmäßigkeit aus dem systematischen Gefüge der Vermögen, wodurch die
Momente des reinen Geschmacksurteils, die er aufgreift, zu einem eher
zusammenhangslosen Kriterienkatalog ästhetischer Urteile werden.

Kant hat einen Ausweg für das Problem aller Theorien ästhetischer
Erfahrung gewiesen, in das empiristische Theorien geraten: Geht man
in der Begründung der Ästhetik von der Erfahrung aus, so kann es keine
allgemein verbindlichen Kriterien des Schönen oder Erhabenen geben,
denn die Erfahrung ist nach empiristischer Lehre privat. Da Kant aber
nicht den Inhalt der ästhetischen Erfahrung, sondern nur ihre formalen Bedingungen thematisiert, unterliegt er nicht diesem Fundamen-
taleinwand gegen jede Ästhetik. H. Spremberg sieht gerade in Kants

---

[17]   Otto, 1993, S. 263ff. Als Kantianer und Formalist gilt auch der einflußreiche
Kunstkritiker C. Greenberg (vgl. Greenberg, 1997, S. 265f). Die Kunstkritik ist
in der analytischen Ästhetik ein nicht unbedeutender praktischer Anwendungs-
bereich der ästhetischen Theorie, da es ihr wesentlich um die Entwicklung von
Evaluationskriterien geht; der Präzedenzfall ästhetischer Beurteilung ist für sie die
Kunstkritik. Daß diese Einschätzung die spärlichen Äußerungen Greenbergs über
Kant überbewertet und fehlinterpretiert, zeigt Crowther (Crowther, 1985).

Anspruch, das ästhetische Urteil als allgemeingültig zu rechtfertigen, einen entscheidenden Vorteil gegenüber den relativistischen Ansätzen der analytischen Ästhetik, die jene Allgemeingültigkeit des Urteils auf einer ursprünglichen Stufe ausschließen (Spremberg, 1999, S. 339ff); dabei interpretiert er aber jenen Anspruch auf Allgemeingültigkeit im Sinne einer normativen Ästhetik, in demselben Sinne also, in dem auch analytische Ästhetiken ideale Urteilsbedingungen aufstellen. Als ein solcher Bedingungskatalog werden von Spremberg die vier Momente des reinen Geschmacksurteils bei Kant begriffen. Als besonders wichtig stellt er die Interesselosigkeit heraus; sie bedeutet ihm zufolge jedoch ein „persönliches Selbstinteresse"; durch das Absehen von Zwecken gewinnt der Betrachter oder Hörer Freiraum für das Aufmerken auf sich selbst, dadurch wird die ästhetische Einstellung zu einem Medium der Selbsterkenntnis. Das Absehen von persönlichen Interessen ist ein aktiver Prozeß des Rezipienten; in Kants Lehre besteht diese Aktivität in der Funktion der Einbildungskraft, die die Komposition eines Werkes, d. h. seine formalen Strukturen, anschauliche Gestalten und Figuren auffaßt und zur Vorstellung bringt. Kants Lehre vom *sensus communis* als notwendige, regulative Voraussetzung des ästhetischen Urteilens erfährt eine Umdeutung, insofern als die Interesselosigkeit erst durch einen dynamischen Prozeß der Selbstreflexion des Rezipienten erreicht wird (Spremberg, 1999, S. 343f). Die Beipflichtung jedermanns zum Urteil des Einzelnen hängt nach Spremberg von der reflektierten Haltung des Einzelnen ab, inwiefern er sein Urteil von persönlichen Bedingungen befreit hat; dies ist gebunden daran, inwieweit er seine persönlichen Bedingungen sich selbst transparent gemacht hat. Aus Sprembergs Sicht ist Kants Formalismus daher bezüglich der Objekte des ästhetischen Urteilens überflüssig, denn im Prozeß der Befreiung von persönlichen Bedingungen braucht der Rezipient von den materialen Eigenschaften des Objektes nicht unbedingt abzusehen. Spremberg weist darauf hin, daß das freie Spiel der Erkenntniskräfte durchaus die begriffliche Erfassung des Kunstwerkes einschließt, wenn es auch das Urteil nicht bestimmt, so daß die Kennerschaft oder die wissenschaftliche Erforschung der Kunst durchaus in die Spiellehre integriert werden kann. Spremberg faßt den ästhetischen Urteilsakt als einen zweistufigen Prozeß: Auf der ersten Stufe wird das Urteil unmittelbar aufgrund des Wohlgefallens bzw. des Mißfallens gefällt; auf einer zweiten Stufe wird intersubjektiv vermittelt das Urteil begründet, d. h. intersubjektiv vermittelt das eigene Urteil reflektiert. Damit ist verbunden, daß das Urteil nicht durch Beweise begründet, sondern nur durch Analogien, Beschreibungen oder Verweise erläutert werden kann. Die Mitteilbarkeit des ästhetischen Urteils wird auf den *sensus communis* bezogen, wonach die uneingeschränkte Allgemeinheit nur eine „idealische Norm", so Kant, ist. Faktisch aber sind zumeist kulturelle Subsysteme intersubjektiver Mitteilung über ästhetische Erfahrung gegeben; dennoch ergibt sich mit gewissem zeitlichem Abstand zum Auftreten eines Künstlers meist eine allgemein anerkannte und dauerhafte Einschätzung seiner Bedeutung. Spremberg zufolge sind ästhetische Urteile wesentlich „normativer Natur", da ihre Geltung unter der Bedingung eines allgemein bindenden, „formal einheitlichen Urteilsverfahrens" steht. Das bedeutet: normiert ist nicht der Inhalt des Urteils selbst, sondern die Bedingungen, unter denen das Urteil mitgeteilt wird.[18]

Diese beiden von Auseinandersetzungen mit analytischen Ästhetiken ausgehenden Versuche einer Aktualisierung Kants gehen jedoch weit über den analytischen Ansatz hinaus und sind ihm im engeren Sinne nicht mehr zuzurechnen; vielmehr sind auch sie *de facto* „Theorien ästhetischer Erfahrung". Dies gilt auch für den Musikästhetiker P. Kivy, dessen Wurzeln klar analytisch sind: Er lehnt den Emergentismus Sibleys ab und meint demgegenüber, ästhetische Eigenschaften seien von nichtästhetischen ableitbar; zudem vertritt er eine Regelästhetik (Kivy, 1977). In seiner jüngeren Genieästhetik allerdings knüpft er an die Kantische Genielehre an (Kivy, 2001; S. 97-118, 143ff, 248ff). In Anlehnung an Kant bestimmt er einen von zwei Genie-Typen: das Modell des Künstlers, der der Kunst das Gesetz gibt – als Verkörperung der ursprünglich Longinianischen, dezidierter aber von Kant entwik-

---

[18] In seinem Aufsatz *Wahrnehmung und Wohlgefallen* entwickelt K. Lüdeking einen analytischen Ansatz mit starken Bezügen zu Kant. Ihm zufolge hat es Ästhetik notwendig mit der Evaluation von Kunstwerken zu tun, Ästhetik muß eine Antwort auf die Frage nach dem Wert der Kunst geben (Lüdeking, 1991). Er votiert für einen Ansatz, der eine Kantische Konzeption des *sensus communis* zur Grundlage nimmt, da ästhetische Urteile nur intersubjektiv Gültigkeit annehmen können. Lüdeking weist darauf hin, daß die Kantische Ästhetik nicht als eine Regelästhetik verstanden werden könne und lehnt selbst die normative Ästhetik ab, daher wird auch Humes „idealer Betrachter" verworfen. Die intersubjektive oder auch kunstsoziologische Bedeutung der Kantischen Ästhetik, die Kant selbst nur ihrer theoretischen Begründung nach in der Lehre vom *sensus communis* entwickelt, steht auch im Zentrum des Interesses von Blasche/Köhler/Rohs, 1993.

kelten Geniekonzeption sieht er Beethoven an –, im Unterschied zum
Modell des frei spielenden Künstlers, das Platonische Modell, verkörpert durch Mozart. Dabei erweitert er die Kantische Genielehre um das
Erhabene; nach Kant bringt das Genie nur schöne Kunst hervor, weil
das Erhabene als das schlechthin Maßlose oder Formlose undarstellbar
ist und nur in der Natur zu finden ist.

Die analytische Ästhetik diskutiert das Element der ästhetischen
Erfahrung nur selten einmal, im Gegensatz zu ihren Begründern H.
Osborne und M. C. Beardsley, bei denen es durchaus Gegenstand der
Untersuchung war.[19] Beide haben sich jedoch nur vage Kant angeschlos-
sen und sich vielmehr auf einen empiristischen, letztlich werkästheti-
schen Ansatz beschränkt; auch auf diese beiden zurückgehend, hat sich
eine neuere Richtung der Ästhetik etabliert, die wie Kant einen rezepti-
onsästhetischen Ansatz vertritt: Theorien ästhetischer Erfahrung.

IV. Theorien ästhetischer Erfahrung

Die breiteste Resonanz findet die Kantische Ästhetik in einer Richtung, die sich seit Mitte der 1970er Jahre unter dem Titel „Theorien
ästhetischer Erfahrung" versammelt.[20] Es handelt sich hierbei um eine
Richtung der Ästhetik, die mit unterschiedlichen Vorprägungen – phänomenologischen,[21] postmodernen, semiotischen oder analytischen

---

19 Vgl. Osborne, 1986; zu Kant bes. S. 135f. Osborne kritisiert Kants Ablehnung des
    sinnlich Angenehmen als bestimmend für das ästhetische Urteil, er sieht ganz in
    der empiristischen Tradition im Sinnenreiz vielmehr ein wesentliches Element der
    ästhetischen Erfahrung. Zum Verhältnis von Beardsley zu Kant vgl. Barker, 1983.
20 Obwohl er selbst keine Theorie der ästhetischen Erfahrung ausgeführt hat, kann
    wohl R. Bubner als einer der Initiatoren dieser Richtung gelten, wird doch sein
    Aufsatz *Über einige Bedingungen gegenwärtiger Ästhetik* von 1973 von Autoren der
    Theorien ästhetischer Erfahrung immer wieder als grundlegend zitiert (Bubner,
    1989, S. 9-51). Ähnlich auch Henrich, 1992, S. 54ff. Auf die kurze Geschichte
    der „Theorien ästhetischer Erfahrung" reflektiert J. Früchtl, 1991.
21 Eine kritische Rezeption findet Kant bei H.-J. Pieper, der demgegenüber einen
    transzendental-phänomenologischen Ansatz vertritt, ausgehend von Husserl
    und Ingarden. Hauptvorwurf ist der „Intellektualismus" der Kantischen Ästhe-
    tik: indem Kant nach Prinzipien des reinen Geschmacksurteils a priori frage, iso-
    liere er vom Ästhetischen das essentielle Merkmal, die sinnliche Erfahrung als ihre
    wesentliche Quelle (Pieper, 2001, S. 239-254).

– einen gemeinsamen Grundansatz teilen, die Überzeugung nämlich, Ästhetik als Wissenschaft müsse auf das ästhetische Erleben als kognitive Leistung gegründet werden. In dieser Fundamentalentscheidung weiß sich diese Richtung auch explizit mit Kant verbunden.[22] Theorien ästhetischer Erfahrung thematisieren insbesondere das Verhältnis von Ästhetik und Erkenntnistheorie. Sie sind insofern Kant am nächsten, als sie die transzendentale Grundfrage aufgreifen und nach den Bedingungen der Möglichkeit des ästhetischen Urteilens fragen; gegenüber der Postmoderne, die auch an den kognitiven Grundlagen des Ästhetischen interessiert ist, gehen sie aber mit Kant von der Autonomie der Ästhetik aus und betreiben keine Ästhetisierung der Erkenntnis überhaupt. Vielmehr geht es ihnen um eine Bestimmung der Eigentümlichkeit des Ästhetischen im Verhältnis zur theoretischen und praktischen Vernunft. Insbesondere der Bestimmung des Verhältnisses dessen, was Kant als reflektierende und bestimmende Urteilskraft begreift, kommt hierbei große Bedeutung zu. Nach diesem Ansatz wird Kants Ästhetik so verstanden – entgegen einer primär formalistischen Lesart –, daß sie der Kunst zuschreibt, Bedeutung zu vermitteln, insbesondere aber, daß der ästhetischen Erfahrung selbst Bedeutung für unser kognitives Vermögen insgesamt zukomme.

Der von Gehalts- oder Werkästhetikern abgelehnte Formalismus Kants bedeutet für andere einen großen Vorteil seiner Ästhetik und zeichnet sie als besonders modern aus. Insbesondere die Entwicklung der modernen Kunst selbst hat zu einer „Krise des Werkbegriffs" geführt (Vgl. Bubner, 1989, S. 30). Der Vorteil und die Modernität von formalen Theorien der ästhetischen Erfahrung wird dabei immer wieder am Beispiel des sog. *Ready-made* demonstriert, einem Objekt, das nichtkünstlerischen Kontexten entnommen wird und mit nur sehr geringer oder ohne jegliche Bearbeitung des Künstlers zum Kunstwerk erklärt wird, wie beispielsweise Duchamps Urinoir *Fontaine*, mit dem er 1917 die New Yorker Öffentlichkeit schockierte, oder die legendären *Brillo-Boxes* von Andy Warhol. Für die analytische Ästhetik stellt dieses künstlerische Phänomen eine besondere Herausforderung dar, weil es unmöglich die Eigenschaften des Gegenstandes selbst sein können, die das Objekt zur Kunst erheben, obwohl manches Objekt, aus seinem funktionalen Zusammenhang gelöst, durchaus ästhetische Quali-

---

[22] Zu nennen sind insbesondere Esser, 1997; Kern, 2000, und Fricke, 2001.

täten zur Erscheinung bringt, die zuvor verborgen waren; aber dies ist
zumindest nicht die Intention der *Ready-made*-Künstler.[23] T. de Duve
sieht Kants Ästhetik in diesem Zusammenhang aber nicht nur als eine
Ästhetik, die Kunstphänomenen eine zufriedenstellende Erklärung gibt,
sondern darüber hinaus sieht er in der Konzeption des *sensus communis* als einer regulativen Idee und in Kants Verschmelzung von Rezepti-
ons- und Produktionsästhetik, von Geschmacks- und Genielehre, eine
Theorie, die ein Modell bereithält, das der Ästhetik der Gegenwart aus
einer antinomischen Situation heraushelfen kann: Einerseits ist die
Postmoderne unhaltbar, die antiaufklärerisch von der Begrifflosigkeit
der Kunst ausgeht, andererseits aber auch die Kritische Theorie, die als
letztlich aufklärerische Position die Begrifflichkeit der Kunst annimmt;
beide Positionen bilden eine Antinomie in Anlehnung an Kants Antinomie des Geschmacks (*KU*, AA V, 338f).[24] In der Kritik des Geschmacks
in Anlehnung an Kant sieht de Duve die Lösungsmöglichkeit dieser
Antinomie.

Ein Element der Kantischen Ästhetik, das sich als modifiziert
anschlußfähig erweist, ist seine Lehre von der Schönheit als Symbol der
Sittlichkeit in § 59 der *Kritik der Urteilskraft* und die damit in sachli-
chem Zusammenhang stehende Überlegung zum Ideal der Schönheit
in § 17, insofern als es Ansätze zu einer semiotischen Ästhetik enthält.
Auch wenn Kant das Symbolische den nicht völlig reinen Geschmacks-
urteilen zuweist, weil bei ihm der Verstand gegenüber der Einbildungskraft eine gewisse Übermacht hat, indem er als das Begriffsvermögen
durch seine Ideen der Einbildungskraft vorschreibt, welche Vorstellungen sie zu erzeugen hat, so wird man sagen müssen, daß diese Theoreme
in der Kantischen Ästhetik gleichwohl zentral sind, nämlich im Hinblick auf die Brückenfunktion der Ästhetik (*KU*, AA V, 351-354). Das
Verfahren der Symbolisierung abstrakter Vorstellungen spielt auch in
der Erkenntnistheorie Kants eine wichtige Rolle. Zwei Aktualisierungs-
ansätze stellen Kants Ästhetik in Beziehung zur einflußreichen Philosophie N. Goodmans: C. Fricke sieht in Kants Ästhetik eine „Komplementaritätstheorie ästhetischer Erfahrung", d. h. eine Lehre, der zufolge

---

[23] Vgl. Lüdeking, 1998, S. 171ff. Vgl. dazu auch Foos, 1999.
[24] De Duve, 1993. Vgl. dazu auch Foos, 1999, S. 228-235; sehr kritisch zu einer solchen Anwendung der Kantischen Ästhetik auf *Ready-mades* oder die *art informel*
äußert sich Kulenkampff (Kulenkampff, 2002).

die ästhetische Erfahrung das theoretische Erkennen ergänzt. Sie teilt
diese Grundthese und entwickelt eine Zeichentheorie der ästhetischen
Erfahrung.[25] Danach ist ein Kunstwerk ein solcher Zeichenträger, der
freie Zeichen aufweist; gemeint sind Zeichen, deren Syntax sehr gehaltvoll ist, die aber in ihrer Bedeutung intransparent sind derart, daß sie
eine vielfältige und komplexe Auslegung zulassen. Doch anders als bei
gewöhnlichen erlernbaren Zeichen besteht die spezifisch ästhetische
Qualität von ästhetischen Zeichensystemen darin, daß sie durch den
Reflexionsprozeß und nur in ihm erst bedeutsam werden. Die ästhetische Erfahrung ist mit Erkenntnis inkommensurabel, d. h. kein begriffliches Erfassen kann sie adäquat wiedergeben. Das Symbol wird dabei,
von Kant abweichend, nicht mehr allein als auf Sittlichkeit verweisend
gefaßt – dies erscheint als ein traditionalistischer, moderner Kunst nicht
mehr angemessener Rest –, sondern das Symbolische wird als allgemeine Form des reflektierenden Denkens, der reflektierenden Urteilskraft, beibehalten.[26]

Jüngst hat A. Kern eine Aktualisierung der Kantischen Ästhetik
mit Anleihen an die Dekonstruktion versucht (Kern, 2000). Sie ist
der Auffassung, Kant habe zwei Modelle von Ästhetik entworfen, die
in einer in seiner Theorie unauflösbaren Spannung zueinander stehen:
ein „lusttheoretisches Modell", wonach der Gegenstand als „schön"
beurteilt wird, und ein „verstehenstheoretisches Modell", wonach der
Gegenstand als unendlich bedeutsam erscheint. Beide Modelle stünden in Kants Autonomieästhetik unverbindlich nebeneinander (Kern,
2000, S. 145-150). Dagegen, so meint Kern, müsse man die ästhetische Erfahrung so begreifen, daß das Verstehen ein integraler Bestandteil der ästhetischen Erfahrung ist, auf dessen reflektierenden Vollzug
sich die Lust bezieht. Diese wiederum zeichnet ein Verstehen als ästhe-

---

[25] Fricke, 2001. Die Komplementaritätstheorie steht der Überbietungs- und der
      Entzugstheorie gegenüber, die davon ausgehen, daß die ästhetische Erfahrung
      entweder das theoretische Erkennen in seinem Zugang zu Wahrheit, Sinn oder
      Bedeutung übertrifft, oder aber eine prinzipiell davon verschiedene Form von Er-
      fahrung ist (vgl. Seel, 1985). Zu Kant vgl. insbesondere S. 26-35.

[26] Auch A. Esser aktualisiert die Kantische Ästhetik semiotisch. Ihr zufolge ist es
      Kants beizubehaltendes transzendental-ästhetisches Anliegen, das symbolische
      Ausdrucksverhältnis zwischen Künstler, Kunstwerk und Rezipient seinen Mög-
      lichkeitsbedingungen nach erst zu etablieren, anstatt von der Gegebenheit dieses
      Verhältnisses auszugehen (Esser, 1997).

tische Erfahrung aus, sie ist somit wie bei Kant als Bestimmungsgrund des ästhetischen Urteils fundamental, und in diesem Sinne garantiert sie die Autonomie der Ästhetik. Kerns Meinung, daß nach Kant das freie und harmonische Spiel von Einbildungskraft und Verstand in einer einzelnen Erfahrungssituation nicht so verstanden werden könne, daß der Verstand in diesem Spiel genau jene Verstehensfunktion erfüllt, ist dagegen nicht zuzustimmen. Denn nach Kant ergibt sich in der Modalität des Geschmacksurteils, daß die Stimmung der Erkenntniskräfte in ihrem Spiel proportioniert sein muß und diejenige Proportion, die mit einem Gefühl der Lust verbunden ist und sich im Urteil „x ist schön" ausspricht, stellt sich nur dann ein, wenn die Gemütskräfte im Hinblick auf die „Erkenntnis (gegebener Gegenstände) überhaupt" belebt sind, d. h. sich in harmonischer Tätigkeit befinden; dies bedeutet, daß sie in gleicherweise aktiv sind, so daß keines der beiden Vermögen – das bestimmende, aber auch Ideen-gebende sowie das sinnlich assoziierende – das andere dominiert (*KU*, AA V, 328f). Dieser Zustand stellt sich in Anbetracht solcher Gegenstände ein, die einer ästhetischen Idee entsprechen, die „viel zu denken veranlaßt, ohne daß ihr doch irgend ein bestimmter Gedanke, d. i. Begriff, adäquat sein kann, die folglich keine Sprache völlig erreicht und verständlich machen kann." (*KU*, AA V, 313f). Kant zeigt somit, daß die Bedeutung von ästhetischen Gegenständen auf produktiven Leistungen des Rezipienten und des Künstlers beruht und nicht gegeben ist. Kerns Konzeption besteht letztlich darin, dasjenige auszuführen, was Kant formal bloß als freies und harmonisches Spiel von Einbildungskraft und Verstand benannt hat und entwirft unter Rückgriff auf Gadamer eine Theorie der ästhetischen Erfahrung, die auf die Klärung des Verhältnisses von der verstandesmäßigen Erfassung von Bedeutungen und dem spezifisch sinnlichen, ästhetischen Gefühl der Lust ausgerichtet ist.

Die Theorien ästhetischer Erfahrung, die auf Kant Bezug nehmen, können damit zeigen, daß der Formalismus der Kantischen Ästhetik durchaus nicht so zu verstehen ist, daß das Ästhetische keine Bedeutung vermittle; sie zeigen, daß Kants Ästhetik eine Plattform für die Einbindung von Gehalten in das Ästhetische, Kunst oder Natur, entworfen hat. Nach Kant wird man allerdings sagen müssen, daß philosophisch nicht antizipiert werden kann, welche Gehalte das reflektierende Denken dabei sich vornimmt, denn dies ist wohl von historischen, kulturellen und anthropologischen Bedingungen mitbestimmt, die nach Kant lediglich empirische Geltung beanspruchen können. Nach Kant kann in einer philosophischen Ästhetik nur die Form der Aneignung von Gehalten theoretisch erfaßt werden.

V. Resümee

Kants Ästhetik wird noch immer und das zunehmend nicht nur als anschlußfähig angesehen, sondern sie ist in ihrer systematischen Anbindung an die und in Verflechtung mit der Erkenntnistheorie einerseits und der praktischen Philosophie andererseits eine ästhetische Leittheorie. Es hat sich gezeigt, daß ein Hauptproblem gegenwärtiger Ästhetik in der systematischen Begründung ästhetischer Prinzipien und ihrer Inhalte besteht, beispielsweise zu klären, worauf der Zusammenhang von Natur und Kunst oder Freiheit und Kunst beruht, in welchem Verhältnis die ästhetische Erfahrung zu anderen Weisen der Welterschließung steht. Man kann vielleicht sogar von einer Grundlagenkrise der philosophischen Ästhetik durch den Verzicht auf Systemphilosophien sprechen. Es ist außerdem Kants Verdienst, die Autonomie der Ästhetik gerade dadurch zu sichern, daß sie systematisch in eine allgemeine Vernunftlehre inkorporiert wird, um so ein ihr eigentümliches Prinzip zu garantieren, dieses aber andererseits mit Vermögen zu verbinden, die sowohl in der Erkenntnistheorie als auch in der praktischen Philosophie relevant sind. Auf diese Weise ist es Kant möglich, Ästhetik als eine nicht erkennende Weise der Welterschließung zu konzipieren, die gleichwohl mit der erkennenden wie mit der handelnden systematisch verknüpft ist. Die Ansätze der Ästhetik der Gegenwart stehen vor dem Problem, einen Ersatz für die systematischen Grundlagen der ästhetischen Kategorien zu finden, da sie solche systematisch weitreichenden Verpflichtungen nicht mitmachen wollen oder können. Doch bleiben hier oft große Erklärungslücken. Kant hat sicherlich nur die Grundlinien einer philosophischen Ästhetik vorgezeichnet, die für eine heutige Ästhetik unzureichend sind, nicht zuletzt weil eine heutige Ästhetik auch den höchst differenzierten und differenten kunstwissenschaftlichen Kenntnissen gerecht werden muß. Dennoch aber beweist die Statik seiner Architektur der Ästhetik nach wie vor Tragfähigkeit und Möglichkeiten zum Ausbau.

Literatur

Adorno, T. W., 1970, *Ästhetische Theorie*, Frankfurt/M.: Suhrkamp.

Barker, S., 1983, *Kant on Experiencing Beauty*, in: J. Fisher (Hrsg.), *Essays on Aesthetics. Perspectives on the Work of Monroe C. Beardsley*, Philadelphia: Temple UP, S. 69-85.

Bernstein, J. M., 1992, *The Fate of Art. Aesthetic Alienation from Kant to Derrida and Adorno*, Cambridge/Oxford: Polity Press.

Blasche, S./Köhler W. R./Rohs, P., 1993, *Ästhetische Reflexion und kommunikative Vernunft*, Bad Homburg: Forum für Philosophie Bad Homburg.

Böhme, G., 1999, *Kants „Kritik der Urteilskraft" in neuer Sicht*, Frankfurt/M.: Suhrkamp.

Bubner, R., 1989, *Über einige Bedingungen gegenwärtiger Ästhetik*, in: R. Bubner, *Ästhetische Erfahrung*, Frankfurt/M.: Suhrkamp, S. 9-51.

Crowther, P., 1989, *The Kantian Sublime. From Morality to Art*, Oxford: Clarendon Press.

Crowther, P., 1985, *Greenberg's Kant and the Problem of Modernist Painting*, in: *British Journal of Aesthetics* 25, S. 317-325.

Dickie, G., 1974, *Art and the Aesthetic. An Institutional Analysis*, Ithaca/New York: Cornell UP.

Dickie, G., 1996, *The Century of Taste. The Philosophical Odyssey of Taste in the Eighteenth Century*, Oxford/New York: Oxford UP.

Duve, T. de, 1993, *Kant nach Duchamp*, in: T. de Duve, *Kant nach Duchamp*, München: Boer, S. 277-315.

Esser, A. M., 1997, *Kunst als Symbol. Die Struktur ästhetischer Reflexion in Kants Theorie des Schönen*, München: Fink.

Foos, P., 1999, *L'Objet ambigu in Philosophie und Kunst. Valéry, Kant, Deleuze und Duchamp im platonischen Differential*, Düsseldorf: Parerga.

Fricke, C., 2001, *Zeichenprozeß und ästhetische Erfahrung*, München: Fink.

Früchtl, J., 1991, *Ästhetische Erfahrung und Einheit der Vernunft. Thesen im Anschluß an Kant und Habermas*, in: F. Koppe (Hrsg.), *Perspektiven der Kunstphilosophie*, Frankfurt/M.: Suhrkamp, S. 147-164.

Gadamer, H.-G., ⁵1986, *Wahrheit und Methode*, in: H.-G. Gadamer, *Gesammelte Werke*, Bd. 1: *Hermeneutik I*, Tübingen: Mohr.

Greenberg, C., 1997, *Modernistische Malerei*, in: *Die Essenz der Moderne. Ausgewählte Essays und Kritiken*, hrsg. v. K. Lüdeking, Dresden: Verlag der Kunst, S. 265-278.

Henrich, D., 1992, *Kant's Explanation of Aesthetic Judgment*, in: E. Förster (Hrsg.), *Aesthetic Judgment and the Moral Image of the World*, Stanford: Stanford UP, S. 29-56.

Kern, A., 2000, *Schöne Lust. Eine Theorie der ästhetischen Erfahrung nach Kant*, Frankfurt/M.: Suhrkamp.

Kivy, P., 1977, *Gibt es keine Bedingungen für ästhetische Termini?*, in: R. Bittner/P. Pfaff (Hrsg.), *Das ästhetische Urteil*, Köln: Kiepenheuer & Witsch, S. 206-236.

Kivy, P., 2001, *The Possessor and the Possessed. Handel, Mozart, Beethoven, and the Idea of Musical Genius*, New Haven/London: Yale UP.

382   Kristina Engelhard

Kulenkampff, J., ²1994, *Kants Logik des ästhetischen Urteils*, Frankfurt/M.: Klostermann.

Kulenkampff, J., 2002, *Metaphysik und Ästhetik. Kant zum Beispiel*, in: A. Kern/R. Sonderegger (Hrsg.), *Falsche Gegensätze. Zeitgenössische Positionen zur philosophischen Ästhetik*, Frankfurt/M.: Suhrkamp, S. 49-80.

Lüdeking, K., 1998, *Analytische Philosophie der Kunst. Eine Einführung*, München: Fink.

Lüdeking, K., 1991, *Wahrnehmung und Wohlgefallen*, in: F. Koppe (Hrsg.), *Perspektiven der Kunstphilosophie*, Frankfurt/M.: Suhrkamp, S. 217-239.

Lyotard, J.-F., 1989, *Das Interesse des Erhabenen*, in: C. Pries (Hrsg.), *Das Erhabene. Zwischen Grenzerfahrung und Größenwahn*. Berlin: Akademie-Verlag, S. 91-118.

Lyotard, J.-F., 1994, *Die Analytik des Erhabenen. Kant-Lektionen*, München: Fink.

Man, P. de, 1993, *Phänomenalität und Materialität bei Kant*, in: P. de Man, *Die Ideologie des Ästhetischen*, hrsg. von C. Menke, Frankfurt/M: Suhrkamp, S. 9-38.

Marcucci, S., 2002, *Transzendentale Subjektivität und Verstandeskategorien in der Erkenntnistheorie und Ästhetik Kants*, in: D. H. Heidemann (Hrsg.), *Probleme der Subjektivität in Geschichte und Gegenwart*, Stuttgart-Bad Cannstatt: frommann-holzboog, S. 141-150.

Otto, M., 1993, *Ästhetische Wertschätzung. Bausteine zu einer Theorie des Ästhetischen*, Berlin: Akademie-Verlag.

Osborne, H., 1986, *What makes an Experience Aesthetic?*, in: M. H. Mitias (Hrsg.), *Possibility of the Aesthetic Experience*, Dordrecht/Boston/Lancaster: Kluwer, S. 117-138.

Pieper, H.-J., 2001, *Geschmacksurteil und ästhetische Einstellung. Eine Untersuchung transzendentalphilosophischer Ästhetik bei Kant und ein Entwurf zur Phänomenologie der ästhetischen Erfahrung*, Würzburg: Königshausen & Neumann.

Pillow, K., 2000, *Sublime Understanding. Aesthetic Reflection in Kant and Hegel*, Cambridge/Mass.: MIT Press.

Pries, C., 1995, *Übergänge ohne Brücken. Kants Erhabenes zwischen Kritik und Metaphysik*, Berlin: Akademie-Verlag.

Richter, K., 1999, *Die Herkunft des Schönen. Grundzüge der evolutionären Ästhetik*, Mainz: Verlag Philipp von Zabern.

Savile, A., 1982, *Beauty: A Neo-Kantian Account*, in: T. Cohen/P. Guyer (Hrsg.), *Essays in Kant's Aesthetics*, Chicago/London: University of Chicago Press, S. 115-147.

Seel, M., 1985, *Die Kunst der Entzweiung*, Frankfurt/M.: Suhrkamp.

Seel, M., 1991, *Eine Ästhetik der Natur*, Frankfurt/M.: Suhrkamp.

Sibley, F., 1974, *Ästhetische Begriffe*, in: J. Kulenkampff (Hrsg.), *Materialien zu Kants Kritik der Urteilskraft*, Frankfurt/M.: Suhrkamp, S. 337-370.

Sibley, F., 1977, *Ästhetisch und nicht-ästhetisch*, in: R. Bittner/P. Pfaff (Hrsg.), *Das ästhetische Urteil*, Köln: Kiepenheuer & Witsch, S. 134-155.

Spremberg, H., 1999, *Zur Aktualität der Ästhetik Immanuel Kants*, Frankfurt/M. u. a.: Peter Lang.

15. Teleologie

Zweck in der Natur
Was ist lebendig und was ist tot in Kants Teleologie?

PAUL GUYER

Was ist lebendig und was ist tot in Kants Teleologie? Um diese Frage beantworten zu können, müssen wir zunächst eine Interpretation der Kantischen Teleologie geben. Dies ist kein geringes Kunststück, da sich Kant mit dem Problem der Teleologie viele Jahrzehnte lang beschäftigt hat, beginnend mit seiner Schrift *Der einzig mögliche Beweisgrund zu einer Demonstration des Daseins Gottes* von 1763, über die *Kritik der reinen Vernunft* von 1781 und dann ausführlich in der *Kritik der Urteilskraft* von 1790, deren zweite Hälfte eine „Kritik der teleologischen Urteilskraft" ist. Selbst wenn wir uns auf die dritte *Kritik* beschränken, ist die Aufgabe, Kants Begriff der Teleologie zu interpretieren, dennoch entmutigend, nicht nur, weil Kants Argumentationen in diesem Werk, in der ersten Hälfte, der *Kritik der ästhetischen Urteilskraft*, und in der *Kritik der teleologischen Urteilskraft*, kompakt, ja komplex, und seine Sprache und Terminologie selbst seinen eigenen Maßstäben nach hermetisch sind, sondern auch, weil er in den Einleitungen zu seinem Werk zahlreiche Argumente dafür anbietet, die Natur in den Begriffen von Organisation und Zweck zu denken.[1] Die Details dieser Argumente

---

[1] Als wäre die Sache selbst nicht bereits kompliziert genug, so gibt es auch noch zwei lange Versionen der Einleitung in die *Kritik der Urteilskraft*, die sogenannte „Erste Einleitung", ein Entwurf, den Kant im Frühjahr 1789 geschrieben hat, und die veröffentlichte Version der Einleitung, die er schrieb kurze Zeit nachdem er im Winter 1790 den Haupttext dem Verleger bereits geliefert hatte. Kant behauptet, er habe die Einleitung nur deshalb überarbeitet, weil die erste Version zu lang sei, tatsächlich aber gibt die zweite und letzte Version der Einleitung einen viel leichteren Zugang zur systematischen Bedeutung der Teleologie bei Kant, die, wie wir annehmen können, ihm selbst erst völlig klar wurde, als die Komposition des Textes ihre Vollendung erreichte. Zur Interpretation des Verhältnisses der beiden Versionen der Einleitung vgl. Guyer, 2000 b, S. xxxix-xliii. Zur *Kritik der ästhetischen Urteilskraft* vgl. den Beitrag in diesem Band von K. Engelhard.

und ihr Verhältnis zueinander sind nicht immer klar, aber es wird deutlich, daß Kants Interesse an der Teleologie nicht auf Probleme in der sich gerade erst entwickelnden Wissenschaft der Biologie eingeschränkt war, sondern daß es getrieben wurde von seiner Absicht, die Verbindung von theoretischer und praktischer Vernunft aufzuklären. Kant beginnt sein Werk mit der Feststellung, daß, obwohl Naturgesetze und Freiheitsgesetze Gesetze zweier unterschiedlicher und inkommensurabler Reiche zu sein scheinen, dennoch die Zwecke der Freiheit, d. h. die Zwecke, die uns durch das Sittengesetz auferlegt werden, in der Natur müssen verwirklicht werden können, d. h. in demjenigen Reich, welches durch die Naturgesetze beherrscht wird; folglich müssen wir die Natur als ein Reich denken können, in welchem die Zwecke der Moralität erreicht werden können (vgl. *KU*, AA V, 175f).

Ein Hauptanliegen der Teleologie Kants ist daher, dafür zu argumentieren, daß es Aspekte unserer Naturerfahrung gibt, die es für uns erforderlich machen, die Natur in einer Weise als zweckmäßig zu denken, die auch zureichend ist für die Erfüllung der Forderungen der Moralität, daß nämlich ihre Zwecke in der Natur verwirklicht werden können. Und dies ist, was in Kants Teleologie lebendig bleibt, während es im Lichte der gegenwärtigen Wissenschaft schwer ist, Kants Auffassung beizubehalten, daß unsere Naturerfahrung mit etwas zu tun hat, das uns dazu zwingt, sie als das Produkt intelligenter oder rationaler Organisation zu denken; aber Kants Meinung, daß die Zwecke, die uns durch die Moralität auferlegt sind, in der Natur müssen verwirklicht werden können und folglich, daß unser moralisches Denken den Charakter und die Grenzen unserer Naturerkenntnis in Betracht ziehen muß, dies bleibt von dauerhafter Bedeutung.

Kants kritische Rekonstruktion der traditionellen Teleologie besteht in folgender, ausgedehnter Argumentation: In der Einleitung zur dritten *Kritik* behauptet Kant, daß wir spezielle Naturgesetze nur denken können – vermutlich sowohl Gesetze der anorganischen als auch der organischen Natur – als Glieder eines Systems solcher Gesetze, und daß wir dieses System denken müssen als Produkt einer Intelligenz, die der unseren ähnlich, aber mächtiger als sie ist, obwohl wir natürlich kein Wissen von der Existenz irgend eines solchen Wesens haben können. In der *Kritik der teleologischen Urteilskraft* behauptet er, daß insbesondere unsere Erfahrung von Organismen uns nötigt, sie so zu denken, als ob sie organisierte Systeme wären, die Produkte intelligen-

ter Organisation sind; und ferner, daß, wenn wir Organismen in dieser
Weise gedacht haben, wir auch die Natur als Ganze so denken müssen
– d. h. die Entitäten, die die Natur umfaßt, nicht nur die Gesetze,
die sie beschreiben –, als ob sie ebenfalls das systematische Produkt
intelligenter Organisation wäre. In der *Methodenlehre der teleologischen
Urteilskraft* behauptet Kant dann, daß wir die Natur nicht als Produkt
intelligenter Organisation denken können, ohne sie auch als Produkt
einer zweckmäßigen Organisation zu denken; also müssen wir auch
einen Zweck für das System der Natur als Ganzes denken können.
Nichts Geringeres als ein Zweck von unbedingtem Wert kann diese
Rolle spielen, und das Einzige, was wir als einen unbedingten Wert
denken können, ist die Entwicklung und die Ausübung unserer eigenen Freiheit unter der Anleitung des Sittengesetzes. Folglich müssen
wir den moralischen Gebrauch unserer eigenen Freiheit denken als
Zweck des Systems der Natur. Und dies bedeutet nicht nur, daß wir
die Naturgesetze als kompatibel mit der Verwirklichung der Zwecke,
die uns durch unsere Moralität auferlegt sind, denken müssen, sondern auch, daß wir unsere Moralität als etwas denken müssen, das in
der Natur verwirklicht werden kann. Was ich damit meine, ist, daß,
obwohl es offensichtliche und vielleicht verhängnisvolle Probleme in
Kants Argument, nämlich daß wir die Verwirklichung unserer eigenen
Moralität als Zweck der Natur denken müssen, gibt, dennoch bleibende Lehren aus seiner Auffassung zu ziehen sind, diejenige nämlich, daß
wir unsere eigene Moralität als etwas denken müssen, das in der Natur
verwirklicht werden kann.[2]

I. Zwecke in der Natur

Gegen Ende der Einleitung der dritten *Kritik* wiederholt Kant, daß
eine Brücke über die Kluft zwischen Natur und Freiheit geschlagen
werden müsse, um uns dessen zu vergewissern, daß die „Wirkung" von
Freiheit „diesen ihren formalen Gesetzen gemäß in der Welt geschehen
soll" (*KU*, AA V, 195). Nun aber fügt er hinzu, daß die Urteilskraft den
„vermittelnden Begriff zwischen den Naturbegriffen und dem Freiheits-
begriffe" vorschreibt und dadurch „den Übergang von der reinen theo-

---

[2] Zur Kantischen Ethik vgl. den Beitrag in diesem Band von K. Düsing.

retischen zur reinen praktischen [Gesetzmäßigkeit] möglich macht",
wodurch „die Möglichkeit des Endzwecks, der allein in der Natur und
mit Einstimmung ihrer Gesetze wirklich werden kann", auch erkannt
werden kann (*KU,* AA V, 196). Was bedeutet der Begriff der Zweckmäßigkeit der Natur, mittels dessen die Urteilskraft es uns erlaubt, auch
die Möglichkeit der Verwirklichung des höchsten Zweckes der Freiheit
einzusehen?

Selbst wenn wir jede Evidenz für die Möglichkeit der Verwirklichung
von Zwecken der Moralität in der Natur, die uns durch das ästhetische
Urteil über das Schöne und Erhabene geliefert werden mag, beiseite lassen, so führt uns die Urteilskraft dennoch dazu, zwei verschiedene Formen von Zweckmäßigkeit in der Natur zu konzipieren. In der Einleitung zur dritten *Kritik* meint Kant, daß wir spezielle Naturgesetze nur
denken können als Glieder eines Systems solcher Gesetze und daß wir
ein solches System von Gesetzen nur als Produkt einer Intelligenz, die
unserer ähnlich, aber größer als sie ist, auffassen und es somit als zweckmäßig konzipieren können. In der *Analytik der teleologischen Urteilskraft*
behauptet Kant, daß wir gewisse Entitäten der Natur, Organismen, nur
als Systeme begreifen können, nicht aber als Aggregate von Teilen, und
daß wir solche Systeme denken können als Produkte der Organisation
durch eine Intelligenz, die größer ist als die unsrige. Außerdem führt
uns der Gedanke individueller Organismen in der Natur als Systeme
zur Konzeption des Naturganzen als ein System und folglich auch als
ein Produkt intelligenter Organisation. Wir mögen die Systematik der
Naturgesetze als formale Zweckmäßigkeit und die Systematik individueller Organismen in der Natur und die Natur selbst als ein System
beider, der organischen wie der anorganischen, als materiale Zweckmäßigkeit denken. In jedem Falle ist der nächste Argumentationsschritt
derselbe: wenn wir den Grund entweder der formalen oder der materialen Zweckmäßigkeit der Natur als intelligente Organisation begreifen,
müssen wir auch einen Zweck für diese Organisation denken. Der letzte
Schritt des Kantischen Argumentes wird dann darin bestehen, daß nur
etwas, das einen unbedingten Wert besitzt, unseren Begriff vom Zweck
der Natur erfüllen kann, und daß der einzige Kandidat dafür die Entwicklung und die Anwendung unserer eigenen Freiheit ist. Das vorliegende Kapitel erläutert und bewertet Kants Argumente für unsere
Zuschreibung von Zweckmäßigkeit, sowohl der formalen als auch der
materialen, zur Natur.

1. Naturgesetze

Kants Argument dafür, daß wir die Naturgesetze begreifen müssen, als
setzten sie sich zu einem systematischen und zweckmäßigen Ganzen
zusammen, findet sich nur in der Einleitung zur dritten *Kritik*. Das
Argument gründet in der Prämisse, daß die „universellen" und die
transzendentalen Naturgesetze, die durch den Verstand gegeben werden (*KU*, AA V, 179), d. h. die synthetischen Grundsätze des reinen
Verstandes (*KrV*, A 158/B 197) – wie beispielsweise die Grundsätze:
„Bei allem Wechsel der Erscheinungen beharrt die Substanz, und das
Quantum derselben wird in der Natur weder vermehrt noch vermin-
dert" (*KrV*, B 224) und „Alle Veränderungen geschehen nach dem
Gesetze der Verknüpfung der Ursache und Wirkung" (*KrV*, B 232)
– welche aus dem Schematismus der reinen Verstandesbegriffe oder
Kategorien abgeleitet sind, nicht zur Bestimmung des Inhaltes der
speziellen Naturgesetze hinreichend sind – um moderne Beispiele von
speziellen Kausalgesetzen zu verwenden, die solche Prozesse beherrschen, wie die Kernspaltung, die Photosynthese, die Transkription der
DNA-Sequenzen u. ä. Kant hatte bereits in der ersten *Kritik* auf diesen
Punkt Wert gelegt, indem er schrieb, daß „[b]esondere Gesetze, weil
sie empirisch bestimmte Erscheinungen betreffen, [...] davon nicht
vollständig abgeleitet werden [können], ob sie gleich alle insgesammt
unter jenen [sc. den allgemeinen Gesetzen; P. G.] stehen" (*KrV*, B
165). Aber während er dort den Eindruck hat vermitteln können,
daß die Kategorien durch empirische Anschauung ergänzt werden
müssen, um spezielle Naturgesetze zu ergeben – „Es muß Erfahrung
dazu kommen, um die letztere[3] überhaupt kennen zu lernen" (ebd.)
– so behauptet er in der dritten *Kritik*, daß wir die speziellen Naturgesetze, die uns nicht durch die Kategorien gegeben sind, die wir
aber zu entdecken trachten – und die daher Produkte nicht des bestimmenden, sondern des reflektierenden Gebrauchs der Urteilskraft
sind, der versucht, Allgemeinheiten aufzufinden, wenn nur Einzelnes
gegeben ist (*KU*, AA V, 179) – auch als Glieder eines solchen Systems
konzipieren müssen. Weshalb aber nimmt er dies an?

(i) Kant deutet zwei unterschiedliche Antworten auf diese Frage an.
Im ersten Entwurf der Einleitung betont er, daß es für uns nicht ratio-

---

[3] P. Guyer konjiziert mit Görland „die besonderen Gesetze" (d. Ü.).

nal wäre, spezielle Naturgesetze zu suchen, die nicht durch die transzendentalen Prinzipien des Verstandes gegeben werden, ohne daß wir
annehmen, daß

> „in der unermeßlichen Mannigfaltigkeit der Dinge nach möglichen
> empirischen Gesetzen genugsame Verwandtschaft derselben anzutref-
> fen [ist], um sie unter empirische Begriffe (Classen) und diese unter
> allgemeinere Gesetze (höhere Gattungen) zu bringen und so zu einem
> empirischen System der Natur gelangen zu können." (*KU-Erste Einlei-
> tung*, AA XX, 215).

Wir müssen folglich voraussetzen, gemäß dem „eigentümlichen Prinzip der Urteilskraft", daß „die Natur [...] ihre allgemeinen Gesetze zu
empirischen [specificirt], gemäß der Form eines logischen Systems,
zum Behuf der Urtheilskraft" (*KU-Erste Einleitung*, AA XX, 216).
Kant scheint hier zwei Schlüsselannahmen zu machen: *Erstens*, daß
jedes Gesetz, das wir vermittels unserer endlichen Erkenntnismittel
entdecken, Teil eines Korpus von Gesetzen ist, der nicht nur relativ
klein, sondern systematisch organisiert ist; und *zweitens*, daß es für uns
nicht rational wäre, wenn wir versuchten, einzelne Naturgesetze zu entdecken, ohne irgendeine Art vorausgehender Garantie zu besitzen, daß
der Gesetzeskorpus in dieser Weise organisiert ist. Kant fügt des weiteren hinzu, daß wir die Existenz einer derartigen Systematik unter den
speziellen Naturgesetzen, die es uns überhaupt erst ermöglicht, sie zu
entdecken, nur so denken können, als ob sie Produkte einer zweckmäßigen Organisation wären (vgl. *KU-Erste Einleitung*, AA XX, 216).
Die Existenz einer systematischen Menge spezieller Naturgesetze erfüllt
tatsächlich einen unserer eigenen Zwecke: das Ziel, solche Gesetze zu
entdecken, obwohl sie nicht direkt aus den transzendentalen Naturgesetzen folgen. Aber wir können die Existenz eines solchen Systems von
Gesetzen nur so konzipieren, als ob sie ein Produkt einer intelligenten
Organisation der Natur selbst wäre.
    Wie immer wir die letzte Stufe dieses Argumentes einschätzen
(das jedenfalls jetzt noch nicht die Frage aufwirft, welches Ziel eines
unbedingten Wertes die intelligente Organisation der Natur motiviert
haben mag), so ist zumindest eine Kritik an seiner ersten *Stufe* offenbar: Kant scheint vorauszusetzen, daß es für uns rational ist, erst dann
zu versuchen, ein Ziel zu verwirklichen, wenn wir eine Garantie dafür
haben, daß das Erreichen des Ziels zumindest möglich ist, folglich daß

es für uns nur rational ist, ein spezielles Naturgesetz zu suchen, wenn wir
voraussetzen, daß die Naturgesetze wirklich ein handhabbares System
konstituieren. Aber wir können einwenden, daß wenn ein Ziel hinreichend wichtig für uns ist (so wie es die Entdeckung spezieller Naturgesetze sicherlich ist), daß es dann für uns rational ist, zu versuchen, dieses Ziel zu erreichen, solange wir keine endgültige Evidenz dafür haben,
daß seine Verwirklichung *un*möglich ist. McFarland kommentiert dies
so: „someone could say, ‚I am going to see whether I can systematize this
body of data‘, without positively assuming that it can be systematized,
although he could not sensibly make the attempt while denying the
truth of the statement".[4] Die Voraussetzung der Systematik „is related
to the activity, not in a way that demands its conscious adoption, but
simply its non-rejection" (ebd.). Natürlich muß unsere „Nicht-Ableh-
nung" der Unmöglichkeit der Erreichung unseres Zieles verantwortet
und darf nicht beliebig sein, wenn unser Verhalten rational sein soll.
Wir müssen einen guten Grund dafür haben, daß wir denken, daß es
kein notwendiges Hindernis unseres Erfolges gibt und daß wir ein solches Hindernis, beispielsweise aus Nachlässigkeit oder Gleichgültigkeit,
nicht übersehen haben können. Aber wenn diese Bedingung erfüllt ist,
dann scheint die Rationalität in der Verfolgung des Zieles eher der
Abwesenheit eines Beweises der Unmöglichkeit, als eines Beweises der
Möglichkeit, es zu erreichen, zu bedürfen. Wenn dies richtig ist, dann
hängt die Rationalität der Suche nach speziellen Naturgesetzen nicht
von der Voraussetzung ab, daß es ein handhabbares System von Naturgesetzen gibt, a fortiori von der Annahme einer Art von Erklärung für
die Existenz eines solchen Systems, sondern nur von der Abwesenheit
der Evidenz, daß ein solches System nicht existiert.

(ii) Dies ist ein generelles Problem der Kantischen Konzeption von
Rationalität, das auch sein Argument für die Postulate der reinen praktischen Vernunft untergraben könnte.[5] Aber es infiziert offensichtlich
nicht das andere Argument für die intelligente Ursache der Systematik
der Naturgesetze, das Kant in der Einleitung zur dritten *Kritik* anbietet.[6] Was Kant hier behauptet, ist, daß wir die speziellen Naturgesetze

---

[4] McFarland, 1970, S. 86.
[5] Vgl. Guyer, 2000 a, S. 353-371.
[6] Kant führt dieses Argument nur in der von ihm veröffentlichten Version der Ein-
    leitung an: *KU*, AA V, 179f.

als Glieder eines Systems solcher Gesetze denken müssen, um ihnen den Anschein von *Notwendigkeit* zu geben, die ihr Status als Gesetze benötigt. Kant weist im Folgenden darauf hin, daß wir speziellen Naturgesetzen nur Notwendigkeit zuschreiben können, wenn wir sie als in ein System von Gesetzen eingebettet ansehen, in welchem sie sowohl als durch allgemeinere Gesetze impliziert betrachtet werden können, als sie auch ihrerseits spezifischere Gesetze, die ihnen somit untergeordnet sind, implizieren und denen sie folglich den Status der Notwendigkeit verleihen (vgl. *KU*, AA V, 180). Kant behauptet hiermit nicht, wir müßten voraussetzen, daß ein System von Naturgesetzen existieren muß, damit es für uns rational ist, zu versuchen, irgendein solches Gesetz zu entdecken, was, wie wir gesehen haben, zweifelhaft ist; sondern er behauptet, daß ein solches System existieren muß – unabhängig davon, ob wir viel über es wissen oder nicht –, damit spezielle Gesetze in ihm notwendig gelten können. Von diesem Ausgangspunkt behauptet Kant dann fernerhin, daß, weil (wie die erste *Kritik* gezeigt hat) die einzige Art, wie wir die Notwendigkeit der universellen und transzendentalen Naturgesetze begreifen können, diejenige ist, sie als Produkte unserer eigenen Formen von Anschauung und Verstand anzusehen, die einzige Art, wie wir die Notwendigkeit der speziellen Naturgesetze konzipieren können, diejenige ist, daß wir ihre systematische Verbindung, die jedem von ihnen den Anschein von Notwendigkeit verleiht, analog einschätzen als Produkt einer Intelligenz, die unserer ähnlich, aber weitreichender als sie ist, und die in der Lage ist, der Natur sowohl allgemeine als spezielle Naturgesetze vorzuschreiben (vgl. *KU*, AA V, 180). Kant trägt große Sorge dafür, klarzustellen, daß er im letzten Schritt dieses Argumentes nicht das traditionelle Argument der theoretischen Teleologie anbietet, das aus der offensichtlichen Organisation des Universums auf die aktuale Existenz seines Schöpfers schließt, dasjenige Argument also, das Hume in seinen *Dialogues concerning Natural Religion* von 1779 so umfassend kritisiert hatte und das Kant selbst in der ersten *Kritik* unter dem Titel „physiko-theologischer Beweis" zurückgewiesen hatte (*KrV*, A 620-630/B 648-658); so sagt er:

> „Nicht als wenn auf diese Art wirklich ein solcher Verstand angenommen werden müßte (denn es ist nur die reflectirende Urtheilskraft, der diese Idee zum Princip dient, zum Reflectiren, nicht zum Bestimmen); sondern dieses Vermögen giebt sich dadurch nur selbst und nicht der Natur ein Gesetz." (*KU*, AA V, 180).

Aber dieser Einspruch soll unsere Klagen nicht gegen beides, sowohl gegen die Prämisse als auch gegen die Konklusion des Kantischen Argumentes richten. Zwei Einwände gegen seinen Ausgangspunkt kommen einem in den Sinn. *Erstens:* Obwohl es sicherlich einige Gegenwartsphilosophen geben mag, die die Vorstellung akzeptieren, daß es möglich sein muß, spezielle Naturgesetze als notwendige Wahrheiten anzusehen, und die versuchen, einen Sinn aus dieser Behauptung zu ziehen,[7] sind in keinem Falle alle Gegenwartsphilosophen bereit, daß selbst wohlfundierte Verallgemeinerungen des Verhaltens bestimmter Arten von Objekten in der Natur plausibler Weise als notwendige Wahrheiten angesehen werden können. *Zweitens:* Es ist keineswegs klar, daß die Einbettung spezieller Verallgemeinerungen in ein hierarchisch organisiertes System von Generalisierungen den einzelnen Gliedern eines solchen Systems den Anschein von Notwendigkeit verleihen kann, solange wir uns Alternativen zum System als Ganzem vorstellen können. Das heißt, sofern nicht ein ganzes System von Gesetzen als notwendig erachtet werden kann, ist es nicht klar, in welchem Sinne seine individuellen Glieder als notwendig gelten können. Vielleicht wollte Kant mit dem letzten Argumentationsschritt auf dieses Problem anspielen, indem er uns dazu veranlaßt, das System empirischer Gesetze so zu denken, als ob es das Produkt einer uns ähnlichen Intelligenz wäre – jedenfalls würde eine solche Intelligenz der Natur nicht mehr als nur ein mögliches System von Gesetzen auferlegen, so wie auch wir der Natur nicht mehr als ein Paar von Anschauungsformen und eine definite Menge von Kategorien auferlegen. Aber dies wirft ein Problem auf in Kants gesamtem Modell der Erklärung von Notwendigkeit durch Berufung auf die Strukturen des Geistes: In welchem Sinne ist die Struktur des Geistes selbst notwendig? Dies ist eine Frage, die Kant selbst stellt, wenngleich nur einmal, in einer Passage der transzendentalen Deduktion der *Kritik der reinen Vernunft,* in der er anmerkt, daß er keinen Grund dafür angeben könne, „warum wir gerade diese und keine andere Funktionen zu Urteilen haben, oder warum Zeit und Raum die einzigen Formen unserer möglichen Anschauung sind." (*KrV,* B 146).

Also scheinen Kants Argumente dafür, daß die Existenz der Systematizität die Existenz einer intelligenten Ursache für sie voraussetzt,

---

[7]   Ich denke hier an Philosophen wie David Armstrong (vgl. Armstrong, 1983) und David Lewis (vgl. Lewis, 1967).

keine bleibende Bedeutung zu haben. Das soll nicht bedeuten, daß es Kant in der Beschreibung der Details seiner Konzeption der Systematizität der speziellen Naturgesetze mißlungen sei, ein weiterhin bestehendes Ziel wissenschaftlicher Praxis zu beschreiben. Im Gegenteil: Zwei Züge der Kantischen Konzeption von Systematizität – welche eigentlich ausführlicher im Anhang zur *Transzendentalen Dialektik* in der ersten *Kritik* als in der Einleitung zur dritten *Kritik* beschrieben wird – bleiben von dauerhaftem Wert, und einer von ihnen wird sich als von großer Bedeutung herausstellen, wenn wir uns Kants Versuch zuwenden, die Systematik der Natur mit dem Endzweck der Moralität zu verbinden. *Erstens* charakterisiert Kant Systematizität durch die Kriterien Homogeneität, Spezifikation und Kontinuität, das heißt, durch die Ziele, spezielle Gesetze unter allgemeinste Gesetze zu subsumieren – idealiter sogar unter ein einziges allgemeinstes Gesetz (Homogeneität) –, allgemeinere Gesetze in Hinblick auf eine maximale Varietät zu spezifizieren (Spezifikation) und alle Lücken, die sich durch den Übergang von allgemeineren Gesetzen zu spezifischeren oder umgekehrt ergeben, zu schließen (Kontinuität) (vgl. *KrV*, A 645-668/B 673-696). Natürlich charakterisiert dies fortbestehende Ziele der Wissenschaft: Newtons Vereinigung der kosmischen und terrestrischen Mechanik unter ein einziges Gesetz, die Gravitation, die Erklärung der Mendelschen Vererbungsregeln und Darwins Mutations- und Selektionsgesetz durch die Biochemie der DNA, und die Suche nach einem einheitlichen Prinzip aller vier Grundkräfte in der Physik; sie alle repräsentieren entweder bereits erfolgreiche oder noch laufende Versuche, den Anspruch nach Homogeneität zu erfüllen, wohingegen die Darwinsche Erklärung der Artenvielfalt offensichtlich ein Versuch ist, dem Anspruch nach Spezifikation zu genügen. *Zweitens* aber betont Kant, daß das Ziel eines geschlossenen Systems von Naturgesetzen nur eine regulative Idee ist und daß folglich unsere Naturerkenntnis immer unvollständig bleibt. Gleichwohl wird dennoch nicht deutlich, weshalb er meint, daß das Ziel der Homogeneität nicht vollständig erreichbar sei, weshalb wir nicht darin Erfolg haben sollten, wissenschaftliche Erklärungen auf ein einziges zu Grunde liegendes Prinzip zurückzuführen – wenn der Unterschied zwischen dem Organischen und dem Anorganischen, den er in der dritten *Kritik* einführt, der Grund für diese Behauptung ist, so erwähnt Kant ihn in der ersten *Kritik* jedenfalls nicht. Aber es ist offensichtlich,

warum das Ziel der Spezifikation eine regulative Idee bleiben muß:
weil keine endliche Anzahl wissenschaftlicher Beobachtungen jemals
die Unendlichkeit der Natur überblicken wird (vgl. *KrV*, A 685/B
713). Daß die Wissenschaft ihre Ergebnisse immer zu systematisieren
versucht und daß die Unendlichkeit ihrer Gegenstände impliziert, daß
die Gesetze, die sie entdeckt hat, und deshalb ihre Systematisierung
niemals vollständig sein können, dies sind sicherlich Resultate, die für
uns wie für Kant gültig sind.

2. Naturzwecke

Wir können nun von Kants Begründung der formalen Zweckmäßigkeit zu seiner Begründung der materialen Zweckmäßigkeit der Natur
übergehen, dem Hauptthema der *Kritik der teleologischen Urteilskraft*.
Auf einem oberflächlichen Niveau ist Kants Argument einfach. Unsere
Begriffe vom Naturganzen als materiales System von Entitäten, die
untereinander in Relationen stehen, sind allesamt Vernunftideen, wie
unsere Begriffe des formalen Systems von Naturgesetzen, der systematischen Ausführung der Vernunftzwecke und der Verwirklichung des
Systems der Vernunftzwecke im System der Natur; aber um sie auf
unsere wirkliche Naturerfahrung anzuwenden, müssen wir – unter
Zuhilfenahme der reflektierenden Urteilskraft – etwas finden, das als
konkrete Erfahrung systematischer Zweckmäßigkeit *in* der Natur gilt.
Dies ist die Rolle, die unsere Erfahrung von Organismen spielt, welche Kant sowohl „organisierte Wesen" als auch „Naturzwecke" nennt.
Seine Lehre der Organismen besagt, daß wir sie nicht vermittels unseres gewöhnlichen, mechanischen Modells von Kausalität begreifen können, in dem Existenz und Eigenschaften eines Ganzen immer erklärbar sind schlicht durch die Aggregation der zuvor existierenden Teile,
sondern daß wir sie statt dessen nur als Systeme begreifen können, in
welchen Teile und Ganze Grund und Folge des jeweils anderen sind;
und daraus folgend behauptet er, daß wir solche Systeme nur denken
können als Produkte einer intelligenten Organisation, obwohl unser
theoretisches Erkenntnisvermögen genau genommen auf die mechanische Kausalität beschränkt ist und wir keine theoretisch adäquaten
Gründe für die Annahme des notwendigen Urhebers auffinden können. Trotzdem sind zwei weitere Schritte für uns unvermeidlich, sofern

wir die Vorstellung einer intelligenten Organisation und deshalb auch eines Urhebers der Organismen in der Natur eingeführt haben: *Erstens* werden wir eine solche Zweckmäßigkeit und einen Urheber nicht nur in den Teilen der Natur manifestiert sehen, nämlich in den Organismen, sondern im Ganzen der Natur als einem einzigen System; *zweitens* werden wir eine solche Organisation und ihren Urheber nicht nur als intelligent, sondern auch als zweckmäßig denken und daher nach einem Zweck des Systems der Natur als Ganzem suchen. Hier ist der Punkt, an dem Kant behauptet, daß nur ein unbedingter Wert als Zweck eines solches Systems gelten könne, daß nur die Verwirklichung unserer Freiheit in der Form des höchsten Guts von unbedingtem Wert ist und daß wir daher die Natur nur als System begreifen können, wenn wir sie als System denken, das kompatibel und sogar dafür vorgesehen ist, das höchste Gut als Endzweck der Moralität zu verwirklichen. Die Naturkonzeption, die mit unserer Erfahrung von Organismen anhebt, soll zum selben Schluß führen wie die Postulate der reinen praktischen Vernunft, das bedeutet, daß die Natur als Bühne für die Verwirklichung unserer moralischen Zwecke begriffen werden muß.

Auf dieser Ebene ist Kants Argumentation geradlinig. Aber ihre Details sind komplex und teilweise verwirrend; während wir die moralischen Implikationen der Kantischen Auffassung, daß die systematischen Zwecke der Moralität im System der Natur müssen verwirklicht werden können, auf Grundlage dieser allgemeinen Skizze beurteilen konnten, gibt es andere Fragen zur Gegenwartsbedeutung der Kantischen Teleologie, die von einer genaueren Untersuchung seines Argumentes abhängen. Eine Frage, die einer genaueren Diskussion bedarf, betrifft Kants Auffassung davon, wie die Erfahrung von Organismen zu einer Konzeption einer intelligenten Ursache ihrer Organisation führt. Denn Kant nimmt mehrere unterschiedliche Gründe dafür an, daß wir Organismen nicht gemäß demjenigen Modell denken können, das sonst für die Anleitung unserer wissenschaftlichen Forschung adäquat ist. Die andere Frage, die der Diskussion bedarf, betrifft Kants Versuch in der „Dialektik der teleologischen Urteilskraft", unser gewöhnliches, mechanisches Modell von Kausalität mit unserer Konzeption beider zweckmäßiger Systeme, Organismen und Natur als Ganzer, in Einklang zu bringen.

(i) Kant eröffnet seine Untersuchung zur Teleologie mit dem kritischen Argument, daß wir keine ersichtliche Rechtfertigung dafür haben, einige Dinge der Natur als bloße Mittel für andere als Zwecke anzusehen – beispielsweise dafür, das sandige Flachland Nordeuropas, das von den urzeitlichen Meeren zurückgelassen wurde, als Mittel für ausgedehnte Fichtenwälder als Zwecke anzusehen – oder in seinen Worten, den Begriff der „relativen Zweckmäßigkeit" in unsere Konzeption der Natur einzuführen (*KU*, AA V, 366-369). Statt dessen kann jede Anwendung der Vorstellung von Zweckmäßigkeit nur mit der „internen Zweckmäßigkeit" der Organismen als „Naturzwecke" beginnen (*KU*, AA V, 369). Kant definiert einen Naturzweck „vorläufig" als ein Ding, das „von sich selbst [...] Ursache und Wirkung ist" (*KU*, AA V, 370), und gibt drei Beispiele: Im Falle der Reproduktion ist ein Organismus Ursache eines anderen als eines Individuums, aber er „erzeugt [...] sich selbst der Gattung nach" (*KU*, AA V, 370), und aus dieser Perspektive ist der Organismus als Ganzer Ursache seiner selbst; im Falle des Wachstums ist ein Organismus Ursache seiner selbst, indem er Stücke fremder Materie in eigene Teile umformt, dadurch, daß das Ganze Ursache seiner eigenen Teile ist, und folglich Ursache seiner selbst; und im Falle des gewöhnlichen Selbsterhalts sind die Teile eines Organismus Ursache des Ganzen, so wie die Blätter eines Baumes den ganzen Baum ernähren; aber auch das Ganze ist Ursache der Teile, wie die Blätter nicht ohne den Rest des Baumes funktionieren können (*KU*, AA V, 371f). Kants Behauptung besagt, daß wir organische Prozesse nicht verstehen können durch unser gewöhnliches, mechanisches Modell der Kausalität, in welchem die Eigenschaften des Ganzen vollständig und ausschließlich durch die der Teile bestimmt werden, und daß wir bei organischen Prozessen die Eigenschaften der Teile als abhängig von den Eigenschaften des Ganzen ansehen müssen.[3] Im Folgenden argumentiert er dafür, daß wir teilweise eine alternative Konzeption von Kausalität entwerfen können, indem wir eine Analogie zu unserer eigenen intentionalen Produktivität herstellen, in welcher das Ganze die Teile bestimmt in dem Sinne, daß unser vorausliegender Entwurf oder Plan des Ganzen dazu führt,

---

[8] Insbesondere McLaughlin macht darauf aufmerksam, daß der Aspekt unserer gewöhnlichen Kausalitätskonzeption, der die Erklärung charakteristischer organischer Prozesse unpassend macht, nicht derjenige ist, daß wir gewöhnlich annehmen, eine Ursache müsse seiner Wirkung zeitlich vorausgehen oder dürfe ihr zumindest nicht folgen, sondern derjenige, daß die Eigenschaften des Ganzen immer Wirkung der Eigenschaften seiner Teile sind und nicht umgekehrt; vgl. McLaughlin, 1990, S. 152-156.

die Teile herzustellen, die dann zu einem wirklichen Ganzen zusammengefügt werden. Aber diese Analogie ist nicht ganz adäquat für die Konzeption von Organismen, weil in Organismen „[...] ein jeder Theil so, wie er nur durch alle übrige da ist, auch als um der andern und des Ganzen willen existirend, d.i. als Werkzeug (Organ) gedacht [wird]", aber auch „ein die andern Theile [...] hervorbringendes Organ" und „nur dann und darum wird ein solches Product, als organisirtes und sich selbst organisirendes Wesen, ein Naturzweck genannt werden können" (*KU*, AA V, 374f). Also können wir Organismen nur denken vermittels „einer entfernten Analogie mit unserer Causalität nach Zwecken überhaupt" (*KU*, AA V, 375); wir müssen Organismen denken, als ob sie Produkte eines Urhebers wären, dessen Vorstellung eines Ganzen solcher Organismen Teile herzustellen vermag, die sich wechselseitig hervorbringen wie auch das Ganze, und die ein solches Ganzes ergeben, das seine eigenen Teile erhält, herstellt und reproduziert.

Kant kritisiert die traditionelle Teleologie, indem er hinzufügt:

> „Der Begriff eines Dinges, als an sich Naturzwecks, ist also kein constitutiver Begriff des Verstandes oder der Vernunft, kann aber doch ein regulativer Begriff für die reflectirende Urtheilskraft sein, [...] die Nachforschung über Gegenstände dieser Art zu leiten und über ihren obersten Grund nachzudenken; das letztere zwar nicht zum Behuf der Kenntniß der Natur, oder jenes Urgrundes derselben, sondern vielmehr eben desselben praktischen Vernunftvermögens in uns, mit welchem wir die Ursache jener Zweckmäßigkeit in Analogie betrachteten." (*KU*, AA V, 375).

Diese dichte Passage trifft drei wesentliche Aussagen. *Erstens* ist sowohl der Begriff der Organismen als Naturzwecke in der spezifischen Form interner Systematizität, die Kant zu charakterisieren versucht, sowie der Begriff des Grundes oder der Ursache solcher Naturzwecke und ihre interne Systematizität regulativ und nicht konstitutiv. *Zweitens* kann der Begriff des Organismus als ein Naturzweck die Naturforschung anleiten, von welcher Kant im nächsten Paragraphen zeigt, daß sie Erforschung der *mechanischen* Kausalität ist, mittels deren den Wirkungen eines Organismus als einem System und seinen Organen als seinen Subsystemen verschiedene Zwecke zugeschrieben werden können. Und *drittens* wird ein weiterer Punkt in einer solchen Vorstellung von Organismen dem „praktischen Vernunftvermögen" dienen. Dies ist der Punkt, den Kant in der „Methodenlehre der teleologischen Urteilskraft" entwickelt, jedoch erst nachdem er in einem Zwischenschritt behauptet, daß der Begriff der Materie als Naturzweck „nothwendig auf die Idee der gesammten Natur als eines Systems nach der Regel der Zwecke [führt]" (*KU*, AA V, 378f).

An diesem Punkt würde ein Wissenschaftler heute sicherlich einwenden, daß die letzten Schritte der Kantischen Argumentation auf faulen Fundamenten stehen, denn er hat unterlassen, einen Beweis dafür zu führen, daß kein organischer Prozeß durch unser gewöhnliches mechanisches Modell von Kausalität verstanden werden kann. Die Fähigkeit von Organismen, sich selbst zu reproduzieren, wird heute sehr gut als ein Prozeß erklärt, in welchem Teile von einem oder zwei Organismen, genauer gesagt ihr genetisches Material, Teile der nächsten Generation solcher Organismen produzieren, zum Beispiel Stammzellen, welche die Eigenschaften dieser nächsten Organismengeneration als Ganze erklären können. Die Fähigkeit der Organismen, zu wachsen, wird heute gut erklärt durch die Funktion spezifischer Teile, wie Enzyme, die Nährstoffe aus der Nahrung extrahieren, die durch gewöhnliche chemische Prozesse umgeformt werden können zu Energie und zu Material für andere Teile des Organismus, wie für die „quergestreifte", dem Willen unterworfene, und „glatte", dem Willen nicht unterworfene Muskulatur. Die Fähigkeit der Organismen, ihre Existenz zu erhalten, wird auch durch das Vermögen ihrer Teile erklärt, wie die Fähigkeit der Zellen des Immunsystems, fremde Krankheitserreger zu zerstören. Natürlich sind nicht alle Elemente der mechanischen Erklärung von Reproduktion, Wachstum und Selbsterhalt uns bisher bekannt: Zum Beispiel muß noch entdeckt werden, wie die ca. 40 000 Gene des Menschen in die 120 000 unterschiedlichen Proteine des menschlichen Eiweißhaushaltes übersetzt werden, oder wie embryonale Stammzellen sich zur richtigen Zeit in eine Vielzahl unterschiedlicher adulter Gewebe selbst differenzieren. Aber die Wissenschaftler der Gegenwart halten an ihrer Zuversicht fest, daß „mechanische" Antworten auf diese Fragen gefunden werden. Ferner halten sie auch an ihrer Zuversicht fest, daß weitere „mechanische", in diesem Falle „evolutionäre" Erklärungen für die Existenz der mechanischen Grundlage organischer Prozesse ebenso entdeckt werden. Man mag weiterhin versucht sein, zu sagen, daß die zeitgenössischen Wissenschaftler Kants Meinung sicherlich akzeptieren, daß jeder Teil eines Organismus eine Funktion im systematischen Leben des Ganzen erfüllt, obwohl sie anders als Kant zuversichtlich sind, daß eine mechanische Erklärung sowohl für die Herkunft als auch für die Aktivität jedes Teils eines Organismus zumindest prinzipiell entdeckt werden kann; sogar diese Meinung mag unbestreitbar sein: Stephen Jay Gould hat bereits vor längerer Zeit vermutet, daß der Mechanismus der Selektion in der Natur alle möglichen nicht-funktionalen Nebenprodukte oder „Brückenstücke", die mechanisch mit funktionalen und für die Selektion relevanten Eigenschaften verbunden sind, mit sich führen kann, solange diese nicht disfunktional sind, d. h. solange sie nicht den reproduktiven Erfolg des Organismus gefährden; und die zeitgenössische Genetik toleriert zumindest zur Zeit die Vorstellung, daß große Teile sog. „Müll"-DNA in Chromosomen, Nebenprodukte, die vergangenen Evolutionsstufen entstammen, von den zur Zeit aktiven Stücken der DNA mitgeführt werden, solange sie dem Organismus nicht schaden (d. h. die Wahrscheinlichkeit seines reproduktiven Erfolgs reduzieren). Also scheint die Vorstellung, daß jeder Teil eines Organismus als intern zweckmäßiges System ein wesentlicher und wertvoller Teil ist, selbst als regulatives Prinzip zweifelhaft zu sein.

(ii) Folglich scheint Kants Argument, daß unsere Erfahrung von Organismen notwendig auf eine Konzeption von Zweckmäßigkeit führt, die wir über die Natur als Ganze ausdehnen und die wir dann mit unseren moralischen Zielen verbinden, von Beginn an zweifelhaft zu sein. Aber bevor wir zu einem abschließenden Urteil gelangen können, müssen wir beachten, daß Kant möglicherweise ein oder zwei alternative Erklärungen dafür gibt, wie diese Erfahrung uns zu einem reflektierenden Urteil führt, welches die Idee der Zweckmäßigkeit auf die Natur anwendet. Das bisher untersuchte Argument richtet sich auf die Behauptung, daß paradigmatische Arten von organischen Prozessen, gleichwohl nicht jedes Wissen einer anderen Art der Kausalität vermittels intelligenter und zweckmäßiger Organisation, nicht mechanisch erklärt werden können und uns somit zu dieser Vorstellung führen. Aber an einem späteren Punkt seiner Darstellung – in der „Dialektik der teleologischen Urteilskraft", welcher wir uns später wieder zuwenden werden – weist Kant darauf hin, daß es nicht spezifisch organische Prozesse sind, sondern die allgemeine „Möglichkeit einer lebenden Materie", die „sich nicht einmal denken [läßt]" auf Grundlage unseres gewöhnlichen Begriffs von Materie; denn während die „Leblosigkeit, *inertia*, den wesentlichen Charakter derselben [sc. der

Materie; P. G.] ausmacht", durchbrechen die Organismen offenbar das Gesetz der Trägheit (*KU*, AA V, 394). Kant erklärt den „Widerspruch" im Begriff der „lebenden Materie" eigentlich nicht, vermutlich aber ist sein Gedanke der, daß lebende Organismen das Gesetz der Trägheit verletzen, indem sie einen Wechsel ihres Zustandes herbeiführen, ohne durch ein externes Agens dazu veranlaßt worden zu sein. Wenn es dies ist, was er meint, dann besagt sein Argument: Die bloße Möglichkeit einer selbstverursachten Zustandsänderung oder einer Bewegung – sicherlich die elementarsten Eigenschaften jedes Organismus – widersetzt sich dem Verständnis mittels unseres gewöhnlichen Modells von Kausalität, und erfordert zumindest für Organismen die Konzeption eines alternativen Modells von Kausalität.

Gleichwohl ist der Wissenschaftler der Gegenwart von diesem Argument eben so wenig zu überzeugen wie von Kants erstem. Man würde wohl gerade zu einem mechanischen Modell der Organismen greifen, um dieses Argument zu widerlegen: D. h. man würde sich auf die Bewegungen spezifischer Teile eines Organismus berufen, um die Änderungen des Ganzen von Ruhe oder Bewegung zu erklären, und würde dann die Bewegungen dieser spezifischen Teile erklären als Wirkungen, die entweder durch andere spezifische Teile des Organismus oder durch den Einfluß externer Objekte auf die Bewegung der inneren Teile des Organismus verursacht sind. Kant hätte viel mehr tun müssen, als sich bloß auf einen „Widerspruch" zwischen Leben und Trägheit zu berufen, um einen Ausgangspunkt für seine Teleologie zu finden.

(iii) Kant kehrt zur „Eigenthümlichkeit des menschlichen Verstandes, wodurch uns der Begriff eines Naturzwecks möglich wird", in drei Paragraphen der „Dialektik der teleologischen Urteilskraft" zurück, die in § 77 kulminieren, dessen Titel eben zitiert wurde (*KU*, AA V, 405). Die Generalthese dieser Paragraphen besagt, daß die „diskursive" Natur des menschlichen Intellekts dem vollen Verständnis der Organismen im Wege steht und erfordert, daß „wir schlechterdings nichts anders als ein verständiges Wesen der Möglichkeit jener Naturzwecke zum Grunde legen können: welches der Maxime unserer reflectirenden Urtheilskraft, [...] allein gemäß ist." (*KU*, AA V, 400f). Kant weist auf zwei unterschiedliche Bestimmungen des diskursiven Charakters des menschlichen Intellekts hin. In § 76 argumentiert er, der menschliche Intellekt sei diskursiv, weil er lediglich Allgemeinbegriffe bilden kann, die niemals alle Eigenschaften eines einzelnen Objekts vollständig bestimmen können und die deshalb die Notwendigkeit all dieser Eigenschaften niemals vollständig erklären können; aber weil die Vernunft uns dazu zwingt, diese Eigenschaften als notwendig zu denken, so müssen wir wenigstens die Idee einer intelligenten Organisation der Natur bilden, welche „die Zweckmäßigkeit der Natur in ihren Producten" bestimmt, obwohl sie, nicht zu vergessen, ein bloß „regulativ[es] (nicht konstitutiv[es] Prinzip)" der Vernunft ist (*KU*, AA V, 404). Obwohl Kant wiederum betont, daß es für unseren Verstand eigentümlich ist, „daß er in seinem Erkenntnisse, z. B. der Ursache eines Products, vom Analytisch-Allgemeinen (von Begriffen) zum Besondern (der gegebenen empirischen Anschauung) gehen muß", so daß es vieles gibt, was im Besondern immer kontingent bleibt im Verhältnis zum Allgemeinbegriff, unter den wir es subsumieren, kontrastiert er in § 77 unseren Verstand mit einem Verstand, der „intuitiv" sei und der daher „vom Synthetisch-Allgemeinen (der Anschauung eines Ganzen als eines solchen) zum Besondern geht, d. i. vom Ganzen zu den Theilen; der also und dessen Vorstellung des Ganzen die Zufälligkeit der Verbindung der Theile nicht in sich enthält" (*KU*, AA V, 407). Hier meint Kant, daß es die Diskursivität unseres Intellekts ist, die uns darauf einschränkt, die Eigenschaften eines Ganzen von den Eigenschaften seiner Teile herzuleiten, und die es verhindert, daß wir die Notwendigkeit erkennen, mit der das Ganze auch die Teile bestimmt. Um unsere Erfahrung von Organismen als Ganzheiten anzupassen, die die Eigenschaften ihrer eigenen Teile bestimmen, „[stellen] wir [uns die] Producte der Natur nach einer andern Art der Causalität, als der der Naturgesetze der Materie, nämlich nur nach der der Zwecke und Endursachen, uns als möglich vor [...]"; wobei „die Vorstellung eines Ganzen den Grund der Möglichkeit der Form desselben und der dazu gehörigen Verknüpfung der Theile enthalte" und als Ursache des Objekts betrachtet wird, obwohl, daran sei nochmals erinnert, „dieses Princip nicht die Möglichkeit solcher Dinge selbst (selbst als Phänomene betrachtet) [...], sondern nur die unserem Verstande mögliche Beurtheilung derselben angehe" (*KU*, AA V, 407f).[9]

---

[9]　In seinem Aufsatz *Kant's Antinomy of Teleological Judgment* begründet Henry Allison seine Interpretation der Antinomie der teleologischen Urteilskraft mit Kants Lehre von der Diskursivität in § 76 (Allison, 1991), während Peter McLaughlin seine Darlegung auf die Lehre in § 77 gründet (McLaughlin, 1990, S. 169-176). Wie ich soeben ausgeführt habe, hat jede dieser Interpretationen einen Anhaltspunkt in Kants Text.

Kants Berufung auf die Diskursivität unseres Verstandes in § 77 scheint nun lediglich einen neuen Namen für das Argument bereit zu stellen, das er bereits in §§ 64f vorbrachte, dasjenige Argument näm- lich, das besagt: Weil in unserer Erfahrung von Organismen das Ganze die Eigenschaften der Teile in einer Weise zu bestimmen scheint, die wir nicht durch das Vermögen unseres eigenen Intellekts erklären kön- nen, begreifen wir Organismen so, als ob sie Produkte eines Intellekts wären, der mächtiger ist als der unsere. Dies Argument scheint für die Kritik durch dasjenige Argument offen zu stehen, das durch den Fort- schritt der modernen Biologie geliefert wird, nämlich daß dieser Fort- schritt eben gerade in der zunehmenden Fähigkeit besteht, die Funkti- onsweisen der Organismen in Selbsterhaltung und Reproduktion durch die spezifischen Funktionen ihrer Teile zu erklären, und daß noch kein Ende in diesem explanatorischen Fortschritt zu erkennen ist. Wenn Kants Argument jedoch besagen würde, daß unsere Allgemeinbegriffe von Organismen einige ihrer spezifischen Eigenschaften notwendiger- weise unerklärt lassen und daß sie somit als kontingent erscheinen, wie § 76 wohl nahelegt, dann scheint Kants hiesiges Argument mit dem- jenigen Argument zusammenzufallen, das er in der Einleitung in die dritte *Kritik* vorgebracht hatte: Während die Unfähigkeit unserer All- gemeinbegriffe, alle Eigenschaften eines Besonderen zu erklären, in unserer Erfahrung von Organismen besonders hervorstechend zu sein scheint, so gilt dies allgemeine Prinzip letztlich für alle Phänomene in der Natur. Tatsächlich kehrt Kant am Ende von § 76 explizit zur Spra- che der Einleitung zurück, indem er behauptet, daß wir den Begriff der Zweckmäßigkeit in der Natur benötigen, um „etwas Zufälliges" in der „Ableitung der besonderen Gesetze aus den allgemeinen" zu kompen- sieren (*KU*, AA V, 404). Und in diesem Falle scheint nicht nur unsere Erfahrung von Organismen ihre besondere Stellung in Kants Teleologie zu verlieren, sondern das Argument steht erneut dem Einwand offen gegenüber, daß wir die speziellen Naturgesetze ohnehin nicht als im starken Sinne notwendige Wahrheiten anzusehen brauchen.

II. Der Zweck der Natur

Der Kulminationspunkt der *Kritik der teleologischen Urteilskraft* und wohl der gesamten dritten *Kritik* ist die „Methodenlehre der teleologischen Urteilskraft". Hier argumentiert Kant dafür, daß wenn wir die Natur als Ganze als ein System betrachten, dann müssen wir einen Schlußstein – einen Endzweck – für dieses System finden; aber das einzige, was diese Rolle möglicherweise spielen kann, ist die einzige Sache von unbedingtem Wert, nämlich die menschliche Freiheit und ihre Verwirklichung im höchsten Gut. Aufgrund dessen müssen wir die Natur als ein System ansehen, das nicht bloß mit dem Erstreben des Gegenstandes der menschlichen Moralität vereinbar ist, sondern das sogar zu ihm führt, gleichwohl aber in einer Weise, die nicht die Tatsache untergräbt, daß der Gegenstand der Moralität, bestehend sowohl in Tugend als auch in Glückseligkeit, nur ein Produkt menschlicher Autonomie sein kann.

Die wesentlichen Schritte des Arguments sind folgende: *Erstens* hält Kant es, wie bereits bemerkt, für notwendig und unvermeidlich, daß, sobald wir genötigt sind, individuelle Organismen in der Natur als innerlich zweckmäßige Systeme anzusehen, die ersichtliche Produkte intelligenter Organisation sind, wir auch die Natur als Ganze als ein zweckmäßiges System ansehen werden (*KU*, AA V, 379, 398). Das bedeutet, daß, obwohl es ursprünglich keine Berechtigung dafür zu geben schien, Relationen zwischen Geschöpfen und Lebensräumen in der Natur „relative Zweckmäßigkeit" zuzuschreiben (*KU*, § 63), wir dennoch, wenn wir die „interne Zweckmäßigkeit" der Natur erfahren haben, auch versuchen werden, „relative Zweckmäßigkeit" in ihr zu finden. Kant erklärt niemals wirklich, was diesen Übergang unvermeidlich macht, aber wenigstens liefert er eine Prämisse dazu, indem er sagt, daß „aller Mechanism der Natur nach Principien der Vernunft [...] untergeordnet werden muß" (*KU*, AA V, 379). Sein Gedanke ist vermutlich dieser, daß weil die Begriffe eines Systems und eines intelligenten Urhebers der Organismen Ideen der Vernunft sind – wenngleich sie natürlich nur im reflektierenden Gebrauch der Urteilskraft verwendet werden können – und die Vernunft immer nach Einheit sucht, so ist es für die Vernunft unvermeidlich, Urteilskraft zu gebrauchen, um diese Ideen in einer einheitlichen Weise auf die Natur als Ganze anzuwenden. So schließt er in § 67: „die Einheit des übersinnlichen Princips [muß] nicht bloß für gewisse Species der Naturwesen, sondern für das Naturganze als System auf dieselbe Art als gültig betrachtet werden [...]" (*KU*, AA V, 381). Wir bemerken erneut, daß dies darauf hinweist, daß Kant – obwohl er davon ausgehen mag, daß es etwas Kennzeichnendes an unserer Erfahrung von

Organismen gibt, das uns zu der Annahme zweckmäßiger Systematizität führt – nicht darauf zu beharren braucht, Organismen müßten auf der phänomenalen Ebene immer außerhalb des explanativen Bereichs des Mechanismus verbleiben, sofern er annimmt, daß diese Idee mit dem Mechanismus nur dadurch vereinbart werden kann, daß man sie auf einen übersinnlichen Grund der Natur, der seine Zwecke durch mechanische Gesetze erreicht, zurückführt.

Zweitens: Aus der Annahme, daß die Vernunft von uns verlangt, die ganze Natur als System zu betrachten, wenn wir etwas in ihr als System ansehen müssen, folgert Kant weiterhin, daß wir das System der Natur als Ganzes als ein Produkt intelligenter Organisation denken müssen, genau so wie wir jeden einzelnen Organismus in ihr denken. Der nächste Argumentationsschritt besteht nun in Kants Annahme, daß wenn wir die Ursache der Natur als intelligent konzipieren, wir sie auch als zweckmäßig konzipieren, d. h. daß sie ein Ziel in der Erzeugung der Natur hat. Er argumentiert nicht ausführlich für diese Prämisse, aber zumindest deutet er auf sie hin, indem er die *intelligente* Hervorbringung individueller Systeme in der Natur oder der Natur als System (d. h. ihre reflektierte Idee) gleichsetzt mit der *absichtlichen* Hervorbringung solcher Systeme (*KU*, AA V, 399, 414) und meint, daß den Mechanismus der Natur selbst als Produkt absichtlicher Organisation zu denken, gleichbedeutend damit ist, zu denken, daß er „gleichsam als das Werkzeug einer absichtlich wirkenden Ursache, deren Zwecke die Natur in ihren mechanischen Gesetzen gleichwohl untergeordnet ist", anzusehen sei (*KU*, AA V, 422). Daraus folgernd nimmt er an, daß, wenn wir die Ursache der Natur als einen intelligent und absichtsvoll Handelnden konzipieren, der uns ähnlich, aber mächtiger als wir ist, so können wir ihn nicht so denken, daß er keinen adäquaten Grund für seine Handlungen hat, vielmehr muß er einen höchst vollkommenen, oder einen End-Zweck verfolgen (vgl. *KU*, AA V, 426). Kant geht auch davon aus, daß wir nicht denken können, daß der Zweck in der Hervorbringung von allem im System der Natur nicht immer in etwas anderem als es selbst liegen kann, da wir sonst in einem unbefriedigenden infiniten Regreß der Gründe geraten; wir können einen Grund für die Hervorbringung der Natur nur denken, wenn wir etwas denken können, das ein Zweck an sich selbst oder ein Endzweck statt ein relativer Zweck ist. Deshalb nimmt Kant an, daß unser Verstand natürlicher Weise von der Systematizität besonderer Organismen zur Systematizität der Natur als Ganzer fortschreitet, von dort zur Idee einer intelligenten Ursache der Natur als Ganzer und dann zur Idee einer zweckmäßigen Ursache der Natur, die gemäß einem Endzweck handelt.

Die nächste Stufe der Kantischen Argumentation beginnt mit einer anderen Version desjenigen Arguments, das er uns bereits in § 63 mitgeteilt hat, welches besagt, daß in der Natur als solcher offenbar nichts ein Endzweck von unbedingtem Wert ist, für das alles andere in der Natur bloß Mittel wäre (*KU*, AA V, 426ff). Er wendet diese Struktur nun ausdrücklich auch auf menschliche Wesen an, zumindest insofern Menschen unmittelbar nach Glückseligkeit und nach der „Kultur der Geschicklichkeit", d. h. nach der Entwicklung von Talenten und Begabungen für das Erreichen von Glückseligkeit als solcher streben (*KU*, AA V, 430f). Anstatt dessen ist der einzige Kandidat für einen Endzweck der Natur selbst in menschlichen Wesen „die formale, subjective Bedingung, nämlich der Tauglichkeit: sich selbst überhaupt Zwecke zu setzen und (unabhängig von der Natur in seiner Zweckbestimmung) die Natur den Maximen seiner freien Zwecke überhaupt angemessen als Mittel zu gebrauchen" (*KU*, AA V, 431). Im darauf folgenden Paragraphen argumentiert Kant: Wenn wir die Natur als Ganze als ein Produkt zweckmäßiger Organisation ansehen müssen, so wie es unsere Erfahrung von Organismen unvermeidlich macht, und wenn wir solch zweckmäßige Organisation ansehen müssen, als hätte sie einen Endzweck, wie es unser eigener Begriff rationaler Wirksamkeit erfordert, dann ist das einzige, was wir als möglichen Endzweck der Natur denken können, unsere eigene Freiheit und das Objekt, das sie uns setzt, ist das höchste Gut (vgl. *KU*, AA V, 435).

Die beiden Schlüsselfragen, die nun zu erörtern sind, lauten: (1) Weshalb denkt Kant, daß der unbedingte Wert unserer eigenen Freiheit das höchste Gut zu unserem letzten Gegenstand macht? und (2) was folgt aus der Tatsache, daß wir das höchste Gut als etwas denken, das in der Natur, oder wie Kant sagt: „in der Welt", verwirklicht werden muß? Aber zuvor sollte bemerkt werden, daß Kant sehr vorsichtig ist bezüglich einer Annahme, in welchem Umfang wir dies als Zweck *der* Natur selbst kohärent betrachten können. Bisher habe ich die Unterscheidung ignoriert, die Kant zwischen dem Endzweck der Natur und ihrem letzten Zweck macht, sowie den Gegensatz, den er aufstellt zwischen der „Kultur der Geschicklichkeit" und der „Kultur der Disziplin" oder der „Zucht" (*KU*, AA V, 432). Die Unterscheidung zwischen dem „letzten" und dem

„End"-Zweck der Natur ist diejenige Unterscheidung zwischen Zwecken *in* der Natur, in Bezug auf welche wir alles andere als Mittel betrachten können, und Zwecken, die außerhalb der Natur sind oder die etwas sind, was nicht bloß naturhaft ist, das wir als Ausgangspunkt der Hervorbringung des gesamten Natursystems betrachten können. Wie das Zitat in § 84 verdeutlicht, versteht Kant die menschliche Freiheit als etwas Nicht-Natürliches oder außerhalb der Natur, d. h. sie hat unbedingten Wert und kann daher der Hervorbringung des ganzen Systems der Natur einen Zweck geben. Aber eben weil sie nicht-natürlich ist, können wir nicht denken, daß sie, wenn überhaupt, durch natürliche Prozesse allein verwirklicht wird. Deshalb muß es einen *letzten* Zweck *in* der Natur geben, der verbunden, nicht aber identisch ist mit der menschlichen Freiheit als dem Endzweck der Natur, und den wir so denken, als sei er durch natürliche Prozesse bewirkt worden, aber auch als stelle er als unbedingter Wert das Verbindungslied zwischen Natur und Freiheit dar. Dies, so meine ich, ist die Rolle, die die Kultur der Disziplin, nicht die Kultur der Geschicklichkeit spielen muß: die Kultur der Disziplin muß ein Vermögen sein, unsere eigenen Ansprüche zu kontrollieren, die wir ansehen können als in der Natur und durch natürliche Mittel entwickelt, aber auch als etwas, das in der natürlichen Welt unsere noumenale Freiheit der Wahl wirksam sein läßt. Kants Gedanke ist wohl, daß die Wahl, unsere Freiheit im Namen des Moralgesetzes und nicht der Selbstliebe zu gebrauchen, eine noumenale Wahl ist; aber um sie in der Natur wirksam werden zu lassen, müssen wir Disziplin und Kontrolle über unsere Ansprüche gewinnen durch natürliche Prozesse wie Erziehung und Ausbildung. Wir können diese Prozesse als letzte Zwecke ansehen, die in der Natur erreichbar sind, weil sie notwendige Bedingungen für die Verwirklichung des unbedingten Wertes, der in der Freiheit als einer nicht-natürlichen Eigenschaft menschlicher Wesen liegt, in der Natur sind.

(1) Soviel dazu, weshalb der letzte Zweck der Natur nur die Kultur der Disziplin sein kann, nicht jedoch die Freiheit selbst. Aber weshalb konzipiert Kant, wenn er den Endzweck der Natur behandelt, nicht ausschließlich die Freiheit als Endzweck, sondern auch das höchste Gut in der Welt? Das heißt: Weshalb verbindet Kant den Wert der Freiheit direkt mit dem höchsten Gut? Es wird in Kants Schriften keineswegs deutlich, daß das höchste Gut der notwendige Gegenstand der Moralität sein soll. In der *Kritik der praktischen Vernunft* charakterisiert Kant beispielsweise „Tugend und Glückseligkeit zusammen" als „das ganze und

vollendete Gut, als Gegenstand des Begehrungsvermögens vernünftiger endlicher Wesen" (*KU*, AA V, 110). Aber er scheint auch anzunehmen, daß Tugend der alleinig angemessene Gegenstand der Moralität sei, der dann durch das Moralgesetz sowohl erzwingt, welche Zwecke im Namen der Glückseligkeit wir verfolgen dürfen, als auch als „Würdigkeit glücklich zu sein" eine Bedingung für Verdienst in der Verfolgung von Glückseligkeit hinzufügt. Mit anderen Worten: Das höchste Gut scheint eine Verbindung von Tugend als Gegenstand der Moralität und Glückseligkeit als der Gegenstand der Summe unserer bloß natürlichen Begierden zu sein. Gleichwohl implizieren die fundamentalsten Prämissen der Kantischen Moralphilosophie eine enge Verbindung zwischen Tugend und Glückseligkeit, was Kant in der dritten *Kritik* voraussetzt. Wenn die Anforderung des Moralgesetzes, nach universalisierbaren Maximen zu handeln, äquivalent ist mit der Anforderung, Humanität entweder in der eigenen Person oder derjenigen anderer zum notwendigen Zweck an sich selbst in all unserem Trachten zu machen (*KU*, AA V, 428f), und wenn Humanität umgekehrt gedacht werden muß als das „Vermögen sich überhaupt irgend einen Zweck zu setzen" (*MS*, AA VI, 392), dann impliziert die Anforderung, Humanität immer als Zweck zu behandeln, nicht bloß eine negative Pflicht, nämlich zu verhindern, daß das Vermögen, uns selbst oder anderen Zwecke zu setzen, vernichtet oder unnotwendig beschränkt wird, sondern auch die positive Pflicht, die Verwirklichung der besonderen, frei gewählten Zwecke anderer und sogar unserer selbst zu befördern, so lange natürlich, als ein solches Handeln mit dem negativen Teil der Pflicht konsistent ist. In der *Grundlegung* macht Kant dies klar, wenn er für die Pflicht der Wohltätigkeit argumentiert mittels der Prämisse: „allein es ist dieses doch nur eine negative und nicht positive Übereinstimmung zur Menschheit als Zweck an sich selbst, wenn jedermann auch nicht die Zwecke anderer, so viel an ihm ist, zu befördern trachtete" (*Grundlegung*, AA IV, 430). Diese Anforderung, die besonderen Zwecke anderer zu befördern – soweit wir gemäß unseren Möglichkeiten, unseren eigenen legitimen Zwecken und unseren anderen Pflichten können –, wird dann integriert in Kants Charakterisierung des „Reichs der Zwecke" als dem letzten Gegenstand der Moralität. Das „Reich der Zwecke" definiert er als „ein Ganzes aller Zwecke (sowohl der vernünftigen Wesen als Zwecke an sich, als auch der eigenen Zwecke, die ein jedes sich selbst setzen mag) in systematischer Verknüpfung" (*Grundlegung*, AA IV, 433). Diese Formel macht deutlich, daß die Moralität uns dazu verpflichtet, nicht nur anderen zu gestatten, sich selbst Zwecke zu setzen, sondern auch die systematische Erfüllung der Zwecke herbeizuführen, die sie setzen, d. h. die Erfüllung bestimmter Zwecke herbeizuführen, die konsistent sind mit der freien Wahl jedes Handelnden als Zweck an sich und vermutlich mit den Gesetzen der Natur, welche die Verwirklichung bestimmter Zwecke und Zweckverbindungen beschränken. Aber wenn Glückseligkeit einfach im Erreichen von Zwecken besteht, dann würde eine systematische Beförderung von Zwecken, so wie es die Vorstellung des Reichs der Zwecke verlangt, unter idealen Umständen systematisch Glückseligkeit ergeben. Um dies nochmals zu verdeutlichen: Kant insistiert darauf, daß das Verlangen nach Glückseligkeit, ob selbstbezogen oder systematisch, niemals Teil des Beweggrundes oder der „Triebfeder" sein kann für das Streben nach Tugend; aber es ist nichtsdestotrotz der „notwendige" Gegenstand der „reinsten Moralität".[10] Gleichwohl ist der Begriff des höchsten Guts nicht bloß eine Verbindung des Ziels der Moralität mit unseren bloß natürlichen Bedürfnissen; eher fügt Kant durch die Erkenntnis, daß die von Zwecken an sich frei gewählten besonderen Zwecke auch notwendige Zwecke für uns sind, die uneigennützige Glückseligkeit in die Moralität als notwendigen Gegenstand der Tugend ein.[11]

(2) Wenn wir also nur den moralischen Gebrauch der menschlichen Freiheit als letzten Zweck des Natursystems denken können, dann müssen wir auch das höchste in der Welt mögliche Gut als den letzten Zweck der Natur ansehen, wie Kant nicht nur in der bereits zitierten Passage von § 84 (*KU*, AA V, 435) annimmt, sondern auch in der Rekapitulation seines „moralischen Beweises des Daseins Gottes" in § 87 der „Methodenlehre der teleologischen Urteilskraft" (*KU*, AA V, 450). Aus diesem Resultat folgen zwei Gedanken von bleibender Bedeutung.

(i) Erstens können wir die Ansprüche der Moralität nicht erfüllen, einfach indem wir wissen, was irgendeine spezifische Maxime der Pflicht in irgendeiner isolierten Situation von uns verlangt, wie philo-

---

[10] Vgl. insbesondere den Aufsatz von 1793 *Über den Gemeinspruch: Das mag in der Theorie richtig sein, taugt aber nicht für die Praxis* (AA VIII, 279f). Dieser Aufsatz liefert die wohl klarste Darlegung der Kantischen Konzeption des höchsten Gutes.

[11] Ich habe diese Interpretation des höchsten Gutes in einer Anzahl von Publikationen verteidigt, zuletzt in Guyer, 2002.

sophische Beispiele, Kants eigene eingeschlossen,[12] lediglich vermuten
lassen könnten; wir müssen vielmehr über unsere Pflichten systematisch
nachdenken und folglich zu bestimmen versuchen, was die Idee eines
systematischen Ganzen von Personen als Zwecke an sich und von deren
besonderen Zwecken von uns in jeder einzelnen Handlungssituation
verlangt. Kant sagt nicht explizit, was dies tatsächlich von uns verlangt,
aber zwei Gedanken scheinen offensichtlich zu sein. Wir müssen eine
systematische Organisation unter den Arten von Pflicht suchen, die aus
der allgemeinen Anforderung fließt, ein Reich der Zwecke zu suchen,
beispielsweise eine lexikalische Ordnung der Klassen unserer Pflichten.[13]
Wir könnten denken, daß die Beispiele für Typen von Pflichten, die Kant
in der *Grundlegung* aufzählt (*Grundlegung*, AA IV, 422f, 429f), wirklich
eine solche lexikalische Ordnung impliziert: unsere fundamentalste Verpflichtung bestünde darin, rational Handelnde nicht zu vernichten (z. B.
durch Selbstmord), unsere nächst fundamentale Verpflichtung bestünde
darin, die Bedingungen für die freie Ausübung rationaler Handlungen
nicht zu vernichten (z. B. durch Lügen oder falsche Versprechen); sie
wäre aber nur bindend, wenn wir diese Verpflichtung erfüllen können,
ohne die erste zu verletzen;[14] unsere zusätzliche Pflicht, unsere Talente
zu allen möglichen Arten von Zwecken zu kultivieren, würde beschränkt
sein auf die Bedingung, daß wir darin keine der beiden ersten Klassen
von Pflichten verletzen; und schließlich würden wir nur unsere eigene
Pflicht, die besonderen Zwecke anderer durch Wohltätigkeit zu unter-
stützen, nur dann erfüllen, wenn ihre Erfüllung mit der Erfüllung der
drei vorausgehenden Pflichten vereinbar ist. Zusätzlich müssen wir,
wenn wir versuchen, die Anforderungen der Pflicht zu erfüllen – vielleicht besonders, wenn nicht ausschließlich bei den positiven und „wei-
ten" Pflichten der Selbstentfaltung und der Wohltätigkeit – systematisch

---

[12]   Hierbei denke ich an Kants berüchtigten Aufsatz von 1797 *Über ein vermeintes
       Recht aus Menschenliebe zu lügen* (AA VIII, 425-430).
[13]   Ich entlehne den Ausdruck „lexikalische Ordnung" natürlich von John Rawls' lexi-
       kalischer Ordnung der Gerechtigkeitsprinzipien; vgl. Rawls, 1999, S. 37f, 53f, 130f.
[14]   Eine solche lexikalische Ordnung der Pflicht, die besagt, rational Handelnde nicht
       zu zerstören, sei grundlegender als die Pflicht, die freie Ausübung ihrer Handlun-
       gen nicht zu begrenzen, würde Kants Argument in seinem Aufsatz über das Recht
       zu lügen untergraben, worin Kant behauptet, daß die Pflicht, nicht zu lügen, eine
       absolute Pflicht ist, die selbst dann erfüllt werden muß, wenn das Risiko besteht,
       daß das Leben einer unschuldigen Person bedroht ist.

über die Reichweite unserer Pflichten nachdenken, d. h. über die Wirkungen unserer Maximen und Handlungen auf alle diejenigen Personen, die durch sie betroffen sein könnten, nicht nur auf die unmittelbaren und offenkundigen Opfer oder Nutznießer unserer Handlungen. Und natürlich wird die Gruppe dieser Personen ihrer Anzahl nach immer offen und unbestimmt sein: sie wird sicherlich mehr lebende Personen einschließen, an die wir denken, wenn wir beispielsweise ein falsches Versprechen geben; aber sie wird nicht begründeter Weise die gesamte lebende Menschheit einschließen, von der es einige Personen gibt, auf die wir weder positiv noch negativ durch unsere gegenwärtigen oder überhaupt jede unserer Handlungen einwirken können; sie wird sicherlich einige Mitglieder zukünftiger Generationen der Menschheit einschließen, beispielsweise die nächsten Generationen von Menschen, die in der Nähe einer von uns geplanten Fabrik leben werden, aber sie kann unmöglich alle zukünftigen menschlichen Wesen einschließen usw. Mit anderen Worten: Wenn der Endzweck der Natur die Verwirklichung eines Reichs der Zwecke unter wirklichen menschlichen Wesen, die real in der natürlichen Welt leben, sein muß, dann wird das System unserer Pflichten in unterschiedlichen Hinsichten offen und unbestimmt sein; und verantwortungsvolles moralisches Argumentieren muß dieser Tatsache immer Rechnung tragen, obwohl wir niemals einfache Regeln aufstellen können, mittels derer wir es verwirklichen können.

(ii) Das zweite Resultat lautet, daß wir das System der Menschen als Zwecke und ihrer besonderen Zwecke immer so denken müssen, als werde es in einer Natur verwirklicht, die selbst ein solches System ist, in welchem unser Wissen über dieses System auch immer unvollständig und unabschließbar ist. Wir müssen daher versuchen, systematisch sowohl über die natürlichen Bedingungen unserer Handlungen und ihre Wirkungen auf das System der Natur als auch auf das System der menschlichen Wesen zu reflektieren, zugleich wissend, daß unsere Erkenntnis der Natur und daher auch der Bedingungen für und Wirkungen auf unsere Handlungen immer unbestimmt und unvollständig sein wird, genauso wie unsere Erkenntnis vom System derjenigen Personen als Zwecke, die von unserer Wahl und unseren Handlungen betroffen werden. In der Einleitung zur dritten *Kritik* stellt Kant klar heraus, daß die Vorstellung eines Systems der einzelnen Naturgesetze immer nur eine regulative Idee für uns ist (vgl. insb. *KU*, AA V, 185f), und in der *Kritik der teleologischen Urteilskraft* stellt er ebenso klar heraus, daß die Vorstellung eines Systems von Organismen und anderen Entitäten, die die Natur eher material als formal umfaßt, auch bloß eine regulative Idee für uns ist: „die Idee der gesammten Natur als eines Systems" ist das Prinzip, das besagt, daß „[a]lles in der Welt [...] irgend wozu gut [ist]; nichts ist in ihr umsonst; [...] daß dieses nicht ein Princip für die bestimmende, sondern nur für die reflectirende Urtheilskraft sei, daß es regulativ und nicht constitutiv sei" (*KU*, AA V, 379). Aber wenn wir die systematische Verwirklichung der Pflichten als in der Natur stattfindend denken müssen, und wenn die Idee der systematischen Erkenntnis der Natur selbst ein regulatives Prinzip ist, dann wird unser Argumentieren über unsere Pflichten auch immer der unausweichlichen Begrenztheit unserer Naturerkenntnis unterliegen, wie auch den Unbestimmtheiten, die der Idee eines systematischen Ganzen menschlicher Wesen als Zwecke an sich und ihrer besonderen Zwecke inhärieren.

Es ist unmöglich, die Konsequenzen dieser Lehren in einem Aufsatz zu entfalten; was aus ihnen folgt, ist aber, daß es keine bestimmte Weise geben kann, die Bedingungen für die Erfüllung unserer Pflichten in der realen Natur überhaupt zu formulieren. Was wir sagen können, ist nur, daß wir unter der Verpflichtung stehen, über die Konsequenzen unserer Wahl für die Menschheit und die Natur als Ganze systematisch zu reflektieren, weil wir sie nicht bestimmter spezifizieren können, als daß unsere Verpflichtungen gegenüber der Menschheit erfüllt werden müssen. Manchmal mag es offensichtlich sein, daß unsere Verpflichtungen gegenüber den gegenwärtigen und zukünftigen Generationen, gemeinsam mit den Naturgesetzen, bestimmte Handlungen verbieten, wie die nachlässige Lagerung von Atommüll. Manchmal mag es klar sein, daß unsere Verpflichtungen gegenüber den gegenwärtigen und zukünftigen Generationen unserer Mitmenschen einen zerstörerischen Eingriff in die Natur verlangt, so wie wenn die Sicherstellung der Wasserversorgung für eine große Metropole die Zerstörung des Lebensraumes einer Population von Organismen verlangt, die endemisch, d. h. zoologisch einzigartig, aber gemäß unserem Wissen für größere ökologische Zusammenhänge nicht unverzichtbar ist. Die Vorstellung, daß die systematische Einheit der menschlichen Zwecke im Natursystem erreicht werden muß, impliziert nicht, daß wir das Natursystem als unantastbar behandeln, vielmehr verlangt es, daß wir jedes einzelne menschliche Bedürfnis oder darüber hinaus jedes menschliche Leben als unantastbar behandeln. Alles was wir sagen können, ist, daß es manchmal offensichtlich zu sein scheint, was unsere Pflicht, das höchste Gut für die Menschheit in der Natur zu verwirklichen, verlangt, und manchmal mag es nicht offensichtlich sein, aber in beiden Fällen werden wir nicht in der Lage sein, bestimmte Regeln zu finden, die eine Entscheidung mechanisierbar machen. Dies ist, was aus den Prämissen folgt: daß unsere Pflichten ein System ausmachen, daß sie in der Natur, die wir als ein System zu betrachten haben, erfüllt werden müssen, aber daß unser Wissen über dieses System immer unvollständig und immer ein Problem für den reflektierenden, statt für den bestimmenden Gebrauch der Urteilskraft ist. Sicherlich ist eine der tiefsten Lehren der Kantischen Verbindung von Teleologie und Moralität, daß das letztere wie das erstere nicht nur einen parallelen, sondern einen gemeinsamen Gebrauch der reflektierenden Urteilskraft verlangt.

Was also ist lebendig und was ist tot in Kants Teleologie? Die Vorstellung, daß die Naturgesetze ein System konstituieren, motiviert sicherlich jeden Wissenschaftler; und die Vorstellung, daß sowohl einzelne Organismen als auch größere Ökosysteme Systeme sind, in welchen jeder Teil eine bestimmte Rolle zu spielen hat, ist ebenfalls eine natürliche Annahme der wissenschaftlichen Forschung, wenngleich eine, die durch das, was wirklich entdeckt wird, immer Begrenzungen unterliegt, wie im Falle der evolutionär bedingten Verbindungsstücke in der DNA und der „Müll"-DNA. Diesbezüglich hat Kant die Maximen der wissenschaftlichen Praxis sicherlich richtig beschrieben. Es ist aber wesentlich weniger klar, daß er erfolgreich gezeigt hat, daß wir solche Maximen nur rational zu erfüllen versuchen können, wenn wir die Natur als das Produkt einer wie auch immer gearteten intelligenten Organisation denken. Eine solche Annahme mag notwendig sein, wenn die Rationalität von uns verlangt, daß wir eine Garantie für die Möglichkeit der Erreichung unserer – entweder kognitiven oder praktischen – Ziele haben; aber wenn die Rationalität einer Untersuchungsreihe oder Durchführung lediglich die Abwesenheit der Evidenz der Unmöglichkeit des Erfolgs verlangt, dann verlangt die Rationalität unserer Naturforschung, die durch solche Maximen geleitet wird, überhaupt keine Spekulationen über die Quelle derjenigen wie auch immer beschaffenen Ordnung, die wir in der Natur auffinden mögen. Es ist auch überhaupt nicht deutlich, ob Kant erfolgreich dafür hat argumentieren können, daß es in unserer Erfahrung überhaupt irgendetwas Besonderes gibt, das von uns verlangt, eine intelligente Organisation der Natur anzusetzen; es ist sogar noch nicht einmal offenkundig, daß er ein kohärentes Argument für die Unerklärlichkeit der Organismen durch ein mechanisches Modell der Kausalität beigebracht hat, weil, da er einmal dafür argumentiert hat, daß die einzige Lösung für die Antinomie der teleologischen Urteilskraft die Idee eines intelligenten Grundes der Natur ist, der außerhalb der Natur liegt und seine Absichten durch die mechanischen Naturgesetze bewirkt, er darüber hinaus keinen Grund hat anzunehmen, daß unsere Erkenntnis der Organismen für alle Zeit von der Erkenntnis der übrigen Natur getrennt sein soll. Das Äußerste, das er annehmen kann, ist, daß es etwas in unserer Erfahrung von Organismen gibt, das uns psychologisch zum Gedanken einer Intelligenz und Zweckmäßigkeit in der Natur führt, und daß wir solche Gedanken schätzen und kultivieren sollten in Hinblick auf ihren moralischen Wert, so wie wir andere Formen von Erfahrung schätzen, wie die Erfahrung der Schönheit der Natur, die nicht logisch notwendig, aber psychologisch wertvoll zur Beförderung der Moralität sind (vgl. *MS*, AA VI, 443).

Wenn Kant nicht erfolgreich dafür argumentiert hat, daß wir die Natur denken müssen, als sei sie Produkt einer zweckmäßigen Intelligenz, dann hat er auf dieser Grundlage auch nicht erfolgreich zeigen können, daß wir einen Endzweck der Natur konzipieren müssen. Dennoch hat er uns wichtige Anhaltspunkte geliefert, für die Implikationen derjenigen Tatsache, daß der Endzweck der Moralität eine systematische Einheit von Menschen mit ihren Zwecken sein muß, die nur in der Natur verwirklicht werden kann. Indem er Natursystem und höchstes Gut miteinander verbindet, lehrt uns Kant, daß wir sowohl über unsere Pflichten selbst als auch über ihre Verwirklichung in der Natur systematisch reflektieren müssen. Diese Einsicht, verbunden mit der Erkenntnis, daß Vollständigkeit in unserem Wissen über beides, das System der Pflichten und das Natursystem, niemals mehr sein kann, als eine regulative Idee, bedeutet, daß unsere Schlußfolgerungen über unsere Pflichten und ihre Auswirkungen auf die Natur immer (buchstäblich) Gegenstand der Urteilskraft sein werden. Das bedeutet umgekehrt, daß unter unseren Pflichten eine Pflicht darin besteht, unsere Urteilskraft selbst zu erkennen und zu kultivieren. In dieser Hinsicht bietet Kants Kritik der Teleologie eine Lehre von bleibender, größter Bedeutung.

(Übersetzung aus dem Amerikanischen von K. Engelhard)

Literatur

Allison, H. E., 1991, *Kant's Antinomy of Teleological Judgment*, in: *Southern Journal of Philosophy* XXX Suppl., S. 25-42.

Armstrong, D., 1983, *What ist Nature?*, Cambridge: Cambridge UP.

Guyer, P., 2000 a, *From a Practical Point of View: Kant's Conception of a Postulate of Pure Practical Reason*, in: P. Guyer (Hrsg.), *Kant on Freedom, Law, and Happiness*, Cambridge: Cambridge UP, S. 333-371.

Guyer, 2000 b, *Editor's Introduction*, in: I. Kant, *Critique of the Power of Judgment*, übers. v. P. Guyer und E. Matthews, Cambridge: Cambridge UP, S. xxxix-xliii.

Guyer, P., 2002, *Ends of Reason and Ends of Nature: The Place of Teleology in Kant's Ethics*, in: *Journal of Value Inquiry* 36, S. 161-186.

Lewis, D., 1967, *Counterfactuals*, Cambridge/Mass.: Harvard UP.

McFarland, J. D., 1970, *Kant's Concept of Teleology*, Edinburgh: University of Edinburgh Press.

McLaughlin, P., 1990, *Kant's Critique of Teleology in Biological Explanation: Antinomy and Teleology*, Lewiston: Edwin Mellen Press.

Rawls, J., 1999, *A Theory of Justice*, Cambridge/Mass.: Harvard UP.

Personenregister

Sachregister

Zu den Autoren

KARL AMERIKS, Prof. Dr., University of Notre Dame, USA. Wichtige Veröffentlichungen: *Kant's Theory of Mind,* [2]2000; *Kant and the Fate of Autonomy,* 2000; Hrsg.: *The Cambridge Companion to German Idealism,* 2000; (zusammen mit D. Sturma) *The Modern Subject,* 1995; *Immanuel Kant: Lectures on Metaphysics,* 1997.

EMIL ANGEHRN, Prof. Dr., Universität Basel, Schweiz. Wichtige Veröffentlichungen: *Freiheit und System bei Hegel,* 1977; *Geschichte und Identität,* 1985; *Geschichtsphilosophie,* 1991; *Der Weg zur Metaphysik. Vorsokratik, Platon, Aristoteles,* 2000; *Interpretation und Dekonstruktion. Untersuchungen zur Hermeneutik,* 2003.

DANIEL O. DAHLSTROM, Prof. Dr., Boston University, USA. Wichtige Veröffentlichungen: *Das logische Vorurteil,* 1994; *Heidegger's Concept of Truth,* 2001; *„The Aesthetic Holism of Hamann, Herder, and Schiller",* 2000; *„Gibt es eine eigene menschliche Anschauung?",* 2001; *„Vom Ereignis der Subjektivität",* 2002; *„Hegel's Questionable Legacy",* 2002; *„Scheler's Critique of Heidegger's Fundamental Ontology",* 2002.

KLAUS DÜSING, Prof. Dr., Universität zu Köln. Wichtige Veröffentlichungen: *Die Teleologie in Kants Weltbegriff,* [2]1986; *Das Problem der Subjektivität in Hegels Logik,* [3]1995; *Hegel und die Geschichte der Philosophie,* 1983; *Selbstbewußtseinsmodelle. Moderne Kritiken und systematische Entwürfe zur konkreten Subjektivität,* 1997; *Hegel e l'antichità classica,* 2001; *Subjektivität und Freiheit. Untersuchungen von Kant bis Hegel,* 2002; *Fundamente der Ethik,* vorauss. 2004.

KRISTINA ENGELHARD, Dr., Universität zu Köln. Veröffentlichungen u. a.: *Das Einfache und die Materie. Die Antinomie der Teilung in Kants ‚Kritik der reinen Vernunft',* 2004; *„Zeitmodi und Naturzeit in Kants ‚Kritik der reinen Vernunft",* 2001; *„Rationalistischer Monismus und Leibniz' Theorie der Materie",* 2002; *„Zur Rolle metaphysischer Annahmen für die*

Erkenntnis", 2004; Hrsg.: *Aufklärungen. Festschrift für Klaus Düsing zum 60. Geburtstag,* 2002.

BRIGITTE FALKENBURG, Prof. Dr. Dr., Universität Dortmund. Wichtige Veröffentlichungen: *Die Form der Materie. Zur Metaphysik der Natur bei Kant und Hegel,* 1987; *Teilchenmetaphysik. Zur Realitätsauffassung in Wissenschaftsphilosophie und Mikrophysik,* 1995; *Kants Kosmologie-Kritik,* 2000; *„Kants zweite Antinomie und die Physik",* 1995; Hrsg.: (zusammen mit W. Muschik) *Models, Theory and Disunity in Physics,* 1998.

IRING FETSCHER, Prof. Dr., Universität Frankfurt. Wichtige Veröffentlichungen: *Hegels Lehre vom Menschen,* 1950, 1970; *Rousseaus politische Philosophie,* ³1981; *Karl Marx und der Marxismus,* 1967 u. ö.; *Terrorismus und Reaktion,* ²1978; *Karl Marx,* 2000; *„Kants friedliche Republiken und der (populistische) Nationalismus",* 1996.

THOMAS GRUNDMANN, PD Dr., Universität Tübingen. Wichtige Veröffentlichungen: *Analytische Transzendentalphilosophie. Eine Kritik,* 1994; *Der Wahrheit auf der Spur. Eine Verteidigung des erkenntnistheoretischen Externalismus,* 2003; *„Das erkenntnistheoretische Regreßargument",* 2001; Hrsg.: *Philosophie der Skepsis,* 1996; *Erkenntnistheorie. Positionen zwischen Tradition und Gegenwart,* 2001.

PAUL GUYER, Prof. Dr., University of Pennsylvania, USA. Wichtige Veröffentlichungen: *Kant and the Claims of Taste,* ²1997; *Kant and the Claims of Knowledge,* 1987; *Kant and the Experience of Freedom,* 1993; *Kant on Freedom, Law, and Happiness,* 2000; Hrsg.: *The Cambridge Companion to Kant,* 1992; (zusammen mit T. Cohen und H. Putnam) *Pursuits of Reason: Essays in Honor of Stanley Cavell,* 1993.

DIETMAR H. HEIDEMANN, Dr., Universität zu Köln. Veröffentlichungen u. a.: *Kant und das Problem des metaphysischen Idealismus,* 1998; *„Der Relativismus in Platons Protagoras-Kritik",* 2000; *„Hegels Realismus-Kritik",* 2002; *„Ethik ohne Theorie",* 2003; *„Gefühl und Begründung. Humes dreidimensionaler Überzeugungsbegriff",* 2003; Hrsg.: *Probleme der Subjektivität in Geschichte und Gegenwart,* 2002.

WILHELM LÜTTERFELDS, Prof. Dr., Universität Passau. Wichtige Veröffentlichungen: *Kants Dialektik der Erfahrung*, 1977; *Bin ich nur öffentliche Person?*, 1982; *Fichte und Wittgenstein*, 1989; Hrsg.: *Transzendentale oder Evolutionäre Erkenntnistheorie?*, 1987; (zusammen mit A. Roser) *Der Konflikt der Lebensformen in Wittgensteins Philosophie der Sprache*, 1999.

PETER MITTELSTAEDT, Prof. Dr., Institut für Theoretische Physik der Universität zu Köln. Wichtige Veröffentlichungen: *Philosophische Probleme der Modernen Physik*, [7]1989; *Quantum Logic*, 1978; *Sprache und Realität in der Modernen Physik*, 1986; *Interpretation of Quantum Mechanics and the Measurement Process*, 1998; (zusammen mit I. Strohmeyer) *„Die kosmologischen Antinomien in der ‚Kritik der reinen Vernunft' und die moderne physikalische Kosmologie"*, 1990.

HEINZ-GERD SCHMITZ, Prof. Dr., Universität zu Köln. Wichtige Veröffentlichungen: *Die Glücklichen und die Unglücklichen*, 1992; *Das Mandeville-Dilemma*, 1997; *Zur Legitimität der Kriminalstrafe*, 2001; *„Moral oder Klugheit? Überlegungen zur Gestalt der Autonomie des Politischen bei Kant"*, 1990; *„Macht, Moral und Gewalt. Überlegungen zur normativen Bestimmung des Begriffs ‚Politisch'"*, 1994; *„Die Menschheit zum Scheusal machen: zu Kants Auffassung der Todesstrafe"*, 2002.

GERHARD SCHÖNRICH, Prof. Dr., Technische Universität Dresden. Wichtige Veröffentlichungen: *Kategorien und transzendentale Argumentation*, 1981; *Zeichenhandlungen. Untersuchungen zum Begriff einer semiotischen Vernunft im Ausgang von Ch. S. Peirce*, 1990; *Semiotik zur Einführung*, 1999; Hrsg.: (zusammen mit Y. Kato) *Kant in der Diskussion der Moderne*, 1996; (zusammen mit U. Baltzer) *Institutionen und Regelfolgen*, 2002.

DIETER STURMA, Prof. Dr., Universität Essen. Wichtige Veröffentlichungen: *Kant über Selbstbewußtsein*, 1985; *Philosophie der Person*, 1997; *Jean-Jacques Rousseau*, 2001; Hrsg.: (zusammen mit K. Ameriks) *The Modern Subjekt*, 1995; *Person. Philosophiegeschichte – Theoretische Philosophie – Praktische Philosophie*, 2001; (Koautor:) *Robotik. Perspektiven in der zukünftigen Gesellschaft*, 2001.